böhlau

OTTO LUDWIG
ROMANSTUDIEN

Historisch-kritische Edition

Herausgegeben von Matthias Grüne

unter Mitarbeit von Tobias Eiserloh

BÖHLAU VERLAG WIEN KÖLN WEIMAR

Gedruckt mit freundlicher Unterstützung der Deutschen Forschungsgemeinschaft, Bonn.

Bibliografische Information der Deutschen Nationalbibliothek:
Die Deutsche Nationalbibliothek verzeichnet diese Publikation in der Deutschen Nationalbibliografie; detaillierte bibliografische Daten sind im Internet über https://dnb.de abrufbar.

Umschlagabbildung: S. 26 des Manuskripts. Klassik Stiftung Weimar, GSA 61/VII, 12.

Korrektorat: Sara Alexandra Horn, Düsseldorf
Druck und Bindung: ⊕ Hubert & Co BuchPartner, Göttingen
Printed in the EU

Vandenhoeck & Ruprecht Verlage | www.vandenhoeck-ruprecht-verlage.com

ISBN 978-3-412-52117-2

Inhaltsverzeichnis

Vorbemerkung

„Ein so großes Thier wie ein Roman muß nothwendig ein Rückgrat haben", notiert Otto Ludwig in seinen Studienheften. Während die Ästhetik seiner Zeit den Roman noch als Stiefkind der epischen Gattung ansah, legte er die geschichtsphilosophische Brille ab und fragte nach den Gesetzmäßigkeiten, die den Bau von Erzähltexten bestimmen und ihre Wirkung steuern. Dabei lag es nicht in seiner Absicht, zu einer geschlossenen Theorie realistischen Erzählens vorzustoßen. Er näherte sich dem Gegenstand als Praktiker und in der – bekanntermaßen vergeblichen – Hoffnung, mit der Klärung der theoretischen Grundlagen auch die Zweifel an den eigenen literarischen Plänen ausräumen zu können.

Lange standen die *Romanstudien* im Schatten der ebenfalls nachgelassenen dramentheoretischen Aufzeichnungen. Diese wurden bereits wenige Jahre nach Ludwigs Tod ediert und unter dem Titel *Shakespearestudien* einem breiten Publikum bekannt; Wilhelm Dilthey oder später Hugo von Hofmannsthal zählten zu den prominentesten Lesern. Die *Romanstudien* hingegen lagen in größerem Umfang erst 1891 in gedruckter Fassung vor. Als mit Beginn des 20. Jahrhunderts die traditionelle Gattungshierarchie ins Wanken geriet, das Drama seine Spitzenposition gegenüber der erzählenden Literatur abgeben musste und schließlich auch in den literaturwissenschaftlichen Disziplinen die typologische Analyse von Erzähltexten an Bedeutung gewann, rückten Ludwigs Aufzeichnungen zum Roman mit einem Mal in den Fokus. Einflussreiche Erzähltheoretiker des frühen und mittleren 20. Jahrhunderts wie Oskar Walzel, Franz K. Stanzel oder Eberhard Lämmert griffen auf die *Romanstudien* zurück, insbesondere auf Ludwigs Unterscheidung von ‚eigentlicher' und ‚szenischer Erzählung'. Noch in modernen Einführungen in die Erzähltextanalyse wird regelmäßig auf diese Pionierleistung hingewiesen.

In ihrem typologisch-analytischen Ansatz vorausweisend, sind die *Romanstudien* zugleich ein Schlüsseltext zum Verständnis des nach Ludwig so benannten ‚poetischen Realismus'. Dabei ist es auch die individuelle Gestalt dieser Aufzeichnungen, die ihnen eine besondere Stellung in ihrer Zeit zuweist: Die heterogene Mischung aus analytischen Betrachtungen, Projektskizzen, Exzerpten und Selbstbekenntnissen, dazu das Tentative, mitunter auch Unsichere oder Widersprüchliche im Gedankengang – größer könnte die Differenz zu den festgefügten Systemgebäuden der philosophischen Ästhetik, aber auch zu der pointierten Zeitschriftenprosa der programmatischen Realisten nicht sein! Die vorliegende Edition hat zum Ziel, den Text der *Romanstudien* erstmals in seiner Gesamtheit und in einer authentischen Gestalt wahrnehmbar zu machen, um auf diesem Weg der Diskussion über Ludwigs Leistungen als Theoretiker des realistischen Romans eine neue Grundlage zu geben.

Textgrundlage

Manuskriptbeschreibung

Textgrundlage ist Ludwigs Autograf, der unter der Signatur GSA 61/VII 12 im Goethe- und Schiller-Archiv in Weimar überliefert ist. Es handelt sich um eine Kladde mit schwarzem Pappeinband, ca. 20,3×25,5 cm. Die Schrift wurde mit schwarzer Tinte aufgetragen. Das Manuskript umfasst 190 Seiten (ohne Deckblatt), wovon 163 Seiten beschrieben sind. Unbeschriftet (bis auf die Seitenzahl) blieben die Seiten 2, 17–20, 34–36, 112–114 sowie 176–190. Die Paginierung bis S. 123 stammt vom Autor, wobei Ludwig nur die Nummern auf den ungeraden Seiten notiert, die geraden Seitenzahlen wurden nachträglich wahrscheinlich von Adolf Stern, dem Herausgeber der ersten umfangreicheren Edition (vgl. unten), mit Bleistift hinzugefügt, ebenso alle Seitenzahlen ab S. 124.

Auf den Seiten 17–20, die offenbar erst mit der Bindung hinzugekommen sind, hat Ludwig die Seitenzahlen nachträglich ergänzt und dafür die Ziffern der Seiten 21–29 aus 17–25 korrigiert. Auf S. 29, die ansonsten leer ist, steht klein die römische Ziffer 3, was sich wahrscheinlich auf den beginnenden 3. Bogen bezieht. Später fehlen solche Angaben, was dafür spricht, dass die Bögen bereits im Laufe des Arbeitsprozesses gebunden wurden. Allerdings gibt es Hinweise, dass zumindest eine Zeit lang zwei separate Hefte existiert haben. Auf dem Deckblatt notiert Ludwig als Titel „Roman. I.“, auf S. 143 markiert dann der Titel „Studieen [sic] über den Roman. II.“ den Beginn eines zweiten Heftes. Auf S. 150 findet sich zudem ein Querverweis auf „S. 3“, der sich inhaltlich eindeutig auf die dritte Seite des zweiten Studienheftes, also S. 147 im Gesamtmanuskript, beziehen lässt. Anzeichen für eine parallele Nutzung gibt es indes nicht. Dem Schriftbild und Inhalt nach schließt das zweite Heft zeitlich an das erste an.

Eine Abweichung der Notatreihenfolge von der Schreibchronologie lässt sich nur für eine Stelle sicher annehmen. Die auf S. 85 beginnenden Ausführungen über die epische Form werden auf S. 89 fortgesetzt. Sie sind also später entstanden als die Aufzeichnungen auf den Manuskriptseiten 86–88.

Ludwigs Handschrift ist sehr klein, dabei jedoch klar und, sofern nicht der Zusammenfluss von Tintenspuren oder nachträgliche Beschädigungen das Entziffern erschweren, relativ gut lesbar. Diktierte Eintragungen von fremder Hand gibt es nicht, dafür weisen fast alle Seiten kleinere Bearbeitungsspuren von fremder Hand auf. Sie stammen zum Großteil wohl von Adolf Stern, möglicherweise aber auch von Moritz Heydrich oder späteren Bearbeitern der Handschrift und belaufen sich überwiegend auf Lektüremarkierungen wie Unterstreichungen im Text und Markierungsstriche am Seitenrand. Sie sind mit Bleistift sowie mit rotem und blauem Farbstift eingetragen.

Entstehung

Exakte Angaben zur Entstehungsgeschichte der *Romanstudien* sind nur sehr begrenzt möglich. Im Gegensatz zu den *Shakespearestudien*, die Ludwig in Selbstzeugnissen und Briefen häufiger thematisiert, fehlen solche Aussagen zu den romantheoretischen Aufzeichnungen. In der Handschrift selbst wird nur an einer Stelle, auf S. 73, mit dem Hinweis „Ende Juni 1858" explizit eine zeitliche Zuordnung der Notate vorgenommen. In diesen Zeitraum lassen sich die auf S. 70 der Handschrift beginnenden Notate zu einem humoristischen Reisetagebuch einordnen. Im Schreibkalender auf das Jahr 1858 notiert Ludwig am 20. Juni, dass ihm während eines Ausflugs in den Großen Garten die Idee zu diesem Stoff gekommen sei (GSA 61/IX 9, 52a).

Diese zeitliche Einordnung sagt jedoch nur wenig über den möglichen Beginn der Aufzeichnungen aus. Auch die Veröffentlichungsdaten der von Ludwig analysierten Werke können diesbezüglich nur vage Anhaltspunkte liefern. Das erste Heft eröffnet mit einer ausführlichen Zusammenfassung von Dickens' Roman *Barnaby Rudge*, der bereits seit 1841 in deutscher Übersetzung vorlag. Bis S. 30, auf der Freytags *Soll und Haben* (1855) erwähnt wird, findet sich kein Hinweis auf einen Text, der nach 1853 erschienen ist. Dass die Aufzeichnungen bereits zu Beginn der 1850er Jahre einsetzen, also noch vor oder während der Entstehung der umfangreichen Erzählungen *Die Heiteretei* (im Frühjahr 1854 ausgearbeitet) und *Zwischen Himmel und Erde* (entstanden 1855), kann deshalb nicht ausgeschlossen werden. Vom Schriftbild her heben sich die Aufzeichnungen auf dem ersten Bogen (S. 1–16) von den folgenden Eintragungen ab; die Schrift und der Zeilenabstand sind hier erkennbar größer. Gegen Briefzeugnisse aus den 1850er Jahren gehalten, scheint für die ersten Seiten tatsächlich eine Entstehung in den Jahren 1854–1855 wahrscheinlich. In diesem Fall stünde der Beginn der Aufzeichnungen in einem zumindest zeitlich engen Zusammenhang mit der Entstehung der beiden großen Erzählungen, obwohl Ludwig in Briefen mehrfach betont, bei diesen Produktionen gerade nicht durch den Ballast theoretischer Vorüberlegungen belastet gewesen zu sein und die Texte gleichsam hinter seinem eigenen Rücken geschrieben zu haben (vgl. Studien II, S. 405). Möglich ist gleichwohl, dass er die bereits begonnenen romantheoretischen Studien nur unterbrochen hat, um sich den literarischen Plänen zu widmen.

Anzeichen für eine parallele Arbeit an den Studien und den Erzählprojekten gibt es hingegen nicht. *Die Heiteretei* und *Zwischen Himmel und Erde* werden im Haupttext erstmals auf S. 46 erwähnt (in einer Marginalie, die allerdings später hinzugefügt sein könnte, bereits auf S. 33), in einem Kontext, der keinen Zweifel darüber lässt, dass die Texte zu diesem Zeitpunkt bereits veröffentlicht waren (vgl. S. 70). Sollte also die Arbeit an den *Romanstudien* vorher eingesetzt haben, so hat sie Ludwig wohl frühestens im Sommer 1856, nach dem Erscheinen von *Zwischen Himmel und Erde*, fortgeführt.

Dem Datierungsvorschlag von Moritz Heydrich zufolge gibt es einen Zusammenhang zwischen der Veröffentlichung und Aufnahme dieser Erzählung und Ludwigs erwachendem Interesse an den romantheoretischen Studien. „[G]länzende Anerbietungen von Seiten der Buchhändler, nach dem so bedeutenden Erfolge von ‚Himmel und Erde'" hätten zugleich mit den Überlegungen, weitere novellistische Pläne umzusetzen, auch das Bedürfnis aufgebracht, sich „über den Unterschied der epischen und dramatischen Behandlungsweise in den ‚Romanstudien', die nun hier begannen, klar zu werden" (Ludwig 1872, S. LXXXII). Ferner führt Heydrich eine nicht weiter beschriebene oder datierte „Niederschrift" an, in der Ludwig bekräftigt, er habe *Zwischen Himmel und Erde* zunächst „absichtlich blind darauf los[geschrieben]", sei aber im Zuge der Ausarbeitung auf Diskrepanzen zu seinen eigenen Gattungsvorstellungen aufmerksam geworden: „Während ich an den Erzählungen schrieb, besonders an ‚Himmel und Erde', empfand ich den Unterschied der Gattung; indem ich schrieb, was mir als episch betrachtet, mißfiel" (zit. n. ebd., S. LXXXIII).

Tatsächlich markiert die Publikation von *Zwischen Himmel und Erde* im Frühsommer 1856 eine Zäsur in Ludwigs Werkbiografie, wurde doch der Text von der Kritik umgehend als ein Hauptwerk des Autors aufgefasst. Julian Schmidt brachte dies in seiner durchaus kritischen Rezension für die *Grenzboten* von 1857 auf den Punkt, als er die Erzählung trotz ihrer Mängel als einen großen Fortschritt gegenüber dem *Erbförster* lobte (vgl. J. Schmidt 1857, S. 407). Das Erzählwerk stand in der öffentlichen Wahrnehmung nun gleichberechtigt den dramatischen Produktionen gegenüber, wenn nicht sogar über ihnen. In dieser Konkurrenzsituation der Gattungen ging es für Ludwig auch darum, ihr prinzipielles Verhältnis zueinander zu klären.

Dazu könnten weitere äußere Anstöße gekommen sein wie der gescheiterte Versuch, *Zwischen Himmel und Erde* im Familienblatt *Die Gartenlaube* unterzubringen. Deren Herausgeber, Ernst Keil, hatte mit seiner Absage zugleich den Rat an Ludwig übermittelt, er möge theoretische Studien betreiben und am Gegenstand der französischen Novellisten die Technik der Spannungsführung erlernen (vgl. Werke II, S. XXVI). Wie aus Notaten im Schreibkalender von 1856 hervorgeht, hat sich Ludwig tatsächlich in dieser Zeit um die Lektüre vor allem französischer Erzählungen und Novellen bemüht (GSA 61/IX 7, 14a); auch wenn diese Texte nicht explizit in den *Romanstudien* genannt werden, so nimmt doch gerade die Theorie der Spannung in Erzählung und Drama am Anfang der Studien einen bedeutenden Raum ein.

Jenseits der Frage nach dem Aufzeichnungsbeginn lässt sich eine intensive Studienphase für die Jahre 1857/58 nachvollziehen. Ab S. 38 beginnt die Auseinandersetzung mit Dickens' Roman *Little Dorrit*, der 1857 auf Deutsch vorlag. Auf S. 73 findet sich die erwähnte explizite Datierung auf den Juni 1858. Bereits im April desselben Jahres hatte Ludwig in seinem Kalender festgehalten, sich auch schriftstellerisch zukünftig primär dem Roman und dem erzählenden Genre zuwenden zu wollen, nicht zuletzt aus finanziellen Überlegungen heraus (GSA 61/IX 9, 35a). Dazu passt, dass in dieser Aufzeichnungsphase die theoretischen Betrachtungen im Manuskript häufig für Projektskizzen unterbrochen werden und Ludwig eine direkte praktische Verwertung seiner Analyseergebnisse anstrebt.

Ein nächster belastbarer Datierungshinweis ist dann auf S. 102 zu finden. Ludwig verweist hier auf einen Bericht aus der *Constitutionellen Zeitung* vom 11. 12. 1861. Zu den unmittelbar vorausgehenden Notaten wiederum finden sich Parallelstellen in einem Brief an Julian Schmidt vom 27. 2. 1862. In demselben Brief spricht Ludwig zudem davon, „vor Kurzem wieder einige englische Romane gelesen" zu haben (Studien II, S. 452), was auf eine intensivere Studienphase um den Jahreswechsel 1861/62 schließen lässt. Zu diesen Romanen könnten etwa Dickens' *A Tale of Two Cities* (dt. 1859), auf S. 99 erstmals erwähnt, George Eliots *The Mill on the Floss* (dt. 1861), auf S. 115 besprochen, vielleicht auch schon der auf S. 117 erstmals im Haupttext genannte Roman *Great Expectations* (dt. 1862) von Dickens gehören. Der letzte Text – der wichtigste literarische Bezugspunkt in dieser Phase – wird im Neujahrskatalog von 1862 der von Ludwig genutzten Leihbibliothek *Schmidt's Erben* bereits geführt, wenn auch nicht in der später zitierten Übersetzung. Die war aber möglicherweise über die ebenfalls genutzte *Pochmann'sche* Leihbibliothek erhältlich.

Bis wann Ludwig die Studien fortgesetzt hat, ist nicht exakt zu bestimmen. Den Erinnerungen des österreichischen Schauspielers Josef Lewinsky an die Gespräche, die er in den Sommermonaten 1862–1864 mit Ludwig führte, sind nur für den Sommer 1862 Hinweise auf die *Romanstudien* zu entnehmen. So spricht Ludwig mit dem Gast in diesem Jahr offenbar über Scotts Heldenfiguren und Dickens' Romane (vgl. Studien II, S. 304), während sich die Unterhaltungen in den späteren Jahren nach Lewinskys Darstellung nur noch um das Drama drehen. In das Jahr 1862 dürfte auch eine kleine Randnotiz auf S. 146 der Handschrift fallen, in der Ludwig festhält, wie viele Schritte sein gewöhnlicher Mittagsspaziergang von der Pillnitzerstraße (wo er seit 1853 wohnte) über die Amalienstraße und die Drehgasse zurück nach Hause insgesamt umfasst. Sein Gesundheitszustand in diesem Jahr hätte ihm einen solchen Spaziergang wohl erlaubt, zumindest berichtet Lewinsky davon, dass ihm der Autor im Sommer 1862 noch „ziemlich festen Schrittes entgegenkam", während er ihn in den darauffolgenden Jahren nur noch im Krankenbett vorfand (Studien II, S. 289). Bereits Anfang 1863 verschlechterte sich Ludwigs Gesundheitszustand rapide, so dass ihm das Laufen zeitweilig unmöglich wurde. Aus dem September 1863 ist eine Bemerkung überliefert, er wäre zum ersten Mal seit längerer Zeit am Arm seiner Frau ein paar Schritte gegangen (Stern 1906, S. 374). Es ist also unwahrscheinlich, dass jene Notiz über den täglichen Spaziergang nach 1862 eingetragen wurde.

Gegen die Fortsetzung der *Romanstudien* bis in Ludwigs Todesjahr 1865, wie es für die *Shakespearestudien* anzunehmen ist, spricht zudem die Beobachtung, dass die Schrift bis zum Ende deutlich und – von der geringen Größe abgesehen – gut lesbar bleibt. Anders als bei den dramentheoretischen Studien gibt es im Manuskript der *Romanstudien* auch keine diktierten Eintragungen von der Hand Emilie Ludwigs. Der Hinweis von William Lillyman (1977, S. 697) auf den Roman *La Belle Drapière* des französischen Schriftstellers Élie Berthet als Argument dafür, dass Ludwig die Aufzeichnungen bis 1865 fortsetzte, ist sachlich falsch. Der Roman erschien nicht erst 1865, sondern lag schon 1844 in deutscher Fassung vor; auch wird er bereits auf S. 30 der Handschrift erwähnt.

Editorische Überlieferung

Das Manuskript der *Romanstudien* war nie zur Veröffentlichung vorgesehen, auch wenn eine Notiz auf S. 76 der Handschrift (vgl. S. 145) verrät, dass Ludwig zumindest kurzzeitig mit dem Gedanken gespielt hat, einzelne Aspekte seiner Analysen in die Form eines Aufsatzes zu bringen. Postum veröffentlichte erstmals Moritz Heydrich einige Abschnitte des Textes im ersten Band der *Nachlaßschriften* (Ludwig 1874, S. 92–101). In eine biografische Skizze eingelassen, sollten diese Auszüge dem zeitgenössischen Publikum einen ersten Eindruck von Ludwigs romantheoretischen Vorstellungen vermitteln. Das Resultat ist eine Art Kompilation aussagekräftiger Passagen und Sätze (schwerpunktmäßig der Seiten 22–27 und 43–48), die in loser thematischer Verbindung aneinandergereiht werden.

Einen umfangreicheren Einblick in den Text ermöglichte erst die 1891 publizierte Edition von Adolf Stern, die im zweiten Band der zweibändigen Ausgabe von Ludwigs *Studien* – zugleich Band 5 und 6 der gemeinsam mit Erich Schmidt herausgegebenen *Gesammelten Schriften* – auf rund 150 Seiten abgedruckt ist (Studien II, S. 59–211). Dem Ziel seiner Ausgabe entsprechend, für Ludwig als Kritiker und Theoretiker ein Publikum gewinnen zu wollen (vgl. Studien I, S. 25), entschließt sich Stern zu einer stark gekürzten, thematisch geordneten und stilistisch geglätteten Wiedergabe des Textes. Gestrichen sind in seiner Edition aber nicht nur die zahlreichen Passagen, in denen Ludwig auf seine eigenen Projekte eingeht und bei denen Stern mit einigem Recht annehmen konnte, dass sie einem fachlich nicht spezialisierten Publikum den Zugang zum Text eher erschweren könnten. Auch theoretisch aufschlussreiche Passagen wie zum Beispiel die Ausführungen Ludwigs zu Dickens' Roman *Oliver Twist* (vgl. S. 58) werden ohne erkennbaren

Grund ausgeschieden. Zudem greift Stern in die Ordnung des Textes massiv ein, löst die Aufzeichnungen aus ihrem Notationskontext, um sie nach thematischen Kriterien neu zusammenzustellen. Damit wird es unmöglich, die ursprüngliche Chronologie nachzuvollziehen, Notate angemessen zu kontextualisieren und Entwicklungsschritte in Ludwigs Theorie zu identifizieren. Darüber hinaus verändert Stern den Charakter der Studien durch die Einebnung der strukturellen Unterscheidung von Haupt- und Randtext. Marginalien werden mitunter ohne jede Markierung in den Fließtext übernommen, auch wenn sich dadurch semantische Brüche und Widersprüche ergeben. Neben der stilistischen Glättung durch die stillschweigende Korrektur von Textfehlern oder die Ergänzung unvollständiger Sätze betreffen Sterns Eingriffe in den Text zudem die „Verdeutschung durchaus überflüssiger Fremdwörter", beispielsweise die Ersetzung von „Narration" durch „Erzählung". Semantische Nuancierungen, die mit der Nutzung der Fremdworte möglicherweise einhergehen (vgl. Anm. im Kommentar S. 478), werden so überdeckt. Auch die Emendationen (vermeintlich) falscher Fremdworte, die Stern vornimmt, sind nicht immer nachvollziehbar. So ersetzt er beispielsweise die Formulierung „ab ovo" auf S. 100 der Handschrift durch „in medias res" (Studien II, S. 202), obwohl der Textbefund durchaus eine sinnvolle Interpretation zulässt und keine Verwechselung aufseiten des Autors vorliegen muss.

Trotz dieser Mängel beruhen alle späteren Ausgaben der *Romanstudien* auf Sterns Textfassung. Eine Ausnahme stellt lediglich die von Viktor Schweizer verantwortete dreibändige Werkausgabe von 1898 dar, in der zumindest einige Seiten der Romanstudien philologisch umsichtiger und genauer wiedergegeben werden (Ludwig 1898, S. 360–369). Zum Beispiel setzt Schweizer die Marginalien konsequent als Fußnoten um und fügt zudem dem Text einen kritischen Apparat bei. Allerdings umfassen die Auszüge lediglich die Manuskriptseiten 21–24. Diese Ansätze zu einer kritischen Edition der Studienhefte blieben in der Folge ohne Fortsetzung. Die unter Mitwirkung des Goethe- und Schiller-Archivs von Paul Merker zwischen 1912 und 1922 herausgegebene Werkausgabe wurde abgebrochen, bevor es zu einer Neuedition der *Romanstudien* kam. Im Rahmen dieser Ausgabe wurden lediglich einzelne Passage des Textes für die stoffgeschichtlichen Dokumentationen anderer Bände ediert: Auszüge von S. 95 der Handschrift finden sich unter den Entwürfen zum Erzählfragment „Aus einem alten Schulmeisterleben" (Werke III, S. 383–384) und Auszüge von S. 79–80 unter den Entwürfen zum „Waldburg"-Stoff (Werke VI, S. 401–405).

Textkonstitution

Titel und Einheit des Textes

Wie bereits dargelegt, nutzt Ludwig die Heftüberschriften „Roman" und „Studieen über den Roman", um die thematische Zusammengehörigkeit der Aufzeichnungen zu markieren. An anderer Stelle finden sich auch alternative Bezeichnungen, in einem Notizbuch zu verschiedenen Projektideen etwa verweist Ludwig auf Bemerkungen in seinen „Romanstudieen" (GSA 61/III 2, 1, 11). Vermittelt durch die Editionen von Heydrich und Stern setzte sich dieser Titel langfristig durch, weshalb er auch für die vorliegende Ausgabe gewählt wurde.

Die Hefte werden vom Autor folglich nicht als heterogenes Archiv zur Sammlung verschiedenster Notizen, sondern als Studienmaterial mit gegenstandsspezifischem Fokus geführt, komplementär zu den dramentheorischen Heften. Zwar verlässt Ludwig immer wieder das Gebiet der Theorie, um seine eigenen Projektideen zu notieren und zu entwickeln, doch bleibt zum einen der Gegenstandsbezug zum Roman bzw. zur Erzählung gewährleistet. Zum anderen hängt das Bemühen um eine Rückbindung an die eigene literarische Praxis eng mit Ludwigs Theorieverständnis zusammen: Die empirische Ausrichtung seiner Überlegungen zeigt sich eben nicht nur in der Orientierung am eigenen Leseeindruck, sondern auch in dem Versuch, die Ergebnisse der Analysen unmittelbar für die Praxis fruchtbar zu machen. Die Planskizzen bilden so gesehen einen wichtigen Resonanzraum für die theoretischen Überlegungen.

Ähnliches gilt für die zahlreichen Exzerpte im Heft. Ludwig exzerpiert zum Teil großflächig aus fiktionalen wie faktualen Texten. Verbindungen zu den eigenen Überlegungen werden von ihm zum einen explizit hergestellt, indem er die zitierten Passagen kommentiert oder Aspekte weiterführt, ergeben sich zum anderen aber auch indirekt, etwa durch den Aufgriff eines im Exzerpt vorkommenden Begriffes. Letzteres ist etwa der Fall, wenn Ludwig den in der Sekundärliteratur zu Walter Scott auftauchenden Begriff der „Narration" für seine eigene Argumentation übernimmt (vgl. Anm. im Kommentar S. 478).

Für die Edition ergibt sich daraus, dass grundsätzlich die gesamten Aufzeichnungen und nicht nur die primär theoretisierenden Abschnitte zu berücksichtigen sind. Insgesamt werden deshalb nur einige wenige Passagen der Handschrift nicht im edierten Text, sondern lediglich im Apparat wiedergegeben: Dazu gehören die Bücherlisten, die sich Ludwig aus den Katalogen der Dresdner Leihbibliotheken *Pochmann* (später: *Brandt*) und *Schmidt's Erben* in das Heft notiert. Sie lassen sich eher als die Exzerpte und die Projektskizzen als isolierte Blöcke ansehen, ohne unmittelbare Verknüpfung mit dem romantheoretischen Argumentationsgang. Ihre besondere Stellung wird dabei zum Teil auch räumliche ausgedrückt, wenn

Ludwig bei dieses Notizen von der sonst üblichen Trennung zwischen Haupt- und Randspalte abweicht. Ebenfalls nur im Apparat wiedergegeben werden einige wenige rein private Notizen ohne Bezug zum Inhalt des Studienheftes wie die oben erwähnte Bemerkung über den täglichen Spaziergang.

Räumliche Strukturierung

Grundlegend für die Einrichtung des edierten Textes ist die Orientierung am Dokumententyp des Studienheftes. Im Gegensatz zum kleinformatigen Notizbuch, das zum Festhalten von Aufzeichnungen von geringem Umfang geeignet ist, bietet das großformatige Studienheft genügend Raum zur Notation längerer zusammenhängender Textpassagen. Ludwigs Nutzung des Heftes entspricht dieser medialen Disposition. Die weitgehend konsequente Einhaltung der Trennung von Haupt- und Randspalte zeigt an, dass die Anordnung der Eintragungen weder willkürlich noch nach dem Grundsatz größtmöglicher räumlicher Ökonomie erfolgt. Stattdessen geht es offenbar um eine möglichst übersichtliche Organisation des Textes. Die Möglichkeit einer Revision, bei der früher Aufgezeichnetes gegebenenfalls kommentiert und ergänzt werden kann, bestimmt von Beginn an die Strukturierung des Textes.

Die für das Studienheft typische räumliche Aufteilung der Seiten in Haupt- und Randspalte wird daher im edierten Text übernommen. Die Darstellung zielt dabei insgesamt auf eine normierende und idealisierende Hervorhebung strukturell relevanter Veränderungen in der räumlichen Distribution des Textes.

Überschriften, Abstände und Absätze
Die Verwendung von Überschriften durch den Autor zeigt eine nach thematischen Kriterien organisierte Verteilung der Texteinheiten an, was grundsätzlich dem Charakter des Dokumententyps entspricht. Alle Überschriften des Autors werden übernommen und auch im Inhaltsverzeichnis, recte gesetzt, ausgewiesen. Die kursiven Überschriften im Inhaltsverzeichnis hingegen stammen vom Herausgeber und dienen lediglich der leichteren Auffindbarkeit einzelner Inhalte. In den Text werden sie nicht übernommen.

Absatzeinschnitte werden grundsätzlich beibehalten, ebenso die regelmäßige Einrückung der ersten Absatzzeile. Die Tiefe der Einrückung wird normiert und in der Regel nicht weiter differenziert. Nur wo die räumliche Anordnung des Textes aus erkennbar strukturierender Absicht vom typischen Aufbau abweicht, etwa durch den Verzicht auf Einrückungen oder durch zusätzliche Einrückungen bei Auflistungen und tabellarischen Gruppierungen, bleibt diese Differenz im edierten Text erkennbar. Bei Überschriften werden Abstände vom Haupttext und vom Seitenrand ebenfalls normiert dargestellt.

Zeilen- und Seitenumbrüche
Die Zeilenumbrüche werden im edierten Text nicht dargestellt. Worttrennungen am Zeilenende werden aufgelöst und die Trennungsstriche getilgt.

Seitenwechsel werden unter Angabe der Manuskriptseite markiert. Da die Angabe der Seitenzahl im Fließtext erfolgt, wird auf die Wiederholung der Seitenangabe am Seitenrand verzichtet. Das gilt unabhängig davon, ob die Paginierung von der Hand des Autors oder von fremder Hand stammt. Hinsichtlich des Seitenumbruchs wird zwischen akzidentiellen und strukturell relevanten Umbrüchen unterschieden: Bei Kontinuität der syntaktischen bzw. thematischen Zusammenhänge erfolgt die Markierung des Seitenwechsels im Fließtext und ohne weitere Hervorhebung. Ist ein struktureller Umbruch auf inhaltlicher Ebene oder durch den Manuskriptbefund (z. B. bei Abbruch der Eintragungen vor dem Seitenende) erkennbar, wird dies durch einen normierten erweiterten Abstand vor dem ersten Absatz der folgenden Manuskriptseite dargestellt.

Zu einer deutlichen räumlichen Trennung zwischen dem letzten und dem ersten Absatz einer Manuskriptseite kann es zudem an Stellen kommen, wo Marginalien vom unteren Seitenrand in die Hauptspalte gesetzt werden.

Marginalien
Da der Zeilenfall nicht wiedergegeben wird, entspricht die Positionierung der Marginalien an Stellen, an denen ihr Ansatz nicht mit dem Absatzumbruch im Haupttext korreliert, nur approximativ der Handschrift. Wo der Autor Haupttext und Marginalie mit Verweiszeichen verbindet, wird dies ausgewiesen. Die Verweiszeichen werden dabei einheitlich durch Asterisk wiedergegeben. Steht nur ein Verweissymbol und der Bezugspunkt lässt sich eindeutig erschließen, wird das fehlende Zeichen als Herausgeber-Ergänzung hinzugefügt. Für den Sonderfall einer Texteinfügung mit Verweiszeichen innerhalb einer Marginalie wird ein anderes Verweissymbol (Kreuz) gewählt.

Auf Seiten mit vielen Marginalien kann es vorkommen, dass Ludwig aus Platzgründen die Scheibrichtung verkehrt, also eine Marginalie oberhalb ihres Beginns fortsetzt. Dabei nutzt er häufig, aber nicht konsequent Linien und andere Verweiszeichen, um die Ordnung der Textblöcke anzuzeigen. Im edierten Text bleibt die räumliche Anordnung der Marginalien auch in solchen Fällen bestehen, d. h. zusammengehörige Textblöcke werden nicht nachträglich zusammengefügt. Der Bezug wird am Ende der betreffenden Marginalie mit hochgestelltem Pfeilsymbol und kursiv gesetzten Anschlusswörtern, am Anfang der zugehörigen Marginalie mit zurückweisendem Pfeilsymbol gekennzeichnet. Differenziert wird dabei danach, ob die Verweise in der Handschrift angezeigt oder vom Herausgeber ergänzt werden.

Abweichungen von der Unterscheidung zwischen Haupt- und Randspalte werden im edierten Text behutsam an die räumliche Grundstruktur des Studienheftes angepasst. So werden Eintragungen, die in der Hauptspalte beginnen und sich bis in die Randspalte ziehen, ebenso wie Marginalien, die in die Hauptspalte reichen, je nach Kontext entweder in der Haupt- oder in der Randspalte abgedruckt; wobei der Apparat über das abweichende Raumverhalten informiert. Marginalien, die (überwiegend) nicht in der Randspalte, sondern am Seitenende, am Seitenanfang oder auch im Freiraum zwischen zwei Absätzen platziert sind, werden entweder, wenn es die Raumsituation zulässt, in die Randspalte integriert oder in kleinerer Schriftgröße in die Hauptspalte gesetzt. Dadurch bleibt die räumliche Korrespondenz zwischen Haupt- und Randspalte gewährleistet und eine übermäßige, der Handschrift nicht entsprechende räumliche Streckung der Randspalte wird verhindert. Sonderfälle ergeben sich auch bei der Abbildung tabellarischer und listenförmiger Eintragungen, die im Druck verhältnismäßig mehr Platz einnehmen als in der Handschrift. In allen Fällen informiert der Apparat über die genaue Platzierung der Textblöcke in der Handschrift.

Bearbeitungsspuren

Korrekturen und Hinzufügungen des Autors

Der überwiegende Teil der Bearbeitungen resultiert aus Sofortkorrekturen. Spuren komplexer und mehrstufiger Überarbeitungsprozesse finden sich hingegen kaum. Die Arbeit am Text und an den semantischen oder stilistischen Details beschränkt der Autor mit anderen Worten auf ein Minimum. Der relativen Sauberkeit und Übersichtlichkeit der Handschrift entsprechend, wird von der direkten Einblendung der textgenetischen Informationen im edierten Text abgesehen. Eine unangemessene Zerstückelung der Argumentationslinien durch eine Überfrachtung des Textes mit editorischen Zeichen wird damit verhindert. Die Textkorrekturen (Streichungen, Ersetzungen, Überschreibungen) und Hinzufügungen des Autors werden stattdessen übernommen und im Apparat nachgewiesen. Die korrigierten bzw. hinzugefügten Passagen werden im edierten Text mit Ansatzmarken versehen. Diese markieren zugleich das Lemma, unter dem die textgenetischen Informationen im Apparat zu finden sind.

Streichungen werden im Apparat stets als einfache Durchstreichung wiedergegeben. Auf eine Differenzierung nach Art der Streichung wird verzichtet. Die Ansatzmarken im edierten Text erfassen bei einfachen Streichungen in der Regel das Folgewort, bei Streichungen am Absatzende oder bei der Streichung von Satzzeichen das vorhergehende Wort. Bei zurückgenommenen Streichungen, die durch Unterpunktung klar identifizierbar sind, wird im edierten Text die ursprüngliche Gestalt wiederhergestellt, im Apparat der genetische Vorgang angegeben. Bei nicht gestrichenen Alternativvarianten bleiben alle Varianten im edierten Text erhalten.

Hinzufügungen stehen in der Handschrift in der Regel über der Zeile, im Apparat wird deshalb nur dann auf den Ort hingewiesen, wenn die Einfügung von dieser Regel abweicht. Häufig, aber nicht immer wird die Platzierung der Einfügung in der Zeile mit einer Einweisungsschleife angezeigt. Zwischen beiden Fällen (mit und ohne Einweisungsschleife) wird im Apparat unterschieden. Editorisch hervorgehoben werden zudem Hinzufügungen, die innerhalb der Zeile erfolgen. Satzumstellungen des Autors, die durch Zahlen oder andere Verweise gekennzeichnet sind, werden im edierten Text übernommen und im Apparat ausgewiesen. Das Gleiche gilt für zurückgenommene oder nachträglich markierte Zusammenschreibungen von Wörtern.

Hervorhebungen des Autors
Einfache und doppelte Unterstreichungen werden als solche im edierten Text umgesetzt. Erfasst die Unterstreichung in der Handschrift nicht exakt alle Buchstaben eines Wortes, gilt das Prinzip der Sinntreue und das ganze Wort wird unterstrichen. Wo allerdings durch die Unterstreichung erkennbar nur eine Silbe oder ein Wortbestandteil hervorgehoben werden soll, wird auch nur diese Silbe bzw. dieser Teil als unterstrichen markiert.

Der Wechsel von deutscher Kurrentschrift und lateinischer Schrift wird im edierten Text durch den Wechsel von Serifenschrift zu serifenloser Schrift dargestellt. Bei der Mischung der Schriftarten in einem Wort wird auf eine Differenzierung verzichtet und das Wort stattdessen dem dominierenden Charakter nach einheitlich als lateinisch oder deutsche Schrift ausgewiesen. Die Schreibung von Ziffern, die in der Handschrift nicht variiert, wird in der Edition stets der umgebenden Schriftart angepasst.

Bearbeitungsspuren von fremder Hand
Die mit Bleistift sowie Rot- und Blaustift angebrachten Hervorhebungen und Zusätze von fremder Hand werden nicht dargestellt, sondern nur im Apparat im Überblickseintrag zur jeweiligen Manuskriptseite aufgeführt. Sie überliefern editorische Interessen am Text, sind insofern auch zwingend zu dokumentieren. Eine Wiedergabe im edierten Text würde jedoch die Aufmerksamkeit unverhältnismäßig nicht nur vom Text, sondern auch von den auktorialen Bearbeitungsspuren ablenken.

Abkürzungen des Autors

Verschleifungen am Wortende
Schreibökonomisch bedingte Verschleifungen von Buchstaben am Wortende werden grundsätzlich nicht wiedergegeben, stattdessen wird stets die volle Wortform gesetzt. Die Verschleifungen betreffen vor allem die Zusammenziehung der

Endsilben „-er" und „-en" zu einer nach unten gebogenen Linie. Seltener sind mehrsilbige Wortendungen davon betroffen. Ist die Auflösung der Verschleifung nicht eindeutig, weil verschiedene Flexionsformen möglich sind, wird die gewählte Form als unsichere Lesung markiert. In einigen wenigen Fällen, bei denen die Verschleifungslinie fast völlig fehlt, wird nach der Regel für unmarkierte Abkürzungen verfahren und die Wortendung kursiviert ergänzt.

Die vor allem in kurzen Wörtern wie „ein", „sie" oder „bei" häufig auftretende Zusammenziehung der Buchstabenkombinationen „-ie" oder „(-)ei(ne)" zu einer nach unten gebogenen Linie mit darüber geschriebenem i-Punkt wird ebenfalls als Verschleifung behandelt.

Unmarkierte Abkürzungen

Unmarkierte Abkürzungen entstehen in erster Linie durch Kontraktionen im Wortinneren. In diesen Fällen werden die ausgelassenen Buchstaben kursiviert ergänzt, um das Leseverständnis zu erleichtern. In der Regel lassen sich bewusste Kontraktionen von Verschreibungen durch Rekurrenz unterscheiden, da die Kontraktionen häufig dieselben Buchstabenverbindungen („en", „er", „an") betreffen und regelmäßig in bestimmten Wörtern (z. B. „währ*en*d") und grammatischen Formen (z. B. im adjektivisch gebrauchten Partizip Präsens) auftreten.

Als unmarkierte Abkürzung wird auch die sehr häufige Vokalelision im Artikel bzw. Pronomen „d*a*s" (auch „d*e*s") und in der Konjunktion „d*a*ß" behandelt. Auf eine Differenzierung zwischen einer Verschleifung, bei der der ausfallende Vokal noch durch einen mehr oder weniger langen Strich markiert ist, und Formen mit vollständigem Wegfall des Buchstabens wird verzichtet.

Einige auch im gegenwärtigen Sprachgebrauch geläufige Abkürzungen wie „Bd(.)" „Dr(.)", „Mr(.)" oder „Mrs(.)", die teilweise markiert, d. h. mit Abkürzungspunkt, und teilweise unmarkiert auftauchen, werden auch in der unmarkierten Form nicht aufgelöst, also stets als markierte Abkürzungen behandelt. Das gilt auch für den Sonderfall von „pp" für die lateinisch Floskel *perge perge* (und so weiter), die Ludwig nur selten mit Abkürzungspunkt markiert, hinter der er sogar häufig den Satzschlusspunkt weglässt. Diese stark konventionalisierte Abkürzung wird stets als markierte Form behandelt.

Markierte Abkürzungen

Wird der Ausfall oder Wegfall von Buchstaben durch typografisch geläufige und daher leicht erkennbare Zeichen angezeigt, wird die Abkürzung im edierten Text nicht aufgelöst. Das gilt vor allem für Abkürzungen mit Abkürzungspunkt, die grundsätzlich beibehalten werden. Die häufigsten Abkürzungen sind im Abkürzungsverzeichnis aufgeführt. Bei abgekürzten Eigennamen, die nicht im Verzeichnis geführt sind und deren Auflösung sich nicht unmittelbar aus dem Kontext erschließt, verweist der Kommentar auf die gemeinte Person.

Die e-Elision in der Endsilbe „-en“ markiert Ludwig in der Regel durch Apostroph, wobei das Auslassungszeichen aus schreibökonomischen Gründen an das Wortende rückt. In der Edition wird das Apostroph sinngemäß verwendet, also an die Stelle des elidierten Vokals gesetzt (z. B. „geh’n“).

Zur Abkürzung insbesondere der Suffixe „-lich“ und „-isch“, aber auch anderer Wortendungen verwendet Ludwig ein in der historischen Schreibpraxis geläufiges Abbrechungszeichen, eine dem Buchstaben l ähnelnde Kürzelschleife, hinter der ein Abkürzungspunkt steht. Die Schleife wird im edierten Text nicht abgebildet, die Abkürzung aber beibehalten und durch den Abkürzungspunkt angezeigt. Beginnt die abgekürzte Wortendung mit dem Buchstaben l wird dieser entsprechend der gängigen Schreibkonvention stillschweigend ergänzt (z. B. „namentl.“ für „namentlich“).

Die Verkürzung der Endsilbe „-ung“, angezeigt durch eine u-Schlaufe über dem Buchstaben g, wird stets aufgelöst. Gleiches gilt für die Verkürzung der Silbe „-keit“, bei der die weggelassenen Vokale durch einen i-Punkt über den beiden Konsonanten angezeigt werden. Für beide Fälle gilt, dass die Auflösung nur dann stillschweigend vorgenommen wird, wenn die Abkürzung markiert ist. Fehlt die u-Schlaufe oder der i-Punkt, werden die Worte als unmarkierte Abkürzungen behandelt, d. h. die fehlenden Buchstaben kursiviert ergänzt.

Der Geminationsstrich, der die Verkürzung der Doppelkonsonanten m und n anzeigt, wird nicht dargestellt und die Abkürzung stillschweigend aufgelöst.

Daneben verwendet Ludwig für Silben mit i-Vokal als Abkürzungszeichen eine nach unten offene Parabel mit Punkt, ähnlich dem Fermatensymbol. Beim Wort „nicht“ steht dieses Zeichen über der Buchstabenkombination „it“. Das Zeichen kann aber auch für andere Worte oder Silben genutzt werden, etwa bei der Kombination „kt“ für die Silbe „-keit“. Als weiteres Abkürzungssymbol dienen Ludwig gelegentlich zwei Querstriche. Bei der Buchstabenkombination „id“ zeigen diese Striche durch den Buchstaben d die Verkürzung des Wortes „wird“ an. In Einzelfällen können beide Abkürzungszeichen, die Querstriche und die nach unten geöffnete Parabel mit Punkt, auch kombiniert werden, so zum Beispiel bei der Verkürzung von „Meister“ bzw. „-meister“ zu „Mster“ / „-mster“. In allen diesen Fällen wird das Abkürzungssymbol nicht dargestellt und die Abkürzung stillschweigend aufgelöst.

Grafematische und grafische Besonderheiten

Zwischen Getrennt- und Zusammenschreibung ist in der Handschrift nicht immer eindeutig zu unterscheiden. Im Zweifel werden zunächst weitere Belegstellen vergleichend herangezogen, wo dies nicht möglich ist oder die Belege nicht eindeutig sind, folgt der Text der gegenwärtigen Schreibkonvention.

Die Groß- und Kleinschreibung orientiert sich an der Handschrift. In einigen Fällen kann eine Zuordnung zweifelhaft sein, insbesondere bei der Verwendung des Buchstabens D/d. In diesen Fällen richtet sich die Entscheidung über Groß- oder Kleinschreibung nach dem Kontext.

Zwischen Lang-s und Rund-s wird im edierten Text nicht unterschieden. Da der Autor nicht zwischen der Ligatur von Lang-s und Schluss-s und dem Buchstaben ß differenziert, wird diese Buchstabenverbindung systematisch durch ß wiedergegeben.

Die Doppelpunkte über dem y werden weggelassen.

Doppelte Binde- bzw. Trennungsstriche werden grundsätzlich als einfacher Bindestrich wiedergegeben.

Die für die Abkürzung „nota bene" genutzte Ligatur aus N und B wird im edierten Text aufgelöst und durch „NB." ersetzt.

Unterschiedliche Schreibvarianten für die Abkürzung von „Numero" werden einheitlich durch das Numero-Zeichen (№) mit hochgestelltem und unterstrichenem o dargestellt.

Grafische Elemente wie Klammern oder Bögen werden sinngemäß, d. h. ihrer Funktion entsprechend dargestellt. Auf eine möglichst genaue Reproduktion der Beschaffenheit (Größe, Strichstärke etc.) sowie der exakten Positionierung wird verzichtet. Wo grafische Elemente aus drucktechnischen oder leseökonomischen Gründen nicht wiedergegeben werden können, erfolgt ihre Beschreibung im Apparat.

Korrekturen und Hinzufügungen des Herausgebers

Die Edition folgt in Rechtschreibung und Zeichensetzung der Handschrift, grammatische und orthografische Fehler bleiben also prinzipiell erhalten und werden nicht stillschweigend korrigiert. Ergänzungs- und Korrekturmarkierungen des Herausgebers werden an Stellen eingesetzt, wo Textfehler zu Irritationen und Störungen im Lesefluss führen könnten. Das gilt auch für die Ergänzung fehlerhaft unvollständiger Sätze. Bei der Verschreibung von Eigennamen (fiktiver oder realer Figuren) oder sachlich falschen Angaben weist der Kommentar auf die richtige Form hin. Schreibabbrüche werden mit einem eigenen Herausgeberzeichen markiert.

Abkürzungen und editorische Zeichen

Abkürzungen des Autors

Aufgeführt sind nur die wichtigsten markierten Abkürzungen. Aus Platzgründen ausgespart bleiben dagegen selten gebrauchte Abkürzungen, deren Bedeutung sich zudem aus dem Kontext leicht erschließt.

äußerl.	äußerlich
Bd., Bde, Bdchen	Band, Bände, Bändchen
Cap., K.	Kapitel
Char., Ch.	Charakter
d. h.	das heißt
d. i.	das ist
dgl., dergl.	dergleichen
deßgl.	desgleichen
eigtl., eigentl.	eigentlich
engl.	englisch
franz.	französisch
freil.	freilich
Gesch.	Geschichte
Gespr.	Gespräch
hauptsächl.	hauptsächlich
histor.	historisch
innerl.	innerlich
leidenschaftl.	leidenschaftlich
NB.	nota bene (lat.: merke wohl)
ngl.	Neugroschen
od.	oder
polit.	politisch
pp(.)	perge perge (lat.: und so weiter)
psycholog.	psychologisch
R., Rom.	Roman
rl.	Reichstaler
S.	Seite
s. g.	so genannt
s. z. s.	sozusagen
Sc., W. Sc.	Walter Scott
Sh., Shakesp.	Shakespeare
Th., Thl.	Teil, Teile
trag.	tragisch

u.	und
u. s. w.	und so weiter
viell.	vielleicht
vol., vls., vs.	volume, volumes (engl.: Band, Bände)
wirkl.	wirklich
z. B.	zum Beispiel

Abkürzungen des Herausgebers

aAa	am Absatzanfang
aAe	am Absatzende
aäR	am äußeren Rand
aBv	auf Breite von
aHv	auf Höhe von
aiR	am inneren Rand
aoR	am oberen Rand
auR	am unteren Rand
aZa	am Zeilenanfang
aZe	am Zeilenende
Hsp	Hauptspalte
korr.	korrigiert
Marg.	Marginalie
mglw.	möglicherweise
Rsp	Randspalte
üdZ	über der Zeile
udZ	unter der Zeile
vfH	von fremder Hand
zdA	zwischen den Absätzen
zdZ	zwischen den Zeilen

Editorische Zeichen

⌜text⌝	Ansatzmarke für Apparatlemma
~~text~~	Streichung
~~text~~	Zurückgenommene Streichung
tex~~d~~t	Überschreibung
ʃtextʃ	Einfügung mit Einweisungsschleife
⌋text⌋	Einfügung ohne Einweisungsschleife
|text|	Ergänzung in der Zeile

text|text	Nachträgliche Worttrennung
text⟨1⟩ text⟨2⟩	Alternativvariante
text	Lateinische Schrift
{text}	Unsichere Lesung
×	Unleserlicher Buchstabe
×...×	Unleserliche Buchstabenfolge
×...×...×...×	Unleserliche Wortfolge
⟨...⟩	Schreibabbruch
t*ex*t	Durch Herausgeber ergänzte Abkürzung
text[t]	Korrekturvorschlag (Streichung) des Herausgebers
tex⟨t⟩	Korrekturvorschlag (Ergänzung) des Herausgebers
text	Herausgebertext
⟦1⟧	Seitenwechsel in der Handschrift
/	Zeilenumbruch in der Handschrift (nur im Apparat)
text →*text*	Anschluss an Marginalie, in Handschrift markiert
text ⟨→⟩*text*	Anschluss an Marginalie, vom Herausgeber ergänzt

Text

⟦1⟧

Roman.

⟦3⟧

I. Barnaby Rudge
v. Boz.

I Theil.

1 Kapitel

Der Maibaum. ⌜Der⌝ Fremde. Ein junger Herr. Fragen des Fremden nach dem „Kaninchenhag“ u. ob ein ⌜Fräulein⌝, das er geseh'n, des Besitzers Tochter? ⌜geben⌝ Anlaß zu der Erzählung, daß vor 22 Jahren dieser Besitzer und sein Verwalter ermordet worden und der Verdacht auf dem Gärtner ruhe, der nicht wieder geseh'n worden. Der Fremde reitet fort; aus seinem Wesen läßt sich schließen, er sei der Gärtner.

John Willet; Joe, sein Sohn, Tom Cobb, Phil Parkes, Solomon Daisy.

Des Verwalters Leichnam unerkannter aus dem Deiche, aber seine Kleider.

Prophezeiung Daisys, *daß* an einem 19ten März, wie an einem solchen der Mord gescheh'n, man auch den Mörder entdecken werde. So weiß der Leser, daß der Roman also von dieser Entdeckung handeln wird.

2\. K. Der Fremde begegnet dem Schloßer Gabriel Varden. Varden sieht ihm mit Gewalt in's Gesicht, kennt ihn nicht; jener sagt fortreitend: ihr wart jezt in Gefahr, von meiner Hand zu sterben. Schloßer kehrt im Maibaum ein.

3\. K. Joe will die Kleinknabenbehandlung nicht mehr dulden. Gespräch mit Varden, aus dem man ahnt, daß er deßen Tochter liebt. Der Schloßer fährt fort, findet in London einen verwundeten Ohnmächtigen, bei dem der verrückte Barnaby Rudge; sie laden ihn auf und fahren nach Vardens Wohnung.

4\. K. Frühstück beim Schloßer, wobei der Leser bemerkt, daß Doll, des Schloßers Tochter auch für Joe fühlt und auch M. Sim Tapperit, der Lehrling, der darob eifersüchtig. Der Schloßer, hört man, hat den ausgeraubten pp M. Chester zu Miß Rudge gebracht u. ⌜dem⌝ Fräul. Emma vom Kaninchenhag auf dem Maskenball davon avertirt.

NB. Dieser Chester ist, ahnt man, der ⌜junge⌝ Fremde vom Maibaum u. zugl. der erste Liebhaber der Geschichte. C. 1 ist seine große Verliebtheit und sein Geh'n, Miß Haredal in die Stadt zum Maskenball zu folgen, zu Fuß in der wilden Nacht, weil sein Pferd unpaß, eben nur so beiläufig angedeutet; die Exposition von Joe's Vorsatz aus der Kleinknabenbehandlung zu entweichen, von seiner Liebe zu Doll pp ⌜von⌝ der zu ihm, nehmen mehr Platz ein; die Begegnung des Fremden u. Schloßers deßgl.; es ist immer, als wär' das Detail der für

Aehnlich ⌜wie⌝ bei Shakespeare.

die Geschichte unnöthigsten Gespräche und die Schilderung der Figuren bis in's Einzelnste dem Dichter die Hauptsache. Dadurch wird die Absicht verborgen und der vollkommenste Schein der Wirklichkeit des Ganzen erzielt.

5. K. Der Schloßer geht zu Miß Rudge, nach dem Verwundeten zu seh'n. Sein Vater war da, also hat er einen Vater, ein Brief von der Dame, weiter nichts verrathen. Daß Miß Rudge jenes getödteten Verwalters Frau und Barnaby⟨s⟩ Verrücktheit u. ⌜Muttermalblutstropfen⌝ am Arme davon rührt, daß er an dem Tage geboren, wo jener Mord bekannt wurde, erzählt diesmal der Dichter selbst. Klopfen am Fenster, die Frau läßt nicht den Schloßer geh'n und wie dieser nachgeschlichen seinen Begegner bei der Frau findet, will er ihn packen; diese hält ihn ab unter räthselhaften Reden. Man glaubt vorherzuseh'n, daß jener der Gärtner, daß sie selbst auf irgend eine Weise in jenen Mord verflochten sein müße.

⟦4⟧ 6. Kapitel.

Kunst langer Gespräche, die doch zu keinem Resultate führen, höchstens eine ungewiße Erwartung erregen oder eine Vermuthung oder eine schon erregte Vermuthung stärkend. Aussparen in aller Weise.

Angedeutet, daß der Rabe mit in die Geschichte verflochten sein müße.

In dem Schloßer ist ein Verdacht entstanden, die Frau antwortet seinen Fragen mit Bitten, nichts von dem Allen zu sagen; es müßte ein Geheimniß ⌜bleiben⌝; eine einzige Rede scheint dem Verdachte Recht zu geben: keine ehrl. Hand dürfe sie berühren. Den Schloßer reut's, daß er sich in das Geheimniß ergeben hat. Barnaby führt ihn zum Verwundeten. Constatirt, daß der Räuber derselbe, der im Maibaum u. der dem Schloßer begegnet. Der Rabe. Der Schloßer belügt den ⟨na⟩ch dem Geräusche vorhin fragenden Edward. Beim Geh'n sagt der Schl. der Frau, ⟨de⟩ren Benehmen ihn immer noch bestärkt, er mache sie verantwortlich für Edward, den er ungern hier laße. – Daß er Barnaby bei dem Verwundeten gefunden fiel ihm auch noch ein. – Morgen soll der Patient heimgebracht werden. ⌜Der⌝ Schl. kennt die Frau lang als brave Dulderin, die ein Schatz von ihm gewesen; das hält seinem Verdachte einigermaßen ein Gegengewicht.

7. Kap.

Familienszenen beim Schloßer. Seine Frau und Miggs. Sim Tapertit verläßt das Haus heimlich mit einem selbstgemachten Nachschlüssel. Schon im 2ten Kapitel Andeutung von der Schloßerin Charakter.

8. Kap.

Ein neuer Lehrlingsritter. Joe Willet geächtet.

9. Kap.

Miggs wacht und läßt Sim zur Werkstatt herein, da sie das Hausthürschloß unbrauchbar gemacht.

10. K.

Der alte Chester kommt in den Maibaum u. läßt durch Barnaby den Geoffrei Haredale, ⌜mit⌝ dem er, wie man erfährt, todfeind ist, zu einem Rendezvous hierherladen. Der will kommen.

11. K.

Die Stammgäste, die das erfahren, mit ihren Vermuthungen die Stimmung vorbereitend u. steigernd, die das Ankommen Haredales und sein Hineintreten zu Chester, womit der erste Theil schließt, hervorbringen soll. ⌜Man⌝ erwartet ein Duell. Beiläufig von dem rothen ⌜Fleck⌝ bei Haredales von jenem Morde aus, auf dem ⌜Geoffrei⌝ immer den Fuß habe, damit er nicht eher verschwinde, bis der Mord aufgeklärt. So ist eine Art Erwartung erregt, Chester könne bei jenem Morde betheiligt sein. Hugh, eine neue Gestalt.

Zweiter Theil.

1 K.

Gespräch der beiden Feinde, darin beide ihre ganze Denkart entwickeln. Chester will das Liebespaar durch Intrigue auseinander bringen, Haredale will ihn unterstützen. In dieser Sache allein sind sie Einer Meinung. Nach Haredales Abgang meint man den Chester erschlagen. Komisches Benehmen des Wirths deßhalb, wie er diesen zu Bette bringt. Barnaby war der Liebesbote; seine Mutter hat die Liebschaft an Chester verrathen.

Contrastirte Ch. außen u. innen.

2 K.

Joseph Willet reitet nach London in Geschäften. Bekommt keinen Auftrag vom Kaninchenhag an Edward; er ist der Vertraute und würde, wenn er zu Hause gewesen, den Gegenstand des Rendezvous errathen ⟦5⟧ und die Liebenden gewarnt haben. Szene beim Schloßer. ⌜Dolly⌝ zu einer Abendgesellschaft zeigt nichts von Neigung; er kehrt liebesdesperat zurück.

3 K. Joe trifft auf Edward, hält ihm das Pferd am Kaninchenhag. Edward eilt hinein, Haredale nicht bemerkend, der nach ihm hereinkommt und sich zwischen die Liebenden stellt. Wortwechsel; Hared. verbietet ihm das Haus; er geht, nachdem er gesagt, er werde nicht von ihr laßen u. vertraue ihrer Treue. Am Maibaum erfährt er seines Vaters Anwesenheit und Unterredung ⟨mit⟩ Haredale und kehrt nach der Stadt zurück.

16 Kap.

Der alte Ch. hatte eine reiche Advokatentochter zur Frau u. brachte ihr Vermögen durch.

Unterredung der beiden Chester, in welcher der jüngere erfährt, *daß* schon lang' kein Vermögen mehr da und daß er so glänzend bis jezt gehalten worden, um durch eine reiche Partie die Glücksumstände der Familie wieder herzustellen.

17. Kap.

Der Fremde erregt Aufseh'n unter seinesgleichen.

18. K.

Die Szene hat wieder ihre eigene Spannung, die immer wiedergeweckte Angst des Lesers in der Mutter, daß Barnaby den Versteckten bemerke.

Er folgt der Wittib Rudge in ihre Wohnung, will nicht geh'n, droht mit Selbstmord; man sieht, daß er sie an einem Geheimniße fest hat; er macht Miene, dies zu benutzen, um ihr Gold abzuzwingen u. eine Zuflucht. Da kommt Barnaby; er versteckt sich u. hört, daß Barn. u. Hugh auf ihn fahnden. Nachdem Barn. am Camin eingeschlafen, will ihn die W. forthaben. Er betrachtet sich erst Barnaby, vor dem er sich ja hüten muß; vorher schon erkannt' er in diesem einen, der mit ihm gerungen – doch wohl ⌜beim⌝ verwundeten Edward, denn dieser erzählte dem Schloßer von einem, deßen Hinzukommen ihn gerettet. An der Existenz Barnabys scheint nun der Fremde noch etwas zu haben, woran er die W. faßen kann. Er sagt's und sie scheint ihn nicht zu versteh'n.

Vier Seiten lang sein Irren beschrieben ohne eine Andeutung weiter, als daß er ein Geächteter u. einmal Lust hat, sich in's Stadtgefängniß zu begeben.

⌜Der Mann⌝ irrt umher, bis er früh den Blinden, der Tappertit herausleuchtet, zum Wirth gewinnt. Der belauscht den Schlafenden und im Schlafe Redenden u. sizt bei ihm gespannt und als hätt' er schon eine Witterung von deßen Geheimniß. Jenes Mordes gar nicht erwähnt, den man fast vergißt.

⌜19. K.⌝ Edwards Botschaft an Emma auszurichten fährt Dolly mit den Aeltern nach dem Maibaum. Familien u. Gastfreundschaftsszenen.

20 K.

Dolly überbringt den Brief und bekommt wieder einen. Mr. Haredale will, wie sie geht, diesen von ihr haben und macht ihr den Antrag, da sie ihn nicht gibt, Emmas Gesellschafterin zu werden. Unterwegs verfolgt sie Hugh mit gewaltsamer Zärtlichkeit. Wie ihrem Hülfeschrei Joe antwortet, sezt Hugh eine ⌜furchtbare⌝ Drohung darauf, wenn sie ihn verrathe u. flieht. Joe führt sie vollends in den Maibaum, wo sie den Brief u. das geschenkte Armband vermißt. Joe und Hugh, der sich den Angreifer beschreiben läßt, suchen vergebens. Die Schloßerfamilie macht sich auf den Weg. ⌜21. K.⌝

Das Bewirthdetail ähnlich wie bei Gotthelf aber hier sehr langweilig nach dem drastischen Vorhergegangenen. Dolly u. die Botschaft intereßiren ⟦6⟧ zu wenig, als daß der Anfall und der Verlust des Briefes eine Wirkung ausüben könnte. Hugh ein gefährlicher Kerl aber pfiffiger, als man aus Mr. Willets Schilderung vermuthete. Wär' Dolly die ⌜Heldin u. das⌝ Criminalistische nicht in der Geschichte, so würde das Reise und Wirthshausdetail vielleicht recht amüsant sein.

22. K.

Migg erfährt bei Gelegenheit einer Ohnmacht Dollys von den Zurückgekehrten die ⌜Ueberfalls- u. Rettungsgeschichte⌝ und erzählt sie schadenfroh dem Lehrling, den die Eifersucht packt.

23. K. 3ter Theil.

Hugh bringt Chester den Brief, einer Andeutung Chesters zufolge, wenn er etwas für ihn habe, soll er die im Maibaum zurückgelaßene Reitpeitsche bringen. Chester macht ⌜ihn⌝ von sich abhängig, ein ⌜feines⌝ Gegenstück zu dem rohen Verfahren, mit dem Hugh das Mädchen geschreckt. Er soll, wenn wieder ein ähnlicher Dienst zu leisten, diesen leisten. Hugh ist mit seinem Straßenanfall, worauf Henken steht, in jenes Gewalt.

24. K.

Tappertit bei Chester; ein Schmeichelwort an Mdme Vardens werde verhindern, daß die Tochter fortan den Boten mache. Er will ihn gegen Joe reizen, der die Hauptperson beim Verkehr der Liebenden u. Mr. Chester haße.

Chester's Drohung mit Mitleid versezt und ⌜Wieder-Einschlafen.⌝

25. K.

Wieder solch ein ⌜Gespräch⌝

Miß Rudge geht nach dem Kaninchenhag, um Haredale zu sagen, daß sie seine Pension nicht mehr annehmen könne, weil sie in unrechte Hände kommen werde (der Fremde). Sie zeigt ein belastet Gewißen, „ist ⌜unschuldig⌝ und doch schuldig⟨"⟩, wartet auf die Post beim Grabe der Gemordeten. Sie will morgen noch Haredals Besuch abwarten. Fährt ab. Hugh spricht noch mit Barnaby in der Chaise.

NB. Man lernt, es sei beßer, dünn anzufangen und an Spannung zu zunehmen als umgekehrt.

26. K.

Haredale will den Schloßer mit nehmen zu Rudges; im Gespräche sagt der, was er neulich Nachts dort erlebt und geschloßen, aber in Erinnerung von M*istres*s Rudge in ihrer Jugend verwerfen beide allen Verdacht, müh'n sich, sie durch eine Hypothese entschuldigen zu können, gehen zusammen und finden statt ihrer neue Bewohner und Mr. Chester, der Haredale sagt, er habe sie durch Gold zum Gehen bewogen nach der Verabredung, die Zwischenträger der Liebenden zu entfernen. Sie ⌜hätte⌝ noch ihre Gründe gehabt, die er zu verschweigen sich verpflichtet. Uebergibt den Hausschlüßel.

27. K.

Meisterhaft in der Charakt*er*istik.

Chester weiß Mrs Varden zu gewinnen, indem er Edward bei Dolly und Willet bei der Mrs zu verdächtigen sucht.

28.

Den Hugh findet Chester heimkehrend schnarchend auf seiner Treppe. Er bringt Dolly's Brief an Emma. Der alte Willet wollte ihn nicht abgeben laßen. Ch. erneut seinen Zauber auf Hugh u. will dem Fräulein begegnen, ihr den Brief selbst zu übergeben.

⟦7⟧ 29. K.

Chester erfährt im Maibaum, daß Joe Parole geben mußte, nicht aus dem Haus zu geh'n, begegnet Emma; wenn andern Tags Edwards Brief kommt, deßen Inhalt er ihr gesagt, diesen in's Böse wendend, so muß sie aus gekränkter Liebe und Stolz und da kein Zwischenträger mehr sie enttäuschen kann, ihm absagen. Haredale bereut seine Zusage. Chester monologisirt, daß Haredale, schon in der Schule sein Sündenbock⟨,⟩ seine Geliebte dadurch an ihn verloren, daß er sie mit ⸢Chester⸣ bekannt machte. Den Degen will er erst (Chester) brauchen, wenn unumgängl. nöthig; er hat sich schon einigemal bezwungen, weil er so größere Rache an Haredale nehmen kann.

30. K.

Joe auf's Äußerste gebracht, macht sich über den Stammgast Cobb, wirft ihn hin u. sagt sich in seiner Kammer: nun müß' er fort.

31. K.

Joe verläßt heimlich des Vaters Haus und findet im schwarzen Löwen in London einen Werboffizir. Nachdem er von Dolly kokett behandelt worden, übergibt er sich dem Werber.

32. K.

Eduard, da er dem Fluche trozt, wird von dem alten Ch., der ihm vergebens das Mädchen verdächtigt, das auf den Brief geantwortet, wie man sich denken kann, vertrieben. Der Alte bedauert.

⸢33 K.⸣

5 Jahre nachher. Daisy erzählt bei fürchterlichem Sturm, daß er soeben beim Kirchuhraufziehn einen Geist gesehen. 19ter März.

34.

John Willet geht in Hughs Begleitung nach dem Kaninchenhag u. erzählt die Geschichte Haredal, deßen Benehmen ihn befremdet. Hugh trinkt ein Glas auf Haredals u. seines Hauses Wohl. Auf dem Nachhauseweg treffen sie auf 3 Reiter.

35. Lord Gorden, sein Sekretair Ghasford u. ein Diener kehren im Maibaum ein. Historische Exposition. Lord G., ein schwacher eitler Volksmann, Führer einer Bewegung, bei der Tappertit u. Mrs Vardens, ein Henker pp der Sekretair sichtlich ein Heuchler. J. Grüeby der Bediente schämt sich der Albernheit. ⸢3ter Theil⸣

⸢K. 36.⸣

pp. Ghasford wirft Papiere aus.

⌜K. 37.⌝

Histor. Exposition der Gründe, warum Gordons Thorheit soviele Folgen fand. Ritt nach u. durch London. Gründe, die Dennis gegen ⌜Gashford⌝ ausspricht, warum er der protest. Bewegung zu gethan. Man will durch eine Sturmpetition die Aufhebung einiger den Katholizism beschränkenden Gesetze verhindern.

K. 38. Hugh kommt dazu; ein ausgeworfen Papier hat ihn gefangen. Hugh geht mit Dennis zulezt in eine Schanke, worin er die Bekanntschaft mit Tappertit erneuert, die gemeinschaftlicher Haß gegen Joe zum Grunde hat.

im „Stiefel."

K. 39.

Hugh u. Tappertit mit Dennis auf dem Heimwege möchten deßen ⟦8⟧ Gewerbe wißen. Garderobe von Todten macht sie ihn verlaßen mit einer Art Schauder. Er erzählt von der Zigeunerin (Hughs Mutter) und dem Zigeuner, der ihm den Stock geschnizt.

40 K.

Man hört, d*aß* Mr Chester, jezt Unterhausmitglied, indirekt den Hugh bewogen zu der Bewegung zu treten; er hat einen Racheplan gegen Haredale, weßhalb er den Hugh, den Haredale mißhandelt, gegen die Katholiken hezt. Gordons Thorheit will er im Intereße seiner Partei benutzen, ohne sich zu compromittiren.

⌜41.⌝

Warden ist Sergeant der Ost-Londoner Miliz. Sein bedauerndes Andenken an Joe veranlaßt, daß man sieht, Dolly liebt ihn. ⌜Er geht zum Exerzitium, die Frauen wollen mit Tappertit in eine ⌜Versammlung⌝ der ⌜Protestant.⌝ Beweger.⌝

42 K.

Vom Exercitium heim, eben da er bemerkt, daß Niem*and* bei ihm daheim, trifft er auf Haredale, der in dem sonst von Mrs Rudge bewohnten Hause allnächtlich wachen will, wie es scheint aufzupaßen, ob nicht der Fremde wieder einmal dahin kommen sollte. Er ist gealtert, und trägt noch die Spuren der Stimmung vom 19ten März. Nur im Fall der höchsten Nothwendigkeit soll Varden ihn da aufsuchen.

43 K.

Haredales Nachtwachen. Auf dem Weg von seiner Tagwohnung dahin trifft er auf Ghasford u. Mr Chester, der ihn aufhält. Haredale spricht freimüthig gegen Ghasford u. den später kommenden Gordon; der Pöbel will sich an ihm vergreifen, ein Stein trifft ihn, wie er nach dem Bote heruntergeht, er kehrt zurück u. verlangt Genugthuung von den drei ⸢Gentlemen⸣, zieht; Grueby bewegt den Wüthenden u. von dem Wurf ⸢Schwindelnden⸣ zum Bote zu geh'n; Gordons Livree an ihm wirkt auf die Maße.

⸢44. K.⸣

Gashford erholt sich und folgt Dennis u. Hugh in des erstern Wohnung, erfährt, daß Hugh den Stein geworfen und hezt Beide auf Haredale, wenn's los ginge, ihn, die Seinen und das Seine zu verderben.

5ter Theil 45 K.

Mrs Rudge und Barnaby in ihrem Asyl, einem kleinen Städtchen fern von London. Stagg vom Fremden gesandt will 20 Pfund. Sie gibt ihm 6 Guineen u. bestellt ihn wieder hierher, weil sie das andere Geld erst sich schicken laßen müße ⸢von Haredale,⸣ auf deßen Hülfe Stagg deutet.

46. K. Der Blinde geht, nachdem er die Lust zu Gelde in Barnaby vermehrt u. ihm gedeutet, man find' es nicht in der Einsamkeit, sondern im Trubel. Da Stagg ihr gesagt, daß der Fremde London für immer verlaßen, geht sie wieder nach London, ihm zu entflieh'n.

47. K.

Auf der Reise von Greifs Künsten lebend treffen sie auf einen ⸢Friedensrichter⸣, der ⟨sie⟩, da sie ihm Greif nicht verkaufen wollen, auf das Brutalste davonjagt.

48. K.

Sie kommen eben vor der Sturmpetition in die Stadt, wo Gordon und sein Secretair sie antreff*e*nd den Barnaby ihr abspänstig machen und mitnehmen auf den Sammelplatz, wo Hugh dem Tropfe eine Fahne gibt

⟦9⟧ K. 49. Ueberreichung der Sturmpetition. General Conway u. Oberst Gordon, neben dem redenden Gordon erscheinend, bringen durch ihre Kühnheit das Volk zum Respekt und Rückzug. Militär zieht auf. Der bethörte

Barnaby wirft seinen Fahnenschaft nach einem der Platz machenden Reiter und fällt ihn; Barn. u. Hugh fliehen. Ihnen nach das Geschrei, mit dem das Volk der Magistratsperson Beifall zollt, die die Entfernung der Truppen verspricht, wenn d*a*s Volk auseinander gehe. Sie eilen nach dem „Stiefel".

K. 50.

Gashford kommt zu Tappertit, Hugh, Dennis, Barnaby in den Stiefel. Die Sache verloren. Er weiß sie indirekt zur Zerstörung von Kapellen zu reizen. Kapellenzerstörung.

K. 51.

Tappertit bringt zu Vardens wegen Mrs Vardens einen Schutzbrief, trozt dem Meister, der ihn zu Vernunft bringen will und entläuft ihm. Vardens, der ihn nicht einholen konnte, zerreißt den Schutzbrief.

K. 52.

Tappertit und Hugh haben einen Plan gegen Haredale und wollen die Mädchen entführen. Barnaby, damit er nicht mitgeht wegen seiner Neigung zu Haredale, wird wunder eingebildet, was er thut, wenn er hier Wache steht. Nachts wiederum Zerstörungen. ⌜Gashford⌝ reizt wieder den zum Stiefel kehrenden Hugh zu Größerm.

K. 53.

Gashford bringt die ⌜Zeitung⌝ mit in den Stiefel, worin dem Angeber ⌜der⌝ Anführer bei den Zerstörungen 500 Pfund versprochen werden. Auch Zeugen sind aufgetreten, darunter Haredale. Der Name macht Barnaby aufmerksam; ⌜Hugh⌝ beruhigt ihn wieder. Gashford fordert sie auf, den Kaninchenhag zu verbrennen. Barnaby steht stolz Schildwacht. Gashford wie er sie an Gordons Hotel vorbeizieh'n sieht, bemerkt Chester mit der blauen Cocarde, der Hugh zuwinkt. Er steigt auf's Dach, ungeduldig, die Brandröthe zu seh'n.

K. 54.

John Willets Zechbrüder geh'n nach London, um zu seh'n. Hughs Haufe kommt, plündert den Maibaum; sie laßen Willet an seinen Stuhl gebunden zurück u. ziehn nach dem Kaninchenhag. ⌜Hugh rettet dem Willet das Leben.⌝

K. 55.

⌜6ter Thl.⌝

Zu ihm in's Zimmer kommt einer, den die Lärmglocke vom Kaninchenhag zur Verzweiflung bringt, der Mörder. ⌜Des⌝ Kaninchenhags Zerstörung⟨.⟩ Jemand will Frauen weggetragen gesehen haben.

K. 56

Den Zechbrüdern begegnet Haredale, nimmt Daisy mit auf's Pferd. ⌜Den⌝ Thurm in die Höhe steigend ertappt Haredale im Mondenschein den Mörder. Hier bemerkenswerth, daß der Leser den Mörder gar nicht zu sehen bekommt und kaum eine Andeutung, was er denkt oder thut; hier ist blos Haredales Antheil an diesem Stück Begebenheit; der des Mörders u. Alles was sein Dasein in der Nähe der Mordstätte, überhaupt in der Gegend derselben motivirt, der eigentliche Kern seines Thuns und Seins vom Anfang an hierher aufgespart, so oft er ⌜auch⌝ im Romane bereits vorkam.

⟦10⟧ Boz ist ein Zweig des Romanes, der den Shakespeare trug. Ein Shakespeare, durch die Bedingungen der neusten Zeit modifizirt. Plastik und Musik ⌜gleichmäßig⌝ in ihm, ⌜wie⌝ in jenem ausgebildet und so verbunden, daß das eine zum ⌜andern⌝ zu werden scheint. Diese Kunst oder Kraft, sich in jede Gestalt, belebte und leblose hineinzudenken, das Körperlose sogar ⌜sichtbar⌝ darzustellen, gleichsam den Geist der Thatsachen und Begebenheiten*, der schauerlich oder entzückend über seinem Körper schwebt oder über der Stelle, wo es einst körperlich fühlbar war. Zu innerst der bunten Gemälde das Selbstbewußtsein, das Bewußtsein Englands in jedem Engländer, dieses Selbstgefühl, diese Thatkraft, dieser Trotz, wovon selbst in dem Selbstbehagen der komischen Figuren die große Spur, ist des Dichters eigener Kern. Jedes Wort, jede Figur, jede Schilderung athmet sie. Ich glaube, daß Shakespeare, wenn er jezt lebte, in dieser Art dichten würde. Das zu seiner Zeit gegen das simple Alterthum gehalten schon so ausgetiefte Leben und Mannig- und Maßenhaftigkeit des äußern Materials hatte damals schon im concentrirten Drama keinen Platz; der Roman unserer Zeit ist die naturgemäße Fortbildung jenes ⌜shakespear.⌝ Drama; er steht in ⌜demselben⌝ Verhältniß zu diesem wie jenes zum concentrirten und noch typischeren antiken

⟨*⟩ja des Bewegens u. Begebens selbst

NB. Bei genauerem Studium Sh*ak*espeares hat sich ⌜mein⌝ Urtheil sehr geändert.

Drama; oder, wenn man will, ⌜das⌝ shakespeare'sche Drama ist der Uebergang aus dem antiken Drama in das modernste, den dramatischen Roman.

---

57 Kap.

Barnaby, von Gordon in seiner Verblendung bestärkt, wird arretirt.

58. K.

Barnaby im Casernengefängniß. Ein einarmiger junger Mann spricht mit einem andern Soldaten. Er wird nach Newgate gebracht im steten Kampfe mit dem Volke, ⌜das⌝ ihn befreien will.

59. K.

Hugh, Dennis u. Tappertit bringen die gefangenen Emma u. Dolly ⌜in einer⌝ Chaise nach der Stadt und in ein Gemach, wo sie bewacht werden. Dolly sieht, daß Tappert. es auf sie gemünzt.

⌜60. K.⌝ Die 3 werden vor dem Stiefel gewarnt, gehen nach Fleet Market zu Kameraden, erfahren hier vom Einarmigen, d*a*ß Barnaby in Newgate sitze u. beschließen, da es jezt Morgen wird, ihn künftige Nacht zu befreien.

⌜61. K.⌝

Haredale führt den Mörder in einer Chaise nach London u. hat Mühe, ihn unterzubringen, weil der Lord-Mayor das Volk fürchtet. Bekanntschaft dabei mit Weinhändler Langdale, ebenfalls einem Katholiken, der da Schutz sucht.

62. K.

Stagg besucht den Mörder. Den hat es der Bestrafung entgegengetrieben widerwillig. Stagg's Plan, Rudges Frau soll um den vorgespiegelten Preis von Barnabys Freiheit bewogen werden, ihren Mann vor den Gerichten nicht anzuerkennen. ⌜Im Gefängnißhof Erkennung ⌜zwischen⌝ Vater und Sohn.⌝

Aus der Erzählung vom Morde, die aber auch dramatisch gehalten ist u. nicht wie eine Beichte, geht hervor: er hat dem Gärtner seine Kleider angezogen; die Frau hat ⌜ihn⌝ gehen heißen, verrathen wolle sie ihn nicht, aber schützen könne sie ihn auch nicht. Der tote Gärtner ist also für ihn gehalten worden u. ⌜dieser⌝ galt für den Mörder. Dies der Antheil, den die Wittib an der Sache hatte.

63.

Die Rebellen immer kühner, nehmen den sich tapfer wehrenden Vardens mit nach Newgate, daselbst das Thorschloß zu öffnen. Migg hat ihm ⟦11⟧ Bier in die Flinte gegoßen. Sie wird von Tappertit einem übergeben, sie wohin zu bringen. Er hat sie Hugh zugedacht. Vor Newgate angekommen weigert sich Vardens; es kommt zum Handgemenge aus dem u. ⌜vor dem⌝ Tode ein Einarmiger und noch ein Helfer ihn retten unter dem Vorwand, ihn zu strafen, während die Andern an die nöthigere Arbeit gehen sollen. Aus den Möbeln pp des Kerkermeisters ein haushohes Feuer gemacht, vor dem endlich das Thor glühend zusammenbricht. ⌜64 K.⌝

7ter Theil.

65. K.

Des Mörders Angst. Hugh erregt Dennis Zorn, da er die bereits zum Strang Verurtheilten, die der für sein Eigenthum ansieht, ihm nimmt u. sie auch befreit

⌜66. K⌝ Haredale von einem Wirth aus Angst vor den Rebellen zurückgewiesen; will die Rebellen verhindern, den Mörder zu befrei'n, wird vom Weinhändler u. Duegby in des erstern Haus gebracht, dem Fiebernden zu Ader gelaßen. Militär schreitet ein, Hugh kommandirt zu Pferde. Verwüstungen.

67. K.

Drohzettel. Weitergreifen der Rebellion. Proclamation der Militärbehörden. Sturm auf des Weinhändlers Haus; Hugh droht nach Haredale auf dem Dache hinauf. Der Weinhändler bewegt Haredale ihm zu folgen. Durch die Keller, deren Hinterthüre Duegby geöffnet, kommen Joe, der Einarm und Edward, der den Hugh niedergeworfen u. so Haredale gerettet herein und nehmen jene mit sich fort.

68. K.

Barnaby u. sein Vater flüchten in eine Hütte in freiem Felde. Barnaby soll Stagg holen, findet den nicht zu Hause und rettet den gefallenen Hugh mit heraus

69. K.

Der Mörder erst argwöhnisch auf den Sohn. Barnaby, nochmal nach Stagg geschickt, bringt ihn. Die Frau will sich nicht auf Staggs Plan einlaßen, der denkt's aber zu zwingen. Dennis kommt dazu, dem Hugh von Newgate nicht traut u. verräth die Flüchtlinge dem Militär. Der flüchtende Stagg wird erschoßen. Der Pöbel ist besiegt.

70. K.

Dennis geht zu den Frauen. Gespräch mit Miggs, aus

dem er erfährt, Hugh u. Tappertit haben unter sich gesprochen, d*aß* Emma von einem Andern Morgen entführt werden soll u. räth auf Gashford. Dennis meint, nur das Gefangenhalten der Frauen könne ihm, wenn's herauskomme, gefährl. werden, drum will er Dolly über
⌜71.⌝ See entführen laßen und Miggs laufen laßen. Gashford kommt mit dem Vorwand, er sei von Haredale geschickt, der über See, mit ihr zu folgen, da die Rebellen gesiegt. Dolly will sie halten. Wie Emma doch folgen will, kommen Vardens, Joe, Edward und befreien sie.

72. K.

Die Vorigen u. der alte Willet im goldenen Löwen. ⌜Gespr. Joes mit Dolly. Der alte Willet confus.⌝

73. K.

Mrs Rudge bei Barnaby. Außen trifft sie auf Rudge. Ob sie ihn retten will. Nein; er soll bereuen.

74. K.

Dennis gefangen zu Hugh gesperrt. Dennis will ihn wegen seiner ⟦12⟧ Mutter ausfragen; ihm scheint was zu ahnen. Hugh antwortet nicht.

8ter Theil.

75. K.

Zu Chester kommt Vardens, er möge doch zu Hugh kommen. Vardens zeigt, daß er weiß, daß Chester wiße, Hugh sei sein Sohn.* Jene[r]⟨s⟩ ⌜Friedensrichters⌝ Zeugniß hat Barnaby verdorben. Chester weicht aus, fällt nach Wardens Abg*ang* zusammen.

*Von einer Zigeunerin, von der Dennis schon früher erzählte wie auch von dem Zigeuner, der ihn aufklärt. Chester u. Hugh sollten sich nicht kennen u. Hugh sie an dem unerkannten Vater rächen; das war ihr Fluch.

76. K.

⌜Der⌝ Mörder hingerichtet. Barnaby soll morgen sterben. Der Schloßer müht sich, ihn zu retten. Abschied seiner Mutter von Barnaby. Hugh frechmuthig, Dennis erbärmlich.

77. K.

Schaffot u. Galgen gebaut. Hugh u. Dennis hingerichtet. Barnaby soll im Bloomsburysquare hingerichtet werden.

78. K.

Dolly erklärt Joe ihre Liebe u. Treue u. daß ihre Aeltern zufrieden seien.

79. K.

Verlobung Edwards u. Emmas. Sie wollen nach Amerika, Haredale in's Kloster. Varden kommt mit Barnaby, den Haredales Bemühungen befreit. Die Mutter krank hier. Edward beim Begräbniße Hughs.

80. K.

Dollys Verlobung. Die Miggs kommt und muß wieder geh'n.

81. K.

Haredale trifft Chester am Schutthaufen vom Kaninchenhag. Duell, in dem Chester fällt.

82. K.

Weiteren Schicksale der übrigen Personen.

Die Personen.
John Willet
Joe Willet.
Haredale.
Emma.
Mr. Chester.
Edward Chester.
Rudge.
Mrs Rudge.
Barnaby.
Hugh.
Varden.
Mrs. Varden.
Dolly.
⌜Miggs.⌝
Tappertit.
Stagg.
Tom Cobb
Phil Parkes
Sal. Daisy.
Lord Gordon.
Ghasford.
Duegby.
Dennis.
Weinhändler.
⌜Friedensrichter⌝ u. Frau.
Peak.
Oberkerkermeister pp

Edwards u. Emmas Liebeshandel gegen den Willen der Verwandten; Chesters Intriguen, sie zu trennen.
Die Mordgeschichte u. ihre Folgen.
Tappertits Ehrgeiz u. Eifersucht.
Hughs Rache, Chesters u. ⌜Gashfords⌝ Intriguen gegen Haredale.
Die Protestantenbewegung Gordons, den Gashford verräth.
Die Ehe Vardens durch die Migg gestört.
Die Beßerung der Kokette; Joes Liebesgesch.
John Willets Härte gegen Joe.
Der Haß Chesters und Haredales.
⌜Verhältniß⌝ Chesters zu Hugh.
Barnabys Geschichte.

⟦13⟧ Es sind in diesem Roman eine Criminalgeschichte, zwei Liebesgeschichten, eine ⌜Aufruhrgeschichte und⌝ zwei ⌜Familiengeschichten⌝ (Rudges u. Vardens) so verflochten, da[s]⟨ß⟩ die ⌜eine⌝ die andere motivirt. Außerdem stecken auch noch einige blos skizirte Geschichten darin, z. B. die Hughs u. seiner Mutter, die aber wenig zu ihrem Rechte kommt. Auch die Figuren greifen aus der einen in die andere hinüber; die meisten sind in allen diesen einzelnen Geschichten daheim, z. B. Vardens, der in der Criminalgeschichte der Repräsentant des Zuschauers u. Vertraute der Rudge und des Haredale, in der einen Liebesgeschichte ein Agent, in der anderen ein Vater, in der einen Familiengeschichte (Barn.) ein Freund, in der andern der Held, in der historischen der loyale Bürger.

Von den Charakteren sind einige Probleme: der politische Don Quixote, Gordon, der Mörder, der ⌜der⌝ Entdeckung durch eine dunkle Gewalt zugedrängt wird, der er vergeblich ⌜entgegenkämpft⌝, der Schwindel des Gewißens, den die Folgen einer selbstsüchtigen That ⌜zum⌝ Ausbunde von Selbstsucht machen; Haredale, der sich dadurch, daß er <u>Einen</u> Gedanken zum Inhalte seines Lebens macht, sich isolirt. pp Die eine Liebes und die eine Familiengeschichte sind zugleich Beßerungsgeschichten, ⌜deren einere⌝⟨,⟩ die historische⟨,⟩ das corrigirende Moment bietet. Das Unglück und die Entfernung Miggs, beide durch den Aufruhr herbeigeführt beßern die Mrs Varden. Es sind dieselben Schauspieler, die in 7 verschiedenen Stücken auftreten, welche szenenweise in einander geschoben sind. Auch dies ist nur eine Erweiterung Shakespeares, der selbst schon eine Erweiterung der Alten erscheint. Wie ⌜bei⌝ Shakesp. oft zwei Handlungen einander contrastirend und dadurch erklärend in Bezug auf Ideendarstellung zu einer vereinigt sind, so ist's hier mit sieben der Fall, von denen ja zwei und zwei wie ihre Helden sich parodiren u. contrastiren. So Gordon und Barnaby, zwei Verrückte, der Mörder und Chester, zwei Selbstsüchtige, Haredale und der Schloßer, zwei Thatkräftige. Das dramatische Movens zusammengesezt aus den Motiven aller Einzelnen. Die eine Geschichte, die Criminalgeschichte ist eigentlich am Anfange des Buches in ihrem Wesentlichen schon vorüber, es fehlt nur die Entdeckung des Mörders; diese Geschichte hat einen analytischen Gang, während die andern synthetisch ⌜vorschreiten⌝. Sie gibt da schon eine Spannung, wo die andern, noch im Keime liegend, dies nicht vermögen. Sie hat mit an den Situationen der einen Liebesgeschichte gebaut; sie hat das Hauptmotiv zu der Feindschaft Haredales und Chesters ⌜geliefert.⌝

⟦14⟧

Ein Jahr von Fligare-Carlen.

Zwei Ehen einander gegenüber, die eine aus unfestem Glück in Unglück, die andere aus Widerwillen und Unnatur in Glück übergehend. Juba, verzogen, kindisch, launenhaft, will ihren Mann, der sie vollends verzog, von ⌜eingebildeter⌝ Eifersucht ⌜heilen und⌝ zugleich eine kleine Comödie spielen und ruinirt ⌜ihn⌝ geistig dadurch. Ihre Schwägerin, die Heldin, die von der Verf. mit großer Prätension eingeführt und durch das Ganze behandelt wird, zeigt sich eben so leichtsinnig, ja unsittlicher als jene, aber es geht ihr Alles gut aus und wird Alles an ihr gelobt. Von einem Verlobten betrogen wie ein Brief deßelben mit Geständniß nach ⌜seinem⌝ Tode ihr beweist, heirathet sie einen Andern, einen egoistischen Despoten, wie er sich in seiner ersten Ehe bewies; sie weiß schon vom Tage des ersten Aufgebotes, daß sie ihn nicht leiden kann, aber anstatt ihm das zu sagen und das Verhältniß aufzuheben, läßt sie sich mit ihm ⌜trauen.⌝ Die neuen Eheleute schlafen nicht beisammen; ihr Widerwille erregt seinen gerechten ⌜Zorn über⌝ ihren Leichtsinn, womit sie dies Verhältniß herbeigeführt, dem sie nun doch nicht gerecht werden will; er spricht von Scheidung und will sogleich abreisen; sie bewegt ihn aus Empfindlichkeit gegen die Meinung der Welt, wenigstens ihr Gatte zu scheinen. In einem Jahr könne man sich mit geringer'm Aufseh'n trennen. Er geht darauf ein. Erwachend glaubt sie ihn doch abgereist und er hört einen Ausruf von ihr, in dem der Haß gegen ihn deutlich genug merkbar. Ein Beweis, daß die Delikateße bis zur Unsittlichkeit zu treiben sei, ist, daß die Autorin für ihre Heldin partheiisch gar nicht zu fürchten scheint, daß das Benehmen dieser das gesunde Gefühl geradezu empören muß. Sie will nun zeigen, wie dies unnatürliche Verhältniß ⌜in⌝ ein natürliches und glückliches übergeht. Sie lernen sich allmälig kennen, Eifersuchten zeigen ihnen, daß sie sich lieben, indem sie diese Liebe mehren. Von außen ⌜kommen⌝ Verdächtigungen dazu; wenn sie sich schon finden wollen, kommt Empfindlichkeit, Stolz, falsche Delikateße dazwischen, Gerüchte, Mißverständniße. Die von jenem ersten Verlobten Verführte scheint eine Mätreße des Helden zu sein, er glaubt sie in einem Verhältniß mit einem Hausfreund. Ihre Parteilichkeit für die Heldin bringt im gesunden Leser das Entgegengesezte hervor. Je mehr sie von der Vernunft und der Willenskraft derselben spricht, desto mehr beleidigt der Mangel von Beidem in deren Benehmen. Zulezt heilt sie noch seine Disposition zur Eifersucht durch ein Mittel, eben so albern als jener Leichtsinnigen, an der man daßelbe ihrem Naturell nach leichter entschuldigt. Zulezt, wo die Heldin den Helden zu Gnaden aufnimmt, der vor ihr ⌜knieet und⌝ sich in Alles fügt, was sie will, erweist sich der Held viel edler als die Heldin und dem Gefühle nach sollte umgekehrt die Heldin sich demüthigen. Die Gespräche und Erzählung sehr gewandt. Aber man entsezt sich vor dieser moralischen Schiefheit und wünscht eine moral. Censur. Solche Bücher müßen mit Gewalt demoralisiren. Am meisten wundert, daß es eine Frau ist, die das heilige Institut der Ehe mit so grenzenlosem Leichtsinn behandelt

⟦15⟧

Namenlose Geschichten v. Hackländer.

Ein gesundes, Liebe und Lust zum Leben gebendes Werk, woraus ich Viel gelernt, z. B. daß die Hauptsache eines Romanes doch seine Figuren und ein Romanschreiber, der sich auf seinen Vortheil versteht besonders für ⌜Figuren⌝ sorgen muß, die dem Leser lieb werden können. Der Leser muß in möglichst liebenswürdige Gesellschaft kommen; die Liebe u. Behaglichkeit, mit der der Dichter seine Leute zeichnet, geht auf den Leser unwillkührlich über. Die angenehmsten Gestalten sind die geschloßensten, die sich in einem engsten Kreise mit größter Behaglichkeit herumdreh'n; die Figuren, die so recht mit sich selbst in Harmonie, übertragen diese auf den Leser. Gestalten von der nächsten Straße herauf gegriffen. Hat uns der D. einmal recht für seine Figuren und ⌜ihre⌝ Schicksale erwärmt, dann trennen wir uns nicht gern von ihm; wir ertragens wenn ein Capitel gegen das Ende hin ohne eigentl.

Handlung uns nur eine ⌜und⌝ die andere liebe Gestalt sich begegnen läßt, uns in ein Haus, in ein Zimmer führt, wo wir so oft mit den Gestalten uns befunden und uns zeigt, daß noch Alles so steht wie sonst. Mit der Marie, wenn sie die Fr. Welscher besucht, begrüßen wir jedes einzelne Ding, das eine Geschichte für sie hat, denn diese hat es auch für uns. Das ist ⌜die⌝ Folge der Ausmalung der Localitäten und Vorgänge selbst bis in das kleinste Detail; versteht sich, daß sie an sich schon anzieh'n muß und daß wir ⌜uns viel darin⌝ aufhalten müßen. Eine Localität, die nur einmal vorkommt, bedarf diese Ausmalung nicht, auch keine Begebenheit, die nicht besonders in unserer Erinnerung haften soll. Die epische Breite soll immer das Gesetz ihres Maases in der Größe oder Kleinheit ⌜des⌝ Gegenstandes in Bezug auf unser Intereße haben. Denn das Hauptgeheimniß des Romanschreibers in dieser Beziehung beruht darin, daß wir zuletzt die Personen alle genau gekannt, die Localitäten alle hundertmal selbst gesehen und darin allerlei mit erlebt zu haben fühlen ⌜[zu]⌝ müßen. Je öfter er deßhalb dies Alles uns vor die Augen führt, je tiefer er ⌜das Alles⌝ in das Gedächtniß unserer Phantasie und unsers Herzens eingräbt – besonders des Herzens, das das beste Gedächtniß hat, desto beßer. Wir könnten uns dann überreden, wir haben da und da und mit denen u. denen als Kinder gespielt, ⌜da⌝ hat der Steinmann uns mit Fratzen erschreckt u. s. w. Im obigen Romane beginnt die eigentliche Verwickelung erst am Ende des ersten der 3 Bände; er verschafft uns erst eine ⌜volle⌝ epische ⌜Lust⌝ an den Figuren, ihren ⌜Beziehungen unter⌝ sich, an den Localitäten, den Zuständen; sie intereßiren uns erst als Genrebilder, Stillleben, als Zustandsbilder aus dem nächsten wirklichen Leben; wir kennen alles das, Figuren, Localitäten und soziale Zustände, als wären wir mit und in ihnen aufgewachsen; ihre ⌜Erlebniße⌝ und Einwirkungen auf einander sind eigentlich blose Begegnungen; dann erst beginnt ein mehr dramatisches Intereße. Indeß ist der Hauptcharakter des Ensemble immer ein Begegnen der verschiedenen Figuren, nur ⟦16⟧ immer wieder in andern Situationen, meist in solchen Situationen, wo der Begegnende als Helfer in der Noth kommt; solch ein Helfer in der Noth, theils wirklicher, theils dem Willen nach, ⌜aber⌝ gehindert und gleich nach dem Begegnen wiederum getrennt. Dem Begegnen entspricht das Suchen, das

auch die Begebenheiten sind mehr einzelne Typen, z. B. der Bürgerball u. Eduards Situation dabei: Empfindungen eines, der in die Ballwelt eingeführt wird, sodann Stechmaiers erstes Debüt.

Städtische Zustände, der Balletsaal, der Marstall, Bürgerball, Hofball, Hofdamenleben, Wäscherei pp lauter Skizzen aus dem Leben, die abgesonderte Aufsätze sein könnten.

deßhalb auch eine große Rolle spielt, das Suchen des Einen und Finden des Andern dafür,* Berathschlagungen, wie etwas auszuführen, dann Hand anlegen. Fliehen, Suchen, Finden oder nicht Finden, dabei Andern begegnen; vergebliches Suchen hier, ungeahntes Finden dort. Danach scheiden sich die Figuren in zwei Geschlechter, die fest Sitzenden (am Orte, innerhalb ihres geschloßenen Berufs, Leute ohne ausgreifende Neigungen, Gewohnheitsmenschen pp) und die sich Bewegenden (die thierartig, wie jene pflanzenartig) die Strebenden; die entweder reisen oder in andere ⸢äußere⸣ Verhältniße, in andere moralische Zustände sich sehnen; ⸢Jene⸣ werden wohl ⸢weggerißen aus⸣ ihren lieben Verhältnißen, diese zurückgehalten in unlieben, ⸢verhaßten,⸣ oder es gelingt ihnen, sich herauszuarbeiten, wie jenen, sich festzuhalten. Also Zustandsmenschen und Drangmenschen; dazu kommt noch eine Art, die mit jeder dieser Arten vereinigt sein kann, psychologische Problemmenschen, die den Verstand reizen, wie die Zustandsmenschen das Gemüth, die strebenden das moralische Gefühl oder die Phantasie. ⸢Wie⸣ erstere ruhen, die zweiten handeln, so sind diese der Schauplatz einer Handlung der Naturkräfte. Das sind Menschen mit fixen Ideen, Schrullen, absonderlichen Gelüsten oder ⸢lebendige⸣ Krankheitsphänomene.

*oder einer Spur, die wiederum zum Suchen auffordert.

So auch Zustände u. Begebenheiten

Die ersten, die strebenden sind entweder Verfolger oder Retter, gute Menschen, die böse werden ⸢oder⸣ verdorbene, die sich aufrichten; Menschen, die fliehen ⸢oder⸣ die suchen, die aus einer Situation herauswollen oder die in eine ⸢hineinwollen.⸣ Die Peripetie ⸢dreierlei,⸣ entweder moralisch: Gut- oder Schlechtwerden oder intellektuell, eine ⸢Meinung⸣ loswerden oder in ⸢eine⸣ verfallen, oder ⸢Glücklich⸣ werden oder unglücklich werden (äußerlich: reich oder arm, vornehm oder gering, geachtet oder verachtet oder innerlich zufrieden oder unbehaglich).

Mißverständniße, Erkennungen, vermeintl. Fremde finden sich als Verwandte; Heirathen werden dadurch unvermuthet möglich oder unmöglich.

Von Boz' Weise in der Verflechtung der ⸢einzeln⸣ epischen Bestandtheile unterscheidet sich dieser Roman dadurch, daß diese mehr episch geschieht. Bei Boz sind sie gewöhnlich zu einer gemeinschaftlichen Katastrophe also alle gleichmäßig ⸢fortstrebend⸣, hier endet eine Geschichte, wenn die andere zu steigen beginnt und viell. eine dritte noch ruhig beginnend daneben herläuft. Die Verbindung meist nur so, daß mehre Geschichten ⸢einige⸣ Personen miteinander gemein haben;

manche Personen spielen in Allen mit, z. B. Alfons. Manche kommen nur überhaupt in einer andern Geschichte mit vor, ohne ein ⌜zu⌝ der Handlung derselben wesentliches Element ⌜zu sein⌝. Die Frau Müller ist in Lucas Geschichte Heldin, in Annas Mutter der Heldin. Alfons zieht sich fast durch alle hindurch, daher ist er den größten Theil des Romans über der Faden, an den die übrigen Geschichtstheile gereiht sind. Aber eben diese scheinbar absichtslosere Verknüpfung wirkt darum stärker zur Täuschung.

Es ist recht gut möglich bei unserm Vorrat von Skizzen aus dem wirkl. Leben alle mögl. Verhältniße ohne Autopsie zu schildern.

⟦21⟧

Theorie.

Die alte Eichentruhe von James.

Um das eigentliche Wesen des Romanes und seiner Bedingungen recht kennen zu lernen, darf man sich nicht an die Virtuosen in dem Fache wenden, sondern an die Romanschreiber zweiten Rangs und besonders an die Engländer dieser Klaße. Jene Virtuosen biegen die Form nach ihrer Eigenthümlichkeit und sind nicht selten eben da am anziehendsten, wo sie sich völlig gehen laßen.

Ferner sind sie auch in der Anwendung der Kunstmittel nicht so naiv; sie wißen sie ⌜so⌝ zu variiren u. zu verstecken, daß man dieselben schon kennen muß, um sie in der Maske herauszufinden. Man fange daher mit einem Autor zweiten Ranges an u. gehe dann weiter zu denen des ersten.

Mich dünkt, für das Studium der Technik des Romans kann es kein zweckmäßiger Muster geben als Die alte Eichentruhe von James. Aus diesem R. läßt sich am leichtesten entwickeln, was der Roman verlangt.

Er verlangt 1., Ruhe, Haltung, Abweisen jeder Art Ungeduld. 2., Je größer, d. h. länger und reicher er ist, desto mehr eine gewiße Äußerlichkeit. Die kleine Novelle oder Novellette wird ohne große Innerlichkeit so wenig gedeih'n, als die Ballade, das erzählende Lied. Je umfangreicher das erzählende Gedicht, je weniger ist ein auf psychologische Entwickelung gestelltes Problem durchzuführen, weil, wenn nicht der Leser, doch der Autor nicht im Stande ist, sich in soviel Personen zugleich zu vertiefen und sie so vertieft aus einander zu halten, dann weil es etwas sehr Peinliches für Beide hat, beständig das ⌜innere⌝ Auge so anzustrengen für die feinen Züge, noch mehr, wenn ⌜das⌝ Auge sich bald für die Uebersicht erweitern und

⌜doch⌝ immer wieder für das Einzelne verengen soll. Es muß durchaus ein richtiges Verhältniß besteh'n zwischen der Größe des Bildes und der Größe der einzelnen Züge. Die einzelnen Glieder der einzelnen Figuren eines Freskobildes ⌜dürfen⌝ nicht Miniaturmalerei sein.

Da ein Rom. von großem Umfange uns lange beschäftigt, so muß er all' unsere Kräfte beschäftigen, wenn nicht Ermüdung eintreten soll. ⌜Besonders⌝ ist krankhafte Einseitigkeit zu meiden, wie z. B. bei Thakeray die stete Wehmuth, wenn auch lächelnde Wehmuth, mit der er seine Figuren und ihr Thun anschaut. Vielmehr muß eine kräftige, heitere, Gesundheit die Stimmung des Autors beherrschen und zwar eine immer gleiche. Der Schatten muß die Figuren herausheben und die Gruppen; er darf blos Mittel sein. Thakeray macht uns den Eindruck eines Kindes, das, ⌜statt⌝ mit seinem Spielzeug zu spielen, es zerlegt und findet, daß es aus Holz ⌜od. Teig⌝ gemacht ist, und Wehmuth über die ⌜Zerlegung⌝ empfindet und doch nicht Liebe und Lust genug zu den Dingen hat, um sie ganz zu laßen.

Dann muß er die Dinge kennen, die er schildert. Nur so kann er unseren Glauben wecken und erhalten und die Mittelglieder zwischen den Effektszenen hinlänglich beleben und uns intereßant machen.

Der engl. Romanschreiber behandelt seine Darstellung als ein Geschäft, ⌜daher⌝ als ein Praktikus, nie als ein ⌜Dilettant⌝. Man sieht, er schreibt nicht, um sich selbst zu vergnügen und schlürft daher nicht blos den Duft aus gepflückten Blüten. Er läßt das Gewächs aus seinen Keimen naturgetreu entsteh'n, erst bekommt es ⌜eine Wurzel, dann⌝ einen Stengel, dann Blätter, endlich eine Blüte oder mehre. Mit einem wahren Heroism geht er dem an sich wenig Intereßirenden nicht aus dem Wege, er behandelt es mit derselben Liebe als das Intereßanteste und so nur kann der üppige Baum von Intereße erwachsen. Sein Thun erinnert an die ruhige Art, mit der man Arbeiter vom Fache arbeiten sieht, die sich nie übernehmen und vor Ungeduld, das Ganze fertig zu seh'n, das Einzelne überhasten. Und in Wahrheit ist ein schönes Gebäude eines tüchtigen Grundes bedürftig. Der Maurer darf nicht beim Grundmauern sich übereilen, um nur bald die kühnen Zinnen und Gewölbe aufsetzen zu können. Er setzt vorsichtig und mit ruhigem Blu-

Die Kunst des bedeutenderen ⌜Autors⌝ liegt in der Gruppirung seiner Handlungs- oder vielmehr Begebenheitsstämme, in welcher er den Stamm und die Zweige der ⌜je⌝ höhergestellten Pflanze durch die Blüthen der ⌜je⌝ weiter vorn stehenden theilweise zu decken versteht. ⌜Höhe⌝ u. Vorn u. Hinten verstehe ich hier so, wie man es auf den Blumentopfstellagen sieht, die von unten und vorne nach oben u. hinten aufsteig*end* gebaut sind. ⌜Die⌝ vorderste u. unterste

te Stein an Stein, wählt mit Ausdauer die anpaßenden Flächen aus. Er denkt nur daran, wie der Grund fest und dauerhaft zu legen sei; der Tag wird schon kommen, wo das Gebäude Gestalt erhält, die Zeit, sich an dem Werke zu freuen. Diese Kaltblütigkeit, dieses Unterordnen und Auseinanderhalten, diese vorsichtige, umsichtige Ruhe, diese Totalität, mit der er bei jedem Momente und dem, was eben nöthig, mit ganzer Seele ist, diese Ausdauer, die nichts durch Uebereilen verderben will und ⸢jedem⸣ Anspruch genügt, dies ruhige Abwarten, das dem Engländer eigen, macht ihn zum großen Romanschreiber und zum großen Staatsmann. Der Engländer sezt sich einen Zweck, der zu erreichen ist, und nur Einen, diesen läßt er nicht aus dem Auge. Mit wunderbarer Selbstbeherrschung, und Ausdauer geht er ⟨an⟩ ⸢allen⸣ Lockungen, die ihm unterwegs aufstoßen, ⸢ungerührt⸣ vorbei; er will ⟦22⟧ das, was er sich vorgesezt, nur das und nicht weniger, nicht mehr. Und wie ihn die ⸢Ungeduld⸣ Phantasie nicht von seinem Zwecke abbringen kann, weiß er vielmehr sie ⸢zum⸣ besten seines klarbewußten Zweckes anzuhalten. Mit dem Zwecke will er die Mittel und er versäumt und verwahrlost nicht eins davon. Die äußerste Thätigkeit der Phantasie aber stets im Zügel ⸢eines⸣ großen Verstandes, der ihr den Weg vorschreibt, sie antreibt und zurückhält, wie es sein Zweck verlangt charakterisirt schon ihren großen Meister Shakespeare. Wir Deutschen laßen uns entweder von der Phantasie fortreißen oder wir unterdrücken sie ganz. Von der Mitte des Weges lockt uns ein anderer Zweck. Wir werden unsers ursprünglichen Zweckes zu bald satt, ein anderer taucht im Glanze der Neuheit vor uns auf, wir folgen diesem und ein dritter wohl macht uns den zweiten gleichgültig. Und verlaßen wir die ersten nicht ganz, so wollen wir nun zwei, drei Zwecke erreichen, worunter alle zwei oder drei leiden. Eine Illustration dazu ist Shakesp. und Schiller. ⸢Der⸣ überzeug*en*dste Beleg gegen ein Shakesp. Stück gehalten, der Don Carlos. Erst war Schillern ein fürstl. Familienstück, Vater und Sohn Nebenbuhler bei Einem Weibe der Zweck, dann gewann es das Ideal ⸢politischen⸣ Freiheitsstrebens in Posa über ihn; sie verknüpften sich in einem dritten, dem Ideal opfernder Freundschaft. So sind drei Seelen hier in einem Körper, während bei den Shakesp. Doppelhandlungen Eine Seele in mehren Körpern. Oder vielmehr Eine Seele die sich der beiden

⸢Pflanze⸣ ist die Vorgeschichte, deßen Topf von einem Rahmen bedeckt ist, während sie selbst die Töpfe der anderen verdeckt. Auch hier kann man die Methode des Taschenspielers als Muster setzen. Er sät einen Samen in einen Topf, dann nimmt er ein andres Kunststück vor, welches er vielleicht auch nicht ganz ausführt, nun zeigt er den Samen keimend, dann den Fortschritt des 2ten Stückes; er beginnt das Dritte; nun zeigt er die ⸢sproßende⸣ Saat pp. Also a α b α, c α, dann a β, b β, c β u. etwa so fort. So sind wir immer beschäftigt, u. dies ist eine Hauptsache.

Theorie.

Arme Eines Körpers bedient, während dort jede Seele einen Arm oder bald die eine bald die andere sich um ⌜ein⌝ Organ streiten. So in Wallenstein ein kühnes Umgreifen und stilles Resigniren in einer Person, eine Napoleons- und eine Sokratesseele und zwar nicht kämpfend, worin eine Einheit gewesen wäre, sondern abwechselnd, so daß zwei ganz verschiedene Menschen im Wallenstein einer nach dem andern auftritt.

Ein so großes Thier wie ein Roman muß nothwendig ein Rückgrat haben. Im biographischen Roman ist die Geschichte des Helden dies Rückgrat, alle Begebenheiten beziehen sich auf den Helden. Außerdem bildet irgend ein Äußeres, ein zu erringender oder zu schützender Besitz oder dergl. das Rückgrat und alle Personen, wie alle ⌜Nebenbegebenheiten⌝ beziehen sich auf diese Hauptbegebenheit. In Folge dieser Hauptbegebenheit, von ihr veranlaßt, zeigen die Personen ihr Inneres in Gefühlen und Handlungen. In der „alten Eichentruhe" ist das Testament des Sir John und das Schicksal dieses Testamentes das Centrum. In diesen Romanen ist die Hauptsache die Geschichte eines Dinges, hier eines Testamentes, die Geschichte eines Gegenstandes des Verlangens oder der Verabscheuung. Schon die Ilias gehört hierher; die Helena ist die Hauptsache, der Preis des Kampfes, in welchem die Personen in Thun und Leiden ihr Wesen entfalten; nicht die Hauptperson, denn sie intereßirt darin nicht als Person, sondern als Sache, als Besitz. So das goldne Vließ in den Argonauten, der Besitz der Penelopeia in der Odyßee. In der Aeneis die Gründung Roms.

Die Hinderniße des Besitzes liegen meist zunächst in einer Vorgeschichte.

Eine Hauptkunst des Romanschreibers ist ferner Arrangement, das Verschweigen von Dingen, die man gern wißen möchte, das Zeigen von Personen und Dingen, deren Verhältniß zum Ganzen noch unbekannt, das Abbrechen, das Verschlingen. Das Verbergen des Inneren ⌜hinter⌝ Äußerem, der Absichten der Personen. In den Charaktern ist etwas Festes gegeben; dem Leser macht's Freude, daß er ⌜erräth,⌝ wie die Person ⌜in⌝ dem und dem Falle handeln wird; eben so in der poetischen Gerechtigkeit; hier ist gewißermaßen der liebe Gott selbst als eine Person von Gerechtigkeitsliebe, die ⌜eine⌝ Lust daran hat, die Ränkespinner in ihren eigenen Netzen sich fangen zu laßen und eine gewiße Eitelkeit, den Geheimnißvollen zu spielen, sich momentan verkennen zu laßen, um am Ende desto imposanter ⌜hervortreten⌝ und sagen zu können:

Ich bin doch ich. Daß der liebe Gott den Charakter hat, weiß der Leser, er weiß, daß er so thun wird, wie er thut; so hat er das Vergnügen des Ahnens, des Rathens, wie ⌜der liebe Gott es machen wird,⌝ und zulezt das Vergnügen, zu empfinden: hab' ich nicht gewußt, daß der liebe Gott das machen wird, wenn auch nicht gleich, wie? So ist denn am Ende der Leser mit keiner Person so sehr zufrieden, als mit dem lieben Gott und es ist wiederum recht von dem Romanschreiber, der doch eigentl. dieser sein lieber Gott selbst ist, daß er den Leser mit dieser Empfindung verläßt. Aesthetisch und moralisch zweckmäßig.

Theorie

⟦23⟧ In der alten Eichentruhe sind gute Elemente für ein Drama, deßen Held aber William Haldimand werden müßte, nächst ihm Tom Notbeame. Die Katastrophe müßte gedrängter werden. Das gestohlene Testament, die grausame Vertreibung, der Haß W.s gegen Kate. Der Sohn, um den er Alles thäte, müßte sein ⌜Verderber scheinen und getödtet, Kate⌝ ebenfalls. In einem Vorspiele die Schuld, im eigentlichen Stücke die Strafe; die Furcht vor dem Herauskommen, die Furcht, seine Enkelin möge sich ein Leid gethan haben, die Reue über sein Thun an ihrer Mutter, die Nachricht, Henry sei erschoßen. Neben William sein Sohn, Graham, Porteus, Hush, Notbeame, ⌜Charles.⌝ pp

Im Ganzen waltet ⌜im⌝ englischen Roman noch Sh*ake*sp*eare*s Geist. In dem sittlichen Grundgedanken, der künstlichen Verflechtung mehrer Handlungen in eine, in der plastischen Großheit, der Charakteristik realistischer Ideale, der Darstellung des Weltlaufes, der Illusion, der Ganzheit ⌜des Lebens⌝, in der Mischung des Komischen selbst in das Ernsteste, ohne daß es diesem schadete, in dem Abwenden von aller Schwärmerei und hohler Idealität

Die Engländer studiren den Gegenstand, den sie behandeln, sie machen sich auf's genauste mit den Verhältnißen bekannt, die der Stoff ihrer Erzählung, aber nur, um ihnen abzugewinnen, was von Poesie u. sonstigem Effekt in ihnen ⌜liegt⌝ u. um durch die Blöße, die sie dem Verstande des Lesers gegenüber sich geben könnten die Wirkung nicht stören zu laßen, nicht aber, um ihn lehrend u. räsonnir*en*d abzuhandeln. Das gibt ihren Werken das Anspruchslose, das so wohl thut.

Der Deutsche lehrt so gern; er kann der Versuchung nicht widersteh'n, ⌜die⌝ Studien, die er um eines Romans willen gemacht, u. ihr Ergebniß ⌜gleich mit⌝ zum Besten zu geben. Möchte er das immer, aber an einem andern Orte. Das Reinhalten der Gattungen nicht allein, sondern auch das Reinhalten der Poesie selbst von Elementen, die nicht ihr,

Bei Boz ist die in's Lichtsetzung der Bornirtheiten, gutmüthiger u. bösartiger, die Bornirtheit der ⌜Personen nach Stand,⌝

sondern der Publizistik, der Wißenschaft gehören.

*Affekt u. Leid*en*sch*a*ft.

Bildungsgrad, Handthierung, Alter* pp die Hauptsache. So Cuttle mit dem Geld leih*en*den Walter vor Mr. ⌜Dombey.⌝ Diese nebeneinanderlaufenden Entwickelungen nach angenommener Art der Bornirtheit u. Sprache mit äußerster Consequenz der Phantasie verfolgt, so, *daß* selbst das Fantastische eine poetische, innere Wahrheit behauptet, die im höchsten Grade dramatisch sind, ⌜ist's⌝, was die Engländer auszeichnet. Hier liegt ⟨...⟩

Bei Boz handelt sich's immer um die behaglichste Ausmalung; seine Wirkung ist, den Leser mit seiner Behaglichkeit anzustecken. Selbst das Unbehagliche an sich weiß er so behaglich zu schildern.

Viel wirkt er mit dem Zusammenfaßen der dunkeln Vorstellungen, die neben einer klaren Entwickelung des Charakters im Gespräche ⌜hergehn⌝ oder anstatt dieser ⌜stehn⌝, in Ein überraschendes Bild.

*ja theatralisch,

⌜aber⌝ wiederum der reine Gegensatz des Dramatischen, indem er Handlungen gibt, zu denen der Zuschauer die Intentionen errathen muß, wo ⌜das Intereße⌝ oft eben darin liegt, *daß* wir thun seh'n u. das „Warum" der Handelnden nicht wißen.

Seine Darstellung ist durchaus dramatisch,* jedes Capitel eine Szene eines Dramas; er hat sogar Expositionen, die im Dialog gegeben werden, wie im concentrirten Drama. Der Bau seiner Romane hat oft Aehnlichkeit mit diesem. ⌜Seine⌝ Romane sind erzählte Dramen mit ⌜Zwischen-Musik⌝, d. i. erzählter. Die Ausmalung der Stimmungen sind wie musikalische Zwischensätze, bei denen man halb einschlummert – d. h. nicht aus Langeweile. „Nun kam der herein und sah so aus und macht' es immer so" pp. Seine meisten Figuren sind verkleidete Schauspieler. Alle haben eine treffende Maske und sind Virtuosen im Geberdenspiel. Dies ist bei allen innerhalb ihrer Charakterconvention von wahrhaft erstaunlicher ⌜Mannigfaltigkeit⌝. Die Boz'schen Romane sind wahrhafte Schauspielerschulen. ⌜Wahre Magazine von charakteristisch-mimischen⌝ Momenten allen Genres. Wenn die ⌜geärgerte⌝ Miß Nipper ihre Nase in die Kommodenfächer rümpft pp. Was weiß nicht der Cpt. Cuttle mit seinem Haken anzufagen. Ein ungeheures Schauspielertalent bricht bei jeder Gelegenheit hervor. Das Drama selbst ⌜erlaubt⌝ dem Dichter nicht so schauspielerisch zu sein, als ⌜der⌝ Boz'sche Roman. Es kann seine Decorationen nicht so mitspielen laßen und hat nicht Zeit und Raum, seine Charakter so schauspielerisch sich ausleben zu laßen. Ja Lichtputzen, Schatten, Alles muß agiren, über alle Hausgeräthe kommt eine Wuth, zu agiren, über die Uhren, charakteristisch zu sprechen, in einer gewißen angenommenen Rolle zu extemporiren. In der That, alle Bozschen Charakter, so Menschen als Dinge sind eigentl. Rollen, durchgespielte Rollen. Der Roman liegt überhaupt dem Drama näher als dem Epos.

Hier ⌜zeigt⌝ sich noch ein bisher unangebautes Feld des Drama, das Genre-Drama. Der Erbförster wäre dem verwandt. Es müßte aus ernstern u. komischern Szenen zusammengesezt sein. Sein Charakter wäre Unmittelbarkeit. Es stände dem Boz'schen Roman gegenüber wie ein gespielter Roman einem erzählten Drama.

Wie dramatisch ist die Szene, wo Cuttle dem Walter Geld leihen hilft. Welch wundervoll dramatisch-theatralischer Contrast dieser Dombey u. dieser Cuttle, ⌜beide⌝ so bornirt und diese beiden Bornirtheiten in des Walter⟨s⟩ Bewußtsein beisammen ihn ängstend. ⌜Der⌝ Bozsche Roman ist dramatischer als das Drama, ja sogar theatralischer (schauspielerischer). Dann aber ist er plötzlich Ballade, dann leis hinzitternde Musik, dann verliert er sich in Gedanken, die durch Thränen lächeln. ⌜Jeder⌝ Gedanke wird Gefühl, jedes Gefühl gestikulirt. Es ist das Shakespeare'sche Drama; nur auf die Intereßen unserer Zeit angewandt und ohne die Hinderniße der ⌜realen⌝ Szene, ⌜ohne⌝ die Beschränkung von Raum und Zeit; das Shakesp. Drama, ungehindert, sich all seinen schauspielerischen und dichterischen Gelüsten hinzugeben.

Aber um dieser Gelüste willen opfert es zu dem, was die Zeit anders will, auch noch die Wahrheit. Die Form kann ⟦24⟧ nur charakteristisch belebt werden. Woher Charaktere nehmen

Das Boz'sche Drama verlangt ⌜eine⌝ außerordentlich laxe Composition und eine sehr äußerliche Plastik. Die komischen Personen sind auf dem Weg der Carrikatur erzeugt; das charakteristische Moment ins Ungeheuere vergrößert, das innerl. wie das äußerliche. Es sind Menschen, wie man sie von jeder Straße aufgreifen kann mit irgend einem Merkmal, das sie eben nur von Vielen unterscheidet, dieses wird nun in's Ungh. getrieben. Eine Äußerlichkeit in Gestalt pp eine Gewohnheit pp

Woher Boz nicht leicht spielerig ⌜erscheint?⌝ weil seinen lächerlichsten Personen ihr Thun ein heiliger Ernst ist; wo sie am komischsten erscheinen, da ⌜ist⌝ es ihnen am wenigsten ein Spaß, was sie thun u. ⌜wollen⌝; dann weil diese ganz oder halb komischen Szenen mit in ⌜den⌝ Causalnexus eingreifen, also innerhalb der Spannung ⌜liegen, die⌝ eine ernste ist. So z. B. die Einmischung des Capt. Cuttle in Walters Verhältniß zu Dombey u. Florentine, sein Besuch bei Karker pp

Der Humor ist aber die ⌜überlegene Gemüthsstimmung des⌝ Betrachters. Gervinus hat keinen Sinn ⌜dafür⌝. Ich glaube, weil er That u. Betrachtung verwechselt. Er will ein thatkräftiges Geschlecht. Die That geht aus Bornirtheit hervor, darum fürchtet er die Einwirkung einer Darstellungsart auf den Charakter des Volkes (Nation), in der die Einseitigkeiten dadurch aufgehoben erscheinen, daß sie auf die Spitze getrieben sind und pp

In der Hauptsache ist der Boz'sche Roman satyrisch. Boz ⌜geht⌝ gegen die Verhältniße an, nicht gegen die ⟨...⟩

Göthe sagt: Der Handelnde ⌜ist⌝ nicht gewißenhaft; Gewißen hat nur der ruhige Beschauer; so könnte man auch sagen: Der Dichtende ist nicht verständig; Verstand hat nur der ruhig Prüfende (der Kritiker). Wie dort das nied're Begehrungsvermögen das höhere, so verdunkelt hier die Phantasie den Verstand.

Theorie.

Zu allererst: sie muß so sein, daß wir wünschen, sie wäre wahr u.

Im Drama ist die Spannung an die Handlung, im Epos an die Begebenheit geknüpft; jene ist intensiver, bestimmter umgrenzt, am besten eine ⌜Spannung⌝ unseres Mitleides durch unsere Furcht; diese ist abstrakter, weiter, mehr eine allgemeine Aufregung der Phantasie. Dort darf kein Geheimniß sein; hier ⌜blickt⌝ Geheimniß, Räthsel überall aus u. in den Vorgang.

⟦25⟧

Die Erzählung (groß oder klein) muß intereßant sein. W. i. das? Sie muß spannen, d. h. das Gemüthsvermögen so erregen, daß leidenschaftliche Begierden an den Verlauf der Erzählung sich heften. Sie muß befriedigen, d. h. ⌜diese⌝ leidenschaftlichen Begierden müßen ⌜in einen⌝ harmonischen Zustand der aufnehmenden Kräfte am Ende sich auflösen; in ⌜ein erhöhtes⌝ Lebensgefühl, einen erhöhten Zustand aller Vermögen, der aber ⌜nichts leidenschaftliches⌝ mehr hat, in ein Gleichgewicht der gesammten Kräfte. Wir bekommen 2 subjective Bedingungen: Spannung und Befriedigung, denen als objektive gegenübersteh'n Verwickelung und Lösung.

Diese sind den beiden Gattungen zugehörig, die mit Gestalten und ihrer Bewegung zu thun haben, ⌜der⌝ dramatischen und der erzählenden.

Die erzählende hat ein weiteres Feld, denn sie kann sich auch der ⌜innern⌝ Struktur des Dramas bedienen, wenn auch nicht seiner äußeren Form; dem Drama aber ist, auch in der Composition, viel versagt, ⌜was⌝ die Erzählung thun ⌜kann.⌝

Das Drama bedarf größerer Geschloßenheit.

Die Spannung ist von zweierlei Art; ⌜wir⌝ unterscheiden die Spannung aus Theilnahme und die Spannung aus Neugier; die Theilnahme sowohl als die Neugier ⌜kann⌝ einen leidenschaftlichen Charakter erlangen.

Die Spannung aus Theilnahme ist die werthvollere. Sie erregt oder kann erregen die Leidenschaften der sympathetischen Art. Dann beruht sie besonders auf der richtigen, d. i. zweckmäßigen Contrastirung der Elemente aus denen die sympathetische Leid*en*sch*a*ft gemischt ist. Diese besteht darin, daß ⌜der⌝ unangenehme Bestandtheil den angenehmen nicht überwiegt; denn sonst hört die Beschäftigung mit der Dichtung auf, ein Vergnügen zu sein und wird eine Qual. Besonders aber darf dieses verkehrte Verhältniß nicht bis in die Lösung hinein und diese überdauern.

Der Roman erregt beide neben einander.

Diese Spannung aus Theilnahme kann beiden Gattungen der Poesie angehören. Aber der dramatischen steht nicht die ganze Breite der Mittel zu Gebote,* die die Erzählung anwenden kann.

*selbst der eigentl. dramatischen u. schauspielerischen,

Die Erzählung kann die fremdartigsten Mittel anwenden, d. h. Mittel, die nicht in einer Situation und der Beschaffenheit der um dieselbe gruppirten Charakter als mit beiden ⌜gegebene⌝ liegen. ⌜Der dramatischen⌝ Poesie Wesen ist Entwickelung; innerer psychologischer, idealer Zusammenhang. Sie kann das Zufallartige nicht gebrauchen, d. i. Motive, die außerhalb dieses Zusammenhangs liegend auf ihn einwirken; sie muß Alles von dem Gegebenen aus motiviren, sich aus sich selbst erklären. Alles Thun darin muß also aus einer Absicht mittelbar oder unmittelbar hervorgeh'n, oder aus der Modifikation einer Absicht durch eine gegensätzliche Absicht. Sie muß also, was man Begebenheit nennt, in Handlung verwandeln.* Die Erzählung bedarf deßen nicht; in ihr kann ⌜das scheinbar⌝ innerl. Unzusammenhängende als Wunderbares sogar einen großen Reiz gewinnen.

*und wir müßen ⌜die⌝ Triebfedern u. ihr Produkt, die Handlung durchschauend mit erleben.

Was sie aber eben so nöthig hat als das Drama, ist, daß ⌜sie⌝ eine Theilnahme für die Gestalten erwecke. Im Drama ist der Kampf dieser Gestalten mit der moralischen Welt, d. i. mit der bewußten, im Epos aber dehnt er sich auch auf die natürliche aus. Bloße Naturwirkungen haben in der Erzählung ein Recht. Dort kämpft Absicht mit Absicht und ihren bewußten Wirkungen, hier auch mit blosen absichtslosen, zufälligen Naturwirkungen. Dort kämpft der Mensch ⌜nur⌝ mit sich und andern Menschen, hier auch mit der Natur. Der Mensch kann hier also auch als blose Natur auftreten, als absichtslose, unbewußte Naturkraft. Dort, besonders in der Tragödie, ist der eigentliche Schauplatz das Gewißen, das Innere des Menschen, hier die ganze äußere ⌜u. innere⌝ Welt. Dort darf blos das Wesentliche, das sich immer gleichbleibt in der menschlichen Natur, hier ⌜kann⌝ die ganze Breite der Erscheinungen ausgebeutet werden. Dort darf ⌜die Zeit nur⌝ ideal, als Stätigkeit des Aufeinander gesezt sein; hier kann sie als handelnde Person mit auftreten. Aehnlich ist's mit dem ⌜Raume⌝. Das Drama kann nicht vor und zurückgeh'n in der Zeit; die Erzählung kann was an verschiedenen Orten zu derselben Zeit geschah, nacheinander ⌜darstellen, das nachher Geschehene früher, als das vorher Geschehene u. umgekehrt.⌝

Zum Theil ist diese Verschiedenheit im Geiste beider Gattungen, zum Theile nur in ihren äußerlichen Bedingungen gegründet. Das Gesetz der Erzählung ist die Phantasie in der Gestalt der Erinnerung; als solche kann sie vor und zurück und über die ganze Erde hin schweifen. In dieser Hinsicht ist das Drama realistischer in Hinsicht auf Raum und Zeit.

⌜Darauf⌝ gründet sich, *da*ß die Erzählung auch der Spannung der Neugier sich bedienen darf. Sie führt uns in gewiße Zeiten, die Mächte, mit denen der Mensch streitet, können die bis zum Wunderlichen individuellsten Sitten, Bräuche, Einrichtungen, Meinungen, Strömungen ⌜der⌝ betrachtenden und ⌜der⌝ handelnden Kräfte ⌜sein, denn es ist ein Unterschied wenn ich sage – wie die Erzählung es thut: „so war es einst"; oder wenn ich sage – wie es das Drama nicht anders kann: „so ist es". Ein Anderes: „ihr müßt euch denken" und ein anderes „ihr seht geschehen".⌝

⟦26⟧ ⌜vide S. 100⌝

Theorie. Arrangement.

a geht durch Zurückgehn vorwärts.

NB. Diese beiden Sätze gelten von einem Erzählungsstamme; nun können aber

Gang der Erzählung a. analytisch b. synthetisch. D. h. eine Geschichte ⌜liegt entweder ihren⌝ Hauptbedingungen nach vor dem Anfang der Erzählung, ⌜so daß⌝ in dieser selbst nur eigentlich die Lösung vorgeht; oder ⌜wir⌝ sehen aus Gegebenem erst die Verwickelung ⌜entsteh'n u. dann⌝ sich lösen.

Beide Arten können sich in einer dritten vereinigen. So daß die Erzählung wie eine bei a beginnt und nachdem hierdurch eine Spannung bewirkt ist, ⌜wie⌝ bei b., von vorne ⌜angefangen⌝ wird. ⌜Darüber vide: S. 100.⌝

Mittel zur Spannung.

Blose Verschiebung der Kapitel.

Eine recht intriguate Situation wird uns gegeben, die uns nach 2 Seiten spannt. „Wie ⌜muß⌝ das gekommen sein?" u.: „wie wird das werden?"

Jede Erhellung nach vorn gibt eine Erwartung nach hinten. Es werden Erwartungen erregt.

Wir werden gewonnen, etwas leidenschaftlich zu begehren, d. h. ein Werden; dieses Begehren wird immer leidenschaftlicher durch Hinderniße. (Contrast).

Es werden Dinge verschwiegen, die der Geschichte ⌜später⌝ plötzlich eine andere Wendung geben ⌜können⌝. Dies sind negative Hinderniße. Entweder ist das Verhältniß der Personen zu einander ein anderes als sie selbst glauben, oder ein anderes, als der Leser glaubt. Die sich für Feinde halten, sind Vater und Sohn, Bruder u. Bruder pp Oder es herrscht ein Mißverständniß. Es fehlt oft nur an einem ausgesprochenen Worte.

Also Erkennung oder auch Verständigung, die durch allerlei Umstände verhindert werden.

Oder es hält einer seinen Feind für einen Freund.

a. Wir sehen also etwas herannahen, was ⌜wir⌝ leidschaftl. verabscheu'n; wir seh'n etwas verhindert, was wir leidenschaftlich begehren. (Es sei als schon ⌜geschehen⌝ oder als noch zukünftig). Dazu trägt die Theilnahme an der Person ⌜Viel⌝ bei.
b. Diese beiden Begehren wachsen durch den Contrast, indem wir vorübergehend die Erwartung hatten, das Verabscheute werde abgewendet, das Ersehnte werde zu Stande kommen.
c. Noch leidenschaftlicher wird die Spannung, wenn diese retardirenden oder beschleunigenden Momente ⌜ein⌝ steigendes Klimax bilden.
d. Noch leidenschaftlicher durch einen Trugschluß (Musik). Wenn das Gefürchtete eingetroffen, das Gehoffte für immer vereitelt scheint.

Materiell. Motiv. Suchen und Flieh'n. Einer Person, eines Verhältnißes, einer Aufklärung, eines Zustandes. A⟨e⟩ußerlich oder innerl. (histor. oder psychologisches Problem.).

zwei und mehr solcher Stämme, jeder aus seinem besonderen Boden aufwachsen und dann ihre Zweige zu Einem verschränken oder sie können aus einem u. demselben Boden entstehen; sie können nachdem sie Ein Stamm waren, sich als deßen Zweige ⌜bald⌝ trennen, bald verschränken und zuletzt wieder s. z. s. in den ⌜Einen⌝ Stamm zurückkehren; ich hätte hier das Bild eines Stammes brauchen sollen.

NB. In alledem war ich noch zu wenig vom Drama los. All das ⌜nimmt⌝ das, was beiden Gattungen zukommt, mehr in dem Sinne, wie es dem Drama speziell eignet.

Formell.
Hauptarten.

NB. ad a. Die Romanspannung ist weit abstrakter. Es können mehre Dramen in einem Roman stecken, dann verlieren sie aber – u. müßen es, um episch zu werden – die Unmittelbarkeit u. Stärke des Confliktes und damit die ⌜größere⌝ oder geringere durchschneidende Besonderheit der Spannung. Denn das Epos geht nicht auf die als ⌜Fortsetzung jener⌝ Handlung dargestellten Folgen einer Handlung, sondern auf eine Begebenheit u. deren relatives Ende. Was Schiller

u. Göthe *das* Retardirende nannten, ist nichts anderes, als die ⌜begebenheitliche[,] Natur⌝ des Epischen, die überall die Unmittelbarkeit der Folge ⌜aufhebt⌝; eigentl. aber ist es ein Irthum, der daher kam, daß sie sich das Epos als ein Drama mit Retardationen ⌜vorstellten, d. h.⌝ als eine unmittelbare Folge, welche mechanisch durch „retardirende Momente" unterbrochen werden müßte; hätten sie das Epos als Begebenheit gefaßt, wie es ist, so hätten sie kein mechanisches Mittel nöthig finden müßen u. können. In der Begebenheit ist das „Retardirende" schon organisch vorhanden, d. h. die Begebenheit, die Naturwirkungen drängen nicht so unmittelbar auf die Leidenschaftlichkeit, weil Intensität der Spannung, u. daher des Vorganges selbst, sondern vielmehr auf Extension der Spannung u. damit des Vorganges. Jenes ⌜mechanische⌝ Retardiren gehört richtig verstanden in das Drama, um die Spannung nicht so leidenschaftl. werden zu laßen, daß Gehalt, Poesie, klare Durchbildung durch den Contrast langweilig, also störend u. hors d'œuvre werden kann. Die Alten haben solch mechanisches Retardirmittel in dem Chor – nicht jedoch, als meinte ich, das sei der ganze Zweck des Chores.

*Ueberall noch hängt mir hier *das* Dramatische an. Die ⌜Leidenschaftlichkeit⌝ der Spannung u. Sympathie ist eben *das* Dramatische und paßt nicht zur epischen

Einzelne Spannungen.

Man hält den Helden für einen ⌜Andern, oft⌝ für seinen Gegner, besonders einen, der Chancen vor ihm voraus hat, als Rang, Macht, Reichthum, Ruhm pp Unter seinem wahren Namen wird er geschildert pp, unter dem falschen aber dargestellt. Hat ⌜der⌝ Dichter diesen beiden Gestalten unsere Theilnahme gewonnen, so wächst diese noch durch das Zusammenfallen derselben in eine. ⌜Oder dies Zusammenfallen ist am Ende u. wird zu einer freudigen Ueberraschung, ⌜zu⌝ einer Enttäuschung der freudigsten Art.⌝

Die Spannung am Anfange einer Gesch.. Ueberhaupt entsteht die Spannung der Neugierde darin, daß uns soviel gesagt wird, daß wir gern Alles wüßten und dieses uns ganz allmälig zugemeßen wird. Und ⌜wenn⌝ wir das Ganze von dem wißen, was uns zuerst stückweise gezeigt wurde, ⌜wird⌝ gewöhnlich neben diesem alten, ein neues ⌜Räthsel⌝ angeknüpft. Die Spannung im Anfange besteht darin, daß uns irgend ein Thun gezeigt wird, ohne daß wir weder die Gründe ⌜davon⌝ wüßten, noch was aus dem Thun entstehen soll, den ⌜Zweck⌝. Dabei werden wir mit Figuren bekannt. Und selbst worin das Thun eigentl. besteht, erfahren wir erst allmälig. Ganz auf die Natur des Menschen gegründet. Seh'n wir Bewegungen eines Menschen, die wir nicht sogleich zu deuten wißen, so treten wir ihm näher und sehen ihm zu, bis wir wißen, was er macht. Durch und bei dem Thun wird der Mensch selbst uns intereßant. Je auffallender und räthselhafter Thun und Mensch, desto mehr sind wir gespannt, zu wißen, was er macht, wer er ist; was er damit will; dann, wenn wir dies wißen, ob es ihm gelingen wird. Wir erfahren dabei, auf welche andere Personen dieses Handeln geht und je nachdem diese oder jener uns stärker ⌜intereßiren⌝, parteien wir uns für ⌜jenen⌝ oder diese.* Wißen wir einmal die Absichten, so entsteht die Spannung auf den Ausgang, die immer leidenschaftlicher werden kann. Wir wünschen etwas und fürchten etwas. Es ist klar, daß diese Spannung desto intensiver ⌜d. h. speziell dramatischer⌝ werden wird, je weniger Objekte unsere Erwartung hat*, also je weniger Fälle für den Ausgang möglich sind. Entweder, oder! muß die Formel sein. Und dieses Entweder der straffe Gegensatz des Oder. ⌜NB. Dies gilt vom Drama, das Gegentheil davon eben ist das Epische.⌝

Daraus können ⌜mannigfaltige⌝ Combinationen u. Complicationen entsteh'n. Im Anfang können uns mehre Thun gezeigt werden, derselben oder verschiedener Menschen. Es drängt uns dann ⌜die⌝ Beziehung zu wißen, in welcher diese u. ihr Thun zusammen steh'n.

Nun kann ein Widerspruch entstehn ⌜zwischen⌝ der Theilnahme unsers Verstandes und unsers Herzens. Unser Verstand kann z. B. wünschen, eine künstliche, geschickte Intrigue möge gelingen, während unser Herz dies fürchtet. ⌜NB. Gehört fürs Drama!⌝

⟦27⟧ Es ist also dreierlei zu merken.

Die Spannung des Anfangs. ⌜Was ist das? Was macht er? Was will er? Warum?⌝

Die Spannung auf den Ausgang. ⌜Wird's ihm glücken? Wünschen wir, daß es ihm glücke, oder das Gegentheil.⌝

Die Retardationen, die Hinderniße, die das Eintreten des Ausgangs verzögern, bald unsere Hoffnung, bald unsere Furcht in's Uebergewicht setzend.

Erst wird unsere Neugier gespannt; indem diese befriedigt wird, nehmen wir Partei, wird uns're Theilnahme für ⌜oder wider⌝ die Personen erregt. Dazu tragen die Gründe ihres Handelns und ihre Zwecke bei. So wie wir diese wißen, entsteht die Spannung, wird der Zweck erreicht werden oder ⌜nicht?⌝ wir fürchten oder hoffen. Von da an wächst unsere Furcht und Hoffnung durch die Theilnahme ⌜mit⌝ der Person, die ihr Objekt und wiederum wächst diese Theilnahme durch diese Furcht oder Hoffnung, die sie uns immer neu erregen und durch die Schönheit oder Kraft, ⌜die⌝ sie in den Situationen zeigen können; durch ihr Handeln und ihr Leiden.

Nichts ist daher gefährlicher, als das Gleichgültige, sofern es nicht als ⌜retardirendes⌝ Mittel gebraucht wird. Motive sind: Intrigue. Mißverständniß. Verkennung. Nichtkennen. Diese 3 lezten können ⌜zwischen⌝ den Personen statt haben und der Leser kann den Zusammenhang wißen; er kann aber selbst mit darin begriffen sein. Dann folgt: Ueberraschung.

Diese sind äußere Motive. Innere sind Leidenschaft, ⌜Affekt.⌝ Meist kreuzen sich innere u. äußere Motive. Entgegenzusetzen sind: äußere und innere (psycholog.) Entwickelung.

Am besten thut man, ordnet man erst alle Motive, die wirken, den ganzen objektiven Zusammenhang nach Zeit und

Form.

⟨*⟩Also je nachdem kann es im Intereße des Erzählers liegen, mehr oder weniger Objekte der Erwart*ung* hinzustellen.

Nur ist die richtige Proportion zu berücksichtigen, daß ⌜der⌝ Hauptstamm die leidenschaftlichste Spann*ung* habe, die andern Stämme dann nach ihrer Wichtigkeit graduirt u. schließlich, daß die Spannungen nach dem Ende zu ⌜Klimata⌝ bilden.

Theorie.

⌜NB. wiederum speziell dramatisch.⌝ Episch heißt die Frage: wird es ihm werden? Denn er darf es eben nicht selber machen. Mittelbarkeit, Begebenheitlichkeit ist der Char*a*kter des Epos dem des Drama gegenüber.

Was geschieht? ⌜Was besteht?⌝ Wen betrifft es? ⌜Wie⌝ ist er? so d*a*ß wir sein Glück wünschen oder nicht? Wird was sich begibt zu seinem Glücke ausschlagen? Das sind jene Fragen ins speziell Epische übersezt.

Der dramatische Held will etwas machen. ⌜Ist⌝ es recht? u. ⌜handelt er so⌝, daß sein Machwerk gerathen wird? Wünschen wird, d*a*ß es gerathe oder nicht – in Bezug hier auf unsere Sympathie, dort auf unser ethisches Gefühl.

Dagegen der epische Held ist ein Lotteriespieler, er hat ein Loos; ⌜wie hat er es erhalten?⌝ wird das Loos gewinnen oder nicht? ⌜gönnen⌝ wir ihm das eine oder d*a*s andere? Wird es ein anderer gewinnen, dem wir es weniger gönnen? u. dgl. mehr.

Das unterhaltende Moment muß das Spannende im Epos überwiegen; ⌜der⌝ Akzent darf nicht auf dem Handeln, sondern muß auf dem begebenheitlichen liegen. Und sind Entwickelungen innere vorhanden, so ist die Spannungsformel nicht: was macht er aus sich (mit Absicht), sondern: was wird aus ihm? Im Drama will der Held sich die Welt unterwerfen u. erreicht es oder nicht, er siegt oder geht zu Grunde; im Romane macht die Welt Etwas oder Nichts aus dem Helden. Nicht: was macht er aus sich? sondern was wird aus ihm? was macht die Welt aus ihm.

Dort ist der Held Macher u. Produkt; hier nur Produkt. Wie Pip bei Boz Gentleman wird, ⌜das⌝ ist echt episch; er wünscht zwar leid*en*sch*a*ftlich, einer zu werden; er macht aber nicht den Initiator; ⌜die⌝ Begebenheit tritt für ihn ein; er thut nicht den Schritt ⌜in einen neuen Zustand⌝ trotz der Welt, sondern weil ihm die Welt den Weg bahnt u. diesen gehen heißt. Im Epos herrscht die Nothwendigkeit, u. nicht die, welche im Menschen selbst als Leidensch*a*ft, als Naturbedingung seiner Existenz liegt; diese ist dramatisch; sondern die äußere, die Fügung der Umstände; nicht die, welche mit der Freiheit, d. i. dem Willen d*es* Menschen identisch ist, sondern die der äußeren Welt, der Umstände. ⌜Dort⌝ wählt Brutus

Causalnexus. Also die ganze Begebenheit in ihrer objektiven Folge. Dann arrangirt man nach den Gesetzen der Spannungs-Erweckung und Steigerung. Man verschweigt einzelne Glieder oder verstellt sie. Nimmt etwas Späteres voraus und läßt das Vorhergegangene erklärend folgen u. zwar so daß der Erzähler selbst oder Personen der Erzählung es entweder auf einmal oder allmälig in den Fortgang des Ganzen verschlungen bringen.

Nur darf uns nichts verschwiegen bleiben, wo, was geschieht, nur, wenn wir jenes wißen, gehörig wirken kann.

Am meisten wird man gefeßelt durch Intrigue, aber bei dieser Art der Spannung ist mehr der Verstand; je sinnreicher Mine und Contremine, je schwerer der Gegenpartei nächster Zug zu errathen, je unvermutheter, je mehr wider alle Wahrscheinlichkeitsberechnung, alle vorhergegangene Combination der lezte Zug des Gegners ausfiel.

Es liegt auf der Hand, daß, wo uns're Sympathie durch die ⌜drastische⌝ Natur der Begebenheit stark genug angeregt wird, die Behelfe der künstlichen Spannung unnöthig sind, ja sogar störend werden können. Wenn das Herz beschäftigt werden soll, ist's gut, wenn dem Verstande nicht ⌜Viel⌝ zugemuthet ⌜wird.⌝

Die ⌜speziell⌝ dramatische Spannung zu verbildlichen: wir sehen Kinder die einen Speiteufel ⌜vornehmen⌝ u. wißen bei ihrer ersten Vorbereitung dazu, was werden wird. Die ⌜speziell⌝ epische: wir sehen daßelbe an, aber ohne zu wißen, was die Kinder damit wollen u. ⌜kommen⌝ ganz allmälig dahinter. Oder beßer: wir sehen die Kinder

⟦28⟧

Barthli, der Korber v. Jer. Gotthelf.

Lage u. Ansehn des ⌜Häuschens,⌝ Bewohner. ⌜Ziegen⌝, Menschen. Züsli, Barthli. Original. Art, seine Weiden zu beschaffen. Betriebsart des Geschäftes. Er geht nicht gern zu Markte, warum? Züseli desto lieber. Das arme Mädchen unter den Schauladen pp Auch das Wohlleben bei Marktbesuch mit Barthli. Wohlleben hängt nicht am Preise der Speisen pp. Sorge, d*a*ß die Weiden immer weniger werden.

die Freiheit, hier kann der Sträfling sein Elend nicht mehr tragen.

Barthli merkt gar nicht, d*aß* sein Mädchen mannbar wird. Nun geht seine Noth an, weil alle Welt mit dem hübschen Mädchen spricht pp Er wird unzufrieden mit ihr, sie werde eitler. Er läßt seinen Grimm an ihr aus, d*aß* sie so fetirt wird; das ist den Leuten ein Anlaß, es noch ärger zu machen, um ihn zu ärgern. Er trifft den Benz vor dem Fenster. Das Knechtlein freimüthig, es liebe d*as* Mädchen. Barthlis Noth u. Klagen, da er sie, wenn er auf die Stör muß, nicht bewachen kann. Barthlis Wüstthun hilft dazu, d*aß* sie sich die Männer mehr ansieht. Gewinnt Benz lieb. Excursion über Bettelheirathen. Sie hätte sich auch gern Vergnügen beseh'n, aber sie fürchtet den Alten, der eifersüchtig ist, umgekehrt wie gewöhnl. Väter, die ihre Töchter gern ⌜loswerden.⌝

Barthli muß einmal wieder zu Markt. Schilderung des Treibens. Barthli über die Gensdarmen. Das Mädchen muß ihm im Wirthshaus entgelten, d*aß* es so fetirt worden. An Markttagen überall Tanz. Züseli war noch nie gewesen, meint aber, d*aß* sie tanzen kann. Aus einem der Wirthshäuser stürzt Benz und nimmt d*as* Mädchen mit Gewalt mit hinein. Die Wirthin schafft endlich, d*aß* der wilde Barthli mit seinem Mädchen wieder fortkann. Das Mädchen weint oben u. tanzt unten auf dem Heimweg.

Zu Haus macht Züseli Alles verkehrt. Barthli gl*au*bt, Benz wird Nachts kommen u. wacht. Er hört Züseli im Traume musiziren u. tanzen. Der Benz wär' auch gekommen, war aber betrunken. Der Benz möchte wieder gut machen, was er beim Alten verdorben, stiehlt seiner Meisterin einige Körbe weg zu einem Vorwand, als wolle sie, Bathli soll sie flicken. Der kommt bald dahinter u. sagt's Benz. Der gesteht und bringt seine Sache vor, wird abgewiesen.

B*ar*thli behandelt Züseli als Mitschuldige. Nun hat Züseli den Benz im Kopfe u. Barthli bekommt manchen Grund, sich zu beklagen. Sie ist zerstreut u. fällt ab. Eine Nachbarin räth einen Thee an u. Züseli muß ihn trinken. Gotth*e*lf meint, er wiße nicht, ob sich die Leutchen gesehen, aber eine Nachbarin will gesehen haben, d*aß* Züseli immer Bocksbart suchte, wo es zu Benz' Meisterhofe hin seh'n konnte.

Kirchengehn, Lesen wird nicht viel getrieben. Vertreiben der Sonntagszeit. Aber zu Vergnügen darf sie nicht.

An einem solchen Sonntag Gewitter; der Alte will seh'n

wie's ist u. geht nach einer Höhe. Wie's ihr allein ist unter den Zeichen des nah*en*den Gewitt*er*s. Wolk*en*bruch. B*ar*thli kommt noch eben. Züseli will endl. die Ziegen aus dem Stall holen, weil d*a*s Dach da schlecht. Die sind nicht mehr drinn. Vergebl. Rufen. Darüber seh'n sie die Gefahr vom Waßer. Die Beiden verlieren den Kopf, da Benz Stimme. Der ford*er*t auf, d*a*s Häuschen zu retten. Sie beginnen. Ihr Rufen bringt Helfer. Das Häuschen wird außer Gefahr gestellt. Sein Jammern über die Ziegen, Aerger, wie Benz sie bringt. Sie waren in Benz' M*e*ist*er*s Schürli geflüchtet u. hatten Benz an Barthlis erinnert. Barthli sieht ein, er hat eigtl. Benz zu danken, aber er brummt: Wo die Ziegen hinthun? Benz will sie mit in's Schürli nehmen, da kann sie Züseli zu ihren Zeiten melken. Das will Barthli nicht, weil aber kein Nachbar die Ziegen aufnehmen will, da sie alle Benz Partei gegen Barthli nehmen, so muß er doch. Züseli steht den anderen Morgen früh auf, da sie die Ziegen melken soll. Barthli hat sie selber melken wollen, verschläft's aber u. erwacht erst, da Züseli wieder da. Dazwischen wie Züseli geht u. hübsche Szene mit Benz. Barthli, als er erfährt, des Teufels. Aber Nachbarn kommen. Sie ziehen ihn auf, beginnen aber, die Folgen der Fluth zu beseitigen. Benz ist für seinen Meister da, den Barthli anschnauzt. Eßen. Dabei Aufziehn, das lustiger wird, je wilder Barthli. ⌜Barthli⌝ sieht Hanns Uli, der ⌜auch⌝ gekommen, Schulkamerad pp. Der straft ihn nun sein Murren, da er zu danken habe, d*a*ß es nicht noch schlimmer. Barthli klagt über Benz, mit dem sein Mädchen sogar rede. Der auch gerettet hat? Ja, aber er hätt' ausbleiben können u. ich brauch keinen Tochtermann. Hanns Uli vertheidigt Benz u. räth, ihm d*a*s Mädchen zu geben. Er soll wieder aufbauen, nicht blos u. umsonst repariren. Er müße doch Geld haben; er sei sparsam gewesen pp, so müße d*a*s Geld sonst ein Loch gefunden haben. Barthli gesteht endl. seinen Schatz u. seine fixe Idee; die Mannen sollten sich verwundern, wenn sie nach seinem Tode das Geld fanden. Warum ⌜nicht⌝ ausgelieh'n, weil er's sonst nicht vor Frau pp behalten könne

⟦30⟧

Das Herz von Mid-Lothian gelesen, das ich noch nicht kannte. Ich glaube, diese Gattung des Romans würde meinen individuellen Neigungen am meisten entgegen[ge]kommen. Es ist dies der histor. Roman, ⌜von⌝ dem Vorwurfe frei, den man dem eigtl. histor. R. macht, daß er Erfundenes u. Wahres mische, ⌜was⌝ wegen seiner äußerl. Aehnlichkeit mit wirklicher Geschichtsschreibung hier unangenehmer auffalle als bei ⌜dem⌝ geschloßenern, idealern histor. Drama. Und selbst das hist. Drama verliert durch Einmischung novellistischer Motive. Das Histor. im Roman hat keine Größe.

Wenn man will, kann man auch den Barnaby Rudge hierherzählen. Die schöne Tuchhändlerin v. Elie Berthet ⌜die Taube v. Dumas⌝

Hier würde blos eine Situation, würden Gestalten aus der Geschichte blos novellistisch ⌜ausgebeutet,⌝ würde das Historische blos den Grund abgeben, auf den man das Sittengemälde trüge. Diese Gattung erlaubt stärkere Zeichnung größerer Gestalten und selbst die kleinern der Dorfgeschichte bekommen ein Relief; sie gewinnen durch ihre Basis. Selbst die Dorfgeschichte gewinnt nur, wenn die Gestalten an starke, historische Intereßen angelehnt werden. Der Aut. kann mit größerer Souverainetät mit seinen Gestalten verfahren; es verliert sich das Dünne, zu Innerliche, die Phantasie gewinnt neben dem Gemüthe einen größern Raum, der Dichter kann kühner sein; eine bewegtere Zeit macht intereßantere Combinationen berechtigt. Dadurch daß der Dichter die ⌜Lebensanschauung⌝ seiner Zeit vertritt neben der der Zeit, der seine Gestalten angehören, wird's ihm leichter, objektiv zu sein und es wird ihm möglich durch den Contrast seine eigene Zeit treffender zu schildern als wenn er seine Geschichte aus dieser nimmt. Der Reiz des Neuen und Wunderbaren kommt hinzu. Er kann seine Figuren ganz fremd costümiren, ihr ⌜Denken u.⌝ Thun pp auf's ⌜Genauste⌝ individualisiren, weil er in seiner eigenen Person jede nöthige Erklärung geben kann.

Es gälte also den Geist einer Zeit zu schildern oder vielmehr darzustellen, nicht nur ihre Sitte, sondern Alles, was als geistiges und gemüthliches Agens, als Stimmung, Sehnsucht, Streben pp in einer bestimmten Zeit lag. Er dürfte durchaus nicht unsere Zeit blos in eine ältere verkleiden, nicht was wir wünschen, was uns drückt und namentlich nicht unsere Reflexion über die bestimmte Zeit und ihre Gestalten in diese hinübertragen. Gerade darin liegt ein epischer Reiz, daß man

Die Zeit der Reformation wäre die geeignetste, wegen der Maße u. Mannigfaltigkeit der Agentien u. wegen der Stärke der Contraste. Das untergeh*en*de Ritterthum, die wachs*en*de Macht der Städte, Handel; der Geist der neuern Zeit, der in ⌜hundert⌝ verschiedenen

Gestalten in alle Regionen des Lebens hineintritt, hier Klagen über sich, dort sich mißverstehend, die ungeheure Subjektivität, die sich des Lebens bemächtigt, neue Kirche, neue Staatskunst, neue Kriegsführung pp

Man müßte dazu in einer Geg*en*d leben, wo noch die Tradition ⌜jener Zeit⌝ lebendig, wo Bauart u. sonstige Denkmäler der Kunst u. des Lebens noch möglichst unverändert vorhanden, deren Geschichte aus jener Zeit auch in Chroniken pp reichlich vorhanden. Eine solche wäre die fränkische, Nürnberg etwa. Eine Geg*en*d, die noch hauptsächl. der deutschen Geschichte gehörte. Der Geist des Ganzen müßte der reinmenschliche, ethische, der Sh*ake*sp. sein.

jene Gestalten u. ihr Thun, Dichten u. Trachten, ihre Sympathien u. Antipathien in größter Unmittelbarkeit nachzuschaffen sich müht. So wird die ältere Zeit die Lehrerin der unsern.

Es gälte die Seele einer vorübergegangenen Zeit in erfundenen Gestalten zu verkörpern.

Das „Herz von Midlothian⟨"⟩ ist so entstanden.

Er fand den Rechtshandel und die Ermordung Porteous. Dann die ⌜Geschichte⌝ von Wilson u. dem Wirthe Robertson, den jener in der Kirche befreit. Zulezt noch die Geschichte von Johanna und Effie. Diese drei Geschichten verband er dadurch, daß er Robertson in ⌜alle drei und⌝ dadurch die Geschichten selbst verflicht. Nun ist Robertson der Verführer Effies und der Mörder Porteous. Ein Geistlicher war von den Mördern Porteous gezwungen worden, ihn zu begleiten auf dem lezten Wege; den macht er zu Johannas Verlobten u. Jugendfreund. Auch noch eine andere Gestalt, die wirkl. gelebt und zur Zeit der Entstehung der Geschichte ⌜noch⌝ im Gedächtniß des Volkes war, Ratcliffe, hat er eingeflochten. Nun war's ihm noch um ein ⌜ethisches⌝ Moment; darum läßt er Robertson die Effie heirathen u. ihn einen Vornehmen sein; er contrastirt nun in den beiden Paaren, daß äußeres Glück kein Glück. Zur Charakteristik kam ihm noch der Presbyterianism aus der Zeit entgegen.

Ein solcher Roman müßte den Charakter des Provinziellen tragen, hauptsächlich Sittenschilderung sein, an Traditionen anknüpfen und Gestalten ⌜zeigen⌝, die mehr der ⌜mündlichen⌝ Tradition als der Geschichte gehören. Die Lage, Wünsche, Sorgen einer Provinz in bewegter Zeit.

Selbst in Freitags Roman etwas Aehnliches. Der Aufstand in Polen.

Dazu gehörte nun, daß man die Sitten und Sittengeschichte, dazu den landschaftlichen Charakter einer Provinz studirte, und dazu, daß man sich in dieser Provinz aufhielte. Aber in welcher? Wo möglich in einer, die noch eine gewiße Geschloßenheit und Originalität der Sitten besäße, dazu noch lebendige Volkstraditionen und einen kräftigen Menschenschlag.

Ein Stoff wäre die Demoralisirung einer Gegend durch kurz hintereinander folgende Huldigungseide an verschiedene Potentaten.

Wenn wir jezt die Homerischen Epen lesen, so wirken sie

durchaus als Sittenschilderungen, selbst die erzählenden Parthien der Bibel. Wenn Hebbel verlangt, das Drama solle der Nachwelt geben, wie wir gedacht pp so scheint er mir die Natur des Drama verkannt zu haben; das Drama soll geben, wie der Mensch denkt und handelt nicht als Bürger einer gewißen Zeit, sondern eben als Mensch; darum soll sein Stoff nicht Zeitsitte, Denkart einer Zeit, sondern Leidenschaft u. Natur des Menschen sein. Selbst in der Historie soll es ewig gültige Typen geben, wie z. B. Richard III.

⟦31⟧

Harte Zeiten v. Dickens

Eigen! Vergleicht man James mit Boz, so findet man diesen als Poeten u. geistreichen Mann unendlich weit über jenem, in jeder Einzelheit unvergleichlich bedeutender; u. nimmt man die Wirkung des Ganzen, so kehrt sich das Verhältniß um. Wenn Boz im Dialog⟨, in der⟩ ⌜Exposition⌝ pp in der Kunst der Stimmungen Sh. ähnlicher, so ist dies im Ganzen der Wirkung James.

Dickens ist wirklich ein Dichter, und ein großer. ⌜Immer⌝ Handlung und Empfindung, nie abstrakte Reflexion. Die Phantasie ist die Basis seiner, wie aller wahren Dichtung, die übrigen Vermögen in ihrem Dienste verwandeln sich ganz in sie.

Seine Figuren sind Abstraktionen; aber wie er den oft geringen Inhalt derselben zu variiren weiß, erregt Bewunderung. Die meisten haben eigentlich kein Inneres, sie sind poetische Automaten, die eine gewiße Anzahl von Bewegungen nach dem Uhrwerke abspielen.

Eine Hauptkunst von ihm ist die des Dialogs. Wunderbar, wie er den kleinsten Inhalt ausspinnen kann in lange Gespräche, die den Leser nicht ermüden, im Gegentheile. Von Boz muß man sagen, wie von Shakespeare, daß er nicht allein durch, sondern auch in seinen Werken den Leser unterhält. Jede Figur weiß er von der unterhaltenden Seite zu packen. Ueber Etwas möchte man unzufrieden mit ihm sein. Seine Werke sind ⌜recht⌝ eigentlich Tendenzgeschichten, das macht sie gewiß nur intereßanter, aber die offene Absicht erkältet. Er zeigt das Unrecht eines Gesetzes, das Verkehrte eines Brauchs pp praktisch, indem er ein Beispiel von den ⌜übeln⌝ Wirkungen derselben gibt. Nun sind aber die Figuren und die Fälle absichtlich darauf eingerichtet, daß solche Wirkungen an ihnen und durch sie entstehen; sie sind mehrentheils Ausnahmen, die nichts beweisen gegen die Regel, aus der das Gesetz oder der Brauch entstanden.* Das gibt der Wirkung, die die Geschichten

*Auch sind die Gestalten selbst, durch welche er

beweisen will, durchaus unwahr

auf den unbefangenen Leser machen, etwas außerordentlich Unerquickliches zu. Es ist nicht sowohl ⌜blos⌝ eine rhetorische Wirkung, d. h. eine der Rhetorik gehörige Wirkung, zu der er seine großen poetischen Anlagen mißbraucht, als geradezu Rabulisterei. Hat nun der Autor gar Recht in der Sache, d. h. kämpft er wirklich auf der gerechten Seite, so ⌜beschmutzen⌝ diese unwürdigen Künste in unser'm Gefühle jenes Recht; die ⌜Sache⌝, die wir mit unrechten Mitteln vertheidigen sehen, scheint uns selber eine ungerechte zu sein; wenigstens fürchten wir, Andere müßen sie dafür halten. Und im besten Falle wird die Wirkung doch ausbleiben, die er anstrebt. Gibt er uns einen Fall, der gegen ⌜eine⌝ gewiße Sache zu beweisen scheint, so konnte er, fühlen wir, eben so leicht einen Fall geben, der für sie bewies. Es wird also die Frage selbst durch solche Arbeit nicht zum Abschluße gebracht, ja, in der That zu ihrem möglichen Abschluße gar nichts beigetragen, aber wir werden vom Boden der Poesie auf einen andern gestellt, alle unsere Anforderungen werden verschoben und verrückt und wir verlieren die Behaglichkeit, auf die der Autor doch selbst zugleich hinzuarbeiten scheint. Da er nun fast in jedem seiner Werke etwas Bestehendes angreift, und bei manchem das Recht – das ideale, dem ob ⌜es⌝ praktisch in's Werk zu setzen, ist noch eine andere ⌜Frage –⌝ sichtlich auf seiner Seite ist, so muß sich seines Lesers, wenn er kein eigen Urtheil hat oder doch kein so selbständiges, daß es solchem Sturme auf den ganzen Menschen widerstehen kann, nothwendig das Gefühl bemächtigen, ⌜Alles⌝ Bestehende sei nicht allein untauglich, sondern durch und durch unsittlich und unduldbar.

Welche Kunst der Exposition. Es ist, als kämen wir aus der vollen Sonne ⌜plötzlich⌝ an einen dunkeln Ort, wo wir erst nichts gewahren als Finsterniß. ⌜Wir⌝ hören sprechen; und in demselben Maaße, als unser Auge sich von dem plötzlichen Contraste erholt, wird uns die Umgebung allmälig sichtbar; erst ⌜ein⌝ ausgestreckter Finger, dann der Aermel, auf dem dieser Finger die Worte, die sein⟨,⟩ des Fingers⟨,⟩ Besitzer spricht, gleichsam unterstreicht, dann ⌜die⌝ drei Männer, dann die Kinder.

Zu bemerken, wie immer die Züge der äußeren Erscheinung bei jeder Rede mitspielen, so treffend auch ⌜schon⌝ die ⌜Reden⌝ an sich charakterisirt sind. So die coriolanischen Augenbrauen der Ms ⸢Sparsit⸣ pp. Wie er dann seine Personen wie mit fixen Ideen Behaftete, so wie irgend ein Aßociationshaken gegeben wird durch die Rede eines Andern, auf ihr Lieblingsthema zustürzen ⟨lässt⟩, was übrigens in der Natur begründet ist. Eine schwache Seite von Dickens ist die Schilderung des ⸢Volkes.⸣ Nie sprechen die Leute aus dem Volke ihre eigene Sprache oder denken ihre eigenen Gedanken, immer nur in einer der Volkssprache angenäherten conventionellen Weise die Gedanken des Autors über das ⸢Volk; und, wie man oft fürchten muß, gemachte, zum Behufe, seiner Partei zu gefallen, gemachte.⸣ Dies fällt sehr unangenehm auf. Er stellt uns die Arbeitgeber getreuer dar, als die Arbeiter, und da er auch in seinen Betrachtungen die ⸢Partei⸣ der leztern nimmt, so ⸢schlägt⸣ jene Absicht, durch die Unwahrheit verstärkt, die sie sich erlaubt, um so plumper in die Augen und man wird von solcher Rabulisterei oft wider Willen gezwungen, stellenweise Partei gegen ihn ⸢und das Volk, seinen Clienten⸣ zu nehmen. Abgesehen davon, daß uns ⸢seine⸣ dargestellten Menschen als solche so lange nicht intereßiren können, als sie die Sprachröhre des Dichters sind und die eigene Existenz verlieren. Der Endeindruck ist ein durchaus unharmonischer. Entweder glauben wir ihm, daß das Volk so ideal sei, als er es darstellt* und dann verlaßen wir ihn mit einem Unwillen, ja Haß gegen die Gebildeten und ⸢dem Gefühle, daß⸣ einer dieser abscheulichen Gebildeten an Gottes Stelle ⸢sitzen müße⸣ oder wir sind auf den Dichter ungehalten, der ein solches Gefühl hervorbringen zu wollen scheint. Wie tief steht er in diesem Stücke unter Shakespeare! Im Geiste des Romanes liegt übrigens, daß die Bildungsstufen mehr die Handlungen motiviren, als der eigentliche Charakter; so ist es mehr ein Irthum als eine Schuld des alten Tom Gradgrind, der all das Elend herbeiführt, unter welchem er weniger leidet, als der absolute Dulder Stephen. So krank ist unsere Zeit an dieser falschen Humanität, daß man die Meinung hören kann, im Shylock sei Sh. über sich selbst hinausgegangen, und ⟨ihn⟩ ⸢in diesem⸣ Ungeheuer einen solchen Dulder ⟨hat⟩ ⸢aufstellen⸣ sehen. Ei! wäre Shakespeare über sich hinausgegangen, er stände vielleicht gar nicht sehr tief unter ⸢uns.⸣ Aber, so leid mir der arme Sh. thut, er ist auch im Shylock nur das geblieben, was er in seinen übrigen Stücken auch ist!

*und die Gebildeten so abscheulich,

⟦32⟧ In solchen kleinen Zügen, wie von der Mutter Bounder-

*der ⌜Sißy⌝ u. ihrem Glauben an des Vaters Rückkehr

bys,* ⌜ist⌝ Boz groß. – Jedenfalls hat er, wenn er einen Roman auszuarbeiten beginnt, den Plan in seinen Hauptumrißen im Reinen, sonst könnte die Idee nicht in so feine Beziehungen auslaufen, wie z. B. das Vagabundenkind, das erst aus der Schule gewiesen werden soll, weil es die Phantasie in Mr. Gradgrinds verständiges Haus ⌜durch⌝ die Berührung in der Schule einschwärzt, von ihm in's Haus aufgenommen, diesem später ein Segen wird, nachdem ⌜Haus⌝ u. Schule vergeblich gearbeitet, die Natur aus ihr auszutreiben, die dann den Segen bringt. Auch lohnt sich ihm, Mr. Gradgrind, selbst darin ein Handeln, das eigentl.[,] eine ⌜Inconsequenz in⌝ Beziehung auf seine Grundsätze.

Boz' Romane haben, wie wirkliche Aktion, so auch einen gewißen dramatischen Kern, eine Situation, in der die Keime zu vielen andern liegen, und die an sich selber schön ist. Hier ist die Liebe Luisens zu dem Bruder, die nur durch ihre ⌜anerzogene⌝ Isolirung begreiflich. Dann aber sind absichtlich die disparatesten Regionen, so wohl äußerlich als innerlich disparatesten, combinirt. So greift hier eine Erziehungs-, eine politisch moralische (die Arbeiter-)Frage und das bunte groteske Bild einer Kunstreitergesellschaft in einander. Erst exponirt sich die pädagogische Geschichte, in die die Kunstreiter schon in Sißy hineinspielen; dann wird an die Figur Bounderbys, der Gradgrind auf den Ged*an*ken bringt, das Mädchen auszuweisen, die Arbeitergeschichte gereiht; die Erziehungs- u. die Arbeitergeschichte vereinigen sich u. die Kunstreiter spielen mehr aus der Ferne, ⌜Sißy mitten⌝ in der Gesch. ⌜mit⌝. Eigentlich ist blos die Arbeitergeschichte abgeschloßen am Ende des 3. Theiles. – (das Buch hat nur 3 Theile, aber, ich glaube, seine 10bändigen Romane haben auch nicht mehr Material u. dieser war mit leichter Mühe auch in 10 Th. auszuspinnen.) In der Idee gruppiren sich die Arbeiter u. die Kunstreiter zusammen als Volk den Wohlhabenden und Selbständigen gegenüber. Dann sind auch die innerl. disparatesten Motive combinirt, pathetische und komische⟨.⟩

Außer Romanen wäre nun eine ausführlichere Pädagogik zu studieren.

Im Romane ist breiter Raum für die Darstellung u. Ausmalung der dunkeln ⌜Vorstellungen⌝, die Denken u. Sprechen begleiten ⌜u. wechselwirk*en*d leiten⌝. Im Romane kann die ganze psychologische Wahrheit dieser Vorgänge ⌜sich⌝ ausleben. Der Einfluß der Nebenvorstellungen auf ⌜die Logik⌝ des Denkens u. den Charakter des Styls, in welchem dadurch Temperament u. Char. des Denkenden und Sprechenden sich verräth ohne sein Wißen und ⌜seinen⌝ Willen. Die Art der Bilder der Phantasie, mit welchen sie Gedanken u. Worte illustrirt, ihre Bemühungen, adäquat zu sein und die Wechselwirkung zwischen diesen Bemühungen ⌜der⌝ Phantasie und dem Gange und der Folge der Gedanken pp.

Auszug des engsten Planes von „Harte Zeiten" von Boz.

I Theil.

1. Cap. Exposition von Mr. Gradgrinds Erziehungsgrundsätzen.

2. Cap. Sißy Jupe, die Tochter eines Clowns von Sleary's Bereiterbande. Fortsetzung der Erziehungs- u. sonstiger Grundsätze der Thatsachenmänner. T. Bitzer, der gute Thatsachenschüler.

3. Cap. Beschreibung von Stone Lodge und der Familie. Gradgrind, spazierend, findet seine Muster-Kinder durch Astlöcher in Slearys Circus gucken. In den Kindern zeigt sich schon das Blasirte der Erziehung.

4. Cap. Mr. Bounderbys Schilderung. Szene bei Gradgrinds, Gespr. Bounderbys von seiner Abkunft mit der leidenden Mrs Gradgrind. Die Kinder werden hergenommen, die mit dem Vater eben kommen; Bounderbys Absichten auf Luise zeigen sich indirekt. Bounderby zeigt Mr. Gradgrind, daß das Kunstreitermädchen in Gradgrinds Schule an den übeln Symptomen bei den Kindern schuld, räth, sie fortzuschicken. Gradgrind will ihrem Vater sagen, sie könne nicht in der Schule bleiben. Bounderby begleitet ihn. Louise wischt den Kuß Bounderbys von ihrer Wange.

5. Cap. Schilderung der Stadt Coketown. Meinung der Fabrikanten von ihren ⌜Arbeitern.⌝ In der Parallelisirung der ⌜Coketowner⌝ u. der Kinder Gradgrinds die Idee markirt – Unterdrückung der Phantasie, den Herren begegnet Jupe, gejagt von T. Bitzer, dem Definirer. Sie ist vom Vater nach ⌜9erlei⌝ Oel ausgesandt. So fanden sie einen Wegweiser in der Truppe Logis.

6. Cap. Gespräch der beiden Herrn mit den Kunstreitern Chil-

ders u. Kidderminster. Es ergibt sich, daß Sißy's Vater durchgebrannt und Mr. Gradgrind entschließt sich, das Mädchen zu sich zu nehmen, welches, nachdem es vergebens den Vater gesucht, und sein Schicksal ahnend, die Wahl hat, bei der Truppe zu bleiben, die sich cameradlich zeigt. Weil der Vater gewünscht, sie möge nicht Gauklerin werden, sondern etwas lernen, geht sie mit Gradgrind. Ihr Vertrauen, der Vater werde wiederkehren. Ihr Vater ein Gegenstück zu Stephen, ein absoluter Volks-Dulder, hülflos im Innern u. Äußern ohne eine Schuld als diese Hülflosigkeit. Der biedere Volksphilosoph Sleary.

7. Cap. Schilderung der Mrs Sparsit. Gespr. derselben mit Mr. Bounderby. Die Absicht auf Luise indirekt. Tom, den Bruder derselben, will er auf sein Comptoir nehmen; Mrs. u. Miß Gradgrind holen Sißy bei Bo*und*er*by ab. Sißy soll nie von ihrer frühern Geschichte Etwas im Gr*a*dgr*in*d'schen Hause erwähnen. Bounderby war von Anfang gegen das ⌜Annehmen⌝ der Sißy durch Gr*a*dgri*n*d.

8. Cap. Nach einem Abschweif, der die Idee premirt, Gespräch ⌜der Luise⌝ mit Tom, wo ihm L*uise*'s Liebe Alles erscheint, er will sich wenn er bei Bounderby, entschädigen; er rechnet auf L*uise*'s Einfluß auf diesen. Luise träumt an dem ⌜Räthsel⌝ des Lebens herum.

9. Cap. Sißy, von Thatsachen überlastet, würde davon laufen, glaubte sie nicht, ihr Vater würde wünschen, sie bliebe. S*ißy*'s Gespr. mit Luisen, das zeigt, wie diese durch die Erziehung innerlich unglücklich u. ungesättigt. Luise geht mit in's Gesellsch*a*ftszimmer, damit Bounderby den Tom zum Eßen einlade.

⟦33⟧ 10. Cap. Des Autor's Intention. „Ich bekenne mich zu der Schwäche, zu glauben, daß das englische Volk ein so hart geplagtes Volk ist, wie jedes andere, das die Sonne bescheint. Ich bekenne mich zu diesem lächerlichen Gedanken, und er ist mein Grund, daß ich ihm zu seiner vielen Arbeit ein wenig mehr Zerstreuung gönnen möchte."

Schilderung Stephens. Er sucht Rahel und findet sie; sie gibt ihm zu verstehen, der Leute wegen wünschte sie nicht so oft mit ihm zusammen zu gehen. Er findet seine betrunkene Frau daheim.

11 Cap. Stephen geht in einer Ruhestunde aus der Fabrik zu Mr. Bounderby, u. fragt ihn, ob nicht ein Gesetz sei, daß er seine Frau loswerden könne. Er exponirt sein Unglück. Er ⌜erhielt⌝ sie unter der Bedingung, d*a*ß sie ihn in Ruhe laße; nun ist sie wieder da. In einer Frage der Mrs Sparsit eine indirekte Warnung für Bounderby – wegen Ungleichheit der Jahre. Bound*er*by zu Steph. Sie sei sein Weib für gute und schlimme Tage. (B*ounder*b*y*s eigenes Benehmen später in ähnlicher Situation contrastirt damit). Steph. gesteht sogar, er würde, wenn er jener los, Rahel heirathen. Steph. läßt sich aus, was er in Zeitungen gelesen; entweder trennen Vornehme ihre Ehen, oder beide Theile gehen ihren eigenen Weg, welches leztere beim Volke nicht gehe. Steph. sehr altklug: wenn ich ihr was thue, wenn ich eine andere heirathe pp werde ich gestraft? Natürlich. Nun so zeigt mir ein Gesetz, daß mich frei macht. Er läßt schlimme Folgen, wie Blutschuld indirekt befürchten. B*ounder*by. Wir haben ein solches, aber nicht für euch. Es kostet Geld. Und soviel, d*a*ß Stephen sieht, es ist nicht für ihn. Bounderby verliert die gute Meinung, die er noch für ihn hatte; Ms Sparsit trauert über die Sittenverderbniß des Volkes.

12. Cap. Dem Stephen begegnet Bounderbys Mutter; trotzdem daß ⌜Dickens⌝ etwas Bedenkliches bei dem Tun der Alten andeutet, erräth man doch, wer sie ist u. was sie will. Geschickt ist es gemacht, daß jene Andeutung nur in ein Mißtrauen, das Stephen gegen sie faßt, gelegt ist, daß nicht der Dichter selbst es ⌜äußert⌝. Von der Fabrik weg treibt er sich erst um, weil ihm vor dem graut, was er daheim finden wird. Gedanken an Rahel machen ihn noch confuser, deren Glück der Dämon hindert, der ihn nicht losläßt.

13 Cap. Er findet Rahel bei der Frau, diese, die sich verlezt, pflegend – sie waren Kamerädinnen als Stephen sie heirathete. Er soll ruhen, Rahel wird dableiben. Ihm kommt der Gedanke, daß ⌜das Wundwaßer⌝ in der Flasche Gift; er sieht, wie die Frau, da Rahel einge-

schlummert, davon in ein Glas gißen will, um zu trinken – nachdem er einen vordeutenden Traum bösen Gewißens getraumt. Wie sie trinken will, was ihr Tod war, schrickt Rahel aus dem Schlummer, sieht u. entringt der Frau das Glas. Er, auch aufgesprungen, sieht an den Kampfesspuren „wußte jezt, daß sein Gesicht und sein Gehör wach gewesen waren.⟨"⟩ – Also liegt seine Schuld nicht hier, daß er sie bewußterweise das Gift trinken laßen wollte; sondern der Traum scheint Folge eines bösen Gedankens gewesen zu sein. ⌜Denn⌝ er fühlt sich ⌜nicht⌝ unschuldig: Du bist ein Engel; vielleicht hast du heute meine Seele gerettet. Vielleicht liegt die Erklärung in dem Worte kurz vorher: Du fürchtest nicht, mich mit ihr allein zu laßen.

NB. Wir sind in unserm Gefühle, scheint es, den ⌜alten⌝ Griechen näher als Shakespeare. Wie bei jenen die Götter, personifizirte Mächte, im Menschen miteinander kämpfen, so jezt die abstrakten Agentien der Zeit. Und ⌜die⌝ Alten sind Shakespeare näher, als wir; denn jene personifizirten Mächte sind in der Brust des Menschen, ⌜in⌝ dem sie Schuld wirken, ⌜wofür⌝ er leiden muß; diese abstrakten Agentien aber sind der Außenwelt angehörig; er muß die Schuld seiner Zeit büßen, ohne daß sie seine eigene würde. So sehr ist diese Meinung im Publikum seit Leßing mächtig geworden, daß man sie in ein Gedicht, das ihr nicht huldigt, gewaltsam hineinfühlen wird. So wird Hamlet, so Romeo und Julia verstanden, und daher hauptsächlich das Glück, das unter Sh*ake*sp*eare*s Stücken hauptsächlich diese zwei noch jezto machen, wogegen Makbeth u. Lear pp nicht aufkommen können. Eher noch Othello, weil die Gewohnheit, ein Stück mit Mitleid und Haß zu verlaßen, dabei noch ihre Rechnung findet. So schwach sind wir geworden, daß wir ⌜den Helden⌝ nicht lieben und liebend bemitleiden können, wenn nicht ⌜zugleich⌝ ein Haß erregt wird gegen einen Feind des Helden, so daß der Contrast noch helfen muß, das schwache Liebesflämmlein ein wenig anzublasen. So ist es; und unsere Dichter müßen die Verehrung, die sie wünschen, dadurch erkaufen, daß ⌜sie⌝ Gott als einen

*⌜Was meinem Zw. H. u. E. bei dem gewöhnlichen Lesepublikum hauptsächlich schadet, ist, daß ich die Schuld nicht in die Zeit gelegt habe. Wäre Appoll*onius* ein Fabrikarbeiter u. ⌜sein⌝ hartherziger Prinzipal machte ihm die Heirath mit Xstiane ⌜{un}möglich⌝, würden sie sehr zufrieden sein; dann liebten sie App. und haßten den Prinzipal u. in ihm die hartherzige Zeit und blieben in ihrer süßen Gewohnheit. Nun soll aber der Mensch aus seinem

Teufel hinstellen, und durch die Sottisen, die sie ihm sagen, zu einem Etwas von Engeln [zu] {avanciren}. Man kann wohl sagen, sie müßen die Gunst des Publikums durch Verleumdung Gottes verdienen.*

14 Cap. Der Autor zeichnet die fortschreitende Entwickelung der zwei ältesten Kinder Mr. Grandgrinds durch Herausheben einiger Stufen im schnellen Vorbeiziehen. Wir hören nun, d*aß* Mr. ⌜Gradgrind⌝ auf folgenden Morgen der Luise ein Gespräch ankündigt; darauf ein Gespräch zwischen Luise und Tom, was wir später so erklären müßen, daß Luise um Toms willen, d. h. damit dieser einen Fürsprech bei seinem Prinzipal erhalte, den Bounderby geheiratet hat.

15 Cap. Gespräch zwischen Mr. Gradgrind u. Luise, in welchem sie sich bereit erklärt, aber nicht ohne Diplomatie, damit man von ihr nicht mehr verlange, als sie geben will u. kann, Mr. Bounderby zu heirathen

Charakter gehandelt haben, der Held selber ⌜sein Glück und⌝ unser Vergnügen gestört haben; was fangen wir nur mit dem üblichen Haße ⌜an?⌝ Nun; wir werfen ihn halb auf Appollonius u. halb auf den Dichter. Wahrl., Schiller hat recht gehabt, wo er sagt: das Schicksal sei der unschädlichste Ort, wohin der Unwille des Zuschauers – und Lesers – gelenkt werden könne.⌝

⌜II Theil.⌝

⟦37⟧

Also zu lesen: Pädagogisches. – Ferner: genauere Notiz zu nehmen von dem Streite der Idealisten und Materialisten.
Schoppenhauer (ich gedenke) Gesammelte pp
Biographieen, Reisen

Die zwei großen Mächte des Lebens, oder vielmehr Bedingungen des Lebens sind Existenz und Bewegung. Immer erstarrt die Bewegung zur Existenz und löst die Existenz sich in Bewegung auf – ähnlich dem Stoffwechsel in organischen Körpern. Erhaltung u. neue Schöpfung; das conservative und das revolutionäre Element. Politik, Kunst, Wißenschaft, Religion sind die Schlachtfelder, wo diese beiden Kämpfer fechten. Wird ihnen das eine verschloßen, gleich sehen wir den Kampf auf dem andern beginnen; wie verschieden sie hier und dort aussehen, Jacobinermütze, Doktorhut, geistlich ⌜Baret,⌝ all das ist nur Costume; die Gegner bleiben immer dieselben. Der Gegenstand des Romanes der Mensch unter ⌜dieser historischen⌝ Mächte Einfluß, dagegen des Drama, besonders der Tragödie der Mensch an sich. So ist aller Roman im Grunde historisch, ⌜alles⌝ Drama – wenigst*ens* Tragödie ⟨–⟩ anthropologisch. Dort sind die histor. Agentien, hier die psychologischen die Kämpfer.

Also Unterhaltung!

Unterhaltend muß also Geschichte u. Vortrag sein; unterhaltend die Begebenheit und unterhaltend die Figuren, ⌜unterhalt*en*d der Figuren Dialog u. Thun,⌝ unterhaltend der Autor ⌜selbst.⌝ Es muß für Spannung ⌜im Allgemeinen⌝ gesorgt sein an jedem einzelnen Stellchen und zugleich für Intereße des Details. Die Spannung auf das, was kommen muß, muß sich beständig in Intereße am Detail verwandeln, und wo dieses nachläßt, wiederum ⌜jene⌝ Spannung wirken.

⌜Dieser⌝ Forderung nachzukommen bedarf es des epischen Behagens und dramatischen Dranges zugleich, welcher leztere aber vollständig unter der Herrschaft des Zweckes stehen muß. Deßhalb alle Ungeduld aufgeben; denn sie theilt sich sympathetisch dem Leser mit. Umgekehrt wird der Vorsatz, da, wo man selber gern weiter möchte – wenn ⌜die⌝ Partie dem Ganzen nothwendig – im Leser den entgegengesezten Wunsch, nämlich zu bleiben, hervorzubringen, wenn er energisch ist, rückwärts im Autor die Behaglichkeit hervorbringen helfen, die er sich im Publikum als sein Ziel lebhaftest vorstellt. Durchaus Haltung, Vermeidung des Unruhigen, Hastigen.

Wenn es möglich, viel Gestalten oder doch solche Gestalten vorherrschend, die der Leser lieb gewinnen kann. Am liebsten wird er sich mit solchen beschäftigen. Von Personen, die uns nicht gefallen, zeige der Autor nur, was auf die Geschichte derjenigen, die uns gefallen, Bezug hat; sonst zwinge er sie und ihre übrigen Schicksale ⌜pp⌝ nicht auf.

Poesie der Wirklichkeit, die nackten Stellen des Lebens überblumend, die an sich poetischen nicht über die Wahrscheinlichkeit hinaus gehoben. Ersteres besonders durch Ausmalung der Stimmungen u. Beleuchtung des Gewöhnlichsten im Leben mit dem Lichte der Idee, die aber nie ein Parteistandpunkt, sondern stets über den Parteien schwebend, der Gott, der in den Schicksalen der Menschen sich offenbart, ⌜darf⌝ nicht schlimmer als der christliche Gott sein, nicht geradezu ungerecht, fühllos pp Die Gesichtspunkte, Ideen, Berechtigungen, oder wie man sie nennen will, aus dem Boden der Umstände gewachsen u. als Leidenschaft aufgefaßt. Ueberall nach dem

Gesetzbuche, deßen Paragraphen Sprüchwörter; immer die Regel.

Nirgends eine Ueberlegenheit in eine Gestalt aus dem Volke verlegt; die Personen müßen ihre eigenen Gedanken denken und Worte reden, nirgends Abstrakta u. Sprachröhre der Intentionen des Dichters. Diese können in der erzählenden Gattung in Gestalt von Betrachtung, indirekt in der Ausmalung der Stimmungen genugsam niedergelegt werden.

Ein Mittel zur Spannung und Erweiterung der ⌜Geschichte⌝ aus der Fabel selbst: Wenn die Erzählung bald mit der, bald mit der Figur geht u. so Alles, wenigstens das ⌜Bedeutendste⌝, was geschieht, erst hypothetisch und ungewiß in irgend einem falschen Lichte, wohl auch selbst falsch, ⌜vorzeigt⌝ und dann erst den betreffenden Vorgang* selbst erzählt. Das rangirte als Kunstmittel mit dem Capitelverschieben. Nämlich: es geschieht etwas; dies gibt, da nur Einzelnes davon bekannt wird, der Figur, der es bekannt wird, ein falsches Bild des Geschehenen (und damit dem Leser selbst), das sie martert, spannt, oder zur Hoffnung bewegt, u. den Leser mit, der dann mit ihr die Sache genauer untersucht u. durch die Ergebniße der Forschung bald zu Furcht, bald zu Hoffnung hingerißen wird – wenn dies Bekanntwerden einzelner Züge oder ⌜entstelltes⌝ Ganzen, früher dargestellt wird, als die Handlung selbst. Oder auch, es erfährt jenes Einzelne pp Einer von des Helden, also auch des Lesers Gegenpartei, und wünscht, die Sache möge so sein, wie der Leser sie nicht wünscht, er freut sich bei den Ergebnißen seiner Nachforschung, die seiner Leidensch*a*ft zusagen, wo der Leser sich ängstet u. voll Aerger auf den sich Fremden, oder umgekehrt, wo seine Freude u. Hoffnung am Aerger und der Furcht des Gegners wächst. Nun muß die Darstellung immer mehr die Außenseite der Figuren geben, damit der Scharfsinn des Lesers desto mehr Raum zum diviniren erhält u. die üble pp Meinung von der Person oder die Meinung, die Person könne das und das Bedrohliche – ⌜in dem⌝ wir für sie fürchten – aus irg*en*d einem Grunde, den wir nicht wißen, gethan, sich dazu haben verleiten laßen; was Alles den Leser mit dem Freunde ängstet, oder noch mehr ängstet, weil es den Feind freut.

So wird also dasjenige, was uns intereßiren muß, was und wie es geschehen, erst nachher erzählt, die Furcht und Hoff-

*oder auch ⌜der⌝ Vorgang dann in eine rückschauende Erzählung gelegt.

Es wird gespannt dadurch, daß Etwas ⌜geschehen⌝ ist oder ⌜scheint unter⌝ Umständen, die uns auffordern, dies uns noch ⌜unbekannte⌝ Etwas mit uns bereits bekannten Personen zu combiniren, z. B. ⌜im⌝ „Kl. Dorrit⟨“⟩ ist Rigaud verschwunden, seit er in d*as* Haus der Ms Klenamm ging, nicht wieder gesehen worden; nun haben wir den Beginn dieses Besuches gesehen, wir kennen Rigaud pp pp es bildet sich in uns eine abstrakte Erwartung, von schrecklichen Dingen, die da vorgegangen. Nun, nachdem auf abenteuerliche Weise Rigaud wieder zum Vorschein gebracht ist, und zu Mrs. Clenamm gebracht, beginnt eine Szene, in der analytisch der Inhalt der ersten Spannung des Buches, die bis hierher nebenbei gehalten, aber immer wieder erneuert worden.
Figur ⇄
NB. ⌜neben⌝ der Figur des

Forschens – in Kl. Dorr. forscht Clennam – gehen auch blose Zustandsszenen, in denen etwas an sich Gleichgültiges vorgeht, die uns aber an die Orte bringen, mit denen die Spannung sich aßociirt oder durch Erweckung von Stimmungen verwandte Erwartungen hervorbringt oder näherbestimm*end*, vertiefend, ⌜diese unterhält⌝.

Hier tritt die S. 26 erwähnte Spannung nach vorn u. hinten ein. Was mag paßirt⟨, was⟩ ⌜die Ursache davon⌝ sein? Was mag daraus entstehen.

Dieser Kunstgriff kann durch eine ganze Erzählung dauern; ⌜er⌝ kann aber auch an jedem beliebigen Punkte eintreten u. die Spannung nach vorn an jedem beliebigen Punkte gelöst werden, besonders wenn das Werk mehre Begebenheitsstämme hat.

*so geht dies Forschen wieder in ein Handeln über und tritt in die Substanz der Erzählung ein.

nung aber, die sich an dies Was und Wie knüpfen muß, was natürlich dem Geschehenen in der Zeit folgt, wird in der Erzählung vorausgenommen. Dadurch wird auch der Kreis erweitert; die Personen, bei denen geforscht wird, geben Gelegenheit zu Genrebildern u. Episoden.

⟦38⟧ Durch diesen Kunstgriff ⌜allein⌝ – der unzählige Modifikazionen zuläßt – kann schon der einfachste Kern mannigfach variirt werden und die Handlung scheinbar bereichert. Die analytische Methode der Darstellung, die der synthetischen so gegenübersteht wie die Spannung auf das, was bereits geschehen, ohne daß wir es wißen, zu ⌜der⌝, was geschehen wird. Auch gibt dieser K*un*stgriff erwünschten Anlaß, die verschiedenen Charakterbilder, die Gestalten, in stätigerer Weise sich ⌜charakteristisch⌝ ausleben zu laßen, indem die Erzählung von Figur zu Figur wandert, u. eine Zeit lang mit ihr Hand in Hand geht – wobei ein Gewicht darauf fällt, daß, welche Forschungen die Gestalt anstellt, was sie aus dem Erfahrenen folgert, ⌜was sie thut, zu befördern, oder zu vermeiden*⌝ pp, ihren Charakter zeichnen hilft u. der Divination des Lesers freihält, seine eigene Meinung sich zu bilden und durch den Wunsch, die Gestalt werde doch so verfahren oder so pp in noch lebhaftere Spannung geräth, weil er fördern möchte, wo die Gestalt retardirt, bekannt machen, wo sie verheimlicht, verheimlichen, wo sie bekanntmacht, vorsichtig sein, wo sie zu unbedenklich und umgekehrt pp, pp So wäre denn die Erzählung stellenweise – sie kann es ganz sein – mehr eine Reihe modifizirter u. entstellter einzelner Spiegelbilder des Begebenheitskernes, die er in die Seelen der Mitspieler wirft. Wir sähen die Sache erst, wie sie andern sichtbar wird u. nach ihrer Natur ihnen erscheint, als wie sie wirklich ist. Der Leser müßte sich die Momente berichtigend nach seiner Meinung zusammensetzen. Nun kann die Begebenheit sogar ganz aus ⌜Reihen solcher Spiegelbilder⌝ und ⌜durch diese[r] herausgeforderter⌝ Handlungen bestehen.

Die Dorfgeschichte ist ⌜wie⌝ ein einzelnes Glied des Dickens'schen Romans zu einem Ganzen geschloßen. Ein Charakterbild aus jener Menge herausgenommen, eine Stimmung aus jener Mannigfaltigkeit von Stimmungen, eine Reflexion aus jenem Reichthum; sie ist der Geist jenes Romanes in Form der Anekdote. Die Enge, das Arme, was solchergestalt der Dorfgeschichte Mangel gegen den D. Roman gehalten, wurde nun in den beßern D*or*fgeschichten durch große Innigkeit, Zusammenhalten, saubere Ausführung ⌜aufzuwägen gesucht. Dazu⌝ gab die richtige Berechnung des deutschen Geschmackes, oder auch richtiger Instinkt das Vorwalten der Reflexion und der Lyrik hinzu, das Vermeiden sowohl ⌜englischen Sichgehenlaßens⌝ als auch englischer Kühnheit in der Combination. Es wurde Rücksicht genommen besonders auf Bildung (nicht bei Gotthelf); das Karrikirte fiel weg, mehr das Gemüth wurde beschäftigt als die Phantasie; in die Form der Anekdote nach und aus dem gewöhnlichen Leben wurde soviel deutsche Idealität gegoßen, als sich damit vertragen wollte; das englische Behagen wurde in deutsches umgesezt, aber ein Haupttheil der Wirkung ⌜blieb immer⌝ die Uebertragung des Behagens und des stillen Vergnügens, mit dem der Dichter seine Gestalten anschaute, auf den Leser; daneben ⌜wandte⌝ sich ⌜der populäre⌝ Liberalismus an die ⌜politische⌝ Ueberzeugung des ⌜deutschen⌝ Mittelstandes. Es gälte nun, die Dorfgeschichte wiederum zum Roman zu erweitern, in welchem sie ihre Enge und Armuth loswürde und doch das nicht verlöre, was in ihr dem deutschen Volkscharakter angemeßen ⌜war.⌝ Daraus entstände denn nun wieder etwas dem D'schen Roman Aehnliches, Etwas, das an Reichthum von Figuren und Handlung sich ihm näherte, aber in der Art der Composition und Charakteristik und der Ausführung sich durch diejenigen Eigenschaften unterschiede, die in der D*or*fgesch. sich als Bedingung der deutschen Nationalität herausgestellt haben. Noch ein anderer Grund drängt zu größerer Innerlichkeit und mehr psychologischem Intereße der Composition; es ist der, daß das deutsche Leben isolirter ist, als das Englische. Wir haben kein London, in welchem das Wunderbarste natürlich erscheint, weil es in Wirklichkeit so ist, keinen Verkehr mit Colonien in allen Welttheilen, kein so großes politisches Leben; wir haben keine Flotten, und wenn wir dem deutschen nationales Selbstgefühl geben, so fehlt dazu der Boden, aus dem ⌜es⌝ organisch hervorwüchse und berechtigt erschiene, wir müßten es denn als Ausnahme darstellen. Also der D'sche Roman, aber beschränkter in der Extensität und dies durch Intensität ersezt, die Composition und Ausführung nicht so salopp, die Charakter nicht so grillig oder blos äußerlich durch ⌜karrikirende⌝ Uebertreibung

⌜des⌝ charakteristischen Zuges bewirkt. Mehr das Gemüth als die Phantasie beschäftigt und durchaus nicht jenes Behagen ⌜vergeßen⟨.⟩ Dazu⌝ das Mittel, das wir schon im D'schen Romane finden – der Humor. Zu große Breite der Darstellung zu vermeiden, wiewohl ⌜die⌝ Trockenheit ⌜der Conturen⌝ des eigentlichen Drama nicht anzustreben ist. Nur so viel Breite, als unumgänglich nothwendig, Ungeduld abzuwenden oder nicht aufkommen zu laßen; durch Anschaulichkeit und lebendige Gegenwärtigkeit und Reichthum des Details für das Einzelne intereßirt, damit die Spannung ⌜ein⌝ Gegengewicht habe. Was der D'sche Roman von Sh*a*kespeare hat, die Beziehlichkeit der einzelnen Stämme, das ⌜Herausheben⌝ der Charakter durch Contrast, die Gruppirung aller Stämme solchergestalt um eine Idee oder Hauptanschauung, die innern Entwickelungen, das stäte Anwachsen nach dem ⌜Ende bis zu allgemeiner⌝ Katastrophe, die poetische oder vielmehr sittliche Gerechtigkeit, der gesunde Boden aller pragmatischen Poesie, müßte natürlich möglichst beibehalten werden, alle moralische Schiefheit vermieden und in den Personen die Ideen in ⌜Leid*en*sch*a*ften⌝ verwandelt, so ideal der Autor in Stimmungen u. Betrachtungen sein mag, und immer, wie auch dem Geiste neben der Sache Rechnung getragen werde, ⌜immer⌝ darstellend.
⟦39⟧ Eine Hauptsache ist nun der Dialog, durch welchen kleine Schritte der Begebenheit sich ausbreiten. ⌜Der Dialog: Hauptmittel zur Behaglichkeit.⌝

Ein Charaktermotiv: der Lügner aus Schönheitssinn.* ⌜Lügnerin⌝ aus Scham – Sinnlichkeit, die leicht aufzuregen.

*ein sich unbewußter idealistischer Dichter mit all der schönen Hohlheit oder hohlen Schönheit.

Ad Klein-Dorrit. Der bittende Blick des sterbenden Vaters u. die ganze Natur des Haushaltes der ⌜Mrs⌝ Clennam läßt erwarten, hier müße eine ergreifende Entdeckung zu machen sein. Immer wird dieser Ton angeschlagen; nun auch die ungeheuerlich schaurige Gestalt Mr. Rigauds damit verbunden. Das Verschwinden des Mr. Rigaud lenkt die Aufmerksamkeit mit neuer Gewalt dahin. vide 2 Seiten weiter voran, Rand.

Klein Dorrit ist, wie viele unter Boz' andern Romanen ein komisches Schauermärchen, nach Art der Märchen der ⟨„⟩Tausend- und eine Nacht"⟨,⟩ das Seltsamste, die wunderlichsten Anstrengungen der freigegebenen Phantasie mit der gemeinsten Wirklichkeit gepaart – nur ohne Einmischung von ⌜eingestandenen⌝ Feeen und Gespenstern. Dafür sind die Figu-

Wie bei Hoffmann Gespenster, Revenanten pp als natürliche Personen, so geberden Boz' angeblich wirkliche Menschen sich mit einer

ren zum Theil nur Nase, Mund oder sonst ⌜charakteristische⌝ Einzelzüge in's Ungeheure vergrößert und solchergestalt ⌜weniger⌝ wirkliche Menschen, als ein seltsames Geschlecht von Wechselbälgen der Phantasie, Molen der Phantasie; ⌜ohne Befruchtung durch ⟨...⟩⌝ und der Vorgang selbst demzufolge ein wunderlicher Traum; ⌜den⌝ nachträumend oder mitträumend wir bald schwer u. angstvoll athmen, bald lachen, und bald über ⌜unser⌝ eigenes Stöhnen oder Lachen aufwachen. Boz' Poesie ist eine populäre Romantik, eine Synthesis von Tieck, Jean Paul, Hofmann, ⌜Arnim, die⌝ Fratze Shakespeares in das Vaterland des ⌜schönen⌝ Originals zurückgekehrt, aber Fratze geblieben*. Ich muß gestehen, so sehr ich an vielen Stellen des Romans gefeßelt war, ich bin froh, nun ich ihn hinter mir habe; ⌜ich⌝ habe ungefähr die Empfindung, wie wenn ich ein Irrenhaus besucht ⌜gehabt⌝ und nun wieder heraus wäre. Welche Luft, welcher Himmel hier außen! ⌜Drin⌝ waren selbst Luft und Himmel wie Wahnsinnige. Tisch, Stuhl, Wände, Häuser, Fluß, Brücke, Kohlenfeuer pp Alles lebendig, aber – wahnsinnig.

gewißen gespenstigen Mechanik; immer fallen uns bei den Mr. Merdles, Rigauds pp jene Automaten (gespenstigen) ein, die sich für Menschen ausgeben pp.

*oder vielmehr erst recht Fratze geworden. Jene Deutschen haben doch noch die poetische Wahrheit, die selbst noch im rein Fantastischen möglich ist.

Das Raffinement, das entsetzlich Outrirte, Gequälte, dieser nüchterne Rausch, diese Formlosigkeit von Inhalt und Inhaltlosigkeit von Form, all das, was die Poesie unsrer Zeit bezeichnet, treibt mit Gewalt zurück zu Shakespeare⟨,⟩ Plautus, Homer, der Bibel, zum Volksliede, zu Vielem in Göthe und Leßing, Luther nicht zu vergeßen und Schillers Lied von der Glocke. Richters Illustrationen sind eine Erquickung, Haydn, Mozart und das Meiste von Beethoven machen uns gesund, so lange wir sie hören. An Freitag fühlt man beständig, daß dieser Drang in ihm ist; ⌜mich⌝ macht der Eifer, zur Gesundheit zurückzukehren fieberhaft und ungesund, da ich den Weg nicht finde. Vielleicht trauen wir uns zu wenig zu und fürchten unnöthig das Triviale zu sehr. Auch bei talentvollen Malern werde ich diesen Drang gewahr, so an Gonne.

Kampf gegen die schöne Lüge. Wünsche – ⌜Wirklichkeit;⌝ subjektive, objektive Natur. ⌜Gegen⌝ die weibliche Bildung ⌜der Zeit, d. h. nicht gegen die Bildung der Weiber.⌝ Dr. Luther. ⌜Emanzip. der Frauen.⌝

gegen das Uebergewicht der Philosophie, durch welche das concrete Leben u. Empfinden zum Schatten wird. Falsche Humanität, Geringschätzung der ⌜Thatkraft⌝ vom ironischen Gesichtspunkt der Betrachtung aus; wirkl. und bildliche Blutlosigkeit; Verehrung der Phrase auf der andern Seite. Kurz gegen die heutige Bildung.

Oliver Twist gelesen. Dieser Roman unterscheidet sich von Boz' spätern Romanen sehr stark und hat doch schon die nachherige Weise seines Autors vordeutend in sich, nur in einem so bescheidenen Maße, um einen Shakesp. Ausdruck zu brauchen, in solcher „Bescheidenheit der Natur", als ⌜diese⌝ Weise in seinen neuern u. neusten Produktionen in wilder Ueppigkeit wuchert. Die Composition ist sorgfältiger, als in irgend einem seiner späteren Werke; das Karrikiren des Schönen und Häßlichen ist noch nicht an die Stelle der Charakteristik getreten. Man wird, besonders im Anfange stark an Smollet u. Fielding erinnert, an den ersten in der Art der Erzählung, in der Zusammengefaßtheit und dem raschen Fortschritt, an den andern durch das ⌜humoristische⌝ Einmischen des Erzählers in Parabasen, in Entschuldigungen und Rechtfertigungen pp seines Verfahrens beim Erzählen. Es ⌜bleibt⌝ aber aus ⌜diesen⌝ Parabasen ⌜meist⌝ noch eine gewiße Befangenheit des Anfängers, wie denn auch in der eigentlichen Erzählung noch nicht jene ⌜sichere, ja übermüthige⌝ Virtuosität in der Technik, die seine leztern Arbeiten bezeichnet. Aber nur in einer Hinsicht verliert das Buch dabei, darin, daß wir nicht so ganz und gar hineingezogen sind, daß wir völlig in der Geschichte ⌜aufgingen⌝. Das ist nur durch eine gewiße Breite der Technik zu erreichen, die ⌜wir⌝ freilich stellenweise mit Langeweile bezahlen müßen. ⌜Er⌝ schildert Gestalten und Localitäten nur mit den zum Verständniß durchaus nothwendigen Strichen. Wenn wir nun in spätern Werken Boz' Virtuosität in der Technik als eine vollendete bewundern müßen, so erfreut uns dieser Roman, dem jene noch fehlt, eben durch jene Bescheidenheit der Natur, durch eine Solidität der Composition, eine gewiße Naivetät, eine Geschloßenheit, eine Tüchtigkeit ⌜u. Wahrheit⌝ der Motivirung, die man in seinen neuern Produkten nicht mehr findet.

Ich werde mir meine Arbeit sehr erleichtern, wenn ich mich gewöhne, den Schwerpunkt der ⌜novellistischen⌝ Darstellung nicht mehr in die Charakter und ihre Entwickelung zu legen, was denn überhaupt mehr der dramatischen ⟦40⟧ zukommt. Die Begebenheit muß die Hauptsache werden. ⌜Ein⌝ Äußeres⟨,⟩ ⌜einen Besitz⌝, s. z. s. ⌜als⌝ Ziel oder Lohn zu erreichen oder Andere ⸢zu⸣ hindern, dies zu erreichen, ⸢setzen⸣ sich eine Anzahl der verschiedensten, in Rang, Bildung, Stand, Geschlecht, Alter, Charakter, Temperament, ⸢Gesinnung,⸣ Kraft, Eifer mit einander ⸢contrastirende[r]⟨n⟩⸣ Menschen in ⸢Bewegung, –⸣ ein Kampf der mit dem Siege eines oder eines Theiles der Bewerber und der Unfähigkeit der Andern, den Besitz weiter streitig zu machen, also mit einem Zurruhekommen der erregten Kräfte und damit der Sympathie des Lesers, die zu gewinnen die endlichen Sieger von Anfang angelegt, endet. Nun sei dieser Besitz ein individueller, benannter, oder ein allgemeiner, wie im biographischen Romane. Hier ist das Allgemeine, was wir Lebensglück, unabhängige Stellung, häusliches Glück, ⸢Anerkennung, rechte Wirkungskreis⸣ pp nennen, der Besitz, der dem Helden als ⸢endlicher⸣ Lohn für Kämpfe und Leiden zu Theil wird.

Immer wird ceteris paribus das Buch mehr Glück machen, in welchem die angenehmen Ingredienzien der Sympathie überwiegen; wenn uns ein guter Theil der Personen ⸢gefällt, wenn⸣ im Ganzen Kraft, Güte, ⸢Edelmuth⸣ das Entgegengesezte überwiegt; sittliche Gerechtigkeit das Ganze ordnet; wenn nicht Schlechtigkeit u. Schwäche in denselben Personen Eckel erregt und die gutmüthige Schwäche durch komische Darstellung gehoben wird.

Die Hauptschwierigkeiten finde ich jezt im Dialoge, in der Parthie der Darstellung, die mir, als ich anfing zu schriftstellern, die leichteste war. Ich fürchte mich immer, meine Leute über ihrer Bildung sprechen zu laßen und gleichwol nicht allen Gehalt an die Wahrheit des Lebens hinzugeben. Den Grund finde ich darin, daß der Bildungsgrad der Personen in meinen lezten Arbeiten nicht blos ein äußeres Charakteristikum, sondern ein zur Motivirung des Ganzen wesentliches Moment ausmachte. Nun trat allerdings ein ⟨*Lücke im Text*⟩ ein. Ließ ich die Personen über ihre Bildung hinaus sprechen, so hob ich die Nothwendigkeit ihres Thuns auf, die pragmatische Wahrheit; hielt ich diese leztere fest, so mußte der Dialog es durch Gehaltlosigkeit entgelten. Ich mußte daher nach Seelenzuständen suchen, deren Äußerungen naturgemäß poetischen Gehalt zuließen, gewaltsam erhöhte durch Leidenschaft und Situation. Den Fehler, daß der Gehalt der Reden der Substanz ⸢des⸣ Handelnden widerspricht, findet man bei allen Boz'schen

⸢Der⸣ Mannigfaltigkeit der Mitspielenden entspricht eine Mannigfaltigkeit der Szene; Land, Stadt, Hütte, Palast, Norden, Süden, Gebirg, Thal; ebenso der Hintergründe: Frieden, Krieg, die verschiedensten politischen Stimmungen; Traditionen. Und ebenso entwickeln sich an den Mitspielenden die verschiedensten Seelenzustände u. Körperzustände, Wahnsinn, Trunkenheit, Blödsinn, Gewißensleiden, Geisterfurcht⟨,⟩ ⸢Lust, Schmerz⸣ pp u. Eigenschaften: Muth, Verwegenheit, Furchts*am*keit, Energie, Indolenz, Treue, Hinterlist pp Darein klingen Sagen, Volkslieder pp.

Volksfiguren. Sie sind mehr Abstraktionen als wirkliche ⸢Menschen⸣, daher haben ⸢sie⸣ – was Sie nach einer Äußerung gegen mich an ihnen vermißen – keine Zurechnungsfähigkeit. Soviel ich weiß, ist Sh. der Einzige, der ⸢die⸣ Abstraktion so ganz mit individuell menschlichem Gehalt zu sättigen wußte, daß seine ⸢poetischen⸣ Personen die Vorzüge von Beiden haben, ohne die Mängel Beider. Am schlimmsten ist es bei Schiller; so oft er versucht, seinen Abstraktionen menschlichen Inhalt zu geben, hebt er die Abstraktion auf, weil der menschliche Inhalt, den er ihr geben will, ihr widerspricht. Am auffallendsten und häufigsten wird dieser Mangel im Wallenstein sichtbar und besonders in der Gestalt Wallensteins selbst. Nicht allein ist der Wallenstein sich selbst unklar, er ist es auch dem Dichter

Zu NB! S. 37 Rand. Die mehr äußerliche Zeichnung, die die Romanspannung erleichtert, hilft auch, die naiven, harten Charakter nicht so peinlich werden zu laßen, als psycholog*i*sche Analyse u. stärkere Innerlichkeit der Darstellung sie machen würde. Diese Art Menschen haben eben wenig Inneres.

⟦41⟧

Ein ⸢Roman⸣ aus der oesterr. Geschichte, wo möglich meist in Wien spielend. Wiener Typen ⸢realistisch⸣ idealisirt.

⟨*Notizen: Bücherliste*⟩

⟦42⟧

In einen u. denselben Roman könnten verarbeitet werden: die Candidatengeschichte, die Gesch. vom Balsamträger (die heimliche Gemeinde), Gesch. eines Schwärmers (philantrop.-religiösen), die ⸢Grafpfaffelei⸣, die von der gestohlenen Regimentskaße ⸢oder Kriegs⟨kaße⟩⸣, die Zerstörung der Nagelfabrik, Bürgerm. Pfotenhauer, die von der neuen Undine, ferner die Gesch. von dem Geiger und dem geschloßenen Stollen, die Gesch. vom neuen ⸢Donquichote⸣. Zwei Hauptstämme , der vom neuen Don Quix. u. die Candidatengesch. die eine opponirte die Grafpfaffelei; dazwischen vertheilt die Gesch. von der heiml. Gemeinde und die Gesch. von der Caße; ⸢den⸣ Fabrikanten, der die Caße mit gestohlen, vermahnen Beide, der n. Donq. u. der Balsamträger ⸢wegen Behandelns seiner Arbeiter⸣. Das vereint die Gesch., d*aß* der Candidat, der da zufällig oder auch and*er*s den Faden erhält, den verfolgend der Candid. ausmittelt, der Balsamtr. sei das gestohlene Grafenkind – während er selbst viell. das ist.

Also eine Wandergesch. – neue Donq., eine Liebesgesch., der Candidat; eine religiöse Schwärmersgesch. – Gräfin Pfaffel, Bals*am*träger, Gräfin u. B*a*ls*am*träger aber Contraste, Aristokratin auch in der religiösen Schwärmerei, Democrat; exclusives, democrat. Christenthum; der neue Donq., ein absichtlich in der Kindheit erhaltener ⸢Junker –⸣ Eelking; der Bals*am*tr. ⸢vorher⸣ ein Angestellter, der, wie er den Durchbruch in sich erlebt, ihn auch in andern fördern will; ein Wanderhandwerk pp Eine innere Mißion im Geiste Gotthelfs damit contrastirt, auch die geistl. Handwerkerei. Der Superind., der eine Kirchengesch. schreibt, findet allerlei Ketzerei in dem Grunde; die Advoc. u. Richter wundern sich, d*aß* kein Händel da. Die Gem. lebt christlich und brav, aber der Sup. will sie bekehren. ⸢Der⸣ Revolution Vorspiel in dem Walddorfe (Neustadt). Geistlich*keit*, Advocaten, Polizei pp verfolgen den B*a*ls*am*träger gleichmäßig. Erst einzelne Spuren von der heimlichen Gemeine, wunderliche Sagen, dazwischen vom Bals*am*träger, deßen Zusammenhang mit der Gemeine, d. h. mit dem fernen geisterhaften Gesange im verfallenen Schachte Niem*an*d ahnt. Die Gesch. von dem Freib*er*ger Bergmann, der als B*er*ggeist die rauben wollenden Franzosen in die Tiefe wirft. Viell. verenden so die 2 oder 3 schlimmsten Rädelsführer der Communisten – da in dem Schachte die Bücher pp der Gemeine (heiml.); der fanatische Wagner (Petrus) macht das.

⟦43⟧
Ich lese jezt den

Astrologen v. W. Scott.

Wundersam! wie die Zeiten sich verfeinern, die ⸢Mittel⸣ sich compliciren, die Zwecke immer schwerer zu erreichen sind! Ich denke an W. Sc., ⸢von⸣ dem ich seit fast 30 Jahren nichts gelesen, als an einen breiten Strom des üppigsten Details; er hatte in jenen Jahren einen ähnlichen Eindruck von Ausführlichkeit auf mich gemacht, als später Dickens. Aber wie ganz anders wirkte er jezt auf mich! Der Astrolog hat eine Beschwerlichkeit; die Geschichte wird, wer weiß wie oft angefangen; dennoch bietet sie sich schlank und in schöner Bescheidenheit der Natur mit Dick*ens* verglichen, fast trocken. Wie stumpf ist unser Publikum geworden! Wie ⌜mußte⌝ Würze auf Würze gesezt werden, bis nichts blieb, als die ⌜blose⌝ gewürzte Würze, bis vor Zurichtung der eigentliche Geschmack der Speise gar nicht mehr zu erkennen war. Aus einem Romane von Dickens in einen von Scott; das ist wie aus einem Irrenhause in ein grünes Holz, auf eine luftige Wiese; wie aus einer Schaustellung schaurig künstlicher Automaten mit 1000 Gelenken in ein Zimmer voll mit einfachen, aber wirklich lebendigen Gestalten. Welch ein Künstler könnte Boz sein, wenn er nicht ein solcher schwindelkünstlicher Virtuose wäre! Als großer Virt. wurde auch Scott zu seiner Zeit angesehen. Sollte nun eine Zeit kommen, in welcher Dickens den Eindruck der Natur u. Wahrheit machte, den jezt Scott? Dann ⌜muß⌝ es Mode sein, auf den Köpfen zu gehen. Und dennoch erscheint uns Sc. ⌜nur so⌝ weit feiner in der Charakterzeichnung, ⌜als er⌝ viel ⌜diskreter⌝ ist als Dickens. Ein Beispiel die Carrikatur Sampson. Was würde Dick*ens* mit dieser Carrikatur gemacht haben; sie hätte stellenweise alles ⌜Hauptintereße⌝ des Lesers verdunkelt; in der Hitze wäre Dick*ens* über seine Intentionen hinausgerathen. Ein Dick*ens*scher Roman ist ein stetes Vergessen der Hauptsache und wiederum sich darauf Besinnen, ein stetes sich Verlieren und sich Suchen. Wie meisterhaft dagegen ist die Haltung in einem Bilde v. W. Scott. ⌜Dieser⌝ übertreibt nicht, eher ist er zu trocken – aber ich glaube, hauptsächlich der Contrast mit Dickens ist's, der ihn so bescheiden erscheinen läßt. Und so erschien vielleicht Fielding im Tom Jones gegen W. Scott? Ich glaube doch nicht. Was mir hauptsächlich an W. Scott jezt so wohl thut, ist die Poesie, die Fielding nicht hat, die Würde der Persönlichkeit, die Fielding ebenfalls fehlt. Gegen Dickens erscheint Scott ⌜so⌝ harmonisch, wie Tom Jones gegen Roder. Random. Gegen Scott fällt uns das Schielende, was Dick*ens* aus den Franzosen herübergenommen, die Verantwortlichkeit der Zeit pp – höchst widerlich auf. Er ist innerlicher, als W. Scott; das macht ihn eben so peinlich und so prickelnd. Er ist bei alledem ⌜doch⌝ auch abstrakter. Dick*ens* hat Manches von Shakesp., besonders die Behandlung der Farben, aber im Wesentlichen steht W. Scott Shakesp. viel näher. Mir fehlt, um das Ganze der Entwickelung des englischen Romanes zu erfaßen, noch ein Mittelglied – Bulwer. Ich muß etwas, wenigstens ⸢Einen⸣ Roman von ihm lesen.

Um zum Astrologen zurück zu kommen. Die beiden Hauptstämme der Geschichte, die sich im Anfange zufällig begegnen, sind romanhaft genug; das verbirgt vielleicht nur die fast trockene Behandlungsart. pp

Schon früher erwähnte ich eines Kunstmittels, von dem instinktiven Verfahren der „Volksbücher" abstrahirt, des Antagonism von Inhalt u. Form.

Nun bin ich fast am Ende des dritten Theils und höchlichst ergözt von dem Gelesenen. Welche ⸢prachtvolle⸣ Gestalten, wie gesund alle, wie resolut und ⸢wie⸣ modifizirt dies tüchtige Wesen durch Stand, Bildungsstufe, Beschäftigung. Selbst die Bösewichte, welch kräftiger Schlag! Kein erbärmlicher Schächer im ganzen Buche. Und wie die Figuren, so der Autor; ohne die mindeste ⸢Koketterie.⸣ Die tüchtige, ja großedle Gesinnung, die das Ganze durchweht als ⸢unausgesprochener⸣ Gehalt, die Würde, die ⸢in⸣ der Haltung des Ganzen liegt; ⸢die⸣ Harmonie ⸢bei aller Kraft⸣, die sittliche Gerechtigkeit; ja, ich glaube, ein Dichter, der wieder zu dieser Weise zurückkehrte, würde ein ansehnliches Publikum finden. Es scheint ihm blos um das Amüsement zu thun, und doch halte ich ⸢in solchem⸣ Geiste geschriebene Bücher für ein Heil für die Nation, u. solche Romane zu lesen, würde ich meinen Kindern unbedenklich erlauben – natürlich zuweilen einen und den mit Aufmerksamkeit, damit nicht die unglückliche abstrakte Lesewuth sich ihrer bemächtige, dieser Heißhunger, bei dem der unaufhörlich Eßende dennoch abmagert. Freitag hat in seinem Soll und Haben eine ⸢Mittelstraße⸣ zwischen Scott u. Boz eingeschlagen, und A., glaube ich, hätte eine ganz andere Bedeutung erlangt, wenn er seine Weise den großen Formen des Romans anbequemt hätte. In beiden aber scheint mir eben das, was sie so populär macht, eben die Schwenkung nach Scott zu. – Der Spion von Cooper u. Lichtenstein v. Hauff scheinen durch den Astrologen veranlaßt. Der Spion u. der Pfeifer von Hardt sind beide ⸢solche⸣ Mechanismen, wie Meg Merrilies; besond*er*s der Pfeifer, erst Aufrührer ⸢gegen⸣, dann Aufopferer für Ulrich v. Würtemberg. Der Astrol. ist ein Muster für die Gatt*ung* des Romans, welche nur ⸢histor.⸣ Stimmungen, Sitten pp aber keine histor. Figur sonst in das Reich der freien epischen Fantasie ⸢herüberholt.⊙⸣ Welch ein Absturz ⸢vom Astrologen⸣ zu dem Oliver Twist! Trotz vieler

Ein Kind, welches in früher ⸢Kindheit⸣ in Elend versezt, durch einen Bösewicht seines Erbes beraubt gehalten werden soll; Andere Verbrecher sind in dieses Einen Intereße durch ⸢ihr⸣ eigenes; er reizt sie gegen den

Verfolgten u. dieser würde unterliegen ohne ein eigengenaturtes Weib unter den Verbrechern, das seine Rettung mit ⌜dem⌝ eigenen Leben bezahlt. Heinrich B. – Oliver Twist. Meg Merrilies: Nancy. Dirk Hatteraick: Nancys Geliebter. Goßin: Bruder Olivers. Wie bezeichnend: der Aristocr*a*t zeigt ein concretes Erbe als Kampfesursache u. Preis; die Herrsch*a*ft Ellangowan mit ihren Traditionen, der Demokrat ⌜eine⌝ abstrakte Erbschaft, Geld, überhaupt Vermögen.

←Und doch irre ich mich; ich sehe eben, vorblätternd, d*a*ß ich den O. Twist vor dem Astrol. gelesen haben muß. Als ich die Vermuthung bei * im Texte hier aussprach, erinnerte ich mich nur nicht gleich des O. Twist, noch weniger, d*a*ß mir die Aehnlichkeit beider u. der Gedanke der Entstehung des einen durch den anderen eingefallen wäre. Es ist freil. auch möglich, d*a*ß Hierstehendes früher geschrieben ist, ob es gleich in diesem Hefte weiter nach dem Schluße zu steht.

*Nicht lange, nachdem ich dies geschrieben, las ich den Oliv. Twist – den

Aehnlichkeiten. Wie rührend wirkt die Enthaltsamkeit Scotts sowohl in Schilderung der Braven, als der Bösewichte; in der Anwendung der humoristischen ⌜Karrikatur⌝ (Sampson)! Welche edle Figur spielt diese Meg gegen jene Nancy – gewiß weiß die Leztere von der Erstern. Wie fein die Charakteristik gegen Boz. Welche Gruppe von herrlichen Gestalten, wie unvergleichlich contrastirt diese „Mannering, ⌜Brown⌝, Playdell, Dinmont, Sampson.⟨“⟩ Dieser Hatteraick u. die wunderbare Bescheidenheit der Natur in dieser Zeichnung gegen ⌜die⌝ ähnlichen Gestalten bei Sealsfield, Boz pp

Ueberhaupt die Anzahl der benannten Figuren nicht groß. Laß sehen: Mannering, Bertram sen., Meg., Sampson, Gloßin, Hatteraik, Vanbeest Brown, Ms Bertram,

⟦44⟧ Welch eine ganz andere Figur spielt nun Dinmont mit Mannering, Pleydell pp contrastirt, als er in einer Dorfgeschichte spielen würde.

Der Preis des ⌜epischen⌝ Kampfes ist die Herrschaft Ellangowan. Der Inhalt des Romanes: Ein geraubtes Kind wird in sein Erbe wieder eingesezt. Danach zwei Parteien, die eine, die für diese Einsetzung arbeitet, die andere, die sie verhindern will, da sie die Räuber u. Hohler des Kindes. Die Ursache oder der Grund zu dem Raube gibt zunächst Bertram sen. durch seine plötzliche Strenge; seine Schuld ist, d*a*ß er die Zigeuner vertreibt, ohne erst versucht zu haben, sie auf mildem Wege mit dem Gesetze zu vermitteln. Er macht sich die Schleichhändler zu Feinden u. verwandelt die Anhänglichkeit der Zigeuner in Schadenfreude. Meg ist die Schicksalsstimme für Bertram; ihr Spruch trifft ein; daß er nicht ganz eintreffe, denn der kleine Heinrich hat ihr nichts gethan u. erbt die von seinem Vater abgewiesene Anhänglichkeit, ist nun die Bestimmung ihres Lebens u. ihr gelingt der gute Vorsatz, wennschon sie dies Gelingen mit dem Leben bezahlen muß. Dies ist der eigentliche Mechanism und demgemäß finden wir nur Eine psycholog. Entwickelung; die anderen Charakter bleiben in ihrem Geleise und d*a*s erleichtert ihre kunstgerechte Zeichnung auf das Äußerste u. macht die Schlankheit der Erzählung allein möglich und die epische Haltung. Und das ist's, was ich bei meinen fernern Plänen im Auge haben muß. Charakteristisch ist folgender Unterschied zwischen Scott und Boz.* Hätte uns Boz diese Geschichte erzählt, so würde die Ausmalung der

Leiden des kleinen Heinrich eine Hauptsache geworden sein; diese vermeidet ⌜der aristocratische⌝ Scott, weil die Leiden eines Kindes wegen seiner Hülflosigkeit etwas Peinliches und Widerliches haben; er zeigt uns seinen Brown erst dann im Kampfe mit seinem Schicksale, wo er Mann ist u. ein tüchtiger. Eben so unterhält uns Scott nicht, wie Boz ohne Zweifel gethan haben würde, mit dem allmäligen Aufkommen Gloßins; der schwache Bertram als ein Opfer ⌜eines⌝ schlauen Dieners, die Suite von Betrügerei, durch welche ⌜Gloßin⌝ dahinkommt, seinen betrogenen Herrn aus dem Besitze zu drängen, wäre ebenfalls widerlich geworden und peinlich; Bertram hätte verloren, ohne daß ein Anderer dabei gewonnen hätte; während er durch das Weglaßen dieses Details wenigstens eine rührende Gestalt wird. So beschäftigt sich W. Scott auch nicht weiter mit Gloßin u. Hatteraik, als unumgänglich nothwendig; er sucht nirgend das Widrige, Abscheuliche, Eckelhafte auf, wie Boz nur zu oft. Es werden nur gesunde Gefühle erregt und die erregten auch befriedigt. Der Haß, welcher erregt wird, ist nur der Haß gegen das Böse, das ⌜Gerechtigkeitsgefühl⌝, u. dies wird befriedigt, eben so die Neigung zu den edeln Gestalten, welche zugleich die Neigung für das Edle u. Rechte ist. Darin ist W. Scott auf Shakespeares Spur. Und zwar ist dieses Böse u. dieses Edle kein anderes, als was jeder, der weiseste und der einfältigste Mensch so nennen muß. Es ist kein Popanz, zusammengeklebt aus polit. oder socialen Phrasen, der erlegt wird. Die Poesie W. Scotts ist keine ⌜revolutionäre⌝. Er ist kein Advocat, der z. B. die Ehe angreift, weil Menschen darin sich unglücklich machen können, kein Rabulist, der uns bestechen will, das Intereße einer politischen oder socialen Partei für das Rechte selbst zu halten. Scott ist ein ehrlicher, edler Mensch.

Man kann es nicht vermeiden, Menschen verschiedener Parteien u. Confeßionen darzustellen u. ihre Kämpfe; da gilt es denn nur nicht selbst so sehr Partei zu werden, daß es den tüchtigen, gemäßigten Menschen beleidigen kann. Hier ist, wie überall Sh. das unfehlbare Muster, der den braven Katholiken so ⌜gerne⌝ feiert, als den braven Protestanten, der gegen keinen Stand partheiisch ist. Weit entfernt von der Art, welche Katholizism u. Teufelspartei zu einem und demselben Dinge macht. Nicht darauf muß der Ausgang sich richten, d*a*ß ein K. oder P., sondern ob er brav oder schlimm, und sehr hat

ich schon vor etwa 15–18 Jahren gelesen – und fand ⌜das⌝, was ich hier vermuthe, wirklich vorhanden. Siehe die Randanmerkung auf voriger Seite, die ich nach der Lektüre des O. Twist beisezte. Deßgleichen die Anfügung von Zeichen ⊙ an. *→Und doch*

Deßgleichen deutet er die Othellogeschichte Mannerings nur an.

Also Scotts Praxis geht mehr darauf, uns das Schöne und Große, das Edle in seiner Geschichte zu detailliren, als das Häßliche, Kleine, Schwache, Widerliche. Das Schreckliche malt er nur, wenn es wirklich pittoresk ist; das Böse, wenn es durch Kraft erhaben wird, oder durch Klugheit das Intereße unsers Verstandes erregt. Zu dem Malerischen, Pittoresken hat er eine Vorliebe und mit diesem zugleich, wiewohl abhängig davon und nur als Hülfe dazu beschwört er wohl auch das Musikalische. Und diese Praxis ist schon beim Erfinden die seine. Eine Anzahl kräftiger, meist schöner, wenigst*ens* pittoresker Figuren aus den verschiedensten Ständen u. Beschäftigungen, mit den verschied*en*sten Gesinnungen gruppiren sich um einen Besitz so, daß der Kampf sowohl ⌜die⌝ Schönheit als das Furchtbare der Gestalten entwickelt und ihre bis zum Dämonischen reichende Kraft. Bei ihm ist Einheit der Handlung, wenigst*ens* des Intereße. So ⌜steht⌝ im Astrologen der Raub des Kindes mit seinen Ursachen u. Folgen – die

Wiedereinsetzung im Vorgrunde. Was nicht zum Raube u. zum Wiedergewinnen gehört, das ist mehr blos skizzirt. Die Szene wählt er ebenfalls so pittoresk als möglich.

Hat W. Scott ⌜wirkl.⌝ eine Tendenz, so scheint er selbst nicht davon zu wißen; d*as* gibt ihm einen Reiz von Unbefangenheit. ⌜Boz⌝ dagegen ist mit voller Absicht, ja mit Fanatism ⌜u. Bosheit⌝ Satyriker und Demokrat.

In der Unbefangenheit steht W. Sc. bei Shakesp..

⌜*Freitag⌝ hat seinem bösen Juden zwei brave entgegengesezt, den Sohn des Agenten u. die Dienstmagd in der polnischen Dorfkneipe; man ⌜hat –⌝ vom ⌜Parteistandpunkte –⌝ das nicht genügend gefunden.

man sich zu hüten, die eine Partei zu lauter Engeln, die andere zu Teufeln zu machen. Man betrachte die Individuen in ihrer confeßionellen Bornirtheit, laße aber nicht den ganzen Charakter darin aufgehen. Man schildere die Welt wie sie ist; ⌜kein⌝ Stand, keine rechtliche Beschäftigung, keine Confeßion, keine Partei ist im Besitze der Tugend als eines Privilegiums. Einem Schlimmen gegenüber bereichere man den Stand pp mit einem braven.* Weg mit Allem, was Tendenz heißt; diese gehört den Publizisten, nicht den Dichtern.

Die Beßern von heute suchen ihren Büchern durch geistreiche Reden pp den Werth zu geben; ich halte aber dafür, die Hauptsache seien ⌜Figuren⌝ und Composition, Kraft, aber harmonisch angewandt; mehr Plastik als psychologisches Zerfasern. Die Plastik im Vorgrunde, das Musikalische sehr diskret; mehr äußere, als innere Handlung; Tüchtigkeit des Lebens und der Gesinnung.

⌜Geb.⌝	1771. $\frac{15}{8}$.	Chronologie der Produktion W. Scotts.
Alt 25 J.	⌜1796⌝	The chase u. William and ⌜Heller⌝
28.	⌜1799⌝	Uebers. des Götz v. Berl. The house of Aspen, ⌜a⌝ tragedy. ⌜einige⌝ Balladen in Lewes „Tales of wonder". z. B. The Ewe of St. John, Glenfinlas, the ⌜Grey⌝ brother, The Fire King, from the German.
⌜31⌝. (32).	1802.	The minstrelsy of the scottish border. (Balladen). vol. I and II. (Histor. u. romant. Balladen der schott. Grenzländer. W. Alexis pp. 6 Th. Zwickau 1826.⟨)⟩
	⌜1803	1803, vol. III.⌝
33.	1804.	Sir Tristrem, (metr. Roman aus dem 13 Jahrh*undert*) the Metrical Romance of, by Thomas the Rymer.
34.	1805.	Lay of the last minstrel. (übers. von Stork, ⌜Bremen⌝ 1820 pp), the Bards incantation.
35.	1806.	Ballads and lyrical pieces. – Sir Henry ⌜Slingby's⌝ and Cpt. Hodgsons Memoirs, with Notes
37.	1808.	Marmion, a tale of Floddenfield. – ⌜1809⌝ Ausgabe v. Drydens works; Beschreibungen u. Erläuterungen zu seinem The lay of the l. Minstr.

Mehre Ausgaben von Werken Anderer. Strutts Queenhoo Hall, a Romance. 4 vol. – Cpt. Geroge Carletons Memoirs, Sir Rob. Cary, Earl of Monmouths Memoirs

38. 1809. Somers Collection of Tracts. 13 v. Sir Ralph Sadlers Life, letters and State Papers. 3 vs.

39. 1810. Lady of the lake. – English Minstrelsy. 2 vs. Miss Seward's Life and Poetical works. 3 vls. Essay on Scottish Judicature.

40 1811. The vision of Don Roderik. – Imitations: The inferno of Altisidora. The Poachers. The Resolve. – Secret History of the Court of Kg James I. 2 vs. (Sc. ad.)

41. ⌜1812⌝. Rockeby. 1813. ⌜The⌝ Bridal of Triermain.

⌜(1{9}.)⌝

⌜1815⌝ The lord of the Isles 1814

Letters to his Kinsfolk. (ihm beigelegt.).

⟦45⟧ The border Antiquities of England. (Prosa).

Neue Ausgabe von Swifts Werken mit Biographie u. Anmerkungen.

The battle of Waterloo

1822. Halidon-Hill; (Drama).

1820. ⌜Miscellaneous⌝ poems.

/43/ 1814. Waverley or 'tis sixty years ⌜since⌝. – Life and Works of Jonath. Swift. 19 vols. Account of the Eyrbiggia Saga. Essay on Chivalry. E. on the Drama. ⌜Memoire of the Somervilles 2 vs. Rowlands „The letting of homours blood in the head vaine.⟨"⟩⌝

44. 1815 Guy Mannering or the Astrologer. 3 vs. The field of Waterloo. The Lord of the Isles. – Song, „On lifting up the ⌜Banner⟨"⟩.⌝

45. 1816. The antiquary. 3 vs. Pauls letters to his Kinsfolk. Tales of my Landlord, I. Series, 4 vols. The black Dwarf. Old mortality.

46. 1817. Rob Roy. 3 vs. Harold the Dauntless. The sultan of Serendib. Kemble's Farewell Address.

(The black Dwarf)

(Legends of) Montrose. (Annot Lyle v. Lotz, Auszug; U⟨ebers⟩. v. Soph. May; Mac Aulay, der Seher des Hochlandes.⟨)⟩

(Old mortality ⌜(„Schwärmer"⌝ v. Lindau. auch „die Presbyterianer".)⟨)⟩

48. 1819. The bride of Lammermoor. (die „Braut".) Tales of m. Ldl. 3 series. 4 vs. The bride of L. Legend of Montrose. Ivanhoe. 3 vs.

47. 1818. The heart of Midlothian. (der Kerker v. Edinburg.) Tales of my Landlord. 4 vs.

49. 1820 { The monastery u. („Kloster" v. Lindau)
⌜The abbot⌝ – („Abt" v. ⌜M.⌝ Müller.) 2 zusammenh*än*g*en*de Romane.
The visionary. 3 vs. ⌜Lives⌝ of the Novelists.

50. 1821. { Kenilworth. 3 vls.
The pirate. 3 vls.

51. 1822. The fortunes of ⌜Nigle⌝. 3 vls. Halidon Hill. Macduffs Cross.

52. 1823. { Peveril of the peak. 4 vls. (romanhafter Roman).
Quentin Durward. 3 vls.
St. Ronans well. 3 vls.

53. 1824. Redgauntlet.

54. 1825. Tales of the crusaders. (die ⌜Verlobten⌝ u. Rich. Löwe*n*h*e*rz in Palästina.) The Betrohed, The Talisman.

55. 1826. Woodstock. 3 vls. (3000 ℔ Sterling, eine Arbeit von 3 Monaten.).

56. 1827. { Chronicles of the Canongate. (Erster Rom. unter seinem Namen). I. series. 2 vs. The two Drovers, the Highland Widow, and the Surgeons Daughter.
The life of Napoleon pp 9 vs. (18.000 ℔ Sterl. 12 Mon. netto, 15 brutto.)
⌜Tales of a grandfather. I. series.⌝

57. 1828. Essay on Moliere. Two Religious Discourses. Chronicles of ⌜the⌝ Canongate. Sec. Series. 3 vs. (The Fair Maid of Perth). Tales of a Grandfather. II Series. 3 vls.

58. 1829. Anne of Geierstein. 3 vs. History of Scottland. vol I. Tales of a Grandf. ⌜III⌝ series. 3 vls. Waverley Novels with the New Introductions and Notes. vol I–VIII. (contin. monthly).

59. 1830. The Doom of Devorgoil and Auchindrane. Drama. – Letters on Demonology and Witchcraft. for Murray's Family Library. Tales of a Grandf. IV Series (History of France). 3 vls. History of Scottland ⌜vol.⌝ II.

60. 1831. Tales of my Landlord. IV Series. 4 vls. (Count Robert of Paris et Castle Dangerous.⟨)⟩

—

⟦46⟧

Den Alterthümler zu lesen begonnen. Welch' meisterliche Szene die erste zwischen Oldbuck, Lovel u. dem alten Edie! Sie würde aber bei weitem nicht den Eindruck machen ohne die ausführl. Detaillirung des Alterthümlers bei Lovels erstem Besuch, wo er die Leiden u. Freuden der ⌜Alterthümlerei diesem vorschmeckt. Etwas⌝ Aehnliches haben meine Figuren im Erbförster, was die Lebensfülle derselben betrifft. Diese sind reines Thüringer Gewächs. Eine Erzählung mit solchen Figuren müßte nun aber auch in Thüringen spielen. Wäre ich doch auf dem Wege der Produktion wie im Erbförster geblieben, hätte mich damit aber dem Romane zugewandt. Der Thüringer Wald hat noch manchen originellen Charakter, von vielen noch die lebendige Tradition; ebenso noch manches poet. Alterthum von Sitte, Bräuchen und namentlich von Sagen. Eine allgemein intereßante Geschichte mit solchen Gestalten u. Sitten mit den histor. Agentien, auch den lebendigen, dem Hauche, den ⌜der⌝ bewegten Geschichte (Welt) Räder im Drehen dahineinblasen, eine reiche Geschichte mit viel Handlung u. Spannung, aber stets poetischer. So Charakter, Motive, Sitten historische – welcher Zeit auch die Darstellung gehöre. Ich glaube aber, diese poetische Wahrheit die aus Uebereinstimmung alles Einzelnen entsteht, wird ein Dichter nur aus der Provinz, die ihn geboren, wo er erzogen ist, ziehen können, denn er selber ist ja seine eigene Norm im Charakterentwerfen. Nun ist für die epische Charakt*eri*stik das so erleichternd, daß die Geschichte mehr Begeb*en*heit als Handlung, d. h. daß mehr das Nichtich des Helden auf sein Ich wirkt, als umgekehrt wie ⌜im Drama⌝, und ⌜daß⌝ nicht alle Faden der Begebenheit vom Knäuel der ⌜bewußten⌝ Absicht zu laufen brauchen. –

Jezt wird mir nun erst klar, was unsere Dorfgeschichte ist, nämlich ⌜der⌝ Embryo des provinziellen historischen Romanes. Und der soll daraus hervorgehen, sonst war sie eine taube Blüte. Nur muß man sich über das Wort „historisch" hier verständigen. Es heißt dies weiter nichts, als daß der Roman nicht

Anklänge in Klein Dorrit. Die Gräfin von Glenallan u. d*as* Geheimniß pp die ⌜Mrs aber⌝ auch ein wenig vom alten Osbaldistone steckt in ihr; S. Arthur Wardour hat wahrsch. den Anlaß gegeben zum Char. des Vaters der Mareshalsea.

Für die fehlende Weltstadt müßte der Reiz des Idyllischen einstehen.

isolirt sein soll vom großen Geschichtsleben der Welt; er soll auf einem wirklichen Raume in dieser Welt u. in einer wirklichen Zeit derselben spielen und das Allgemeinintereßante der Fabel dadurch modifizirt sein. Das Drama bedarf einer gewißen Abstraktion u. Isolirung ⌜der Motive⌝; es verlangt weit abstrakter das allgemein Menschliche und das Gegenwärtige (ideal); weil es keine Erläuterungen, keine Vermittelungen erlaubt; die Tragödie besonders muß gewißermaßen „elementar“ sein; der Roman aber wird die innigste Durchdringung des allgemein Menschlichen durch ⌜die⌝ individuellen histor. Agentien bedürfen. Man versuche nur, etwas Erlebtes zu erzählen, so wird man nöthig ⌜finden –⌝ sei es auch nur eine kleine Anekdote – zur Erklärung die Zeit, in der sich das Erlebte zugetragen, zu markiren, wohl sogar noch besonders die Stimmung jener Zeit, weil das zum rechten Verständniß sich nothwendig erweisen wird. Manche solche Geschichten wird man sich nur an einem gewißen individuellen Orte vorgegangen erklären können; kennt der Hörer der Geschichte den Ort u. was in ⌜der⌝ Weise dieses Ortes die Gesch. allein erklären kann[,] nicht, so wird der Erzähler wohl auch noch dieser erst gedenken u. zum Behufe der leichtern Glaublichkeit andere Geschichten (aus ⌜auch⌝ der Zeit viell.) aus dem Orte als Pendanten bringen. Das nun ist die poetische Wahrheit des Romans, daß die einzelnen Charakter u. ⌜Motive⌝ u. die einzelnen daraus resultirende Begebenheiten (unter Einwirkung eines u. deßelben historischen Agens) sich zusammenverhalten, wie solche erklärende Pendanten.

Nun versteh' ich erst ganz die Ausstellung, die man gegen meine Sachen macht: man begreift nicht, wie die Menschen so seien, es fehle ihnen der Boden, der die menschliche Natur (allgemeine) eben so modifizire. Und wirklich! Diese „Erbförster, Weiler, alte Nettenmair, Heiterethei“ sind Figuren, die durchaus ⌜{in}⌝ einen gewißen individuellen Raum u. in ebensolche Zeit gehören, und sind in diesem Sinne prächtige Figuren für den historischen Roman – wie ich diesen vorhin definirte.

Freilich ist die ⌜Kenntniß⌝ der allgemeinen Menschennatur* u. ihrer Erscheinungen, Temperam., Leid*en*schaft pp der Grund der Charakterproduktion; dazu gehört aber das Studium einer besondern, provinziellen Natur bis in ihr Tiefstes, wo

*und diese ist für das Drama maßgeblich.

Menschengeschichte, Lage, Clima, Vegetation, Nahrung, Beschäftigung, Tradition*, Confeßion, Bildungsstand pp einander gegenseitig erklären; ⌜jene⌝ Kenntniß u. diese verhalten sich wie das Studium des Arztes pp auf der Universität und die medizinische pp Praxis. Dann wird lebendige Historie, sonst nur grelle Tapetenbilder.

*Geschichte, Sage,

Beiläufig spüre ich großen Einfluß des Alterthümlers auf das westphälische ⌜Hofschultenidyll⌝ im Münchhausen. Der Alterthümler ⌜hier⌝ u. der Hofschulte in seinem Verhältniß zu dem Leierorgler u. Monkbarns mit Edie.

Ich glaube nun, daß die eigentliche Tragödie mit den elementaren Charaktern u. Situationen (oder typischen, wenn man will;⟨)⟩ gleichsam eine Algebra oder Rechnung mit unbenannten Zahlen, mit ⌜u.⌝ in Shakespeare geschloßen ist, u. die Zeit des Romans, der abgeleiteten Regungen, der Rechnung mit benannten Zahlen, vorhanden. Wie ⌜zu Sh*a*k*e*sp*eare*s Zeit⌝ die typische Menschennatur, so naht sich jezt der Individualism der Provinz einem Abschluße; bald wird auch dieser zu Ende sein und in ⌜einer ungeheuren⌝ Nivellirung aufgelöst. Es ist ein begründeter Instinkt, der jezt in der Literatur Alles zu fixiren strebt, was das Bild der Volks- u. Stammesindividualism in Sage, Sitte pp noch lebendig besizt.

Von großer Bedeutung ist für ⌜den⌝ rechten histor. Roman das Werk „Die bürgerliche Gesellschaft."

Dies wäre der richtige poet. Realismus unserer Periode; der große Beginner derselben, Göthe, hat sich zu seinem Nachtheile von dem Wege, den er gefunden, ⌜gewandt⌝. Nur müßte man sich vor dem rein Phantastischen hüten, was W. Alexis am meisten gehindert u. entstellt hat, was Boz stellenweise fast ungenießbar macht. Und in dieser Beziehung war die Dorfgesch. wiederum ein Fortschritt. Dieser neue Realism braucht eben nicht polit. demokratisch zu sein, wenn auch sein Wesen ein durchaus Populäres, Volksthümliches ist. Nur insofern sie sich stellenweise zur Tendenz neigte u. ⌜politisch u. {sozial}⌝ revolutionär wurde, hat sie ⌜ihre⌝ Sendung verlaßen. Polemik u. alles Negative ist ein Raupenfraß am Baume der reinen Poesie.

⟦47⟧ Die sozialen Agentien und ihre Wirkungen auf das Volk sind in gewißer Vollständigkeit in „Riehls, bürgerl. Gesellschaft" enthalten.

Ein solches, die Bemühungen der Büreaukratie, die staatl. Gesellschaft zu einer Tabelle zu machen, das, woran d*a*s Volk fest hält, die „Vorurtheile“ ihm zu nehmen behufs der staatl. Concentration, ihr Herablaßen, den „Haufen“ aufzuklären. Nun gäbe das eine Gesch., wenn man sähe, wie die Demagogen diese Vorarbeit für sie weiterführen pp Aber man darf sich ja nicht verführen laßen, aus den nächsten Wirkungen ein Problem zu machen und dies der ganzen Erzählung zu Grunde zu legen. Denn erstl. würde das Abstrakte, Reflektirte unangenehm u. seinem eigenen Zweck entgegen, weil absichtlich, ausfallen, aber, was noch schlimmer, es würde zu unharmonischem Abschluß führen, wie Tendenz jedesmal.

zwar der Erbörster ist in eine Revolution hineingesezt.

Solche Figuren wie der Erbförster, der alte Nettenmair in ihrer großen Leidenschaft kann uns nur die Historie vermitteln. Im ruhigen, abstrakten Durchschnittszustand haben sie etwas Grelles, Unwahres; aber von der Fluth einer histor. Strömung getragen, sind sie nur die höchsten ⌜von mehren hohen Gipfeln⌝ eines Berglandes, nicht mehr Riesenberge mitten in einer unabsehlichen Ebene. Solche Fluthen sind z. B. Revolutionen u. ⌜überhaupt⌝ allgemeine Volkserhebungen, z. B. Bauernkrieg, Aufstand Pligansers pp Hofers, der Polen, zulezt 1830. Unsere deutsche Revolution von 1848, 49 wird für spätere Zeit ein ⌜bequemer {Fonds}⌝ werden wegen seiner kurzen Dauer. Das Aufstehen aller Nationalitäten, selbst der französischen gegen Napoleon, in welchem Charaktere ⌜aus allen diesen Völkern⌝ u. die in ⌜ihrem⌝ Nationalindividualismus liegenden Motive ein schönes Mannigfaltige⟨s⟩ im Contrast abgeben können – schon die deutschen Stämme allein.

W. Scott hat in den Bemühungen des Prätendenten einen schönen Stoff. Es ist ein Kampf, der die ganze Monarchie angeht und dabei so übersichtlich, wie der trojanische Krieg, deßhalb für die Epik wie gemacht.

Am besten wohl ⌜der⌝ Klausstamm bleibt in der betreff*en*den Geschichte die Hauptsache, weil ⌜er⌝ zu selbstständig, da er ein eigenes Problem hat u. durch die besondere Natur dieses Problems mehr zum Humoristischen neigt. Es zählte nur, eine möglichst wahre Darstellung des Meißener Stammcharakters – eine gewiße gutmüthige Nüchternheit, ein ⌜Leben⌝ u. Lebenlaßen – der Sitten jener Zeit u. der Einwirkungen des polit.-sozialen Agens ⌜des⌝ Philantropinismus und der Aufklärerei; viell. des Contrastes der nach dem französirenden Hofe gebildeten Aristocratie und des noch ⌜urwüchsigern⌝

protestantischen Volkes in einer spannenden Geschichte zu geben.

Schwer ist es nun, dem Fantastischen zu entgehen, ohne die Poesie aufzugeben. Im Astrologen liegt die Poesie ⌜hauptsächlich⌝ im Harmonischen der Composition, in der Figur der Meg, den eigenthümlichen Sitten, z. B. u. besonders ⌜dem patriarchalischen Verhältniße⌝ des Gutsherrn und der Zigeuner; auch in der Liebenswürdigkeit der Charakter; besonders des Autors selbst – im besten Sinne. Es ist doch zum ⌜großen⌝ Theile eine Criminalgeschichte; ⌜ob⌝ das Küstenland, die See und viell. das uns Fremde in den Sitten, die Großartigkeit der Behandlung das Kleine, Widerliche balancirt, ⌜was⌝ sonst Criminalgeschichten haben? Viell. auch der Muth u. die Kraft der Menschen; da ist keine Hülflosigkeit. Das scheint eins der charakterist. Unterschiede zwischen Boz u. Scott zu sein, daß lezterer uns in einer Welt umherführt, wo kein Mensch eine andere Schuld ⌜büßt⌝, als die er selber auf sich geladen, wo der wilden Gewalt der Umstände der von ihr Ergriffene gewachsen ist u. nach ritterlichem Kampfe sie besiegt, während dort – bei Boz – die Hülflosigkeit des Leidenden mehr Haß erregt gegen deßen Peiniger, als Mitleid mit ihm selbst, u. oft, da die Schuld auf ein Abstraktum, gewöhnlich auf die gesellschaftl. Zustände gewälzt ist, der Haß gegen diese alles andere Intereße überwiegt. Bei Boz hat man immer die Empfindung, als wäre d*a*s Leben, wie es ist, eine Mördergrube, ein Netz, des ⌜physischen⌝ u. moral. Verderbens, das vor den armen ⌜Menschenkindern⌝ sich ⌜ungesehen⌝ öffnet; bei Scott dagegen ist es ein Turnierplatz für die Tüchtigkeit. Schildert Boz eine schöne Häuslichkeit, so ist es eine bedrohte Schanze, denn das Elend ist das Positive, Glück nur ein negativer Uebergang, nur eine Lockung, ein Becher Wein für den armen Sünder auf seinem Gange; bei Scott aber ist ⌜das⌝ Familienglück das Positive. Bei Boz ist Menschenglück ein schönes Märchen, das ⌜die⌝ Wirklichkeit, das Elend vorüberflatternd erheitert, bei Scott das Elend eine Gespensterfabel, die vorübergeh*en*d schreckt u. das Gefühl der Sicherheit d*e*s Glückes erhöhter empfinden läßt. Kurz: Scott ist Shakespeares, Boz Byrons Seelenverwandter.

– selbst die Armuth des Ochiltree, die doch keineswegs als Elend dargestellt ist, erkennt dieser für eine selbstverschuldete –

Ich glaube, ich muß wieder verfahren wie beim Erbförster, wo ich die Hauptfigur u. ihren Part zusammen fand – nicht erfand, wobei ich die andern Figuren mir nur ganz äußerlich dachte; bei der Ausführung fand ich dann auch in diesen, ohne zu suchen, einen charakteristischen Inhalt.

Scott hat die ⌜Methode:⌝ wenn er eine neue Figur entweder hat auftreten oder erwähnen laßen, so schlägt er sich allemal in's Mittel, uns eine ⌜histor.⌝ oder biographische Skizze von derselben zu geben, ja wohl von ihrem ganzen Stamme* ein histor.-biographisches Resumé. Das sind Blumenstiele die aus dem Kranze herausstehen; Boz weiß diese Expositionen gewöhnl. in dramatischer Form zu geben. Doch z. B. bei dem Vater des ⌜Mareshalsea⌝ wie Scott. Im Alterthümler schildert er uns auch nach der ersten Szene zwischen Lovel u. Oldbuck den leztern, ⌜dann den Bettler⟨,⟩⌝ etwas später den Ritter von Knockwennock, ehe der persönl. auftritt; Lovel dagegen hebt er auf, um eine Spannung daran zu knüpfen. So schildert er auch ⌜Zustände⌝, sowohl ⌜social-histor.⌝, wenn sie zur Erklärung seiner Gesch. nothwendig, als auch individuelle, wie z. B. das Verhältniß zwischen Monkbarns u. ⌜Knockwennock⌝. Doch sind jene Stiele im Anfange seiner Geschichten; z. B. die Exposition des Ritters Arthur; daß seine Vermögensumstände ⌜im⌝ Rückgehen, das ist dagegen ohne Einmischung des Autors durch einzelne ⌜Äußerungen ⟨dargestellt.⟩⌝ Ferner die Exposition des Ch.s u. Verhältnißes Hektors M'Intyre ist ganz in der Art, wie wir sie bei Boz finden, nur geschickter, weniger absichtlich gezwungen. So d*as* Verhältniß Lovels u. der Isabella.

*oder ists ein Stück vergangener Existenz – wie Edie Ochiltree – eine naturgeschichtl. Notiz von der untergegangenen oder ausgestorbenen Thiergattung.

Die beiden Hauptch., Ochiltree u. Monkbarns, besond*ers* der leztere detaillirt uns der Dichter in größter Vollständigkeit, während er Lovels ⌜Gesch.⌝ referirt.

⟦48⟧ Der Unterschied zwischen den tragischen⟨1⟩ ⌜dramat.⌝⟨2⟩ u. Roman-Charaktern. Jene wollen etwas, sie handeln u. dies Handeln Lear's pp ist Lear; bei dem Romancharakter tritt mehr die Existenz heraus; mehr das Prinzip der alten venetian. Malerschule als Raphael's u. Michelangelo's; mehr der Reichthum, als die Energie, die ruhigen Zustände die bewegten überwiegend. Wie dort (im Dramatischen) das Elementare, so überwiegt hier das Abgeleitete; das Uebergewicht des Äußern zeigt sich schon in der Beschaffenheit. Wir sehen mehr, was Zeit, Sitte, Beschäftigung, ⌜Stellung⌝ in der Gesellschaft, was Gewohnheit, Zeitsitte an den Menschen gethan, als dort; ⌜am Menschen⌝ intereßirt uns mehr d*as* Produkt als ⌜seine⌝ Produktion; mehr die Breite ⌜der Persönlichkeit⌝ gilt es zu schildern als die Tiefe des Charakters, wir haben es mehr mit dem Bürger, dem Anhänger einer Confeßion oder Partei, dem Geschäftsmann,

Ein Hauptunterschied: Die Gestalten des Drama sind anthropologische, die des Romanes sind Gesellschaftstypen.

⸢dem⸣ Stande, der Beschäftigung, den individuellen Gewohnheiten als mit dem Menschen selbst u. seinen Leidenschaften zu thun; mehr mit dem Sein als mit dem Vermögen deßelben zu thun. Mehr die habituellen Züge seiner Beschäftigungen, als seine elementare Richtung kommen in Betracht. Er ist mehr ein Bewegtes als ein Bewegendes; darum das Detail vorherrschend. Mehr, was die ⸢(Gesellsch*a*fts-)Verhältniße⸣ aus ihm gemacht ⸢u. noch machen⸣, als die Verhältniße, die er selbst schafft; die Ruhe ist das Wesentliche nicht die Bewegung; mehr, wie er seine Substanz äußerer Gewalt entgegen zu erhalten sucht, als wie er andere beschränken will; er ist der Holländer, der Dämme gegen das ⸢Einbruch drohende⸣ Meer schafft, um seine Tulpengärten und seine chinesisch kleinen Lieblingsdinge zu schützen, als das Meer selbst, das einbricht und mit den ⸢Dämmen⸣ kämpfend ermattet.

Besonders zu bewundern ist an W. Scott die ⸢weise⸣ Mäßigung, die Bescheidenheit der Natur, der feine Instinkt, wie weit der Poet gehen dürfe, ohne den sichern Boden unter den Füßen zu verlieren, wieviel ⸢der⸣ und der Charakter trage, ohne unter der Last zu brechen pp. Den englischen common sense repräsentirt W. Scott auf das beste. Es ist wunderbar, wie, was poetischer Schwung ist, ⸢den⸣ realen Boden nicht allein nicht verläßt, sondern vielmehr eben oft in der Energie des ⸢realistischen⸣ Details besteht; wunderbar, wie er seine Phantasie immer im engsten Zaume hat und doch zugleich sie scheint sich gehen zu laßen.

Der Held würde – wegen des verregneten Weges, wo er sein Pferd führen muß[;] ⟨–⟩ Reisegefährte des Schw*amm*h., dem er begegnete – hat ihn viell. schon vorher gesehen –; dann beim Pfarrer sagt er von diesem: Aha, der! Kommt heim von seiner Tour; nun Erklärung der Vagabundirerei pp. ⸢Vorsicht; der Neust. antwortet, als wär es eine Vernehmung u. seine Aussagen sollten zu Protokoll genommen werden. ⸢Hausirer-Diplomatie⸣; Nomaden-Einfalt; affektirte.⸣

Wie einfach ist die Geschichte im I Bde des Alterthümlers, und doch wie durch Beziehungen u. Detail reich gemacht. Es ist dieser ein Muster in der Gattung des Charakter-Romans. Im ganzen 1sten Bde ist fast nur Detaillirung der Charakter, die Handlung hauptsächlich dazu erfunden, uns diesen Monkbarns u. Ochiltree bis in's Kleinste hinein zu illustriren. Welche Fülle von Detail in diesen beiden. Wie herrlich die habituellen Spuren der Kleinlichkeit, aus der Beschäftigung des Alterthümlers hervorgegangen, wie die Geschicklichkeit, Hypothesen sich selbst als Feststehendes einzuschwatzen mit dem scharfen nüchternen Verstande und der Fähigkeit warm hingebenden Handelns, wenn dies herausgefordert wird; wobei der schöne, große Leib des leztern nichts desto weniger in der Tracht jener Kleinlichkeit erscheint. Dieser Monkbarns ist

Contraste: Monkbarns – Sir Arthur. Lovel – Hektor M'Intyre.

Waldbrand.

Wenn man die beiden, den Priester u. den Schwammhändler zusammenbrächte, so wäre der eine der Kritiker u. dadurch Erklärer des Anderen; sie hätten sich gegenseitig zum besten, rieben sich beständig, jeder scharf des Andern Schwächen erkenn*en*d aber ihre eigenen sich nicht gestehend. Der Held hat auf dem Weg die Rede auf den Pastor gebracht, der Neustädter ihn in seiner ⟨→⟩*klugen,*

in einer Unterhaltung mit ihm kann er seine (Krämer) Schlauheit zeigen pp

⟨←⟩klugen, vorsichtigen klugnaiven Weise charakterisirt. Der Held sah den Schw. schon vorher u. deßen Behaben im Einzelnen fiel ihm auf, ⌜wo er noch nicht⌝ denkt ihm zu begegnen.

Phlegma u. doch die Ruhelosigkeit wunderbar gemischt, wie schon in ⌜Sprache⌝ u. Gang u. sonstigen Manieren.

*d. h. um eines Zweckes willen zweckwidrig verfahren.

←eine Art Weltbürgerei; er hat nun auch allerlei Religionen u. Sekten kennen gelernt, ihm imponirt nichts. Eine andere Person müßte dies Neustädterwesen exponiren. Dabei ist der Neustädter innerl. ein gemüthlicher Kerl. Der Andere ist dem Neustädter schon in Stockholm pp begegnet. Behagliches Herabsehen auf Ungereisete nicht ohne phlegmat. gemütl. Ironie.

Die Lust des Waldbewohners am Engen, des ⌜Reiseliebhabers⌝ am Weiten compensirt sich. Er nimmt das Enge mit sich in d*as* Weite u. vagabundirt, um im Herzen recht daheim zu sein; in die Enge bringt er die Weite mit u. verzehrt hier erst wiederkauend die Lust der Fremde wirklich.

ein Meisterstück epischer Charakter*is*tick ersten Ranges, neben dem sich nur Ochiltree behaupten kann. Der „Alterthümler“ verdient auswendig gelernt zu werden. Und dabei keine Spur von Karrikatur, überall Züge, die gleichsam zur Uebertreibung einladen, überall ⌜Lockung⌝ dazu; aber Sir Walter geräth nicht mit Einem Tritte aus dem Takt.

Meine Gegend enthält Stoff zu solchen Charaktern, z. B. in den „Neustädtern“, die um Gewinnst die Strapazen der weitesten Fußreisen nicht scheuen, und, nun an den Reiz des Herumtreibens gewöhnt, dies um größeren Gewinn nicht aufgeben würden; die nun eigtl. eine Art des bevorwandeten oder berechtigten Vagabundirens treiben und doch sich diesem keinesweges hingeben, sondern im Vagabundiren Ersparung u. Gewinn zu Merkzielen nehmen, die also gewißermaßen um des Gewinns willen vagabundiren*. Dieser bewußte oder unbewußte, von klugen Individuen zeitweilig sich selbst eingestandene, andermale hartnäckig geleugnete Widerspruch, ist für epische Charakter von außerordentlichem Reize. Diese Widersprüche von Einsicht u. Gewohnheit pp ihr zu Tagekommen im Bewußtsein des damit behafteten Individuums, hinwiederum das Hinwegräsonniren deßelben unter den Auspizien des Wunsches, der des Glaubens Vater, diese wunderbarste Mischung von wirklicher u. gemachter Naivetät können schon den einfachsten alltäglichsten Charakter, wenn blosgelegt, ergötzlich machen. Ehe nun die Handlung oder Begebenheit die Spannung straffer anzieht, kann der Vorgang theilweise dazu erfunden sein, solchen Charakter erst zu detailliren. An dem Neustädter ⟨sind⟩ das Weitausgreifen des Bergsteigers mit gebrochenen Knieen und das Phlegma des Ganges im Kleinen Äußerungen jenes Widerspruchs. Die Lust am Außerordentlichen, Wunderbaren mit dem Nüchternen des kleinen Geschäftsmannes zusammen, ebenso die Gutmüthigkeit des Phlegma u. die Schlauheit; alle ⌜idealistischen⌝ Agentien der Gegenwart hat er aufgelesen, aber sie sind durcheinander gewirrt in einem Geiste, ⌜der, was⌝ seine Krämerei betrifft fast mit bösartig-ungemüthlichem Scharfsinn auseinander zu halten weiß. Die Tendenz zum Unbegrenzten, ⌜der⌝ Wandertrieb des Vogels ohne das mindeste künstlerische Intereße; wie der Ziemer aus Norwegen pp nach Deutschland zieht, unaufhaltsam, um – rothe Beeren zu freßen. Großer und kleiner Horizont zugleich. ⌜Kommt dazu noch eine Schwärmerei mit dem Aposteltrieb, so kommt noch ein Nest von neuen Contrasten dazu. Darf nicht hausiren, tut es doch, um zu wirken (religiös); muß Ausreden haben pp⌝

Aber jede Figur, z. B. ein Landgeistlicher, ist aus den Widersprüchen der verschiedenen Lebenskreise, denen er zugleich angehört, auf das Intereßanteste zu construiren. Die humanistische Bildung, die er erhielt, Reminiszenzen des Universitätslebens; zugleich ist er Gelehrter und Bauer und Beamteter, zugleich ein Repräsentant Gottes u. ein Untergebener des Consistoriums ⌜u. Kirchen⟨-⟩ u. Schulamtes⌝; er ist der vornehmste Honoratiore ⌜u. Respektsperson⌝ in seinem Dorfe u. in der Stadt eine fast komische Figur. Die Langeweile bringt ihn zu individuellen Gewohnheiten, das Alleinstehen in seiner Bildungssphäre begünstigt die Hypochondrie, das Alleinreden auf der Kanzel ⟨führt⟩ zu einer unnahbaren Empfindlichkeit gegen Widerspruch, der auf seine Lieblingsneigungen, z. B. Taubenjockelei pp ⌜ein Diebstahl darum oder auch Betrug⌝ übergeht; das Bewußtsein der Wichtigkeit seines Berufes fließt auch auf diejenigen seiner Thätigkeiten, die seinem Berufe am fernsten stehen, ein. Im fortwähr*en*den Kampfe mit dem Eigennutze und der selbstsüchtigen Härte der Bauern nimmt er von diesen an u. haßt seine Feinde, ⌜die⌝ zugleich die ihm von Gott u. einem hochlöbl. Consistorii anvertrauten Schafe sind. Er betrügt in Selbstvertheidigung die Betrüger und umfaßt ihre ⌜abstrakte⌝ Ganzheit doch wieder als moralische Person, als seine Gemeinde mit evangelischer Liebe.* Dabei wird sein Amt ihm, da kein ⟨→⟩⟦49⟧ *gesunder Mensch*

*⌜Wenn sein Feind – einer seiner Bauern – plötzlich krank, seiner bedarf, u. er nun liebevoll ist, halb als Geistl., halb als natürl. edler Mensch. Der thut ein Geständniß. Prozeßfeind.⌝

⌜Genau bis nahe der Kargheit, was Amtseinkommen betrifft, will er „nie Präjudiz" geben, schützt immer den Nachfolger vor.⌝

⌜Je nach dem Naturell wird eine oder die andere Disciplin der Theologie die Vorliebe befestigen; bei einem die Dogmatik, bei einem die Moral, bei einem die Kirchengeschichte, bei einem die Exegese ⌜Ketzergeschichte⌝ – u. dies ist ein brauchbares Motiv; bei einem wird das Amtsgeschäftliche, bei einem die Beredsamkeit, ⟨...⟩⌝

Dazu vielleicht eine gewiße Lust am Schabernak?

Wunderl. Mischung des Odyßeus mit dem Bauernkrämer, der Weltbilder aus allen Himmelsstrichen, ganz oder halbverdaut, mit der Nüchternheit des Ortes⟨,⟩ wo[,] sie hängen, ein Conglomerat von dem verschiedenst Nationellen, was er sich theils bewußt, theils mechanisch in der Fremde angeeignet, fremde Sprachbrocken, in sein Neustädtisch wörtlich übersetzte Solöcismen, Redensarten, wie Geld machen pp und seine eigenen Commentare dazu. Selbstgefühl, wie er sich über alle dem stehen sieht u. aus der Perspektive des Wandervogels auf sie heruntersieht; prakt. selbst abgezogene Regeln, wie man die verschiedenen Nationalchar. behandeln müßte⟨,⟩ *→eine Art*

ein Umschmeichler seines jeweiligen hl. Patrons.

Es ist zu verführerisch, die Rache Gottes in seinen eigenen Menschenhänden zu haben, ohne sie zu brauchen. Er wird gern taschespielernd seine u. seines Prinzipals – Gottes – Intereße austauschen; die Repräs*enta*tion Gottes in seine eigenen Eigennutzhändel u. seine persönl. Neigungen in die Seele s. z. s. Gottes hinübernehmen.

Auch, ist er ein schöner Mann, hat er ein schönes Organ, kann sich eine Art Koketterie ⌜ausbilden⌝; schöne Hand läßt sich zur Schau tragen und legen; Berechnung der Predigt schon auf die Frauen; Calcul auf die Thränendrüsen, ⌜sentimentale Schlagworte pp⌝

Man empfindet auch das, was uns das das Höchste, nicht immer mit gleicher Energie, wenn die ⌜körperl.⌝ Stimmung ⌜widerspricht⌝; daher wird die fehl*en*de Begeisterung durch ⌜Schauspielerei⌝ ersezt in solchen ⟨→⟩*Momenten*

*daher eine Art unausweichlicher u. zu entschuldigender Heuchelei, aus welcher aber eine schlimmere Art werden kann.

Dazu der Typus der Provinz.

*pflichtmäßige Neugier bis zur Zudringlichkeit ⌜ins Herz hinein.⌝

←es würde etwas Kleines haben, wenn er alle kennen wollte; so hat er etwas von der majestät. Liberalität der Sonne pp

⌜Der Hauptmann Dust, schwarze Greiner; Lauschaer Spitznamen.⌝

*ein Trinker, der aber keineswegs seine Achtung auf das Spiel sezt, sondern, die lustige Stimmung, die er hervorgebracht, benuzt, auszusöhnen. Der die ⌜listigen⌝ Ränke der Stadtherrn klüger ausparirt. Eine durchaus braver, tüchtiger Mann, Lebemann u. wahrer Geistlicher immer zugleich, ohne große Gelehrsamkeit aber stets ganz geistesgegenwärtig, seelengut, aber streng, wo es sein muß; sich selbst zum besten hab*end*, ⌜aber⌝ sobald ein andrer ⌜mit {einer schlimmen Falle}⌝

⟦49⟧

⟨←⟩⌜Momenten, da der Geistl. sich doch der Pflicht nicht entziehen kann u. die rechte Stimmung erwarten.⌝

gesunder Mensch in steter Anspannung sein kann, zum Handwerke, Oscilliren zwischen Begeisterung u. Mechanismus.* Die Schlauheit, die ⌜seiner⌝ Bauern ⌜weltliches⌝ Uebergreifen in sein Pfarrgut schärft, wird zugleich eine geistige Waffe seiner Frömmigkeit, er lernt sie zum Glauben u. zur Liebe, zum thätigen Christenthum gleichsam verführen und umgekehrt mischt sich die Salbung des Predigers in seine irdischen Händel mit den Bauern. Nun kann in seinem Charakter wiederum ein Widerspruch zu der Confeßion, die er instruktionsmäßig haben muß, liegen; z. B. Orthodoxer Altlutheraner mit weichem Gemüthe, oder ein heftig, tüchtig Temperament, das nicht immer in den Gränzen evangelischer Liebe bleibt. Ein zu großes Einmischen in das Familienleben seiner Bauern,* geistliche Herrschsucht; er wird so eigennützig wie seine Bauern, Eitelkeit pp Oder er behandelt seine Bauern wie Kinder in idealem Selbstgefühle seiner Überlegenheit, währ*end* sie in der That ihm praktisch überlegen sind. Er nahm Theil an ihren Vergnügungen, Spielen pp um sie so durch sein Beispiel u. die Zurückhaltung in seiner Gegenwart zu veredeln u. unglücklicher Weise hat er mehr von ihnen angenommen, als sie von ihm pp.

Pfarrer Schlothauer*. Die Thüringer-Wald-Fabrikherrn, Mitteldinge zwischen Patriarchen, Weltleuten. Die ungeheure, unbegrenzte ⌜Gastfreiheit⌝. Die seltsame Weltbildung u. Hinterwäldlerei zusammen.

⌜Der Wirth kennt seine Gäste nicht alle, ja darf sie nicht alle kennen; er muß Leute ernähren, die er nicht kennt u. d*arf* nicht alle kennen, die er nährt, ⌜{um}⌝ Ansehens willen⌝ →*es würde*

Die D*or*fgesch. hat das schönste Material in diesen Hinterwäldlercharaktern, aber sie hat das Mittel zum Zwecke genommen. Diese Charaktere, die einer allgemein verständlichen Handlung zum Gewürze u. zur Bekräftigung, Beglaubigung dienen sollte⟨n⟩, sind an die Stelle einer Handlung getreten.

Der Thüringerwald meiner Geg*en*d in der Zeit, da die Fabriken blühten, und fast übermüthiges Wohlleben die Genüße der

Bildung mit den patriarchalischen Sitten vermittelte. Naturszenen im Schnee. Musik. Geigenschmidt. Anschleifen. Greiner, fast Eine Familie. Spitznamen als Unterscheidung. ⌜Contrast zwischen ihren Dörflermanieren u. ihrer Bekanntschaft mit Siebenbürgen, Stockholm pp wo sie waren. Hamänner in Wallendorf. Baron Könitz. pp⌝

Ein epischer Widerspruch im Bürger. Was neues Handwerkszeug, d. i. neu erfundenes und neue Produzirmethoden betrifft, so geht der Handwerker äußerst ungern daran, sie zu benutzen. Trägheit, Gewohnheit oder wer weiß was ⌜oder⌝ was alles ihn mißtrauisch macht (wohl auch u. hauptsächl. Mangel an Vertrauen auf eigene Geschicklichkeit); dagegen ist er so rasch für jede Neuerung im Staate. Ei nun; gelingen diese nicht, hat er die Verantwortung nicht zunächst, wie in seinem Handwerke; die Folgen, wenn übel, treffen nicht ihn allein. Was sein Handwerk betrifft, das hat mit seiner Phantasie nichts zu thun, da braucht er seinen Verstand; was außerhalb seines Handwerks liegt, das eignet sich nun die, dort zurückgedrängte, Phantasie an. Wie gewiß geht er in seinem Handwerscalcul; wenn er an Amerika u. Auswanderung denkt, hat er eine ganz andere Art Wahrscheinlichkeitsrechnung. ⌜All diese Contraste scharf in Handlung nebeneinander gestellt; ein Leben zugleich im Verstande hier und in der Phantasie dort. Wünsche – Realität⌝

Zu ⌜den⌝ Widersprüchen epischer Natur gehören die s. g. Handwerkskniffe, die Manches unter sich begreifen, was sich mit absoluter Ehrlichkeit nicht unter Einen Nenner bringen läßt; zunächst ⌜dieser⌝ kleinen Gaunereien Contrast zur Handwerks- und bürgerlichen Ehre, sodann zu dem möglicherweise durchaus rechtschaffenen Charakter des Betreffenden als Mensch. Sodann der Handwerksstolz oder Geschäftsstolz, der es doch ertragen kann, ⌜Käufer⌝ zu locken; ähnlich wie der Widerspruch zwischen dem natürlichen Streben eines Weibes, ⌜unter⌝ die Haube zu kommen, und der spröden Sittigkeit, die doch selbst ein ehrbarer ⌜Werber⟨2⟩ Bräutigam⌝⟨1⟩ von seiner Auserlesenen fordert. Ein Knochen für ⌜Casuistik⌝, auszumachen, wo hier das Lobenswerte aufhört und das Tadelnswerthe beginnt. Drei Mächte: Natur, Sitte ⌜Meinung⌝ (Zeitsitte), und ⌜wirkliche⌝ Sittlichkeit sind hier in fortwährendem Grenzstreite begriffen.

ihn zum besten haben will, obenauf, so daß dieser Andere der Narr ist. Fromm wie die Tauben und klug wie die Schlangen; aber er ist auch hier und da bornirt, er hat allerlei „geistliche" Schwächen, die dem Stande ankleben. Namentl. darf er nicht der Naivetät entbehren, Schwierigkeit für uns Deutsche, aus einem realistischen Char. nicht ein absolutes Ideal zu machen, oder, wenn wir einmal dies Ideal realist. beschränken, wiederum darin zu weit zu gehen. Ich glaube, ein gutes Mittel, das Gute eines Ch*arakter*s hauptsächl. in den Menschen, d*as* Schwache in d. Stand ⌜u. die allgemeine Gewohnheit⌝ zu legen als habituelle Züge. Doch auch Gutes, sonst würde die Dichtung wiederum den Schein der Tendenz gegen die Stände ⌜haben⌝. Aber wohl zu beachten: Dieses habituelle† Standes- ⟨→⟩*anhängsel*

†überhaupt die Kleinlichkeit des Alltages,

⟨←⟩anhängsel tritt in ⌜den⌝ großen Augenblicken des Handelns zurück, um der vollen u. ganzen Menschennatur Platz zu machen. Gleich dar*auf*, wie der gewöhnl. Zust*an*d wieder eintritt, kann auch jenes Kleinliche sich wieder gelt*end* machen, sogar in einer Art Unzufried*enheit* mit dem tüchtigen, was er gethan. vide S ×…×

Der Pfarrer u. Schw. leben in einer gewißen Gespanntheit viell. ⌜möglicher⌝ Prozeß oder dgl., der aber ihr Zusammenkommen pp nicht hind*ert*; das Amt bringt sie ⌜viel⌝ zusammen, Schultheiß u. Pastor. Trotz einer gewißen conventionellen Vertraulichkeit† halten sie ⌜{vorerst noch}⌝ sich zurück, der Pastor mehr aus Nothwehr, da er die Art kennt, der Schw. nach seiner Natur.

†⌜der Leute halb*er*⌝

Die Standestugenden und Standesfehler. ⌜An⌝ manchen Berufsarten sprechen wir dasselbe als Tugend ⌜des Einzelnen⌝ an, was an andern ⌜ein⌝ Fehler heißen würde. So die Keckheit des Soldaten. Hier ist der Mittelpunkt des Urtheils „Muth oder Feigheit", danach richtet sich das Urtheil. Beim Handelsmann ist das Centrum der Standesehre die ⌜Ehrlichkeit⌝; beim Handwerker Geschicklichkeit bei Reellität: Alles, was auf ⌜den⌝ Mittelpunkt der speziellen Standesehre sich bezieht, gereicht zum Lobe oder wird wenigstens mit ⌜sehr⌝ lindem Tadel belegt, der oft noch ein Körnchen Lob enthält. Wie anders wird dem Offizier das ⌜leichtsinnige⌝ Schuldenmachen angerechnet, als dem Kaufmanne, wie anders Mangel an überreiztem Point d'Honneur dem Kaufmanne, als dem Offizier. Der Kaufmann ist eine Berufsleiche, wenn er ⌜den Credit der kaufmännischen Ehrlichkeit⌝, der Offizier, wenn er den Credit des Muthes ⌜verloren⌝ hat. Und ist es nicht wunderlich, daß überhaupt von einer speziell „kaufmännischen Ehrlichkeit" die Rede sein kann. Als ⌜bestände⌝ die kaufmännische Ehrlichkeit in etwas Anderem, als überhaupt Ehrlichkeit. Dasselbe Gewißgehn und vorsichtige Behandeln von Geldangelegenheiten, die wir dem Kaufmanne nicht erlaßen, mißfällt uns an dem Soldaten. Alle Berechnung scheint eine Art Feigheit zu involviren. Gleichwohl verfährt der Offizier als Feldherr wiederum ganz anders als überhaupt als Offizier u. Cavalier. Die List, das feine Berechnen der eigenen u. der Kräfte des Feindes u. vieles daher Gehörige würde gegen einen ⌜einzigen⌝ aus der Maße der Feinde von dem ⌜Feldherr⌝ als Cavalier geübt seine Ehre völligst beschimpfen. So sehen wir im Leben immer zwei Zustände wechseln, die sich absolut widersprechen, und denen die Convention ⌜dennoch⌝ wechselnd ⌜Berechtigung und⌝ Platz gibt, den Zustand der Cultur und den der Natur. So handelt der Mensch – und muß und soll es – bald als ⌜sittliche⌝ Person, bald als Naturkraft. Wer einen Krieg wie einen Zweikampf ausfechten wollte, würde als ⌜ein⌝ Donquixote erscheinen; wer ein Duell nach der Weise, die im Kriege zu Rechte gilt, ein roher Wilder. Und der Krieg selber; wie kommt's, daß man „Menschlichkeit⟨"⟩ an dem Feldherrn ⌜rühmt?⌝ wenn ⌜Menschlichkeit rühmenswerth⌝, warum Krieg und was mit ihm zusammenhängt nicht ein Gegenstand der ⌜Verwünschung?⌝ wenn der unmenschliche Krieg erlaubt ist, warum wird ⌜ein⌝ Minimum von ⌜Unmenschlichkeit⌝ gepriesen.

In der Contrastirung nicht allein der Personen, sondern auch der ⌜Stände,⌝ in ihnen liegt ein großer Reiz des Charakterist. mit im Romane.

⟦50⟧ Warum stört uns die Schlauheit, die ein sonst braver Charakter zeigt, nicht ⌜in⌝ der Freude an ihm? Nur die ⌜Güte⌝ gewinnt durch solches Zusammenwohnen; sie wird ein Verdienst, wo sich die Mittel ⌜zeigen⌝, die ihre Existenz verhindern konnten. Es ist ein Beweis ⌜für⌝ den Reichthum ihres Fondes, wenn sie sich neben solchem Nachbar erhalten kann. Dann erscheint der Ch. uns auch wahrscheinlicher; nur Güte bei Einfalt erhält etwas Zweideutiges. Der Mensch, der Alles in seiner Natur hat, was die ursprüngliche Güte absorbiren oder unmächtig machen könnte muß ein größeres Maas dieser natürl. Güte besitzen, als ein Anderer, dem, ⌜eben so⌝ gut sich zu zeigen, nichts von jener Beimischung zu verhindern vorhanden ist.

Der Epiker faßt seine Charaktere mehr der Breite als der Tiefe nach auf.

Zur heiml. Gemeinde⟨,⟩ der Pastor – Dorfpf. u. der Superintend., der Ketzergesch. studirt. Dann Kriegsgesch. in die Versuche, die Waldgemeine zu bekehren u. Balsamträgerschwärmer; der Wagner×...× vertheidigt die Habseligkeiten, viell. auch ein oder mehr ⌜ungerecht⌝ bedrohte Menschenleben, indem er unsichtbar den Berggeist spielt.

Am besten, wenn die dabei umkommenden Bedroher Leute sind, welche dies Loos verdienen u. {eben} ein rechtloser Zust*and*.

Beim epischen Ch. sind zwei Hauptzustände zu merken; der große Affekt des Handelns zerstiebt all' die kleinlichen Anhängsel von habituellen Zügen, aus Stand, Beschäftigung pp mechanisch angeschwemmt, gleichsam die Flötzen des Menschengebirges, und die ideale ganze Menschennatur, der menschliche Kern macht sich geltend. In demselben Maße als der gewöhnliche, der Alltagszustand, wiederum überhand nimmt, kehren jene Anhängsel wieder, machen sich die habituellen Züge aus Beschäftigung, ⌜engem⌝ Horizont pp wieder geltend, treten wieder die kleinen Bedenken ein; kurz wird der endliche Maasstab wieder angewandt, der dem unendlichen Platz gemacht, und mißt, was nach dem unendlichen zugeschnitten, an seiner Kleinlichkeit u. erschrickt ⌜über⌝ oder bereut selbst das Große, Tüchtige, ⌜Böse, Verruchte,⌝ was der M*en*sch selber gethan, oder erstaunt wenigst*ens* und sein eigentliches Wesen, ⌜seine⌝ eigene nackte Gestalt, ist dem an sein Handwerksgewand mit allem kleinlichen Zubehör Gewöhnten ein Fremdes und in seiner Fremdheit Beängstigendes. Jene ursprüngliche Natur des Menschen ist aber eben im Drama, wenigst*ens* in der Tragödie der gewöhnl. Zustand, in welchem wir den trag. Helden sehen.

Das Handeln geht aus dem Instinkt hervor, das Urtheil aus der Reflexion. Darum werden die Resultate beider selten zusammenfallen; und doch muß jedes in seiner Integrität bleiben; die Reflexion darf sich nicht in das Handeln und der Instinkt nicht in die Betrachtung mischen, sonst wird beides, die handelnde und die betrachtende Kraft paralysirt. Die Reflexion zerlegt, der Instinkt faßt zusammen. Alle Fälle des Lebens sind concrete.

Der Roman muß nun erst das Reich der Alltäglichkeit in seiner Unbestrittenheit zeigen und uns darin heimisch machen; dann treten ⌜bewegte⌝ Verhältniße auf u. wir sehen sie sich bilden; die histor. Agentien durchfluten das Stillleben und nun beginnt der epische Kampf, der überall den Menschen frei macht von der Beschränktheit des Alltags. Der Alltag wehrt sich und macht der Bewegung jeden Zoll streitig; bis sich ⌜die⌝ Bewegung zur Ruhe begibt und der Alltag sein unbestritten Reich wieder antritt. Es versteht sich nun von selbst, daß der Alltag an sich unsere Sympathie gewinnen muß, die sich dann in der Bewegung steigert und ⌜aus⌝ dem Affekte wiederum in die süße Befriedigung der Ruhe zurückgeht.

NB solche aufreg*en*de⟨n⟩ Zustände zeigen den eigtl. innern Kern des Menschen; die ruhige Fläche des Alltages macht, weichend, in Plötzlichkeit hier die ⌜{feste}⌝ Felsenspitze der Tug*end*, dort den schwarzen, schaurigen Abgrund des Lasters u. Verbrechens sichtbar, dann kehrt der ⌜Alltag⌝ ⟨zurück⟩ u. beide sind wieder verschwunden; die betreff*en*den Menschen sind sich äußerl. wieder ähnlich.

Dies Reich der Alltäglichkeit, das vor, neben und nach der Bewegung sich geltend macht, das Stillleben, das sich gegen die Bewegung zu behaupten u. soviel von sich zu retten und zu erhalten sucht, als möglich, haben wir in der Dorfgeschichte ganz prächtig. ⌜Aber⌝ sie schildern mehr das Verwittern der lange so festen ⌜Conventionen⌝, was einen elegischen Eindruck macht, einen mehr lyrischen. Bei W. Scott gehen sie nicht ⌜vor unseren Augen⌝ unter; er zeigt uns eben die Festigkeit, die sie hatten; er zeigt sie uns lebendig und sich ihrer Haut wehrend; oder sie sind vielmehr Motive, Costume u. Staffage, nicht die handelnden Helden selbst. Er gibt uns ⌜in ihnen⌝ ein Bild aus dem kräftigen Leben eines Helden; er zeigt uns nicht deßen Siechthum und Tod an Altersschwäche. Die handelnden Helden seiner Romane sind die sittlichen Mächte, die Menschen

Bei Gotthelf, der uns seine Volkssitten in seinen Darstellungen so felsenfest zeigt, sehen wir doch an dem Inhalte seiner Philippica, die überall eingestreut sind, daß die Wirklichkeit nicht mit seinen Bildern übereinstimmt, aber wie Auerb. ⌜mit⌝ einer Art ⌜gefaßt⌝† andächtiger Wehmuth ⌜der⌝ Leiche folgt, so grollt Gotth*e*lf über den Unter-

selbst und ihre Leidenschaften u. Schicksale, die er nach sittlicher Gerechtigkeit ordnet. Es geht keine Gestalt an den Sitten, an der Zeit zu Grunde, nur an ihrer eigenen Schuld. Sie haben ⌜eine Willkühr und⌝ ein Gewißen, sind Menschen, nicht Repräsentanten von Ideen. Mit einem Worte die Sitten sind nur ⌜als⌝ charakteristische Merkmale ⌜u. als Erklärung⌝ benuzt, ebenso, wie die Eigenheiten der localen Szene. Es ist jede Person gut oder schlecht in ihrem menschlichen Kerne nicht ⌜als⌝ Vertreter einer Zeit ⌜oder Partei⌝; sie selbst ⌜sind⌝, nicht die Zeit, ist gut oder böse in ihnen. Die äußern Conventionen dienen blos zur Situation; sie dringen nicht in den Kern der Charakter, oder beßer gesagt, nicht diese Conv. sind es, die, in den Menschen, aus ihnen heraus handeln, das macht diese Gestalten jeder Zeit verständlich. Und auch auf W. Scotts Gestalten paßt Göthes schönes Wort: Die ⌜Shak*e*sp.⌝ Helden sind eben Menschen, volle, ganze Menschen, und solchen Menschen paßt dann auch das römische Costume.

gang u. bedräut, die daran schuld.

Motivirung

†⌜weil dieser Unterg*ang* der Bildung Raum schafft.⌝

Eine Gestalt, der der Zorn über die Verweichlichung der Nation, über das vorherrschend Weibl. unserer Schiller-Göthe'schen Bildung habituell, u. welche von jeder fremdesten Materien auf diese kommt.

Wie die Aerzte den Menschen ⌜zunächst⌝ nach seinem Gesundheitskerne, Tüchtigkeit des Baues schätzen und eine ⌜tägl.⌝ natürlich reiche Entleerung der ⌜Feces⌝ s. z. s. als ein Verdienst anrechnen. Wie bei Einem ein organ. Fehler zu Tage kommt, der zum Ende führen muß: „ich hab's dem Kerl schon angesehen, als er noch ein Kind war, d*aß* nichts Gescheites aus ihm werden ⌜würde" –⌝ mit einer Art Verachtung. So ein Aufgeben eines Menschen, d. h. seiner Gesundheitstüchtigkeit, in der Weise ausgesprochen zwischen Mitleid u. Verachtung, als wenn er moralisch rettungslos wäre. Unvergleichlich charak*teri*stisch jene Stelle in einem Loder'schem Briefe (denk ich – oder hieß jener ⌜deutsche⌝ große vergleich*en*de Anatom anders –⟨)⟩ wo der Briefsteller sagt: ich wollte längst d*a*s untersuchen, aber wenn man selbst einen verwetterten Leichnam unter dem Meßer hat, schneidet man pp ⌜u. schneidet u. vergißt {jede} Wuth –⌝ Nein, die Stelle ist anders, schildert aber diesen ⌜selbigen⌝ Rausch des wissenschaftl. Leichnamszerfetzens wunderschön; das Epitheton bei „Leichnam" hat ordentl. was grausam- Zärtliches, wie im „Liebhaben zum Freßen"

Dies mundgespizte Zeitalter, das jedermann küßen zu wollen scheint, aber in Wahrheit mehr aufgelegt ist, zu kratzen.

Dies Zeitalter, in welchem die Helden nur die ⌜gleichgültigen⌝ Beschaffer des Materials für die Poeten u. diese wiederum nur die Gelegenheitsmacher für die absolute Kritik.

Er ging zornig von einem Orte, wo er Sh. ⌜{von} Gymnasiasten⌝ kritisiren hörte, nicht um Sh., sondern über die Kritik, kommt an ein Billard, wo Cadetten Blücher verächtl. bedauernd deßen Feldzüge kritisien; auf der Gallerie hört er Academieschüler die großen Mängel Raphaels besprechen u. überall von oben herunter, zuweilen mit einer Art von Mitleid u. {viell.} mit bestem Willen der Anerkennung, wenn sie sich nur irg*end*wo rechtfertigen ließe.

Diese Gestalt ist cynisch, um nicht aesthet. zu erscheinen pp

liegt. Das s. z. s. Uebelnehmen, wenn die Krankheit bei einem Menschen den s. z. s. legitimen Kunstmitteln nicht nachgibt u. die Gemeinheit hat, einem albernen Hausmittel zu weichen; wie bei den Geistlichen, wenn ein Mensch auf seine eigene Weise in den Himmel fährt. So, wie es vielen anderen Ständen oder Berufsarten vielmehr geht, daß das Ansehen der Mittel in ihren Augen an Bedeutung und Berechtigung den Zweck überwächst, das Mittel ihnen zum Zwecke wird. Hier in diesen Fällen allen muß aber die instinktmäßige ⌜Neigung⌝, indem sie mit jenen Schrullen contrastirt, sie praktisch besiegen, aber ja nicht theoretisch; mehr wider den Willen u. s. z. s. ohne Wissen des Subjekts.

⟦51⟧ Ein Weinreisender, in welchem Geschäft u. eigentlicher Mensch gesondert stehen, wie Pflicht und Neigung, der all die kleinen u. kleinlichen Geschäftskünste und Ränke mit Gewißenhaftigkeit anwendet und außer dem Geschäfte der ehrlichste, prächtigste Kerl ist, dem die Unterlaßung solcher kleinen Spitzbüberei Gewißensbißen machen würde als ⌜Sünde⌝ gegen die Pflicht gegen seinen Prinzipal ⌜oder⌝ vielmehr gegen die Firma, der im Geschäfte ⌜auf-⌝ u. zudringlich bis zum Ehrlosen, im Privatleben zartes Gefühl für Ehre hat. ⟨„⟩Da hängt der Kaufmann." „Nun gibt's keinen Peter Paul Bitters mehr, nur eine Firma So und So u. was dazu gehört."* Als Zubehör zur Firma ⟨„⟩So u. So." verfolgt er einen Menschen, dem er als P. P. Bitters alle Hilfe gewährt, die er kann u. sich aufopfert*. Glühend für Deutschl*an*ds Freiheit – wenn im Freiheitskriege – hat er doch eine Dose mit 3 Deckeln oder 2, Napoleon und Alexander, mit der er seine Geschäftsleute angelt – Napoleon dann, wenn er Privatmann⟨,⟩ Nasenstüber ⌜gebend, außerdem streichelnd mit den Fingern⌝. Im Dienste ist er äußerst vorsichtig, zähe und klug-kalt, ⌜als⌝ P. P. Bitters dagegen verwegen im Enthusiasmus einer braven Seele. Natürlich wird dies Alles nur dadurch, daß er ein Hagestolz und Hypochonder ist. Als „So u. So" hat er einen Trinker bei sich, einen verdorbenen Pastor, Dichter pp der für ihn trinken muß; als P. P. B. trinkt er eher ein Glas zuviel als zu ⌜wenig. Viell.⌝ ist sein Liebling, deßen Glück er mit Aufopferung macht, um den er sogar Gewißensbiße erduldet, der Sohn einer Schwester eines seiner Prinzipale, dem unrecht geschehen, wie er dann beweiset u. deßen Sache siegreich durchficht. Diesem hat er, als deßen

*Gewiße Stunden.

*sowie sein Engagement gesetzl. zu Ende tritt er gegen den einen seiner Prinzipale, der „ein Tyrann" pp ernstlich auf; doch nicht eher.

P. P. Bitt*er*s u. ein Offizier haben viell. in Comp. ein

Vater, ein Aßocié seiner Firma, noch lebte, den ersten Unterricht gegeben – leider begriff der Junge Alles leichter denn das Einmaleins. Auf seinen Reisen trifft er diesen unvermuthet, der sich über solch Gefundenwerden auch nicht freut (?) ⌜in⌝ der Familie eines Kunden, gegen welchen P. P. B., da es mit ihm zurückgeht, kaufmännischen Unwillen auf die Person u. Familie überträgt. Da die Firma da noch nicht am Nagel hängt, hält er ihm erst eine kaufmännisch-moralische Ermahnung, als P. P. Bitters dann bedenkt er mit ihm, wie der Sache ⌜der Leute⌝ zu helfen. ⌜So ficht er selbst pro et contra die Sache durch.⌝ In ihm ist jene⟨s⟩ kaufmännische ⌜Standesehrgefühl⌝, in welches die kleinen Spitzbübereien gehören, mit wahrer menschlicher Ehre in Einer Seele. Aber er weiß, der *Kauf*mann kann ⌜nicht⌝ bestehen ohne seine spezielle Ehre – bringt Parallelen bei aus der Soldatenehre, oder vertritt der Junge diese;* so hat seine Ansicht in einem gesunden Menschenverstande ⌜ihren⌝ guten Grund und ist hinreich*en*d nebst seinem ganzen Thun motivirt. Man dürfe die verschiedenen Branchen nicht vermengen z. B. reiner Mensch u. Kaufmann – Rechnung mit benannten Zahlen u. unbenannten sind trotz Aehnlichkeit verschieden – sonst werde aus Keinem was. Er hat den Auftrag, neben dem Geschäfte auch nach dem Jungen zu spüren, u. ihn heimzuschicken, wenn er ihn gefunden. Er weiß recht gut, d*a*ß dem von seinen Prinzipalen, der den Befehl geschickt, gar nicht viel daran liegt; es ist der, auf den er die pique schon hat oder erst bekommt. ⌜Der ⌜P. P. B.⌝ will ihn durch vernünftige Gründe abbringen, und wird umgekehrt bekehrt u. macht viell. mit, nachdem er dem einen Prinzipale, der in Gesch. da ist, seinen {Affen} übergibt.⌝

Nun muß natürlich die Geschichte, d. h. der Kern der Fabel sehr intereßant sein, sowohl an ⌜sich, d. h.⌝ Sympathie ⌜erweckend, als durch Geschicklichkeit der Anordnung (Composition).⌝ Spielt Schill darin und sein Tod? Oder Colberg u. Nettelbeck. Am besten wohl Schill u. seine Tollkühnheit. Ein Vernunftgrund, d*a*ß man sich De*u*tschl*an*d retten müßte, nicht toll Untergang suchend. Die Commis des befreundeten Handelshauses spielen mit, indem sie den verwundeten Helden verheimlichen, nachdem sie ihn heimlich heimgeschafft. Oder wird der Heinrich daherein verflochten? Dazu nun allerlei zu lesen aus jener Zeit, um die Stimmung u. Agentien voll-

Abentheuer, des Helden Aufsuchung oder so etwas, u. hier oder auch von früher spielt das Problem von *Kauf*m*a*nns u. Soldatenehre, die sich erst verachten, allmälig aber achten lernen.

Der Held soll wenigst*ens* doppelte Buchh*a*ltung lernen bei welcher der Mensch an sich u. jeder Beruf besonders profitire. Will den Unterricht s. z. s. {incognito anschauen}

*Bs. Alles gut; Sie sind der Sohn meines Prinzipals pp, aber die Soldatenehre ist ein Unsinn; er kritisirt sie vom Standpunkte der Kaufmannsehre, dann aber, in einen Ehrenh*an*del verflochten, handelt er instinktmäßig soldatisch u. cavalièrement u. wird kleinlaut, wie ihm dargethan wird, er habe gegen seine Gr*und*sätze gehandelt, oder auch hitzig, beleidigt, bittet dann – wieder *Kau*fmann – ehrlich ab. ⌜Wie er sich {wind*et*}, d*a*ß er nach der Sold*aten*ehre geh*an*delt. „Es liegt am {Gewehr}; {ein}⌝ →*metallurg.* ⌜so ist der Süddeutsche unter den Norddeutschen, ein Pfälzer? Ein unruhiger lebhafter, ein Kravaller, Polizeiärgerer pp als ×. . .× klein-dicker Geselle, hitzig u. bonhommisch in Beidem anders als die Norddeutschen. Wie der Nordd. (×. . .×?) u. der Pfälzer einander kritisiren, bewitzeln u. doch einander suchen.⌝

←⌜metallurg.⌝ Einfluß; wie beim Kaufm. vom Gelde u. der Feder.⟨"⟩ „Der K*au*fm. hat doch auch mit Metall zu schaffen. An der {Form}? pp⟨"⟩ Nun wird er gar Philosoph. Er zieht einen neuen Rock an; diese symbol. →*Handlung*

Ein Spitzbube u. Betrüger wird ein treuer Spion u. Helfer mit Aufopferung u. dadurch gehoben u. gerettet.

←Handlung ist von bewährter Wirkung.

ständig darzustellen. Das Epischgroße in dem Anschwellen der Stimmung, wie der Enthusiasmus das ganze Alltagsleben absorbirt, das man freilich erst in schöner, Sympathie erweckender Gestalt gesehen haben muß; wie Feindschaften pp sogar, nicht allein die Berufsgrenzen überwältigt werden. Aber all das auf epische Weise. Wir müßen sehen, wie schwärmerischer ⌜Enthusiasmus⌝, auch fanat. Patriotismus, Philister zu Enthusiasten, Frauen und Kinder zu Helden macht, wie sich das Gefühl der tiefsten Nationalschmach u. der Haß ⌜gegen⌝ den Eroberer in die gemeinste Brust senkt, sie veredelnd, wie Kluge dumm werden, Dumme klug in der Leidenschaft; wie der Egoismus, wie die Schranken der Stände und Berufe schwinden – aber, wohlverstanden! immer objektiv, wohl selbst gutmüthig ironisch oder humoristisch. Dazu die Schiller-Göthebildung. Immer vom heutigen Standpunkte und ruhig darstellend, nie sich selber darein mischend. Im Haße verliert der Medusenkopf Napoleons ⌜an⌝ seiner Riesigkeit Nichts. Dazwischen komische Szenen. Der Enthusiasmus ist der Figuren, dem Dichter liegt ob, die vorher schon bekannten Charakter zu contrastiren in ⌜quantitativer⌝ und ⌜qualitativer⌝ Gradation; dazu: reicher Inhalt mit aller Mannigfaltigkeit der Wirklichkeit zu geben, nirgend selbst den ⌜Zügel⌝ zu verlieren, voller Geist aber auch voll von Darstellung, weder den Geist über der Darstellung, noch die D*ar*stellung über dem Geiste vergeßen. Immer Deutschlands wahre Größe in Aussicht. Der deutsche Kaiser, der in Manchen spukt, bringt ein Geschichtsforscher alten Styles auf die Rangnüancen. Wieviel Schritte der K*öni*g von Fr*an*kreich hinter den ersten Potentaten d. Xstenheit bleiben müßte, ferner Triumph über die Stelle im D. Quix. Wunderbar wie die ⌜Phantasie⌝ der ⌜Deutschen⌝ während äußerster äußerer Erniedrigung die Größe Deutschl*an*ds aufflügelte in ihren Träumen von Zuk*un*ft aus der Vergangenheit geschöpft.

Also erst der Alltag noch bestehend. Er geht unter in der allgemeinen Bewegung. Er tritt seine Rechte wieder an, u. das muß gefallen.

Durchaus muß des Poeten Meinung, so lebendig er den Enthusiasmus für König, Gott u. Vaterl*an*d schildert, nicht in dieser aufgehen. Seine Gesinnung muß als eine gemäßigte, vernünftig fortschreit*en*de, die die Haut mit dem Leibe wachsen laßen will, freie hindurchblicken, aber d*a*s Positive, was jene Zeit vor 1849 ⌜voraushat⌝, anerkennen.

Hauptsachen: Selbst gesehen – neu gesehen – richtig gesehen – ⌜stylisirt⌝ gesehen. Vor Allem aber Harmonie; ⌜mit der⌝ Welt unsrer Wünsche die ⌜dargestellte objektive Welt⌝ möglichst ausgesöhnt. Es darf kein Zorn, kein Aerger, Unwillen pp den Schluß des Buches überleben.

⟦52⟧

„Ich hatte früher schon manche Gelegenheit, die fast gewißenh*a*fte Treue seiner Ortsbeschreibungen zu bewundern. Ganz besonderes Licht verbreitete mir aber sein jetziger Besuch auf jenes Char*a*kteristische ⌜in⌝ seinen Compositionen. Den Morgen nach seiner Ankunft sagte er: „Sie haben mir oft Materialien gegeben – nun bedarf ich einer guten Räuberhöhle und einer alten Kirche von der rechten Sorte." Wir ritten aus und er fand, was er brauchte, in den alten Schieferbrüchen von Brignal und der verfallenen Abtei Egglestone. Ich bemerkte, daß er sich sogar die eigenthümlichen wilden Blumen u. Kräuter notirte, die zufällig an einem kühnen Felsen in der Nähe seiner Höhle von Guy Denzil wuchsen; ich konnte mich nicht enthalten, ihm zu sagen, daß, da er keinen Eid auf seine Werke schwören müße, Maaßliebchen, Veilchen u. Schlüßelblumen eben so poetisch seien, als irgend eine der genau untersuchten bescheidenen Pflanzen. Kurz ich lachte über seine Gewißenhaftigkeit, verstand ihn aber, als er mir erwiederte, „„daß in der Natur selbst keine zwei Szenen sich genau glichen, daß derjenige, welcher genau copire, was vor seinen Augen sei, dieselbe Reichhaltigkeit wie die Natur in seinen Beschreibungen besitzen und demgemäß auch eine eben so reiche Phantasie darlegen würde, wogegen derjenige, welcher seiner Imagination ⌜vertraue⌝, bald ⌜seinen⌝ Geist ⌜umgränzt⌝ und auf ein Paar wenige Lieblingsbilder beschränkt ⌜finden⌝ würde, deren Wiederholung früher oder später gerade jene Monotonie und Dürftigkeit hervorbringe, welche stets der beschreibenden Poesie in den Händen derjenigen anhänge, die nicht geduldige Verehrer der Wahrheit seien; außerdem, sagte er, gäben Ortsnamen und Besonderheiten einer erfundenen Erzählung ein viel beßeres Ansehen."" Es rührte im Grunde

Aus einer Bearbeitung von Lockhart's Memoirs of the Life of Sir W. Scott, ⌜u.⌝ den besten Originalquellen von Moritz Brühl ⌜„Denkwürdigk*e*iten⌝ aus W. Sc.s Leben. Mit besonderer Beziehung auf seine Schriften Leipzig, Kollmann 1839–41. – 3tes Bändchen. Aus Morritts Memorandum.

von seiner jugendlichen Eigenheit her, daß ihn die schönste Landschaft nur halb befriedigte, wenn er nicht irgend eine lokale Legende damit verknüpfen konnte. Wenn ich zuweilen genöthigt war, mit dem Meßerschleifer zu gestehen: „„Geschichte! Gott segne Sie! ich habe keine zu erzählen, Herr!““ pflegte er zu lachen und zu sagen, „„dann laßen Sie uns eine machen; nichts ist so leicht, als eine Tradition zu schaffen.““

Aus einem Briefe W. S's an Morritt. ib. S. 13.

„Einige der Fehler sind aber so mit der Geschichte verwebt, daß sie stehen bleiben müßen. So ist (im Rockeby) Denzil mir besonders wichtig, obgleich, wie Sie mir sagen, nicht sehr intereßant; und ich versichere Ihnen, daß, um im Allgemeinen zu ⌜reden⌝, poeta loquitur von schlimmer Wirkung in der Narration ist, und, wenn Sie 20 Dinge zu sagen haben, ist es beßer, nachläßig zu sein, als langweilig. Die Wahrheit ist, daß die Langweiligkeit mancher wirklich guten Gedichte von dem Versuche herrührt, denselben Ton durchaus beizubehalten, was oft ⌜perephrasis⌝ und immer Steifigkeit herbeiführt. Ich weiß sehr gut, daß ich zuweilen den entgegengesezten Gebrauch zu weit getrieben habe; ich möchte dies aber theilweise dem zuschreiben, daß ich nicht fähig bin, meine eigenen Ideen gut auszudrücken und theilweise der Eile – nicht einem Irthum im System.“

an Miss Edgeworth.

„Ich habe keines meiner Gedichte gelesen, seit sie gedruckt sind, ausgenommen leztes Jahr das Mädchen vom See, das mir beßer gefiel, als ich erwartete, aber doch nicht genug, mich zu vermögen, das übrige vorzunehmen; so daß ich wahrhaft mit ⌜Makbeth⌝ sagen kann: „„I am afraid to think of what I've done. –
Look on't again I dare not.““

„Nur soviel erinnre ich mich über Mathilde (denn das kann nicht so vergeßen werden), daß sie als Zeichnung einer Dame versucht worden, die nun nicht mehr ist; so daß es mir besonders schmeichelhaft war, sie von Ihnen vor den anderen, welche im Allgemeinen blose Schatten sind, hervorgehoben zu sehen.“ – Ohne Zweifel ([,]sagt Lokhart[,]) war diese Dame der Gegenstand seiner unglücklichen ersten Liebe, und in der romantischen Großmuth des jugendlichen Poeten, der ihre Gunst nicht zu gewinnen vermag und seines ritterlichen Gegners, haben wir etwas mehr, „als einen blosen Schatten“.

Beiläufig: In vielen neueren Gedd. ist es, als wäre der Schatten der Zweck u. die Hauptsache des Bildes; man darf nicht vergeßen, daß er nur dazu vorhanden, die lichten Stellen herauszuheben, nicht diese, um jenem ein Relief zu geben. Der Schatten ist ⌜Nichts⌝ an sich, nur Gewürz, nicht Speise.

⌜Ueber⌝ Heinrich Weber: „Seine äußere Erscheinung, sein ganzes Wesen hatte etwas sehr Intereßantes; er hatte ein schönes offenes Gesicht, in welchem deutsche Biederkeit u. deutscher Enthusiasmus gleich sehr sichtbar waren" pp

Dieser Enthusiasmus ist unsere Schwäche, wenn auch eine liebenswürdige; wir sehen immer mit den Augen eines Liebhabers; ⌜was⌝ uns ergreift, nimmt uns alle Beobachtung, was uns nicht ergreift, langweilt uns und so stehen wir allen Dingen mit der Brille unsers ⌜Gefühles⌝ gegenüber, immer ungerecht mit dem ehrlichsten Willen gerecht zu sein.

S. 170. 2 Bdchen. Brief von Jam. Ballantyne.

Bedenken wir, daß „vor 60 Jahren" uns nur bis zum Jahre 1750 – eine Zeit, wo unsr'e Väter lebten u. guter Dinge ⌜waren⌝ – zurückführt, so scheint es, daß die dem Charakter gegebene alterthümliche Färbung zu grell ist, um mit der Zeit zu harmoniren. Die Periode ist zu modern; Johnson schrieb u. Garrick spielte, u. im Grunde scheint sich kaum etwas Wichtigeres als der Schnitt der Röcke geändert zu haben.

3 Bdchen. S. 77. ⌜Lockhart⌝

Diese Novelle (Waverley) ist aber auch wahrhaft trefflich. Selbst ⌜nicht⌝ bei Cervantes findet sich erhabenere ⌜Romantik⌝ und zugleich natürlicherer und feinerer Humor. In seinen familiären Schilderungen verbindet der geniale Dichter die Kraft Smollet's mit der angeborenen Eleganz und dem ungezwungenen Pathos Goldsmith's; in seinen düstern Szenen läßt er die wahre Tragödie wieder aufleben, welche mit dem Zeitalter Sh*a*k*e*sp's die Bühne verlaßen zu haben schien, und die verschiedenartigsten Elemente des Intereßes verwebt und verschmilzt er mit jener namenlosen Grazie, welche vielleicht noch sicherer, als selbst die höchste Vollendung in der Schilderung ⌜irgend ⟨eines⟩ einzelnen⌝ Gefühls, das von der Natur in ihrer glücklichsten Stunde geschaffene Gemüth des <u>Meisters</u> beurkundet.

Jam. Ballantyne im Namen des „unpersönl." Verf*aße*rs des Waverley an Miss Edgeworth.

3 Bdchen S. 78.

⟦53⟧ „Nur sehr Wenige hatten die mir gewordene Gelegenheit zu erkennen, in welchem Maaße der Verf. des Wav. den Genius der Miss Edgeworth bewundert. Durch den Verkehr der zwischen uns stattfand, während das Werk durch meine Preße ging, weiß ich, daß die treffliche Wahrheit und Kraft Ihrer Charaktere auf sein Gemüth zugleich anregend und dämpfend wirkte. Er fühlte, daß der Erfolg ⌜seines⌝ Buches mehr auf den Charakteren als auf der Fabel beruhe; und er hatte eine so hohe und gerechte Meinung von Ihrer Eminenz in der Behandlung Beider, daß ihm vor einer allenfalsigen Vergleichung zwischen seinen Schilderungen und seiner Fabel mit den Ihrigen sehr bange war; überdem ist ein solcher Reichthum und eine solche Nobilität im irischen Charakter und Humor, daß der schottische unstreitig zurücksteht, was kaum verfehlen ⌜konnte⌝ – wie er dachte – seine Schilderungen kalt und lahm durch den Contrast erscheinen zu laßen. „Wenn ich nur M. Edgeworth's wundervolles Talent, alle ihre Personen zu beleben und sie als Wesen Ihrem Gemüthe vorzuführen, erreichen könnte, würde ich nichts fürchten." – – – – Herr Makenzie macht mit Ihnen denselben Einwurf gegen die Aehnlichkeit mit Fielding. Er sagt, Sie sollten niemals gezwungen sein, daran zu denken – trotz aller innerlichen Evidenz des Gegentheils – daß ein solches Werk nur ein Werk der Fiktion und alle seine schönen Schöpfungen nur Luftgestalten seien. Der Charakter der Rosa ist weniger vollendet, als der Dichter anfangs wollte; ich glaube aber, daß die humoristischen Charaktere ihm nach und nach, in gewißem Grade zum Nachtheile der erhabeneren und sentimentalen, lieber wurden. Was kann indeßen Flora und ihren tapfern Bruder ⌜übertreffen?⌝

S. 81. ib. Lockhart.

Einer der thätigsten Freunde Scott's im Sammeln von Materialien für die nun begonnene Serie von Novellen war Joseph Train, Oberzollaufseher zu Newton Stewart, deßen „Gedd. mit erklärenden Noten über Sagen in Galloway und Ayrshire" zuerst Anlaß zur Bekanntschaft gaben. Die erste bedeutende Mittheilung Train's bestand in einer Sammlung von Anekdoten über die Zigeuner in Galloway und „einer lokalen Geschichte von einem Astrologen, welcher, gerade in dem Augenblick bei einem Pächter einkehrend, als deßen Frau in Kindesnöthen war, der Sage nach das zukünftige Schicksal des Kindes prophezeite, fast mit den Worten, die dem John M'Kinlay, in der ⌜Introduktion⌝ zu Guy Mannering in den Mund gelegt worden." Scott entgegenete ihm, daß die Erzählung ihn erinnre an eine ähnliche, die er in seiner Jugend gehört habe", und zwar wie jene Einleitung erklärt, von jenem ⌜M'Kinlay⌝.

Ein Hauptvorzug der Engländer – Shakesp. u. W. Scott – ist der, daß ihr ⸢höchster⸣ Schwung nicht vom Verstande verlaßen ist. So Ochiltree, wie er eine Versorgung annehmen soll. Wie die Lust an der Unabhängigkeit, Ungebundenheit des Lebens nirgends lyrisch und ⸢sentimental⸣ wird, ⸢wohl⸣ auch rhetor. dazu, was wir Deutsche poetisch nennen; Scotts Bettler vergißt nicht einen Augenblick, was und wie er ist. Er bleibt der alte Bettler durch das ganze Gespräch, er denkt seine eigenen Gedanken und spricht seine eigene Sprache, die von Char. u. Situation, wie sie ⸢eben⸣ beide ⸢sind, und⸣ doch werden jene Ideen rege gemacht, weit sicherer und nachhaltiger, als wenn er, wie Schiller ⸢in jedem seiner Stücke⸣ pflegt, einen allgemeinen lyrisch-rhetorischen Strom queer durch sein Bild brausen [zu laßen] ⟨ließe⟩, der die Charaktere zerschneidet und aufhebt, wie „Eilende Wolken⟨"⟩ pp wo Schillers Gefühle über Marias Lage zerstörend auf die Gestalt der Maria hereinstürz[t]⟨en⟩, die mit aller Besonderheit der alten Königin in Schiller ersäuft. Das die Weise der Idealisten, daß sie, wo ihre Personen fühlen und handeln sollten, ihre eigenen Gefühle und Reflexionen über deren Lage geben, daß sie ihren Schaffungsprozeß geben statt des ⸢Schaffens⸣.

Der Grund zu Scotts Richtung war im Götz gegeben, das Hervorheben des Pittoresken, der Stimmung, Zus[t]ammenstimm*ung* von Natur, Locale, Zeit u. Vorgang. Eigentlich ist dies schon ein Ingrediens von Shakespeare. Göthe wollte den Shakespeare deutsch wiederherstellen; da seine ⸢episch-lyrische⸣ Natur das Original modifizirte, entstand der Götz, in welchem die äußere Form noch dem Drama ähnelt. Scott brauchte nichts, als der gefundenen Materie die ihr wesentliche Form zu geben. Dazu waren schon Fielding u. Smollet Vorarbeiter gewesen; ihre Geschichten sind schon auf geschichtlichen Grund aufgezogen, im Tom Jones ist der Einfall des Prätendenten, im Roderik Random die Expedition nach Carthagena – das ist aber schon im Don Quixote dem Vater des Romanes – aber noch nicht nach Möglichkeit ausgebeutet. Am nächsten kommt der Weise Scotts Smollet; denn hier sind wirklich die Schicksale Randoms mit der Expedition in nahen Zusammenhang gebracht.

⌜Exc.⌝

Lockhart.

Scotts Uebersetzung des Götz machte nicht soviel Aufsehen in England, weil sie 10 Jahre zu spät kam; zu einer Zeit, wo das Deutsche Drama daselbst mit dem „schonungslosen Ridikule gebrandmarkt war – nachdem die unnachahmliche Carricatur von den „Streifern" erschienen war."

„Göthe's Tragödie hat indeßen nichts gemein mit jenen wilden Absurditäten, gegen welche Ellis und Canning ⌜die⌝ Pfeile ihres Witzes gerichtet hatten. Es ist eine klare, kühne, freie und höchst malerische Darstellung wirklicher Charakter, Sitten und Begebenheiten; überhaupt läßt sich sagen, daß es die ersten Früchte sind von jener leidenschaftlichen Bewunderung Shakespeare's der eigentl. Alles zu verdanken ist, was in ⌜der⌝ neueren romantischen Literatur Deutschlands Vortreffliches vorhanden. – Mit welchem Entzücken muß Scott die Art u. Weise des Dramas aus dem Zeitalter der Elisabeth wiedergefunden haben auf einer fremden Bühne, in's Leben gerufen von einem wahren Meister! Mit welchem verdoppelten Entzücken mußte er gesehen haben, daß Göthe in sein Bereich zog, für die edelsten Zwecke der Kunst – Menschen und Lebensweisen, Szenen, Vorfälle und Begebniße, in so naher Verwandtschaft mit dem, was ihm von Kindheit an der erwählte Abgott aller seiner Sympathieen und Gedanken gewesen! In den räuberischen Baronen (baronial robbers of the ⟦54⟧ Rhine), ernst, blutig und habgierig, aber offen, großmüthig und nach ihrer Art galant und höflich; in ihren Einfällen in die gegenseitigen Besitzungen, den belagerten Burgen, den geplünderten Wohnungen, gefangenen Rittern, tonsirten Bischöfen und eingeschüchterten Lehensherren, welche vergeblich strebten, diese Wirren zu lösen – fand Scott ein lebhaftes Bild von dem Leben der eigenen eifersüchtigen Grenz-Clans, welches ihm vertraut worden durch unzählige namenlose Minstrels. Wenn es zweifelhaft ist, ob, ohne ⌜„Percy's" Reliquien⌝, er vielleicht je daran gedacht hätte, die Balladen herauszugeben, so ist es gewiß nicht weniger so, ob, ohne ⌜den⌝ Götz mit der eisernen Hand, es je ihm eingefallen wäre, daß in den wilden Traditionen, welche jene erzählten, er, ohne es eigentlich zu wollen, Materiale gesammelt für mehr Werke voll hoher Kunst, als das längste Leben ihm Zeit gewähren konnte, zu verarbeiten.

⟨*Notizen: Buchtitel*⟩

Charakteristisch für die epische Richtung der Engländer und lyrische der Deutschen ist, daß unsre Volkslieder meist eigentliche Lieder sind, während die der Engl. meist Balladen.

Also Handwerkszeug wäre neben etwa einem ⌜möglichst⌝ vollständigen geographischen Lexicon ⌜u. Atlas v. Deutschl*and*⌝, Topographika, ⌜antiquarisch-topographisches⌝, wie: die Ritterburgen und Bergschlößer Deutschlands, Volkslieder, Volkssagen, Volksmärchen, Rittergedichte, wie „arme Heinrich". Der Charakter wegen und des realistischen Details Memoiren, woran es uns leider sehr mangelt. Erst die neuste Zeit hat dergleichen hervorgebracht. Bücher wie Hanns v. Schweinichen⟨,⟩ ⌜Burtenbach, Berlichingen[.]⌝ pp sind doch nur einzelne Ausnahmen. Quellen für Sittenschilderung, wie: „der Teufel solls", die Kleiderordnungen; Bücher über Hexenprozeße, z. B. der Hammer pp Vor Allem aber Sitten- und Natur- und topographische Studien an Ort und Stelle.

Heraldik, Gesch. u. Beschr. der Sitten (Religion {pp})

Volksbücher

Also: Familiengeschichte auf historischen Grund aufgezogen, der in diese Geschichte selbst ⌜einwirkt⌝; ⌜der⌝ Hintergrund, der erst nichts weiter als Costume, wird bald Mitspieler, er geräth in Bewegung, diese Bewegung theilt sich den Gruppen der Familiengeschichte mit, und diese kann nun auch nicht zur Ruhe und zu harmonischem Abschluß kommen, als bis der Hintergrund wieder ruhig. Daher hat eine leicht übersichtliche und schnell vorübergehende geschichtliche Bewegung den Vorzug vor langen Kriegen, wie z. B. der Befreiungskrieg. Solche sind z. B. Plingansers, Hofers Erhebung, der Bauernkrieg pp. Solch eine Geschichte muß einer schönen Landparthie gleichen, in die ein Gewitter kommt, welches wieder blauem Himmel Platz macht. Oder eine Kahnfahrt durch einen bald vorübergehenden Sturm gewürzt.

NB!

Wenn aus der heimlichen Gemeinde noch etwas wird, muß die Gestalt des Balsamsträgers um so realistischer bis in die kleinsten Züge gezeichnet werden, als die Intention eine idealistische ist; nie darf das Lyrische überwuchern; immer muß er der arme Geschäftsvagabund bleiben, der von Apothekern verfolgte, der Hausirer mit den Künsten und kleinen Ränken seines Gewerbes, der beschränkte Mann aus dem Volke, der gelesen, was er Homogenes mit seiner schwärmerischen Richtung finden konnte, der namentl. die Bibel gelesen, aber keine exegetische ⌜Form⌝ befolgte, als die habituelle Stimmung

Aber seine Rechtlichkeit u. Humanität muß auch in

sein Gewerbe eingreifen, das, wie es gewöhnl. betrieben wurde, nothwendig verboten werden mußte.

seines Gemüthes. Als ein Mann, der viele Schwierigkeiten bei seinem Geschäfte, das ja ⌜zum Theile⌝ ein verbotenes, zu besiegen gewohnt, hat er eine Beimischung von Schlauheit, die natürlich auch sein ⌜übriges⌝ Wesen modifizirt, wie diese schlauen Dinge wiederum von seiner Schwärmerei eigenthümlich gefärbt ⌜sind⌝. So erst hätte es Intereße, wenn er als gefundenes Kind nun in solcher Beschränktheit den gefundenen adelsstolzen Seinigen gegenüber stände und halb aus Scheu vor dem ihm innerl. Fremden, dem er seinem innersten Wesen nach nie vertraut werden zu können fühlt, und da er aufgeben müßte, was ihm zweite Natur geworden ist, wählt, der Alte zu bleiben. Auch sogar in der Art der Religiosität, in welcher die Mutter oder Schwester ⌜exclusiv⌝ aristocrat. u. er altchristlich-democratisch, stehen sie sich fremd, ja noch fremder gegenüber. Versucht er es erst, heimisch zu werden, und besonders der alte Vagabundentrieb, ähnl. wie bei den Wandervögeln, drängt ihn, wie die Knospen bersten, wieder hinaus.

So ist er nun wirkl. ein Apostelbild aus der ersten christlichen Zeit, wie Paulus, der Zeltmacher, dazu die Einfalt u. der Herzensdrang, die {Leid*en*sch*a*ft des Lehrens} u. Bewahrens.

Darin besteht die eigentliche wahre realistische Poesie, daß die idealistische Intention realistisch völlig eingefleischt, geschloßen und consequent gehalten wird. So, daß das Produkt über das Gemeine hinausgeht, ohne die Grenzen der ⌜sinnlichen⌝ Wahrheit, der Wirklichkeit zu überschreiten.

Mit ⌜wahrem⌝ Vergnügen um so mehr, als mit gleicher Ueberraschung finde ich heute mein Urtheil über Schiller, das in meinen Shakespearestudien sich immer mehr befestigte und belegte und auch in diesem Hefte bei Gelegenheit der alten Eichentruhe ausgesprochen ist, mit dem W. Scotts ⌜völlig⌝ übereinstimmend, wie ⌜ich schon⌝ bei der Lectüre von Lewes Göthe ⌜deßen Urtheil⌝ mit meiner Meinung über Göthe fast bis auf das Kleinste ⌜accordirend⌝ fand. Es heißt – ich füge die ganze Stelle bei: Scott hat von Lockhart eine neue Ausgabe (des Faust) von Göthe geliehen:

Lockhart ⌜erzählt⌝.

„Als wir nach einigen Stunden zum Frühstücke zusammenkamen, war er voll vom Gedichte, verweilte mit Enthusiasmus bei der luftigen, durchsichtigen Schönheit seiner lyrischen Stellen, dem furchtbaren Pathos der Szene vor der mater dolorosa und der, bei den subtilen Schattirungen der Charaktere zwischen Mephisto und dem armen Gretchen, entwickelten großen Geschicklichkeit. Er äußerte indeßen über die Einleitung (welche, wie ich vermuthe, er früher nicht gekannt hatte[,] ⟨)⟩ daß sich das Blut nicht verleugnen laße – daß, so vollendeter Künstler er auch ⌜wäre⌝ – Göthe doch immer ein Deutscher ⟦55⟧ sei und daß nur eben ein Deutscher eine Vergleichung mit dem Buche Hiob, „dem größten Gedichte, das je geschrieben worden sei", provoziren könne. Er fügte hinzu, daß er denke, das Ende der Fabel wäre nur deßhalb in obscuro gelaßen worden, weil der Dichter verzweifelte, die Schlußszene in Marlowe's „Doctor Faustus" zu erreichen. (!) Wilson erwähnte eines Gerüchtes, daß Coleridge an einer Uebersetzung des Faust arbeite. „Ich hoffe es", sagte Scott, „Coleridge machte Schillers Wallenstein viel schöner, als er ihn vorfand, und so wird er es auch hier thun. Niemand besizt die poetischen Resourcen in solcher Fülle, allein er weiß sie nicht gehörig zu verwenden und kann daher durchaus nichts Großartiges, seines Genius Würdiges hervorbringen. Er ist gleich einer gasgeschwängerten Kohle, welche sich in Blasen und Funken entleert, bis irgend ein gescheiter Kerl sie in eine eiserne Büchse ⌜verschließt⌝, und das eingepreßte Element zwingt, sich nützlich verwenden zu laßen. Seine Phantasie und Diktion würden ihn schon längst über alle seine Zeitgenoßen erhoben haben, wären sie unter der Controle eines gesunden Urtheils und eines festen Willens gewesen. Ich pp"

Jezt, wo ich die ganze Stelle gelesen, finde ich, daß von Coleridge und nicht von Schiller die Rede ist. Aber das Urtheil könnte auch das eines Engländers über Schiller sein, und ist, in's Deutsche übersezt, das meinige über Sch.

„Waverley ist dem Dichter warm aus dem Herzen gefloßen. S. 114. 3 Bd.
„„Von der Fülle seine Herzens spricht sein Mund"." Das Familiäre und Romantische, das Muntere und Ernste verbinden und verschmelzen sich darin mit eigenthümlicher Grazie und Kraft; der Dichter scheint zu ringen nach der Gelegenheit zu glänzen – zu bezaubern – zu erleichtern seine überreiche Phantasie von ihren ⌜Schöpfungen⌝ und seinen Geist von den angehäuften Fiktionen und Fabeln. Der Geist der Poesie ist darüber hingehaucht und durchleuchthet es im glücklichsten Lichte, den lieblichsten Erscheinungen. Ein Beispiel von Ueppigkeit, dem Vertrauen in überreiche Reßourcen ⌜erwachsend⌝, liegt in ⌜Mistreß⌝ Rachael's Erzählung vom „armen William" und der „Lucie St. Aubin," welche seinetwillen als Jungfrau lebte und

starb und welche, ⟨„⟩als sie sich vergehen fühlte, noch einmal nach Waverley-Honour gebracht zu werden wünschte und alle Stellen besuchte, wo sie mit meinem Großoncle gewesen und die Decken wegnehmen ließ, daß sie die Spuren seines Blutes erkennen möge; und hätte Thränen es wegwaschen können, so wäre es nicht mehr da, denn es war kein trockenes Auge im Hause." Dann folgt ein schöner Erguß der Poesie und des Gefühls: ⟨„⟩– Du würdest gedacht haben, Edward, daß die Bäume selbst mit ihr trauerten, denn ihre Blätter fielen um sie her ohne einen Windstoß; und wahrlich! sie sah aus wie eine, die sie nie mehr grün erblicken würde[)]."

Aus einem alten Manuscr. von mir ungefähr: ⌜Ich⌝ stehe nicht mehr; wie ein Baum, den der Windbruch aus dem Boden riß und der von den Zweigen der nächsten Bäume gehalten wird, lehne ich an den Lieben, die ich noch habe. Ich träumte, ich war immer tiefer in mir, und konnte nicht mehr aus den Augen sehn, da war ein Gesang von tausend und tausend Stimmen, der kam heran; wo sie herkamen, war es dunkel, wo sie hinzogen, ⌜sonnenhell. Es⌝ waren die Seelen, die eben gestorben waren und sie kamen immer näher. Und wie sie an mir vorbeigingen, war meine PP unter ihnen. Ich rief ihr; still! winkte sie mir zu; du mußt noch beim Vater bleiben. Ich will mit dir! Nein; jezt noch nicht, aber – Sie wollte sagen bald, aber der Zug hielt nicht an, und sie war vorüber.

Brief an Jonna Baillie. ib. 166.

– „Ich selbst bin ein Dichter, schreibend an eine Dichterin, und kann daher des Wunsches nicht geziehen werden, ein Talent ⌜herabzusetzen⌝, dem ich, in welchem Grade ich es auch besitzen mag, manches Glück verdanke. Ich verdanke es ihm aber nur durch das seltene Zusammentreffen der Naturgabe mit einer Neuheit im Style, der Diktion, der Erzählungsweise, welche dem allgemeinen Geschmacke zusagt; und wären meine Kinder einst beßere Dichter ⌜als⌝ ich, so würden sie doch nicht als solche in der allgemeinen Achtung gelten, nur weil der Zweite nicht der Erste sein kann, und der Erste, (ich meine in Beziehung auf die Zeit) alles ist, während Andere, selbst mit größerem⟨,⟩ innerem Werthe, nichts sind. Ich bin daher ganz besonders darauf aus, die Köpfe meiner jungen Damen mit was Beßerem, als dem Unsinn der Reime anzufüllen; und ich hoffe, Sophie ist alt genug (so jung sie auch ist), ihre kleinen Zufälligkeiten der Berühmtheit, so wie sie sind, aus dem richtigen Gesichtspunkte zu betrachten.“ – Vortrefflich!

„Der Alterthümler: die Nov. ist nicht so intereßant als ihre Vorgänger – die Periode gestattete nicht so viel Romantik. Im Verkaufe war sie glücklicher als alle, denn 6000 gingen fort in den ersten 6 Tagen pp

„Sie ermangelt der Romantik Waverley's und der Abenteuerlichkeit Guy Mannerings; und doch hat sie ein Verdienst, denn wenn Jemand nach der Natur malt, wird er wahrscheinlich denen einen Genuß nie bereiten, die sie täglich betrachten.“ _?

„Der Alterth. ward ihm in der Folge die liebste unter seinen Novellen, und vielleicht trägt auch keine seiner Schöpfungen so deutlich den Stempel seiner eigenen langgehegten Sympathien. – Ohne Rücksicht auf diese Quellen persönlichen Intereßes, scheint uns diese Novelle, an und für sich betrachtet, wie ihre beiden Vorgänger fast durchgängig eine Art von einfachem, ungesuchtem Reiz zu besitzen, den die folgenden Werke der Serien kaum erreichten, oder allenfalls nur in einzelnen Stellen: – die bescheideneren und weicheren Szenen sind das getreue Abbild des wirklichen schottischen Lebens, wie es der Dichter sonst ⌜beobachtete⌝. Und es muß ⟦56⟧ auch wohl zugegeben werden, daß er nirgends seine höchste Kunst, die des geschickten Contrastirens, in größerer Vollkommenheit ausübte. Selbst das Tragische ⌜in⌝ Waverley hebt die Macwheebles und Callum Begs nicht beßer hervor, als die Sonderbarkeiten Jon. Oldbucks und seines Zirkels von der feierlichen Düsterheit der Glenallans auf der einen, und der ernsten Trauer des ⌜armen⌝ Fischers auf der andern Seite hervorgehoben worden, welcher Leztere dem Besucher, den es wunderte, daß er noch fähig sei, das „alte ⌜schwarze⌝ Ding von einem Boote⟨“⟩ auszubeßern, in dem sein Junge verunglückte, erwiderte: „„Und was wolltet ihr haben, daß ich thun sollte, wenn ich nicht erleben wollte, daß zwei Kinder verhungern, weil eins ertrunken ist? Das geht bei Euch Vornehmen, die zu Hause sitzen können mit Schnupftüchern an den Augen, wenn ihr einen Verwandten verliert; aber unseres Gleichen müßen wieder an die Arbeit, schlügen auch unsere Herzen so hart wie mein Hammer.““

—

Der tolle Heinrich als Episode oder als einer von mehren Handlungsstämmen, vielleicht als der volksthüml., mit einem im innern Kreise des Adels ⌜spielend,⌝ contrastirt. Aber was von dem tollen H. vorhanden u. brauchbar nicht gegenwärtig von Moment zu Momente werden, d. h. nicht dramatisch, sondern episch, d. h. in Resultaten bestehend, so, daß das eine sichtbar die Möglichkeit eines andern in sich trägt, das dann wahrscheinl. wird u. zuletzt uns als Wirklichkeit wiederbegegnet. Der Major, sich seines Enthusiasm schämend, der, wie er meint, für Knaben pp paßt, aber nicht pp Die alte Hanke wird uns bekannt, ehe wir noch wißen, daß sie Heinrichs Mutter. In ihr der Enthusiasm und Patriotism des Volkes. Das darf auch bei der Zeichnung Heinrichs u. Dornickes nicht vergeßen werden, daß sie Volksfiguren sind. Der W*a*chtmeister u. seine Schwester stehen der gebildeten Sphäre näher. Nun muß die ganze t. Heinrichsgesch. gar nicht eine Hauptsache scheinen, sie muß blos, weil sie eben mit der H*au*ptgesch⟨.⟩ ⌜zusammen⌝ geschah, mit erzählt scheinen. Was sie betrifft, so muß sie mehr in plötzl. Nachrichten u. Begegnungen abgemacht werden – bis zur Arrestirung H*einr*ich's. Dann besucht der Held seine Mutter pp die und Lotte erzählen viell. seinem Besuch die Nacht. So findet er auch ⌜bei⌝ zufälliger od. absichtl. Begegnung den Auditeur aufgeregt u. der verzweifelnden Schwester d*es* W*a*chtmeist*er*s Reden erwecken ihm Ahnung. Kurz die Verknüpfung muß überall wie zufällig aussehen, d. h. der äußeren Begebenheit, des Fadens, der uns von Bild zu Bild führt. Wenn nun weniger die Kriegskaße, als ein Papier, dazu gelegt, gestohlen wäre, oder gerettet, an welchem die Entscheidung ⌜des⌝ Hauptstammes hinge. – Dazu noch kleine u. größerer Episoden, ernsten u. traurigen Inhalts, wie z. B. wo einige Kameraden den Leichnam eines geliebten Offiziers mit Lebensgefahr erobern, um ihn mit den Säbeln zu bestatten. Im Treffen u. nachher bei dieser Geleg*en*heit zeichneten sich Charakter.

das altpreuß. Selbstgefühl.

Fehlt dann viell. nichts als das Papier

Wenn man die Gesch⟨.⟩ von Pommern in Pommern spielen laßen könnte.

Die Geschichten mit der Wette u. die Entführung der Gräfin können nun weiter getrennt und natürlicher werden, da keine szenische Concentration mehr einwirkt.

In der tollen Heinrichsgesch. Bürger u. Adel, wie der Alletag immer sich geltend macht durch allen Patriotism u. Enthusiasmus hindurch, der Alletag, das Verhältniß zwischen Bürgern

Eine Anzahl tüchtiger Menschen, aber jeder charakteristisch wie Dornicke individualisirt, ⌜alle⌝ einan-

u. Adel; im Aug*en*blicke des Enthusiasm ist es verschwunden; bei der geringsten Provocation meldet es sich wieder. Im Helden ist dieses am besten überwunden. So auf Heinrichs Seite der trotzige Bürgerstolz. Wie aber das Beßere immer wieder siegt, wenn Heinrich so außerordtl. brav, auch unmittelbar nach einem sich Dahinreißen laßen vom Adelshochmuth. Auch die Junker müßen brave Naturen sein, wenn auch Menschen. Nur der W*a*chtmeister ein Teufel, aber ein schöner, starker, furchtbar listiger, kluger, und unbedenklicher Teufel. Er wird vielleicht der einzige Bösewicht in diesem Theil der Geschichte. Es bleibt lange, ja bis zum Gerichte problemat., wer eigtl. der Sünder, Heinr. oder der W*a*chtmeist*er*. Heinrichs Brausen verspielt immer den Vortheil, wo er ihn hat; er erscheint wirkl. als Eindringling in's adlige Gebiet, als Zuträger pp In seiner Leid*en*sch*a*ftlichkeit sieht er überall ⌜Parteilichkeit⌝ gegen ihn u. begreift nie, wo u. wie u. wenn er sich selbst schadet, meint, Andern müß' es eben so klar sein, als ihm u. wenn nicht, so sei's nur Verstellung, parteil., als sähen sie nicht. So schadet er sich selber immer mehr u. machts dem W. leicht, mit der Maske des Vertheidigers, Verzeihers pp für sich zu gewinnen u. noch mehr gegen Heinrich zu reizen. Die Szenen, wo der W*a*chtmeister intriguirt, die Hauptsache, wenn es ein Drama würde, fallen nun hinter die Szene. Mehr die allgemeine Erzählung bringt die betr*effen*den tollen Heinrichsleute in allerlei Begegnungen zu einander, wo sie ihre Charakter ausleben.

Nun hängt viell. am Heinrich auch die Entwickelung der Hauptgeschichte, so daß man auch deßhalb sein Lebenbleiben wünscht.

Nun können wir ⌜der alten Hanke oft⌝ begegnen.

Charakter epischer: des Begegnens, wie der dramatische: des Suchens, des absichtl., gerade zu auf Etwas losgehen.

Allerlei Malerisches.

Vielleicht sucht der Held einen Vater, der sich von ihm wendet, ihn nicht anerkennen will. Die Ursachen davon, die Schritte, die Ursachen hinwegzuräumen, die Hinderniße von Seiten entgegengesezter Intereßen, viell. der Intriguants, und die endliche Besiegung derselben. Die beiden, die sich, so oft ⌜{sie}⌝ wieder heil, ⌜u. sich begegnen,⌝ auf Tod und Leben duelliren, der eine der Vater, der Andere ein Helfer der Intrigue gegen den Helden. Dieser, endl. zum Tode getroffen, gesteht, oder

der nicht ähnlich, sondern an Stand, Temperament pp Gesinnung verschiedenst.

Maj. auf W*a*chtmeist*ers*, der ihm gewißermaßen imponirt, Held aus Gemüthsinstinkt auf H*ein*richs Seite. Bald der Schein gegen diesen, bald gegen diesen, wie die Melder parthei. sind.

Was ihn in Verruf bringt (Tollheiten) à la Nettelbeck. Denn nun braucht die Insubordination nicht vom W*a*chtmeister künstl. hervorgebracht zu sein – oder doch, aber erst nach ähnlichen Vorgängen. Denn es ist nun nicht mehr das Geizen mit der Zeit nöthig. Auf dem Wege zu einem Ausfall oder heimwärts.

NB. Heinr. steht wie Nettelbeck kämpfend dem Indifferentism, dem Leben u. ⌜Lebenlaßen⌝ gegenüber; die Tüchtigkeit ⟨→⟩*erscheint*

Das Nichtfinden kommt im Dr*ama* nicht vor.

⟨←⟩erscheint den Andern als „unruhiger Kopf⟨“⟩, unklarer Verstand, einer, der von sich reden machen will, ein Querkopf, dem nichts, was ist, recht. In ihm könnte d*as* Feuer u. der Patriotism schon vor {Jena} sein, der nachher in Alle fuhr.

1., Die Aufhüllung des einen Geheimnißes hüllt das andere mit auf.

2., An der ⌜Verwickelung⌝ der einen Gesch. entwickelt sich die andere.

ad I., das Hauptgeheimniß ist schon vor dem Anfange des Romanes da, in ihm steckt das H*au*pthinderniß. Wie sich d*a*s andere schürzt – welches d*a*s andere Hind*erniß* bringt – wird jenes scheinbar erhellt, aber nicht wie wir wünschen. Die Lösung des zweiten bringt dann die Lösung des ⌜ersten nach unserem Sinne u.⌝ zugl. überrasch*end*.

gibt an, wo die gänzliche Gewißheit, der ⌜Held⌝ und der sei ⌜Jenes⌝ Sohn, zu holen. NB. ein Stück ⌜Eelkingsgeschichte⌝.

Könnte man Beschreibungen v. Pommern u. pommerscher Sitten haben, so könnte die Geschichte meist in, auch bei Colberg spielen, besonders zur Zeit der Belagerung. Gneisenau, Schill pp

⟦57⟧ Die pittoresken Szenen, die das Soldatenleben hat. Vorposten pp

⟨*Notizen: Bücherliste*⟩

Also Aufgabe: Ein Bild des Soldentenlebens in verschiedenen Sphären. Möglichst liebenswürdige Personen, darunter welche, die mehr Achtung als Liebe einflößen. Ueberlegene, bornirte Gestalten, die wichtigsten bis in's Kleinste ausgeführt. Auch die etwaigen Bösewichte müßen uns gefallen. Die Composition harmonisch mit reichen Contrasten, die Anordnung voll geschicktester Unabsichtlichkeit. Immer mehr die Existenz als das Handeln an den Personen ⌜detaillirt⌝ geschildert. Intereßante Sitten, z. B. das Ehrlichmachen des Stäbchens. Pittoreske Gemälde.

Der Held kommt der menschlichen Mitte am nächsten. In ihm u. an ihm spiegeln sich die Andern. Was ihn betrifft, wird am vollständigsten u. ⌜bis⌝ in die feinsten Züge detaillirt, das Andere, z. B. die „Heinrichsgesch.⟨“⟩ mehr in großen Zügen. Der Held gewißermaßen der Mitzuschauer, der Leser, in die Geschichte selbst hineingerückt. An ihm muß uns Alles vollkommen begreiflich sein, muß sich Alles entwickeln genau nach den Gesetzen des Menschen u. des Lebens. Er ist des Lesers Kamerad, oder der Leser der seine. Seine Geschichte die einfachste, aber er wird ⌜zum⌝ Miterleber anderer, wunderbarerer Geschichten; es stößt ihm u. dem Leser irg*en*d etwas Eigenes, Seltsames auf, ⌜das⌝ des Lesers Neugier u. Spannung erregt. Nun handelt er darin fortwähr*end* in gemüthlichem ⌜u. geistige[n]⟨m⟩⌝ Rapport mit dem Leser; er thut, was der Leser an seiner Stelle thäte, seine Neugier zu befriedigen. Des Lesers Sympathien sind die seinigen, eben so des Lesers Furcht. Er leiht dem Gefühle des Lesers überall den Ausdruck, regt in seiner des Lesers Spannung an und erleichtert die zu heftig erregte; er begegnet dem Leser im sittl. Urtheil, hilft ihm zum Verständniß in psychologischen Bemerkungen. Nun die Hauptsache, Wechsel. Der Held hat immer für die epische Haltung

Er verwundert sich mit dem Leser, grübelt mit ihm nach dem verborgenen Zusammenhang, räth mit ihm das Wahrscheinlichste, findet sich mit ihm getäuscht, ⌜wird mit⌝ dem ⌜Leser⌝ irr an Personen, Nachrichten u. Meinungen.

zu sorgen, ⌜damit⌝ nie die Geschichte sich überstürzt; ⌜er⌝ muß mit der eigenen Geschichte wieder hervortreten, wenn die behandelte Anderer zu dramatisch spannend zu werden droht. Mit Einem Worte, der Held ist des Lesers Regulator, die Uebereinstimmung des Autors (oft verstellte) in Urtheil, Schätzung pp. Wenn wir mit ihm an Andern irrewerden, dürfen wir's nie mit ihm selbst werden können. In seiner Geschichte muß im Ganzen das kleinste Maastheil von Wunderbarem sein. Er kann überrascht werden mit dem Leser über ein unvorhergesehenes Ergebniß, besorgt um den u. den pp aber sein ⌜eigenes⌝ Thun, Meinen, Reden pp darf uns nie überraschen. Seine Geschichte muß die ⌜andern⌝ glaublich machen; in seiner Gesch. die völlige Wirklichkeit des Lebens, das, was wir täglich sehen, bis in's Kleinste der Wirklichkeit aus dem Spiegel gestohlen. Mit ihm muß der Leser jeden Augenblick sich identifiziren können, ja es, ohne daran zu denken, unwillkührlich dies jeden Augenblick thun. Des Helden Geschichte hat es mit den Figuren aus der Heinrichsgeschichte zu thun. Ihre Char., die wir der H*einri*chsgesch. wegen kennen müßen, werden uns in des Helden Gesch. detaillirt, als sei es auf die Heinrichsgeschichte gar nicht abgesehen. Ein Theil der H*ein*richsvorgeschichte scheint uns ⌜der⌝ Biographie des Helden zuzugehören.

Im Ganzen nimmt der Held in seiner Meinung Heinrichs Partei, wird aber an ihm irre, u. weiß nicht, für wen sich entscheiden; er sucht sich psychologisch allerlei zu erklären, um Heinrich nicht fallen laßen zu müßen. Wie er fürchtet, es doch zu müßen, u. seine Gründe müßten beim Leser dasselbe wirken, sucht er seine Persönlichkeit wenigstens stellenweise zu retten, er gibt die Meinung für Heinrich nur Zoll um Zoll auf. Heinrichs Gegenwart, der Eindruck seiner Persönlichkeit ist ein gewaltiger Advocat, aber die überwiegenden Gründe gegen ihn machen sich gelt*end*. So beschäftigt den Helden zugleich die Heinrichsgeschichte, seine patriotischen Sorgen und seine eigene Geschichte. Der Held ist der Vermittler; er steht in seiner Natur so {generisch}, daß er Repräsentant des Lesers sein kann, aber dann ist erst noch der Autor mit dem Leser darin vertrauter, als der Held, ⌜daß⌝ er (d. Autor) dem Leser wiederum den Helden vermittelt. Denn das Besondere, was der Held ⌜mit⌝ dem Leser verglichen hat, ist die Athmosphäre jener Zeit. Der Held gibt ⌜mit sich⌝ dem Leser zugleich ein Bild der besondern histor. ⌜Agentien⌝ der ⌜besondern⌝ Zeit u. Ortes, indem er, was seine eigene Natur betrifft, generell gehalten u. mehr leid*en*d als handelnd – d. h. sein Handeln ist eben blos Aktion, blos handelnde Form ⌜u.⌝ Folge des Bestimmtwerdens von Außen – ohne Charakterbesonderheiten, dem Leser s. z. sagen nur ein Bild des Lesers selbst unter den Einwirkungen der dargestellten Zeit gibt, indem er also der Leser ist, aber der Leser von dem Standpunkte aus, den der Autor von demselben (dem Leser) eingenommen wißen will. Der Held ist das Auge, Ohr, Gefühl und Urtheil des Lesers, nicht durch eigene Charakterbestimmung, nur durch den Abstand von Zeit u. Ort modifizirt.

Man müßte die Heinrichsgeschichte von dem Räthsel aus chronologisch aufbauen, erstlich in den Hauptumrißen, denn der ganze Vorgang müßte eine gewiße Einfachheit haben u. behalten. Das Grundgebälke wäre vielleicht: Ein jüngerer Bruder läßt, um d*a*s Majorat an seine Linie zu bringen, den Sohn des Aeltesten gegen ein Mädchen austauschen. ⌜Endlich⌝ kommt der Vorfall heraus. Die beiden Kinder lieben sich. Nun wird durch die Entdeckung der Junge d*a*s Adelskind, das adelig erzogene Mädchen d*a*s Bürgerkind. Diese resignirt u. geht zu ihrer Mutter; der Junge aber besteht darauf, sie zu heirathen, der Alte, der sie nun mehr achten, daher seiner Natur nach, lieben gelernt, genehmigt u. weiß des Mädchens Widerst*an*d zu besiegen. D*a*s Mädchen selbst wäre, da sie zuerst auf die Spur kommt, die Autorin der weitern Forschungen u. der Wachtmeister der Verhinderer. Die eigentl. Geschichte wäre also der Kampf der zwei Parteien. Ferner die Beibringung der Motive für des W*a*chtmeisters Widerstand pp Es steht etwas zwischen Vater u. Tochter; was diese zur Verleugnungen ihrer Neigungen bringt. Das schwerste wäre die Beschaffung ⌜eines⌝ retardirenden, die epische Ruhe erhaltenden Elementes.

⟦58⟧ ⟨*Notizen: Bücherliste*⟩

⟦59⟧ Der Wachtmeister zeigt gegen den Helden all die bluntness, die der Major so an ihm lobt u. die lieb*en*de Nachsicht gegen Heinrich; dieser das Hinaufwollen, das unbewußt Vornehme, die ⌜unverholene⌝ Verachtung des W*a*chtmeisters; das Verhältniß dieser Beiden wird nebst den Ursachen davon, die bekannt sind, allmälig u. wie gänzlich unabsichtl. exponirt, bis der Held, von denselben wißbegierig gemacht, nachforscht.

Das Familienleben pp wird viell. aus Nettelbeck, Perthes pp zu abstrahiren sein.

Es gilt also im Romane eine oder mehre spannende und gefallende Begebenheiten zu erfinden und zu verknüpfen; bei Erfindung u. Verknüpfung muß daran gedacht sein, daß ⌜durch⌝ Contrast und Einstimmung eine die andere hebe. Die Verknüpfung geschieht haupsächlich dadurch, daß ein Glied der einen zum Motiv eines Gliedes der andern gemacht wird u. ⌜beide⌝ viell. gegenseitig einander möglich u. wahrscheinlich machen, und dadurch, daß diese verschiedenen Geschichtsstämme mehr oder weniger Personen gemein haben. Ist nun Erfindung u. Verknüpfung in den Hauptlinien – intereßant und gefallend – entworfen, dann werden die Gestalten emanzipirt und ihre Verhältniße unter und zu einander, diese und die nöthigen Expositionen geben nun das Detail, deßen Arrangement keine Absicht des Autors verrathen darf. Diese bilden – Personen und ihre Verhältniße – das beharrende Element, welches dem ⌜sich⌝ verändernden als Gegengewicht gesezt werden muß. Denn zu der Haltung, die allem Kunstwerke nothwendig, gehören diese beiden Faktoren, die man nun, wie vorhin, oder auch Revolution u. Reaktion, Acceleration u. ⌜Retardation⌝ oder wie sonst nennen mag, die ⌜auch⌝ im Kunstwerke des Schöpfers als die 2 großen Urkräfte wirken,* Angriff, Widerstand pp. Wie in der Tragödie das Vorwärtsdrängen – durch welches der Held sein Schicksal weckt u. deßen Schritte selbst beschleunigt, das ⌜bewußte⌝ Hineinrennen in's ⌜Verderben⌝ – so ist im Epos ⌜das⌝ Retardirende im Uebergewicht; und dies liegt in Sitte, Charakter – hauptsächlich von Seite der Gewohnheit, des Angelebten, überhaupt in Verhältnißen, die eine Festigkeit gewonnen, die so lieb oder Natur geworden oder da sie schon Natur sind – Anhänglichkeit an Ort, Personen, Berufe pp – daß ihre Träger sich nicht von ihnen trennen können oder wollen, so daß die bewegende Kraft Zoll vor Zoll erobern muß oder ⌜sie⌝ verwittern. Auf dieser Seite ruht nun das Hauptgewicht im Roman, da sind Lebensgeleise, die nun ein Einbrechendes aus ihrer Lage rücken will; da sind ⌜Hütten⌝, welche sich gegen den Sturm behaupten, der ⌜den⌝ Palast beschädigt. Das Wehren des Hergebrachten, des Bestehenden. Dieses Hergebrachte, Bestehende, das den Sturm überdauert, muß unsere Sympathie gewinnen u., damit dies

⌜!
Theor. ! NB !
!⌝

Ein Stamm muß in seinen Begebenheiten u. Hauptfiguren völlig Mittelschlag des Lebens sein. Dieser bildet das Angeschwemmte, wodurch die höheren Gebirgszüge in einzelnen Jochen u. ⌜Spitzen⌝ sich sichtbar machen (die andern Stämme, welche schon kühner concipirt sein können in Charakter u. Begebenheiten⟨)⟩. Bei Scott ist jener Maßestamm gewöhnl. die Liebesgesch., einmal aber auch die {Darstellung} des Treibens eines Junggesellen (Oldbuck) mit seinen Freunden, Hausgenoßen, Gästen, und Amtsunterthanen.

*Anziehung, Abstoßung.

geschehe, uns so traulich nahe gebracht werden, daß wir selbst uns in ihnen heimisch fühlen. Die Stürme werden oft in die Vergangenheit gelegt, also doppelt als vergangen dargestellt, während das an's ⌜Lichtbringen⌝ des Geschehenen, das sich zu jenem verhält wie Gegenwart zur Vergangenheit s. z. s. die einfache Vergangenheit einnimmt und das ⌜Erzählen⌝ allein Gegenwart ist.

Welch herrliche Dorfgeschichte u. dahin gehörige Gestalten die von dem Tode des frischen Steenie u. seines Begräbniß

Ein Beispiel solchen Emanzipirens der Glieder der Erfindung siehe im Alterthümler. Die alte Elsbeth war in der Vorvergangenheit eine Helferin des Betruges, ist nun in der nächsten Verg*angen*heit die Entdeckerin oder Angeberin u. Erklärerin deßelben. Wie ist es aber W. Scott gelungen, diese blose Hülfslinie zum Bilde für sich zu machen! Welche Gestalt! Wie intereßirt sie schon an sich, ehe man noch daran denkt, sie werde noch in ⌜das⌝ innerste Triebrad der Geschichte eingreifen und wie ächt Shakespeare'sch ist, daß man über der Bedeutung der Erscheinung vergißt, daß sie ein bloses Mittel ist, daß die Art, wie sie das exponirt, wegen deßen Exposition die Gestalt allein vorhanden ist, uns eben so sehr künstlerisch intereßirt, als der Gegenstand der Exposition selbst. Und dieser Alterthümler selbst; was ist er mehr, als ⌜ein bloses Hülfsrad⌝ im Mechanism des Ganzen und welch selbstständiges Intereße erwirbt er sich in unserem Gemüthe! Wie man von Shakesp. meint, die Handlung sei in seinen Tragödien die Nebensache, die handelnden Menschen in ihrer Besonderheit die Hauptsache, so ist es bei Scott, die Existenzen scheinen die Hauptsache und das drehende Rad der Begebenheit sei nur, die Existenzen als solche in ein natürlich anziehendes Spiel zu setzen, nicht diese deßhalb vorhanden, das Rad drehen zu helfen. Die Sache ist, daß der Autor das intereßant macht, was des Intereßes bedarf und das ohnehin Intereßirende ohne weitere Nachhülfe seiner eigenen Kraft überläßt. Die großen Engländer (in der Poesie) gehen darin mit Tizian Hand in Hand. Und wirklich, eine Begebenheit, so wunderbar sie sei, wird uns nicht so auf die Dauer sympathetisch beschäftigen, wie⟨1⟩ ⌜als⌝⟨2⟩ Menschen, die wir im Umgange lieb gewonnen. Die Wahrheit dieser Menschen gewinnt uns für das Wunderbare; sind uns die Menschen lieb, wird uns das Wunderbare, was sie betrifft desto gläubiger finden. Ein schönes Alltagsleben, in das wir uns eingewöhnen, wird uns durch den Contrast mit dem Wunderbaren, ⌜wel-

Aber wie ist es beim Homer? Ist es bei dem alten Epiker anders? anders in der Nibelungensage? bei den italiänischen Epikern? bei Cervantes? →*Gewiß*

Deßhalb erscheinen Sh*akespeares* u. Scotts Kunstwerke wie unabhängige Naturprodukte. Alles darin scheint um seiner selbst willen vorhanden; alle Absicht ist so verborgen, daß gar keine darin zu sein scheint. – Dagegen der Mechanismus französ. Dramas pp

←Gewiß nicht anders, als bei Sh. u. Scott. Die Gestalten sind immer die Hauptsache.

ches⌝ es doch zugleich uns vermittelt, noch lieber. Daher liege das Wunder mehr in der Vergangenheit, und die natürlichen Folgen desselben werden uns detaillirt. Das Wunder verliert seinen Reiz durch das Detailliren oder, was noch schlimmer, unser Verstand will nicht darauf eingehen und wir glauben es nicht. Der Vorgang im Romane muß dem Verstande völlig einleuchten und beständig unsere Ueberzeugung besitzen. Daher beschäftigt er sich bei W. Scott stets mehr mit Personen, die man Nebenpersonen nennen möchte, mit Personen, in deren Sein und Thun, weil es ein mittlerer Durchschnitt des allgemein Menschlichen ist, wir uns ohne alle Anstrengung versetzen können. So im Alterthümler mit diesem, mit Edie, Hektor, Lovel ⌜pp.⌝ Wie meisterhaft ist nun das Wunder eingeführt, d. h. die Geschichte Evelinens. Erst wird unser Gemüth erregt durch* Steenies Begräbniß, die Phantasie in Bewegung gesezt durch das wunderliche Benehmen der alten Elsbeth dabei; und nun kommt Lord Glenallan und die Beichte der Alten, in welcher das Wunderbare des Inhalts durch das Wunderbare der Behandlung der Exposition deßelben balancirt und uns nahe gerückt, und der Verstand so weit es zweckmäßig verdunkelt wird. Wäre die Geschichte Evelinens als Vorgang* erzählt, es würde schwer halten, das Detail derselben dem Verstande annehmlich zu erhalten und die spezifische Wirkung des Wunderbaren, in welchem der Hauptzauber der Poesie des Romanes, würde sich verflüchtigen, entweder ohne Wirkung bleiben oder die unrechte Wirkung thun. So, wie es ⟦60⟧ ist, erscheint auch das Schreckliche künstlerisch gedämpft.

*⌜den Leichenzug, die Erscheinung der Elsbeth in der Hütte⌝

*d. h. unmittelbar vom Autor, nicht volksballadenartig durch die gespenstige alte Frau,

Daraus zu lernen: Man erfinde eine wunderbare Begebenheit mit großen Leidenschaften, schrecklich u. gewaltig, ⌜deren⌝ Folgen u. Wirkungen aber dem mittlern Durchschnitt des Menschlichen angehören. Jene wird nun wie ein Räthsel in eine ganz natürliche Welt hineinragen. Der Vorgang selbst nun detaillirt blos die Lösung jenes Räthsels zur Zufriedenstellung des Verstandes und Gemüthes. Er trägt sich unter Menschen des mittlern Durchschnittes zu, die uns zunächst um ihrer selbst willen intereßiren müßen; ein Lebensbild voll Ueberzeugung; zuweilen wirft d*a*s Räthsel seinen seltsamen Schein, die Phantasie anregend in den Vorgang, aber nicht eher, als bis wir für den mehr oder weniger Alletag des Vorgangs gewonnen sind. Wohl zu bedenken aber, d*a*ß unsere Phantasie jederzeit

Davon das erste Beispiel, viell. Muster im Wilhelm Meister; doch, in ⌜künstlerischem⌝ Bezuge auf Geschloßenheit, der Anwendung ⌜im⌝ Alterthümler nachstehend. Denn die Geschichte des Marchese, der Mignon pp berührt sich mit der des Meister nur zufällig.

!NB! Methode. !NB!

Ich glaube, es ist ein Hauptvorzug des Alterthümlers vor dem Astrologen, daß das Wunder dort in die ⌜Vergangenheit⌝ gelegt ⌜ist,⌝ daher hier die zwei und mehr Anfänge der Geschichte.

Pahlitzsch aus   bei Leubnitz

schon erregt ist und der nüchterne Verstand zweckmäßig verdunkelt.

Der gelehrte Bauer in Leubnitz; Bauer und Gelehrter dabei. Wäre zu sehen, ob noch Traditionen von ihm erhalten. Ein Verhältniß eines solchen zu seinem Pfarrer, zu einem Forstmanne, zu seiner eigenen Familie, zu Dresdener pp Gelehrten. ⌜Die⌝ Construktionspunkte des Charakters wären ferner: Autodidakt – eigenthüml. Weg, nicht eben systemat. aber was auf diesem erworben, ist auch eigener sein, selbst gesehen, neugesehen; da er nicht vom fertigen Begriff zur Sache schreitet, sondern ganz unbefangen zur Sache kommt und deßhalb ihren Begriff lebendiger macht, denn die einzelnen Merkmale des Begriffes haben eine Geschichte, die, in der Aßociation gegenwärtig, die Verstandessache mit Stimmung umkleidet. Ferner ein Punkt: das ⌜Ausnahmemäßige⌝ seiner Stellung, welches der Aberglaube nach seiner Weise ausschmückt, so daß dieser mitspielen kann, wenn der Bauer selbst diesen Umstand benuzt, hinter Dinge zu kommen pp. Seine Doppelnatur: Bauer mit Bauern, Gelehrter mit Gelehrten. Die Mischung, das Herüberwirken aus einer Sphäre in die andere; was der Bauer am Gelehrten und der Gelehrte am Bauer modifizirt. Die ⌜habituellen⌝ Eigenschaften des Bauers, inwiefern sie auf den Gelehrten wirken, z. B. die Conservativität, das eigene Mißtrauen des Bauers. Das Zurückhalten mit baarem Gelde, die Vorsicht. Man kann in der That, ⌜hat⌝ man nur zwei, drei feste Punkte, einen ganzen Charakter daraus construiren. Zuerst das Elementare, das Naturell; das Verhältniß des geistigen u. sinnlichen Begehrungsvemögens; das Andere alles abgeleitet aus Stand, Alter, Nationalität, Beschäftigungen pp Nun wie sein eigener Stand ihm gegenüber steht, und die Rückwirkung davon auf ihn selbst. Dazu dann die Elbschifffahrt mit den Bommätschen. pp Eine spannende Anekdote, denn die Dorfgeschichte vom gelehrten Bauer ⌜wäre⌝ nur der Vorgrund, die Gestalt des Bauers der Faden.

Daneben nun müßte man die ⌜Inhalte⌝ der Capitel des Romanes setzen, um zu sehen, auf welche Weise der verhältnißmäßig kleine Inhalt ⟨...⟩

Der Alterthümler. Der Kern der Geschichte. Die Gräfin Glenallan, die ihren Aeltesten nicht mit Evelina Neville verbunden sehen will, spiegelt diesen beiden vor, sie seien Geschwister; nachdem diese, was die Gräfin nicht weiß, bereits heimlich getraut und Evelina schwanger. Der junge Graf flieht in Verzweiflung über Blutschande, Evelina gibt sich den Tod u. wird sterb*en*d von einem Kinde entbunden, mit dem eine spanische Dienerin verschwindet. Oldbuck* als Beamter stellt Nachforschungen an, denen die gräfl. Familie ein Ende macht, indem sie, wer Etwas wißen konnte, belohnt ins Ausland sendet. Der jüngere Bruder des Grafen ⌜läßt⌝ das Kind dieser Ehe als sein natürliches ⌜erziehen und⌝ macht es, da ⌜er⌝ stirbt, zu seinem Erben. ⌜Dieser⌝, denn wir lernen das Kind als jungen Mann kennen, verliebt sich in Miß Wardour, aber als unehlicher Sohn – für den er gilt – ist er kein Schwiegersohn für den alten Baronet; sie weist ihn deßhalb ab und mahnt ihn, seine militär. Carriere zu verfolgen. Er wird mit Oldbuck bekannt bei einer Partie mit diesem u. Wardours u. Dousterswivel, mit dem dazu gekommenen Neffen des Alterthümlers, Hektor, Händel, in Folge derer er diesen im Duell verwundet u. fliehen muß. Dabei ist Ochiltree sein Führer u. beide haben Geleg*en*heit, den Baronet mit dem Betrüger[,] zu behorchen. ⌜Dem⌝ Baronet werden ⌜von Lovel⌝ Barren zugespielt durch Ochiltree, die, aus Misticots Grab gegraben, den Baronet dem Dousterswivel wieder gläubig macht. Ochiltree spielt dem Betrüger einen Schabernack, der[,] aber schlimm ablaufen kann, da er zufällig wie Straßenraub aussieht. Steenie soll das Taschenbuch mit Geld zurückgelangen laßen, ertrinkt aber den andern Tag; nach dem Hinaustragen der Leiche kommt Gr*a*f Glenallan, an den die alte Elsbeth, Steenies Großmutter, den Ochiltree geschickt, mit der Botschaft, sie habe ihm etwas zu sagen (⌜wie⌝ sie der alten Gräfin Tod hörte), u. erfährt von dieser den Zusammenhang seiner Geschichte, näml. d*a*ß er u. Eveline nicht verwandt gewesen. Er vertraut sich dem eben kommenden Oldbuck an; es gilt forschen, ob der Sohn noch lebt. Inzwischen geräth der Baronet in die größte ⌜Noth, aber⌝ Ochiltree* holt den Brief, von dem er weiß, daß er im nächsten Orte u. die Gerichtsdiener ziehen ab. Lovel hilft durch Wardours Sohn, ohne genannt zu sein. Endlich ⌜bei⌝ vorgeblichem Lärm feindl. Einfalls, kommt Lovel als Major Neville, erfährt nun bald, daß er Lord Geraldin u. Alles endet zum schönsten.

*ein abgewiesener Verehrer Evelinens,

Dann die Fabel wachsen sehen; z. B.:
Ein junger Mann wird von der Geliebten ferngehalten, weil sie weiß, ihr Vater wird sie dem Uneheligeborenen nicht geben. Nun sollen sie einander bekommen; damit ⌜er⌝ sich schließl. als ehl. Kind ausweise, wird {beliebt} die Glenall*an*geschichte, welche aber auch allmälig entstehen kann.

*den Oldbuck durch Bürgsch*a*ft aus dem Gefängniß befreit hat, in welches Dousterswi*vel*s Anklage ihn gesezt,

Es sind relativ wenig Personen: [1]Oldbuck, [2]Lovel, [3]Ochiltree, [4]Caxon, [5]Griseldis, [6]Miß M'Intyre, [7]Sir und [8]Miß Wardour, [9]Dousterswivel, [10]Hektor M'Intyre, $_{11.}$Taffril, [12]Hektors Secundant, [13]Mucklebackits Familie, er, [14]seine Frau Maggie, [15]seine Mutter Elsbeth, [16]Sohn Steenie, [17·]Jenny Rintherout, [18]Herr

Kleinhanns, [19]Graf Glenallan, sein [20]Kammerdiener, sein [21]Almosenierer, der [22]Bediente Robert (bei Wardours), [23]Frau Hadoway, Postmeister ⌜24.Mailsetter⌝, 25Sohn u. [26]Frau nebst den 2 [27.] [28.]Gevatterinnen; die beiden Gerichtspersonen[30]; der Förster Ringan[31], Pfarrer Blattergowl[32.].

⌜Welcher⌝ Reichthum pittoresker Effekte u. wunderbarer Erscheinungen ohne Wunder, so z. B. das Begräbniß der Gräfin von Glenallan bei Nacht, katholisch, mit Fackeln, welches nur durch die Ueberraschung wirkt, da wir vorher von der Gräfin pp nichts gehört.

Die Contrastirung Oldbuck – Wardour, ⌜Lovel⌝ – M'Intyre; sodann zeitweilig G*ra*f Glenallan – Ochiltree

Zur Gesch. selbst waren also wesentlich nur: Glenallan, Lovel, Elsbeth. Die Familie der Elsbeth[,] ⌜und⌝ Steenies Tod haben ihre Existenz nur dem Arrangement u. der Emanzipation zu danken, damit die Elsbeth u. ihre Beichte nicht in den Vorgang hineinfiel.

Ein Vortheil noch. Das, ⌜deßen⌝ Darstellung im Verlaufe uns peinl. geworden wäre, wird nun als schon lange geschehen exponirt, u. die Exposition selbst ist durch das Balladenhafte, Pittoreske ihrer Weise noch künstlich gemildert.* Der einzige Charakter, der böse Absichten hat, Dousterswivel ist nur skizzirt u. kommt nicht ⌜viel vor⌝; sonst ist keine Intrigue; ⌜Lovels⌝ plötzliche Entfernung wird durch Hektor verursacht, welcher seinerseits das Quantum Unwillen, welches er dadurch beim Leser erwecken mag, durch übrige Bravheit wieder gut macht.

Zu bemerken: Dousterswivel hat mit Glenallangesch. nichts zu thun.

*u. wir müßen es nun wünschen, weil wir dem [dem] Lovel sein Liebesglück wünschen.

ad Notam diese Mittel der harmonischen Wirkung zu nehmen.

⟦61⟧ Auch bei W. Sc. ist wie bei Sh. die zweifache Prozedur, erstlich eine concentrirte Handlung oder vielmehr Fabel; dann Emancipation der einzelnen Glieder.

In dem Erzählungsstamme des Helden muß Alles deutlich sein, nicht so im Heinrichsstamme, so muß man auch nicht wißen, wie genau die beiden Stämme zusammenhängen, daß es das Papier ist, was für die Hauptgesch. wichtig, was der W. stiehlt und was viell. zuletzt bei ihm gefunden wird, wo seine Schwester es ihm viell. entreißt. Es kann nun Alles wahrscheinlicher werden; der Ueberfall der Kaße pp Also bei dem Ueberfalle handelt es sich darum, ein Papier zu entfremden, an dem des Helden Schicksal ⌜od.⌝ Glück hängt. Und wirklich fehlt weiter nichts. ⌜Und d*a*s Papier findet sich zulezt beim W*a*chtmeister.⌝

Dornicke erzählt sein Leben viell. nach der pittoresken Nachtszene. Vielleicht ist der Offizier, den sie begraben wollen, noch nicht todt u. kann dem Helden später einigen Aufschluß geben. Wenn auch nur ein Stück, wie, d*aß* ein hoher Offizier das Papier ⌜dem⌝ pp vertraut, w*a*s bei der Kaße.

Eine Hauptsache, zwischen allen Theilen der Fabel einen intimen Zusammenhang, den man aber erst allmälig durchschaut. Die eigentliche Geschichte, in der das Wunderbare, braucht gar nicht ⌜zu lange und⌝ zu zusammengesezt zu sein. Die Hauptsache ist das Arrangement u. das Detail, wodurch wir ganz in dem Kreise heimisch werden u. gute Kameraden der Personen.

Nun müßte auf natürl. wunderbare Weise sich aufklären, d*aß* viell. auch, der sich ⌜der⌝ Vater des Kindes genannt, geirrt u. die rechte Vaterschaft unwiderleglich bewiesen werden.

Es wird immer deutlicher, d*aß* der Held Gegner hat, die alle guten Chancen vernichten; zulezt kommt heraus, d*aß* der W*a*chtmeister die Hauptperson darunter.

Nicht viele Personen, diese aber alle in der Sache.

Auch die ausgemerzten oder vermiedenen Zufälligkeiten können nun Platz finden.

Wenn nun des nächsten Bruders des Generals Sohn – um den der Betrug – in der Schlacht fällt, viell. da er nicht mit kämpfen soll pp der Bruder nun das Papier schreibt an den General u. dem W*a*chtmeister übergibt, da ⌜{auch}⌝ ihn ⌜der⌝ Tod in {unvermuthetem} Ueberfalle trifft. Wie, wenn der Sohn den Heinrich rett*en*[d] woll*en*d oder sonst st*a*tt des Heinrich fiel – wie Fügung. Oder offenbart sich der Bruder mündl. dem W*a*chtmeister, nichts wi*ßen*d von deßen Char. u. Haß gegen Heinrich.

⌜Dies.⌝

Der altgermanische Zug des Selfgovernment. Eine Gemeinde ist doch mehr wie ein Fürst. Die Majestät in den Sitzungen – Gemeindeversammlungen unter der Ortslinde oder in der Schulstube. Das bei aller Armuth. Daß sie das als Despotie ansehen, daß der Herzog jährlich eine gewiße Anzahl Jungen zu Handwerkern in die Lehre gibt; ihr ⌜faul-gefährlich⌝ Treiben; auch darin das Germanische; sie sind nicht zur Auswanderung zu bringen; Anhänglichkeit an ihren Wald, ihre Armuth u. gefährl. Handwerk, große Meinung von sich u. ihrem Walde, eine Art gelobten Landes. Die Holzwaarenfabrikation.

Lockharts Mem. bei Brühl. V. S. 97.

Bene notandum!

12 Febr. – Da ich den 2ten Band von Woodstock lezte Nacht vollendet hatte, mußte ich heute Morgen den dritten beginnen. Jezt habe ich nicht die geringste Ahnung davon, wie die Erzählung zu einer Katastrophe zu bringen. Ich bin gerade in dem Falle, in dem ich zu sein pflegte, wenn ich mich in früheren Zeiten in einer fremden Gegend verirrte. Ich schlug immer den angenehmsten Weg ein, und es war entweder der nächste, oder ich machte ihn dazu. Ebenso ist es beim Schreiben. Ich konnte nie einen Plan feststellen – oder, wenn ich ihn auch festgestellt hatte, konnte ich micht nicht daran halten; über der

Arbeit dehnten sich jene Stellen, während sich diese abkürzten oder wegblieben; und Personen wurden zu wichtigen oder unbedeutenden gemacht, nicht nach der Stellung, die ihnen im ursprünglichen Plane zugewiesen worden, sondern nach dem Erfolge oder dergleichen, womit ich sie behandeln konnte. Ich bemühte mich blos, das, was ich gerade schrieb, gut und intereßant zu machen, das Uebrige dem Schicksal überlaßend. Oft unterhielt es mich, daß die Kritiker einzelne Stellen als mit besonderem Fleiße ausgearbeitet bezeichneten, während die Feder, so schnell sie nur konnte, über das Ganze hinflog und das Auge es nie wiedersah, ausgenommen in der Correktur. Verse schreibe ich zwei- und zuweilen dreimal. Diese Manier ist gefährlich; ich muß es gestehen, allein ich kann es nicht ändern. Wenn ich meinen Geist nach Ideen quäle, die rein imaginär ⌜sind –⌝ denn mit Räsonnements verhält es sich anders – ist mir, als ob die Sonne die Landschaften verlaße, als ob ⟨ich⟩ die ganze Lebhaftigkeit meines ursprünglichen Planes hinwegdenke und die Resultate kalt, lahm und geistlos seien. Es ist der Unterschied einer geschriebenen Rede und einer solchen, die ohne Vorbereitung dem Sprecher warm aus dem Gemüthe ⌜fließt,⌝ und die dann stets den Stempel des Enthusiasmus, der Begeisterung trägt. Indeßen möche ich doch nicht, daß junge Schriftsteller meine Sorglosigkeit nachahmten. –

S. 89 – Ich hämmere tüchtig an einer Erzählung über die alte Affaire der Diablerie zu Woodstock zur Zeit des langen Parlamentes. Sie gefällt mir nicht sehr. Ich muß mit meinen Fanatikern viel zu viel Umstände machen, ⌜um⌝ sie effektvoll zu machen, allein ich bringe das Opfer aus Grundsatz, und so werde ich mir vielleicht einen guten Erfolg in andern Theilen des Werkes verdienen. Sie werden erstaunen, wenn ich Ihnen sage, daß ich in genau 15 Tagen einen Band geschrieben ⟨habe.⟩

S. 78. Jam. Ballant. kritisirt sehr strenge, was er in Woodstock Nachahmungen der Mrs Radcliffe nennt. Viele werden so ⌜denken –⌝ doch bin ich der Meinung, daß er gänzl. unrecht hat. Einmal: soll ich das blose Faktum, daß ein Anderer einen Gegenstand glücklich behandelt hat, betrachten, wie ⌜etwa ein⌝ Vogel die Feldscheuche, die ihn von einem Felde ⌜hinwegtreibt⌝, das sonst, wie jedes andere, seiner Ausbeutung offen liegt? Dann habe ich einen großen Unterschied gemacht; mein Zweck ist nicht, Furcht vor übernatürlichen Dingen in meinem Leser zu erregen, sondern die Wirkung einer solchen Furcht auf die handelnden Personen in meiner Novelle nachzuweisen, von denen der eine ein Mann von Verstand und Festigkeit, der andere ein Mann, den Gewißensbiße nicht (?) erschüttern, der dritte ein stupider theilnahmloser Bauer, und der vierte ein gelehrter und würdiger, jedoch abergläubiger Geistlicher. Uebrigens dreht sich das Buch um diese Axe u. kann sie nicht entbehren.

S. 75. Es ist sonderbar; wenn ich mich zur Arbeit ⌜niedersetze⌝, bin ich ganz Derselbe wie früher – weder abgespannt, noch distrait. In glücklichen Zeiten fühlte ich oft eine Abnahme der Phantasie, der Gewalt über die Sprache, allein das Unglück dient mir wenigstens zum Brunnenbohrer u. ⌜Schöpfer⌝: die Quelle wird in ihren innersten Behältern geweckt, als wenn der Geist der Betrübniß sie auf seinem Durchzuge aufgestört hätte.

S 56. Ich schrieb gestern 6 meiner engen Seiten, was ungefähr 24 Seiten Druck ausmacht. Was noch mehr, ich denke es wird ganz gut.

⟦62⟧ Die Gesch. (Woodstock) ist so ⌜sehr⌝ intereßant an sich, daß das Reußiren des Buches nicht in Frage zu stellen ist. Oberflächlich muß es sein, mir liegt jedoch nichts an dem Vorwurfe. Beßer ein oberflächl. Buch, welches die bekannten u. anerkannten Fakten gut und schlag*en*d zusammenstellt, als eine todte, langweilige Narration, die jeden Moment eine Pause macht, um tiefer in einen Mühlstein zu gucken, als es die Natur des Mühlsteins zuläßt. Nichts ist so ennuyant, als durch eine schöne Landschaft mit einem pedantischen Philosophen, einem Botaniker oder Steinesammler zu gehen, die beständig ihre Aufmerksamkeit von den großen Zügen des Naturgemäldes auf Gräser und Ziegelsteine ablenken. Und doch geben sie in ihrer Art nützliche Belehrung, ebenso der detaillirende Historiker.

– – 1 Dezbr. – Ich denke, dies Tagebuch convenirt mir ganz, S. 49.
wenn ich mich mit dem Gedanken ⌜vollkommen⌝ vertraut machen kann, daß es gänzlich beliebig ist, so mag ich fortfahren – nulla dies sine l. Allein nie haßte ein Wesen aufgegebene Arbeiten, wie ich sie von Kindheit auf haßte, und doch habe ich mein Leben lang viel gethan. Es rührt auch nicht daher, daß

ich meiner Natur nach faul bin. Aber sagt nur, daß ich dies thun soll, und unbegreiflicher Weise kommt mir der Wunsch, etwas anderes zu thun – nicht weil es leichter und angenehmer ist, nein, nur weil ich dadurch einer aufgegebenen Arbeit entgehe. Ich kann diese Liebe zum Widerspruch nicht bis zu einer ⌜bestimmten⌝ Quelle verfolgen, allein sie suchte mich mein Leben lang heim. Ich möchte fast annehmen, daß sie mechanisch sei, und daß die Auferlegung einer bestimmten Aufgabe auf mich einwirke, wie der Queue eines schlechten Billardspielers, der dem Ball in der That einen Impuls gibt, aber in einer entgegengesezten Tangente als beabsichtigt worden.

⌜Egomet ipse.⌝ Ein Offizier, der aus einer Pietätsrücksicht (wie Romeos auf Tybalt) ⌜ein⌝ Duell refüsiert und dadurch in die Nothwendigkeit geräth, um seine Ehre zu erhalten, zum Raufbolde zu werden – mit innerem Widerspruch; oder im Felde, seinen Muth zeig*end* sterben muß, sie zu reinigen und ⌜erst,⌝ ehe er Abschied an die Ursache d*e*s Refüs*ier*ens sendet, die Erklärung der andern Offiziere erlangt, ob sie ihn als Mann von Ehre betrachten.

Eine Spanienerin ficht mit in einem Gefechte gegen die Truppen, bei denen ihr Ungetreuer, um sich so eigenhändig zu rächen.

Die Erzählung geht bald mit Xstian, bald mit dem Mädchen.

Nach seinem vergebl. Werben erklärt die Base ihm, warum, näml. die Marotte d*e*s Mädch*ens*; aber diese spricht sich ja wohl in der Rede zu Xstian aus.

Zum „Liesle“ pp. Christian spricht sie nach der Fenstergesch. u. gibt ihr zu verstehen, was er gesehen. Sie beschwört ihn, ⌜nichts zu sagen,⌝ aber in edelstolzer Weise, kann sich aber nicht rechtfertigen, obgleich sie sagt, sie sei unschuldig u. er glaube unrecht. Bei der Haussuchung – d*a*s Fenster beson*ders* betreff*end*, aus dem Jemand gestiegen sein soll – sagt ein Junge, er habe einen Mann steigen sehen, weiß aber nicht gewiß, da er nicht so nahe, verwirrt sich deßhalb und tritt dem andern bei, ⌜der ein⌝ Frauenzimmer will gesehen haben, ⌜es⌝ sei möglich, d*aß* es ein Frau*enzimm*er gewesen. Gewiß wißen Beide nicht; da findet sich die Schürze.

Zum tollen Heinrich. Es wäre doch beßer, wenn der Heinrich der Hauptheld würde. Dann müßte aber eine andere Person in den Vorgrund rücken. Seine Mutter, Frau Hanke würde dann eine Pflegemutter und müßte ⌜das⌝ Meiste zu seiner Rettung und Erhebung thun, mit außerordentlichem Muthe und Aufopferung. Er hätte dann eine Liebschaft mit der jungen Gräfin, die ihn nähme.

Sie hat dann dem General ein Beispiel gegeben, da sie

Es wäre dann vielleicht ein Tausch; entweder ist er an der Gräfin oder sie an seiner Stelle in die hohe Geburt eingeschwärzt worden. Dasjenige, das nun im Besitze, war bereit, herabzusteigen zu dem andern; nun zeigt sich's, daß dieses Andere in die hohe Stellung gehört u. es wird Vergeltung durch ⌜Herabsteigen⌝ des Andern. Heinrich, der immer hinaufstrebte, geht nun selbst herunter. Stolz.

Ist ein Majorat, und ein jüngerer Bruder, um in Besitz des ⌜Manneslehen{majorats}⌝ zu kommen, läßt, da die Schwägerin in Absein des Mannes niederkommt, die Kinder vertauschen, d. h. der Schwägerin und der Pastorin oder Schulmeisterin oder dergleichen. Die Wärterin – Vertauscherin, viell. die Pastorin, Mutter des W*a*chtmeisters pp in deren Haus, da der Pastor sehr gütig, die beiden Mütter vor dem Feinde geflüchtet. Dieser Pastor stirbt dann mit der Marke des Kirchendiebstahls. Die Hanke wird irre oder irrgemacht, sie bekommt Grund zu ahnen und will's ausmachen, aber vorher dem Heinrich nicht sagen, weil sie ihn nicht mutterlos machen will; ist die wahre Mutter ausgemacht, soll er Mutter mit Mutter tauschen*. Späterhin macht die H*an*ke die Gräfin zu ihrer Helferin, ohne aber ⌜ihm zu⌝ sagen, daß dann sie ihre Mutter. So sieht sie die Bravheit der Gräfin, die da hilft. Die Versuche, des Heinrich wahre Abkunft zu ermitteln, werden von der Gegenpartei ⌜bemerkt⌝, die durch die Fortschritte der Hanke u. der Untersuchung ihrerseits gedrängt werden, die Entdeckung zu verhindern, ⌜der⌝ Wachtmeister, das W*er*kzeug wird durch persönlichen Groll zu mehr u. will dem Heinrich an das Leben, wie auch seine eigene Erhaltung dieses fordert. Die Ursache, warum dies der Fall, rührt von dem Einbruch {her}, wo das Papier gestohlen wurde, das Heinrichs Geburtsrecht bestätigt. Heinrich weiß, d*a*ß der W. der Einbrecher war. Daß das Papier gestohlen, das weiß er nicht, ja gar nichts von seinem Geburtsrechte. Um des Auditeurs willen verschweigt Heinrich den Einbruch, da ⌜seiner⌝ Meinung nach nichts entfremdet ist. Der W*a*chtmeister hat d*a*s Papier dem Intereßenten noch nicht ⌜eingehändigt, so⌝ wird es zuletzt bei ihm gefunden auf Nachweisung der Schwester. In des W*a*chtmeist*ers* Beisein hat einer der {Umwechselnlaßer}, der nächste Erbe des Majorats sterb*end* d*a*s Papier ⌜versiegelt⌝ an den Major gegeben. Der ⌜mißrathene⌝ Bruder von diesem wird, meint der W*a*chtmeister, das Papier gerne um jeden

hier schon wußte, d*a*ß Heinr. nicht ihr eigenes Kind.

NB. Die recht natürliche, ⌜allmälige,⌝ unabsichtliche Herbeiführung der Entdeckungen; wobei Nebenpersonen im Vorgrund stehen, die bei der Geleg*en*heit ein vollständig Charakterbild geben u. unser Medium sind. Doch keinerlei unnütze Dehnung! Auch nicht gestrebt, zu vielerlei Dinge hineinzubringen. Zusammenlieg*end* im Orte, auch ⌜der gegenwärtige⌝ Vorgang selbst stetig in der Zeit.

*Auch d*a*ß sie ihn nicht verlieren will. Viell. hat die Pastorin sterb*end* die Hanke kommen laßen; aber sie beichtet blos u. die Beweisgründe kann sie nicht sagen; diese bringt zulezt die Schwester des W*a*chtmeisters, oder schickt sie dem General, der nicht weiß, was d*a*s soll, was erst durch die Hanke dann erklärt wird. Wo H*an*ke ⌜Alles⌝ anwendet, ihn zu retten, weiß sie schon, er ist nicht ihr Sohn.

Ein ganzes Spiel zwischen der Gräfin u. der Hanke; erstere ahnt schon, d*a*ß die Andere ihre Mutter. Wie das sonderbare Benehmen der

Gräfin die Hanke {*gen*irt} erst

⌜dem Sterb*en*den hat Heinr. seine Bildung zu {danken}⌝

Preis kaufen. Viell. ist auch Heinrich dabei u. der Sterb*en*de ist eben der Offizier, deßen Körper sie mit Lebensgefahr geholt. Der Offizier weiß nicht, d*aß* Heinrich der, an dem er unrecht that, oder sagt es ihm: das Papier gehe ihn an, sagt jezt nichts weiter, um in deßen Neigung zu bleiben, wenn er stirbt. Heinrich weiß nicht, was daraus machen. Viell. spielt die Gesch. im holsteinischen Kriege 48 u. 49. und die Geburt fiel in den französischen Krieg.

So wäre also der ganze Roman nur Vorbereitung auf die beiden Entdeckungen, die das spannungsvolle Ende machen. Aber diese beiden Entdeckungen u. ihr Inhalt müßen aus einander hervorgegangen sein, beides, der Inhalt u. die Entdeckungen selbst; der ganze Roman muß also ein spannender Vorgang zwischen den Personen der Entdeckungen sein. General, Bruder, Heinr. W*a*chtmeister. Auditeur (des Brud*ers* Sohn?) Major. Hanke. Dornicke. W*acht*m*eisters* Schwester. H*an*kes Tochter pp Gräfin.

Wie d. Gericht fortgeführt wird, weiß Heinr. noch nichts von der Entdeckung. Der W*a*chtmeister ahnt sie; da er des *Gener*als Entschluß sieht, kommt ihm der Anschein, als wiße auch er nichts zu gute.

Die Gräfin

Nun sind die Figuren alle entweder Förderer desjenigen, was der Leser wünschen muß, oder Hemmer; bewußt oder unbewußt.

Oder ist's die Gräfin, die zuerst erfährt, welche ⌜Bewandtniß⌝ es haben könne mit ihr und das Hauptrad der Entdeckung. Sie ist schon s. z. s. entschloßen, sein zu werden, dann verändert sich ihr Benehmen gegen ihn u. er ist natürl. geneigt, auch das den Adligen oder dem Adel in die Schuhe zu schieben. Sie muß, um zu erkunden, Manches thun, was ihr verdacht werden kann. Zulezt erscheint es dem Heinr., wenn nicht dem Leser, als wenn die Gräfin seine Gegenerin u. verhindern wolle; viell. nur als seine Gegnerin in der andern ⌜Sache⌝⟨.⟩ Ist es dann Heinrichs eigener Vater, deßen vermeinten Leichnam sie haben. Und wird durch die Gräfin ihm eröffnet währ*end* des Gerichtes, er könne sein Sohn sein (um schlimmsten Erfolg zu wenden), aber nun muß der General die Sache nehmen, als wäre Heinrich ihm fremd. Nun müßen sich die Hanke u. die Gräfin schon kennen, viell. in Folge einer Erkundigung, die dann der Gräfin den Anstoß gibt. Also zwischen dem Gerichte Szenen z. B. General, Hanke, Gräfin pp

⟦63⟧ Viele Züge aus dem Soldatenleben, wie, wo die ihres Commandeurs Leib holen wollen u. holen pp dürfen aber nie als Episoden im Romane stehen; sie müßen in ⌜strengstem⌝ Zusammenhange als ⌜causale Glieder⌝ darin stehen.

Theor.

W. Scott ist zwar nicht auffallend knapp, aber er unterbricht die stetige Spannung seiner Begebenheit nirgends mit einer Episode. Damit nicht die Absichtlichkeit nackt herausstehe, und da der Zweck doch zunächst Unterhaltung, so belebt er freilich u. emanzipirt das Einzelne bis zu einem gewißen Grade. Das ist schon durch das Gesetz des Retardirens geboten, ohne ⌜welche⟨s⟩ keine⌝ epische Haltung möglich ist. Aber er geht nie aus dem Geleise.

Der Held ⌜und⌝ deßen Geschichte ist ihm der Faden, an den er seine Szenen reiht u. zugleich der mittlere Durchschnitt, ⌜der⌝ Maasstab, [und] der dem ⌜Leser⌝ die bedeutenderen Gestalten vermittelt. Der Held ist dem Alletage des Menschlichen nahe, das ja im Leben überhaupt die größere Maße macht. Sein Geschick beschäftigt nun die bedeutenderen Gestalten, die Gewaltigen, Uebergewöhnlichen, ferner die humoristischen u. halbkomischen Figuren, indem sie* hindernd oder fördernd, helfend oder verfolgend darauf wirken. Stets wird es zweckmäßig sein, im Romane das ⌜retardirende⌝ Element in den Helden zu legen, wie ⌜im⌝ Drama das Entgegengesezte. Der Romanheld ist der Kahn, der glücklich durch die Sturmfluten kommt. Der Dramen⟨-⟩ u. besonders der Tragödienheld ist selbst eine solche Sturmfluth, die ⌜sich kämpfend⌝ am Felsenufer der Weltordnung selbst vernichtet.

*bewußt od. auch unbewußt, u. indem sie ihren eigenen Antrieben folgen, ohne von ihm zu wißen oder auf ihn Rücksicht zu nehmen,

Im Robin dem Rothen sind die eigentlich Handelnden der Vater des Helden, Diana, Robin, Rashleigh, Jarvie, Vernon. Des Helden Geschichte ist nur der Weg, auf welchem wir den Hauptfiguren begegnen und der dazu gebaut, uns ihnen immer wieder begegnen zu laßen. Sogar solchen Gestalten, wie Morris. Man wird immer an Shakespeare erinnert; wo wir einen Richtweg ⌜gehen,⌝ meinen wir die wunderbarsten Ausbeugungen gemacht zu haben; wir meinen, wer weiß, was Alles miterlebt zu haben, während wir nur die Begebenheiten des Helden mit erlebt haben. ⌜Oft⌝ meinen wir, der Dichter hat einen Abstecher gemacht in ein ganz ander Gebiet, wo er stricke auf ⌜der⌝ Straße geblieben, z. B. sehe man die erste Einführung Jarvies. ⌜Die⌝ Hauptabsicht war, uns den Robin zu zeigen. Nun sind alle die Effekte, dramatische und lyrisch malerische mit einer Gestalt nicht vorzunehmen, ⌜mit⌝ der wir beständig sind, die wunderbaren Ueberraschungen, wenn die Gestalt uns plötzlich in den Weg tritt, wo wir dies am wenigsten erwarten; ⌜die⌝ ganze Wirkung des Geheimnißvollen und Wunderbaren, welche Ingredienzien des Erhabenen sind, fällt weg, wenn wir uns fortwährend mit ⌜deßen⌝ Trägern beisammen finden. So liegt nun der epische Reiz der allmäligen Entwickelung, der Stätigkeit, welcher ⌜mit der⌝ Gestalt des Helden geht, dicht neben dem Reize des Wunderbaren, Ueberraschenden, der in den eigenthümlichen Charakterfiguren bald hier, bald dort, den ruhigen Gang der Entwickelung kreuzt. Nun hat der Held seine Betrachtungen anzustellen, seine Vermuthungen und Meinungen von den Charaktern und Dingen, seine Hoffnung, wie seine Furcht in Beziehung darauf, zu entwickeln, und wir sind seine Vertrauten dabei; wir identifiziren uns mit ihm, was uns leicht wird, da er in seinem mittlern Menschendurchschnitt ⌜Blut⌝ von unser'm Blute und Fleisch von unser'm Fleische ist. Zugleich kann er die Einwendungen, die sich uns aufdrängen gegen Manches in jenen extremen Gestalten, aussprechen als seine eigenen und sie für uns beantworten und entkräften. So ist der epische Held zugleich der ⌜Chorus der Tragödieen⌝, die in sein Leben hereinspielen. Durch ihn berühren wir selbst uns mit jenen extremen Figuren, thun unsere eigenen Fragen in denen des Helden an sie, sprechen uns're eigenen Empfindungen, unsere Wünsche, uns're Warnungen in den seinen gegen sie aus, zeigen ihnen unsere Anerkennung, unsern Haß in der seinen und reden uns so das Uebermaß der Gefühle, welches uns sonst peinlich würde, vom belasteten Herzen los. Auch selbst, wenn der Autor den Helden uns durch das Ganze in der dritten Person darstellt, ist es immer, als erzählte der Autor uns in des Helden Geschichte seine eigene; denn der Held bleibt unser Auge, unser Ohr, durch ⌜welche⌝ wir die Dinge sehen und hören. Nur hat er dann den Vortheil, den eigentlichen Haupthelden stellenweise pausiren zu laßen und so lange eine andere Gestalt zu unser'm Medium, unser'm Aug' und unser'm Ohr zu machen. Doch werden all' diese Stellvertreter Menschen vom mittlern Durchschnitt sein. Nie geht der Autor und seine Entwickelung des Vorgangs mit einem der extremen Charakter, aus dem einfachen Grunde, weil es uns zu schwer werden würde, uns mit ihnen zu identifiziren und weil sie ihren Reiz des Wunderbaren verlieren würden. Nie sind wir Begleiter einer Meg Merilies, einer Elsbeth Mucklebakit, eines Robin oder einer Helene Campbell. Im Alterthümler geht die Erzählung bald mit Lovel, bald mit Oldbuck, mit Edie, selbst einmal mit Dousterswivel. Die Hauptwunder ⌜eines⌝ Buches erzählt uns der Autor nie selbst, gewöhnlich läßt er diese von solchen Gestalten erzählen, die an dem Wunder mit thätig gewesen und er erklärt ⌜die Möglichkeit dieser⌝ Thätigkeit durch die Eigenthümlichkeit des

Wesens, das sie erzählt, wie z. B. die Elsbeth. Der Zustand, das ganze Wesen, das die Greisin noch besizt und uns in ihrem Thun und Reden zeigt, muß für die Möglichkeit der Geschichte einstehen, die sie uns erzählt; ⌜die⌝ Stimmung, die der Autor durch all das erregt, und nicht plötzlich, sondern allmälig vorbereitend, hilft dazu, indem sie unsere Phantasie in's Uebergewicht sezt gegen unsern Verstand.

1806. Die Bürgerl. a la Nettelbeck. ⌜Alt-Fritzpatriotisch⌝, auf den Adel aufgebracht, der zum Theil à la Loucadou; so die Uebergeber von Magdeburg pp; dieser Zwiespalt regt den Adelsstolz u. Bürgertrotz noch mehr an; so entstehen bei dem Truppentheil, zu dem Heinr. gehört, Meutereien pp, die strengste Insubordinationsfahndungen wirkl. nothwendig machen pp die nun aber die Verbitterung wiederum vergrößern. Dazu: Verfall des preuß. Staates pp Pommersche Sagen, Reisen, Topographieen. Ueberhaupt Kriegsszenen, Gesetze, Instruktionen.

Szenen, wo die Gräfin sich weibl. idyllisch gefällt, dann wieder Kühnheiten macht pp Widersprüche, die gezeigt, aber ⌜hier⌝ nicht gelöst werden, wo sie d*as* Räthsel hinter gezwungene Lustigkeit versteckt. Auch der Ged*an*ke ⌜der Wette⌝ muß im W*a*chtmeister aus dem Grundmotiv entstehen, zu dem dann im ausgebrochenen Kampfe, immer größerer Haß hinzutritt. Seiner Schwester macht er weiß, um sie von Heinrich abzuhalten, er habe seine Pflegeschwes*ter*, dann später, wie dem Aud. früher, er habe die Gräfin lieb. Diese will er viell. forthaben, weil sie nachforscht u. vielleicht bei ihm selbst, wodurch er dahinter kommt. So sind diese Triebfedern lange im Gang, ehe ⌜der⌝ Leser davon ahnt.

⟦64⟧

←⌜u. deßen Unschuld an dem ⌜ihm⌝ geziehenen Verbrechen zulezt unwiderleglich gibt. Alle Personen sind Räder der Geschichte u. wesentl., wiewohl sie alle nur um ihrer selbst willen dascheinen. H*einri*chs Pflegeschwester – da sie für seine Geliebte gehalten wird, u. sein Nein nichts hilft, zwingt ihn sein Ehrgefühl {die} Wette {eingehen}, viell. währ*en*d die Hanke der Nachforschungen wegen abwesend. Die Pflegeschw. liebt ihn u. wird ihm ungetreu, u. hat Gewißen darüber.⌝

Soll Heinrich der Held der Geschichte werden, so müßte die Erzählung erst ihn begleiten, dann eine andere oder mehre andere Gestalten, wo man an ihm irre werden kann und zwar solche Gestalten, die entweder irr an ihm werden, oder nicht. Sie kann auch auf den W*a*chtmeister zeitweilig überspringen, darf uns aber nicht sagen, was er denkt und weiß, sondern was ⌜zu⌝ denken er gegen Andere vorgibt. Wir müßen sehen, wie er den Auditeur bestimmt, er macht dem weiß, Freundschaft zu ihm sei das Motiv, der Autor aber referirt nichts von

Die Lotte nimmt Heinr. nicht aus Liebe, sondern weil sein Vater es gewünscht pp

⌜sie halten nun die Anderen für dergl. In ihrer {Hitze}⟨,⟩ ⌜die preuß. Nation wieder zu heben,⌝ sehen sie auch, wie die Führer nur der Nothw*en*digkeit gehorchen, Verrath pp⌝

←der Leser nicht gleich anfangs diesen Schlüßel zu ihrem Benehmen, in welchem er daher ein psychol*og*⟨.⟩ Räthsel sähe.

Die Sache müßte aber die sein, d*a*ß die Gräfin die Neigungen einer ächt weibl. Seele um ihr*es* Vat*ers* willen unterdrückt, d. h. {Verstand} u. Kühnheiten {vormimt}, weil sie ihm ×…× so beßer zu gefallen. Nun müßte {auch} →*der Leser*

⌜Eine Hauptsache die Ausforschung u. Umstände dabei. Major sah einen Geist? oder wie?⌝

←sie hat es früher schon gethan, weil sie den Vater kennt u. gegen seinen Willen nicht, wiewohl sich oft Liebe verrieth in Momenten, vorüberge*hen*d, wo diese stärker als sie selbst. Nun sie bürgerl., weist sie Heinrich ganz bestimmt ab, bis ihr bisheriger Vater, der sie so sehr liebte u. nun noch mehr Ursache hat dazu, ⌜sie⌝ festhält u. sie nachgeben muß, Heinrichs Weib zu werden. Sie hatte sogar seine Unterstützungen zurückgewiesen – des Vaters. Nun

des Wachtmeisters innern und wahren Motiven; der Leser hat gesehen, welche Ursachen Heinrich ihm gegeben hat, ihn zu haßen. Dornicke seinerseits glaubt viell. an Heinrichs Schuld, ⌜aber seine⌝ Treue gehört dem Heinrich, nicht ⌜deßen⌝ Thaten. Was z. B. von des Wachtmeisters innerem Vorgange nicht vom Autor objektiv dargelegt wird, das wird von Andern als Vermuthung pp ausgesprochen. Was in der Gräfin vorgeht, müßen wir ahnen, wenn die Geschichte mit dem Heinrich geht; geht die Gesch. mit ihm, wird's allmählig klar. Mit dem Major und der alten Hanke weiß man jederzeit, wie es steht, ebenso bald mit Dornicke. Im Anfang weiß man nur beim Major Bescheid. Von Anfang an wurde Lotte als Heinrichs Braut angesehen; er geht zeitig fort in die Welt, sieht sie seit den Kinderjahren wenig, aber sie gilt ihm als seine Braut u. er hält fest an ihr trotz der Neigung zur Gräfin, die eine wirkliche und die ihn zu ⌜Manchem⌝ hinreißt. Das Mädchen fällt wirklich.

Die Handlung muß sehr conzentrirt sein.

Viell. ist der Major ein Bruder; der von ihm adoptirte Neffe, der Sohn des 2ten – der Major der 3te – Bruders.? Nein; denn dann ist er des W*a*chtmeisters Cumpans Genoße und der Auditeur kennt ihn. Freilich würde die Sache mit der Gräfin natürlicher. Man hat, wie man d*as* Papier, d*as* bei der Caße liegt, stehlen will, nicht geglaubt, die Gräfin werde heimkommen, zwar in ihrem Absein die Dienstboten mit dem Schlaftrunk regalirt, aber sie kommt fast dazu u. muß nun, da sie Lärmen machen könnten, entfernt werden; sie wird vielleicht fortgetragen – oder ist aus Vorsicht eine Chaise in der Nähe? Aber des W*a*chtmeisters Charakter verliert zuviel Spiel.

Wiewohl eine Hauptsache, daß die Gesch. sich hauptsächlich mit den Guten beschäftigt.

Besonders müßen in's Spiel gesezt werden neben Heinrich, die Gräfin, die Hanke, Dornicke, der Oberst, der Major⟨;⟩ die Gräfin fast männl. erzogen, weil der Ob*er*st gern einen Sohn gehabt hätte. Wärst du ein Junge. Das hört sie oft u. es prägt sich ihr ein. Wie sie arm sich glaubt, läßt sie die ritterl. Uebungen und wird weiblich; ihre männl. Studien helfen ihr nun nichts

Wie der alte Major, um ihn genugzuthun, mit ihm losgehen will, nachdem er erfahren, daß ⌜er⌝ Heinrich unrecht gethan, ein Gegenstück zu Dornickes. Wie aber?

---

steigern die Fortschritte der ⌜Entdeckung⌝ die Anstrengungen derer, ⟨→⟩*die den*

Du könntest was Anderes gethan haben, was geht mich das an? Mich geht nur an, was du ⌜mir⌝ gethan hast und das ist genug, daß ich pp

⟨←⟩die den Tausch gemacht, ⌜ihrer⌝ Sünde Lohn zu behalten, u. ihr Agent will sogar – da ⌜es⌝ zugleich Selbstvertheidigung geworden, Heinrichs Tod – so weit kam er als Agent jener, so d*aß* Einheit vorhanden. Die meisten Personen des Romans haben jenen Tausch mit erlebt, u. können etwas angeben, aus welchem Etwas ⌜die Wahrscheinlichkeit⌝ brenn*en*d wird, bis dem W*a*chtmeister zulezt d*as* Papier genommen wird, das den Beweis für Heinrichs Geburt →*u. deßen*

←Nun tritt sie zulezt zurück u. will zu ihrer Mutter gehen – diese stellt uns viell. erst der besuch*en*de Dorn., dann ⌜die⌝ besuchende Gräfin vor, bis sie so bekannt uns, d*aß* die Geschichte mit ihr gehen kann; ⌜denn sie⌝ muß Untersuchungen machen, die die Gräfin ihrer Stellung wegen nicht anstellen kann – um der Sache weiter auf den Grund zu kommen. Die Gräfin gibt sich da noch nicht blos, der Leser weiß nicht, was sie hat, obgleich er sieht, es liegt ihr etwas schwer auf. Sie hält Heinrich von sich ab, sowie sie ahnt; entschiedener als vorher⟨;⟩ →*sie hat*

Die alte Gräfin hat erst ge-

Viell. ein Spatium dazwischen, wo Heinrich Lottes Untreue erfährt und der Insubordination. Oder kommt die Gräfin in sein Gefängniß u. eröffnte ihm, was sie weiß; er bittet, noch zu verschweigen, damit der Ob*er*st nicht Tochter und Sohn verliere. Es ist auch noch nicht gewiß bewiesen. Er ist etwas schnöde erst gegen sie, da er auch sie für seine Gegnerin hält – warum zu erdenken.

Die Hauptsache, d*aß* die Spannungen sich nicht gegenseitig entkräften. Die wegen der Caße u. Subord. und die ⌜wegen H*ein*richs⌝ Ankunft.

Der Erbförster gab einen Roman, aber nicht tragisch gehalten. – Entweder in der Ausdehnung wie die Conception in den Sh*ake*sp*eare*studien, oder wie im fertigen Drama. Viell. besteht der Zwiespalt schon; ⌜einer⌝ aus der⟨1⟩ ⌜einer⌝⟨2⟩ Stadt kommt auf den Wald – als neuer Pfarrer oder so; er will vielleicht den Zwist gut machen, der aber durch irgend einen Vorfall erst bösartig wird oder zu werden scheint, in Wahrheit aber zu gutem Ende begracht wird, da die Mißverständniße sich lösen. Die Verlobung – wie sie im Drama, machte vielleicht das Ende. Viell. auch kommt der Fremde eben verirrt zur Verlobung, die aus dem Leime geht. Viell. die Unruhen von 1848. Ein Haufe will die Fabrik zerstören; der alte Förster auf seinem Racheweg kommt dazu, seine Bravheit, mit der er diesem Werke entgegentritt, rettet ihn; denn zunächst kommt er zu sich, dann vergißt er das eigene Anliegen in demselben Rechtssinne, der überspannt ihn zu wahnsinnigem Thun spornt.

Die Hauptschwierigkeit im Roman liegt für mich noch in der Anlage, im Arrangement der Gruppe, in der Grunderfindung. So könnte z. B. gleich Vorstehendes nicht gut angehen. Es müßte der alte Erbförster der Held sein oder ⌜aber⌝ eine blose Hülfsfigur. Entweder ⌜wenn⌝ an ihn die Entwickelung sich knüpfen soll, muß seine Geschichte eben der Roman sein. Aber zu einem Romanhelden ist er zu unternehmend, zu pathetisch, als daß das Buch epische Haltung gewinnen könnte. ⌜Oder⌝ er müßte mit seiner Geschichte ein Deus ex Machina werden für eine andere, für die Hauptgeschichte, dann kann die Entwickelung sich nicht gut an ihn knüpfen, d. h. seine Geschichte u. seine Gestalt können nicht den Faden geben für

meint, sie hat einen Sohn? Nein. Aber sie bildet sich ein, sie hat durch die Geburt eines Mädchens – u. nachher war sie ⌜unfruchtbar –⌝ des Generals Liebe verloren, was sie feindl. gegen d*as* Kind gesinnt macht, wodurch die Gräfin eine Verbitt*er*ung hat. Wär ich ein Bürgermädchen oder ein Junge. In ihr ist eine wahrh*aft* weibliche Anlage mit Gewohnheit angekünstelter Jungenhaftigkeit – auch diese Ankünstelung aus weiblicher ⌜Anlage –⌝ im Kampfe. Zuletzt darf sie Weib sein, wo sie nicht mehr adlig, macht aber ihren Vater, so lange es noch nicht gewiß, daß er dies nicht, immer noch mit Jungenstreichen Freude oder meint es wenigst*ens*; er will es nicht, aber es macht ihm doch Freude. So wird sie ein intereßanter Charakter; da sie kein Junge werden kann, kann sie ihm doch einen geben – wehmüthige Freude. Dabei stark⟨.⟩ →*Nun*

Das Ganze aber müßte mehr ⌜unserer⌝ Zeit conform sein. Hat der alte Förster, den man aufwiegeln will polit. nun Viel gelesen und nur halb verdaut, was das Selfgovernment ält*erer* Zeiten darstellt.

ad „Toller Heinrich." Die Pastorin war eine frühere Liaison des Ob*er*sten, daher Rache mit im Spiel. Gräfin kommt zufällig dahin; die Alte, gewißenswahnsinnig hält sie für deren Mutter – oho! woher dann die Aehnlichkeit – Aussprache? Der W. kommt dazu, weiß Weiteres zu verhindern; sohnl. red*end* mit der Mutter ×× der Thierbändigerblick; er sondirt die Gräfin, die sich viell. auch forsch*end* etwas blos gibt, u. da er merkt, *daß* die nicht allein genug gehört, sondern auch, trotz seiner Versich*er*ung, der Wahnsinn fas'le, forschen will u. {braven} Entschluß hat, muß sie fort. Auditeur. Darauf die Uebergabe des Blattes an Heinr. für den Major; das muß er haben, um es dem 3ten Bruder zu ⌜verkaufen;⌝ so gibt nun die Entführung Geleg*en*heit u. Verdunk*elung* für den Einbruch. Später, um den Audit. u. den Heinr., deren Einheit sein Verderben bringen könnte, zu trennen, die Gesch. mit der Wette, ein plötzl. Einfall; der, da er gelingt, u. auf einer Seite die Untersuchungen seine Bemühungen zu vereiteln drohen, auf der anderen Heinr. ihm offen Krieg bietet, ⌜durch⌝ die Geleg*en*heit u. H*einr*ichs Stimmung den anderen Einfall mit der Insubordination herbeiführt. H*ein*rich will schnelles entschied*enes* Handeln, geräth deßhalb, da die Offiziere entschlußlos, durch seine Reden in Verdacht Meutereivorhabens, welcher dann durch die Insubordination bewiesen scheint. ⟨→⟩*Nur die*

das Ganze; soll ⌜er⌝ den Faden geben, so darf er blos Helfer der Hauptgeschichte sein, d. h. er ⌜gehört⌝ entweder in die Kategorie der Robin Roy, der ⌜Meg oder⌝ der Monkbarns pp.

⟨←⟩⌜Nur die Spannung nicht dramatisch werden laßen! Wechsel mit Komischem! pp

Bekannt werden mit Dornicke, mit dem Major pp⌝

⌜Ehe die eigtl. Spannungen u. Affekte beginnen, erst ein Bild soldat. Lebens u. der Zeit u. ihrer Stimmung.

Allmälige Hellwerden des Verhaltes: zuerst erfährt die Gräfin nur, sie sei ein untergeschobenes Kind, an weßen Statt ergibt sich erst später.

Viell. ist der Offizier, den sie holen, der Bruder, der lange bereut; er gibt dem H*ein*rich das Blatt ⌜an den Major⌝, will ihm sagen, kann aber nicht mehr, stirbt. Heinr. war ein Liebling von ihm; der W. geht nicht gerne mit, aber nach einer Rede u. um seine Bravour zu zeigen. So ist er Zeuge u. erräth, was in dem Blatt. Warum will er's, wenn der Major sein Bruder; weil seine eigene Familie dabei prostituirt ist? Und aus Widerwillen gegen Heinrich?⌝

⟦65⟧

Die Romane von W. Sc. haben meiner Meinung nach darin einen großen Vortheil und einen Grund ihrer ungemeinen Popularität, daß in ihnen die Hauptarten des Romans zusammengefaßt sind und zwar so, daß dem Produkte die eigenthümlichen Reize jeder Art zu gut kommen und die Mängel derselben wegfallen oder durch die Reize der andern Arten die Mängel jeder einzelnen ⌜verdeckt⌝ werden. Jede Zusammenfaßung mehrer Arten müßte einen Vortheil bringen; es fragt sich nur, in welcher Weise diese Zusammenfaßung statt zu finden hat, welche Art den Faden herzugeben hat pp

Zunächst müßte man die Arten getrennt aufführen, die eigenthümlichen Reize, wie die eigenthüml. Mängel jeder derselben zu zeigen. ⌜Die⌝ Art der Zusammenfaßung ⌜würde⌝ daraus erhellen. Von jeder Art müßte man das herübernehmen, was ihr vorzüglichster Reiz; für ihre Mängel müßten die Reize der übrigen einstehen.

Da ist: der biographische Roman, der Familienroman, der humoristische Roman*, der Sittenroman, ⌜die⌝ Robinsonade, der komische R., der tragische Roman, der lyrische Roman; die Räubergeschichte, die Rittergeschichte, die Geistergeschichte, das Idyll*, der heroische Roman, der moralische Roman,

*der satyrische Roman

*der Roman aus der vorneh-

der psychologische Roman, der Tendenzroman, die Metiergeschichten: Soldatengeschichten, Künstlergeschichten, Studentengeschichten, Handwerkergeschichten, Schmugglergeschichten, Jägergeschichten, Seemannsgeschichten
der histor. Roman (in dem ältern Sinne, wie Friedr. der Geb. von Schlenkert pp) der Reiseroman, ⌜der pikarische Roman,⌝

men Welt⟨,⟩ der philosophische Roman, der politische R.

Aber auch alle andern Arten der Unterhaltungsliteratur u. populären Darstellung, z. B. Kriegsgeschichten, histor. Anekdoten, Reisebeschreibungen, Topographieen, Beschreibungen von Naturereignißen, Schlachten, Kriegen, ⌜Naturer[r]eigniße⌝: Vulcanerruptionen, Bergstürze, Lawinen, Erdbeben, Land- und Seestürme, Gewitter, Pulverexplosionen, Entstehen neuer Inseln, Schiffbrüche mit wunderbaren Rettungen, Erdstürze, Waßerhosen, ⌜Nordpolexpeditionen⌝ pp

Edle Züge aus dem Menschenleben: Biographieen von Schwärmern, Goldmachern, ⌜Astrologen⌝, Schatzgräbern, Märchen, Sagen, Balladen.

Diese müßten nun in Kategorien gebracht werden.

Biographische Roman, Idyll, Sittenroman, ⌜Historie⌝, Reisebeschreibung, Abenteuerliche Roman, Metierroman.

Der Metierroman schließt sich natürlich an den biographischen; der abenteuerliche R. u. die Reisebeschreibung geben die Robinsonade, die sich ebenfalls mit dem Metierroman gern verbindet, z. B. dem Seefahrerroman. Idyll und Familiengeschichte vereinen sich gern und nehmen den biographischen gern auf, auch die Sittengeschichte.

Der biographische Roman hat den Vortheil der ruhigen ⌜natürlichen⌝ Entwickelung, aber den Nachtheil einer gewißen ⌜Eintönigkeit, Mangel an Spannung;⌝ die Abenteuergeschichten den Vortheil der starken Wirkung auf die Phantasie, aber eben darum den Mangel an Wahrscheinlichkeit; das Idyll wirkt mit seinen Zustandsbildern wohlthätig auf das Gemüth, ermüdet aber, wenn lange, leicht durch Mangel an Wechsel und hat obendrein den Nachtheil einer gewißen Enge und Kleinlichkeit der Motive, die Familiengeschichte gibt intereßante Conflikte, entbehrt aber des Heroischen, Wunderbaren, Großen. Der humoristische Roman unterscheidet sich ⌜nicht⌝ durch den Inhalt, sondern durch die ⌜Behandlung.⌝

Und doch scheint er dem wunderbaren Stoffe am angemeßensten (wunderbar recht verstanden).

Wir werden dann mit Gegend pp bekannt, indem der Held damit bekannt wird

Der Held ist bei Scott gewöhnlich ein Fremdling, der in die Gegend kommt, worin die eigenthümlichen Figuren, die in ⌜seine Geschichte⌝ verflochten sind oder werden, daheim sind. Dadurch wird der Sittenroman praktikabler. Er, der Held, unser eigener Durchschnitt, kommt aus unsern Sitten in diese fremden, die ihm darum auffallen müßen, er[,] ist auch hier unser Organ, er vermittelt uns mit dem Orte und deßen Bewohnern, deßen ganzer Eigenheit; seine Reflexionen darüber sind die unsern. Ist des Helden Vorgeschichte uns im Anfang bekannt gemacht worden, wie in Wav. u. Robin, so haben wir den biographischen Roman, deßen Held aber eben nur der Held des ganzen, des Romanes überhaupt sein kann. Der psychol⟨og⟩ische R. kann nur insofern ⌜sich⌝ mit dem Mischroman vereinen, daß sein Held nicht der Held des Mischromans, ⌜vielmehr⌝ ist dieser Held der Beobachter, er ⌜kann⌝ mit dem psychologischen Problems Träger bekannt zu werden ⌜suchen⌝ und mit dem Probleme selbst, oder seine sonstigen Intereßen ⌜können⌝ ihn dazu treiben; in ihm selbst aber darf das Problem nicht vorgehen, sonst würde er ein dramatischer Held u. gehörte nicht in den Roman. Er stellt die Reflexionen an pp und ist auch so wiederum das Organ des Lesers; er ist immer mit uns auf Einem Boden der Bildung, er sieht die Menschen und Dinge im Ganzen mit demselben Auge an, wie wir; er hat mit uns den gleichen Standpunkt. Eigentlich sollte man einen ⌜andern⌝ Namen für dies unser Organ haben; der eigentliche Held im Robin Roy z. B. ist Robin. Dieser kann nun desto bedeutender auftreten, weil wir ⌜sein⌝ Leben nicht von Schritt zu Schritt verfolgen; wir sehen von ihm nur Momente, wo er <u>bedeutend</u> ist, er überrascht uns mit seiner Allgegenwart, er präsentirt sich uns immer nur in den intereßantesten Attitüde⟨n⟩. Die ⌜Geschichte⌝ ⟦66⟧ Franz Osbaldistones ist nur der Weg, der uns immer dahin führt, wo wir dem Robin in deßen Glanzpunkten begegnen. Die Gesch. des Osbaldistone ist nur der Weg, den der Autor uns um einen schönen, gewaltigen Berg so herumführt, daß wir diesen, nachdem wir ihn einige Zeit aus den Augen verloren, etwa durch d*a*s Hinderniß anderer, kleinerer, Höhen oder dichter Waldbäume um uns[;]⟨,⟩ immer wieder erblicken und zwar von seinen malerischesten Seiten, angenehm überrascht bald von seiner schroffen Erhabenheit, Wildheit, ja zuweilen in Furcht gesezt, er werde ein vorge-

Daher der Ch. des Pittoresken der dichterische Ch. Scotts, er zeigt uns von den Menschen ⌜u. Ständen⌝ wie von Gegenden und Sitten die pittoresken Seiten, und benuzt dazu die Hülfsmittel von Wechsel, Contrast, Ueberraschung, Stimmung, ganz wie der englische

strecktes Felsstück auf uns niederstürzen laßen, bald wieder von Seite seiner ⌜ruhigern⌝ Größe und schönen Fülle. Aber auch der Diana begegnen wir wieder, dem Rashleigh pp

Landschaftsgartenkünstler thut.

Also eine Anzahl von bedeutenden Gestalten verschiedenster Art, die mit dem Helden in eben so verschiedenartigen Verhältnißen schon stehen oder erst dahinein treten. Dann ⌜der⌝ Held selbst, der uns weniger als bedeutende Gestalt intereßirt, ⌜deßen⌝ Geschichte uns mehr intereßirt, als er selbst, und eben daher, weil sie nur das Mittel ist, ⌜jene⌝ Gestalten in ihren bedeutensten Augenblicken uns immer wieder begegnen zu laßen, oder sie in Thätigkeiten zu versetzen, in der ihre sittl. Schönheit, oder ihre edle oder wilde Größe, im Guten oder Bösen sich am vortheilhaftesten zeigen kann. Das der Hauptunterschied zwischen ⌜den⌝ Roman- und den Dramenhelden. Denkt man sich Lear als Roman, würde Edgar ohngefähr der Held sein müßen. Im Hamlet ⌜trifft⌝ der Dramenheld am ⌜nächsten⌝ mit dem Begriffe des Romanhelden zusammen. Wollte man aus Robin dem Rothen ein Drama machen, würde Robin selbst der Held sein müßen, aber die Geschichte müßte sehr verändert werden, Frz. Osbaldistone ganz wegfallen. So im Waverley wäre Vich Jan Vohr der trag. Held, im Alterthümler die Gräfin v. Glenallan. Darum begriff Freitag nicht, wie, was Wigand wünschte, aus dem Erbförster ein Roman gemacht werden sollte. In der That wäre höchstens Robert darin als Held zu brauchen.

Intereßirt er uns, so ist er in der Hauptgeschichte nur eine Nebenperson. (Oldbuck)

Selbst im Alterthümler, wo der Held selbst – ausnahmsweise bei Scott – uns stellenweise aus den Augen verschwindet, ist er es, in welchem wir erst mit Oldbuck, dann mit Edie, ferner mit Arthur, Isabelle, ⌜den⌝ Fischern und endlich mit Hektor bekannt werden. Wir sehen alle diese, s. z. s. erst mit seinen Augen und, so individuell sein Charakter, er ist doch derjenige durch den ganzen Roman, der unser'm Durchschnitt am nächsten steht, also der geschickteste ist, ⌜uns⌝ mit ihm zu identifiziren. Erst wenn durch ihn Oldbuck und Edie pp uns nahe bekannt und nahe gebracht ist, springt die Erzählung wechselnd zu diesen über. Sowie wir über des Alterthümlers grilliges Costume hinüber sind und den Durchschnittsmenschen auch in ihm aufgefunden, und dadurch einigermaßen in Stand gesezt sind, uns mit ihm zu identifiziren, wird er unser Organ; dann Edie, der ebenfalls, ⌜nachdem uns⌝ sein Sittencostume gewohnt worden, sich als einen Durchschnittsmenschen ⌜ausweist⌝. Mit Sir Arthur u. Hektor geht die Geschichte weniger, noch weniger mit den Glenallans und Elsbeth, weil uns diese Menschen fremder bleiben müßen.

Das gibt den Scottromanen den dramatischen Schein, daß der Autor sein eigen Urtheil ⌜u. Räson*n*e*m*e*nt*⌝ als ⌜des⌝ Autors sehr selten, fast gar nicht einmengt. Er gibt uns dieses als Urtheil u. Räsonnement seines Helden, wodurch es schon darstellender oder dargestellter ist, oder wirklich dargestellt in den Seelenzuständen des Helden. Deßen Haß gegen eine Person ⌜z. B.⌝ ist ein dargestelltes Urtheil des Autors, und da der Held bei Sc. ein Durchschnittsmensch, auch das des Publikums.

Die Helden sind immer so gebildet, daß sie geschickt sind, das Medium zwischen uns und den auffallenden, den drastischen Gestalten des Romanes zu werden. Erstlich steh'n sie uns ⌜nach ihrer Charakteranlage⌝ am nächsten, d. h. sie repräsentiren am vollständigsten den mittlen Durchschnitt, dann sind sie so beschaffen, daß sie für die Art Eindrücke am meisten gestimmt und geeignet, die ⌜jene⌝ drastischeren Figuren machen sollen; sie sind alle mehr aufnehmend, als produktiv, sie sind die geschicktesten Spiegel für die Lagen und Personen, die sie reproduziren sollen in Stimmung u. Reflexion; sie sind deßhalb jung, frisch, haben eine Phantasievorneigung, wie die Leser selbst, die sonst nicht zu dem Romane greifen würden; ⌜in⌝ ihnen erlebt der Leser den Roman.

In keinem der drei Romane von Scott, die ich eben gelesen, ist eine einheitliche Spannung, im Alterthümler liegt am auffallendsten der Hauptaccent auf ⌜dem⌝ Intereße an den Charaktern u. ihrem Detail. Erst lernen wir ⌜Oldbuck⌝, Edie u. ⌜Vater⌝ u. Tochter Wardour kennen und die Spannung ist blos Neugier, wer Lovel sein und was er vorhaben mag. Dann kommt die Spannung, ob Wardour u. Tochter und ⌜dann {mit}, ob⌝ ihre Helfer gerettet werden. Die Spannung ist an sich dadurch gemildert, daß man sich denken kann, der Autor werde uns nicht mit den Personen bekannt gemacht haben, um sie nun ohne Weiteres untergehen zu laßen. Aber zu Oldbuck, Lovel u. Edie wird unsere Sympathie verstärkt. Nun kommt die Spannung, was aus Lovels Liebe werden wird. Wir sehen sie nicht von Isabelle ermuntert, da kommt d*a*s Duell u. Lovel muß fliehen. Darauf tritt als Nebenspannung die, wie weit Dousterswivel den Baronet treiben wird; darauf Edies toller Streich mit ihm, durch welchen er sich Gefahr sezt. Nun tritt die Elsbeth vor. Was hatt sie mit Glenallan? Nun Stenies Tod. Edies Arrestation auf lebensgefährl. Anklage. Steenies Begräbniß, Elsbeth's Beichte an Glenallan, seine Confidenz an Oldbuck, der ein Mitspieler in der Geschichte ⌜war.⌝ Befreiung Edies.* Falscher Kriegslärmen, welcher Lovel wieder hierherführt. Aufklärung.

Man sieht, es ist bei W. Scott kein systemat. Pedantismus, immer nur mit dem Helden zu gehen; er macht auch Ausnahmen, wo er meint, dabei zu gewinnen; dennoch bleibt jenes Regel.

*Bedrängung Arthurs, durch den Brief, den Edie besorgt, gehoben.

Zunächst einmal jeden der 3 Romane auf ihren engsten Kern zurückgeführt:

Am Astrologen auffallend, wie der Roman erst das Verschwinden des Kindes, dann sein Zurückkommen ohne sich selbst zu kennen vorträgt, und was dazwischen geschehen, nur gelegentlich u. ganz kurz ⌜in⌝ einzelnen kleinen ⌜Resumés⌝ und Beziehungen beibringt. Das ⌜Wiedererhalten⌝ des ihm Gestohlenen, wodurch seine Liebe, die vorher eine hoffnungslose schien, eine glückliche, ⌜zur⌝ Verbindung führt.

—

⟦67⟧ Der Kern des Alterthümlers ist eigentlich derselbe. Dem Lovel ist durch Umstände der Ruf ⌜adliger, ja⌝ legitimer Geburt geraubt; er findet ihn wieder und, dadurch ebenbürtig erscheinend, gewinnt er die Geliebte. Nur ist's jezt der Schwiegersohn, der den künftigen Schwäher unterstüzt, wie dort umgekehrt.

Auf eine Erkennung und Wiedereinsetzung von den Aeltern entrißenen Kindern kommen beide Romane hinaus. Es ist dies das Motiv schon des ⌜Toms⌝ Jones. Wir sehen in diesen beiden Werken nur eine Erweiterung und Durchbildung der Elemente des ⌜Toms⌝ Jones, sowohl in der Erfindung, als in der Behandlung, dazu eine Concentration in der Zeit. Hier, im ⌜Toms⌝ Jones, ist schon das Reisen des Helden, ⌜im Robin auch⌝ seine Contrastirung mit einem komischen Charakter ⌜als Begleiter, was auf Cervantes zurückweiset[;]⌝; dem ⌜Toms⌝ fehlt schon weder der historische Hintergrund (und zwar derselbe wie bei Scotts schottischen Romanen, eine Invasion des Prätendenten) ⌜noch⌝ die Tendenz auf Sittenschilderung (⌜Junker⌝ Western); der Gärtner, der Fr*anz* Osbaldistone begleitet, hat große Verwandtschaft mit Rebhuhn in seiner ⌜Indiskretion⌝, die immer des Herren Lage verschlimmert, wo sie verbeßern soll, in seiner Geschwätzigkeit; was bei Rebhuhn die ⌜schulmeisterliche⌝ Nuance vom Gelehrten ist hier die vom Presbyterianer. Eigentlich laßen sich Beide auf dem klaßischen Sancho Pansa als ihren Ahnherrn, Vater u. Großvater zurückführen. Nur das ⌜romantische, pittoreske⌝ Element der Ballade, die Ruinen pp fehlen dem Engländer, dafür dem Schotten die Zotenbeimischung, ein Mangel, durch welchen dieser ebensoviel gewinnt als durch ⌜jenes Voraushaben⌝. –

Nun ist besonders bemerkenswerth, wie alle die Nebenfiguren in diesen beiden Novellen (Astrolog u. Alterthümler) trotz ⌜des⌝ individuellsten Details keine eigene ⌜detaillirte⌝ Geschichte haben – mit Ausnahme Guy Mannerings; aber selbst diese ist nur Mittel zum Zwecke, der in Browns Geschichte liegt; und nicht zu übersehen ist es, daß durch den kleinen Theil von ⌜scheinbar selbständiger⌝ Geschichte, die Narration etwas Stotterndes, immer von vorn ⌜Anfangendes⌝ erhalten hat.

nur in sofern ihr Handeln und Leiden in des Helden Geschichte eingreift, ist es detaillirt.

Theor.

Die Kunst ist also: eine Fabel zu entwerfen, in der alle Figuren eigentlich blos Hülfslinien an Einer geometr. Figur, Gerüste an Einem Baue sind und dann diese Figuren so auszuführen, daß sie vollständig selbständig und mit eigenem Kerne versehen erscheinen und doch bei allem Reichthum ihres Details nicht aufhören, jene blosen Hülfslinien zu sein; wie jedes Organ möglichst emanzipirt ist und doch ⌜keines⌝ zu einem Nebenherzen der Geschichte selbst wird. Das ist die ⌜epische⌝ Schlankheit u. Geschloßenheit, die über der epischen Breite nie verloren werden darf. ⌜Die epische Breite gehört blos der Ausführung, nicht der Erfindung.⌝

das der Fehler des Balsamträgers, wenn er, in einer anderen Gesch. ⌜als⌝ der Hauptgesch. mitspielt, ohne der H*au*ptheld zu ⌜sein.⌝ Er hat eine selbständige Idee zu Grunde liegen, einen Selbstzweck.

Nie wendet in der Narration Scott sich unmittelbar an den Leser; wenn er, z. B. uns mit ⌜einer⌝ neuen Gestalt bekannt macht, so stellt er sie s. z. s. nicht unmittelbar uns, sondern einer andern Person vor, die wir schon kennen, also, die uns schon vorgestellt ist. Auch große Leidenschaften beschreibt er weniger uns unmittelbar selbst, sondern mehr unser'm Stellvertreter, deßen ⌜Bewunderung⌝, Mitleid, ⌜aber⌝ auch deßen ⌜Verwunderung⌝⟨,⟩ Bedenken und Wehren gegen Sympathie – wenn der Gegenstand ihrer nicht werth – all diese Gefühle ⌜mit⌝ betreffenden Reflexionen ⌜für⌝ uns, d. i. an unserer Stelle ausspricht. Nur, wenn der Held irrt und der Autor nicht will, daß wir in dem Momente mit dem Helden irren sollen, spricht er aus oder deutet er an, daß der Held wohl irren möge, oder daß er wirklich irre, wobei er den psychologischen Grund ⌜davon⌝ angibt*. Shakesp. hat in jedem Stücke solche Vermittler, ja fast jede Person, sogar der Held selbst tritt momentan auf den Standpunkt des Betrachtenden, Andern gegenüber, bei Scott ist es hauptsächlich der Held, der den leidenschaftlicheren, gewaltiger angelegten Charaktern in dieser Weise gegenüber ⌜steht;⌝ aber ⌜jede⌝ Gestalt des Romanes, die uns ⌜einmal⌝ bekannt ist und – wohlverstanden! – die sich in der

*d. h. dieses Irthums

In Dickens ist eine Schwenkung nach dem Drama zu; fast in jeder Szene wechselt der Faden und läßt D. uns mit einer andern seiner Fi-

Faßung befindet, in welcher der Mensch fähig ist, zu beobachten, zu betrachten, zu reflektiren, versieht diese Obliegenheit, den durch Leidenschaft außer sich gesezten Charakter für uns zu spiegeln. Deßhalb sind auch seine Helden gewöhnlich nicht von großen, mächtigen Leidenschaften, an die sie sich verlieren könnten – kurz, sie sind Durchschnittsmenschen! Scott hat in seinen Romanen naive und überlegene Gestalten, auch solche, die beides zugleich in ganz eigenthümlicher Mischung; seine Helden stehen gewöhnlich zwischen Beiden; sie haben Bildung und ⌜Lebenskenntniß, vortrefflichen⌝ Menschenverstand genug, ein richtiges Urtheil über Dinge und Personen zu fällen; sie haben Muth und Ehrgefühl genug, auch die Ueberspannung dieser Gefühle zu begreifen, wenn auch Verstand genug, zu beurtheilen, wie weit diese über die richtige Mitte geht. Man könnte sagen: der Held repräsentire das Gemeingefühl, die rechte Besonnenheit. Besonders ist dies der Fall, wo der Held selber der Erzähler ist, wie im Robin; und bei solch extremen, blendenden Erscheinungen ist es doppelt nöthig, daß ein richtiges sittliches Urtheil Schritt vor Schritt mit der Erscheinung geht, in welcher das Schlimme so mit dem Glänzenden verwachsen ist. Dies Urtheil braucht keine Reflexionen; es kann in der Wirkung der Handlungen und Reden auf die Gefühle des Helden dargestellt werden; wie in genannter Geschichte im Fr*anz* Osbaldistone neben Bewunderung und Mitleid mit Robin, doch immer der Schauder vor dem Verbrecher lebendig bleibt. Wohlthätig wirkt in diesem Sinne auch der ⌜sittliche⌝ Unwillen über nicht zu rechtfertigende Handlungen, welcher zugleich der Gestalt eine Folie gibt, in der er sich trotz Gefahr Luft macht, wie im Jarvies bei Morris Tödtung.*

⟦68⟧ Und reißt einmal Leidenschaft, Ueberspannung ⌜eines⌝ Gefühls den Helden selbst hin, so muß ihm ⌜eine⌝ andere Person gegenübergestellt werden, in welcher das sittliche Urtheil, der Gemeinsinn, der ruhige Verstand ⌜ihren⌝ Ausdruck finden; muß eine andere Gestalt ⌜an⌝ dem Helden das leisten, was der Held in der Regel an den andern Gestalten. Und ist der Held eben mit sich allein, so muß der Autor in ⌜seiner⌝ Darstellung den Mangel des ⌜personifizirten⌝ Maasstabes ersetzen. Das will geschickt gemacht sein, damit der dramatische Anstrich, der Anschein der Objektivität der Darstellung nicht verlezt werde.

Schwierig ist es, ein allmäliges Werden im Romane darzu-

guren gehen. Das gibt ihm natürlicherweise manchen Vortheil aber auch ebensoviel Nachtheile; die epische Schlankheit geht dabei verloren.

←ihre eigenen ⌜leidenschaftl.⌝ Verirrungen verherrlicht, politische u. weltbürgerl. Schwärmerei als Gegenst*and* ⌜für bewundernde⌝ Nachahmung, ⌜auch⌝ Selbstmord als [als] eine ⌜edle⌝ würdevolle Handlung dargestellt zu finden, ja, ⌜einer⌝ W*allen*steinsche⟨n⟩ Soldateska ihre Begeisterung zugewendet zu sehen.

– Gerade wie Shak. diese Schauder bei seinen ähnlichen Gestalten in uns fortwährend wachzuhalten versteht, ganz anders, als Schiller u. Corneille, bei denen die Gefährlichkeit blendender Laster, Verbrechen u. Verirrungen ⌜von⌝ sittlicher Warnung nicht balancirt wird, so d*aß* ⌜die⌝ Jug*end* sehr befriedigt ist *→ihre eigenen*

*⌜dies ist ganz Shakespeare'sch.⌝

stellen, ohne den epischen und objektiven Ton, die Haltung zu verlieren. ⌜W. Scott theilt⌝ solche Prozeße in Stationen, ⌜zeigt⌝ uns die betreffende Gestalt darin und ⌜geht zwischen diesen Zeigmomenten mit⌝ andern Figuren, so daß stets die zu dem Anwachsen oder Abnehmen in dem Grade, wie die Station sie zeigen soll, nothwendig erforderliche Zeit dazwischen liegt, hol[e]⟨t⟩ dann, so oft die Narration zu der betreff*en*den Gestalt zurückkehrt, in ⌜gedrängtem⌝ Resumé nach, was hinter den Coulißen der Erzählung unterdeß an ihr wuchs oder abnahm. Diese Stationen aber müßen Handlung darstellen, Gespräche der betreffenden Personen und sonst Thätigkeiten, damit die Stätigkeit des Verlaufes nicht innerhalb deßelben Capitels unterbrochen wird; wie denn das Hin und Herspringen ohne längeres Verweilen, d. h. so langes, daß Illusion und Sympathie ⌜wiederum⌝ in's Spiel gesezt werden konnte, sein sehr Unangenehmes hat. Solche Station muß stets ihre nächste Vergangenheit u. nächste Zukunft mit sich haben; ⌜und⌝ je weniger blose Aufzählung dabei desto beßer. Das beste Schema: die Person kommt agirend, nachdem ⌜wir⌝ bei ihr ⌜wieder⌝ heimisch geworden, kommt das Resumé – welches immer beßer die betreffenden Gestalten oder andere für sie – viell. im Gespräche mit ihnen; denn je weniger der Autor in Person sich darein mengt, die Illusion momentan aufhebend, desto beßer! – geben; nun fährt die Person in ihrem Handeln fort und das Kapitel schließt damit, daß sie zu einer andern Handlung sich vorbereitet oder zu derselben die ersten Schritte thut; die folgenden werden für den nächsten Auftritt der Person aufgespart, wo sie dann entweder dargestellt oder resümirt werden. Je weniger oft die Narration abbricht, desto beßer. Läßt sich jenes innere Werden, ⌜von⌝ deßen Darstellung und ⌜der⌝ Schwierigkeit dieser Darstellung eben die Rede, ganz in äußerer Handlung verkörpern und zwar, ohne daß die epische Haltung dabei aufgegeben werden müßte, so stelle man es immerhin stätig dar, sehe aber darauf, daß das Detail intereßant genug wird, uns an jeden Schritt zu feßeln, und die Phantasie des Lesers nicht versucht werde, der Darstellung vorzueilen. Dann sehe man auch darauf, daß der Wechsel des Ernsten und Komischen nie zu lange ⌜unterbrochen⌝ wird. Denn das Hauptgesetz ist: wir müßen gespannt sein auf das Resultat und doch mit ganzem Behagen dem Wege dahin Schritt vor

Je erregter die betreffende Person, desto mehr muß diejenige, die die Szene mit ihr hat, s. z. s. im Augenblicke der Held, der Beobachter, ⌜der⌝ Warner pp und der Chorus werden. Wir müßen die betreff*en*de Person mehr in diesem Spiegel sehen als mit unmittelbar auf sie

Schritt folgen. Das Ziel des Weges muß uns locken, nicht stille stehn zu bleiben und der Weg selbst muß uns genug gefallen, um langsam gehen zu mögen.

Summa der Charakter des Epischen ist Mittelbarkeit, Umweg, Hindurchgehen ⌜des Starken⌝, Unmittelbaren durch das Medium, das mildernde einer Mittelperson⟨1⟩ ⌜dritten *Person*⌝⟨2⟩, so daß wir s. z. s. es aus der andern Hand erhalten, die Urtheil und Betrachtung bereits dazu gethan, oder so, daß wir den Eindruck der Anschauung unmittelbar mit dem Urtheile darüber vereint erhalten – dies Urtheil mag immer ⌜ein⌝ als Gefühl, das sich ausspricht, ja selbst als Handlung Dargestelltes sein; ja dieses ist sogar das Beßere. Man denkt an die Mittheilung der unmittelbaren Sinnesempfindung von Nerv an Nerv und die Windungen der lezten, bevor sie das Rückenmark ⟨erreicht⟩ und durch dieses erst wiederum dem Hirne mitgetheilt wird.

selbst gerichtetem Blicke. So auch bei Streitszenen, wo sich mehre Personen feindlich oder doch affektvoll gegenüber stehen, müßen wir mehr mit ihrem Spiegel beschäftigt werden als unmittelbar mit ihnen selbst.

Also, wo der Held selbst in einer Erregung oder in ⌜eine⌝ solche hineingerathend dargestellt werden muß, er also die Faßung verliert, die ihn zu unser'm Medium qualifizirt, oder auch die Handlung in ihm zu innerlich wird; in solchen Kapiteln gehe die Erzählung mit einer andern Person, die die Qualifikazion hat, so lange seine Stelle bei uns zu vertreten. Oft wird dies Verfahren auch dadurch nöthig, daß es in des Autors Intereße liegen kann, uns nicht zu sagen, was in dem Helden vorgeht, oder wenigstens die Gründe dieses Vorgangs an der betreffenden Stelle uns zu verschweigen. So bei dem Ausfluge nach St. Ruth, in welchem Lovel eine pathologische Gestalt, steht Oldbuck im Vorgrund der Erzählung; wir ⌜erfahren⌝ mehr, was in den Andern in Bezug auf Lovel vorgeht, als was in ihm selbst. Dagegen, wo Oldbuck seine ganze Originalität zeigen soll – bei dem ersten Besuche Lovels – gehen wir mit Lovel. Hier betrachten wir in Gemeinschaft mit Lovel, der eben uns näher steht und unsere Stelle vertritt, den wunderlichen Oldbuck; dann, wo Oldbuck uns begreiflicher ist, betrachtet er mit uns Lovel, der ⌜nun⌝ uns fremder ist, d. h. in einem Zustande, der von dem Mittelzustand weiter abliegt. So betrachten wir den Wunderlicheren (momentan Wunderlicheren) jederzeit durch den eben weniger Wunderlichen, der uns durch dieses Weniger relativ im Augenblicke näher gerückt ist. Immer wird uns das ⌜relativ⌝ Fremdere durch das relativ Bekanntere vermittelt. Abgesehen davon, welcher Vortheil für

So ginge die Gesch. erst mit dem Heinrich u. stellte uns so den wunderlichen Dornicke vor; dann, wenn Heinrich wunderlich wird, ginge sie mit Dorn., der nun relativ dem Mittelzustande näher ist, d. h. mit dem wir uns leichter identifiziren können.

die ⌜feinere, tiefere⌝ Charakteristik mehrer Figuren für den Autor in diesem Springen von einer Gestalt zur andern liegt.

⟦69⟧ ⌜Bei⌝ Scott und zu seiner Zeit war die Liebesgeschichte die: das Eine der Liebenden hatte Geburt gegen sich. ⌜Ungleichheit im Vermögen⌝ war nicht die Ursache, die zwei Liebende aus einander hielt; das ist sie jetzt erst geworden, wo die ⌜Unebenbürtigkeit nicht mehr soviel zu⌝ bedeuten hat. Damals war das Vorurtheil der edleren Geburt das gewöhnliche Motiv; der Reichthum konnte ⌜es⌝, auch wenn der Adel mit Armuth verknüpft war, nicht überwinden. Nun blieben zwei Wege, entweder ⌜mußte sich⌝ am Ende herausstellen, daß der adlige Theil ⌜in⌝ Wahrheit auch ein Bürgerkind war, ⌜aber⌝ dieser Weg wurde nicht begangen – oder der bürgerliche wies sich zuletzt als ebenfalls adlig, ja viell. in der Geburt dem ⌜andern⌝ Theile noch überlegen aus, und dann konnte der Autor abtreten, wenn der Pastor auftrat. Jetzt unter dem Einfluße der democratischen Mehrzahl des Publikums, tritt der adlige Theil selber von seinem Postamente herab und gibt das innerlich überwundene Vorurtheil faktisch auf.

Also ⌜die⌝ Liebe Lovels. Es steht die Ungleichheit der Geburt dazwischen; die muß hinweggeräumt werden, damit die Liebesgeschichte glücklich schließt. Vor unserem Gefühle muß erst die Liebe für Verschmähung sich auf das edelste rächen; die Verkennung Lovels muß zu einer Art Triumph für ihn ausschlagen. Das ⌜zweite⌝ möglich zu machen hilft Dousterswivel, zum ⌜dritten⌝ wurde Hektor nöthig. Das erste geschieht durch Erhellung des Verhaltes von Lovels Geburt. Der Bastard wird zu einem großen Grafen.

Eigentlich ist bei Scott's Fabeln die Liebesgeschichte Hauptsache; der Held des Romanes ist jederzeit wenigstens der Held der Liebesgeschichte. So Bertram, Lovel, Franz Osbaldistone. Dem Helden des Romanes ist also die Leidenschaft der Liebe als Departement ⌜überwiesen. Die⌝ Liebe ist aber im Anfang eine unglückliche – hier treten allerlei Variationen über das fast ⌜immer gleiche⌝ Motiv – Ungleichheit der Geburt, Religion, bereits getroffene Disposition ⟨–⟩ ein.

– ein originelles Motiv das erst trenn*en*de, dann hinweggeräumte zwischen Lothario u. Teresa.

Im Romane darf das Pathologische der Spannung nur selten u. vorübergehend angewandt sein; das Meiste muß die Freude an den drin auftretenden Menschen thun. Vollends darf d*a*s Schicksal des Helden uns nie zu anhaltend pathologisch beschäftigen. Auch das hat Scott vortrefflich verstanden und ist auch diesem Mangel dadurch ausgewichen, daß das Pathologische sich hauptsächlich auf die Figuren beschränkt, mit denen wir nur durch Vermittelung des Helden zu thun haben, mit denen wir nicht Schritt vor Schritt gehen, denen wir nur ⌜in⌝ Spatien begegnen. Schon aus der rel. Länge des Romans ist die Regel herzuleiten; denn, was wir drei Stunden lang ertragen, dulden wir nicht ⌜die⌝ Tage lang, die die Lektüre des Romanes ausfüllt. Die Regel, daß die Grundfabel des Romanes nicht tragisch sein darf, auch kein spannendes psychologisch[e]-pathologisches Problem. ⌜Von⌝ den in die Fabel verflochtenen großen, pathologischen Gestalten dürfen welche ein tragisches Schicksal haben; so hat es Mac Ivor, so könnte es Robin haben, so hat es Eveline Neville u. Graf ⌜Glenallan.⌝ Tragisches Schicksal darf nur mit großer, überwachsender Leidenschaft und entsprechender Situation beisammen sein. So wie dies bei dem Helden der Fall ist, so ist das Drama fertig, die Tragödie oder das große Epos.

so hat es Meg Merilies.

Daher muß auch der Causalnexus im Romane mehr versteckt werden, die wirkliche Erscheinung, die Existenz, ⌜das Detail,⌝ der Zustand immer im Uebergewichte sein. Wir müßen immer das Ziel über dem Wege vergeßen, und nur zuweilen daran erinnert werden, um es wieder so zu vergeßen.

So gehen nun in solchem Romane, der sein vor dem Beginne liegendes Räthsel hat, ⌜zwei⌝ Vorgänge nebeneinander, ein synthetischer u. ein analytischer; einer, dem man Schritt vor Schritt folgt und einer, der mehr nur geahnt wird, nachdem er in seiner ⌜völlig⌝ räthselhaften Einwirkung auf den andern erst blos unbestimmte aber scharfe Neugierde erregt. Später geht die Ahnung in immer klareres Wißen um die Natur des Räthsels über, die lezte Spannung ist, ob das, was die Lösung ⌜theoret. des⌝ Räthsels auf die ⌜Zustände⌝ zu deren prakt. Lösung ⌜u.⌝ damit der Befriedigung des Lesers ⌜möglicherweise⌝ wirken kann, wirkl. wirkt; ob die noch übrigen lezten Bedingungen dazu sich noch finden werden. Dabei ist zu sorgen, daß das Ganze möglichst geschloßen sei, d. h. daß die beiden Vorgänge, der synthetische u. der analytische – wie wir sie einmal nennen wollen – ⌜im⌝ steten Causalverbande stehen.

Der Zusammenhang der Liebesgeschichte mit den pathologischen Gestalten und den historischen Theilen des Romanes wird so hergestellt, daß die Liebesgeschichte der eigentliche Faden ist. Es ist nun eine Liebe, deren Entstehung schon unter Hindernißen der Vereinigung ⌜geschieht⌝, oder deren ⌜Entstehen⌝ unter vereinigungverheißenden Umständen erfolgte, die aber nun Hinderniße findet. Also zwei Liebende, die sich finden auf den Rändern einer Kluft, die ⌜bereits⌝ zwischen ihnen, oder zwischen denen eine Kluft erst sich aufthut, da sie sich schon fanden. Diese Kluft ist entweder in Conventionen begründet, oder sie entsteht aus einer historischen Parteiung. Es

Die beste Weise, in der sie zu vereinen, daß eben der synthetische Vorgang Schritt vor Schritt ein Stück von dem Räthsel löst; also, daß jeder Schritt in der Begebenheit vom Anfangspunkte weiter vorwärts, einen Schritt derselben von da rückwärts aufhellt, die Gesch. also zugleich vorwärts und rückwärts fortschreitet, bis die Lösung des Räthsels am Anfange die Lösung der Verwickelung am Ende herbeiführt. Oder, daß die fortschreitende Verwickelung zugleich ⌜eine⌝ fortschreitende Auflösung ist. Aehnlich wie ⌜bei⌝ einer steilen plötzlichen Steigerung ⌜einer⌝ Eisenbahn ⌜die⌝ von der Höhe herabfahr*en*de Locomotive ⌜als⌝ Vorspann die andere nach der Höhe herauf zieht.

Nach diesem Schema sind eine große Anzahl Romane gebaut. Ein (furchtbar) Räthsel ragt aus der Verg*angen*heit in die Gegenwart hinein; die Verwickel*un*gen der Gegenwart entwickeln sich, indem sie jenes Räthsel lösen; der Lampenputzer, der Clennamstamm in Klein-Dorrit, das Idyll im Münchhausen, Barnaby Rudge, auch Wilhelm Meister, wiewohl hier die Entwickelung nichts mit dem Vorräthsel zu thun hat; Tomes Jones;

ist noch ein Fall denkbar, daß diese Kluft schon vorhanden, aber noch nicht sichtbar, weil die Liebenden ihre wahre Lage nicht kannten. – Nun wird entweder diese Kluft geebnet, oder auch es erweist sich, daß die Kluft blos eine scheinbare war – wie wenn einer für einen Bankert oder Unebenbürtigen gilt u. es sich nun ergibt, daß er dieses in Wahrheit nicht ist. Die Kluft, d*as* Hinderniß entweder eine innere, psychologische, ⌜moralische,⌝ oder eine äußere, historische, d. h. sie liegt entweder im Charakter oder in den Umständen.

⟦70⟧

Auf einem Frühspazierg*ang* im großen Garten kam mir der Gedanke zu einem „Tagebuch über eine⟨*1*⟩ ⌜während einer⌝⟨*2*⟩ Sommerreise im königlichen ⌜großen⌝ Garten zu Dresden. Von pp⟨“⟩ – Es würde ein harmloses humoristisches Buch, im fingirten Charakter eines alten närrischen Kauzes von großer Liebenswürdigkeit und gleicher Naivetät. Begänne mit einem Briefe von einem Freund, an welchen auch die Tagebuchaufsätze gerichtet sind. Im Briefe, was ihm zu der Reise bewogen. Den Abend in einem spießbürgerl. Bierhaus ist von Reisen die Rede. Den Helden überfällt eine Sehnsucht zu reisen. So soll er doch; er sei reich u. habe nichts zu versäumen. Nichts zu vers.? Ei! Nun er schreibt schon seit 20 Jahren jeden Tag ⌜zu⌝ verschiedenen Stunden die Barometer- u. Thermometerstände, nebst Richtung des Windes, Beschaffenheit der sichtbaren Athmosphäre, die Sternenstellungen pp auf; das ist eine Gewißenssache geworden. Eine Lücke. Reflexionen über Gewohnheit in ⌜lebendigem⌝ und Unlebendigem. Das Verwundern u. verschwiegene Lachen pp bringt ihn auf, d*aß* er in dem Briefe ganz in Leid*en*sch*a*ft geräth, die Leute schlecht macht; sie haben nur für das u. das Sinn. Sie würden pp! Aber bald legt sich die Hitze u. des Schreibers Liebenswürdigkeit zeigt sich in schönster Weise. Er rehabilitirt die vorher Schlechtgemachten und thut wieder zuviel im Guten. Auf dem Nachhauswege fällt ihm ein: ein Vetter (×...×⟨)⟩ vom Schlittenfahren; die Nebenumstände, dann ist d*as* Kleine d*as* Große, wie Stifter nachgewiesen, ein Steinchen pp warum nicht auch solch eine Reise im Kleinen, wenn nur recht behandelt. Heimgekommen weckt er Frau, Töchter und Söhne; die Schlafgemächer haben

Verbindungsthüren, im Centrum des gesammten Raumes, wo er Allen deutlich werden kann, hält er eine Rede u. kündigt seinen Vorsatz an, der nach einigen Widerreden oder vielmehr Einwendungen u. verhaltenem Kichern, acceptirt wird. Komisch, wie er die Sache mit sanfter aber fester Gewalt betreibt. Einblick in dies Familienleben. Seine sämmtl. Angehörigen haben mehr Welterfahrung u. praktischen Verstand als er und übersehen ihn von dieser Seite, aber seine Güte und Liebenswürdigkeit beherrscht Alle, ohne daß er weiß, welches der Zauber ist und sich immer darüber täuscht, denn er meint im Gegentheile, sein Verstand, seine Erfahrung, Menschenkenntniß imponirt ihnen. Er erräth, meint er, ihre Gedanken, und zeigt ihnen das; sie laßen ihn dabei. ⸢Seine⸣ s. z. s. theoretische, d. h. die Kenntniß des Menschen ist auch groß, aber ihm fehlt gänzl. Kenntniß der Menschen; er mißt alle nach sich u. sieht überall Güte und freut sich darüber; er weiß Alles zu entschuldigen, seine Menschenliebe u. Menschenachtung sind rührend. Er ist hitzig und dann zu nachgiebig; die jüngste Tochter sagt: ich will dich böse machen, Väterchen, damit du mir pp Wieso? Erklärung. Er freut sich nun; sie hat seinen Verstand u. Durchblick. Der Leser muß leicht zwischen den Zeilen lesen können. Einmal schreibt er sich in die Hitze über die Verdorbenheit ⸢der⸣ Zeit gegen früher, dann wieder umgekehrt vertheidigt er die Zeit animos gegen die albernen Ankläger derselben, die nicht wißen, was sie ⸢wollen⸣ u. erhebt sie auf Kosten der ⸢früheren⸣. Er wird ordtl. ⸢persönl.⸣ dabei. Nun, was könnt ihr darauf sagen? Nichts. Das wußt ich. Er sieht siegreich umher. Das Tagebuch ist datirt von verschiedenen Bänken u. Wirthschaften. Das Alltäglichste ist so wichtig, als das Wunderbarste, die nächste Nähe wie die weiteste Ferne. In diesem Geiste, nur neu und selbst gesehen – denn das ist die Hauptsache – er kommt auch hier in hitzigen Streit mit Widerlegern, die nicht zugegen und die er daher zu seinem Jubel auf das Tüchtigste abführt. So wird das Gewöhnlichste zum Abenteuer; dabei hat er seine Lust an seinem Bedienten, einem frischen Menschen, „der mit Allem fertig wird." Er stellt ihn auf die Probe: u. wenn wir nun da wären? und wenn nun das geschähe? – Nein, der Bursch verliert seine Geistesgegenwart nicht; er fällt auf seine Füße, wie man ihn auch werfen mag. Der Leser wird wohl gewahr, d*a*ß auch der Diener den

Reden halten, Lehrreden über Menschennatur u. sittl. Dinge.

Herrn zum Besten hat, aber auf die gemüthlichste Art und ohne mindesten Mangel an Achtung; er gehört mit zu der Familie; er hat die lustigsten Einfälle. Nun finden sich noch Andere, ihm Fremde zu seiner Gesellschaft; warum nicht; so ist's ja auf Reisen u. das gehört mit zu den Reizen; man ist im Auslande wie eine Familie, dann geht man auseinander und sieht sich vielleicht nie wieder. Nun treten die Töchter u. Söhne und die Fremden scharf modellirt aus dem Rahmen heraus; geschickte Contrastirung. Das Ganze wird ein verwickelter, spannender Roman. Äußerste Kunst der Anordnung muß die unbefangenste, absichtsloseste Natur scheinen. Es gibt auch pathetische Szenen, aber mit komischen im anziehendsten Wechsel. Eine Botschaft zeigt ihn nahe dem Ruin. Die Fremden sind Liebhaber u. Liebhaberinnen seiner Töchter und Söhne. Ein alter Schmerz spielt mit herein; die Fremden Kinder des, der ihn einst kränkte pp u. die nun ihn allmälig mit ihren Aeltern versöhnen sollen; dazu die Gefahr des Ruins pp es zeigt sich zulezt, daß Ein Faden durch das Alles geht. Zulezt wird er auch noch auf seine Frau eifersüchtig; weil ⌜der⌝ Liebhaber von einer seiner Töchter so lebhaft und Viel mit ihr conversirt. Er beobachtet die Leutchen, beschreibt ihr Thun, die den Leser das Wahre ahnen machen bei eingestreuten Reden, die er selber aber anders auslegt, je nach einer gleich im Anfang vorgebildeten Meinung, mit der er Alles, was er gewahr wird in Harmonie zwingt u. dann in seinem Vorurtheile noch bestärkt wird. Manches wird ihm nur verblümt, als mit Andern geschehen oder geschehend, die Lage der Leutchen als die Lage Anderer vorgetragen, doch immer so, d*a*ß der Leser es versteht; so wird bald analytisch, bald synthetisch das Ganze aufgebaut. Er hat ein unbedingtes Vertrauen zu den Seinen; das hat er ihnen von Anfang gezeigt und wirklich sie so gezwungen, sein Vertrauen immer durch ihre Handlungsweise zu rechtfertigen, was auch nun geschieht. Wie die Sache zu deutlich daliegt – aber noch das Ende fehlt – da beginnt er zu ahnen, da thut er sich auf seine Durchsicht was zu gute und meint zulezt noch, Alles gemacht zu haben. Gelingt es nun, die ⟨→⟩⟦71⟧ *Sache so*

Mimik. Meine Franz. sagte, ich hätte so da gest*an*den oder ausgesehen wie. Oder: So, also das soll meine gewöhnl. Stellung sein oder meine Weise bei solchen u. solchen Bedingungen. Hab' ich noch nicht gewußt pp

Die vorläufige Geschichte der Kinder meldet er gelegtl. in Briefen oder auch gleich in dem großen Tagebuchbriefe

Er findet viell., an einen hier kürzl. vorgefallenen Selbstmord denk*end* einen jungen M*en*schen auf einer B*an*k am Bache, der ihm verzweifelt erscheint. Er nimmt sich, in der Meinung, der will sich ertränken†, des Jungen mit seiner ganzen M*en*schenliebe an – wobei er immer auf die M*en*schen räsonnirt⟨,⟩ ⌜ein⌝ steter Widerspruch in ihm; er läßt ihn den Tag nicht von sich. Obgleich der nicht an's Ertränken dachte, thut doch der Held die beste Wirkung auf ihn. Viell. ist dieser der Onkel des jungen Menschen? der die Heirath nicht will, ohne die Leute zu kennen, u. der nun nachgibt, da er viell. ein ung*ün*stig Vorurtheil durch Kennenlernen ⌜verliert.⌝

†⌜hört immer Andeutungen darauf, die er beantwortet:

⟨←⟩⌜Gespräche, die alleinsteh*end*, nichts verrathen, nur spannen; viell. lauscht der vermeintl. Gerettete mit – nicht eigtl. lauscht; sie sind zufällig Zeugen –; auf diesen scheint die Sache ebenfalls einen Eindruck zu machen, wie der

Leser merkt, der nicht dieselbe Erklärung bei der Hand hat, wie der Held deßhalb. ⌜Zwei⌝ junge Leute stört er in einem Duell u. thut sie auseinander, ja versöhnt sie endlich, da er sie nicht von sich läßt. Der schein. Selbstmörder ist viell. gekommen, das ⌜Duell zu⌝ hindern; er will deßhalb nicht beim Helden bleiben, der ihm nun folgt†. Wie der Held das Duell verhindert – wo der Selbstm. bei der Dame, die ihn im Auftr. nicht los läßt – will dieser nun beobachten, verständigt sich mit dem Helden, daß er nicht zu reden braucht, um unerkannt zu bleiben. Die Duellanten sinds und seine Tochter, die nicht entscheidet, weil; zuletzt bringt sie der Held dahin, die Dame wählen ⌜laßen zu wollen⌝, die er nicht kennt; er will's machen, oder der Selbstm. soll es. Nun muß er fast glauben, seine Frau ist der Zankapfel – nicht alt. Nun geräth er selbst in Rage. Nun macht der Held vom Anfang seine Combinationen, die wunderlichsten Romane, u. danach seine Pläne, Alles zu schlichten.⌝

†⌜und ihn nicht läßt, bis er ⌜zuletzt⌝ als Psychologe – das sein Steckenpferd – an deßen Benehmen merkt, er ist „der Menschheit wieder geschenkt". Viell. ist einer von seinen Sorgen befreit, aber aus einem Kausalgrund der Geschichte, wovon der nicht weiß.⌝

Nichts da, Herr, pp⌝

So wäre es viell. beßer, wenn des Helden Menschenliebe u. Trieb zum Helfen, seine Heiterkeit pp die ganze Gesellschaft zusammenbrächte. Es wäre beßer das, als wenn die Töchter hinter seinem Rücken, au contr. sie müßten ihn noch bitten, jene zu entfernen, laufen zu laßen. Kennt ihr sie? Nein. Bald aber kommt es ihm doch so vor. Er belauscht einige ⟨→⟩*Gespräche,*

⟦71⟧ Sache so zu behandeln, daß dem Leser selbst vorkommt, als hab' er eine Reise mitgemacht, so ist das desto beßer. Der Held hat übrigens viele Kenntniße. Eine Hauptsache, daß, obgleich er s. z. s. der Düpirte, er doch nie gering werden oder in des Lesers Augen verlieren darf. Vielmehr, je mehr er ⌜düp.⌝ ist, desto mehr müßen wir durch sein Benehmen gezwungen werden, ihn ⌜hochzuachten⌝ und stets, unter allen Verhältnißen, ihn zu lieben.

Also Leitfaden bei Erfindung der Begebenheiten. Warum verbirgt man ihm die Liebe – die übrigens keine geschloßene, weil die Mädchen ohne Vater nicht für sich Ja sagen. Wenn der Vater genehmigt. Warum aber ist das die Frage? Es muß etwas in der Vergangenheit liegen, warum die Liebhaber sich ihm nicht nennen, sondern erst unbekannt nähern. Nun muß Etwas geschehen, wodurch sie seine Dankbarkeit verdienen, Etwas, wodurch sie sich als Andere erweisen, als er, aus vorhin angedeuteten Gründen geneigt ist, sie zu halten u. diejenigen, welcher wegen sie all diese Künste anwenden (ihre Aeltern, von denen der Held Anderes voraussezt?). Viell. hat er in seinem Herzen schon im Voraus vergeben, was er sagt, indem er ⌜diese⌝ Vorgeschichte exponirt, aber sie wagen nicht, das zu glauben u. von diesem Punkte hat er selbst seiner Familie noch nie gesprochen, was auch diese geneigt macht, an sein Nichtvergeben zu glauben.

Ob der jugdl. Held durch die Bravheit u. Arglosigkeit daher des Haupthelden gerührt u. beschämt, diesen weiter zu täuschen, ihm ⌜die⌝ Comödie gesteht, Contrast ⌜des⌝ wahren Verhaltes mit des Helden Meinung von ⌜seinem⌝ Scharfsinn u. wie er durch Bewunderung dieses bei sich selbst im Credit erhalten wird u. in seiner Dankbarkeit dafür sich erholt. – Der Roman könnte zugleich (scheinbar) in Italien u. wer weiß, wo noch sonst, spielen. ⌜Viell. in Amerika, Indien u. am Cap der guten Hoffnung. Fremdeste Sitten u. Landschaften.⌝

⟦72⟧

Nun genau die Weise untersucht, wie Scott aus dem Resume wieder zum detaillirten Vorgange übergeht, und in welcher Weise er die Resumés einflicht.

Im Ganzen werden wir bei ihm zunächst mit Einer Gestalt bekannt, mit dieser ⌜reisend oder sonst sie begleitend⌝ lernen wir Andere kennen.

Der Anfang unsers Jahrhunderts bietet auch wunderliche Contraste, z. B. Fichtes Philosophie, W. v. Humboldts philosoph. Aesthetik, Thekla pp im Wallenstein, Göthes König v. Thule pp Faust; und das Anwerbesystem bei den Armeen, Spießruthen pp die Verachtetheit der Schauspieler, die Ehrlosigkeit der „Stäbchen"; die unverholene Verachtung des Kriegerstandes gegen den gelehrten, die Verkümmerung des bürgerl. Selbstgefühls; ⌜das⌝ pietistische Beobachten mit der Lupe an sich selbst, dieses blose Spielgefühlsleben und ein Nettelbeck daneben. Adel

Die alte Mutter aus niederem Stande, die ihre in höhere gekommene Töchter noch immer dreßirt mit naivem Egoismus; ihnen sagt, was sie thun u. sagen sollen, lezteres Wort um Wort. Kühle Handgeben. ⌜Vor⌝ den Leuten; wenn sie meint, die Ihren haben der Leute Meinung gegen sich, dann ist sie selbst von der Partie der Leute, die ihr immer näher zu stehen, lieber zu sein scheinen, als die eigenen Ihrigen; so ganz unter dem Zauber der Meinung. Eine solche wird Töchter haben, wie die selbstsüchtig-schmiegerische in d. K*lein*st*a*dtgesch., die der Mutter im G*an*zen u. Großen folgt, im Einzelnen aber weit mehr, indem sie ⌜ihr⌝ nicht folgt, da bei gleichem Ch*ara*ktergrunde doch klüger und zugleich mehr im Zeitcostume. ⌜– Besucht mich und oft – der Leute wegen.⌝

⟦73⟧

Ende Juni 1858.

Ich bin zu einem neuen Resultate über mich, d. h. meine Produktionsweise gekommen. Indem ich Alles, was ⌜meine⌝ Fabel darstellen muß, bis zu seinen tiefsten Gründen und Bedingungen ⌜verfolge⌝, was in meiner geistigen u. körperlichen Anlage und zugleich von meinem körperl. Zustande ⌜gegründet s.⌝ mag, bin ich in Gefahr, zu weitschweifig zu werden, d. h. den ganzen Weg, den ich bei jenen Erörterungen sinnend mache, in die äußere Darstellung aufnehmen zu wollen; also dem Leser nicht allein die Ausbeute meines zu Bergfahrens in gediegenem Metalle zu geben, sondern ihm zuzumuthen, daß er mit mir fahre. Ich muß mich gewöhnen, mich wiederum zu concentriren. Das that ich sonst unbewußt, aber die Kritik vermißte den Zusammenhang; nun wurde ich zu emsig, diesen, und was ich wollte, überall nachzuweisen. Dies hat meine Produktion, vornämlich die dramat. gelähmt. Diese Bergfahrten intereßant zu machen, nahm ich sie in veräußerter Darstellung mit auf und so wuchs mir jederzeit die Maße über den Kopf.

oder die Erden mitzugeben.

Viele charakteristische Schönheiten liegen bei W. Scott* blos im Detail. So die, wo der Prediger Holdenough, nachdem er dem Obersten Everard ⌜die⌝ Erscheinung des Jugendfreundes u. deßen Tod, an dem sein eigener Eifer (Holdenoughs) Mitursache war, erzählt, dann, als er gedroht, den Pöbel gegen Heinrich Lee im Jägerhause zu Woodstock zu hetzen, da ihn Everard ⌜warnend⌝ an den ebenerzählten Pendanten ⌜erinnert,⌝ auf's äußerste gereizt durch diesen Mißbrauch des Vertrauens von ihm läuft, dann zurückkehrend ihm für die bittere Arznei dankt, diese Stelle, wo fast in jeder Wendung eine charakteristische Feinheit liegt, z. B. wie er den Obersten heißt, mit dem Handschlag der Versöhnung zu eilen, weil der „alte Mensch in ihm" diese Zögerung für sich benutzen könnte, und wenn trotz des Vertrauens und der tiefsten Erschütterung, dennoch das Bewußtsein seiner Wichtigkeit sich noch verbitternd einmischt,

*wie bei Shakespeare

da es sich beleidigt glaubt. Diese Stelle ist durchaus nur Detail und greift an keiner Stelle in den causalen Nexus, hat für die Begebenheit selbst keinerlei Wichtigkeit. Der alte Prediger konnte – das war psychologisch genugsam vorbereitet ⌜– ohne⌝ Opposition die Rückkehr Heinrich[s] Lee⟨s⟩ in das Jägerhaus erfahren, oder er brauchte es gar nicht in unserer Gegenwart zu erfahren; es konnte ganz übergangen werden, ob er sie erfuhr oder nicht, da vor der Hand aus diesem Wißen gar nichts für die Geschichte ⌜Wesentliches⌝ erfolgt. Aber wieviel hat durch dies Detail das Buch u. der Charakter Holdenoughs an Gehalt und Intereße gewonnen. Wie kann durch solche Behandlung des Details besonders das Drama, die andern Vortheile nicht zu rechnen, an scheinbarem Handlungsreichthum gewinnen. Shakesp. ist reich daran. Z. B. Shylock, wie er erst aus Widerwillen gegen die Xsten u. üble⟨r⟩ Ahnung aus Träumen nicht zu Baßanios Banket gehen will, und dann eben durch jenen Widerwillen bewogen wird, es doch zu thun.

Darin liegt die Hauptursache meiner dramatischen Fehler u. der Schwierigkeit, die mir das Drama immer mehr machte. Durch d*a*s Streichen der Schauspieler u. Dringen auf Concisität fühlte ich mich genöthigt, dergl. Charakteristika, die die mir den Hauptreiz ausmachten, in den causalen Nexus selbst aufzunehmen.

Für die Charakteristik sind solche Züge des Detail vom äußersten Werthe; sie ersparen die Schwierigkeit, die wesentlichen Theile der Handlung so einzurichten, daß in ihnen ⌜all die⌝ einzelnen Momente des Charakters sich veräußern.

Eine prächtige Romanfigur gäbe unser guter, braver Profeßor, wenn die Situation ihn zum Mithelfer und eines schlichten Zugreifers von Mutterwitz machte. Wie sein weiter Horizont u. die ganz einfach praktische Forderung contrastirte u. das Einfache, sich von selbst Verstehende ihm zum Schweren, Complizirten wird. Wie er in seiner Zerstreutheit – eine Maßregel, die nothwendig bei dem Springen von einem Fache zum anderen, Theologie, Philosophie, Aesthetik pp und daher Gewohnheit bei ihm – das, was zu thun, in eine Formel bringen muß; wie er immer zu weit- und vielsichtig; dabei ⌜Naivetät⌝ der Ueberlegenheit, Bonhommie u. Wackerkeit u. doch Verdruß, d*a*ß der Andere das nicht gelten laßen will, was er für allgemeingültig und allgemeinverständlich ⌜u.⌝ zwingend hält; wie er sich in den Standpunkt des Anderen versetzen will, diesem aber dabei seine eigene Gelehrsamkeit u. weiten Horizont und Hundertfranzigkeit der Gedanken unterlegt,* sich dabei aber tüchtig, sogar tapfer erweiset, trotz aller Zerstreuung, über sich selbst lächelt in seiner Liebenswürdigkeit; wie es ihm schwer wird, den Andern zu begreifen u. sich ihm begreiflich

*diesen Standpunkt in eine Formel verwandelt dem vorlegt, der sie nicht anerkennen will.

zu machen, wie er des Andern Meinung in seine Sprache s. z. s. u. seine eigene in deßen Sprache zu übersetzen sich müht, und dem Andern erst recht unverständlich wird; wie sich bei alledem in Beiden eine gegenseitige Achtung bei gegenseitigem Aufeinanderherunterseh'n entwickelt; der Gelehrte seine Ueberlegenheit in einer Art Humor des Verkehres behaupten will. Der Andere versteht immer wörtlich, der Philosoph versteht immer uneigentlich, u. so mißverstehen sie einander, wo sie sich zu verstehen meinen. Der Philosoph gewinnt ein ⌜reflektirtes⌝ Intereße an der Ausdrucksweise des Andern u. betrachtet ihn immer als eine Art Naturmenschen, Wilden, Indianer, der zu studiren; wozu er sich eine Methode a priori macht; nun, wo sie einander Complimente machen wollen, beleidigen sie sich. pp Es gehört nun allerdings eine Person dazu, die s. z. s. den neutralen Boden darstellt, auf welchem jene Beiden sich begegnen, der sie einander übersezt und erklärt. Wie die Meinung vom Andern zuweilen gesteig*er*t wird, z. B. des Philosophen, wenn der „Wilde" ⌜ihm,⌝ unbewußt, einen tiefen Gedanken auszusprechen scheint ⌜oder⌝ darum ⌜herumzugehen scheint⌝, eine Wahrheit zu finden, wozu er ihm sokrat. helfen will, dann wenn der Philosoph etwas gefragt, das dem Andern verständlich ⟨–⟩ ⌜nur wenigst*ens* Menschen{verstand} erscheint⌝ ⟨–⟩ u. über Jenes Vermögen zutreffend*; dagegen wenn der Philos. eine zerstreute Schlüßel- u. dergl. Geschichte macht. Viell. als Herr und Diener zusammengestellt. Sie fänden sich gewißermaßen auf dem gemeinsamen Boden der Tüchtigkeit u. Thatkraft, die bei dem Profeßor, wenn herausgefordert, sich glänzend bewährt, auch der ehrenfesten tapfern Denkart. So handelt der Pr. tüchtig, wenn auch etwas linkisch u. ungeschickt, eben so wie der Mutterwitz des Andern im Denken das Richtige trifft, aber im Ausdrucke unklar u. ungeschickt sich zeigt. So ist der Prof. bei Unternehmen entsetzlich umständlich vor Reflexion, wenn aber das rechte Handeln sich aufdringt, voll Muth, wie aus der Ferne voll Bedenklichkeit. Nun müßten die Beiden mit vollem Gemüthe an einem Dritten hängen, der Bildung mit Tüchtigkeit vereinte, vielleicht dem Helden der Geschichte u. in deßen Intereße zu gemeinschaftlichem Handeln schreiten. Der Einfache eine Art Dickson, naiv aber voll Selbstgefühl u. Tüchtigkeit. Der Prof. viell. Geschichtsschreiber, der jedes Faktum auf sein Gesetz

der Held pp machen sich immer d*as* Vergnügen, einen ins Gespräch über den andern zu bringen

*deßgl. wenn der Philos. trotz seines Darumherum im Betrachten pp, wo es gilt, tüchtig und männlich zu handeln, ⌜nicht⌝ hinter dem Andern zurückbleibt.

rückführen will, dem die Gesch. s. z. s. eine Art Allegorie u. Chiffreschrift ist.

⟦74⟧

Einer oder Eine glaubt, ein Gewißer habe einen Verwandten ihr oder ihm erschlagen; nun kommt ein junger Mann als Schutzsuchender; dieser wird verbindlich durch die Umstände, seinen Namen zu nennen, wodurch er als Jenes Sohn oder als Jener selbst erkannt wird. Es ergäbe sich nun, d*aß* jene Meinung auf Irthum beruhe; der wahre Thäter, der indeß dieses Jungen glücklicher Nebenbuhler zu werden gedacht, würde entlarvt u. die Hinderniße des Glückes des Paares wäre⟨n⟩ beseitigt.

Noch zusammengesezter: Eine Unthat ist geschehen; einer der fürchten muß, es kann auf ihn kommen, während er doch unschuldig, entflieht. Nun glaubt man aber, der Entflohene sei hinweggeräumt, und es kommt auf einen Dritten, dem man diese That zwar nicht beweisen kann, der aber nichts destoweniger in der öffentlichen Meinung für den Thäter gilt. Nun spinnt sich ein Liebeshandel an; die Tochter des Verdächtigen wird geliebt – NB. der Zustand des Verdächtigen durch diesen Verdacht gilt als Gewißen; er hat vielleicht den Ort geändert und fürchtet nun das Nachkommen des Gerüchtes, ist eingezogen, erschrickt ⌜leicht,⌝ was die um ihn Lebenden befremdet u. einen ähnlichen Verdacht erzeugt. Das ist der Grund, warum er seine Tochter nicht geben will, was er dieser selbst aber nicht erklärt. Nun ist vielleicht der Erstgeflüchtete der Vater des Liebhabers. Nun ⌜ist⌝ vielleicht noch etwas Gravirendes* gefunden worden, weßhalb der Mädchenvater gepackt wird. Der Liebhabervater, der nun weiß, d*aß* sein Tod auf jenen gekommen macht Recherchen u. es gelingt ihm viell. den Thäter der eigentlichen That ausfindig zu machen.

*viell. der Leichnam, der im Walde vergraben lag

Bei W. Scott findet man so wenig einen Schwächling als bei Shakespeare.

Ein Hauptunterschied aber ist, daß Sh. ⌜ethisch-psychologische⌝ u. Scott historische Probleme behandelt. D. h. Shakesp. weiß nichts von Conventionen, die alle historischer Natur, bei

W. Scott ist die Verwickelung gewöhnlich darauf gebaut. Sh. ist menschlich-typisch, Scott historisch-individuell*. D. h. bei Shakespeare ⌜sind⌝ die Motive aus der menschlichen Natur gegriffen und bei Scott aus den Conventionen gewißer Zeiten. Beim Lesen Beider fühlt man einen sehr verschiedenen ⌜Eindruck⌝; Sh. ⌜erscheint⌝ uns als ein Offenbarer der Gesetze der menschlichen Natur, Scott dagegen als ein Anekdotenerzähler zur Unterhaltung. Bei dem leztern scheint uns das psychologisch-Belehrende hinzugefügt, der Unterhaltung einen gewißen Werth zu geben, bei Shakesp. dagegen scheint uns das Unterhaltende dazusein, um uns für seine ⌜Offenbarungen⌝ zu gewinnen. Wenn Shakesp. ⌜seinen Stücken⌝ eine Art Zeitcostume anlegt, so ist das ⌜nicht⌝ um der Verkleidung willen, sondern, damit er uns seine Menschen entkleidet zeigen kann von Alledem, was die Urgestalt der Natur verbirgt. Er wählt alte Zeiten, nicht um uns ferne Conventionen zu oktroyiren, sondern um ungehindert zu sein von den Conventionen ⌜einer historischen⌝ Gegenwart. Wenn Gervin*us* Shakesp. darum rühmt, so darf er auch Sh*akespeare*s Novellenquellen nicht verunglimpfen, denn sie besitzen schon dies Verdienst; Sh. brauchte es ihnen nicht erst zu geben.

*⌜die⌝ Humoristen ⌜sind⌝ gar gesucht u. willkührl. individuell, Grillisten.

⟦75⟧

Ein Mädchen hält Liebhaber und Vater auseinander, weil sie sich vor dem Liebhaber der Umstände des Vaters, vor dem Vater der Umstände des Liebhabers schämt, da sie beide ihrer Meinung nach ganz ein ander Loos verdienen. ⌜Sie hat dabei sehr leb*en*dige Phantasie.⌝ Sie hat nun dem Liebhaber förmlich Angst gemacht, und immer mehr, so d*aß* der seine Liebe bereits als eine unglückliche betrachtet; auch hat er sich dem väterl. Hause nie nähern dürfen – oder thät er's doch und nimmt einen darin wohnenden Vornehmen für den Vater, richtet in Gedanken allerlei Reden an ihn pp. NB. sie verabschiedet ihn allemal weit davon, ja führt ihn vielleicht in einen andern Stadttheil. Am Ende wohnen sie nahe beisammen u. der Vater u. der Liebhaber sind vielleicht die besten Freunde schon – viell. im Gärtchen od. im Bierhause pp nun sieht man 2 Verhältniße nebeneinander; der Liebhaber ist mit dem Alten jovial und treuherzig, wird endlich so vertraut, daß er den

⌜War der Alte mit seinem Kinde Schauspieler, geht ab u. diftelt in großer äußerer Entbehrung an einer Erfindung herum, ⌜wobei⌝ der Junge hilft, viell. einmal durch eine Antwort – da ein Techniker – aber bei seiner ⌜rückgezogenen⌝ Natur zu Nichts kommt – ihm die Sache ermöglicht; daher die Freundschaft des Alten u. Dankbarkeit.⌝

Ist der Alte ein Erfinder, der der großen Aufgabe Alles hintansezt, dadurch äußerl. herabkommt; die Tochter meint, er verdiene höchste Ehre u. so gibt sie ihm, was er nach ihrer Meinung verdient in der

Phantasie. Der Alte hat daher ein zerstreutes Wesen u. läßt sich mit Niem*and* ein, damit Niem*and* sehe. Der junge Maler ebenso ein noch unanerkanntes Genie; d*as* Mädchen hat eine starkes Regen der Ehrsucht u. der Idealität. Zugleich große Hoffnung aus Frömmigk*eit*, sie glaubt, d*aß* beide d*as* bald werden, wie sie sie einander schildert. Sonst thut sie ihre Pflicht.

Er thut es viell. und so greift diese Gesch. in eine andere hinüber.

Die Geschichte bestünde aus lauter Szenen im Wirthshause u. bei des Mädch*ens* Vater, die miteinander wechselten, ⌜oder⌝ so: 1., ⌜Einleitung im {Wirthsh.}⌝, 2 a. ⌜bei dem⌝ Alten, zuweilen dem Mädchen von der Straße in d*as* Logis des Alten folgend, b., im Wirthshause, zuweilen erst bei dem Maler oder mit ihm in's Wirthshaus geh*end* u. da sodann Meldung des Malers, wie dort Meldungen des Mädch*ens*. Zuweilen ⌜auch⌝ erst{er} beim Alten allein, der das Mädchen erwartet. Ein Dritter, eingeweiht, vom Alten u. Maler, kommt erst auf den Ged*an*ken der Identität ⌜u. weiß d*as* Ding zu recht sinnreichem Ende zu bringen.⌝

Der Alte verräth weder seinen wahren Namen, noch gibt er sein Logis an, in der Auberge kennt man Beides nicht. Auch die Polizei kann über den Pseudonym keine Ausk*unf*t geben, als der Junge seinen Rath sucht u. er nicht erscheint.

Alten in seine unglückliche Liebe einweiht, der seinerseits gegen den Vater von deßen Geliebter – er selbst, ohne daß er es weiß – der ein stolzer Aristokrat sein muß, wie sie zusammen aus des Mädchens rhapsodischen Äußerungen herausklügeln, ⌜in Zorn geräth,⌝ [einen ganzen Roman] u. dem er in das Gewißen reden will pp den Freiwerber machend. Dagegen hält er des Mädchens Liebhaber nach ihren Erzählungen oder Andeutungen für einen Vornehmen u. warnt sein Kind, auf welches er übrigens sich verlaßen zu können meint; viell. fällt er auch auf einen Andern, von dem er nicht das beste hört; es kommt zulezt zur Szene, worin er ihr verbietet, den mehr zu sehen – er sagt: ich kenn' ihn; er ist so und so; sie muß das nun glauben, da Einiges stimmt, eben das, was den Alten auf die irrige Meinung gebracht, näml. etwa lange Locken, die er öfter aus dem Gesichte schiebt, u. was er von ihr als an dem Ihren vorhanden erfahren.

Nun wäre das Kunstreiche der Geschichte, daß man nur einen Theil ihrer Gestalt unmittelbar, die andern alle aber durch den Spiegel erfährt. Der Ton etwa wie beim Genfer Töpfer, Innigkeit u. kleine Züge die Hauptsache. Die Liebesgeschichte sieht man stückweise in verschiedenen Spiegeln, wie 1., was das Mädchen davon erzählt, 2., was der Liebhaber davon erzählt; es werden also 2 Geschichten daraus, bei deren jeder nur ein kleinster Theil Wirklichkeit, das Andere aber Phantasie, Vermuthung, Meinen pp. – Aber ladet denn der Alte seinen jungen Freund nie zu sich ein, bei welcher Gelegenheit doch Alles in's Reine kommen müßte? Das beste wäre, wenn der Alte auch einen Grund hätte, und zwar denselben, wie das Mädchen, Niemand in seinem Logis sehen zu wollen, was man aber von vorn herein nicht wüßte oder vielm. erführe. Drum hätte also auch der Alte eine blinde Stelle.

Es fragt sich ⌜nun:⌝ wird dem Leser nichts verheimlicht? oder soll ein Reiz im Errathen oder Ueberraschen liegen. Beides wäre zu vereinigen. Die beiden Geschichten spielten nebeneinander, bis man erriethe, sie seien eine und dieselbe, dann träte aber noch ein anderes Spannungsmoment hinzu und zwar ein etwas ⌜ernsteres⌝ u. wichtigeres.* Interеßant wären die Doppelrollen – als Theaterstück müßte es von Anfang den Zusch. zum Mitwißer von Allem machen – der eingeschüchterte Liebhaber, wie er schon mit dem Mädchen, seine Furcht vor dem vornhemen Vater pp dann mit dem Alten zusammen der joviale, gerade Bursch. Der Alte dann in seinen 2 Gestalten, wie er in des Jungen Geschichte als Heroe mitspielt und in der Gesch. der Tochter der ängstliche Mann, der die Vornehmen nicht gern beleidigen will. Das alles wäre leichter, aber das Mädchen! Denn uns müßten alle 3, besonders aber das Mädchen gefallen.

*viell. {oberen äußeren}, aus dem fremden Kreise, der im Irthum in die Gesch. von den Personen gezogen, vide →*dadurch*

In dem Mädchen d*as* Gewißen; 2Mal möchte sie hier gestehen u. dort

Die 3 Mitspieler würden durch Spiegelung zu 9 oder mehren; es würde eine reiche Geschichte aus der einfachsten; die Schwierigkeit nur, dem Leser völlig klar zu bleiben.

Denn nun spielt in der Bierhausgeschichte der Liebhaber 2mal mit, in der Daheimgeschichte ebenfalls zweimal und dies zusammen gäbe 4 Figuren aus der einzigen.* Nämlich der Alte möchte den Liebhaber zum Schwiegersohn u. schildert ihn seine⟨r⟩ Tochter; des L*ie*bhab*er*s Geliebte habe etwas Zweideutiges und meine es sicher nicht ernst, er soll sie laßen – näml. nachdem er ihm erst ⟨hatte⟩ helfen wollen. Das hat der Lieb. dem Mädchen gesagt, u. diese will es nicht haben. Also wird d*as* Mädchen ihre eigene Nebenbuhlerin und ihr viell. selbst damit angst u. sie eifersüchtig gemacht, sowie der Liebh*a*ber von dem Alten dem Mädchen angepriesen wird u. dieser so, da er von ihr erfährt, auf sich selber eifersüchtig, den er sich natürl. ⌜nun⌝ in Einstimmung mit seinem schon besteh*en*den Irthum so vornehm als möglich ausmalt u. deßhalb viell. auf einen Gewißen, den er dafür hält, zielt u. in Händel mit ihm kommt, wodurch die Geschichte spannender und intriguater wird. Man müßte am Ende doch die Geschichten nebeneinander, ohne etwas zu verrathen, spielen laßen, da all' die Figuren auseinander u. daneben die Gesch. wie sie eigentlich ist fest zu halten dem Leser beim erstenmale zu schwer. Beim 2tenmal Lesen hätte er dann erst den eigtl. Spaß davon. Die Geschichte würde den größten Theil bis zur Auflösung ernst gehalten; beim 2tenmal Lesen würde das Alles ironisch. Leise Zeichen, an denen die Klugen unter den Lesern die Identität der Figuren erriethen.

*u. ganz verschiedene, je nachdem sie von Liebe idealisirt oder von Aerger pp mit der farbigen Brille angeschaut in das Vorurtheil hineinwachsen.

←⌜dadurch⌝ gerathen eine Anzahl Figuren noch in die Geschichte u. es gibt viell. contrastir*en*de Episoden.

Der Roman des Heute ⌜ist⌝ der demokrat. im Gegensatze zum aristokrat. von sonst. Nicht allein der Preis, um den gerungen wird, ist Landbesitz ⌜mit patriarchalischer Tradition⌝, adelige Geburt, Partie pp sondern auch ⌜die⌝ Anstrengungen des Ringens haben dort den ritterlichen Anstrich, Waffe, Pferd

dort kämpft mit dem Schicksale im*m*er der rüstige Mann; selbst d*as* Schicksal ist ritterlich;

pp; hier ist's das abstrakte Geld u. das Mittel ist bürgerl. Arbeit; Alles hat hier etwas Abstraktes.

Wie zwei Todfeinde, die immer wieder sich duelliren auf Tod u. Leben, in der Schlacht einander helfen in der Ueberwirkung des Soldatischen, Kameradischen und Patriotischen, die beiden darauf wieder hintereinander kommen u. bei einer Tafel, wo man erschrak, *daß* sie einander gegenüber oder nebeneinander sitzen, in Weinlaune das Mißverständniß, das sie bisher unausgesprochen trennte, zum Vorschein kommt u. Erledigung findet.

⟦76⟧

Ein Romanstoff,

in welchem „Ehre" das Centrum, um welches sich die ganze Handlung gruppirte. Etwa ein Kampf der verschiedenen Standes„ehren", in welchem ⌜diese⌝ sich auf das Stärkste contrastirten, während ihre Verschiedenheit sich klarest mit ihren Gründen darstellte. Die Träger der verschiedenen Ehren tüchtige Menschen, aber in ihrem Standpunkt bornirt, so daß keiner sich die Ehre in anderer Gestalt vorstellen kann, als in der seines Standes und, was die Andern aus demselben Grunde für die wahre Ehre halten, nicht begreifend u. gelten laßend, vielmehr schärfest critisirend. Die Handlung müßte nun so geführt werden, daß sie sich in die Lage der Andern versetzen und deren Ehrentüchtigkeit begreifen ⌜u. sie achten⌝ lernen, wodurch die Hinderniße wegfielen, die die Geschichte zu dem erwünschten Ende kommen läßt. Die Stände ⌜u. Berufe⌝ mit dem, was sich ihnen anklebt, ihren Vorurteilen u. Schwächen würden durch die ächtmenschliche Bravheit der Träger im entscheidenden Augenblicke überwunden. Der Kaufmann könnte selbst in die soldatische Ehre hineinwachsen, der Soldat in die Geschäftsmannesehre, ohne zu wißen wie; jeder lernte den Andern nun auf diese Weise schätzen: „er ist doch ein Mann von Ehre, wenngleich ein närrischer Kerl."

Wenn der Offizier Vormund eines Fabrikerben wird, der Kaufmann Communalgardist od. Freiwilliger.

Oder sie lebten zusammen in Gewohnheitszwang, doch in beständiger Reibung, der eine immer auf den Andern herabsehend, bis die Handlung, indem sie in Beiden die Alltagsschwächen überwinden machte u. den ächtmenschlichen Werth herauskehrte,[,] sie tiefer und innerlicher verbände, da sie erst sehen, was jeder am Andern hat u. zugleich die äußeren Hinderniße der Liebesgeschichte pp beseitigte. Beide wären erst nahe daran, zu Feinden zu werden.

Material zu einem Aufsatze über die Technik des Romanes.
Walter Scotts, mehre Arten zusammenfaßend. Held das Medium. Liebesgesch. Patholog. Gestalten. S. 65.–63.
Emanzipiren von Hülfslinien ⟨S.⟩ 59. (Elsbeth im Alterth.)
Verstand bei höchstem Schwunge. Ochiltree. S. 53.
Epische Charaktere. ⟨S.⟩ 48. Existenz Bewegung.

Als Untersecundaner in Hildburghausen hatte ich eine Ballade gemacht: Das Bärenthal u. darin eine Volkssage, daß[,] der Vater den Sohn wunderbar errettet durch einen Schuß, der auch den Sohn treffen konnte, in ein ethisch-psycholog. Problem verwandelt, welches vielleicht noch zu brauchen wäre. Eifersucht auf den Verführer seiner Geliebten macht ⌜im⌝ Helden, der, im Walde grimmig irrend, plötzlich den Feind erblickt, mordlustige Rachbegier rege; der Feind scheint ihm zu Gerichte gesendet. Da plötzlich fällt ein Bär über den Feind her u. das macht das Gute im Helden siegen, er zielt gut u. trifft den Bären. In sich beglückt durch die That, geht er, ohne sich zu decouvriren in die Welt und findet ⌜nun auch⌝ ein neues ⌜äußeres⌝ Glück durch die gestärkte Kraft.

Im Alfred wollen diesen, der in die Wildniß geflüchtet, zwei Menschen berauben, deren Erstling auf dem schlimmen von der Noth – durch Alfred auf sie gekommen – diese That sein soll. Da, ihn aufpaßend, zum Sprunge bereit, sehen sie einen Meuchelmörder ihn anfallen und tödten diesen, werden darauf, da sie den geflohenen König erkennen, seine ersten Angeworbenen für die Befreiung Englands.

⟦77⟧

Zum tollen Heinrich: Seine Grundleidenschaft ist der Stolz; dieser ist es auch*, der ihn die Insubordination begehen läßt; sein menschlicher Stolz kommt immer mit seiner Einordnung in die Subordinationsmaschine u. in die bürgerliche Gesellschaft in Conflikt; die Leidenschaft für die junge Gräfin hilft dazu. Wie er nun oben durch Entdeckung seiner Geburt⟨,⟩ ist sein Stolz befriedigt u. der Heirath steht der Stolz nicht entgegen, würde ⌜nur⌝ Ehrsucht entgegenstehen, u. die hat er nicht. Die

*nicht die Intrigue wegen eines Verlobten.

*wobei viell. eine Tante, der dies Männertreiben wirkl. Neigung, im Spiele.

Gräfin ist, besonders seit ihrer Neigung, gern Mädchen, aber heimlich; die ihr aufgedrungene Halbknabenrolle* wird ihr immer eitler, darum schwerer; bei verschloßenen Thüren lernt sie von Heinrichs Mutter weibliche Arbeiten. Von Nebenbuhlern bei der Gräfin, die wohl merken, wem sie den Vorzug gibt, hat ⌜Heinrich⌝ durch seinen Stolz viele Anfechtungen. Der alte Graf ist bieder pp, aber äußerst adelsstolz.

Dazu die Empfindlichkeit unserer Zeit

Das Streben unserer Zeit nach Freiheit beruht bei vielen der Strebenden auf einem Irthum. Gewiß kann unsere Selbstachtung nur in der Behauptung einer gewißen Unabhängigkeit von Menschen und Umständen sich erhalten; dies kostet uns einen immerwährenden Kampf. Es ist sehr begreiflich, wenn man die Natur der Menschen erwägt, daß er sich durch eine vorübergehende große Anstrengung von der Nothwendigkeit ⌜der⌝ immer fortgesezten kleineren ⌜Anstrengungen⌝ loskaufen möchte, wie der Mensch von sanguinischem Temperamente sich eine Stunde lang ⌜überarbeitet⌝, um eine Anzahl Stunden auch der kleinsten ⌜Arbeit überhoben⌝ zu sein. In der politischen Freiheit, d. h. in dem, was er so nennt, sieht er nun die Befreiung von der Nothwendigkeit des immerwährend kleinen Kampfes, um sich gegen Menschen und Umstände so unabhängig zu erhalten, als seine Selbstachtung will; darum ⌜möchte⌝ er ⌜einen [Zeit] Theil des Leb*ens*⌝, ja das ⌜Leben selbst⌝ daran setzen, jenes Wahnbild zu erwerben. Er bedenkt aber nicht, daß ⌜keine⌝ mögliche Art politischer Freiheit ihn des ⌜kleinen⌝ fortwährenden Kampfes ⌜überheben⌝ kann; daß im Gegentheile dann in der Bewährung des Errungenen eine weit ⌜größere⌝ Ausdauer in dem kleinen Kampfe nothwendig wird, da er nach weit mehr Seiten hin seine Unabhängigkeit zu wahren hat, als vorher. Für diese Selbsttäuscher würde politische Freiheit nur eine Strafe sein; deren wahres Motiv kein anderes, als Lust an der Bequemlichkeit. Wiederum aber auch eine Wohlthat, wenn er sie auch nicht als solche erkennen möchte; denn der Trieb nach Bequemlichkeit des Lebens untergräbt sich selber. ⌜Wenn⌝ er sich den schwersten Anstrengungen entzogen hat, werden die leichteren bald mit demselben Gewichte auf dem Verweichlichten lasten; ⌜am Ende⌝ wird das Leben selbst ihm zur Mühseligkeit, der Genuß beim Eßen und Trinken durch Schneiden, Kauen und Schlingen verbittert, die mildeste Luft ⌜sein⌝ Feind, weil er sie athmen muß. Frühere Zeiten strebten nach Freiheit des Kampfes wegen; das Uebermaß der ⌜Freiheitssucht⌝, die Tyrannei gab denen, welche sie unterdrückte, immer neuen Anlaß zum ⌜Kampfe;⌝ auch jezt noch steigt bei ⌜einzelnen⌝ Individuen, in welchen reiche Naturkraft, die Freiheitssucht in Herrschsucht über, welche nichts anderes ist, als die andere Seite ⌜der⌝ Freiheitssucht, wie Hoffahrt die der Kriecherei; da ⌜aber* die Paßivität so⌝ sehr im Uebergewichte ist, wird jeder Anlauf zu größerer Freiheit in größere Unfreiheit umschlagen. Ueberhaupt darf man nicht vergeßen, daß der Mensch ⌜seine⌝ Kräfte nicht hat, um Freiheit oder sonst ein* Gut zu erwerben, sondern daß er die lebendigen Vorstellungen höchster Güter – die Ideen – nur ⌜besizt⌝, um seine Kräfte zu üben; daß nicht Freiheit, nicht noch eine andere Idee, sondern daß Handeln, Leben ist.

*gegenwärtig – und so lange

*vermeintes

In vielen Familien der weniger gebildeten Stände trifft man eine Anhänglichkeit der einzelnen Glieder an einander an, die man in gebildeteren vergebens sucht; man hat sie immer für eine Tugend angesehen und nicht bedacht, daß sie aus einem Mangel hervorgeht.* An der Hand eines Claviervirtuosen ist jeder Finger emanzipirt; ⌜jeder⌝ kann die kühnsten Bewegungen ⌜vornehmen während⌝ die andern in völliger Ruhe bleiben; ein Holzmacher hat gar keine Hände, nur Fäuste, denn die Finger sind keiner etwas für sich, sie sind nur zusammen etwas; der Mann kann nicht einen Finger bewegen, ohne daß die andern an der Bewegung theilnähmen. So ist's in jenen Familien; kein Glied derselben fühlt sich als einzelnes; es ist noch nicht losgelöst von dem Verbande; sein Selbstbewußtsein ist noch unvollkommen, es ist noch kein vollkommenes Selbst; es fühlt sich immer nur als ein Stück ⌜des⌝ größeren Selbst, der ⌜ganzen⌝ Familie. Das ist's, was ⌜es⌝ emanzipirten Menschen so sehr erschwert, ⌜einen⌝ vollkommenen Staat zu bilden, das ist es mit, was uns Deutschen politisch so hinderlich ist: Sitte, Religion, ⌜{Neig*ung*en}⌝ selbst Vorurtheile und diese am meisten schließen Individuen zu größeren u. kleineren Gruppen zusammen. Je geistig freier die Einzelnen, desto ⌜weniger⌝ von natürlichem Bande hält ⌜sie⌝ mit anderen zusammen. Sein Wille muß für jenes natürliche Band eintreten. Das erschwert sehr; weil jeder seinen Willen – auch im besten Falle, wo er die andern übersieht – nur an das geben mag, was ihm selber das Rechte

†die einzige, die bei gleicher Unbildung möglich ist;

*wiewohl dieser Mangel ein Vorzug ist gegen die Emanzipation nach dem Laster zu†; denn auch der Verbrecher ist emancipirt, aus jenem natürlichen Bande freigelaßen.

So ist auch die Tagelöhnerfamilie keine Gruppirung von Fingern, sondern eine Faust.

oder wenigstens das Paßende, das ⌜Zweckmäßige erscheint⌝. Macht er auch im entgegengesezte⟨n⟩ Falle mit, so thut er's nur mit halber Energie. Eine Ausnahme macht ⌜eine⌝ gemeinsame Leidenschaft – wie in den ⌜Befreiungskriegen –⌝ die eine Art Rückfall aus der Emanzipation in die Gebundenheit, aus der Cultur in die Natur ist. Sonst – mag auch die Staatenhand des Claviervirtuosen ein innerlich freieres Spiel gestalten – wenn es zum Kampfe kommt, ist die Faust des Holzhauers mehr werth, als die Finger des Virtuosen. Ich sehe in all dem eine Erklärung des Umstandes, der in der Geschichte uns so oft begegnet, daß auf die Zeit der höchsten Cultur, ⌜die Zeit⌝ des Verfalles eines Staates folgte; ja daß die Cultur* wohl noch wuchs, als der Staat bereits im Verfalle war. Ob ⌜nicht⌝ manche von jenen Staatsmännern, die, wie man sagt, die Zeit zurückschrauben wollten, es aus diesem Grunde thaten; wenn uns nicht Parteihaß so blind macht, zu glauben, man könne, was uns nicht das Rechte scheint, nur aus absolut bösem Willen thun, müßen wir wohl ⌜so⌝ billig sein, anzunehmen, mehr oder weniger klar oder unklar habe ihnen jene Schlußfolgerung vorgeschwebt. – In manchen künstlichen Combinationen unserer Zeit, wie die der sogen. kleindeutschen Partei, sehen wir in der Volkshand einen ungebührlich, d. h. unverhältnißmäßig emanzipirten Finger, ⌜dem die⌝ Bewegungen der andern nicht folgen können. Für „Deutschland" kann man deutsche Stämme begeistern, nicht für „Kleindeutschland"; jenes ist eine ⌜Idee – Anschauung –⌝ dies nur ein Begriff; jenes ist ein Kind der Phantasie, die allen Menschen eignet, dieses ein Geschöpf des ⌜abstrahirenden⌝ Verstandes, den nur wenige haben. Glücklich darin ein Volk, das zum Gesammtmuskel ⌜voll Beweglichkeit⌝ eine gemeinsame Leidenschaft, wie die Franzosen die Eitelkeit; im Nu ist die Gliederung von Fingern ein ⌜Ungegliedertes⌝, eine Faust.

*⌜wie Nägel u. Haar an Leichnamen,⌝

⟦78⟧

Für die Sprache, die sehr lebendig dadurch wird, wenn man Einwendungen seines Zuhöreres beantwortet u. so, d*aß* diese selbst – wie sie der Autor ⌜fingirt –⌝ nur allmälig ⌜formulirt⌝ werden, d. h. so daß ⌜bei⌝ der Beantwortung die Einwendung selbst uns nach u. nach bekannt wird.

Heimchen auf dem Herde von Dickens. Die Behandlung ist ideal, mehr als sonst in prosaischer Erzählung üblich ist. Damit hängt aber auch eine gewiße Unwahrheit zusammen. Individuelle Zeit und Ort braucht auch er eigentlich nur behufs der Stimmung. Das Wunderbare scheint der humoristischen Erzählung nothwendig, um sie über Bord zu erhalten. Und sei ⌜es⌝ nur Ein Verhältniß, wie z. B. ⌜von⌝ Caleb Plummers ⌜blinder⌝ Tochter zur Wirklichkeit. Es ist klar, daß eine Erzählung in dieser Weise geschrieben, aber ohne die unangenehmen so genannt ⌜realistischen Würzen⌝ von Greueln und wehrlosen Erduldungen, d. h. ohne eine Spur ⌜jenes⌝ „Melodramatischen", ohne Sentimentalität und Ungesundheit, wenn tragisch, dann erhebend, wo möglich aber harmonisch u. schön, mit richtigem, ⌜gesundem⌝ moralischen Urtheil, nicht eigentlich carrikirten Figuren, sittlicher Gerechtigkeit, einen schönen Eindruck machen müßte. Nicht ⌜individualistisch.⌝ Die Voraussetzungen pp so solid, aber auch so wenig in die Darstellung hineingerechnet, wie bei Shakespeare, die Motive wahr u. von allgemeiner Wahrheit wie der Gehalt, nur der Vortrag individuell, d. h. der Geschichte anpaß*en*d wie eine Haut. – Ich kann genauer bestimmen: eine Geschichte, wie Zwischen Himmel und Erde wäre, wenn diese so gesund wäre wie die Heiterethei. Ein ethisch-psychologisches Problem von allgemeinem Gehalte in idealer Form mit realistischen Idealen pp

Die ⌜Handlung des Helden in der⌝ Idealistengeschichte eine (halb)bewußte Reproduktion der Max- und Thekla-Episode; das verkehrte Tun zweier Idealisten, die Charakterschwäche, die sich als Größe bewundert, die Verherrlichung der Leidenschaft-Idee. Naiv erzählt. Das moralische Urtheil liegt ⌜in⌝ der Parallele zwischen Romeo und Julia – Max und Thekla, ferner Wallenstein – Hamlet, Makbeth. Die Helden der Novelle dürfen nicht mehr Recht haben als Max und Thekla. Das Ganze eine Warnung von der gefährlichen Seite, der narkotischen, des Idealism; der Poesie, die der Wirklichkeit Feind; weßhalb der vergebliche Rath: man dürfe ⌜was⌝ uns in der Poesie gefalle, nicht in's Leben übertragen – Ungesundheit der Poesie. Mehr auf die Zeit als auf die Dichter lancirt. Auf Schulen der W*all*en*s*tein gelesen. Das Idyll in die Tragödie übertragen. Nur ist bei der Novelle die Gefahr, daß auch hier das Gefährliche darin auf das Beispiel wirken könne. Ein Mitleid, welches Et-

Ein alter Herr führt Sh*ak*e*s*p*eare*s Sache im krit. Gespräche; ⌜einer, der auch Gegner{,}⌝ wird bekehrt, den bestärkt, wie aus seinem Schlußworte erhellt, der Ausg*ang* des Id*eal*i*s*ten im Realismus. Der Realism hat auch die Rücksicht auf Sittlichkeit als Kennzeichen, dem Idealism gegenüber. Wir ⌜wären⌝ leider Philister in Schillers Augen.

Ein Selbstmord, mit Würde vollzogen – ginge nur, wo der Selbstmörder zugleich der Richter.

was von Nichtachtung enthält. Die Helden gehen mehr an ihrem Idealism, den sie gegen die Critik trotzig erheben, an dem durch jenen verursachten Widerwillen gegen die Wirklichkeit und moralischer Schwäche aus Aesthetismus unter. „Die Räuber spielen" der badischen Republikaner. Daß Schiller selbst den Posa kritisirt, wußte der Held nicht, ist erst traurig, *da*ß Schiller selbst anders gedacht, als er sich stelle u. jene Begeisterung nicht in ihm war, daß ihm (dem Helden) sein Mythus ruinirt von Schiller; endlich wirft er es weg: In einem Briefe ist er froh, ⌜gefunden⌝ zu haben, daß die elende Denkart der Zeit ihm jene Kritik abgenöthigt, die nicht sein Ernst, da er sonst sein Werk anders gemacht hätte.

Denkt auch einen überreich begabten M*en*schen mit dieser Leid*en*sch*a*ft, zu glänzen und bewundert zu werden. Brief. Er wird seinen Personen mehr in den Mund legen, was ⌜den Dichter⌝ glänz*end*, als was die Person wahr empfunden erscheinen läßt⟨,⟩ ⌜Schauspieler – Schröder pp⌝; ⌜hätten⌝ seine Lieb*en*den selbst gesprochen, u. einfach wie junge, lieb*en*de Menschen, so hätte man, wie es bei Shakesp. geschieht, über den Figuren den Dichter vergeßen. ⌜Er⌝ hat ein Recht, Nebendinge zu vergeßen, wenn er seinem Hauptzwecke, uns ⌜für d*a*s Schöne⌝ zu begeistern, folgt. Schillers eigene Äußerung über Shakespeare.

Nun das moral. Urtheil (Posakritik) geht eben nicht in ein Drama. Warum ⌜nicht?⌝ ohne besondere Hinzeigungen werden wir aus der Darstellung selbst d*a*s moral. Urtheil des Autors erkennen; ob seine Begeisterung dem Sittlichen gilt, meinetwegen dem Sittlichschönen oder dem Schönen, welches nicht sittlich. – Sch. wollte eben deßhalb den Chor einführen. Ei, wenn der Dichter dem unsittl. Schönen seine Bewunderung weiht, mag der Chor sagen, was er will; es ist vergebens.

Wie würdet ihr den Fall im Leben beurtheilen. – Gilt nicht, die Poesie ist nicht d*a*s Leben. Schlimm genug; sie kann es sein.

Glänz*en*de Bösewichter, wer hat die Muster aufgestellt als Shakesp.? So? Und dann die sittl. Gerechtigkeit. Will *nich*ts sagen. Gesina hat nicht pp, denn die Tug*end* geht ja auch unter in ⌜euren⌝ Dramen, d*a*s Schöne, nicht weil es unsittl., sondern weil es schön. So. Nun vergleicht die Stellen. Wahr ist's, glänzend kann der Dichter erscheinen, wenn er, was Allen

(Ihm als einer sittlichen Natur ⌜gewann⌝ immer ⌜das Gefallen an dem Schönen den Charakter von sittl.⌝ Enthusiasmus; ⌜er⌝ wußte uns seine Figuren nicht schön zu machen, als indem er den Schein sittl. Größe um sie breitete, der nun – gewiß wider seinen Willen ⌜verführt.)⌝

Verherrlichung des Selbstmordes. – Bei Shakesp. ja auch; seine Helden alle eigentl. Selbstmörder, ihre Verd*er*ben nur die Meßer, in die sie rennen. Richtig; aber ein Anderes, ob sie darin dem Mitleide oder der Bew*un*derung pp Sh*akespeare* selbst. Nun, man hat d*as* von Schiller pp auf ihn übertrag*end* in ihn hineingelesen;

Ich lese Schiller, um Schiller zu lesen, ⌜ich⌝ gehe seine Wege, um ihm zu begegnen, nicht um der Bäume u. Felsen willen, die an dem Wege sich erheben.

Schiller selbst dachte anders darüber.

Nicht mögl.

Sehr anders, er blickte als Denker auf die Dichter, die sich suchen laßen wie versteckte Kinder, mit einer gewißen Geringschätzigkeit u. dachte in diesem Punkte sehr anders, als seine Verehrer.

Den Beweis möchte ich sehen.

⌜Retardirt⌝, dann die Stelle aus einem Exemplar des Wirthes.

recht ⌜gilt⌝, genial zermacht. Auch bei Shakesp. zermacht der Verst*and* dieser Bösewichter – das sittl. Anerkannte? Nein, eben das Gegentheil. Sie glänzen hier nicht auf Kosten, sondern im Intereße der Sittlichkeit des Stückes. –

Man hat ges*a*gt, jeder Dichter gebe seinen Figuren von dem Seinen, so Sch. seinen Beifallsdurst. Alle wollen glänz*end* erscheinen, auch die Bösen u. Schwachen; das ist eben d*as* Gefährl. ⌜Alle werben um Bewunderung. Seine Liebe verklärt Alles. – Recht; aber man sollte nur d*as* Gute lieben.⌝

Die Literatur der Gegenwart hat zunächst der Gesundheit zuzustreben. Weibl. Bildung. ⌜Weichheit⌝ u. Innigkeit sehr hübsch, aber immerwähr*end*, wie steh*end*es Lächeln, Fei*er*t*a*g.

Ein Arzt bringt das über Schiller oben u. dazu Gehöriges in seiner polternd sarkast. Weise, man weiß nicht, ob Ernst. Der Contrast, der ihm, wie der Held {eingewendet}, ⌜{sagt} dem⌝ Verfaßer etwas später: er hatte recht*; es ist Alles wahr u. noch mehr; er hat die Belege gefunden u. theilt sie mit. Wieder {Einer}! sagt der Arzt, der herbeigerufen an den Leichen steht. Und wird nicht der lezte sein. Und nicht der schlimmste Ausgang, beßer als Wahnsinn oder Gottesleugnerei!

⌜Im Anfang träumen beide; der eine läßt sich wecken (von Sh.), der andere nicht; jener wird mein Ideal für diese Zeit. Er thut von sich die kleinl. Anh*ä*ngs*e*l von Eitelkeit, Lüge, Scheinhumanität. Der Weg über Schiller ⌜nach⌝ Göthe zu Shakespeare. Erst füllt uns Schönheit aus, dann aber regt sich d*as* Bedürfnis nach Wahrheit dazu; zulezt nach Schönheit, Wahrheit, Güte.⌝

⌜Der eine Held ist idealistisch, {noch} ×...× Schillerianer, hochmüthig auf d*as* Gemeine seh*end* u. selbst doch dergl. thuend, weil er es sich idealistisch auf{pompt}; der andere Göthianer, ⌜was⌝ ihm jener vorwirft, da er Schillerianer war; ⌜{milder}, ×...× doch⌝ unbefriedigt, skeptisch u. doch noch sinnl. Behagen in sich u. in Beschauung tracht*end*. Der Idealist beginnt auch zu zweifeln, kann aber nicht das neue {L*and*} erreichen; er versteift sich nun gewaltsam im Glauben. Der Johanniskirchhof spielt eine große Rolle darin. Auch die Natur{betrachtungen} sind Pendante des Problemes auf seinem jedesmaligen Stande. – Ein Versekünstler – darauf kommt es nicht an. Philologenanschauung eines Drama, ganz {anders} die {realistische} wo es eine Schule des sittl. Urtheils werden soll.⌝

{Ach u.} ich entsinne mich der Zeit, die für Körners Heldentod, Max ⌜u. Theklas⌝ Selbstmord u. Sands elende That in gleicher Weise schwärmte u. diese 3 ×...× {ungefähr} gleich fand. Nun, wer die Zeit loben mag, eine gesunde war sie nicht, im Geg*en*theil eine jämmerl. kranke.

†ihm wendet nun der Autor von dem Obensteh*en*den ⌜Bösewicht{en} pp⌝ {ein}. Immer herrlicher sieht er d*as* Ideal einer männlichen Bildung – Schill*ers* Erhab*enes* ist ein weibl. Erh. – vor sich stehen. Dann wäre etwa noch sein Tagebuch zu veröffentlichen, ⌜was⌝ {darin} über Shak. u. Schiller ges*a*gt ist

*er hat über das, was der Arzt das moral. Judicium nennt, nachgedacht†, ist dahinter gekommen u. hat es nun auf Romeo u. Julia u. Thekla pp angewandt und den Unterschied gefunden. Ihm ist d*as* realist. nun dasjenige, was vide {unten.} Shakesp. wird ihm immer mehr u. er fühlt es in ⌜seinem Leben pp ⌜dem⌝ nicht mehr Träumen u. Dichten, sondern Rechtthun Trieb wird.⌝

Wahr, die Empfindung, die dem Höchsten gebührt, nenne man es Gott, Sittengesetz oder Vernunft, erregt der Idealist für die Leid*en*sch*a*ft; daher Sh. der einzig fromme u. sittl. Dichter. Wenn man die Zoten, worin er den Umgangston seiner Zeit schildert – darin nicht schuldiger als ein Jetziger, der es thut

⟦79⟧

In der Geschichte eines Hauses die Geschichte der weltgeschichtlichen Strömungen, auch culturgeschichtlichen. Wie ein gewißer Familienzug im Charakter, der immer wiederkehrt, viell. 2 Häuser nahe beieinander, ⌜die⌝ Gesch. des Verhältnißes der verschiedenen Schichten der Gesellschaft zusammen darstell*end*, hundetreu ergeb{ener} Dienstbote, {Andacht}, Proletarierhaß; die aus dem großen Hause treiben die Kleinen aus, nun wird ein Nemesiswechsel; als reich gewordene Kaufleute kaufen diese d*a*s in der Revolution verlaßene u. umgekehrt.

in verschiedenen Zeitstimmungen so ander Urtheil u. Schicksal erfährt, wie er selbst sich im allgemeinen Nivellement nivellirt; wie eine Causalität zwischen Natur und Schicksal durch die Geschlechter geht, das weltgeschichtl. Gesetz auf das privateste Leben angewandt. Das Steigen u. Fallen von Wohlstand u. Ansehen, die verschiedenen religiösen Zustände. Eine bürgl. Familie wird adlig durch jenen Familienzug, verliert d*as* Haus{recht} durch denselben, bricht in Ueberwucherung deßelben als Diebe in d*a*s alte Stammhaus ein, kommt wieder empor – jederzeit in unruhigen Zeiten, wie es in ruhigen zurückkommt – u. endet so, weil der Familienzug der neuen Zeit nicht anpasst, glücklich u. glorios.

Die Waldburg.
⌜I.⌝ Ein Baron⟨1⟩ ⌜Graf?⌝⟨2⟩ verführt ⌜u. demoralisirt⌝ seines Jägers Schwester, [der,] an welcher der durch jenen – Reisegefährte – Verdorbene noch hängt. Da tauscht er im Absein des Grafen dies ⌜nicht lang⌝ geborene mit dem ebengeborenen der Gräfin aus, die in Folge der Entbindung stirbt. Seine Frau ist Hebamme; jene, seine Schwester wird Amme – ihres Kindes, dem andern gibt sie auch? ⌜III.⌝ Nun erbt sich der Haß des Jägers auf ⌜den abwes*en*den Grafen⌝ auf deßen Sohn, der für den seiner Schwester gilt. – Die Grafenfamilie, d. h. der Knabe kommt wieder u. gegen des Jäg*er*s Willen entsteht eine Feindschaft ⌜des⌝ Gr*a*fensohnes gegen seiner Schwester Sohn, des vermeintl. legitimen jungen Grafen, viell. erst bei Gelegenheit einer Doppelliebe zu des Pastors Tochter, der ⌜Ketzer- u.⌝ Hexengesch. studir*end*, nichts sieht. Der alte Gr*a*f pp kommt u. findet den verm. Sohn lieb*end* u. treu. Szene mit dem Pastor, der streng gebietet. ⌜Den⌝ alten Grafen bringt ein junger Vetter auf den Plan mit einer Tänzerin*. Besuch. Verführt, selbst untreu glaubt nun der junge Gr*a*f einer Vorspiegelung, zu der der Andere, den Nebenbuhler loszuwerden, hilft. Nun reiset er. Das Mädchen, verstoßen vom Vater, an seinem Wege, von dem Anderen begleitet, verhöhnt, der Andere mit der Reitpeitsche gehauen u. halb überritten. ⌜II. Das⌝ Mädchen bringt ihr Kind um, nach Jahren kommt es heraus. ⌜I.⌝ Bedrück*ungen* haben die Bauern ⌜endl.⌝ außer sich gebracht, eine Anzahl ruinirter formirt sich zur Bande, welche den Anderen zum Anführer hat, der d*a*s Mädchen in der Nacht vor ihrer Hinrichtung befreien

*oder Modedame

will. ⌜I.⌝ Da kom*m*t erst eine Zahl Roués u. erobert das Schloß; hier wollte auch der alte Gr*a*f seine u. den Sohn treffen. Der Sohn ist der Führer; der Jäger u. jezt Kastellan beichtet? Der Pastor, der seine Tochter vorbereiten muß. Den Pastor durch die Punschenden geh*en*d, verspottet. Oder beichtet der Alte dem Helden? Den alten Gr*a*fen in ihm seh*en*d? Der Planerfinder verräth* im Rausche oder in der Meinung, nun geschehe es gefahrlos, den Plan u. die Mystifikazion; der Held aber hat in seiner Verdorb*en*heit, in die er desperat hineingerannt, noch die alte Liebe u. d*a*s Heimweh nach der Jug*en*dunschuld; es ist zuviel Geist u. Gefühl in ihm, gesättigt zu werden von den Tollheiten, die er zur Zerstreuung macht. Er erzählt seine Jug*en*d; da erfährt er – aus einem Zeitungsblatt, d*a*ß eine Kindesmörderin des Gerichtes hier harre, auch d*a*ß es Rose. Er springt auf u. will sie retten. Der alte Graf kommt. Szene. Er hat eine Braut für den Helden. In derselben Nacht der Sturm der Meuterer. Kampf der Beiden um d*a*s Mädchen, das dem Pastor nicht folgt. H.⟨:⟩ Du h*a*st sie verstoßen; nicht deine mehr. Der Graf, in den Kampf sich mengend, bekommt einen Todesstoß von dem Andern, der vom Helden. Aufklärung. Das Schloß brennt. Wer fliehen kann, thut es. Der Held, seh*en*d, da Militär zur Hinrichtung kommt, keine Rettung möglich, stößt d*a*s Wappen in die Flamme, ⌜die⌝ das ganze verdorbene Geschlecht verzehren soll bis auf den Namen.

*Duel auf einem Platz, wo er die Rose rächen will. Da sieht er ein Gebäude; nach dem Duell u. Falle d*e*s Planmachers, erkennt er erst d*a*s Gebäude für ein Schaffot u. dadurch erfährt ⌜er –⌝ viell. von einem Arbeiter daran – von der Kindesmörderin, auch viell., wie es komme, d*a*ß so lange nach der That erst d*a*s Gericht u. dadurch, d*a*ß es Rose ist, was sich viell. erst auf dem Schloße bestätigt, wo er den Schließer zwingt, zu öffnen (?) u. sie erkennt.

⌜Der Gr*a*f tröstet sich, den Helden zu legitimiren, aber er muß sterben.⌝

Das Ganze balladenhaft. Drei Nächte.? Der Austausch. Der Kindesmord. Die Entwickelung.

Oder wie sonst das Arrangement, damit Alles herauskommt u. doch der Balladenzauber spielen kann, der allein es erträglich machen kann. Das Pittoreske, Musikalische. Erst die Ruine beschrieben, die Heiterkeit des Jezt, Freiheit der Bauern, Wohlhäbigkeit, Cultur. Einen Schritt tiefer in den Wald, der hier um d*a*s Schloß – See oder ⌜Teich⌝ sieht nun auch and*ers*. Schwäne darauf – hier kürzest möglich die Erzählung, gewißermaßen in die Zeit zurückversezt, dann wieder hinaus in die Abendsonne. Der Erzähler hat es aus Erzählungen des Helden in eine solche verarbeitet. Der Andere denkt sich romant. in eine alte Zeit; die war nicht, als in der Phantasie. Früher war es anders u. nun werden einige Bilder ausgemalt vom Aussehen u. Leben da in der alten Burg, dann spielt die Geschichte in dem Hause dabei. Die allererbärmlichste Zeit, wo der deutsche Adel Pariser Laster heim- u. ⌜eitel⌝ zur ⌜Schau⌝ trug. Die Bauern leibeigen pp. ⌜Mehremal⌝ schon Bauernaufst*än*de damals. Burg, altes Schloß, neues Schloß. Ihre Physiognomie deutet ihr Wesen.

Die sämtl. Erzählungen des Bandes müßten dies Thema von „jezt beßer" behandeln. 1. das Herrenleben. 1., d*a*s Militärleben. 1., das religiöse Leben. 1., die Kunst.?

Ein Freund u. Nachbar, der mit dem Helden aufgewachsen, d. h. ⌜in⌝ einem benachbarten Hause wohnend, kann die Geschichte erzählen, oder ein jüngerer und Bruder eines solchen, der von diesem Manches gehört hat. Oder aber: a., Einleitung in die Stimm*un*g durch Landsch*a*ft und Zeitschilderung. b. nun die Geschichte, aber so, d*a*ß der Erzähler noch seine Recherchen im Archiv, pp u. Traditionen ergänzt. Die eigentliche Geschichte aus den Aufzeichnungen des benachbarten Adligen, der mit dem Helden in Paris zusammentrifft u. dabei, was sein älterer Bruder, ⌜Jenes⌝ Alterscamerad, von ⌜demselben⌝ ihm erzählt, beibringt. Der Schreiber, den etwas Dämonisches im Helden anzieht u. wiederum der Einzige ist, dem jener sich zuneigt und öffnet. Diese Erzählung, diese Aufzeichnungen hat nun entweder der Autor oder erste Erzähler in der ⌜Erzählung⌝ übersezt in's Deutsche.

Der Held über die Inhaltslosigkeit des Deutschen Adels – wären wir Engländer, ich triebe mich nicht hier herum; ich wüßte Beßeres zu thun. Der Held lebenssatt, höchst blasirt.

Oder drei Dokumente die Quellen. Die eine bei See nach einiger Einleitung. Da die K*in*dsmörderin irre, kann man die Sache nicht ordentlich herausbringen; soviel aber scheint: d*a*ß sie die Tochter des Pastors, von ihn vor soviel Jahren vertrieben. Die seltsame Weise, wie das Verbrechen herauskommt. 2., Jägerhaus, die ⌜durch den Patrimonialrichter⌝ aufgeschriebene Beichte des Jägers, nachdem man erst den Weg vom Hause nach dem Jägerhaus gegangen ist. In derselben Folge wie hier, hat der Erzähler, ein Nachkomme oder auch Folger des Aufzeichners des Dok. № 3⟨,⟩ die Dokumente in die Hand bekommen. Erst zeigt der Erzähler einem Freunde die Geg*en*d, Reflexionen über sonst u. jezt. Die Stimmungen, die See, Jägerhaus und Haus mit ⌜den⌝ Porträts (des alten Grafen, seiner Frau u. des Helden⟨)⟩ hervorbringen. Wie der Erz. sich bemüht, etwas von der Geschichte zu erhalten. Was die Tradition ergibt. Das ⌜Jägerhaus⌝ ein Stück der alten Burgruine, an welches d*a*s neue Haus gebaut wird.

⟨←⟩⌜war nach langem Absein wiedergekommen; der P*a*stor will nichts von ihr wißen.⌝

†Sie lebte bei der Jagdhüterin, deren Sohn sie heirathen wollte; sie wollte ihn nicht; der Onkel auch nicht die Heirath. Der Sohn droht, sie zu befreien

Sieht man nicht pp? {ein Romanzeneisinn}. Die Phantasie wie sonst, macht aus Nichts. Diesmal mehr als nichts. Die Gesch. wahr; ich habe d*a*s Aktenstück, welches enthält{:}† Sie hieß pp u. war ⟨→⟩*war nach*

⌜Das Leben des {Bauers.}⌝ Beim ⌜Jägerh*ause*⌝ ebenfalls

⸢Nun ⸢kommen⸣ nach genauerer Beschauung der Portraits die Aufzeichnungen, durch welche N. 3. u. 2., wie 2 schon 1 näher beleuchtet, völlig aufgeklärt u. in ein Ganzes gebracht werden. Jede Quelle in ihrer besonderen Athmosphäre.⸣

⸢Wie dem Erzähler die Geschichte geworden, so läßt er sie dem Hörer werden. Wo auch die dritte Quelle sie verläßt, da können sie es sich† ausdichten⸣ ⸢†das Leben einer adligen Familie.⸣

die 2 Nächte. Die Lage der Bauern ⸢{Aufstände}, ×...×⸣ u. herrschftl. Diener. Die Beichte ist der Schwester u. endet mit der Anzeige, d*a*ß ihr (Bruder u.) vermeinter Sohn d*as* Schloß stürmen wollte in dieser {Nacht}.

⸢Der Erz. sieht den Helden d*as* Wappen hinunterstoßen; nicht der Name mehr pp⸣

⟦80⟧ Nun muß gesorgt werden, daß auch die zwei ersten Geschichten an sich intereßant sind und durch balladenhafte Färbung ästhetisch, jede außerdem von culturhistorischen Bemerkungen motivirt u. in die richtige Beleuchtung gerückt. Man darf nicht gleich von Anfang wißen, daß die drei Geschichten eigentlich Eine Geschichte sind. So wird die ganze Geschichte aus ihrer Zeit heraus motivirt; ⸢damit⸣ die Charaktere, ohne d*a*ß damit die Zurechnungsfähigkeit der Personen aufgehoben würde; vielmehr muß das sittliche Urtheil über sie eine Hauptsache sein, nur daß dann die Verdorbenheit nach oben, die Verkommenheit nach unten und der Mangel allen idealen Gehaltes der betreffenden Zeit in Abzug gebracht wird. Z. B. zur Motivirung der Austauschgeschichte aus der Geschichte der Herrschaft selbst die Belege herbeigebracht werden, zum Theil auch in kleinen Geschichten oder Anekdoten, d. h. in Thatsachen.

Verhältniß des Pastors zur Herrschaft; von dieser tyrannisirt, wieder Tyrann in seinem Kreise. So gewinnen die Figuren ein historisch-typisches Intereße. – Verhältniß der Unterthanen zur Herrschaft, des Pastors zum Dorfe pp. der Adligen zum Staate u. zu den anderen Adligen, der Nachbarn.

Den Erzähler intereßirt die Natur mit Ruinen pp erst durch Geschichte, dann wird sie ihm erst lebendig u. intereßant, dann erhalten sie ihm erst Physiognomie.

Daß unsere Zeit sich so elend vorkommt, weil sie Bewußtsein hat. Wenn der Hund hier, der so heiter, plötzlich Bewußtsein seines Verhältnißes erhielte.

Leben auf den Schlößern, Kindererziehung. Selbstsucht aus Mangel an idealem ⸢Inhalt.⸣

Bürger-, Bauernfamilie.

⸢Zug⸣ nach Paris, die Tölpelei der äußerl. geschliffenen Dachsjäger. Das Conventionelle, Äußerliche ⸢der⸣ Nachahmung des Pariser Lebens.

Der Aberglaube unten, Skeptizismus u. Frivolität oben, der

Buchstabenglaube und Äußerlichkeit der Theologen; der überall fehlende ideale Gehalt, kein Patriotismus, keine Sittlichkeit, kein Herzensglaube. Das Bedürfniß ⌜nach⌝ alledem im Helden, einer begabten, kräftigen Natur, die sich dadurch ⌜im⌝ Haschen nach wilder Bedeutung völlig⟨1⟩ ⌜noch tiefer⌝⟨2⟩ demoralisirt und aufreibt. Er hatte Lust als Knabe, Theologie zu studiren.

Der der Anlage nach beßer als seine Zeit, wird darum schlimmer als seine Zeit; seine Kraft, sein Thatendrang, dem nicht{s} Würdiges dargeboten wird, fällt auf Unwürdiges.

Das Ganze also eine Vindikazion unserer Zeit, die den Katzenjammer hat von dem Rausche der Vorzeit.

Die Quelle der ⌜Kindermörderingeschichte⌝ ein fliegendes Blatt, wie sie sonst bei Hinrichtungen pp u. auf Jahrmärkten verkauft wurden, auf grauem Löschpapier mit einer Vignette, viell. auch die Hinrichtung vorläufig mit dargestellt.

Der Schreiber des lezten Dokumentes war, als die Geschichte geschah, noch sehr jung. Mit seinen hohen Mannesjahren gehört er schon einer Zeit an, die wiederum einen idealen Inhalt hatte – den schlesischen Kriegen, viell. dem siebenjährigen; er ist begeistert von den Liedern eines ⌜preuß.⌝ Grenadiers u. bejammert immer noch die Gestalt des Helden, den er nicht vergeßen kann. Ihm selbst ist der damalige affektiert französische Ton zuwider.

Nun man das Meiste weiß, fehlt nur noch die Entwickelung des Andern. Die Rebellion zeigt sich als Räuberei, Wilddiebe pp Das die Opposition jener Zeit, würdelos pp Der Erzähler ergänzt wohl, nachdem er die Beichte der Alten vorgetragen, d*a*ß der Graf sie erhalten u. kommen wollte; daß der, welcher darin als rechtmäßiger Erbe bezeichnet ist, ⌜die⌝ Ank*un*ft des Alten in ganz anderer Verfaßung erwartet, der auch gar nicht an den Grafen denkt u. von seiner Ankunft nichts weiß, nur d*a*s Mädchen befreien will, das er in seiner Eifersucht halb wahnsinnig gemacht und zu ⌜dem⌝ Selbstverrathe u. der Selbstanklage gebracht.

das hat sie selbst ausgesagt.

Titel: „Die gute alte Zeit“ – ironisch.

Hat nun der alte Graf die Beichte erhalten ⌜oder⌝ auch nicht u. droht im zweiten Falle, da der legitime Erbsohn nicht gehorchen will, diesen zu enterben und seinen natürlichen Sohn zu adoptiren.

⌜Dazu ist er ein Bastard. Er war geg*an*gen u. wiedergekommen, weil dem B*a*st*a*rd sich die Wege verschloßen. Der Graf macht ihn zum Beigesezten u. Folgen seines vermeinten Vaters? aber er hat doch einen natürl. H*a*ß auf ihn, als ⌜ein⌝ nicht anerkanntes Kind.⌝

Währ*en*d der Graf draußen herumfährt, wächst der Sohn⟨1⟩ ⌜Held⌝⟨2⟩ älternlos mit Pfarrers auf. Auch der Andere ist mit von der Parthie, aber schon entsteht der Haß an der sichtbaren Vorliebe ⌜seiner⌝ Mutter zu dem Helden, wie dieser ⌜selbst⌝

An einer Liebe des ver-

erzählt, was denn auf die Beichte deutet. Der Haß wächst, wie die Pfarrtochter sich eben so entschieden dem Helden zuwendet. Der Held hat Scherze gehört über seine Aehnlichkeit mit dem ⌜Andern.⌝

Der Held läßt sich gegen den Verfaßer des 3ten Dokumentes aus, wie er wohl fühlt, d*aß* der eingeborene Franzose sie als eine Art tölpelhaften Affen verlacht; er hat viel Sinn dafür, kritisirt einige ⌜Beiden⌝ bekannte Deutsche; der Schreiber sagt, der Held habe einen völligen Franzosen darstellen können. Währ*end* der jüngere Schreiber sich in dem ihm neuen Treiben wohlgefällt, hat jener ein schweres Gefühl der Deutschen Entwürdigung; wie in ihm denn zu seinem Unglück mehr sittl. Empfindung als in den Andern, zu viel, sich wohl zu befinden, zu wenig, sich zu ändern. Er stellt die geistverlaßene Lage Deutschlands jenem dar, der sich damals noch darüber wundert, da er im Schlendrian aufgewachsen. Daher ist d*es* Schreib*er*s Kummer, d*aß* der Held nicht, die beßern Zustände erlebt. Wie hätte ihn bei seinem Franzosenhaße – den er den Franzosen selbst wenig verbirgt, der aber eigtl. nur Verachtung bleibt, weil er sich u. die Deutschen noch mehr verachten muß als die Affen der Affen.⟨1⟩ ⌜der Triumph von Roßbach erquicken {müße}.*⌝⟨2⟩ Affen u. Tyger nennt Voltaire sein Volk u. wir die Affen der Affen. Kennt er schon den Shakespeare u. vertheidigt ihn ironisch gegen die Voltairianer, d*as* Positive darin bewundernd, die Wahrheit u. Natur. Werden Fr*anzo*sen u. Deutsche aus dem schönen Schein, der glänzenden Lüge je zu der schlichten Wahrheit ⌜Shakesp*eare*s⌝ durchdringen? Ich glaube nicht. Er wurde schlimmer als die meisten Andern, weil er die Kraft hatte, beßer zu werden. Er hatte Kraft, sich von seiner Zeit loszumachen u. einen Vorläufer einer beßern zu werden; ⌜das Bewußtsein der⌝ Schuld, d*aß* er es danach nicht wurde, machte ihn nur schlimmer. Aber stets behielt er d*as* Imposante; dem gefallenen Engel sah man den Engel noch an u. das gab ihm eine magische Wirkung auf Alle, die in seine Nähe kamen. Gleichgültig blieb keiner, Alle zollten ihm, was einer überlegenen, großangelegten Natur nicht verweigert werden kann, die Einen ⌜in⌝ Liebe, die andern in Haß. Wenn er so dastand

meinten Vaters konnte er sich nicht aufrichten, denn deßen Widerwillen war unverborgen. Erzählt der Held. Den versteckten Haß gegen mich merkte ich mit ⌜Kinderscharfsinn⌝ u. er ist mir jezt voll erklärl. Er war ein treuer Diener d*es* Hauses, bis in seiner Abwesenheit mein Vater sein ⌜junges⌝ Weib verführte. Oder hat d*as* der ⌜ältere⌝ Bruder d*es* Schreib*ers* diesem mitgetheilt, aus deßen Mittheilungen er ergänzt, was der Held ihm erzählt. Ist der Mittheiler des Ganzen ein Enkel des Schreibers, der schon als Knabe auf diesem Gute erwächst, d*as* sein Vater gekauft⟨;⟩ →*dieser Vater*

*Er hätte seiner Natur nach sie erleben können; ja er würde erst gegen Jahre gewesen sein.

←dieser Vater hat die Dokumente gesammelt u. der Mittheiler findet sie, als er etwas And*eres* sucht. Er hat schon als Knabe bei den einzelnen Plätzen die Stimmungen der Geschichten gehabt u. von seiner Amme schon Bruchstücke im Volkstone vernommen, der seine Aeltern ⌜damals⌝ gewehrt. Er hat sich bis in sein Mannesalter hinein ⌜nach⌝ den Stimmungen die Rudera der Amme ausgemalt. So wird, indem er dies schildert, der ⟨→⟩*Leser*

⟨←⟩⌜Leser in der Szenerie heimisch. D*as* Schaffot, auf dem eine Kindsmörderin gerichtet werden sollte, die im Gef*äng*niß verbrannte, der ⌜Teich⌝, wo das Verbrechen begangen ward. Der harte Pastor, kein Bote der Liebe, der Abendmal pp einem Schauspieler oder Gaukler ⌜oder einem Calvinisten⌝ versagte⟨†⟩, auch eine kleine Gesch., welche des Pastors Charakter indirekt exponirt – also der Hügel außerhalb des Kirchhofes†, welches der Mittheiler u. seine Geschwister nachträgl., ein {Rothkehlchen} dahin begrabend, schmücken. Der Weg, auf welchem das Grafenkind entführt u. der Bastard ⌜eingeschwärzt⌝ worden, die Höhle, wo die Räuber, die schließl. das Schloß anzündeten; das Alles lebt in abgerißenen Volkssagen, zuweilen fremd ausgeschmückt⌝

⟨†⟩⌜u. seine Tochter verstieß ⌜ohne⌝ Weiteres, daß man nicht hört, es sei dieselbe mit der Kindesmörderin.⌝

⌜†ein Gaukler des Grafen, den nicht ehrl. zu beerdigen der Pastor mit der ⌜fanatisirten⌝ Gemeine gegen den Grafen durchsezt, woher die Spannung mit.⌝

Wenn, ist sie gewesen. Daß wir, was wir seelisch bedürfen, uns so gern als verloren darstellen. Die Sage des verlorenen Paradieses ist eine rückgelegte Zukunft. Wir machen uns ein Lockbild u. um daran glauben zu können, nehmen wir es als dagewesen an – also als möglich. So die Gesch. eine Wallfahrt nach einem Ausgange zurück, Sehnsucht nach der verlorenen Heimath.

⟦81⟧ Es beginnt also mit den ⌜Kindererinnerungen⌝ des Mittheilers u. Reflexionen über die culturhistorischen Evolutionen, deren Wißen das Resultat seiner Nachsuchungen ⌜nach⌝ den histor. Grundlagen jener Sagen. Von⟨1⟩ ⌜Aus⌝⟨2⟩ „der guten alten Zeit." Das hörte ich oft u. machte mir kindische Gedanken, hätte gern Genauerers von derselben gewußt. Die Sagen reizten zwar u. gefielen, aber daß die Zeit, wo dergl. vorfiel, eine gute gewesen sein sollte pp. Indeß zunächst ergözte er sich an dem Balladenschauer. – Oeconomie studiren pp läßt ihn nicht zum Phantasten werden; er macht nach der wachsenden Wißenschaft bedeutende Verbeßerungen; dazwischen aber regt sich zuweilen die alte ⌜{Wanderneigung} u.⌝ Neugier, von gelegentl. Aufenthalte an den Sagenorten bei Nacht pp in romant. Stimmungen unterstüzt. Ausmalungen. Indem er in einem alten Archive nach histor. Grundlagen sucht, findet er allerlei traurige Charakteristika der alten guten Zeit, der er das Entsprechende des Jezt gegenüber stellt. Endlich allmälig die 3 Dokumente, auf deren Inhalt die verlorenen Traditionen hinzeigten.

NB. Folge: Spott über den Pfaffen. Kindesmörderin; Held geht hinaus, der Jüngere folgt ihm, der sein Gesicht beobachtet. Der alte Pastor hat ihn erinnert. Er macht nun seine Erzählung. Gehen beide hinein. Drinn die Enthüllung der damaligen Mystifikazion. Verstellung, um zu verhorchen. {Duel}. Auf

Die delikaten Punkte der Geschichte müßen delikat behandelt werden.

Auch der Andere wird dem Helden vom alten Grafen als Muster hingestellt, der weit mehr Cavalierneigung u. Widerwillen gegen Lernen pp zeigt. Erst hat der Graf Schadenfreude, bis er erfährt, daß die Jungen mit der Flucht umgeh'n, um sich zu heirathen. Der Pastor innerl. wüthend, sagt heimkommend der Tochter, daß, wenn sie ihm nicht gehorche, sie nicht bleiben dürfe. Kirchenbuße in seiner eigenen Kirche u. Kirchspiel; überdies der Pfarrdienst gefährdet von der Drohung des Grafen. Den Junge zu einem Schulmeister gemacht u. das gräfliche Blut verdorben.

Der Graf klagt dem Ideal – dieser erzählt es –; dieser verspricht Hülfe; sie erklügeln das: er zieht mit einer Mätreße als Verwandte u. mehren Gesellen ein. Das macht allmälig einigen Eindruck auf den Jungen, besonders das Mädchen, – eine Französin? Viel von Paris. Er wird allmälig hingerißen. Er soll mit. Noch zieht ihn die Rose, besonders, da Gewißen. „Es war ihr nur zuwohl gelungen.⟨“⟩ Nun die Confidenzen mit Hülfe des Bastardes – wo das Ideal des Alten nicht thut, als wüßte er etwas von des Helden Liebe. Das Mädchen hat ⌜dem⌝ Andern kleine Zettelchen an ihn – den Helden ⟨–⟩ gegeben – diese kommen in des Ideals Hände u. werden für an ihn gerichtet ausgegeben. Dazu hat der Idealist erst seine Liaison nicht genannt – auf das Vertrauen des Helden auf die Frauen, in denen er noch Engel sieht. Nun muß er bald sich selbst in ⌜dem⌝ Gefoppten der Confidenzen halten. Und doch, glaubst du, sie ist mir treu? Bei einem Andern bin ich wiederum der Gefoppte. Ein andermal: Ich gehe nach Paris; mag nicht einer Dirne Narr sein. Ich bin gefoppt. Komm mit. Nun der Uebersteigende, dem Rose eben einen Brief geben will, die eingesperrt ist. Er will einsteigen in's Fenster, da macht der Held Lärmen. Der Mätreße gelingt es viell. in ⌜dem⌝ Augenblicke des Zweifels; {hier nun}, da er überzeugt, ⌜viell. erst, wo er sich überzeugt glaubt,⌝ von den Freunden heimgebracht, die über seine Leidenschaft, seinen Schmerz lachen. Nach Paris. Es ist Alles fertig wie sie ankommen. – Früh am Wege die verstoßene Rose – wegen des Eklats der Nacht u. noch einer Entdeckung – der Held erfährt das erst – viell. doch seinetwegen verlaßen, er aber erfährt in Paris, daß ihr Vater sie wegen des Eklats verlaßen, u. wird, da ihn Zweifel u. Sehnsucht – als sei er der Schuldige – nun in seinem alten Verdachte bestärkt, da sie schon wieder einen neuen Liebeshandel haben müße. Wie er die Rose sieht, ⌜umflort⌝ es ihn; ⌜das⌝ Pferd bäumt, der Andere reißt sie hinweg, bekommt die Reitpeitsche, dräut nach.

Das Mädchen nicht eigtl. Kindesmörderin; sie wollte sich mit ertränken, will es noch, aber sie wird bewacht. Trotz aller Vorsicht der Wächter, des rachebrütenden Andern, da sie erfahren, der Held kehre wieder, um zu heirathen – der Andere sagt ihr es, um sie von der Hoffnung, die ihr immer wieder kommt, u.

dem Rückwege hört man bei{m} Grafen ×…× vorbei die Stimmen des Pastors u. eine, die den Helden durchschüttelt. Er hat {doch nie geahnt} pp →er ×…×

Der a. Graf blickt mit Neid auf den Vetter, {der schon} eine Maitreße hat pp, aber Alles „adlig“, mit dem rechten Avec. Das heißt nun Adel, ohne höhere Intereßen, blos in Grimaßen u. Außenwerk.

←er {hinein}. Pastor geht aufgebend. Gedanke zur Entführung. Pferde zurecht. Der alte Graf kommt. Dann Held u. Jüngere: er will adoptiren; eine Wechselgeschichte; ich erzähle noch davon. Ueberfall. →*Held rettet*

will er sich krank lachen, verdenkt's ihr nicht, ja bewundert ihre Pfiffigkeit. Die {Dümmste zu} klug.

Allerlei Geschichten werden ihm erzählt. So die in der er selber spielt, als der Gefoppte. Was? Denkt ihr aber, ⌜mir⌝ gehe es ⌜beßer?⌝ ich bin überzeugt, daß ich selbst pp Später. Was sagt' ich euch neulich? Ich hatte recht. {Dabei}

Das Ideal thut erst, als halte er des Helden Erregung für freundschftl. Theilnahme u. sittl. Zorn u. findet Beides verkehrt. Seht, wie leicht ich selbst es nehme. Ich kenne sie, laßt einen stumpfen Bauerntölpel darüber in Schmerz gerathen, der das Geschlecht für Engel hält. Seine Mutter mag einen dafür halten, aber das Mädchen {liebt} ihn u. das brachte mich noch in größre Wuth. kein ×…×.

⌜Ich hörte ×...× das ×...× des Curierposth*aus* {seine} {Vernehmung}.⌝

Diese Bearbeitungen u. Berechnung, d*a*ß sie ihn nicht sehen soll, zu dem doch eine Hoffnung noch lebt, bringt sie nach ⌜{stets}⌝ vereitelten Versuchen außer sich u. in den Zustand.

Sie will sich anzeigen, um nur herauszukommen; sie irrt, dem Geld entgegenverl*an*gend⟨,⟩ herum, fast vom Andern wieder gefangen, kommt sie in d*e*s Gerichtes Hände. Der Andere hat Gewalt ⌜{angewandt}⟨,⟩ muß⌝ sich {daher verstecken} u. {hezt} so die W*il*ddiebe mit dem Gelde, was im Schloße sein soll pp →*Kommt*

Eine Kindesmörderin auf dem Schloße. Wo? Da. Fort damit. Der Held wird schweig*en*der. Es geschieht Alles, ihn aufzuwecken aus seinen Ged*an*ken

←Kommt eine Warnung auf d*a*s Schloß?

die ihn wüth*en*d macht – er würde sie sonst heirathen, wenn nicht seiner Meinung diese Hoffnung sie ihm den Korb geben ließe – zu curiren – wird sie fiebrischer als sonst u. sieht so ein fremdes Kind für das Ihre an, will es behalten; sagt: seht ihr nun, d*a*ß ich es nicht umgebracht habe. Es ist nun so alt; es war in solcher Nacht; freil. ist es mein, ihr habt's heraus gefischt. ⌜Daraus wird⌝ der Prozeß; sie gesteht, aber d*a*ß sie nachher mit dem Kinde sich hineingestürzt u. sie herausgeholt ⌜worden. Trotzdem⌝ wird sie, da ihr Ruf sehr schlecht, zum Tode verurtheilt. Im Gefängniße zieht sie nun ⌜Sehnsucht nach⌝ dem Kinde in den Tod, Sehnsucht nach seinem Vater – mit Hoffnung – zum Leben.

Nach seiner Erzählung an den jüngern Freund, in welcher noch eine leise Hoffnung, als sie wieder bei den ⌜Gesellen⌝, u. die Rede ist vom in demselben Zimmer gefeierten Abschied, da erzählt ⌜das⌝ Ideal von der damaligen Mystifikation. Der Held verdrückt, wie der jüngere Freund das Gewitter bang*en*d aufsteigen sieht, um den ganzen Beweis ihrer Unschuld u. den Inhalt der Intrigue zu erfahren. Vorher Verführung d*e*s Pastors, den der Held kaum wieder erkennt, wie der Jüngere auch, wie sie sich sagen. Des Ideals Foppen, des gebückten Alten, der übrigens seine Tochter nicht absolviren will, wenn nicht die Hoffnung tödtend, u. sie verläßt ohne Wort u. Trost, bis sie sich geändert, ja sie bedräut, als sie sich an {den} Hereinstürz*en*den hängt. „H., Junker." ⟨„⟩Frevler" „Atheist". Also auch Szene zwischen dem Pastor u. Helden; man sieht, wie persönl. H*a*ß u. Privilegien, im Namen Gottes zu handeln, zusammenwirkt.

←Held rettet den Jüngern, will den Alten u. d*a*s Mädchen retten. Von dem ersten abgehalten durch ⌜deßen⌝ Tod u. {Rächung} – warum der Gr*a*f den entlarvt sehen will, weiß weder das Mädchen noch der jüngere Freund, oder der Mittheilende u. der Leser. Nun kann, da ⌜er⌝ d*a*s Mädchen aus dem Gef*äng*niße gethan, der Held nicht {mehr} heraus; man sieht ihn auf einem Balcone erscheinen, die Ohnmächtige im Arme. Er

Des jüngeren Freundes Erzähl*ung* fängt mit seiner Ankunft in Paris an; Eindruck; was er mitgebracht; überhaupt über jene Zeit, wo Paris die Hauptstadt war u. die französischen ⌜Hof-Händel⌝ die Deutschen mehr intereßirten, als d*a*s Vaterl*an*d, das mit allem daran u. darum man verachtete u. Verachtung simulirte. Da lernt er bei einem Abenteuer den Helden kennen, der ihm einen bedeut*en*den Dienst erzeigt, ihm ein großer Schützer, ein Meister des Verkehres, was der Jüngere nie wird, von den Franzosen selbst bewundert, bei dem er aber zu seiner großen Verwunderung, Leere, Sehnsucht nach Idealen – England! zugleich aber die Skepsis u. Blasirtheit aus Bewußtsein schlecht angewendeter {u.} vergeudeter Kräfte;

ich könnte Soldat sein, Miethling – es ist auch Etwas.⟨*⟩ Shakesp. – Vaterland, Wahrheit. Niemand durchschaute so⟨*⟩ die Hohlheit des französ. Wesens als er, oder die begabteren unter den Franzosen selbst. Ich glaubte ihm damals nicht. O, die Jugendglut an solch Nichtigkeit gewandt! Die Kriege pp Friedrichs; wunderbar wie aus der französ. Fäulniß neue Nahrung u. Frische für das deutsche Gemüth erwachsen mußte. pp

Ad Beichte. Die Beichtende weiß erst nichts von der Verwechselung. Sie konnte ihrem ⌜Bruder⌝ nicht verdenken, daß er außer sich war; er hatte den Grafen mit Gefahr seines Lebens gerettet u. voll wilder Hingebung ⌜wie er sie liebte[.]⌝. Wie sie von einem Schlafe erwacht, findet sie ihn versöhnt. Der delicate Punkt von dem Nottheilen kurz angegeben. Er lächelt sogar, aber ganz eigen.* Nach und nach erfährt sie's u. ihr Gewißen wird durch ihre Eitelkeit, ihre schwache Seite, wieder ⌜{erkalten}⌝; allmälig gewöhnte sie sich s. z. s. daran.

Aus dem brennenden Schloße u. durch die Hände der Meuterer flüchtet der Held ⟨und⟩ de{r} jünger{e} Freund, der im Freien, weiter davon erst bemerkt, daß jener nicht bei ihm. Da sieht er dann vom Felse den Helden auf einem Balcone mit dem Mädchen über dem Abgrunde. Das Wappen, herabstürzend u. starke Worte dabei, die der Jüngere hört. Einer hat gesehen, daß, wie der Held zurückkehrte, der Andere {vermummt} mit dem Alten im Kampfe, dies{en}[,] ⌜niedergestoßen⌝, darauf der Held diesen. Der Alte habe verlangt, in das entlarvte Gesicht zu sehen. Man weiß nun nicht, ob ⟦82⟧ die drei wußten, was sie gethan. Der Graf konnte es nach der Beichte. Kam viell. noch überdies der Jäger dazu? Der erklären konnte. Was aus diesem geworden, weiß Niemand. Aus ⌜der Rede⌝ des Helden, bevor [es] ⟨er⟩ sich mit dem Mädchen in's Feuer, das eben lockt, stürzt, kann man solches entnehmen. –

gibt dem Schicksal noch eine Stimme, indem er das Wappen in den Strom (?) tritt. Imposante Erscheinung des Helden vor den Flammen, die ihm nachgeeilt, {eben zu kravallen} ×...× wollen, angeglüht, die hohe Gestalt⟨,⟩ das schöne Gesicht von Schmerz u. Zorn u. Hohn verzogen. –

⟨*⟩⌜Wär' ich ein Franzose, dann – {die} auch {nicht}⌝

⟨*⟩⌜Jezt wirkt erst der Plutarch, den als Junge er buchstabirte⌝

Der Wechselsteig.

*Sie zweifelt wegen der Kinder. Träumereien. Laß sowas nicht hören. Seine Strenge deßhalb macht sie noch curiöser, bis sie {ernst} ⌜{erfährt}⌝. Auch daß sie es zu jenem Kinde auffallend ziehe u. von diesem merkbar ab, weßhalb sie zu ×...× {der} Bruder ihr zulezt entdeckt, wo die Gräfin ×...× u. ×...×...×...×

Städte im 30j. Kriege. S. 178. Von 1626 beginnt in Deutschland das Stutzerthum nach französischem Zuschnitte. Die àlamode Meßieurs stolzirten u. belästigten auf dem steinernen Fußpfade der Straßen. Kurze Spitzbärte, Haar lang, in gekräuselten Locken oder gar auf der einen Seite kurz abgeschnitten, auf der andern in Zopf oder Locke auf die Schultern hängend pp

Freit. II.

Die Kommenden, Held pp, müßen d*a*s Haus erobern, weil die drinnen Wind haben von einem Ueberfall.

Als Kind war ich, wie alle, ein großer Liebhaber von Geschichten, die ich ⌜dann⌝ austräumte. Meine Aeltern hielten nicht eben so viel davon, waren pp verboten sogar den Ammen pp ⌜die eine wußte nicht viel pp⌝ Aber was half d*a*s in einer solchen Geg*end*, die Gesch. ohne Worte erzählte, wenn auch keine Sage dagewesen. Aber sie waren da und ⌜gaben⌝ den Text. Sprech*end*e Namen; wer nicht daran dachte, sprach davon: das Gauklergrab, der Wechselsteig, der Räuberbusch. Ich saß meist an den Plätzen u. erlebte. Darauf kam eine Zeit des Lernens u. der Gesellschaft mit Altersgleichen auf Universitäten, wo jenes verschwand; ich wurde nachher praktisch. ⌜Aber⌝ die alten Gesch. kamen wieder in anderer Weise u. machten mich zum Forscher. Die äußere Gesch. von Krieg, Haus, Schloß u. Dorf gibt keine Auskunft über jene Einzelnheiten; ich glaubte, die Seele der Plätze, d. h. ihr landschftl. Eindruck auf d*a*s Gemüth, wohl auch Namen, die sprech*end*e scheinen, lud zum Erfinden ein. Ein Brand im Befreiungskriege hat d*a*s Archiv zerstört. Ein alter Kastellan, der schon sonst ausgesehen wie ein Geheimniß, sollte mehr wißen; er war immer stumm gewesen. Seine Art. Er hatte damals ⌜als Secretair⌝ Viel gethan, wurde deßhalb pensionirt als Castellan. Gewiß hatte er selbst eine reiche Gesch. gehabt; man sagte pp doch wußte Nichts bestimmt. Ich war lange von dem Gute abwes*end*. Nun {da}, wiederum von den Eindrücken bestürmt, fragte ich den Alten, der ausweichen will u. endlich seinen ⌜Grund⌝ gesteht, d*a*s Verbot meiner Aeltern.* Ein eigener Kauz, Manches wiß*end* von Historie, selbst im Befreiungskriege thätig gewesen, hat er seine Reflexionen über Geschichte der Deutschen als Patriot. Diese kommen ihm ⟨in⟩ die Queere bei seiner Erzählung u. er unterbricht sich selbst u. lenkt wieder ein. Soldat. Haltung, Zerstreuung dabei. Die Gesch. eines Volkes wird uns erst klar, wenn wir selber eine haben, die uns wie unser Thun u. doch auch wieder wie eines Andern vorkommt. Erst etwas scheu, erzählt er allemal nur das, wonach ⌜wie ein Cicerone⌝ er gefragt wird, u. hält sich selbst von Excursionen u. den Zusammenhängen mit dem andern ab. Jede Gesch. für sich eine kleine Ballade. Allerdings waren Quellen da; er selbst hatte sie geordert, aber sie verbrannten u. der Alte hat sie nicht

←nicht darunter verliere.

⟨←⟩nichts Kriechendes, vielmehr lag ⌜es⌝ im Tone, d*a*ß es mehr wie Selbstgefühl klang, als sagte er: ich {laße} dir oder gebe dir Ehre, weil ich nicht *→nicht darunter*

Wohl möglich, H. {Gastae} Gnaden. In diesem Respekt war *⟨→⟩nichts Kriechendes*

*Nun d*a*s galt ⌜{auch}⌝ für meine Kinderjahre; ich bin nun 28. „Wahr, wahr.⟨“⟩ Aber man sah ihm an, er hätte gern meiner Aeltern Verhaltungsbefehl gehabt; das sage ich ihm; er gibt es läch*e*lnd zu.

Bei jeder Gesch. erzählt er erst, wie er zu dem Dokument gekommen, beschreibt es u. bringt dann den Inhalt.

„Doch das gehört nicht

mehr so sicher im Gedächtniße u. ist deßhalb froh, wenn man ihn in Ruhe läßt. So erhält nun d*as* Ganze der Erzählung das Volksballadenh*a*fte, das Unbestimmte, das lyrische Durcheinander. Die Einleitung gibt die Beschreibung des Locals und die Stimmung der Ballade, das träumerische Helldunkel. Dann die Eigenthümlichkeit des Erzählers (Alten), der bald sich besinnen muß und nur ⌜relata⌝ referirt, bald, als hätte er selbst es erlebt, die träumerischen, abgebrochenen Reflexionen u. Beziehungen der Geschichte zur Cultur- pp Geschichte der L*an*dschaft u. Deutschlands; das Pittoreske, Stimmungshafte, dann wiederum scharf Charakteristische seiner Erzählmethode, die abgeschloßene Erzählung der Einzelnheiten – welches der Schreiber absichtlich beibehält wegen der eigenthüml. Wirkung; das Sprunghafte, das lyrische Durcheinander, das Alles muß den gräßlichen Stoff mildern in der Einkleidung, dazu die Ruhepunkte. Der Alte hat die Quellen von Allem gehabt, u. behauptet, er habe ⌜vergeßen.⌝ Wünsche ⌜Euer Gnaden⌝ wohlschlafende Nacht. Die lezte Quelle hat er vielleicht noch, will sie geben. Der Schreiber will sie erst von ihm erzählt haben. Er bringt nun anderen Tages die Gesch., nachdem er erst um Erlaubniß gebeten, die halbfranz. Sprache – er ist ein Feind derselben u. sieht sie schon als die Sprache von Europa, die Sprache Schillers pp blos für die ⌜Dienstboten⌝ u. endl. auch d*as* nicht mehr; preist sich glückl., d*as* nicht zu erleben, u. er will seine Freiheit, die er noch besizt, recht genießen, indem er kein franz. Wort ohne Noth braucht – in die seine zu übersetzen, ich weiß wohl, ein schlechtes, aber ein ehrliches Deutsch, halten zu Gnaden. Ich habe es sorgsam überlesen u. meine nichts zu vergeßen. Den Ab*en*d zuvor zeigt der Alte die Portraits. Der Alte vergißt d*as* eth. Urtheil nie; er macht zwar den Abzug für die ⌜Zeit,⌝ will aber durchaus nicht Alles darauf schieben, da sonst ein beßerwerden der Zeiten nicht möglich wäre u. die Zeit doch in den Menschen beßer werde, d. h. die Zeit nichts anderes, als die Menschen zusammen. Wie ein Corallenriff; das Ganze wächst wie Pflanze, der eine ist aber doch Thier; mit dem einen Ende an die Nothwendigkeit der Gesamtentwickelung gebunden, aber mit dem andern hinausreich*en*d in die Thierheit, die freie Wahl.

Ja es stand damals schlimm. pp Des Alten ⌜Einleitungen⌝, culturhistor. in die einzelnen Geschichten, seine Freude an

hierher." Wie er von der Gesch. des Wechselsteigs in die des „Andern" kommt.

Die Gesch. wird in einzelnen Balladen vorgetragen. Der alte Kastellan rückt allemal nur mit der auf die Localität, wo sie eben sind, heraus; so erzählt er mälig alle die Hülfsgeschichten u. erst zulezt, als der ⌜Mittheiler⌝ sein Herz {gewonnen} hat bei Beschauung des Bildes des Helden, die Hauptgeschichte.

Die Wechselgeschichte.

Die Vorgeschichte u. Kindsmörderingesch. Pastor

Die Gesch.

Der Zusammenhang muß dann dem Leser ⌜selbst auffallen⌝. Des Helden Pariser Auf*en*thalt fällt in die Zeit des ⌜Egalité⌝. Der Held lockt die Ursache des Verderbens des Helden →*nachdem der*

Aber er hat es eingesezt u. so ist es noch vorhanden.

←nachdem der erzählt, wie, ⌜hinaus⌝, wo sie an d*as* Schaffot kommen, ohne zu wißen, für wen es ist. Der Aufst*an*d des Feindes fällt in die ersten Revolutionstage.

Ich habe allerlei gehört u. gelesen, besonder hat mir gefallen, d*aß* Völker wie Pflanzen aus einem gewißen Boden u. deßen Bedingungen u. der eigenen plastischen Kr*a*ft, d. h. dem Volkscharakter; ich mußte mir das so denken.

⟨←⟩⌜der Herr Hofrath Schiller pp habe eine Poesie, die man nicht mit dem Leben verwechseln muß. Ich weiß aus meiner Jug*end*, d*aß* ich auch mich darin für Räuber u. Freigeister, für Wallensteiner, die beides zusammen waren u. noch schlimmeres, begeisterte u. gern unter die Räubern oder Wallensteiner gegangen wäre, eben wie Franz Moor alles Heilige angetastet, blos um des ⌜falschen⌝ Glanzes willen; d*aß* ich Marien Stuarts der Elisabethen vorzog, die Mörderin anbetete u. die ⌜trotz {Schwachheiten}⌝ verehrungswürdige Königin haßte, d*aß* ich meinte, es sei d*as* Größte und Herrlichste, ein Schwärmer zu sein, ⌜wie⌝ albern er auch handle;† die ruchlosen Mordbrenner u. Tyrannenkraft W*a*llenstein. – Aber seit ich den Schäkspiehr verstehen gelernt, u. gehört, gelesen, d*aß* die Gesche Gottfried ihre Religion aus Fr*anz* Moors genommen ⌜u. den Shakespeare {in der Bibliothek} Ihres H. Vat*ers* gefunden.⌝ – Alter, Alter, ein Shakespeare hat ja selbst d*as* Muster gegeben für Bösewichte. Sehr wahr, d*as* Muster wie Bösewichte zu behandeln, d*aß* sie gefallen u.⌝ ⟨→⟩⟦83⟧ *doch nicht*

Ihr seid auch Aesthetiker; das muß einem Deutschen doch im Blute stecken.

der Gegenwart, obgleich er nicht mehr recht darin heimisch. Aber auch die halb- u. ganz dürren Zweige, die vor Jahren jung waren, schaukeln sich noch behagl. in der Luft von heute, obschon sie stumpf sind pp. Mir geht es mit Menschen so, d*aß* ich eigene Ged*an*ken habe, so einsam ich damit ⌜mich⌝ fühlen muß. So hat man des H. Hofrath Sch. Geb*urt*stag begangen, als wäre nie ein Dr. Luther gewesen, noch weniger am selbigen Datum geboren. Der H. Hofrath habe viel Schönes u. auch manches Wahre gesagt über Freiheit pp, was man nicht wieder vergeßen wird, wie ich hoffe, aber ⟨→⟩*der Herr*

†⌜Ich: Schiller selbst hat ja gesagt, d*aß* er die Gefahr darstellen wolle, die eine Idee in eines Schwärmers Hände habe. Wo da, Gnaden? In seinen Briefen über D. Carlos. Nun mit Permißion ⌜ich sollte nicht über den H. Hofrath pp [ab⟨...⟩]⌝ aber ich dächte, wo ⌜er⌝ d*as* Gift hingethan, da hätte er auch d*as* Gegengift hinthun müßen u. die Flamme im Funken ausgießen, nicht erst Waßer holen, wenn d*as* Haus in vollem Brande. Shakesp. hat auch eine Freiheitstragödie gemacht, aber die ist anders; die braucht er nicht hintennach zu erklären. Ei⟨,⟩ Schwärmer hatten wir in Deutschl*and* schon gerade genug. H. Rath Leßing hat gesagt: das Deutsche Volk pp es ist, als wenn der H. Hofrath Schiller hier gelernt hätte, und an seinen Erfolgen sieht man wohl, wie ⌜richtig⌝ H. Leßing seine Nation taxiret.⌝

⌜Selbstmord wie etwas Nachahmungswürdiges⌝

⟦83⟧ ⟨←⟩*gefallen u.* doch nicht verführen. Ich bitte Gnaden, zu beachten, d*aß* wenn Jago, Edmund u. Rich*ard* III ihren scharfen Verstand loslaßen, Schwächlingen zu imponiren, d*aß* Sh. sie gezwungen hat, gegen besagte Schwächlinge d*as* Wort der Moral zu reden. Ihre Schlechtigk*eit* ist ihre Schlechtigk*eit*, sie sind sich derer bewußt, stellen sie aber nicht in ⌜allgemeine⌝ Grundsätze u. schwärzen unter Glanz ⌜wie die {Mephistosche} Theologie⌝ eine falsche Religion in ⌜jene schwachen⌝ M*en*schenseelen ein, denen ⌜nichts mehr fehlt als eben⌝ eine solche Autorität ⌜{von glänzendem}⌝. Der Selbstm. Romeos u. Julias ist ein traurig, aber verschuldet Ereigniß, d*as* Mitleid – denn wahre ⌜Humantität, meine ich,⌝ bemitleidet die Sünde ohne die Sünde zu verherrlichen – erregt, ⌜aber nicht als eine⌝ edle u. große That für die Bewunderung u. Nacheiferung aufgestellt. D*as* habe der H. Hofrath von dem alten Franzosen P. Corneille u. weder von den Alten noch von Shakespiehr. So sehr uns ⌜des⌝

leztern Bösewichter ⌜oder auch durch Schuld verlorene sonst edle Menschen⌝ intereßiren, nicht einen Augenblick kommt uns der Ged*an*ke, ihnen nachzueifern; nicht einen Augenblick verführt uns Sh., ⌜dem⌝ glänzenden Laster selbst das Gefühl zu zollen, das wir nur vor dem Guten u. der Tugend empfinden sollen. ⌜D*a*s Volk⌝ hat auf dieser Bahn auch Sands That edel u. groß gefunden u. vermischt ⌜Gr*a*f⌝ Maxens Selbstmord mit dem Heldentode Theodor Körners, der doch aus einer ganz andern Materie geschnitten ist. „Ich gebe Euch nicht völlig recht, aber ich wünschte, ihr führet fort. Ich wollte nur sagen, d*a*ß es wohl beßer sein möchte, wenn in der Poesie d*a*s nachahmenswerth u. pp erscheine, was so im Leben ist. Es ist immer ein gefährl. Ding um eine Poesie, von der man lehren muß, d*a*ß sie etwas And*er*es als d*a*s Leben sei u. ⌜nicht⌝ in d*a*s Leben übertragen werden dürfe. Von der Shak*espeare*s ist das nicht zu sagen. Was er schön darstellt, d*a*ß es zur Nachahmung reizt, ist auch gut u. der Mensch kann ihm folgen.

Ich: Poesie ist aber nicht Wirklichkeit u. man darf beide nicht vermischen.
⌜Ja⌝, wie schöne Giftblumen, schlimm genug, d*a*ß in der Natur d*a*s Gefährliche keine Warnungszeichen trägt; ich denke aber, eben deßhalb ist ⌜die⌝ Kunst; ⌜sie⌝ soll eine beßere Wirklichkeit sein.

Aber der Alte muß etwas Resolutes, Soldatisches in seinem Erzählen haben.

Denn wie sonst läßt sich das Kühne, Feurige, ⌜Rasche⌝ damit vereinen, welches die Erzählung haben muß, um die ⌜Wirkung⌝ zu thun, die ⌜der⌝ Erfindung entspricht.

Die Absicht ist zugleich die Balladenwirkung und der Ton der Zeiten, die Beglaubigung durch das Zubehör.

Oder d*a*s Arrangement so: 2 Freunde nach Altem suchend, der eine auf dem einen, der andere auf dem andern Schloße. Der eine findet Dok. I u. II; da kein Zusammenhang darinnen scheint, werden zwei novellist. Bearbeitungen der Quellen: die Beichte – Wechselsteig und die Kindesmörderin daraus. Der andere hat eine Art Memoiren des einen Gliedes der Besitzer d*e*s Nachbarschloßes gefunden, u. was darin auf die Sage pp des abgebr*ann*ten Hauses Bezug hat, ausgezogen und umgesezt.

Oder 1., Sagen pp Dann findet der Erzähler die von einem Zeitgenoßen aufgeschriebene vollständige Geschichte, die er aus der Sprache jener Zeit umgesezt. Oder ein excentrischer Maler hat aus den Quellen sie so zusammengesezt, d*a*ß er II u. III in die umgesezte I verschmolz. Da ist die Gesch. um die Zeit geschehen, wo die ˹gloreiche˺ Revolution in England. Der Erzähler (Zeitgenoße) ist angesteckt von des Helden Unzufried*enhei*t mit seiner Zeit u. besonders Deutschlands gegen 1688. Wenn der Maler, so hat dieser die Reflexionen vom St*an*dpunkte seiner Zeit hineingebracht.

In dem alten Grafen u. seinem Jäger liegt der Contrast des „Bürgerl." und „Adlig" jener Zeit, das Familienlose u. Familienhafte. Wie der Herr, deßen Ruchlosigkeiten er sonst unweigerl. als „treuer Diener" sekundirt u. ˹hilft˺, ihm mit ˹seinem˺ Laster in die Familie kommt, da versteht er keinen Spaß. Der persönl. Beschimpfungen ˹von ihm˺ hingenommen, ohne seine Treue aufzugeben, ist tiefst gekränkt u. will sich entsprechend rächen. In der Verwechselung hat er es, und nun ist er wiederum der gehorsame Diener des Grafen. Dieser zeigt seine Natur, indem er nichts darin findet, des Treuen, der ihm das Leben gerettet, Schwester zu verführen

Unter den wilden Gesellen, die zum Theil noch die altdeutsche Trunksucht, z. Th. eine Mischung der französ⟨.⟩ ˹äußerl.˺ Politur mit der deutschen Rohheit, ist auch ˹ein˺ solcher Nägelbeschneider mit goldenem Meßer.

Es wird den Fragen von den Leuten, die nur den Namen oder wenig mehr wißen, gefolgt, der Alte wiße Alles.

Der Alte bringt ˹nun˺ viell. erst zur Erläut*er*ung der Namen die beiden Dokumente, ohne viel zu sagen. Da er den neuen H., der sich die Geschichte ausmalt in ihrer Localität, sogar begierig sieht u. dieser seine Neigung gewinnt durch Züge – entfernt verwandt u. besond*ers* durch seinen Antheil an dem Portrait, so wird er endl. beredt. Wegen der Auswechselung, so hat ˹die˺ Beichte nichts geänd*ert*. Oder was? Sehr natürl. pp der Tag {dgl}.

Der Alte ist mit dem Helden u. Past*or*smädchen erzogen u. unterrichtet worden.

Der Held hat ein Gefühl davon, d*aß* der eigtl. Krautjunker trotz Saufens, mehr Werth hat, als ihr Treiben.

Wenn ein Kammerdiener oder Jäger des Helden die Geschichte erzählt, so braucht man den Ton der Zeit nicht so genau zu nehmen. Der Balladenton findet sich leichter. Die Reflexionen sind die seinen, ein gutes moral. Urtheil begleitet trotz seiner treuen Anhänglichkeit das Thun seines Helden u. die veränderten Zeitstimmungen. Ja, jezt sollte er leben. Nun sehen wir die Gestalt seines Helden, wie seine Neigung sie idealisirt. Als die Geschichte sich zutrug, war er ein junger Bursch. Was er nicht selbst mit erlebt, hat er erzählen gehört. ˹In˺ den Freiheitskriegsjahren kommt der junge Erbe dahin, von einer Wunde kampfunfähig gemacht. Die eigene Szenerie. Jene Lust nach Volksliedern u. Volkssagen. Die Gestalt des Alten. Redende Namen; er kann nichts Rechtes erfahren. Der Alte, erst zurückhalt*end*, wird besond*ers* durch den Antheil des Jungen an einem Portrait des Helden ˹mälig˺ vertraulich u. im gleichem Maße mittheilend. Erst erzählt er blos, was die Namen „Wechselsteig", „Kindlesdeich" erklärt u. was er von Hörensagen hat. Von seinem Helden noch gar nichts; er meidet, deßen Erwähnung hineinzubringen. Es wäre noch Mancherlei zu sagen{,} aber er ist noch nicht dazu zu bringen. Auf die Erwähnung des Schloßbrandes u. anderer Dinge, die mit der Person des Helden zusammenhängen u. bei denen er genannt werden müßte, ist er nicht zu näherem Eingehn zu bewegen, bis er gewiß, daß ⌜er⌝ ein Ohr finde, für seine Neigung gestimmt, das nicht kurzab verurtheilen wird u. bei allem moral. Urtheil doch für das Edlere in des Helden Gestalt Gefühl haben wird, d.h. das mit ihm sympathisiren kann. ⌜Er fängt⌝ des Helden Geschichte viell. auch erst da an, wo er in Frankreich aus anderm Dienste – da er Heimweh hat – in die des Helden tritt, der nach Deutschland sollte. Der hält sich allerdings noch eine Zeit da auf, so daß der Alte noch sein Leben da u. sein Ansehen nach seiner Weise erzählen kann. Die Vorgeschichte des Helden erfährt er auch erst aus deßen Erzählung auf der Waldburg. Nun gibt des Alten Erzählen von sich selbst, z. B. wie sie Holz schaffen müßen im Schloße Ruhepunkte ab.

Bei Hinleitungen auf die Hauptgeschichte, z. B. bei Gelegenheit des Andern, wie er das Mädchen retten wollte, das er dazu getrieben, bricht er plötzl. u. unerbittl. ab.

wohl ein oder einige Jahre, wobei aber der Diener sein Heimweh ⌜über deßen⌝ Zauber vergißt, so daß {er} sich die Sehnsucht nach der Heimath mit zu der Neigung zu dem H. schlägt.

Wenn der Alte 1746 geboren, ist er 1766, 20 J. alt, wo die Gesch. paßiren kann, u. 1816, wo er sie erzählt, 70 Jahre.

Er kann auch den Austausch u. – Wie er ja zu dem Helden kam, oder ist er mit ihm hin: ich wußte nur soviel von ihm: oder hat er die Liebesgeschichte miterlebt, weiß aber nicht mehr, als der Held; dann kann er sie erzählen. Vor ihm hat der Held kein Geheimniß. Auch die Erziehung u. das Jugendleben des Helden.

Wenn der Alte Alles erzählt, so verträgt sich Stetigkeit der Geschichte u. Balladenton miteinander; auch Ruhepunkte fehlen nicht. Die genaue Nachahmung des Zeittones fällt fort, der Alte schildert nur die Unterschiede nach seiner Weise. Die Stimmungen macht der Erzählerautor.

⟦84⟧

E. Höfer hat eigentl. die natürl. Beschaffenheit der „Erzählung“ ⌜respektirt⌝. Man erzählt, was man weiß, was wir selbst erlebten oder Andere uns als ⌜von ihnen⌝ erlebt erzählten. Darin die anschauliche Äußerlichkeit der Erzählung gegeben, d.h. der Charakteristik der Personen der Erzählung. ⌜Die⌝ Technik dieser eigentl. Erzählung ist darum auch eine andere als die der innern Detaillirung, der Entwickelungen, für die kein Gewährsmann genannt wird u. vorhanden ist, deren Autor schon einzugestehen scheint, daß er die Gesch. erfunden. Hier springt wiederum ein greller Gegensatz ⌜des⌝ epischen und dramatischen ⌜Grund-Wesens⌝ in die Augen. Eine Geschichte wie „Zw. Himmel und Erde“ ist darum wesentlich dramatisch gedacht und nur episch ausgeführt. Aber auch eigentl. nicht episch ausgeführt; denn ein dramatisch Erdachtes läßt sich eigentl. nicht episch ausführen, wie ein episch Gedachtes nicht dramatisch. Höfer läßt Einen von dem ⌜Andern, einen die Erzählung und das Erzählen eines Andern⌝ erzählen; er ist Höhrer und Wiedererzähler. Keiner, weder er, noch der von ihm dargestellte Erzähler, erzählt etwas, was er nicht selbst gesehen und gehört. Gewöhnlich ist der Erzähler ein Vertrauter des Helden und ⌜in⌝ den Hauptmomenten von deßen Geschichte um ihn gewesen. In Nebendingen, d. h. Nebendingen für die Charakterdarstellung, die ⌜eine wesentlich pittoreske⌝ bei ihm, ⌜bringt⌝ er Combinationen und von Andern Empfangenes, bald als Vermuthung bald als histor. Gewißheit. Solche Partieen, die nicht übergangen werden dürfen und doch keine epischen Effekte* erlauben, also für den Erzähler nicht dankbar sind, mehr ebenhin resumirend zu bringen, findet sich die Angabe, ⌜man⌝ sei da aus dem oder dem Grunde von dem Helden entfernt gewesen, leicht herzu, und bei solchen, die schwer oder nicht ⌜hinreich*end*⌝ zu motiviren sind oder doch dem Erzähler zu schwierig, kann er bedauern, d*aß* er nichts Genaueres darüber in Erfahrung ⟨hat⟩ bringen können, als das, was er hier, das, was er dort gehört.

*namentl. ⌜weniger Anlaß geben die⌝ einmal angenommene[n] Charakterfigur fortzuzeichnen.

Will man in diesem Genre arbeiten, muß man sich wohl hüten vor eigentl. inneren, also dramatischen Entwickelungen. Vor aller Unmittelbarkeit in der Partie des und der Helden, dergleichen dürfen nur im Erzähler vorkommen. Hier wird es recht sichtbar, wie ⌜das⌝ Grundwesen des Epischen die Mittelbarkeit ist.

Indem der ⌜naturalistische, volksthüml.⌝ Erzähler seine eigenen Gemüthszustände hineinlegt†, gewinnt die ⌜Erzählung⌝ eine gewißermaßen berechtigte Subjektivität.

Auch diese Weise der Erzählung fordert eine gewiße Concentration, namentl. eine gewiße Einheit der Person u. Concentration in der Zeit. Z. B. wird es in der „Waldburg“* oder wie sie heißen soll, kaum möglich, die Geschichte von einer Person erzählen zu laßen. Der rechte Ausdruck für dies Gesetz wäre eigentlich: Einheit des Erzählers, d. h. Einheit des epischen

Höfers „erzählte“ Geschichten ⌜gehören⌝ zu der Art, wie die der Elsbeth Muckleb. im Alterthümler u. pp

†oder die gehabten bei Gelegenheit ⌜der⌝ Erzählung sich zurückruft.

Mediums. Auch eine gewiße relative Länge der Geschichte, weil die Lebendigkeit der Erzählung – nein, ich will sagen: es muß ein Verhältniß statt finden zwischen der Länge und dem Grade der Lebhaftigkeit der Erzählung; je länger sie ist, desto ruhiger muß ihr Gang sein.

⌜*NB.⌝ die Waldburg wird ähnliche Erzählungen in sich enthalten, ohne selbst dergleichen zu sein.

Im Punkte dieser Lebhaftigkeit und Unmittelbarkeit des epischen Mediums, d. h. des dargestellten Erzählers und seines Erzählens findet wiederum von anderer Seite eine Aehnlichkeit mit dem Dramatischen statt; dieser Erzähler ist wie eine persona dramatis, welche Etwas zu erzählen hat innerhalb des Dramas, Etwas, was den Helden dramatis in Handlung schildert, dabei sein äußerlich Charakteristisches hervorhebt.

Viell. ein Band Erzählungen: Die Waldburg. ⌜Wirthshaus⌝ an d. Rhein. ⌜Clementine.⌝ Die neue Undine.

Die Höfer'schen Erzählungen haben meist keine eigentl. kunstmäßige ⌜Composition⌝; sie sind mehr Anekdoten, wie die ersten Dorfgeschichten Auerbachs, nur hat sein andersgeartetes Talent eine andere Richtung der Ausführung eingeschlagen. Wo Auerbach zugleich unterrichten, zum Denken auffordern, auf den Patriotism, ja selbst auf ⌜spezielle⌝ praktische Winke für Verwaltung und Cultusgegenstände hinarbeitet, sieht es Höfer auf ⌜bloses⌝ Amusement ab. Gehalt, geistiger, ist nicht bei ihm zu suchen, das thut der Lebendigkeit seiner Darstellung Vorschub. Auch mit seinen Gestalten ist es nicht auf ethisch-psychologischen Gehalt abgesehen, ⌜auf⌝ Wahrheit pp; sie sind blose Exaltationen der Phantasie ⌜mit {wenigen volleren} Naturzügen⌝ und sollen entsprechend wirken. Er motivirt daher wenig oder nicht. Er ist Naturalist und Individualist, aber Beides stört nicht, weil er seine Vorwürfe nicht als ⌜zusammenhäng*en*de, einheitliche⌝ Probleme behandelt, das Wesen seiner Gestalten nicht allgemeinmenschlich begründen und erklären will, kein geschloßenes Bild einer Leidenschaft beabsichtigt, ⌜vielmehr⌝ das Intereße eben in ihrer Absonderlichkeit ⌜sucht⌝ u. ⌜findet. Er⌝ hat nun keinen idealen Zusammenhang, keine Causalität der Entwickelung nachzuweisen; das macht ihm die Sache sehr viel ⌜leichter. Für⌝ die fehlende ethisch-psycholog. u. innere poetische, tritt nun die äußere poetische, oder phantastische Wahrheit ein, die aus der Uebereinstimmung von Begebenheit, ⌜Stimmung, Naturschilderung und⌝ in Rhythmus u. Ton ⌜des⌝ Vortrages selbst entsteht.

Entweder eine Anekdote oder eine Reihe von Anekdoten aus dem Leben irgend eines Originals.

⟦85⟧
Freitag II., Es ist die Aufgabe der Wißenschaft, das schaffende Leben der Nationen zu erforschen. Ihr sind die Seelen der Völker die höchsten geistigen Gebilde, welche der Mensch zu erkennen noch befähigt ist. In jeder einzelnen suchend, jedem erhaltenen Abdruck der vergangenen nachspürend, auch die Splitter der zerstörten beachtend, alles Erkennbare verbindend, sucht sie als leztes Ziel das Leben des ganzen Menschengeschlechtes auf der Erde als eine geistige Einheit zu erfaßen, mehr ahnend u. deutend als begreif*en*d. Während frommer Glaube die Idee des persönlichen Gottes mit unbefangener Sicherheit über das Leben der einzelnen Menschen stellt, sucht der Diener der Wißenschaft das Göttliche bescheiden in großen Bildungen zu erkennen, welche, wie gewaltig sie den Einzelnen überragen, doch sämmtlich am Leben des Erdballs haften. Aber wie klein er sich ihre Bedeutung auch gegenüber dem Unbegreiflichen, in Zeit und Raum Endlosen denken möge, in diesem immerhin begränzten Kreise liegt alles Große, was wir zu erkennen fähig sind, alles Schöne, was wir je genoßen, und alles Gute, wodurch wir je unser Leben geweiht. Für Das aber, was wir noch nicht wißen, u. zu erforschen bemüht sind, eine unermeßliche Arbeit. Und diese Arbeit ist, d*a*s Göttliche in der Geschichte zu suchen.

S. ⌜307.⌝ Kapitän (hamburg.) Karpfanger, der auf seinem brenn*en*den Schiff der Lezte bleibt u. umkommt. 1683.

Wir freuen uns, daß der Todte seinen Eid hielt. Die Ehre seines Berufes forderte seinen Tod u. er starb. Denn es ist beßer, daß ein tüchtiger Mann, der sich wohl noch retten könnte, mit seinem guten Schiff untergehe, als daß dem seefahrenden Volk in Todesgefahr das Vorbild ausdauernder Kraft fehle. Er starb, wie dem Seemann ziemt; schweigsam und kalt, den eigenen Sohn wies er kurz ab, seine ganze Seele war bei seinem Amt. – Möge der deutsche Bürger nie so weit kommen, daß er die That des Mannes für etwas Seltenes u. Unerhörtes halte. Auch im Binnenlande sind seit ihm viele Hunderte friedlicher Bürger gestorben, weil sie bis zum Äußersten und darüber ihre Schuldigkeit thaten, Seelsorger bei der Seuche, Aerzte im Lazareth, hülfreiche Handarbeiter in Feuersgefahr. Und wir hoffen, daß der Leser annehme, dergleichen gebühre sich und sei bei uns in der Ordnung.

Und doch hebt sich unser Herz bei dem Gedanken, wie in denselben Jahren, in welchen Straßburg so schmählich verloren ging, ein Landsmann gerade so empfand, wie wir empfinden sollen, daß nämlich da nicht viel zu erstaunen ist und auch kein großes Geschrei und Winseln zu erheben ist, wenn einer für seine Pflicht stirbt. Und wer das Meer befährt und wer die See nie rauschen hörte, beide sollen sein Gedächtniß ehren. Der Deutsche war nach 1648 sehr heruntergekommen, aber er verdiente doch ein beßeres Leben, denn er verstand noch, für eine Idee zu sterben.

S. ⌜309.⌝ 365. Spee. 366. 400.

<u>Nicht zu vergessen.</u>

Auch die epische Form gewinnt sehr durch Schlankheit u. Geschloßenheit. Dazu Folgendes der Weg (vide S. 67):

Die Kunst ist also, eine Fabel zu entwerfen, die einen einfachen epischen ⌜Intereße⟨-⟩Kern⌝ hat. Viell. so: Uns wird ein Ziel gezeigt, deßen Erreichung wir begehren. Dies geschieht mit durch Hinderniße, deren Hinwegräumung uns durch ⌜Bekanntwerdung einer Vorgeschichte, die⌝ überall in die Gegenwart des Vorgangs ⌜als ein⌝ pittoreskes u. stimmungshaftes ⌜Räthsel⌝ hereinreicht, ermöglicht wird. Die Figuren, welche nun nothwendig sind, sowohl zur Erregung jenes Wunsches, als zur Motivirung jener Hinderniße, und die in der That ⌜keine⌝ andere⟨n⟩ Zwecke haben, als ⌜diese⌝ Erregung u. Motivirung, also nur Hülfslinien und Räder <u>dieser</u> Einen Maschine sind, werden nun in der Fortbildung des Planes ⌜und⌝ dem Arrangement des Vorgangs (oder der Erzählung) so ausgeführt, daß sie vollkommen selbständig und mit eigenem Kerne u. Zwecke versehen erscheinen, und doch bei allem Reichthum des Details, bei aller ⌜scheinbaren⌝ Emanzipation, doch keinen Augenblick aufhören, jene blosen Hülfslinien u. untergeordneten, secundären Räder zu sein, wie jedes Organ am ⌜gesunden⌝ Menschenleibe möglichst emanzipirt ist u. doch keines zu einem Nebenherzen werden darf.

Ein Beispiel solcher diskreten Emanzipation N. Oldbuck, deßen Darstellung, so gegenwärtig u. lebensvoll sie ist, doch keinerlei Erwartung für sich ⌜erregt.⌝ In der That ist seine eigentliche Funktion ⌜innerhalb⌝ des Hauptverhältnißes eine sehr geringe. Eine Anzahl kleiner Behelfe zum Behufe eines

Fadens für die verschiedenen nothwendigen Einführungen ⌜u. Verbindungen⌝ von Personen u. Expositionen ⌜u. kleiner Handlungstheile⌝, wie z. B. seine Bürgschaft für Edie ist in Oldbuck personifizirt u. diese Personifikazion emanzipirt. Zu dieser Personifik*azion* u. Emanzip*ation* gehört seine Schwester u. Niece, ⌜Blattergowl. Zu⌝ jenen Behelfs-verbindungen Hektor, der die Verkennung des Helden herbeiführt, die diesem dann zum doppelten Triumphe helfen soll.

Hauptvorsicht nur, nicht zu früh diese Emanzipation{en} vorzunehmen, die Personen nicht eher sich selbst zu detailliren, als bis die Haupthandlung in ihren großen Linien fertig. Das ist schwer, weil die Phantasie, so wie ein Balken gelegt oder gesezt, gleich einen lebendigen Baum daraus macht, deßen Bestimmtheit dann nicht mehr als blose Hülfslinie gehandhabt werden kann. – Einer gilt für einen Bastard, d*as* Mädchen seiner Liebe sucht ihn ⌜sich⌝ fernzuhalten, da ihr Vater adelsstolz. Der Held muß dafür die Genugthuung erhalten, den alten Herrn vom Ruin zu retten u. damit das zu seinem größern Triumph ausschlage, muß er erst die Schale der Verkennung bis auf den Grund leeren. Zulezt ergibt sich, d*aß* die Bastardmarke auf Irthum beruht; damit ist d*as* Hinderniß hinweggeräumt. Also ⌜die⌝ unglückl. Liebe, die Verkennung, die Rettung des Barons, das Herauskommen der ehelichen Geburt sind die Hauptglieder des Vorganges, das Primäre. Um zu motiviren die erstliche ⌜Verkennung der ehelichen Geburt⌝ ⟨→⟩⟦*89*⟧ *und den Irthum*

⟦86⟧

„Der Regent kam eines Tages zu mir, ich fand ihn ⌜weniger⌝ heiter als gewöhnlich. Er ging hin und her, trommelte mit den Fingern auf den Fensterscheiben, murmelte unverständliche Worte, sah mich an, lachte, und begann immer das alte Spiel von Neuem. Ich sah wohl, daß etwas Ungewöhnliches ihn in dem Augenblick verlegen mache, und da ich seiner Schüchternheit zu Hülfe kommen wollte .... Wie? seiner Schüchternheit? Dieser große Fürst (Regent v. Fr*an*kreich) in Ihrer Gegenwart schüchtern? Ja, verlegen und blöde. Ach, Leser, der du fern von den Großen lebst, du kennst sie schlecht, wenn du sie keck und verwegen denkst. Im Gegentheil, beständig genirt, immer fürchtend, anzustoßen und zu mißfallen, sind sie Sklaven, Maschinen, die wir nach unser'm Willen leiten können. Da ich nun ⸢Philipp⸣, Reg. v. Fr., seit langer Zeit kannte, fragte ich ihn, was er habe, um seiner Verlegenheit zur Hülfe zu kommen.

„Ach, Nanon", sagte er, „du siehst einen Mann in großer Noth, der einen Edelmann von sehr gutem Hause gern in die Welt einführen möchte, ohne seiner Gesundheit und seinen guten Sitten zu schaden, obgleich diese lezteren ein zu lächerliches Ding sind, um sich viel um sie zu kümmern; aber wir wandeln noch auf der Straße der Vorurtheile, die man mit Hülfe der Vorsehung hoffentl. bald verlaßen u. dann nach Belieben handeln wird, unbekümmert um Gewißensbiße, oder üble Nachrede der Nächsten.

Der Regent war der Fürst der Contraste u. kein Anderer würde die Hülfe der Vorsehung zum Umsturz der Moral erwartet haben. Ich kümmerte mich also um diese Widersprüche nicht, begierig, nur den Namen des jungen Edelmanns zu erfahren.

„Der König geht fast noch in den Kinderschuhen", antwortete er.

„Es handelt sich auch nicht um seine geheiligte Majestät, sondern um Jemand, der mir näher steht".

„„Doch nicht der Herzog von Chartres ... der Sohn der Amazone ... Hippolyt, große Götter.

„Er ist's, den du genannt", antwortete der Regent lachend. „Ja, ⸢unser⸣ eigenes Blut, die Hoffnung unseres Stammes; dieser theure Knabe wächst in Unwißenheit ⸢heran{.}⸣ Er ist verschloßen, schweigsam, erhebt die Augen zu keiner Schürze, spricht kaum mit dem Saume der Lippen; denn das Herz, ich will darauf wetten, ist taub, blind und stumm. Das beunruhigt mich; in seinem Alter (der Herzog v. Ch. war damals, 1721, 18 Jahre alt) hatte ich schon eine halbe Million Thorheiten begangen, so daß von nichts, als ⸢von⸣ mir, die Rede war. Versailles wie Paris achteten mich, und 200 der ⸢vornehmsten⸣ Frauen oder Mädchen hatten sich aus Eifersucht über mich gegenseitig geohrfeigt oder im förmlichen Zweikampfe geschlagen. Louis (d. H. v. Ch.) ist ein Tropf, u. das ärgert mich; ich will ihn nächstens verheiraten, u. deßhalb muß er seine Pflichten kennen lernen; denn, schöne Nanon, ich liebe die Formalitäten. Mit einem Worte, ich brauche eine Armida für diesen 2ten Rinaldo."

„„Klopfen Sie doch an die Oper, Monseigneur; dort gibt es Zauberinnen [die] ⟨in⟩ Menge.““

„Ja, aber sie sind nicht allein mit der Seele, was noch anging, sondern auch mit dem Leibe dem Teufel verkauft. Komm, versteh mich recht: Deine Hilfe will ich, deine Mitwirkung zu einem frommen Werke, zu einer Dienstleistung gegen einen alten Freund.“

„„Ihr Sohn, Prinz ...““

„Ist mein anderes Ich, das du also eben so zärtlich lieben mußt, als ⌜mich selbst⌝.

„„Monseign., es ist ⟨...⟩

⟦87⟧

Der Graf von Nocé verdiente den Namen (roué) mehr als jeder andere, so sehr suchte er durch die Mannigfaltigkeit seiner Ausschweifungen sich dieses Namens würdig zu machen, verschwenderisch, elegant, ohne Herz und Seele, mit kaltem Blute, u. um desto gefährlicher, hatte er aus dem Epicuräismus seine Religion gemacht, u. diese war die einzige, an die er glaubte, für die er einige Wärme fühlte. Sein Zweck war, zu genießen, und wer den Zweck will, will auch die Mittel, sagte er. Diese Mittel waren nur freilich oft sehr sonderbar, sogar schlecht, er nahm sie dennoch an, gleichsam als eine Nothwendigkeit, der man sich unterwerfen müße, und that das Böse mit demselben Eifer, den ein Anderer bei guten Werken gezeigt hätte.

„Mein Engel, wißen Sie, daß Ihre Reize sich auf eine Weise entwickeln, die uns Allen die Ruhe raubt. ⌜Der⌝ Teufel soll mich holen, wenn ich nicht ganz unsinnig in Sie verliebt bin.“ Diese rohe Art, meine Eroberung zu versuchen, sagte mir nicht zu; ich war ⌜stolz und⌝ wollte, daß man nicht mir Gesetze vorschreibe, sondern sie von mir empfange. So begnügte ich mich, ihm mit Stillschweigen und einem stolzen Lächeln zu antworten. H. v. N. ließ sich dadurch nicht irre machen. – „Haben Sie nicht verstanden, meine Schöne“, fuhr er fort,“ und wollen Sie mich zu ihrem ersten Sclaven haben? Ich bin zu erobern, und Gott verdamme mich, wenn Sie mich nicht erstürmt haben.

⟨*Notizen: Bücherliste*⟩

Servetus.

Ein Deutscher oder Schweizer (deutsch) hat in Genf zu thun; er hat wie Alle in jener Zeit groß*es* Intereße an den theologischen Dingen; unterwegs trifft er mehre auch Fremde. (Serv.) Einer spricht von Xstus als Menschen; wie er einmal hinaus, sagt ein Anderer: er kann so glauben, da er selbst ein selten reiner Mensch; seine eigene Milde pp Der Erzähler ist sehr ergriffen von Serv.; in Genf wird er Miterleber seines Prozeßes u. sieht ihn u. Calvin öfter. Nachdem Serv*etu*s Ende gemeldet zeigt er noch seine eigene Lage; er ist zwischen Serv. u. Calvin noch schwank*en*d: Gott mag mir vergeben. Nach Memoirenart bringt er gelegtl. auch, was er mit Luther pp u. ⌜zusammen⌝ gewesen, von Persönlichkeiten pp weiß. Auch anderes Gleichzeitige, so d*a*ß man recht zu Hause wird. Calvin u. Servet sprechen ihre Standpunkte völlig aus; Serv. ist weniger [{idea}] spirituell, weil zugleich Arzt.

Crequi III. 367.

Frau Roland de la Plattiere sucht der F. v. Crequi Vermittelung, ihren Mann zu adeln.

„Sie war ⌜mit⌝ die schönste Frau, die ich in meinem Leben gesehen habe. Sie hatte einen guten Anstand und war mit einer bescheidenen Eleganz sehr geschmackvoll gekleidet. Ihr Wuchs war vortrefflich, ihr Gesicht ordentlich blendend durch Jugendfrische u. das herrlichste Colorit; von ihr konnte man wirklich sagen, d*a*ß ihre Gesichtsfarbe aus Rosenglut u. Lilienschnee gemischt war – u. was hatte sie für Augen! tiefblau mit langen schwarzen Wimpern u. Brauen, u. dazu die allerreichste u. üppigste Fülle von braunem Lockenhaar. Die Anmuth ihrer Physiognomie entsprach nicht immer der reizenden Regelmäßigkeit ihrer Züge; sie hatte zuweilen um den Mund u. in der Bewegung der Brauen etwas Strenges, Unzufriedenes, Unfreundliches, ja Drohendes – Als ich den Contr*a*kt nachträgl. unterzeichnet hatte, u. sie doch noch blieb, merkte ich wohl, d*a*ß sie mir noch etwas zu sagen hatte, u. wollte ihr anbieten, sich zu setzen; da es ihr aber peinlich sein mußte, wenn ich ⟦88⟧ Dupont, der ihr Onkel war, klingelte, um ihr einen Stuhl zu bringen, stand ich selbst u. ging auf die Lehnstühle ⌜zu⌝, indem ich ihr sagte: setzen ⌜Sie⌝ sich doch, mein Kind.

Diese ⌜junge⌝ schöne Frau faßte sogleich d*a*s Zartgefühl, d*a*s meiner Bewegung zu Grunde lag, sie sah mich gerührt an und sagte mir mit einem wunderbar energischen u. leidenschaftlichen Ausdruck: Sie sind sehr gut, gnädigste Frau, Sie sind wahrhaft gut und großmüthig; und nun sprang sie wie eine Gazelle nach dem andern Ende des Zimmers, um sich ein Tabouret zu holen, d*a*ß sie mit einem einzigen Satze herbeibrachte, u. nun meinem Canapee gegenüber Platz nahm.

Ihr Anliegen best*an*d darin, d*a*ß ich ihrem Manne ⌜einen⌝ Adelsbrief verschaffen sollte, weil er als Bürgerlicher, Besitzer eines kleinen adeligen Lehngutes war, welches la Plattiere hieß. Alle Lyoner Bürger waren damals von der Wuth ergriffen, sich adeln laßen zu wollen, u. Frau Roland führte mir d*a*s Beispiel einer schönen Frau von Verpilliere an, die es sogar verstanden hatte, ihrem Mann 3 Ahnen zu verschaffen, indem sie seinen ganz kindisch gewordenen Aeltervater, statt seiner adeln ließ; der Vater u. Großvater waren schon lange todt, u. Frau Roland bemerkte daher mit geistreicher Bosheit, d*a*ß die beiden adeligen Generationen, zwischen dem geadelten Aeltervater u. dem dreijährigen Enkel immer fehlen würden, was stets eine seltsame Merkwürdigkeit bleiben werde. Uebrigens sezte sie noch hinzu, d*a*ß Frau Verpilliere einen wahrhaft unverschämten Hochmuth besitze, u. die Art, mit der sie diese Anklage vorbrachte u. betonte, gab ⌜ihr⌝ so den Anschein einer Eumenide, d*a*ß ich keine Hörner, wie Deine Großmutter Sevigné zu sagen pflegte, an ihrer Stirne hervortreten, aber wohl ihr Haar in Schlangen verwandelt zu sehen glaubte.

Sie wollte mir darauf mit einer gewißen Anmaßung zu verstehen geben, d*a*ß die Familie ihres Mannes wohl gar von dem Marschall v. Plattiere abstammen könne, aber dadurch verdarb sie es ganz mit mir, u. als sie sah, d*a*ß ich diese lächerliche Einbildung mit einer sehr frostigen u. vielleicht stolzen Miene aufnahm, erhielt ihr Gesicht einen Ausdruck von beleidigtem Stolze u. aufgeretem Haß, den ich nie wieder vergeßen habe."

Frau v. Crequis Besuch bei Minister Roland pp.

II. S. 271. Der Marschall v. Richelieu sagt einmal zum H. v. Aumont (deßen Schild*er*ung daselbst): ⌜(unreinl. pp um den Schein eines großen Gelehrten zu haben):⌝

Herr, Herzog, der liebe Gott hat ⌜dich⌝ zu einem Edelmann aus gutem ⌜Hause, der⌝ König zum Herzog u. Pair gemacht, der H. Herzog v. Bourbon hat dich zum Hörnerträger, die Frau Herzogin v. Orleans zum Ritter vom heiligen Geiste gemacht, ich habe dich zum Ludwigsritter geschlagen u. dich als solchen zuerst ⸢umarmt –⸣ sieh, mein guter Freund, soviel haben Andere für dich gethan; nun thu du selbst auch etwas für dich: laß dich barbiren.

Ueber Fräulein Quinault (H*er*z*o*gin v. Nevers – Memoiren –), nebst einem Besuche daselbst I. 298 pp

Denkw*ür*digkeiten einer Aristokratin, aus den hint*e*rl*a*ßenen Papieren der Fr. Marquisin v. Crequi v. Fanny Tarnow. bei der Brandt: N. ⸢7146⸣.

Ueber Frau Necker:

Sie war eine gezierte, steif geschnürte Frau, die immer wie der Sonntag einer Handwerksfrau aussah. Laharpe versicherte noch neulich, ich habe einmal von ihr gesagt, sie sei gewachsen wie eine Sparbüchse, ihr Gesicht ähnele einem ⸢Haushaltungsbuch⸣, u. sie komme mir vor, wie die Stadt Genf in dunkelroth seidenem Kleide.

⟦89⟧
⟨←⟩⟦85⟧ *ehelichen Geburt* und ⸢den⸣ Irthum der unehelichen und die Wahrheit der ehelichen, ist die Vorgeschichte erfunden mit den Figuren der alten Gräfin, ihres Sohnes u. der Miß Neville, dazu des Brud*er*s des Sohnes, der Spanierin, der kathol. Geistlichkeit, die den Lord umgarnt hält. Um das Herauskommen ⸢zu detailliren⸣ die Elsbeth mit Familie*, der alte Bettler, ihr Bote an Glenallan. Die pittoresken u. stimmungsvollen Einzelnheiten ⸢des⸣ Begräbnißes der alten Jocelyn, der Dorfgeschichte Mucklebakit mit Sittenbildern wachsen hier heraus. Zu der Rettung des Barons ⸢gehört⸣ die Erfindung Dusterswivels. Zur Verkennung Hektor M. Intyre. Das Mittel, all diese Dinge und Personen in Verbindung zu bringen, die Gestalt Oldbucks, zu deren Ausmalung sich seine Schwester, Niece pp fanden. Er ist eigentlich der Möglichmacher der scheinbarsten Unabsichtlichkeit u. Natürlichkeit des Vorganges.

*u. Hannchen Rintherout

Unter all diesen Figuren ist keine, die nicht ihre Schuldigkeit vollkommen thäte, und noch weniger eine, die mehr thäte als sie sollte, d. h. die ein Nebenherz würde. Ein Meisterstück epischer Composition u. Perspektive.

Wiederum zu bemerken, wie einfach diese einzelnen Geschichten, z. B. die Vorgeschichte von der Gräfin Jocelyn. Wie sie eigentlich nichts enthält als das zu ihrem Entzweck Nothwendige. Nämlich, warum Neville, ehelich geboren, doch für unehelich gelten konnte.

S. 224 Aus Riehl: Die Familie.

Auf dem Lande ist es in neuester Zeit mitunter eifrigen strenggläubigen Geistlichen der jüngeren Generation wieder gelungen, die Kirchenzucht in einer Ausdehnung in das Haus hinüberzutragen, daß man staunen muß, wenn man frühere Zustände gekannt hat. Städter laßen sich dergleichen noch lange nicht gefallen. In einer protestantischen Landgemeinde des westlichen Mitteldeutschlands sah ich ein höchst merkwürdiges Exempel der Umwandelung, welche ein einziger Geistlicher in der oben berührten Richtung gewirkt hatte. Das Dorf war, wie die ganze Gegend, wohlhabend, aufgeklärt, dabei in Auflösung und Indifferentismus des kirchlichen Lebens befangen. Trotzdem gelang es dem Geistlichen, binnen zehn Jahren wieder eine vollständige organisirte Privatseelsorge durchzuführen, erst ungern, dann gern gesehen, Eingang zu finden in die Häuser der Familien, die Hausandacht wieder aufzurichten und den Grund zu einer strengen Kirchenzucht zu legen. Er hat in Betreff der Ehre und Zucht des Hauses alte Satzungen wieder geltend gemacht, die dem modernen Bewußtsein ⌜ganz⌝ wider den Strich laufen und ist doch bei seinen, wenn schon halbwegs modernisirten, Bauern damit durchgedrungen. Er läßt z. B. kein gefallenes Mädchen zum Abendmale zu, wenn sie nicht, wie man es in dortiger Gegend sagt, „vorgestanden" hat, d. h. vor versammeltem Presbyterium in der Kirche ihre Schuld bekannt, Reue gezeigt und Beßerung gelobt. Bräute, welche nicht mehr Jungfrauen waren, und es trotzdem wagten, mit einem Kranz auf dem Kopfe vor dem Traualtar zu erscheinen, excommunicirte er. Seitdem ist auch hierin die alte Sitte wieder fest geworden in der Gemeinde.

Früher ging man bekanntlich in solcher Härte gegen das Individuum noch viel weiter. Man ließ uneheliche Kinder, die doch nichts dafür können, daß sie unehelich geboren wurden und häufig gescheiter sein sollen, als die ehelichen, in keine ehrsame Zunft eintreten; der ächtgeborene Mann wollte kein unächtgeborenes Mädchen zur Frau nehmen, und wo sich ja ein solches Paar darüber hinausgesezt hätte, wäre doch die

Braut noch von der Kanzel herunter als ein Hurkind proclamirt worden. Das ist sehr hart gegen das völlig unschuldige Individuum, und man mag seine eigenen Gedanken darüber haben. ob es nicht sehr zweckmäßig sei, daß solches abgekommen. Aber diese Härte war eingegeben von der tiefen Ehrfurcht vor der überwältigenden sittlichen Idee der Familie und unsere Humanität ist häufig entquollen aus der Verleugnung des Hauses.

„Die Sünde der Väter" pp Einschneidender kann die ertödtende Uebermacht der Familie des Orientes u. der Urzeit über alles individuelle Recht gar nicht ausgesprochen werden, aber es gibt noch ein anderes Extrem, wo die Familie erdrückt wird von der schrankenlosen Berechtigung des Individuums, u. in diesem Extrem stehen wir.

—

Daher die Dorfgeschichte, weil auch in ihr das Concrete wie dort in den aristokrat. Romanen W. Scotts. ⌜Auf⌝ dem Dorfe ist auch Haus u. Gut noch etwas Anderes als ihr ⌜bloser⌝ abstrakter Geldwerth. Die Miethwohnungen sind auch solche abstrakte⟨n⟩ Häuser.

⟦90⟧ ⌜In⌝ der poetischen Literatur wie in der bildenden Kunst wurde uns vor hundert Jahren dargethan, daß es nichts sei mit der deutschen Sitte des Hauses, wir haben aber eine tröstliche Verheißung des Gegentheils darin, daß dieselbe Sitte gerade in der Poesie und Malerei jetzt wieder immer mehr zu Ehren kommt. Riehl, die Familie S. 231.

Ich könnte hier auf viele bedeutende Erscheinungen verweisen; ich will aber nur von zweien Männern reden und diese sollen gelten für Viele.

Der eine ist der Dresdener Maler Ludwig Richter. Mir däucht, wir haben seit dem sechzehnten Jahrhundert keinen Künstler beseßen, der das Haus- und Familienleben des deutschen Volkes so tief durchempfunden und so treu im Bilde wi[e]dergespiegelt hat, wie Richter in sein*en* zahllosen Holzschnittzeichnungen. Darum hat ⌜sich⌝ auch das d. Volk alsbald zu Hause gefühlt in seinen Bildern, ⌜er⌝ ist der volksthümlichste Zeichner der Gegenwart geworden. In den 1000 Szenen, in welchen Richter die Plage und das Glück des häuslichen Lebens malt, hat die Nation jenen deutschen Familiengeist verkörpert wiedergeschaut, den sie besitzen sollte und großentheils nicht mehr besizt. Möge hier die Kunst eine Prophetin neuer Entwickelungen sein. Es klingt uns aus Richters Zeichnungen ein Ton entgegen, wie eines Volksliedes: der Stoff ist aus dem täglichen Leben gegriffen, die Behandlung die natürlichste, und doch liegt ein dichterischer Zauber über diesen Darstellungen, den man nicht definiren, den man auch nicht nachahmen kann, ohne der Meister selber zu sein. Jeder meint gerade so würde er auch gezeichnet haben, und doch kann es kein Anderer gerade so zeichnen. Richter schlägt fast alle Accorde der in den deutschen Häuslichkeiten gewurzelten volksthümlichen Gemüthlichkeit an. Das tolle Treiben der Kinderstube, die schwärmerische Minne der Jugend, Hochzeitzüge und Kindtaufen, die Last der häuslichen Arbeit und das Behagen des gesegneten Males im Familienkreise, das gemüthliche deutsche Kneipenleben, die Noth der armen Hütte und den Schmerz des Trauerhauses, das Alles und unzähliges Andere weiß er mit wenigen empfundenen Bleistiftzügen wie ein Gedicht vor uns hinzustellen. Und weil er der geborene Maler des deutschen Hauses ist, darum hat er auch den Hund so lieb und hat ihn in hundertfältig verschiedener Charakteristik überall seinen Menschen beigestellt und dieses Thier des Hauses origineller, vielseitiger u. poetischer behandelt als wohl irgend ein moderner Meister. Mit den drolligern Hunden ist ihm dann auch der deutsche Spießbüger am poßirlichsten gelungen. Ein Ehepaar mit einer Rotte Kinder zu zeichnen, die nichts weiter thun als am Mittagstische Kartoffeln eßen und eine solche Tiefe der Empfindung, des göttlichen und menschlichen Friedens in ein solches Bildchen zu legen, wie es Richter bei mehren Darstellungen dieser Art gethan hat, das vermag nur ein deutscher Meister, welcher die ganze Bedeutung des Hauses für das deutsche Volksleben selber durchgelebt hat. Richter ⌜legt⌝ seine Szenen wohl auch gerne in den Frieden des Waldes, oder in die weite Landschaft gesegneter Feldfluren oder in heimliche Gartenlauben: aber auch da merken wir es seinen idealeren Figuren sogleich an, daß sie in einem deutschen Hause daheim sind und den Frieden dieses Hauses mitgebracht haben in Wald und Feld und Garten. Richter gibt uns aber in der Regel nicht geradezu das moderne Haus, er läßt gern Etwas von der ⌜Romantik des mittelalterlichen⌝ Lebens oder von dem schlichten Ernst altväterlicher Zustände in diese neue Welt herüberleuchten. Ja, es ist uns manchmal, als gäbe er weniger ein Bild des jetzigen Hauses als ein Märchen vom deutschen Hause, welches anhebt mit den Worten: „es war einmal …" Doch zeichnet er wiederum auch nicht die Gestalten aus der „guten alten Zeit", wie sie wirklich gewesen sind, er verschmelzt blos ihre guten Motive mit den modernen Erscheinungen. So möchte ich die Sitte des Hauses in der Wirklichkeit verjüngen helfen durch die Wiederaufnahme der verklärten guten Sitten der Vergangenheit, wie es Richter als Künstler in seinen Zeichnungen gethan. Denn die alte Zeit mag ich gerne die gute alte Zeit nennen, aber immer in der Voraussetzung, daß unsere Zeit die beßere sei.

Ludwig Richter zeichnet uns alles Gute, Liebe und Schöne, was im deutschen Hause wohnen mag, als ein Lichtbild. Höchstens geißelt er den Philister mit harmlosem Humor. Ihm zur Seite möge nun der andere Mann stehen, von dem ich zu reden versprochen, der ist ein Bußprediger, der die Verderbniß, die über das Haus gekommen, in kühnen Zügen umrißen, die Blüte des in alter Ehrenfestigkeit gegründeten Hauses zwar auch mit großem Glanze geschildert hat, mit ungleich größerer Macht aber und mit einer Fülle der zürnenden sittlichen Begeisterung den Verfall der häuslichen Sitte, daß ihm hierin kein anderer deutscher Schriftsteller der neueren Zeit gleichkommt. Dieser Mann ist Jeremias Gotthelf. Nicht mit Unrecht gab er sich den Namen Jeremias; denn wie jener klagende Prophet auf den Trümmern Jerusalems, deutet er uns immer wieder auf das zertrümmerte Heiligthum der deutschen Familie. Seine Bücher sind ohne Form und Maß, bald zu breit und bald zu lang, aber es spricht ein so frischer Geist voll natürlicher Poesie in ihnen, daß man in dem Verfaßer mit Recht ein Stück von einem Shakespeare gefunden hat. Shakespeare als Dorfpfarrer im Kanton Bern. ⟦91⟧ Die ideelle Bedeutung der Kunst und verfeinerten Gesittung für das nationale Leben wird von Gotthelf nicht verstanden; er will sie gar nicht verstehen. Er ist ein ebenso großer Barbar gegen den ästhetischen Humanismus, wie die aesthetischen Humanisten des klaßischen Zeitalters Barbaren gegenüber dem Haus und der Familie waren. Und wie der feinfühlige, liebevolle, von den Grazien geweihete Richter nicht Bilder genug zeichnen kann, so kann dieser derbste Realist voll unbändiger Naturkraft, dieser zürnende Bußprediger in seiner groben, hanebuchenen Schweizerart nicht Bücher genug schreiben für das gebildete deutsche Publikum. Es bewundert ihn – wenn es nicht vor ihm erschrickt. Das ist nicht blos ein literarisches, das ist auch ein culturgeschichtliches Phänomen. Feine norddeutsche Kritiker behaupten, Gotthelfs Schriften leuchteten zwar von einem wunderbaren poetischen Funkensprühen und seien voll feßelnder Ursprünglichkeit; allein man könne alle diese Bücher nur anfangen, nicht auslesen. Ich habe an mir selber das Gegentheil wahrgenommen, daß, wenn man nur ein einziges Buch von Gotthelf ordentlich zu lesen angefangen hat, der Verfaßer einen gar nicht wieder losläßt. Er packt uns wie mit dämonischer Faust und reißt uns in seinen Gedankengang hinein, wir mögen wollen oder nicht. Und doch sind es immer die einfältigsten Themen, meist das Haus, die Familie, was er behandelt. Er hat unter anderen ein kleines Büchlein geschrieben, betitelt: ⟨„⟩Dursli, der ⌜Branntweinsäufer⌝." Die Fabel ist so ⌜einfach⌝, daß man sie in drei Zeilen ausschreiben könnte, die ganz gewöhnliche Geschichte eines Familienvaters, der sein Haus durch sein wüstes Kneipenleben in's Elend bringt, aber ganz zulezt in der zwölften Stunde wieder umkehrt. Diese Sache ist eben nicht neu und die Moral auch ⌜nicht.⌝ Aber durchaus neu ist die Gewalt der Schilderung, mit welcher uns dieser moderne Jeremias in den immer steigenden Verfall des Hauses blicken läßt: da wächst die simple Geschichte vor unsern Augen zu einer furchtbaren Tragödie auf, und wo die Katastrophe kommt, – so klein und gewöhnlich, daß ein regelrechter Poet sie gar keine Katastrophe mehr nennen würde – da malt sich das einfache Bild des dem Abgrund zustürzenden Hauses so naturnah in seinen tausend Einzelnzügen vor unsern Augen aus, daß es uns die Brust zusammenschnürt, und wir dem Verfaßer zurufen möchten, er möge aufhören, wir hielten's nicht länger aus! Und wo dann der Sünder sich bekehrt und Buße thut und eine ganze Familie, die schon wie abgestorben war, wieder auflebt, und Frieden und Segen wieder einzieht in das verödete Haus, da möchten wir dem Verfaßer abermals zurufen, er möge innehalten, denn der stille Jubel wolle uns das Herz zersprengen.

Das ist der Quell der Poesie, der in dem deutschen Hause verborgen ist, und nur des Poeten harret, der den Mosisstab besizt, um ihn herauszuschlagen! Diese einfachen und doch so großen Motive des deutschen Hauses und der Familie, das sind die Perlen, welche wir in unserer glänzendsten Literaturperiode vor die Säue geworfen haben, oder wo sie diese nicht mochten, kam höchstens der hinkende Bote oder ein ähnlicher Kalendermann, um sie aufzuheben und in seinen Schnappsack zu stecken.

—

Es wäre nun leicht Stoff gefunden zu Erzählungen dieser Art; man brauchte nur die Feinde und Verderber des deutschen Hauses aufsuchen und die in unserer Macht liegenden Mittel, ihnen siegreich zu begegnen. Einen oder wohl auch zwei Beiträge habe ich bereits geliefert, ohne daran zu denken, daß es solche waren, „Zwischen H. u. E." und die Heiterethei. Die Aehnlichkeit, die Riehl zwischen Sh. u. Gotthelf findet, liegt darin, daß beide die Naturgeschichte der Leidenschaften abhandeln und darin die Mittel zeigen, welche sie erregen und direkt oder indirekt auf die Mittel hindeuten, welche sie heilen können. Der große Unterschied liegt in dem verschiedenen Horizonte Beider, dort der weite* des Staats- und des privaten Lebens im wenigstens dem ⌜Staatsleben⌝ entlehnten Rahmen und hier das enge spezifisch schweizerische Bauernhaus.

*von ⌜allgemeinen menschlichen⌝ Typen

⟦92⟧

Die unter dem Titel „Kleinstadtgeschichte" unter meinen Papieren befindliche Skizze kann im Detail zeigen, wie der Großstädter, der Familienlose (im sozialen Sinne), der Abstrakte unter den Concreten denkt. Er baut Wohnungscasernen, weil das „organische" Haus ihm ein Bild des alten Zopfes von Sitten lächerlich dünkt mit ⌜soviel⌝ Winkeln wie die englische Verfaßung. Mit Kapital will er Alles „machen", er isolirt in seinem Hause die Individuen, weßhalb seine Frau nicht recht einwohnen kann, auch nicht in ⌜ihrem⌝ gebohnten Zimmer sich aufhält, sondern ⌜in⌝ der Küche, wo sie die Mamsellen, die sich diplomatisch behandeln ⌜u.⌝ per „Sie", bewundert. Die neue Weise imponirt ihr, sie verehrt das Alles, ohne aber nur den Gedanken zu finden es mitmachen zu wollen u. leidet unter der bornirten, aber nicht unrichtigen Kritik der Schwester darüber. So sehr karrikirt und schablonenhaft wie in dem bereits ausgeführten Anfange darf sie nicht gehalten werden. Nun tritt noch von anderer Seite die Großstadt, das Rasirte u. Sittelose, Abstrakte in das concrete Leben hinein; es ist die Kokette, die sich immer Reservefreier zu sichern sucht, um von dieser gedeckten Basis aus weiter zu erobern. Die Mutter, eine Großstädterin hat hierher geheirathet, der Mann starb, da ist sie mit dem halbwüchsigen Kinde nur kurze Zeit zu Besuch in ihrer Heimathstadt gewesen, doch lange genug, der Mutter Unterricht von Jugend auf, durch praktische Uebung zu vollenden. Hier ist eine Type großstädtischer Armuth und ⌜ihres⌝ Strebens, Reichthums theilhaftig zu werden, um dann recht großstädtisch leben zu können; ein Typus von vorläufiger Accomodation, um sich ⌜einmal⌝ nicht mehr accomodiren zu müßen; in dem Begriffe der Accomodation, die ihr als einstweiliges Mittel gepredigt wird, eine Position zu erlangen mit Vertröstung auf Schadloshaltung dann (Mausefalle) u. das Alles zwar als der allgemeine Weg, den man einmal gehen muß, in ⌜dem⌝ Begriffe der Accomodation liegt das Anschmiegende, Schauspielerische, ⌜das⌝ Mitleid ⌜d*a*s man⌝ gegen sich hat, auch gegen Andere zur Schau zu tragen. So wird diese nun eine gefährliche Freundin und Gegnerin ⟨–⟩ ⌜Notwehr des Schwachen gegen den übermüthigen Starken⌝ ⟨–⟩ (aus selbstmitleidiger Selbstsucht) für die Heldin, ⌜welche⌝ der andere großstädtische Typus, die isolirte Selbstsucht im Uebermuth, die den Besitz zu ihrem Verdienste macht u. Haben an die Stelle des Seins* setzend, auf die Armen herunterschaut. In ihrem Erzieher maskirt die Beifallssucht, der Ehrgeiz der Liebenswürdigkeit – die die unhöfliche Würde ersetzen muß – die hagere Häßlichkeit ⌜des⌝ isolirten Individuums; bei der Heldin hilft ihr guter Naturzug, der sie zuletzt mit Kraft, sich zu retten, ausstattet, oder selbst diese Kraft ist, die Ehrlichkeit* und Wahrhaftigkeit des Wesens, dieser ihr anerzogenen Häßlichkeit zu noch schrofferer Erscheinung. So zeigen beide, die überbornirte, grillige Sitte der Kleinstadt, u. die schlimme Verwaschenheit u. Heimathlosigkeit der ⌜großstädtischen⌝ Sitte-losigkeit ihre Mängel u. Tugenden und die Familie, die zuletzt als Resultat herauskommt, ist eine Verklärung, freier und der Sittlichkeit ⌜selbst⌝ entsprechender geartete, zwischen der Concentration u. ⌜dem⌝ Individualism in der richtigen Mitte stehende, doch

*deßhalb viell. der Titel „Sein und Haben⟨"⟩. Aber alles das müßte dargestellt sein, verkörpert; nichts an den Charakteren u. Motiven beschrieben. Sie müßen sein, was sie bedeuten sollen. Nur ⌜ihre⌝ inneren Gedanken, aber auch diese nicht Rohstoff u. abstrakt. Immer Dialog die Hauptsache.

*der Rechtssinn (erst freil. auf falsche Rechte angewandt)

Weltaufgabe, die Sitte immer identischer mit der Sittlichkeit selber zu gestalten, gewißermaßen zu einem Körper, der ⌜der⌝ im-

durchaus deutsche, in welcher ⌜die⌝ Familie sich ⌜zum ganzen⌝ Haus erweitert.

mer treuere Abdruck der immer geläuterteren Seele.

Der Stiefvater vertritt den Kapitalism, während die Kleinstädter die Arbeit, das Kleingewerbe u. die Halb-Bauerei. Wie die Kleinbürger eine Art karrikirter Würde, so erstrebt der Stiefvater eine gewiße vornehme Liebenswürdigkeit, er scheint Andere gelten laßen zu wollen, nicht sich vorzudrängen, ein humanes Lebenlaßen, ⌜mit⌝ der Heldin ruht er davon aus in Beschauung seines ⌜vermeinten⌝ Werthes (was hat er?). In ihm ist die innere Rücksichtslosigkeit des Individuums, dem Alles erlaubt ist, der modernen französischen Bildung – er hat auch keine deutsche Pietät, rühmt die franz. Sprache über Alles u. sieht sie als die einzige leb*en*de Sprache Europas in der Zukunft, d*as* Ganze eine große französische Republik, Napoleon zwar sein Ideal – in der Base sein direkter Gegensatz, die unbedingte Pietät, die sich vergißt über dem Hause, welches ihr in ihrer Schwester u. deren Nachkommenschaft personifizirt ist, so d*aß*, wie sie einmal aus dem Hause vertrieben ist, deßen Schutzgeist sie war – ganz unsentimental u. instinktiv, da es einmal so sein muß – sie auch den ⌜reichen,⌝ verwandtschaftslosen Alten heirathet, um deßen Erbe den Ihren zuwenden zu können. Zulezt wendet die Heldin sich an sie –* nicht um ihre Erbin zu werden, sondern weil sie deren Werth nun einsieht. Die Base ist hier klug wie immer; sie will erst reine Arbeit, Loslösung völlige der Heldin von ihrem Stiefvater u. völlige äußere- u. innerliche ⌜Umkehr⌝, Thatsache. Sie weiß die Schmeichlerin und deren Mutter zu durchschauen; in ihrer redlichen Listigkeit – Schlange, Taube – bestärkt sie die pp. Des Stiefvaters Rühmen ⌜der⌝ großstädtischen Weise in allen Dingen, sein Hohn über die gekräuselten Gebräuche pp der Kleinstadt, der Base gute Antworten in ihrer ⌜Sprichwort-*manier⌝. – Man sieht nun erst die jungen {Wehen}, Heldin, Rose, Schmeichlerin, Christian, Schmied in ihrer Naturart, sieht sie durch das Medium der besonderen Erziehungsweisen gehen, zulezt durch die Schule des Lebens u. so jedes allmälig zu dem erwachsen, was er am Ende der Geschichte ist.

*nicht ohne Kampf u. dann innerer Empfindlichkeit, die sich immer falsch taxirt wähnt u. danach auslegt.

*u. Spruchreden-

Geiz, die concrete Habsucht; ⌜er⌝ hängt an dem Dinge, nicht an dem abstrakten Werthe deßelben; Geld ist ihm nicht ⌜Mittel, ja⌝, ist ihm Individuum. Verwandtschaft mit der Liebe, der

In dieser Liebe liegt eine Art Gewißheit der Gegenliebe; nicht er ⌜{allein}⌝ sieht den Ducaten mit einem Liebesblicke an, auch der Dukaten ⌜liebäugelt⌝ mit ihm.

Repräsentation der Neigungen, die auf das Concrete gehen. Das ⌜einzige⌝ Concrete, also d*a*s Einzige, was der Abstrakte lieben kann, seine eigene Person, weil ihm jeder andere Mittel ist, Abstraktum, nichts an sich. Geiz also das Extrem der (concreten) Liebe, die Carrikatur, die im Uebermaß umschlagende Pietät ⌜{Oberliebe}⌝. Der Heldin rechter Vater geizig, wie er seinen concreten Besitz mehr liebt als sich selbst, so {noch} mehr als seine Familie, die ihm nur ein Stück seiner selbst ⟨–⟩ ⌜ein Mund mehr⌝ ⟨–⟩ u. ein Verschlinger ⌜{mehr}⌝ des concreten Besitzes. Nicht die Sucht mehr zu haben, plagt ihn, sondern die Angst, zu verlieren, was er hat oder was ihn hat. Dem Bauer, der seiner Standesnatur nach geizig ist, ist sein Haus nicht blos ein Wohnort, sein Gut nicht blos eine in's Concrete übersezte ⌜Summe abstr*a*kten⌝ Geldes, sondern sie ist ihm ein Individuum; er lebt mit ihm in einem Verhältniß wie die deutsche Ehe; ⌜ist⌝ ihm nicht blos Weib, sondern seine Frau. Ihm war der Tod schwerer als dem Habsüchtigen; dieser verlirt in seinem Besitze blos die Mittel zu Zwecken, die keinen Reiz mehr für ihn haben; er verläßt ein Geliebtes, ⌜dem⌝ sein Verlaßen Schmerz bereiten wird. – ⌜Wir⌝ würden den Bauer ⌜u. d*a*s Kind ⟨u.⟩ d*a*s {Thier}⌝ verstehen, wenn wir seine dunkeln Vorstellungen sähen; seine Intereßen haben etwas von der Beschaffenheit der ⌜Cometen⌝, mehr Athmosphäre als Kern. Die Wärmestrahlen sind dunkle u. die dunkeln Vorstellungen erwärmen uns für das, was die hellern, die Lichtstrahlen uns zeigen

⟦93⟧ Auch die Deserteurgeschichte und die Waldburg laßen sich so faßen, daß das Verderben aus der Familienlosigkeit à la mode hervorgeht. Im Helden der zweiten verdirbt der eigene Vater den Sohn moralisch, um ihn seinen Plänen zu gewinnen. ⌜Sein⌝ französisch Thun wendet sich in seinen Folgen gegen ihn. Der alte Pastor macht nur die Autorität der Familie geltend, ohne ihre Pietät geübt zu haben. In der Heldin des ersten ist wie im Helden der zweiten das Familienbedürfniß, der Mangel an Befriedigung macht sie phantastisch u. skeptisch zugleich. Fantastisch wird sie durch die Nichtstillung u. die ⌜krankhafte⌝ Spannung des Bedürfnißes dadurch; skeptisch der Widerspruch der Wirklichkeit mit ihrem Bedürfniße. Das Bedürfniß selbst scheint ein Bedürfniß nach etwas, was nicht vorhanden, deßhalb eine Thorheit; seine eigne Glut gibt die Leidenschaftlichkeit ⌜zur Zermachung seiner⌝ Ideale. Im Heinrich dagegen ist zu seinem eigenen Verderben die eingewurzelte Sitte, die Ehe verlangt, zu stark.

Savigny's claßisches Wort, „daß die Gesetze nichts anderes sein können, als die in's Bewußtsein aufgenommene natürliche Ordnung, daß die Gesetze nichts Neues schaffen, sondern nur das Bestehende (– das Gewordene –) anerkennen können, so wie man im Staate nichts anderes suchen dürfe, als die äußere Form, die sich das innere Leben der Nation auf natürlichste Weise selbst geschaffen."

⌜Riehl Familie 220.⌝

Das häusliche Leben war durch alle Stände gleichartiger: die neuere Zeit hat hier erst ständische Unterschiede geschaffen. – So lange der deutsche Bürger rein deutsche Sitten des Hauses hatte, waren das verfeinerte Bauernsitten. Im Mittelalter ist das noch so gewesen. Mit der Beweglichkeit des städtischen Hauses ist jezt die alte Bauernsitte im Bürgerhause theils unmöglich geworden, theils haben wir sie als altfränkischen Plunder von uns geworfen, aus London u. Paris die kosmopolitische Sitte des gebildeten Europa uns verschrieben u. das deutsche Haus verleugnet. So ist unser bürgerl. Familienleben, ich wiederhole es, ein qualitativ anderes geworden, wie das ursprüngliche deutsche, bäuerliche.

⌜ib. 271. 274.⌝

Die Anekdote von ⌜Haydn⌝ „Wie kommt's nur, d*aß* Ihre Kirchenmusiken alle so lustig sind? Haydn: Ja, schaun's, wenn ich an meinen Gott denke, da jubelt's allemal in mir"; (oder so ⌜ähnlich.)⌝ in eine kleine Novelle umgesezt, worin die Angstfrömmigkeit, die immer einen Etikettenverstoß zu begehen fürchtet u. die eigene Unliebenswürdigkeit⟨,⟩ ⌜den eigenen Hochmuth⌝ auf ihren Gott überträgt⟨,⟩ in ihrer Christounähnlichkeit der wahren Haydn'schen zur Folie untergelegt wird. Seine Neidlosigkeit, der Charakter seiner Compositionsweise. Dabei muß die ganze Novelle s. z. s. von Haydn oder in Haydn'scher naiver, schlichter, heiterer Grazie gesezt; sie muß ein Echo der Wirkung Haydn'scher Musik werden. Durchaus nicht auf Spannung oder sonst Drastik berechnet, sondern wie ein Haydn'sches Allegro mit Adagiosätzen (gedankenhaften über ein gewißes Thema in Wiederkehr in selber u. veränderter Gestalt⟨)⟩. Die Kunst ein heiter Gottgeschenk, davon die

Der Junge reizt mit seinem ruhigen Thun zum Besten der Undine den Gegenpart auf u. siegt durch sein ruhiges Beharren. Der Müller treibt als Rad die alten Herrn; so muß die Undinegeschichte der Sauerteig sein, die Verwickelung u. die Lösung der Pastorgeschichte herbeiführen.

⌜*Darin⌝ kontrastirt er sich von dem alten Müller, an den er aus dieser Naivetät zu seinem Nachtheile so lange glaubt, bis dieser entlarvt steht.

In einem tüchtigen Thun, Selbstangreifen, finden sich die beiden Pastoren einst überrascht nebeneinander u. müßen gegenseitig ihre Tüchtigkeit bewundern. Nach wiedergekehrter Nüchternheit ist der Alte selbst in Verleg*en*heit, d*aß* er sich auf Kosten seines Ansehens hinreißen laßen. Hier war ein gegenseitig Frieden nahe, wie der Alltag wieder Herr, ist der günstige Augenblick wieder vorüber. Der Alte erfährt auch die stille Tüchtigkeit des Jungen. Auch der Junge hat sich nach Äußerungen des Alten geändert, deren Kern Wahrheit er sich gestehen muß.

Zinsen in der Erheiterung, Tröstung⟨,⟩ ⌜Erhebung⌝ pp, kurz in wohlthätigen Wirkungen auf die Mitmenschen bezahlt; das die Religion des rechten Künstlers, eines Hayd'n. Die Verwirrung der geckischen Eitelkeit u. ⌜der⌝ künstlerischen Hypochondrie, alle falschen Mittel – Zukunftsmusik – abhorrirt.

⌜Der Junge profitirt seinerseits von seinen Anfechtungen; er rückt in die rechte Mitte der Kraft u. Milde; die Folge wiederum davon ist Heiterkeit, große Faßung.⌝

Vielleicht spricht der Junge den ganzen Zust*an*d des Alten aus, weil er sich selbst gegen solchen Zustand wehren muß.

Der Junge hat gepredigt von dem inneren Himmel, von der Gesundheit der Seele, die, wie die Kr*an*kheit als Lohn oder Strafe in d*a*s künftige Dasein folgten, so d*a*ß selbst, wenn kein künftig Dasein wäre, doch der Himmel gewonnen. D*a*ß d*a*s die Seligkeit, das die Verdammniß, der Wurm der nimmer schläft, die Sch{merzen} der Kr*an*kheit, die in sich die Neigung, {zu} wachsen. Da wurde der alte P., der des Jungen Predigten besucht, um sich zu ärgern u. sie unschädl. zu machen, durch Gex...xpredigten, erst recht aufgebracht, eben weil sich, d*a*ß Wahrheit darin, ihm aufdrängen will; der Kampf steigert seinen Zust*an*d so sehr, d*a*ß er sich nicht mehr über ihn verblenden kann.† Aber die Demuth wird ihm schwer, das fühl*en*d, sieht er ihre Nothwendigkeit noch stärker u. so kommt sein neuer M*en*sch endlich zum Durchbruch aber mit der

Zu der 2 Pastorengeschichte. Der alte beichtet dem Jungen – er ist näml. hinter seinen eigenen Zustand gekommen u. ehrlich u. tüchtig wie er ist, packt ihn die unvermuthete Entdeckung, auf welche er durch eine Predigt oder Äußerung des jungen gekommen, die erst immer angepocht, nicht nachgelaßen, bis sie mit der Einsicht des Zust*an*des hereingebrochen. Eitel u. zum Zorn geneigt hat der Alte zuletzt in beständiger Aufregung gelebt. Seine Eitelkeit versteckte sich hinter die Eitelkeit Gottes, d. h. was er namentl. von der adligen Patronsfamilie hören muß: Ach Gott, sang die B. schön. Jesus', war D. abscheulich! erregt ihn auf's äußerste, diese Respektlosigkeit! u. ⌜sein⌝ eigener Neid auf die Geltung solcher Dinge, wie Kunst, da er doch ⌜{nur}⌝ gelten sollte, ⌜d. h. Gott⌝⟨,⟩ wird zu Gottes Neid, auf solche Weise der Neid berechtigt, ja Pflicht; ⌜man⌝ weiß nicht, ist er Gottes Vertreter oder ist Gott ein Vorwand seiner Ungottähnlichkeit. So fällt er immer tiefer in Leid*en*sch*a*ft und Laster, die er für Tug*en*d u. Pflicht nimmt, u. so will er, der Tiefkranke, in seiner absoluten Entfernung von Gott – freil. im menschlichen Intereße Gottes – der Arzt weit gesünderer Menschen sein und ⌜sie⌝ zu Gott führen. Die psycholog. Aufgabe wäre demnach den sittlichen Fall durch geistlichen Hochmuth darzustellen. Diese Eitelkeit, Hochmuth, Jähzorn, ⌜eigensinnige⌝ Festigkeit, Strenge, Neid, Rachsucht, diese Leid*en*sch*a*ften , die alle von der Selbsttäuschung maskirt, immer mehr aufschwellen / bis er zuletzt seine sanften Collegen von der Kanzel des Menschenverderbes, der Gottlosigkeit pp anklagt u. die Behörden mit, die ihn machen laßen*; dabei aber eine Tüchtigkeit; Wahrheitsliebe, Bravheit, Redlichkeit, Ehrlichkeit, Unfähigkeit der Verstellung* ⟨oben: Darin⟩, ⌜Willen in der Frömmigkeit, Rechtschaffenheit⌝⟨,⟩ die dann beim Durchbruche mit der Leid*en*sch*a*ftlichkeit seiner Seele vereint, die Demüthigung u. Beichte hervorbringen, alle diese Züge muß der Vorgang bringen. Nun wäre der andere vielleicht in seiner Naturschwäche über das Maas der Milde u. Demuth hinaus gerathen u. auf der andern Seite im Fehl; ⌜Nein!⌝ ein Dritter, der der Theologie weit abläge, stellte die richtige Mitte dar, zu ihm führte, in ähnlicher Selbsterkenntniß, der Ueberdemüthige den Hochmüthigen. Viell. haben einfache Äußerungen des 3ten dem Jungen oft den rechten Weg gezeigt, den er verfahren, so daß es sich bewährt: „Seelig die Einfältigen." Viell. ist in dem Patronshause das Neuste gegeben, wo die {Undine} ×...× gegen wird. Die Müllergeschichte / Undine / müßte nun so geführt werden, d*a*ß sie von den beiden Geistlichen all die Züge ins Spiel brächte, den Alten gegen den Jungen aufbrächte und auch die Lösung herbeiführte. So wäre nun d*as* Problem {frei}, d. h. man brauchte weiter nichts zu wißen, als etwa Bibelsprüche; ⌜nicht⌝ gewiße historische Sekten, sondern gewiße ⟨→⟩⟦94⟧ *Menschentypen*

⌜Erst mißbrauchen⟨1⟩ ⌜verachten⌝⟨2⟩ die Bauern sein Mitl*ei*d, bis er ihnen imponirt, da werden sie ihm aufsäßig und zulezt ist es der alte P. selbst, der sie über den neuen verständigt.⌝

⌜Wie der alte Pastor ×...× werden soll{;} werden auch ×...× für ihn genommen, weil er der Unterdrückte {scheint} u. zwar um ihretwillen. {Ein Sorgender} unterdrückt. Er {treibt} und {hezt} sie halb absichtlich, was eine {Expedition} zu Folge hat, {die} bei dem Gutsherrn{,} gegen den Alten {spricht} u. daraus erfolgt, u. wieder dem Jungen in die Schuhe geschoben.⌝

⟨←⟩⌜Rücksicht auf den Jungen, die Verkennung, auf die er sich stüzt, ihm allgemach entzogen werden, wo er, weil er nicht anders muß hartnäckig u. eigensinnig festhält, bis plötzlich, d*a*ß er geirrt, nicht mehr zu bemänteln ist. Das trifft ihn; die Lehre d*e*s Jungen, d*a*ß man nicht Gott Rachsucht pp zutrauen dürfe, die Predigt, die der Alte vom Jungen raffinirt auf ihn berechnet meint, währ*en*d der dadurch seine eigene Rachlust, die der ×...×...× Funken auslöschen {wollte}, ist immer der Anstoß zu wachs*en*dem Zorne – eben weil die Wahrheit darin {herauskam} – u. ×...× als ×...×...× endl. {den Jungen} ×...×⌝

⟦94⟧ Menschentypen spielten das Stück; so läge es mir vollkommen handlich. Es behandelte den Sieg der Religion Christi über die christl. Religionen, d. h. die Religion der Menschen.

Die Harten, Herrschsüchtigen, die sich eben nach dem ⌜so anders beschaffenen⌝ Muster bilden sollten, bilden das Muster nach sich.

---

ganzen L*ei*d*en*sch*a*ftlichk*ei*t seiner Natur.

†d*a*ß es sein eigener Hochmuth pp den er Gott {unter}gestellt.

*⌜wodurch Bauern fanatisirt werden, an dem Jungen durch irg*en*d einen Frevel, die Strafe zu üben, die die Obrigkeit sollte. Drohbriefe? Die wiederum zu einer Prüfung des Jungen werden. Er zeigt sie dem Alten u. erklärt, in seiner Pflicht nicht wanken ⟨zu⟩ wollen. Der Patron möchte den Verursacher ×...× versetzen, aber der Junge thut ihm Einhalt u. glaubt, durch Liebe ihn noch zu zwingen. Auch d*as* erfährt der Alte u. wird, weil immer unzufriedener mit sich, immer verbißener (gegen den Patron{h*err*}).⌝

Der Junge hat die Religion Christi, d. h. er grübelt nicht {über} deßen Worte, sondern fragt sich, wo er Rath braucht, wie hat oder hätte Christus in diesem Falle gehandelt. Er muß sich gestehen, d*a*ß Xstus d*as* höchste Menschenmuster u. läßt es dahingestellt, ob histor. oder wie sonst oder nicht.

Die Müllergesch. gibt einen Kampfplatz ab, in welcher der Alte, gegen den Jungen an sich eingenommen, in einer Art Selbsttäuschung immer ungerechter wird; ihre Conflikte aus der Müllergesch. erhitzen wiederum seinen inneren Zust*a*nd u. sein persönl. u. theolog. Verhältniß zum Jungen; man sieht immer, wie er seinen Gott beleidigt {hält} u. ihn rächen will. Nun

muß sein halbabsichtl. Irthum in ⟨→⟩*Rücksicht*

Daß die Verschiede*n*heit der theolog. u. praktischen Auffaßung nicht in der Religion gegeben, sondern die Färbung, die ihr die verschiedenen Menschentypen geben; u. wo sie schon in der Bibel ist, dadurch hineingekommen.

Solger's nachgel*a*ßene Schriften u. Briefwechsel, herausgegeben v. Raumer u. Tieck. L. Brockhaus. 1826. 2 Bde.

I. S. 714. Den Waverlei las ich freilich etwas spät pp. Es hat mich mich Vieles darin auf's Höchste überrascht; ich hätte es einem jetzigen Engländer nicht zugetraut. Wie stimme ich aber so ganz in Ihr Urtheil ein, daß dem Verfaßer nur wenig zum wahren Dichter fehlt, und dies Wenige doch am Ende das ist, was den wahren Dichter macht! Vortrefflich, ja bewundernswürdig ist diese Gabe der Darstellung. Sie zeigt sich aber erst recht glänz*en*d pp Das Trinkgelage beim Bar. v. Bradw., die Wanderung zu Donald Ben Lear, die Schlacht sind Stücke, die dem größten Dichter Ehre machen würden, u. doch fühlt man schon in diesen Darstellungen, d*aß* d*a*s Talent nicht im höchsten Sinne geleitet wird, an der übergroßen Ausführlichkeit u. Micrologie. pp – – ⌜bei Flora,⌝ so wie auch bei dem fast müßigen Blödsinnigen, zu sehr in d*a*s Intereßante verloren, was sonst eigtl. nicht seine Schwäche ist. Weil er diese Staupe des Zeitalters sonst nicht hat, habe ich ihn noch mehr lieb gewonnen. Die 2te ausgezeichnete Eigenschaft ist die Klugheit, mit welcher er die Begeb*en*heiten in einander greifen u. auf einander wirken läßt, so d*aß* wenig Umstände vorkommen, die nicht irgend eine Wirkung auf die Haupterfolge hätten. Dennoch bemerkt man diese Absichtlichkeit zu sehr, u. auf der anderen Seite hat er sie wieder nicht durchführen können, indem der Anf*ang*, die Exposition, zu ausführl. u. großen Theiles müßig ist. Deßhalb hat er uns den Char. u. die geistige Richtung seines Helden so oft schildern ⌜u. erklären⌝ müßen. Endlich ist die ⌜3tte⌝ Tugend die edle Parteilosigkeit gegen die Personen u. Handlungen. Die allgemeine Situation, auf die das Ganze gebaut ist, der unauflösliche Zwiespalt zwischen der Anhänglichkeit ⌜an⌝ die alte ehemalige Regierung und die damit zusammenhängenden Grundsätze u. Sitten, u. dem neuen Standpunkte des Staates u. der Welt ist ⌜groß⌝ u. tief eingreifend. Als den Repräsent. der einen Partei möchte ich den redl. u. treuherzigen Baron, als den der anderen den ernsten, trockenen Talbot ansehen; in der Mitte werden Fergus, der Chevalier u. der Held mehr von individuellen Anregungen getrieben. Dieser tiefe Zwiespalt erregt große u. ernste Gedanken, u. der Verfaßer hat ihn schön u. rein gehalten. Hier ist es aber auch gerade, wo die Unzulänglichkeit am meisten einleuchtet, u. wo es sich verräth, daß die große Idee, die darin liegt, nicht das eigentlich wirkende Prinzip im

Dichter war, sondern mehr die Bemerkung dieser Verhältniße in ihrer äußeren Erscheinung u. das sich daran schließende Raisonnement. Man kann dies vorzüglich auch an dem Char. des Helden u. seiner Entwickelung bemerken. Dieser bleibt eigtl. ganz stehen, u. ist am Ende um nichts mehr gewitzigt, als er im Anfange war. Er dient fast nur als Faden für die Reihe der Zustände u. Schilderungen. Es ist zwar richtig, d*aß* der Held des Romanes keine besonders wirkende u. treibende ⌜Macht⌝ sein muß; denn, wo wir Alles aus einer wirklichen Individualität hervorgehen sehen, da verschwindet uns der höhere poetische Gesichtspunkt, und ich möchte sagen, was ⌜im⌝ Epos die einwirkenden u. leitenden Götter sind, das sind im Romane die unausweichlichen Umstände u. der Lauf der Dinge. Aber es muß doch mehr mit dem Helden vorgehen, die Umstände müßen doch etwas aus ihm machen u. wir müßen dadurch auf gewiße Weise in den Stand gesezt werden, die widerstreitenden Prinzipien im Lichte einer höheren Ordnung zu sehen. Das ist gleichsam die Beruhigung des Romanes. Statt deßen kommen wir beim Waverley zu keinerlei Befriedigung. Seine Paßivität läßt ihn gleich Anfangs ⌜in⌝ unsern Augen sehr tief sinken durch die Duelgeschichte u. sein daraus entstehendes Verhältniß zu den Offizieren seines Regiments, u. dies wird nicht einmal durch ernsthafte Leiden etwas ausgeglichen. Wegen dieser Unklarheit des höheren Gesichtspunktes ist auch der Schluß übereilt, u. befriedigt nur d*a*s gemeine Romanintereße, daß alle Personen untergebracht werden, mit allzu großer Aufmerksamkeit für einige Lieblingsfiguren. pp –

Ich muß Ihnen gestehen, daß ich Byron, von dem ich zwar nicht viel kenne, lange nicht so hochhalten kann. Sein Egoismus und sein unruhiges, trübes u. mit sich selbst kokettirendes Wesen ist mir zu sehr zuwider. – Bei dem Feldzuge des Chevalier hatte ich eine solche Lebhafte Erinnerung an die Memoires de la Marquise de la Roche-Jaquelin. Haben Sie denn diese schon gelesen? Ich erinnere micht nicht, d*a*ß wir davon gesprochen hätten. Wäre es nicht, so thun Sie es ja bald: es ist eins der herrlichsten Werke der neueren Literatur, d*a*s wahre moderne Epos. – –

⟦95⟧

Weil ich wieder Etwas machen muß, was, und zwar möglichst bald, Geld einbringt, so habe ich mich für einen alten Stoff entschieden, für den Claus. – Er gehört der Sphäre des Humors an und zwar, wenn ich ihn seine Geschichte selbst erzählen laße, der Sphäre des objektiven Humors. – –

Zur 2Pastorengeschichte.

Man lernt die M*en*schen drin allmälig kennen; der alte Müller muß im Anfange auch den Leser täuschen, der dann desto leichter glauben wird, d*aß* der Müller auch die Mitspieler täuscht. – Alle Figuren typisch u. nur mit Zügen ihres Typus individualisirt, so d*aß* dies Individualisiren ein Idealisiren (Typisiren) wird.

„Ostern" vielleicht der Titel. Das Ganze eine Objektivirung der Osterstimmung. Und dies „Ostern" muß symbolisch durch das Ganze tönen. Der Sieg des Frühlings, der Milde, Humanität, über die abstrakte Strenge. So wird es in des alten Pastors Herzen Ostern u. die ganze Entwickelung des Romanes ist ein Ostern. Nach grimmer, dauernder Kälte kommt ein Thausturm, warmer Regen und plötzlich, wie dies endet, ist der Lenz da. Ueberhaupt muß die Natur (d. i. deren Schilderung in Kleinerem u. Größerem⟨)⟩ stets Objektivirung der Stimmung des Vorganges* sein. In der Gemeinde – wie in der ⌜Menschheit –⌝ ist der alte Pastor u. seine Gewalt ⌜u.⌝ Wirksamkeit das lezte Zusammennehmen des Winters, der neue Pastor mit Zubehör, der trotz der sich nochmals aufraffenden Kraft des Winters sich ⌜Bahn machende⌝ Lenz. Dazu ist das Ostermal das Versöhnungsmal. Kraft u. Milde versöhnt sich und wird zu Einem. Der Leser muß die Empfindung haben, als bräche wirklich über die Welt – auch die geschichtliche, ⌜über⌝ die geistige wie über die physische – ein Frühling ⌜herein⌝. Das war schon vorgebildet in der Entwickelung der Heldin. Unterdeß hat auch ihr Vater in Nordamerika sich Thatkraft geholt und in einem bedeutenden Vermögen Zuversicht. Die Müllerstochter hat sich viell. „wegen böslicher Verlaßung" von ihm scheiden laßen. Der Nix hat sich ⌜u.⌝ seinen Schatz an ihr gerächt; sie ist zurückgekommen durch eine Ueberschwemmung – Wolkenbruch wie in Wachwitz? – u. Anderes. Die alte Abergläubige sieht in d*es* alten Pastors Umkehr pp Hexerei; sie versteht es nicht u. seufzt um Wiederkommen des Reiches des Teufels.

*und damit höhere Motivirung des Vorganges sein.

Denn durch den Unglauben an ihn hat er diese große Macht.

Uebrigens nimmt der Autor keine Partei; er behandelt den Conflikt als Sache der Individualität. Nicht diesen Glauben will er oder den, er zeigt nur, wie beide auf Modifikazion der Idee des Christenthumes durch die ⌜Haupttypen⌝ der menschlichen Natur beruh[t]⟨en⟩.

Das Werk muß zwischen dem Romane u. dem Idyll mitteninnen stehen in der Art wie der Lampenputzer oder Mabel Vaughan.

Die innern Entwickelungen mehr durch den äußeren Vorgang hindurchscheinend, als eigentl. psychologisch sezirt. Die im Grunde brave Natur des alten Pastors muß man immer sehen, er ist eine Art Erbförster, u. daher seine ⌜endliche⌝ Umkehr nichts weniger als auffallen. Der Arzt leitet ihre verschiedene Natur aus der Physiologie u. Pathologie her; das moral. Thun des Menschen ist ihm ein Symptom wie die Gesichtsfarbe, Stimme pp

Ueber dem Ganzen muß Heiterkeit schweben.

Keine der Figuren darf eine Charge, seine Carrikatur in Dickens Art sein. Der Vortrag völlig objektiv, daher nirgends lyrisch.

Der Junge ist erst ein vollherziger Idealist voll wärmster Liebe zu jedem Menschengesichte ⌜u. idealistischer ⌜Gewißheit⌝ großer Erfolge u. Wirkung seiner schwärmerischen Hingebung[.]⌝, nur durch eine gewiße Blödigkeit zurückgehalten, einem Menschen um den Hals zu fallen. Auch er hat eine reiche Entwickelung – einige individuelle Merkzeichen müßen ihm durch seine ganze Partie bleiben, nur allmälig mit dem werd*en*den Charakter selbst modifizirt – er hat seine Verzweifelungsstunden, wo nur die Blödigkeit ihn hindert, gar zu viel zu thun. Er verscherzt sich die Gemüther durch sein Wesen; er fühlt immer mehr den Mangel an Haltung u. ersezt ihn zulezt. Der Alte merkt bald seinen Vortheil u. ist in gewißer Hinsicht mit seinem Verhalten gegen ihn im Rechte. Der Alte will kein Vicar u. hat sich vergebl. dagegen gewehrt, er sieht in dem neuen Ankömmling eine Art von Feind, Aufseher u. angestellen Angeber. ⌜Er ist, wie er durch Erfahrung weiß, daß grade diese Gemeine ihn braucht; währ*en*d die Consistorialherren ⌜über⌝ ihren tabellarischen Leisten Alles schlagen.⌝

Der Junge hat schwere Kämpfe mit sich, Rachsucht will auch

ihn bestricken u. zu Gewaltschritten treiben; da hält er sich selbst jene Predigten, die dem Alten soviel zu schaffen machen und der Sauerteig sind. ⸢Wohl am besten die Mittelstr*a*ße nicht verlieren: am besten, wenn der junge P. sich eben so sehr zu des alten P*a*stors Standp*un*kt bekehrte als umgekehrt. D. i. soweit jener gesund war. Des Alten Reue geht auf den kranken Zust*an*d, in welchen ihn des jungen Anwesenheit steig*en*d versezt. Selbständigkeit, Tüchtigkeit der Natur des Jungen, die herausgefordert, sich zeigt u. im Kampfe mit der Bauerselbstsucht u. -Ungemüthlichkeit sich immer mehr stählt.⸣

Es gibt eine Art objektiven Humors, wenn ein Mensch über seinen eigenen Charakter im Irthum ist u. etwa als Held seiner eigenen Erzählung ⸢in⸣ seiner Meinung von sich ⸢mit⸣ der, welche der Leser oder Höhrer aus des Erzählers u. Helden ⸢wirklichem Handeln abstrahirt⸣, ⸢im durchgeführten⸣ Widerspruch steht. Eine andere Art, die sich dem subjektiven Humor annähert, ist die Art u. Weise, in der Boz seinem Mr ⸢Pickwick⸣ behandelt; hier liegt der Reiz darin, daß der Autor selbst⟨,⟩ ⸢der⸣ in der Täuschung des Helden über diesen befangen scheint, dem unbestochenen Urtheile des Lesers gegenüber komisch wird. Es gehört dies in die Kategorie des ⸢sich⸣ selbst zum Besten Habens*, ⸢der absichtlichen⸣, wenn auch nicht ⸢ausdrücklich⸣ eingestandenen, Selbstironie. ⸢Und zwar über einen nur affektirten Fehler.⸣

*⸢des⸣ subjektiven Humors

Beim Claus könnte man beide Wege einschlagen; vielleicht auch mit beiden wechseln. Das poetischeste Komische, wie wir es bei Shakespeare unvergleichlich schön finden, liegt in dem Selbstgefühle, der Selbstzufriedenheit, ja Selbstbewunderung der gutmüthigen, harmlosen Beschränktheit, die sich auch wohl auf Gegenst*än*de der Neigung u. hier zuweilen mit einer Art Mitleid gemischt, erstreckt – Shaal, Stille; Holzapfel, ⸢Schlehwein;⸣ Lanzelot u. Vater ⸢Gobbo⸣. Es wäre dann, als schriebe ⸢od. erzählte*⸣ Holzapfel die Abenteuer Schlehweins*; ⸢das⸣ wäre eine gedoppelte Komik. Es ließe sich denken, d*aß* man zwischen beiden Figuren wechselte – zwischen Erzählung des Autors u. Tagebuchfragmenten des Klaus selber. Der Bund, welchen Klaus, Caßius pp schlößen wäre an sich komisch, daß der Autor, der nichts von den komischen Momenten des Vorganges u. der ⸢Figuren⸣ verschwiege, die Sache eben so groß u.

*Eine Art bewußter gemüthlicher Parodie

†erstes eine Art bewußter gemüthlicher Parodie, das andere eine unbewußte dergl.

*oder ein dritter närrischer Kerl die Gesch⟨.⟩ beider, so d*aß* wir Schlehwein durch d*as* Medium des Autors u. Holzapfels sähen†, die beide in Manchem nicht conformer Meinung über ihn⟨,⟩ nur in der Hauptsache, d*aß* er brav pp enthusiastisch ansähe u. austönte, machte den Contrast noch komisch schneidender u. das Wohlwollen, die Neigung des Autors zu seinen Helden brächte ein gemüthlich Element dazu. Das Aufmerksammachen auf die Naivetät, Anspruchslosigkeit der großen Seele ⸢in dem Augenblick, da sie die Bewunderung der Welt⸣ verdient pp Freil. absichtlicher wäre diese Art, aber ⸢für viele Leser⸣ würde erst dadurch d*a*s Verständniß ermöglicht.

⟦96⟧

Ich lese wiederum die Pickwicker u. mit großem Vergnügen. – Vor einigen 20 Jahren, wie ich das Buch zum erstenmale las, fielen mir von allen Seiten Gestalten und Detail zu. Später und bei andern Boz'schen Romanen schien mir diese Art zu dichten immer schwerer, große Kenntniß des ⸢äußeren⸣ Lebens oder des Lebensdetails, d. h. Geschäfts pp Details mir immer nothwendiger dazu. Nun ich die Pickw. zum zweitenmal lese, geht es mir wie vor 20 Jahren und ich finde, daß die Phantasie einen bei weitem größeren, jene Detailkenntniß einen beiweiten kleineren Antheil an diesen Erfindungen hat, als scheinen mag. Und gerade wo bei Boz die Kenntniß des Details am größten, da ist die Wirkung relative am wenigsten poetisch; wo in andern Fällen diese Kenntniß so groß erscheint, ist es in der That die Thätigkeit seiner Phantasie, welche diesen Schein veranlaßt.

Das Schönste in den Pickw. ist die s. z. s. Begeisterung der Heiterkeit, die Kunst der Ausmalung und Durchempfindung der heiteren – nicht eigentl. komischen Situationen. Z. B. die Hochzeit bei Mr. Wardle, darin besonders Pickwicks Rede. Der Engländer, durch seine politische Verfaßung gewohnt, Reden zu halten ⸢oder⸣ wenigstens zu lesen, behält auch in seinen privaten u. privatesten Situationen etwas von dieser Gewohnheit, ein Etwas, das Boz die schönsten Veranlaßungen gibt.

Das Formelle des parlamentarischen Comment ist in die ⸢allgemeinen⸣ Umgangsformen eingedrungen u. selbst die Domestikenstube beut einen ⸢Nachhall⸣ der Häuser.

Schön, d*aß* die Heiterkeit so der Grundton des Buches, daß selbst die schlimmeren Figuren von ihr getragen u. verklärt werden, wie z. B. Jingle, der Schäfer, die schlimmen Icti pp der Maulbeerfarbene.

Aus der Höflichkeit, dem Formellen beim Umgange wird

bei Boz noch eher als bei andern Engländern ⌜das Detail genommen u. der⌝ Dialog gesponnen. Es ist schon bei Shakesp. etwas Aehnliches der Fall. Ich wollte auch dies England in die Schuhe schieben, die ⌜romanschreib*en*den⌝ Engländer um diese Gewohnheit oder ⌜diese gentile⌝ Ader beglückwünschend, als mir einfiel, daß die Homerischen Gesprächseinleitungen eigentlich nichts anderes sind und nur nach Maßgabe der Zeit u. Nationalität davon unterschieden. Diese Paßus, diese Einleitungen, dieses gleichsam für sich Vorhandene beglaubigt dann die eigentlichen Handlungsmomente, indem es ihnen die Absichtlichkeit maskirt; zugleich sind sie die Gelegenheiten des Auslebens; die poetischen Figuren werden darin Weltmenschen, d. h. sie ⌜zeichnen⌝ ihre Stellung, ⌜Bildung pp, thun ihr Heimathsrecht der concreten wirklichen Welt dar⌝, sie verlieren das Abstrakte der idealen Conception.

Ueber den ersten Bänden der Pickwicker fielen mir die namenlosen Geschichten von Hackländer ein, welche stellenweise sehr stark an jene erinnern; sowie aber Pickwicks Prozeß mehr hervortritt, verschwindet jene Aehnlichkeit mehr und mehr. In den eingelegten (besonders den volksthüml.) ⌜Erzählungen⌝ sind auch schon Höfers Gesch. aus dem Volke vorgedeutet.

Prächtig wie das ⌜instinktive⌝ savoir vivre u. savoir faire im Sam Weller sich auslebt auch in den Szenen mit den Domestiken in Bath.

Von nun an muß ich denken, wie Boz Vorrede beginnt:

„Der Zweck des Verfaßers war, in diesem Werke dem Leser eine fortwährende Reihe von Charakteren und Ereignißen vorzulegen, sie in so lebhaften Farben zu schildern, als er vermochte, und sie zugleich lebendig und unterhaltend zu machen.“

Indem er sich dem Urtheil Anderer beim Beginn der Arbeit unterwarf, nahm er die Maschinerie des Clubbs an, welche als die für seinen Zweck geeignetste angegeben wurde; da er aber fand, daß sie ihm nicht ganz zusagte, so gab er sie allmälig auf, indem er es von wenig Bedeutung für das Werk hielt, ob dem Clubb genau epische Gerechtigkeit werde oder nicht.

Die Erscheinung des Buches in monatlichen Heften, von denen jedes nur 32 Seiten enthielt, machte es erforderlich, daß, während die verschiedenen Ereigniße hinlänglich mit einander in Verbindung stehen mußten, um nicht als abgerißen oder unmöglich zu erscheinen, der allgemeine Plan einfach genug war, um durch diese Art der Veröffentlichung, die nicht weniger als 20 Monate währte, nicht beeinträchtigt zu werden. Kurz es war nothwendig, oder es erschien wenigstens dem Verfaßer so, daß jede Nummer bis auf einen gewißen Grad an und für sich vollständig sein und doch alle 20 Hefte ein leidlich harmonisches Ganze bilden mußten, von denen jedes doch einen allmäligen u. nicht unnatürlichen ⌜Fortschritt⌝ zu dem andern hinüber leitete.

Es ist einleuchtend, daß in einem mit solchen Rücksichten veröffentlichten Werke kein künstlich angelegter oder sinnreich verwickelter Plan billigerweise erwartet werden kann. Der Verfaßer lebt der Hoffnung, daß er die Schwierigkeiten seines Unternehmens mit Erfolg besiegt hat, und wenn man den Pickwicker Papieren vorwirft, daß sie nur eine Reihenfolge von Abenteuern sind, in denen die Szenen immer wechseln und die ⟦97⟧ Charaktere kommen und gehn, wie die Männer und Frauen, denen wir in der wirklichen Welt ⌜begegnen⌝, so kann er sich nur damit beruhigen, daß sie auf weiter Nichts Anspruch machen und daß derselbe Vorwurf gegen die Werke einiger der berühmtesten englischen Schriftsteller vorgebracht worden ⌜ist.⌝

Die folgenden Seiten wurden von Zeit zu Zeit geschrieben, fast wie es die Gelegenheit ⌜gab⌝. Da sie dem größten Theile nach in der Gesellschaft eines sehr treuen jungen Freundes geschrieben wurden, der jezt nicht mehr lebt, so stehen sie in dem Geiste des Schriftstellers zugleich mit der glücklichsten Periode seines Lebens und mit de[n]⟨m⟩ traurigsten und ergreifendsten Ereigniß in Verbindung.

Die fast beispiellose Güte und Gunst, mit der diese Blätter von dem Publikum aufgenommen wurden, wird ihrem Verfaßer, so lang er lebt, eine nie versiegende Quelle dankbarer und angenehmer Erinnerung sein. Er hofft, daß in diesem Buche kein Ereigniß oder kein Ausdruck sich findet, daß er auf der zartesten Wange eine Schamröthe hervorrufen oder die Gefühle der empfindlichsten Person verletzen könnte. Wenn eine seiner unvollkommenen Schilderungen, während sie Unterhaltung gewährt, auch nur einen Leser veranlaßen sollte, beßer von seinen Mitmenschen zu denken und auf die glänzenden und freundlicheren Seiten der menschlichen Natur zu blicken, so würde der Verfaßer sich stolz und glücklich fühlen, ein solches Ergebniß herbeigeführt zu haben.

Im 6ten Bändchen (Braunschweig, Vieweg u. Sohn, Uebersetzer G. V. v. Carnowsky.) S. 190:

„Laßt uns nun von unser'm alten Freunde scheiden in einer jener Stunden ungetrübten Glückes, von denen uns, wenn wir sie nur suchen, in unser'm irdischen Dasein doch so manche beschieden sind. Das Erdenleben hat seine finsteren Schatten, aber die Lichtpartieen werden durch den Gegensatz nur noch mehr hervorgehoben. Es gibt Menschen, die, gleich den Fledermäusen und Eulen, beßere Augen für die Finsterniß haben, als für das Licht; wir, deren Sehorgane anders beschaffen sind, werfen lieber auf die Gestalten unserer Phantasie, die uns in so viel einsamen Stunden umschweben, den lezten Scheideblick in solchen Momenten, wenn der volle Sonnenschein und Glanz des irdischen Glückes sie beleuchtet. –

1 Bdchen ⌜190⌝ S. à 33 Z. à 14 Sylben
2. „ 199 „
3. „ 173 „
4. „ 206 „
5 „ 213 „
6 „ 194 „
⌜1175 „ = 38,⟨775⟩⌝

Es enthielt also 1 Heft durschnittlich 58 ¾ Seiten der Viewegschen Ausgabe.

Das Ganze hat 58 ⌜Kapitel.⌝

Die 20 Hefte mögen wohl so die 58 Kapitel unter sich geteilt haben, daß:

⌜Heft 1⌝ die 3 ersten Kapitel enthielt, ⌜soviel⌝ wie 1 Bändchen bis zu Seite 52, ⌜also enthält das⌝

1 Hft	den Text	bis mit	Kap. 3,	⌜das⌝ was im	1 Bdchen	bis zu	Seite 52	zu finden
2 „	„	„	6 „	„	„	„	123	„
3 „	„	„	10 „	„	„	„	173	„
4 „	„	„	12 „	„	2 „	„	29	„
5 „	„	„	15 „	„	„	„	93	„
6 „	„	„	17 „	„	„	„	146	„
7 „	„	„	20 „	„	„	„	199	„
8 „	„	„	22 „	„	3 „	„	54	„
9 „	„	„	26 „	„	„	„	146	„
10 „	„	„	29 „	„	4	„	31	„
11 „	„	„	32 „	„	„	„	87	„
12 „	„	„	35 „	„	„	„	167	„
13 „	„	„	37 „	„	„	„	206	„
14 „	„	„	40 „	„	5 „	„	63	„
15 „	„	„	43 „	„	„	„	119	„
16 „	„	„	46 „	„	„	„	181	„
17 „	„	„	49 „	„	6 „	„	20	„
18 „	„	„	51 „	„	„	„	66	„
19 „	„	„	54 „	„	„	„	124	„
20 „	„	„	58 „	„	„	„	194	„

Wenigstens bezeichnet die von mir angegebenen Grenzen jederzeit ein Szenenwechsel, wohl ⌜auch⌝ ein Zeitspatium. ⌜Der⌝ Seitenzahl nach sind manche Hefte (nach meiner Eintheilung⟨)⟩ länger, manche kürzer als die Durchschnittzahl (58 ⅔ Seiten); wenn jedes Heft 32 Seiten hatte, so hat Boz bei der Ausgabe in Bänden dann manche Kapitel erweitert, oder, was glaublicher, die Hefte hatten zuweilen engeren, zuweilen weiteren Druck. Es ist kaum glaublich, daß es Boz so genau mit der Seitenzahl hätte treffen sollen; wie es hier ist, wo die 20 Hefte, jedes mehr oder weniger ein kleines Ganze, soweit es bei den Abtheilungen Eines Buches möglich, ist das Erreichbare erreicht.

⟦98⟧

⟨*Notizen: Bücherliste*⟩

⟦99⟧

Wenn man einmal an das Geldverdienen als an eine Hauptsache bei der Schriftstellerei denken muß, wie es eben bei mir der Fall, so muß man sich auch nach der Neigung des Lesepublikums richten. Man muß sich vornehmen, zunächst immer daran zu denken, unterhaltend zu sein. Nur darf man nicht blos eine u. vielleicht gar noch die ordinärere Leserschicht zum Prinzipal wählen; man muß darauf denken, wo möglich

Alle zu unterhalten. In seinem Fragmente: Orbis Piktus für ⌜dramatische⌝ u. Romanautoren – vermischte Schriften, Wien, Armbruster, 1817. 5 Theile – hat Lichtenberg treffliche hier einschlagende Bemerkungen. z. B. (von Milton ist die Rede): „Sein Werk gleicht den Werken der Natur. Dort hängt der silberne Mond am blauen Firmament, dem entzückten Säugling auf den Armen der Wärterin, darnach zu greifen, dem einsamen Wanderer zu leuchten, und Eulern und Mayern, seine Bahn zu bestimmen. Beattie citirt den Milton, so wie er die Natur citirt, und glaubt, mit der Natur zusammen zu treffen, wenn er mit ihm zusammentrifft. Alles dieses ist dem Schüler noch verborgen, der sein Auge an deßen Bildern weidet, oder der mit Entzücken die unerreichbare Harmonie seiner Verse hört. Man vergleiche nun die meisten Werke seiner meisten Nachahmer mit ihm. Der Säugling greift danach, der Wanderer tappt dabei, und Euler u. Mayer laßen ⌜sie⌝ liegen. Es ist da keine Beschäftigung für sie. Manche Dichter unter uns werden nur von gewißen Dichtern gelesen. Daß man so schreiben könne, daß jeder Etwas in einem Werke findet, vom Schüler bis zum Philosophen und dem Weltmanne hinauf, darf ich wohl nicht erweisen, die Natur macht alle ihre Werke so, allein der Mann, der das thun will, muß kein einseitiger Tropf sein. Er muß reich genug sein an Bemerkungen, eine hinzuwerfen, auch wo er nicht gewiß ist, ob sie gleich gefunden ⌜werden⌝ wird, und Goldstücke hinzugeben mit einer Miene, aus der sich gar nichts auf deßen Gehalt schließen läßt: und nicht wie uns're Prächtigen rothe Heller mit einer Majestät zurückschmeißen, daß, wer blos die Miene sieht, denken sollte, es wären Goldstücke."

Solche Motive spielen bei Boz eine große Rolle, wie das Vorurtheil Herrn Wellers senior gegen die Wittwen; solche Motive haben eigentl. mit dem Char. nichts zu schaffen, ⌜aber⌝ sie amüsiren eben deßhalb desto mehr; als liebenswürdige Schwächen sind sie zugleich Schmuck u. Folie der sonstigen Tüchtigkeit. So ist der Styggins, der Schäfer, auch ⌜die Mrs Weller⌝ ganz äußerlich; sie sind s.z.s nur der Phantasie präsentirt, und darin mag ein großer Theil ihrer angenehmen Wirkung liegen. Wären ⌜diese⌝ beiden Figuren dem Verstande u. Gefühle des Lesers nur um Etwas näher gebracht, so würden sie einen ganz andern Eindruck machen; es würde das Verkehrte uns beleidigen, statt daß ⌜sie uns, wie sie sind, belustigen⌝. Es war in dieses Verhältniß H. Wellers, seiner Frau u. Styggins eine Spannung zu bringen, wenn es ernster ergründet wurde; aber alle Figuren hätten dabei verloren. So lernen wir sie nur beim Eßen und Trinken u. im äußeren Costume kennen. Daher geht es dann mit den Umkehren und Sinnesänderungen desto leichter. Davon auch Jingle u. Trotter Beispiele. Getrunken, gegeßen wird denn in dem Romane sehr Viel; Boz will die ⌜Menschheit⌝ besonders in ihrer Liebenswürdigkeit u. d*a*s Leben in seiner Heiterkeit zeigen; u. da der Mensch am heitersten, folgl. am liebenswürdigsten beim Eßen und Trinken zu sein pflegt, so that Boz zweckmäßig daran. Man kann sagen: Eßen, Trinken, Schwatzen, Redenhalten und Prügeln oder Prügelnwollen; darin besteht hauptsächlich das Detail der Pickwickier.

Ich habe an Einem Abende die drei ersten der bei Cotta 1856 erschienenen „Culturhistorischen Novellen v. Riehl" ⌜und⌝ dann den Anfang des Dicken'schen Romanes „Zwei Städte⟨"⟩ (4 ½ Cap.) gelesen und mancherlei Gedanken dabei und darüber gehabt. Die Novellen, besonders der Stadtpfeifer, gefielen mir recht wohl, aber die deutsche Herzlichkeit u. Innigkeit, dazu etwas ⌜Philisterei⌝ hat doch etwas beängstigend ⌜Kleines⌝⟨,⟩ Enges und Gedrücktes. Dagegen macht der Engländer in seinen ersten 4 Capiteln nicht einmal eine Erwartung rege, er wolle ⌜irg*end*⌝ in seinem Buche das „Herz" intereßiren; er beginnt ⌜damit⌝, eine abstrakte Spannung zu erregen u. zu steigern u. zwar wendet er sich dabei lediglich an unsere Phantasie. Sein Pinsel ist ⌜breit u.⌝ der Strich virtuos; u. wenn man ⌜schon⌝ eine Vergleichung anstellen darf oder vielmehr eine anzustellen nicht verhindern kann, so ist das Resultat, daß uns ⌜jene⌝ deutschen Novellen und damit fast alle den Eindruck machen, wie ein Werk es pflegt, was ein ⌜Dilettant⌝ zu seinem Zeitvertreibe u. seiner persönlichen Ergötzung auf ein Blättchen gezeichnet, dagegen ⌜im⌝ Engländer der virtuose Mann vom Fach erscheint. Jener scheint zu streicheln, um zu streicheln, er liebkost u. streichelt s. z. s. das isolirte Werk seiner Gedanken, puzt es mit kleinen Herzenszügen aus wie ein Püppchen, das sorglich ⌜zur Betrachtung der Familie in⌝ den Schrank gestellt werden soll, während der Engländer das seine zum Gebrauch

N. 6958.
Bei ×××. Brandt (Pochmann) N. 6338.

für ⌜den⌝ Käufer, fest, elegant und modern in die ⌜weite⌝ Welt schickt. Und fürwahr, er braucht nicht ängstlich zu sein, denn das Werk steht ⌜selber⌝ seinen Mann, ⌜es⌝ ist selbständig seinem Autor gegenüber; was dem Werke geschehen mag, trifft nicht den Autor, wie bei dem Deutschen der Fall wäre, der sein eigen Herz in das seine gesenkt hat. Und man möchte sagen: behaltet euch lieber in euch, gebt uns eure wirkliche, lebende Person, nicht euer innerstes Herz; damit darf man keinen Handel treiben. Der Engländer treibt die Schreiberei wie ein Geschäft; er verkauft u. macht zum Verkauf – aber nicht sich selbst; der Deutsche, der zuletzt doch auch mit seinem Werke Handel treibt, treibt diesen mit seinem Innersten, Heiligsten. Entweder handle man nicht oder handle mit andern Dingen.

⟦100⟧ Ein Zweites, was sich uns aufdrängt, ist die Naivetät, mit der die Deutschen, wenn sie für eine Sache einen neuen Namen gefunden haben, meinen, sie haben nun die Sache erfunden und in der Freude ihres Herzens es Allen erzählen, die es ⌜hören⌝ oder lesen wollen. Nun die culturhist. Novelle existirt schon seit lange, schon Waverley gehört unter diese Rubrik, wenn wir nicht die dramatisirte culturhist. Novelle Götz nennen wollen. Ja selbst Werther ist eine dergleichen. Von früheren Tom Jones, noch früher u. die erste der D. Quixote. Denn was in diesem Romane spielt, sind die culturhistorischen Agentien, ⌜in⌝ welchen das Mittelalter mit der modernen Zeit kämpft. Dieser D. Quixote verdient den Namen weit mehr als eine der Riehl'schen, die ich bis jezt ⌜gelesen.⌝ Diese könnte man in jeder Novellensammlung lesen, ohne etwas darin zu finden, was sie wesentlich von den meisten andern unterschiede. Hegel fordert das, was nach Riehl die culturhistorische Novelle charakterisirt, von jedem Romane, aber er fordert ⌜noch mehr,⌝ eine Vollständigkeit des Zeitbildes, eine Totalität des culturhistorischen Zeitbildes. In jedem Romane ⌜sogar der Gegenwart⌝ gibt überdies der Autor eine objektive ⌜Uebersicht des⌝ Culturzustandes seiner Zeit.

Was will den eigentlich das deutsche Publikum vom Romane? Man hört, die Dorfgeschichten sind sie satt. Mißfällt ihnen daran die einfache Composition oder gar Anekdotenhaftigkeit, oder die enge ⌜einförmige⌝ Welt, die sie darstellen? D. h. mißfällt ihnen die Einfalt der Behandlung oder die Einförmigkeit des Stoffes? ⌜Oder⌝ beides? Vielleicht auch die Unarten,* die die Dorfgesch. im Uebermuthe ihres Geltens oder von der Ungeschicklichkeit und Unpoesie vieler ihrer Pfleger angenommen hat? Sind sie die ewige Appellation ⌜an „das Herz“⌝ überdrüßig? Das Spielen mit dem Kleinen, Niedlichen? Dem geknitterten Gefälte wie an den Roben altdeutscher Madonnenbilder und -Statuen?

*die gemachte Naivetät, Sentimentalität, die Anbetung der eigenen Figuren, das Herzlichthun pp all das, wodurch die Wahrheit von Neuem zur Lüge geworden ist, die markirte Bildung, die für naive Natur gelten soll, wenn der Autor seinen naiven Figuren seine eigenen Reflexionen unterlegt?

Es ist eigen, wie ⌜weit⌝ bei Boz die Gespräche ausgesponnen sind. Man möchte meinen, um die Bogenzahl seiner Bücher zu vermehren; an manchen ⌜weniger bedeutenden⌝ Stellen zwar nur, um die Haltung und Gleichförmigkeit zu bewahren. Sieht man auf das Ganze, so muß man gleichwohl gestehen, daß eine solche Breite nöthig ist, um bescheidene u. auf stille Wirkung abgesehene Züge anzubringen, den Schein der Unabsichtlichkeit und Natürlichkeit hervorzubringen, und das Springen der ⌜Szenen⌝ über Zeit und Ort zu balanciren. Ferner hilft es, ⌜uns⌝ Figuren u. Situationen einzuprägen, welche in ihrer epischen Äußerlichkeit wie Schatten forthuschen würden; es macht uns mit den Figuren vertraut, als hätten wir mit ihnen gelebt, gibt eine gewiße Behaglichkeit und macht die Umriße des Ganzen größerlinig u. imposanter; auch laßen sich in dem reichen Gebälke u. Sparrwerk ⌜die Schwalbennester der Reflexion⌝ leichter und weniger auffallend, selbst mit einem gewißen lyrischen Schwunge, anbringen und begünstigen ⌜mit⌝ ihren Reflexen ineinander die Fixirung der Stimmung. –

Die Formen der Erzählung selbst.

vide S. 25.

a., Die eigentliche Erzählung; wie man im gewöhnlichen Leben zu erzählen pflegt. ⌜Man muß voraussetzen⌝, daß der Erzähler seinen Gegenstand entweder ganz oder theilweise selbst erlebt ⌜oder daß⌝ er ihn aus fremder Hand hat; ⌜er⌝ referirt und muß sich wohl hüten, Dinge zu detailliren, die er weder selbst erlebt, noch von einem Anderen erfahren haben kann, z. B. die unbelauschten lezten Augenblicke eines Menschen u. dergleichen. Hat er die Geschichte selbst erlebt, so wird er entweder selbst der Held derselben sein, oder doch ihm⟨,⟩ ⌜dem Helden⌝⟨,⟩ direkt oder ⌜indirekt, zeitweilig oder stets⌝ nahe ⌜gestanden haben⌝⟨2⟩ gewesen sein⟨1⟩; d. h. entweder er selbst oder sein Währsmann oder seine Währsmänner. Der Erzähler wird ⸢sein⸣ Wißen um die Sache motiviren müßen. Er wird in der Regel ab ovo anfangen, doch kann er das früher Geschehene als Erläuterung an der ⸢Stelle⸣, die deß bedarf, beibringen. Dabei hat er das Gesetz der Erinnerung zu ⸢seiner Regel⸣. ⸢Also⸣ kann er, wenn es die Aßociation der Ideen erlaubt, Abstecher machen; doch müßen diese Abstecher nicht ⸢seinem⸣ Plane fremd sein, ⸢im⸣ Gegentheile müßen sie ihm dienen als Kunstmittel, wo sie denn ⸢so⸣ unabsichtlich und natürlich erscheinen können, als sie absichtlich und gemacht sind. In der Darstellung innerer Entwickelungen, des allmäligen Werdens, in alledem, worin der Verstand besonders mitthätig ist, hat diese Art zu erzählen den Vortheil; aber eben wegen der ihr ⸢möglichen Stätigkeit⸣ läuft sie Gefahr, den Leser ⸢durch⸣ Spannung und Einförmigkeit zu ermüden*. In Hinsicht auf Amusement ist

*d. h. peinlich oder aber langweilig zu werden.

b., die szenische Erzählung im Vortheile. Der so Erzählende erlebt die Geschichte und läßt sie den Leser mit erleben. Er braucht nicht zu motiviren, wie er dazu kommt, zu wißen, was er erzählt. Hier ist die Kunstmäßigkeit bemerklicher. Er hat viele Prozeduren mit dem Dramatiker gemein; er muß seinen Vorgang in Ort und Zeit sammeln, ja er arbeitet auf eigentliche theatralische Effekte hin. Bei dem Erzählen ad a ist das Medium der Mittheilung lediglich das Ohr, hier aber wird gewißermaßen durch das Ohr dem Auge mitgetheilt; der Leser erfährt nicht abstrakt die Sache, sondern sie wird ihm vor das innere Auge gestellt. Natürlich ist es, daß diese Darstellung eine mehr äußerliche sein wird, als jene. Er ⟦101⟧ bedient sich aller der mimischen Mittel, durch welche der Dramatiker seinen Vorgang vor das äußere Auge u. Ohr des Zuschauers stellt, um den Leser zu einer Art Zuschauer ⸢u. Zuhörer⸣ zu machen, der seine Gestalten sieht und ihre Reden hört – aber mittels des inneren Sinnes. Er bedient sich sogar der Licenzen des Dramatikers, ⸢z. B.⸣ durch die ⸢Reden der Gestalten die⸣ Vorgeschichte oder Stücke derselben exponiren zu laßen, anstatt sie selbst zu exponiren. Diese Art der Erzählung setzt die Existenz des eigentlichen Dramas voraus; Leute, die davon Nichts wüßten, würden sich in ⸢dieser Art der⸣ Erzählung nicht zu orientiren wißen.

Diese Art der Erzählung hat vor der eigentlichen, wie vor dem eigentlichen Drama, von welchen ⌜Beiden⌝ sie eine Mischgattung ist, erheblich Viel voraus. Sie kann einem weit verwickelteren Plane, einer weit reicheren ⌜und⌝ mannigfaltigeren Composition gerecht werden und ⌜bei⌝ weit größerer Länge ⌜der⌝ Ermüdung weit leichter vorbauen, als die Erzählung bei a und als das Drama. Sie kann kühner sein als ⌜Beide⌝ und hat vor dem eigentlichen Drama noch das voraus, daß der Autor keine Mittelsperson* bedarf. Er baut sich sein Theater, er malt sich seine ⌜Decorationen, er bläst seine Blitze⌝ selbst; er ist sein eigener Theatermeister und keine Schwierigkeit legt ihm ⌜ungefüges reales⌝ Baumaterial in den Weg, er muß kein Gewicht, keine Reibung pp von Körpern berechnen, um sie zu überwinden; er braucht keine fremden Hände zu seinem Bau; und so ⌜rasch⌝ und ungehindert er wie ein Zauberer entstehen und ⌜da⌝ sein läßt, was er will, so rasch weiß er es zu entfernen, um Anderem Platz zu machen. Neben ihm steht weder ⌜der⌝ Controleur mit der ⌜Uhr,⌝ noch der mit dem Maasstabe, er ist unumschränkter Herr über Ort und Zeit. Er schafft sich seine Schauspieler selbst, in denen nichts Selbständiges, nichts Individuelles, das der Maske und den übrigen Absichten des Dichters widerspräche, er schafft sich Schauspieler, die nur sich selbst zu spielen brauchen und dies ihr ganzes Selbst schafft er genau eben so, wie er es braucht. Sein Publikum kommt nicht, um sich selbst zu zeigen oder ⌜für⌝ sich seine eigene Komödie außer der seinen zu spielen, noch anzusehen, kein Operngucker entführt ihm deßen Aufmerksamkeit, sein Publikum zerstreut sich nicht gegenseitig. Kommt ihm nicht die ⌜der seinen⌝ vereinte Kraft eines ⌜großen⌝ Mitdarstellers zu Hülfe, so kann ihm auch kein schlechter seine Sache verderben und er braucht seinen Beifall mit keinem andern Menschen zu theilen. Er kann, was der Gedanke kann, seiner Darstellung kommt keine reale Beschränkung in den Weg; für seine Szene gibt es keine ⌜physische⌝ Unmöglichkeit; er kann, was die Natur kann und was der Geist. Ihm steht eine Musik zu Gebote, gegen welche wohl alle reale Musik plump und schwer, wie der Körper gegen die Seele gehalten. pp.

*u. keiner äußeren Anstalten u. Apparate

NB. a erzählt in der Regel die Dinge in derselben Reihenfolge, in der sie geschehen sind, zuweilen schaltet der Erzähler etwas Frühergeschehenes, das ⌜Vorhergehende⌝ oder auch das Nächstkommende zu erklären. Immer ⌜aber⌝ ist es der Erzähler, der zu seiner Bequemlichkeit oder um des Verständnißes willen, dergleichen thut. Der Erzähler stellt sich u. sein Erzählen zugleich mit dar; er muß ⌜zugleich⌝ seine Erzählung beglaubigen. Hier ist ein episches Medium, mache es sich nun mehr oder weniger bemerklich.

Bei b dagegen fällt dieses Medium als dargestelltes völlig weg. b erzählt nicht nach der Reihenfolge, sondern die Gesichtspunkte der Spannung, des Effektes, der idealen Bedeutung (contrast*irend*e Parodie) bestimmen die Ordnung. b verfährt weit mehr indirekt, als a; bei seinen Arrangements gibt der Erzähler nie einen Grund, Warum ⌜in⌝ dieser Folge? wozu diese Szene? Woher er dies weiß u. dies. Das Alles bis auf die lezte Frage muß der Vorgang selbst ⌜beantworten.⌝ a muß die lezte, wie alle diese Fragen direkt erledigen, b braucht es nicht, denn hier erzählt die Gesch. s. z. s. sich selbst, der Geg*en*stand conterfeit sich selbst wie eine Photographie. Bei a ⌜ist⌝ die histor. Glaublichkeit, der Credit des Erzählers ein Hauptpunkt; seine Gesch. muß überall bewiesen werden, bei b dominirt nur die ästhetische Zweckmäßigkeit.

Nun existirt noch eine dritte Art c., welche aus der bei a u. b zusammengesezt ist und die Vortheile beider vereinigen kann, die psychologische Entwickelung, überhaupt die stetige Darstellung innerer ⌜u.⌝ äußerer Vorgänge, die Causalität des Verstandes, die lyrische Innigkeit ⌜des Gemüthes⌝, ⌜auch⌝ die Gedrängtheit von a mit der detaillirten Mimik, charakteristischen Ausmalung der äußeren Erscheinung und ⌜dem⌝ erfrischenden Springen der freien Fantasie. Er fügt den Reiz des Problematischen zu dem des genauen Durchschauens von Personen und ⌜begebenheitlichen⌝ Zusammenhängen, er mischt nach ⌜seiner Absicht⌝ Handlung und Begebenheit, das Leben des Geistes und der Natur, das Subjektive und Objektive ⌜im Gehalt⌝ u. in der Form, er erzählt Eines, das ⌜Andere⌝ läßt er seinen Leser miterleben, wie es seinem Zwecke dient. Erfüllt er die ihm gestellte Aufgabe, zu amüsiren, so kann er belehren, erheben, bewegen, bilden, bauen und zerstören, gute Triebe zu stärken, schlechte ⌜zu⌝ schwächen suchen, rathen, warnen, kurz Alles, was und wie er will.

Wenn er und die Kälte zusammenkamen, bekam die Kälte, nicht er Zähneklappen.

Es ist die Frage, ob der humoristische Roman nicht das Beste seiner Wirkung verliert, wenn er die Gegenwart verläßt und ⌜einer⌝ [je] länger vergangenen Zeit [er] sich zuwendet. Dies kann der ⌜Autor⌝ aus ⌜zweierlei⌝ Absicht thun, 1., um der Gegenwart, die ⌜ihm⌝ nicht gefällt ein ideales Vergangenheitsbild vorzuhalten, oder ⌜umgekehrt⌝ 2., des Lesers Behagen an der Gegenwart zu befördern, indem er ⌜ihr⌝ eine vergangene Zeit zur verschönernden Folie macht. Es sind dies dieselben zwei Richtungen, die auch dem Romane aus der Gegenwart – sei es nun Absicht des Autors oder geschehe es unbewußt – eigen sind. Man könnte noch eine hinzufügen, die mit dem meisten Recht ⌜die⌝ ideale genannt werden kann, nämlich die, welche nicht eine wirkl. dagewesene oder noch vorhandene, sondern eine Welt ⌜abspiegelt⌝, welche der Autor für eine wünschenswerthe hält u. gehalten wißen will, ⌜und⌝ welche er ⌜abspiegelt⌝, um auf ⌜eine⌝ Neugestaltung oder Beßerung der eben bestehenden ⌜nach⌝ Kräften hinzuwirken.

Wirklich sind die beiden lezten Romane, welche in einer vergangenen (nicht lange) Zeit spielen im Ganzen gehalten als spielten sie in neuester. Nur zuweilen erinnert eine Notiz (topographisch oder in Bezug des eben herrsch*en*den Geschmackes ⌜oder vielmehr Zustands⌝ in Geräthen u. dergl. Nebenwerk), daß

Ein Stoff oder vielmehr ein Gehalt u. Inhalt für einen Roman: Ein Mensch, der sich von der Gegenwart isolirt aus ideellen Gründen und endlich zu der Einsicht kommt, daß eben das, welches er verachtet dasjenige ist, was er sucht. Denn unsere Kunst ist nicht, was ⌜den Cinquentisten⌝, Shakesp*eare*s u. der claßischen Zeit ⌜die⌝ ihre war; unsere ist eine Art Gelehrsamkeit, und ⌜nur⌝ diese befähigt zum Verstehen u. Genießen, wir müßen im Geiste ferner Zeiten empfinden u. urtheilen lernen, wodurch die Künstler ⌜u.⌝ Gebildeten ihrer Zeit u. diese wiederum der Kunst u. Bildung, überhaupt der Poesie des Lebens ⟦102⟧ nur immer fremder wird. So tritt Kunst pp aus dem Zusammenhange mit den übrigen Lebensintereßen heraus ⌜zu⌝ beider Nachtheil. Schon uns're große Literaturepoche war großentheils eine wurzellose, ein Gedachtes wurde realisirt, anstatt die reale Pflanze zu cultiviren, die darüber zum Unkraut wurde. Wir Deutschen wurden immermehr im Unwirklichen seßhaft, ⌜da,⌝ schlimm genug, schon unser Nationalname – Deutsche – nur ⌜ein⌝ unwirkl. Gedankending ist. Wir Colonisten des Gedankens oder der Gedankenwelt, die wir die wirkl. darüber verlieren. Wir dichten für die Literaturgeschichte, malen für die Gallerien pp musiziren nicht ⌜mit musicalischen⌝, sondern mit poetischen Ged*an*ken, dichten mit philosophischen pp. Verglichen sind die Illustrirer unserer Bücher, selbst des Kladderadatsch pp unsere Raphaele, Tiziane pp, der Roman unsere ⌜Poesie pp⌝ – So verläßt denn der Held sein altes Streben, überzeugt, es sei Pflicht, nicht das Alte dem Jetzigen vorzuziehen u. so Kunst pp zu isoliren wie eine Art Mysterion u. Geheimdienste oder exclusiven Bildungsstand (-Rang), sondern das Jetzige mit Liebe u. Gewißenhaftigkeit zu veredeln. pp Dies Auswandern der edelsten Geister in ferne Zeiten – Schiller u. Göthe in's claßische Griechenl*an*d, der Romantiker in pannationales Mittelalter und die übeln Folgen für unsere Zeit, deren organischer Ausbildung die besten Kräfte sich ⌜entzogen⌝ und einen Boden kranker Unwirklichkeit bilden. Also nicht Schönheit unser Criterium, sondern Wahrheit; unsere Kunst muß den nährenden Boden der Wirklichkeit wieder suchen. Die Krankhaftigkeit u. wirkl. Unschönheit der Schiller'schen Ideale. Shakesp. steht unserer Zeit weit näher als unsere Schiller u. Göthe. Moral. Urtheil, Lebensweisheit. Verherrlichung des Triebes, der

die Geschichte älter ist; nie aber ⌜beziehen⌝ sich solche Notizen auf Etwas, ⌜was⌝ dann mit der Bildung u. Sprechart der Person in Widerspruch kommt: ⌜„Damals!" Dies damals ist aber durchaus kein bestimmtes.⌝

Es entsteht eine neue Art Heuchelei pp Ideenheuchelei, Kunstheuchelei pp Je ferner von dem Stoffe der Zeit ihre Form gesucht wird.

Man sieht, unsere ⌜große⌝ Literaturepoche nur ein Wiederbringen, Sh., Homer pp aus jeder Stelle herauszuerkennen.

Leidensch*a*ft u. des Skeptizism, d. h. des Indifferentism.

Natürl. muß alles dies objektiv im Vorgange stecken, und ⌜Obiges⌝ nur als Gesammtheit der einzelnen Reflexionsresultate des Helden, welche zugleich die Vordersätze zu den Schlüßen, auf welchen seine Umkehr zum Wirklichen ruht, erscheinen. Es würden nun Typen unseres Kunstlebens, das conventionelle Geplauder über die alten Bilder pp mit den stehenden Redensarten ⌜von Bewunderung pp⌝; manche fühlen wahr, er, der Künstler selbst, aber eben darin fühlt er ihre u. seine Isolirung von der Wirklichkeit. Die verschiedenen Arten von Kunstheuchelei. Bald gefällt ihm die unverholene Langeweile derer, die ⌜Nichts⌝ von dieser Gelehrsamkeit besitzen beßer, als jenes; denn hier sieht er auf der andern Seite z. B. für L. Richterillustrationen pp eine wahre, freil. naive Theilnahme. – Das Treiben der jetzigen Musik pp – Aber er sieht auch das andere Extrem von Kunstheuchelei, namentl. die kalte Spekulation auf den Zeitgeschmack. Er muß sich sagen, wenn die Wärme der wirkl. Kunsttalente sich an die zeitgemäße Stelle gestellt, so wäre diese Verderbniß nicht so hoch gewachsen; eben so, wie unseren griechischen u. aesthetisir*en*den Göthe u. Schiller gegenüber ⟨sich⟩ die Kotzebue'sche pp Gemeinheit ausbilden konnte als ein ander Extrem.

In der constitutionellen Zeitung ist ein Referat über Dr. Semlers Vorlesung über Othello (die zweite in dem Cyclus, der Shakesp. als den Dichter des Tragischen charakterisirt)⟨, darin⟩ steht auch eine Notiz über die Aufführung jenes Stückes im ⌜Saddler⌝ Wells' ⌜Theater,⌝ wobei besonders hervorgehoben wurde, daß die dortigen Schauspieler, wenn auch sonst vielfach hinter den deutschen zurückstehend, doch die Hauptsache (nach Ludwig Schröder) zu treffen wüßten, nämlich den rechten Ton; und daß dies sehr wesentlich ⌜durch⌝ das Selbstgefühl sich erkläre, welches in England schon mit dem Kinde aufwachse und eine weit freiere Anschauung der Welt ⌜schon⌝ von Jugend auf ⌜gestatte⌝.

Dies Selbstgefühl zeigt sich, wie jeder Engländer strebt, wie Pickwick von sich sagt, daß er gethan, „sich ein unabhängiges Vermögen zu erwerben", um, wie dieser Pickwick thut, auf Kosten seiner besten Jahre vielleicht nur das Alter zu genießen. Es scheint, ⌜daß⌝ die vielleicht wenigen Jahre von Selbständigkeit im Alter, dem Engländer Glück genug sind, das ganze übrige Leben daran zu geben. Aber schon in dem* ⌜Strebens⌝ nach solcher Unabhängigkeit, liegt ein Grund zu dem Selbstgefühle, diesem Affekt, den zu genießen des Engländers Leidenschaft. Leicht entsteht aus ⌜diesem⌝ Streben die Leidenschaft der Habsucht und andere; ich glaube der Krämergeist des jetzigen Englands ist ein Produkt daher, aber die erste Ursache dazu ist eine äußerst respektable. Sie aßoziirt sich ganz natürlich mit Muth, Ehrgefühl – oder sie ist dies leztere eigentlich selbst. Wir Deutschen überwinden die ⌜äußere⌝ Abhängigkeit durch Reflexion und Handthieren mit der inneren Freiheit; wir sind auch in dieser Hinsicht die Colonisten des unwirklichen Gedankens u. es ist ein Zeichen von Hegels Deutschheit, daß er den Gedanken zur Wirklichkeit macht. Ohne zu wißen und zu wollen, hab' ich dieses Selbstgefühl, das den Deutschen fehlt, meinen poetischen Figuren gegeben; die Erbförster, Nettenmair, Judahs, ja sogar die Heiterethei hat ihr tüchtig Theil daran. Ohne zu wißen u. zu wollen? Ja, was ⌜den⌝ Einzelnen betrifft, denn Judah möchte dies Selbstgefühl seinem Volke erwerben. Aber wahrlich, das Selbstgefühl einer Nation wächst nur aus jenem realistischen Selbstgefühl der Einzelnen als solcher auf. In dieser Rücksicht weiß ich nun meinen Weg. Leider habe ich mein eigenes Selbstgefühl durch Krankheit pp zum Theil verloren; dies muß ich herstellen, denn nur was in des Autors Charakter ist, kann auf den Charakter seiner Nation bildend u. schaffend einwirken.

⟨*⟩Bewußtsein des ernsten

Denn während ich denen, die mich stützten, Dank weiß, den ich noch abzutragen hoffe, fühle ich ⌜es doch {als}⌝ ein Leid u. für mich ein größtes, daß ich Mitleid erdulden mußte u. noch muß, aber gewiß nicht länger, als ich muß.

⟦103⟧ Von mir selber kann ich einen Charakter abstrahiren, der viell. in einem Romane brauchbar. Ein Mensch, der ⌜Alles⌝ zu schwer nimmt, muß dadurch dem Scheine verfallen, als nähme er Vieles zu leicht. Ganz natürlich. Wer auf der einen Seite zuviel thut, muß auf der andern zu wenig thun. Ist nun jene Seite ihm zugewandt, so sehen Andere vielleicht nur die Rückseite, eben die, welche er vernachläßigt – wohl verstanden, nicht absichtlich, sondern weil ihm zu wenig Aufmerksamkeit für dieselbe bleibt. ⌜Summum jus⌝ summa injuria; so kann man sagen: die äußerste Gewißenhaftigkeit, schließt große Gewißenlosigkeit ein. Denn der Mensch hat ein so beschränktes Vermögen, daß er, ⌜was⌝ er an dem Einen zuviel thut, am Andern zu wenig thun muß. So kann ⌜Ein⌝ Zugewißenhafter, in deßen Aßociation zunächst die Totalvorstellung A⟨,⟩ u. Ein dergl., in welchem dito B am lebendigsten u. in der vollsten Beleuchtung u. ⌜durch⌝ Gewohnheit u. Neigung am ⌜bereitesten⌝, sich zusammenzufinden, so können diese beiden, indem sie, jeder sich das Leben schwer machen, durch ⌜übertriebene⌝ Gewißenhaftigkeit nach ⌜dem⌝ besondern Punkte hin, jeder den andern für einen unbegreiflich leichtsinnigen Menschen nehmen.

Je länger ein Roman, desto drastischere Situationen wird derselbe bedürfen. Auch, wenn das nicht daßelbe, je ausgesponnener der Dialog und das Detail. Desto ⌜größer muß die Verwickelung⌝ sein, ⌜und⌝ desto stärker markirt wiederum die einzelnen Fäden dieser Verwickelung. Denn ⌜dieselbe⌝ [dergl.] Markirung ⌜der einzelnen Fäden⌝ der Verwickelung selbst, die in eine[m]⟨r⟩ ⌜kleinen u. weniger⌝ verwickelten Erzählung bis zum Lächerlichen absichtlich erschiene, kann in einem reichen u. ausgesponnenen Ganzen zu sehr zurücktreten. Je größer u. ⌜reicher ein⌝ Bild, desto stärker und deutlicher müßen die Umriße und die Farben sein, damit Figur vor Figur hervortreten u. das Ganze nicht zu einem confusen Durcheinander von Köpfen, Armen, Beinen werde, aus dem man jede einzelne Gestalt mühsam heraussuchen muß. Nicht, daß feinere ⌜u. mildernde⌝ Züge gänzlich ausgeschloßen werden sollten; aber sie müßen da angebracht sein, wo sie nicht ⌜schaden⌝ können, innerhalb der einzelnen Gespräche und nie ein Gelenk im Causalnexus ausmachen sollen.

Zwei Städte v. Dickens 4 Bde.

Der jüngere Marquis Evrémond hat eine Unterthanin ihrem Manne genommen, sie gewaltsam zu seiner Mätreße gemacht u. ihren Bruder, der sie rächen will, tödlich getroffen. Die Brüder Evrémond ⌜nehmen⌝ vom Wege den Dr. Manette aus Beauvais in einem Wagen zu der Wahnsinnigen u. dem Sterbenden, der dem Dr. die Geschichte erzählt. Der ältere Evr. räth dem Arzte Schweigen, der Geld ausschlägt. Der Doktor zeigt die Gesch. in einem Briefe dem Minister an, erfährt von der Gattin des älteren Evrémond, welche ihn besucht und ⌜für⌝ die jüngere Schwester jener ⌜Geschwister⌝ sorgen will, deren

Namen aber sie nicht wißen, u. die der Bruder in die Fremde in Sicherheit gebracht, den Namen de[r]⟨s⟩ Marquis. Sie hat ihren Knaben bei sich u. möchte ⌜durch⌝ Wohlthaten ihn dem Fluch entziehen, deßen nahe Vollziehung (la deluge) ⌜auch⌝ sie ahnt. Der Doctor wird unter dem Vorwand, zu einem Kranken gerufen zu werden, nach der Bastille gebracht, wie er sieht auf Anstiften des Marquis, der seinen Brief an den Minister hat u. vor des *Doktors* Augen verbrennt. Nachdem er an 20 Jahre geseßen, wird er frei gelaßen u. ein früherer ⌜Diener,⌝ der Weinwirth Defarges in der Vorstadt St. Antoine nimmt sich des Befreiten an, der ⌜wie⌝ blödsinnig ist u. Niemand hat, da seine junge Frau kurz nach seinem Verschwinden gestorben u. seine kleine Tochter mit ihrem kleinen Vermögen nach England gekommen, wohin Mr. Lorry, ein Commis von Tellson u. Comp., ⌜wo⌝ ihr Vermögen stand, u. Freund ihres Vaters sie ⌜im Auftrage Tellsons⌝ mitgenommen hat. Auf die Nachricht von dem Wiederfinden Dr. Manettes soll dieser durch jenen Commis, der eben in Paris, wo eine Commandite Tellsons, zu thun hat mit herüber nach England gebracht werden. Unterwegs bekommt der Commis die Weisung, die Tochter des Doc*tor*s in Dover zu erwarten, die hier von ihm erfährt, d*aß* ihr Vater noch lebt u. daß sie ihn abholen helfen soll. In Paris finden sie den Dr. Schuhe flickend und blödsinnig durch die lange[n] Kerkerhaft, er erkennt in Lucie halb das Dämmerbild ihrer Mutter u. folgt ⌜leidend⌝; die Schuhbank pp muß mit. Ungefähr im zehnten ⌜Jahre⌝ seiner Haft hat er die Ursache seine Leidens aufgeschrieben u. im Kamin versteckt. In England unter der Pflege seiner Tochter u. der Theilnahme des Commis kommt der Dr. wieder zum hellen Bewußtsein, behält aber eine Gedrücktheit den Seinen gegenüber, die ihn in seinem elenden Zustande gesehen, obgleich er sich wieder in sein altes Geschäft wirft u. sich eine ärztliche Praxis erwirbt. Auf der Ueberfahrt lernen die Doc*tor*es einen jungen Mann, Darnay, kennen u. müßen, da dieser angeklagt ist, als Spion im Intereße des sich damals befreienden Amerika zwischen Frankreich u. England hin u. hergereiset zu sein, im Old Bailey als Zeugen auftreten, wie auch der Commis muß. Bei dem Verhöre verrathen sich Lucies Gefühle für Darnay; Barsad u. Dry, zwei Old Bailey-Spione treten als Ankläger auf. Dry will Darnay an einem Orte gesehen haben, wo sein Anwesen verdächtig;

ein Advocat, Sidney Carton, zeigt sich dem Publikum u. seine Aehnlichkeit mit dem Angeklagten wirkt zu deßen Gunsten auf die Geschworenen, ⌜dieser⌝ wird frei gesprochen. Carton ist ein blasirter Mensch ohne Trieb, sich gelt*end* zu machen, aber von edelm Kerne; Darnays Anwalt bedient sich seiner großen Anlagen; er ist deßen „Schakal⟨"⟩. Carton hat sich in Lucie verliebt, wie Darnay; dieser frequentirt des Doctors Freundschaft u. wirbt ⌜endlich⌝ um Lucy. Darnay ist der Sohn des ältern ⌜Evrémond⌝, der uns vorgeführten Marquise Kind. Als der ⌜aristocr*at*. Tyrann, der⌝ jüngere Bruder des Marquis, der Verderber jenes Mädchens, der als Zwillingsbruder Mitbesitzer, nach des älteren Bruders Tode Besitzer, von einem Manne, deßen Kind er überfahren, in seinem Bette erdolcht worden, geht Charles, der nunmehrige Erbe nach England u. wird da Sprachlehrer; Gabelle, der Beamte auf seinen Gütern ist von ihm angewiesen, keine Steuern zu erheben, sondern ⌜den gedrückten Unterthanen⌝ zu helfen wie er kann; Charles entsagt der Erbschaft, auf der jene[r] Flüche ruhen. – Bei der Einnahme der Bastille ⌜sucht⌝ u. findet Defarges das Papier mit der Geschichte des Doctors im Kamin, dadurch erfährt seine Frau, ein entschiedener Charakter, ein eifriges Mitglied der Jaquerie, welche keine andere ist, als jene in Sicherheit gebrachte Schwester, die Geschichte ihrer Geschwister. Der Dr, der in Charles den jungen Evrémond ahnt, nimmt ihm d*as* Versprechen ab, seinen Namen weder ihm noch sonst einem im Hause zu entdecken; das junge Paar hat kaum die Hochzeitreise angetreten, als den Dr. die Gemüthsbewegung wieder zum blödsinnigen Schuster macht. – Die Bank dazu pp hat er immer in seinem Schlafzimmer gehabt. Der alte Commis u. Miß Proß, die Pflegerin Lucies bewachen ihn u. vernichten, nachdem der Dr. wiedergenesen seinen Kindern nachreiset, mit seiner Genehmigung die ⌜{ihr} gefährlichen Erinnerungsmittel⌝. Der Anfall wurde Lucie verschwiegen. – Die Revolution ist im vollen Gange, der alte Commis ⟦104⟧ muß der Commandite wegen nach Paris. Charles, ⌜den⌝ Gabelle in einem Brief ruft, ihn durch sein Zeugniß vor dem Revolutionsgericht zu retten, da er deßen ⌜milde⌝ Aufträge ausgeführt, geht nach Paris, was die Seinen erst nach seiner Abreise durch Briefe von ihm erfahren. Sie folgen ihm. Unterdeß ist das Emigrantengesetz gegeben und Charles wird bei seiner Ankunft in Paris ⌜in⌝ das

Gefängniß la Force gebracht. Dr. Manette, der als Bastillegefangener populär ist, macht sich als Arzt einheimisch u. weiß sich so in d*as* Vertrauen zu bringen, daß er glauben darf, Charles retten zu können, der durch ihn in der Septembermordnacht am Leben erhalten wird. Er wächst nun im Selbstvertrauen, jezt nicht mehr Pflegling, sondern Halt der Seinen und bringt wirklich Charles glücklich durch das Gericht und in Freiheit. Aber kaum befreit wird er zum zweitenmal arretirt auf Anklage der beiden Defarge u. eines Dritten. ⌜Beim⌝ Gerichte bringt das Papier mit der Geschichte Dr Manettes u. seinen Flüchen auf das Haus Evrémond in den Händen der Defarge Alles in solche Aufregung, daß Charles in die Conciergerie gebracht wird, ⌜um⌝ am andern Tage 3 Uhr zur Guillotine zu wandern. Der Doctor, der solchergestalt wider seinen Willen des Eidams Hauptankläger geworden, fällt wiederum in seine Geisteskrankheit. Carton, der auch in Paris, erhorcht zufällig von Barsad ⌜u. Dry⌝, die jezt ⌜Revolutionsspione,⌝ die neue Gefahr; bei Defarges sich als Stockengländer ⌜geberdend⌝, daß Madame D. auch den Doctor, Lucie u. das Kind unter die Guillotine liefern will. Er kauft ein Pulver, zwingt den Barsad mit Anklagedrohung – daß Dry noch lebe, bezeugt Mr Cruncher, Tellsons Ausläufer, der als Auferstehungsmann statt Drys Leichnam Steine pp im Sarge gefunden, wodurch Carton einen Vortheil erhält – ihm den Zutritt bei Charles zu verschaffen, u. ihm bei seinem Plane behülflich zu sein, der darin besteht, d*aß* er kurz vor Charles Abholung zum Tode, diesen besuchen, durch Einathmenlaßen des Pulvers ohnmächtig machen⟨,⟩ ⌜die Kleider wechseln⌝ u. so zu dem Commis schaffen laßen will. Diesen hat er durch Mittheilung der Gefahr Lucies, des Doktors pp bewogen, diese, da er zur Abreise bereit, mit in den Wagen zu nehmen, u. vor 3 Uhr ihn erwart*end*, zur Abfahrt bereit ⌜zu⌝ sein. Auch hat er ihm seinen Paß gegeben, der dann für Charles Paß gelten muß, der Dr hat ebenfalls den seinigen. Der Plan gelingt, jene entfliehen mit Charles, dem Ohnmächtigen, in Cartons Kleidern, Carton wird guillotinirt statt seiner. Mr Cruncher u. M*i*ss Proß wollen von Notre Dame aus ihnen nachfahren, während Cruncher den Wagen besorgt, kommt Mrs. Defarge, um ihr Opfer, Lucie, nochmals zu sehen; Miss Pross läßt sie nicht durch eine der Thüren, so d*aß* jene glauben muß – die übrigen offenen Zimmer sind ausgeräumt u. erregen den

Verdacht der Flucht – die Fliehenwollenden seien in jenem ⌜Zimmer.⌝ Sie will mit Gewalt hinein, sich zu überzeugen, um, im Falle, nachsetzen zu laßen; die beiden Frauen, deren keine der ⌜andern⌝ Sprache versteht, ringen mit einander, ⌜wie⌝ die Proß das Pistol, das die Lafarge aus dem Busen zieht, ihr aus der Hand schlagen will, geht dieses los, die Defarges ist tödlich getroffen, die Pross schließ sie ein,* findet Cruncher; sie fliehen und die lezte Todesgefahr Charles pp ist abgewandt.

*wirft den Schlüßel in die Seine,

Dieser Roman Dickens' hat nur Einen Handlungsstamm, der zwar aus zwei Wurzeln hervorschießt. – Der Roman überhaupt hat seine Einheiten, wie das Drama. Ein ⌜bloses⌝ ewiges Kommen und Gehen von Charaktern u. Situationen kann nicht unterhalten; freilich bedarf der Roman des Wechsels noch mehr, denn das weit kürzere u. gedrängtere Drama, aber eben der Wechsel sezt etwas ⌜Feststehendes⌝ voraus, an dem er zur Erscheinung kommt. So ist es denn am vortheilhaftesten, auch für den Roman, ⌜eine⌝ leicht übersehbare einfache oder Doppel-Gruppe von Personen zu ⌜haben – zur⌝ Leichtüberseh- und Behaltbarkeit hilft zweckmäßiges Contrastiren in Stand, Rang, Charakter, Temperament, Geschlecht, Alter, pp. Ein Bild zu brauchen. Wie eine ⌜kleine⌝ Reise in einer Gegend mit einer Anzahl leicht von einander unterscheidbarer Höhen. Unser Weg, ⌜der⌝ zu diesem Zwecke geführt wird, zeigt uns jezt diese Höhe und nennt sie uns, dann lernen wir jene kennen. Es kommen neue in unsern Gesichtskreis und bilden unter sich u. mit den früher bekannten wechselnde Gruppen ⌜u. zeigen immer neue u. bisher ungekannte Seiten⌝; einer u. mehre verschwinden, wir glauben sie nun verloren zu haben. Aber bei einer neuen Wendung des Weges überrascht uns plötzlich ⌜ihr Wieder-Erscheinen⌝. Wir sehen Höhen vor uns liegen u. hinter uns; am Ende des Weges sehen wir beim Rückblicke alle, die einander so ferne scheinen, zusammengerückt pp.

Eine Anzahl von Personen in ihren Charaktern das Feste; darum der bunteste Wechsel in ihren Situationen zur Welt, zu sich, u. zu einander.

Eine kleine Anzahl immer wieder, aber in neuer Gruppirung erscheinender Figuren unter dem Einfluße einer unmerklich sich ändernden Situation. Dadurch wird immer Ueberraschung, Wechsel, aber nur durch die neue Gruppirung des wohlbekannten Alten, ein Doppelreiz, der Reiz der Neuheit u. der Reiz der Gewohnheit zusammen.

So gehören in diesem Romane die ⌜Manettes⌝, Charles, die Madame Defarge zusammen; sie sind s. z. s. ⌜das⌝ Personale der Verwickelung; Sidney Carton, Cruncher, Proß, Lorry theilen die Lösung unter sich. Es sind zwei Begebenheiten, eine vor dem Anfange des Buches liegende, eine, die während der Erzählung vorgeht. Beide sind in ⌜Wechselwirkung.⌝ Lorry ist s. z. s. die Angel (Thür-) des Ganzen, ⌜ein⌝ gleich nothwendiger

Uebrigens scheint der Plan bis in die kleinsten Gelenke vor der Ausarbeitung fertig gewesen; nur die kleineren ließ Boz sich selber machen. Oder sollte er Crunchers Abenteuer auf dem nächtli-

als bescheiden zurücktretender Theil deßelben. Er gehört in die beiden Begebenheiten, obgleich nicht als ein Wißender. Er ist unbedingt die gelungenste u. liebenswürdigste Figur des Buches.

Wir wollen nun sehen, wie Boz die obige Geschichte arrangirt hat.

Was man im Voraus an der Geschichte tadeln kann, ist die Künstlichkeit der Verknüpfung. Wie Carton im Weinhause die beiden Spione trifft, aus ihrem Gespräche die neue Gefahr Charles u. dann bei Defarge's die der übrigen Familie erfährt, das Mittel, wodurch Carton den Charles betäubt, die Art, auf welche die lezte Todesgefahr der bereits Entflohenen ⌜beides,⌝ herbeigeführt und erledigt wird – daß die Defarge nochmals zu Lucie gehen will, die Verabredung der Proß mit Cruncher, an der Notre Dame einzusteigen, der Umstand, d*a*ß die Defarge nicht englisch können darf, um nicht die Flucht zu erfahren, das Ringen der Frauen, das zufällige Losgehen des Pistols u. zwar mit solchem Erfolge; das Alles ist überaus äußerlich und künstlich, d. h. ⌜unkünstlerisch u. nimmt⌝ dem wirklich Schönen u. Künstlerischen am Romane seinen Werth. Die Vorgeschichte hat etwas sehr Abgenuztes. Ganz besunderbarlich steht in der lezten Partie das Christenthum mit der Lehre: „Es gab damals viele Frauen, auf welche die Zeit ihre entsetzlich entstellende Hand legte.⟨"⟩ Nun ja; sie hatte ⌜einen⌝ Charakter, aber nicht der Zeit zum Trotze, sondern der Zeit zu Gunsten. Die Zeit macht aus uns, was sie will; unser Charakter ist kein Schutz ⌜gegen⌝, sondern eine Handhabe für die Zeit, aus uns zu machen, was sie will. Wir machen nicht uns're Zeit, kein Einzelner macht eine künftige Zeit, weil unsre ⌜Urahnen⌝ ⟦105⟧ sich einen Rausch tranken, müßen wir am Katzenjammer leiden. Unser Thun ist nicht unser, weder unser braves, noch unser Schlimmes; wir sind nicht Licht u. haben nicht Licht, wir sind blos der zufällige Gegenstand, an welchem ein Licht zur Erscheinung kommt. Nur unser Leiden ist unser; ein Ding, worauf bald Sonnenstrahlen, bald Schatten fallen – aber ich komme von meinem Gegenstande ab. – Es ist die Frage, ob es möglich, ein so reiches, an Contrasten und ⌜wechselndem⌝ Unterhaltungsmateriale, spannenden u. packenden Situationen u. zugleich an launigen Ruhepunkten, mit einer und derselben Seele so zu durchdringen, daß uns überall Nothwendigkeit,

chen Friedhofe erst später nach der ersten Szene zwischen Barsad u. Carton eingeschaltet haben? Hatte er vielleicht jenes Abenteuer erst in eine[r] andere Verbindung mit dem Ganzen gebracht? Ich glaube nicht.

⌜Der Einfall des Advokaten, um Lucie zu werben ist hineingekommen, um dem Mr. Carton Gelegenheit u. Raum zu geben zum Darthun seiner hoffnungslosen Blasirtheit und ich weiß nicht welche gleichgültige Szene beim Dr, damit Carton der Lucie seine eigenthüml. ⌜uneigennützige Liebes-Erklärung⌝ u. dem Charles seine eben so eigene Freundsch*a*ftserklärung zu machen Raum hätte. Es wäre schwer, besonders die erste Erklärung bestimmter zu benennen; die Szene war um der lezten Wendung des Buches willen nöthig, sie ist dialog. vortrefflich gelungen u. überhaupt ⌜die Erfindung⌝ ganz natürlich⌝ u. wahrscheinlich. Nun sehe man, wie Boz ⌜diesen⌝ eingeflickten Behelf der Szene des Advocaten mit seinem Schakal benuzt ⌜hat, diesen durch den Contr*a*st mit jenem zu heben⟨,⟩ „der Mann mit Zartgefühl" den „Mann ohne Zartgefühl⟨"⟩, indem der Advocat auch noch fertig gemalt wurde. Der Advocat gehört eben zu Cartons Zubehör.⌝

überall Seele u. nirgends die nackte ⌜äußerliche⌝ Technik darin begegnete. Solch ein Roman wie die zwei Städte ist wie ein menschlicher Körper mit hölzernen oder metallenen Gelenken; er ist ein wirkliches Leben bis auf diese ⌜unorganischen⌝ Mechanismen. – Die Kunst des Dialoges ist nicht genug zu bewundern.

Die Hauptbedingung jener Nothwendigkeit scheint ⌜Stätigkeit einer⌝ Entwickelung aus Gründen, die wir als zureichende anerkennen müßen; wie verträgt sich diese mit dem Wechsel? So wie die Stätigkeit wegfällt, schwindet auch die Ueberzeugungskraft der Gründe. Wenn die ⌜Forderungen der⌝ Phantasie befriedigt werden sollen, so kann nur durch die Phantasie der Schaden geheilt werden, den sie selber schlägt. D. h. die Phantasie muß überzeugt werden. Der Dichter muß uns're Wünsche erfüllen, dann erfüllen wir auch die seinen. Eine Hand wäscht die andere. Wenn wir ihm glauben sollen, muß er uns bringen, was wir gerne glauben. Wenn er das Wahre und Nothwendige bringen will, so muß er uns erst ohne unser Wißen gezwungen haben, dies zu wünschen. Das Schlimme nur, daß es ein erstes Lesen gibt und ein zweites und drittes; daß ⌜der⌝ nüchterne Zustand einen andern Geschmack hat, als die Berauschtheit; und wer auf das ⌜eine⌝ rechnet, es mit dem andern verdirbt. In unserer Zeit, wo das zweimal Lesen aus der Mode, wo der Mensch keine Zeit dazu hat, weil er immer Neues lesen muß, hat, wer auf ⌜Geldverdienst⌝ sehen muß u. zwar auf so schnell als möglich zu erwerbenden, keine Wahl; er muß für einmalig Lesen schreiben. Sollen Weib und Kinder nicht verhungern, so muß die wahre Kunst und der Trieb nach dem Aechten fasten. Schlimm, sehr schlimm! Aber daß Menschen, ⌜wohlhabende⌝, sich diesem Gesetze der Noth unterwerfen, das nicht für sie gegeben ist, das – ist schlimmer als schlimm!

Das Arrangement.

⌜I Buch⌝

Wieder auferstanden.

II Buch.

Das goldene Haar.

III B.

Des Sturmes Wüthen.

---

1. Bd. I Buch.

1. Kapitel. Die Periode.

Die jüngste Zeit vor der großen franz. Revolution. Uebermuth ⌜der⌝ franz. Aristocratie, Aufgeregtheit des englischen Pöbels, Unsicherheit der Postkutschen.

2 K. Die Postkutsche. ⌜Anno 1775.⌝

Mr. Lorry auf seiner Reise nach ⌜Paris⌝ in Tellsons Geschäften bekommt durch Mr. ⌜Cruncher⌝, der ihm zu Pferde nachgesandt ist, die Zeile: ⟨„⟩Warten Sie in Dover auf Mademoiselle.“ Detaillirtes Auslebebild des damaligen Reisens, der nothwendig gewordenen Vorsicht, des Mißtrauens von Reisenden u. Condukteuren gegen einander in der steten Furcht vor Räuberei. Für die eigtl. Gesch. blos der Zettel nöthig. Das Ganze war mit wenig Worten zu sagen: ⟨„⟩H. ⌜Lorry⌝ hatte die Weisung auf seiner Reise nach London auf Madem. Lucie ⌜in⌝ Dover zu warten, welche ihn begleiten sollte, um ihren Vater, der ⌜durch 20jährige Bastille irrsinnig u. hülflos geworden, nach seiner Befreiung⌝ nach England zu begleiten.“ So aber ist Wetter, Staffage, Detail⟨,⟩ die einzelne Zeile von einem Unbekannten einem Unbekannten gebracht, die seltsame Antwort: Wiederauferstanden; der eilig den Postwagen Nachreitende, der auf d*as* Schlimmste gefaßte Condukteur, ⌜das⌝ Pistol in der Hand pp so ist dies Alles trefflich berechnet, eine stimmungsvolle, sonst noch ganz leere u. abstrakte Spannung hervorzubringen. Wer sind die Reis*en*den? Was will der Nachreitende? Was wird werden? Die Zeile u. die Antwort? Und das verschloßene Wesen des Autors, der genau Alles darstellt, ohne d*aß* wir wißen, in welchem Bezuge es zu seiner Geschichte u. unserer Spannung steht, wodurch die Darstellung so objektiv u. illusorisch wird! Daß wir nicht blos hören, sondern erleben. ⌜Dazu⌝ die Wirkung der Antwort auf den Boten: „Wiederauferstanden. Das ist eine verteufelt seltsame Antwort. Das würde dir nicht allzugut paßen, Jerry! Nicht wahr, Jerry, du wärest verteufelt schlecht daran, wenn Wiederauferstehen Mode würde!“ Was ist dieser Bote für ein Kerl. Was hat er gethan? was wird er thun. Er scheint ein bös Gewißen zu haben. Was wirft dies für ein Licht auf den Reisenden, an den er die Botschaft brachte?

3 Kap. Die Schatten der Nacht.

Eine schöne Reflexion zuerst, die die Spannung ⌜speziell⌝ zu mehren dient. „Ein feierlicher Gedanke, wenn ich bei Nacht in eine große Stadt komme, daß jedes dieser sich in dunkle Gruppen zusam*m*endräng*en*den Häuser sein eigenes Geheimniß in sich schließt; d*aß* jedes Zimmer in ⌜jedem⌝ derselben sein eigenes Geheimniß besizt, daß jedes pulsirende Herz in den 100000den von Menschenbusen in einigen seiner Träume ein Geheimniß für das ihm zunächst stehende Herz ist! pp – – pp – – „Gibt es auf einem einzigen der Friedhöfe der Stadt, durch welche ich gehe, einen Schlummernden, der unerforschlicher wäre, als mir ihre geschäftigen Bewohner in ihrer innersten Persönlichkeit sind, oder als ich ihnen bin." Wie dient diese Reflexion[, die] ⟦106⟧ das Geheimnisvolle der Geschichte selbst bis jezt noch spannender zu machen. Solche Reflexionen geben Gehalt, aber sie müßen zugleich dem Zwecke des Ganzen dienen, sie können nur Platz finden, wo schon große Spannung, und nur unter der Bedingung, daß sie dieselbe nicht stören, im Gegentheile. Ich sollte wohl allgemeiner sagen „Stimmung⟨"⟩ statt Spannung. Hat der Romanschreiber, überhaupt der Poet hauptsächlich für die Phantasie zu arbeiten, so hat er zwei Wege dazu, den musikalischen und den ⌜plastischen,⌝ Stimmung und Darstellung. Beide müßen auseinandergehen, um wieder zusammentreffen zu können. Eines der beiden muß immer der Zweck des andern scheinen. Sie verhalten sich wie Bewegung u. Ausruhen, eines muß zum andern führen; doch darf u. kann keines in abstrakter Einseitigkeit gefaßt werden, in der Stimmung muß Bewegung, in der ⌜Begebenheit⌝ Stimmung sein.

Man kann glauben, er sei ein Räuber pp Wickeltuch pp

Nun ist die Heimkehr des Boten ⌜mit⌝ recht spannendem Detail erzählt, welches die Wirkung der Antwort auf ihn weiter ausmalt, aber nichts Neues bringt. Nur d*aß* er die Antwort nach Tellsons Bank in London bringt u. bei der Schilderung der Weiterreise der Paßagiere, daß der Antwortende zu Tellsons Bank in Beziehung steht u. in halbem Traume mit dem Wiederauferstandenen zu thun hat, ohne daß man etwas Bestimmtes über diesen daraus entnehmen könnte, als was in der Bezeichnung „der Wiederauferstandene" liegt. Auch Beziehungen deßelben zu einer abstrakten „Sie". Diese Andeutungen sind sogar dialogisirt. Kurz Alles ist nur weiteres traumhaftes, nichts von der Wirklichkeit ⌜verrathendes, Herum{handthieren} der Phantasie⌝ an dem „Wiederauferstanden"⟨,⟩ ⌜dem „Mademoiselle"⌝ und deßen natürlichst ⌜asoziirten⌝ Vorstellungen, wie z. B. „Begraben" u. s. w. Nur noch die Notiz „18 Jahre⟨"⟩, als

Antwort auf die Frage: Wie lange begraben? So wird nun das Anfangsräthsel immer spannender durch einzelne nähere Bezeichnungen.

4 Capitel. Die Vorbereitung.

Aussteigen. Der Name unsers Paßagier⟨s⟩ – „Mr Lorry, der Paßagier, sah" pp Gewöhnliches Reisedetail u. Gasthofsdetail: Erkundigung nach der Abg*ang*szeit des Paketschiffes nach Calais. Dann sehen Wirthin pp „einen Herrn von etwa 60 Jahren⟨"⟩ aus № 2 in d*as* Frühstückszimmer gehen. Nun eine kleine erste Personalbeschreibung. Bemerkenswerth wie Boz die nackte Beschreibung von Leßing geschult vermeidet; kein „Es war" pp sondern „dann sahen" pp Lorry sagt zum Kell⟨n⟩er, er soll ein Zimmer für eine junge Dame bereit halten, die jeden Augenblick kommen kann. Sie fragt viell. nach Mr Jarvies Lorry oder viell. auch nur nach einem Herren von Tellsons Bank. Bitte, melden sie es mir. – Nun Gespr. von Tellsons Bank, seine Commandite in Paris, ebensogut ein französisches Haus. Vor 15 Jahren kam Lorry zum leztenmal aus Frankreich herüber. Alter der Bank. – Spaziergang; Dover. Rückkehr, Abendeßen, Alles so beschrieben, als wär' es zur Sache gehörig, doch nicht eigentl. weitschweifig: Da kommt ein Wagen. „Er sezte das Glas unberührt wieder hin. Das ist Mademoiselle, sagte er.⟨"⟩ Meldung. „Miß Manette" hat unterwegs gegeßen, kann ihn gleich sprechen. Er geht nach ihrem Zimmer. Beschreibung deßelben in die geheimnißvolle Stimmung paß*en*d. 17 Jahre. „Wie seine Augen auf die kleine hübsche Gestalt mit vollen goldenen Locken, einem blauen Augenpaar, das dem seinen mit forsch*en*dem Blick begegnete, und einer Stirn von merkwürdiger ⌜Fähigkeit (wenn⌝ man ihre Jugend und ihre Glätte bedenkt), sich in einem Ausdruck zusammenzuziehen, der nicht ganz Verlegenheit, oder Verwunderung oder Erschrecken, oder nur aufgeweckte, gefeßelte Aufmerksamkeit war, obgleich er alle diese vier Ausdrücke in sich schloß – als seine Augen auf alles Dieses fielen, wurde plötzl. das Bild eines Kindes in ihm lebendig, das er in einer kalten Nacht, wo der Hagel in schweren Schauern hernieder rauschte u. die See hoch ging auf der Ueberfahrt über denselben Canal ⌜auf Armen⌝ getragen hatte. Das Bild schwand wieder, ungefähr wie ein Hauch von der Fläche des hohen Pfeilerspiegels hinter ihr, auf deßen Rahmen eine Prozeßion von Mohren-Amoretten, mehre ohne

Kopf, und alle Krüppel, schwarze Körbe mit Früchten vom [schwarzen] ⸢todten⸣ Meer schwarzen Göttin*n*en darboten, u. er begrüßte Miß Manette mit einer förmlichen Verbeugung.

„Bitte, nehmen Sie Platz, Sir", sagte ⸢sie⸣ mit einer sehr hellen und angenehmen jugendlichen Stimme, und ein wenig, aber sehr wenig fremd im Accent.

„Ich küße Ihnen die Hand, Miß", sagte Mr. Lorry, mit der Höflichkeit einer verschwundenen Zeit, während er seine förmliche Verbeugung wiederholte und Platz nahm.

„Ich erhielt gestern einen Brief von der Bank, Sir, mit der Nachricht, daß eine neue Kunde – oder Entdeckung –"

„Das Wort ist unwesentlich, Miß; eins ist so gut wie das andere."

„– in Bezug auf das kleine Vermögen meines armen Vaters – den ich nie gesehen habe – der schon so lange todt ⸢ist⸣ –"

Mr Lorry rückte in seinem Stuhle hin und her und warf einen ⸢beunruhigten⸣ Blick nach der Prozeßion von Mohren-Amoretten. Als ob sie mit ihren albernen Körben Jemandem Hülfe bringen könnten!

– „für mich eine Reise nach Paris nothwendig machte, um mich dort in Einvernehmen mit einem Herrn von der ⸢Bank⸣ zu setzen, der zu diesem Zwecke nach Paris unterweges ist."

„Das bin ich selbst."

„Das dacht' ich mir, Sir."

Sie machte ihm einen ⸢Knix.⸣ (Junge Damen knixten damals noch.) Mit einem sich hübsch ausdrückenden Wunsch, ihn merken zu laßen, daß sie fühle, wieviel älter und weiser er sei, als sie.

Er antwortete abermals mit einer Verbeugung.

„Ich antworte der Bank, Sir, daß, da diejenigen, die es wißen, und die so gütig sind, mir mit ihrem Rathe beizustehen, eine Reise nach Frankreich für mich nöthig hielten, ich, als eine Waise und ohne einen Freund, der mich begleiten könnte, mich sehr verpflichtet fühlen würde, wenn ich mich während der Reise ⟦107⟧ unter den Schutz dieses würdigen Herrn stellen dürfte. Der Herr war bereits von London abgereist, aber ich glaube, ein Bote wurde ihm nachgeschickt, ihn um die Gefälligkeit zu bitten, mich hier zu erwarten."

„Mir ist das Glück zu Theil geworden", sagte Mr. Lorry, „mit dem Auftrage betreut zu werden. Ich werde mich noch glücklicher schätzen ihn auszuführen.

„Ich bin Ihnen sehr dankbar, Sir. Ich danke Ihnen auf das Herzlichste. Man sagte mir auf der Bank, der Herr werde mir die Einzelnheiten des Geschäfts auseinandersetzen, und ich müßte mich darauf gefaßt machen, etwas sehr Ueberraschendes zu hören. Ich habe mein Möglichstes gethan, mich darauf vorzubereiten und bin natürlich sehr begierig, das Nähere zu erfahren."

„Natürlich," sagte Mr. Lorry. „Ja – ich –"

Nach einer Pause sezte er hinzu, während er sich die flachsblonde Peruque über die Ohren zurechtrückte:

„Der Anfang ist sehr schwer."

Er fing nicht an, sondern begegnete in seiner Unentschiedenheit ihre[n]⟨m⟩ Blick. Die jugendliche Stirn nahm wieder jenen eigenthümlichen Ausdruck an – aber er war nicht blos eigenthümlich, sondern auch hübsch und charakteristisch – und die Dame erhob die Hand, als ob sie mit einer unwillkührlichen Bewegung einen vorübereilenden Schatten aufhielte.

„Habe ich Sie früher nicht gekannt, Sir?"

„O nein," sagte Mr. Lorry, indem er die Hände mit einem ablehnenden Lächeln ausbreitete.

Zwischen den Augenbrauen und gerade über dem Mädchennäschen, deßen Umriße so zart und fein waren, als man sich nur denken konnte, vertiefte sich der Ausdruck, wie sie gedankenvoll auf einem Stuhle Platz nahm, neben dem sie bis jezt gestanden hatte. Er betrachtete sie, wie sie nachdachte, und fuhr in dem Augenblicke, wo sie wieder den Blick erhob, fort:

„In ihrem Adoptivvaterlande["], glaube ich, kann ich nichts beßeres thun, als Sie als eine junge ⌜englische⌝ Dame, Miß Manette anzureden.

„Haben Sie die Güte, Sir!"

„Miß Manette, ich bin ein Geschäftsmann. Ich habe einen Geschäftsauftrag auszuführen. Während sie denselben anhören, bitte ich, mich nur als eine Sprechmaschine zu betrachten, – ich bin wahrhaftig nicht viel mehr. Ich will Ihnen mit Ihrer Erlaubniß, die Geschichte eines unserer Kunden erzählen."

⌜„Geschichte!"⌝

Er schien absichtlich das von ihr wiederholte Wort nicht zu verstehen, als er eilig hinzusetzte: „Ja von einem unserer Kunden; im Banquiergeschäft nennen wir die Leute so, mit denen wir zu thun haben. Er war ein französischer Herr; ein Gelehrter; ein Herr von vielen Kenntnißen – ein Arzt."

„Nicht aus Beauvais?"

„Doch ja, aus Beauvais. Wie Monsieur Manette, Ihr Vater, war der Herr aus Beauvais. Wie Mons. Manette, Ihr Vater, hatte der Herr in Paris großen Ruf und großes Ansehen. Ich hatte die Ehre, ihn dort zu kennen. Wir standen in Geschäftsbeziehungen zu einander, aber in vertraulichen. Ich war damals in unser'm französischen Hause und zwar wohl – ach, schon seit zwanzig Jahren."

„Damals – darf ich fragen, wann das war, Sir?"

„Vor zwanzig Jahren, Miß. Er verheirathete sich mit einer englischen Dame, für die ich mit als Vormund eintrat. Seine Angelegenheiten, wie die Angelegenheiten vieler andern französischen Herren und französischen Familien, befanden sich ganz in Tellsons Händen. In einer ähnlichen Weise bin ich Vormund oder Curator in der eine[r]⟨n⟩ oder der andern Art für eine Menge, ach, für eine Menge unserer Kunden gewesen. Das sind reine Geschäftsverhältniße, Miß; es ist keine Freundschaft dabei, kein persönliches Intereße, kein Herz. Ich bin im Verlaufe meines Geschäftslebens von Einem zum Andern gegangen, gerade wie ich im Verlaufe meines Geschäftstages von einem unserer Kunden zum andern gehe; mit einem Worte, ich habe keine Gefühle, ich bin eine blose Maschine. Um fortzufahren –"

„Aber das ist meines Vaters Geschichte, Sir, und ich fange an zu glauben," – die merkwürdig nachdenkliche Stirne wendete sich ihm noch nachdenklicher zu – „daß, als ich als Waise zurückblieb, obgleich meine Mutter meinen Vater nur zwei Jahre überlebte, Sie mich nach England gebracht haben. Ich bin fast überzeugt, daß Sie es waren."

Mr. Lorry nahm das zögernde Händchen, das sich ihm vertrauend entgegenstreckte, und drückte es mit einiger Förmlichkeit an seine Lippen. Er führte die junge Dame dann wieder nach ihrem Stuhle, blieb hinter demselben stehen, die Stuhllehne mit der linken Hand faßend und die Rechte abwechselnd ⌜gebrauchend⌝, um sich das Kinn zu streichen, die Perücke an den Ohren zurechtzurücken, oder seinen Worten Nachdruck zu geben, und sah hernieder in ihr Gesicht, während sie zu dem seinigen aufschaute.

„Miß Manette, ich weiß. Und Sie werden anerkennen, wie wahr ich vorhin gesprochen habe, als ich sagte, ich hätte keine Gefühle und alle Beziehungen, in denen ich zu meinen Mitmenschen stehe, seien ⌜reine⌝ Geschäftsbeziehungen, wenn Sie bedenken, daß ich Sie seitdem ⌜nie⌝ gesehen habe. ⟦108⟧ ⌜Nein; Sie⌝ sind seitdem ein Mündel von Tellsons ⌜Haus⌝ gewesen und ich war seitdem in andern Geschäften von Tellsons Haus beschäftigt. Gefühle! Ich habe keine Zeit und keine Gelegenheit dazu. Ich verbringe mein ganzes Leben, Miß, mit dem Drehen einer ungeheuren geldmachenden Drehrolle."

Nachdem Mr. Lorry diese seltsame Beschreibung der täglichen Routine seines Geschäftslebens gegeben, drückte er seine flachsblonde Perüque mit beiden Händen auf dem Kopfe fest – was ganz unnöthig war, denn nichts konnte fester und glatter sitzen, als die Perücke – und nahm seine frühere Stellung wieder ein.

„Soweit also, Miß, wie sie richtig bemerkt haben, wäre dies die Geschichte ihres vielbeklagten Vaters. Aber jezt kommt der Unterschied. Wenn ihr Vater nicht gestorben wäre, als er starb – erschrecken Sie nicht! wie Sie auffahren!"

Sie fuhr in der That auf. Und sie umfaßte seine Hand mit ihren beiden Händen krampfhaft.

„Bitte", sagte Mr. Lorry in besänftigendem Tone, indem seine linke Hand die Stuhllehne losließ und sich auf die bittenden Finger legte, welche sich so heftig zitternd an ihn anklammerten. ⟨„⟩Bitte, beruhigen Sie sich – eine reine Geschäftssache – wie ich eben sagte."

Der Ausdruck ihres Blickes brachte ihn so außer Faßung, daß er inne hielt und erst nach einer verlegenen Pause wieder anfing:

Wie ich eben sagte – wenn Mons. Manette nicht gestorben wäre, wenn er plötzlich und spurlos verschwunden wäre, wenn man ihn entführt hätte; wenn es schwer gewesen wäre, zu errathen, nach welchem schrecklichen Ort, obgleich der größte Scharfsinn keine Spur von ihm entdecken konnte; wenn er unter seinen Landesleuten irgend einen Feind ⌜hatte⌝, welcher ein Vorrecht ausüben konnte, von dem zu meiner Zeit die kühnsten Leute drüben kaum in einem Flüstern zu sprechen wagten – z. B. das Vorrecht, unterzeichnete Verhaftsbefehle mit jedem Namen nach Belieben auszufüllen und den so Verhafteten auf jede beliebige Zeit der Vergeßenheit ⌜eines⌝ Kerkers anheimzugeben, wenn seine Frau den König, die Königin, den Hof, die Geistlichkeit um Nachrichten von ihm angefleht hätte und Alles vergeblich: – dann wäre die Geschichte Ihres Vaters die Geschichte dieses unglücklichen Herren, des Arztes von Beauvais."

„Ich bitte Sie angelegentlich, mir mehr zu sagen, Sir."

„Ich werde gleich fortfahren. Können Sie es ⌜ertragen?"⌝

„Ich kann Alles eher ertragen, als ⌜die⌝ Ungewißheit, in der Sie mich jezt laßen."

„Sie sprechen gefaßt und Sie sind wirklich gefaßt. Das ist gut." Obgleich sich in seinen Worten weit mehr Beruhigung aussprach, als in seinen Mienen. „Eine reine Geschäftssache. Betrachten Sie es als eine reine Geschäftssache – als eine Sache, die abgewickelt werden muß. Wenn die Gattin dieses Arztes, obgleich eine Dame von großem Muthe und starkem Charakter, unter diesem Unglück so schwer gelitten hätte, ehe das ⌜Kind⌝ geboren ward –"

„Das Kind war eine Tochter, Sir."

„Eine Tochter. Eine – reine Geschäftssache. Beunruhigen Sie sich nicht, Miß, wenn die arme Dame vor der Geburt ihres Kindes so schwer gelitten hätte, daß sie zu dem Entschluße kam, das arme Kind mit der Erbschaft nur des kleinsten Theils der Folter zu verschonen, deren Qual sie gekannt hatte, indem sie die Tochter in dem Glauben ⌜erzog⌝, der Vater sei gestorben – nein, knien Sie nicht! In des Himmels Namen, knien ⌜Sie⌝ nicht vor mir."

„Die Wahrheit. O guter, lieber Herr, wenn Sie ein Herz haben, die Wahrheit!"

„– reine Geschäftssache. Sie bringen mich ganz in Verwirrung, und wie kann ich eine Geschäftssache verhandeln, wenn ich in Verwirrung bin? Wir müßen ruhig und kaltblütig ⌜bleiben.⌝ Wenn Sie ⌜z. B.⌝ jezt gütigst sagen wollten, wieviel neun mal neun Pence sind, oder wieviel Schillinge zwanzig Guineen geben, so würde das für mich sehr erfreulich sein. Ich würde dann viel ruhiger sein über ihren Gemüthszustand."

Ohne unmittelbar diese Ansprache zu ⌜beantworten⌝, saß sie so still, als er sie sehr sanft aufgehoben hatte, und die Hände, welche noch immer krampfhaft die seinigen umklammerten, zitterten soviel weniger als vorhin, daß sich Mr. Jarvis

Lorry etwas beruhigter fühlte.

„So ist's recht, so ist's recht. Muth! Geschäft! Sie haben ein Geschäft zu verrichten, ein nützliches Geschäft. Miß Manette, Ihre Mutter machte das so mit Ihnen. Und als sie starb – ich glaube, an gebrochenem ⸢Herzen –⸣ nachdem Sie nie müde geworden war, ihre vergeblichen Nachforschungen nach ihrem Vater fortzusetzen, ließ sie Sie, ein zweijähriges Kind, zurück, daß Sie zu einer blühenden, schönen und glücklichen Jungfrau heranwüchsen, ohne die düstere Sorge in beständiger Ungewißheit zu leben, ob Ihr Vater bald im Gefängniß verkümmerte, oder lange, lange Jahre traurig durchsiechte."

Wie er diese Worte sprach, blickte er mit bewunderndem Mitleid auf das reiche, goldene Haar herab, als ob er bei sich dächte, daß es schon mit Grau durchzogen sein könnte. „Sie wißen, daß Ihre Aeltern nicht sehr reich waren und daß das, was sie hatten, Ihre Mutter und Ihnen gesichert wurde. Geld oder anderes Vermögen ist nicht entdeckt worden, aber –"

⟦109⟧ Er fühlte, daß die Händchen sich krampfhafter schloßen und hielt inne. Der Ausdruck auf der Stirn, der seine Aufmerksamkeit so sehr auf sich gezogen hatte, hatte sich zu einem Ausdruck der Seelenqual und des Schreckens vertieft.

„Aber er – er ist gefunden worden. Er lebt. Sehr verändert, wie nur zu wahrscheinlich ist; möglicherweise nur ein trauriger Rest von dem, was er war, obgleich wir das Beste hoffen wollen. Aber er lebt noch. Ihr Vater hat eine Zuflucht in dem Hause eines alten Dieners in Paris gefunden und dorthin gehen wir: ich, um ihn wo möglich zu identifiziren; Sie, um ihn dem Leben, der Liebe, der häuslichen Pflege und dem häuslichen Glücke wiederzugeben."

Ein Schauer überlief ihren Körper und ging auf ihn über. Sie sagte mit leiser, deutlicher, von feierlichem Grauen gedämpfter Stimme, als ob sie es in einem Traume sagte:

„Ich soll seinen Geist sehen! Es wird sein Geist sein – nicht er selbst!"

Mr. Lorry rieb sich in stiller Faßung die Hände, welche sich an seinen Arm klammerten. „So, so! Nur ruhig, nur ruhig! Sie wißen jezt das Beste und das Schlimmste. Sie sind unterwegs zu dem armen Dulder und bei glücklicher Land- und Seereise werden Sie bald an seiner geliebten Seite sein."

Sie wiederholte mit derselben, von feierlichem Grauen gedämpften Stimme[.]⟨:⟩ „Ich bin frei, ich bin glücklich gewesen, aber sein Geist hat mich nie heimgesucht!“

„Nur noch Eins,“ sagte Mr. Lorry mit besonderem Nachdrucke, um damit in wohlthuender Weise ihre Aufmerksamkeit auf etwas Anderes zu lenken: ⟨„⟩man hat ihn unter einem andern Namen gefunden; sein eigener ist seit langer Zeit vergeßen oder verborgen gehalten worden. Es wäre schlimmer als nutzlos, danach zu forschen; schlimmer als nutzlos, zu fragen, ob er selbst seit Jahren vergeßen oder absichtlich als Gefangener festgehalten wurde. Es wäre schlimmer als nutzlos, jezt überhaupt Nachforschungen anzustellen, weil es gefährlich wäre. Beßer, kein Wort weiter von der Sache zu sagen und ihn wenigstens auf einige Zeit aus Frankreich zu entfernen. Selbst ich, so sicher ich als ein Engländer bin und selbst Tellsons, so wichtig sie für den französischen Credit sind, vermeiden, die Sache nur mit Einem Wort zu erwähnen. Ich habe auch kein Zettelchen Schriftliches, was sich darauf bezieht, bei mir. Es ist ganz und gar eine Sendung im geheimen Dienst. Meine Beglaubigungsschreiben, Notizen und Aufzeichnungen sind alle in der kleinen Zeile zusammengefaßt: „Wiederauferstanden“; was sonst, wer weiß, was, sagen kann. Aber was ist ⌜das!⌝ Sie hört kein Wort! Miß Manette!“

Ganz regungslos und stumm und nicht einmal in ihren Stuhl zurückgesunken saß sie gänzlich gefühllos da, mit offenen und auf ihn gehefteten Augen und mit dem lezten Ausdruck auf ihrer Stirn wie eingeschnitten oder wie eingebrannt. So krampfhaft hielt sie noch seinen Arm umklammert, daß er, aus Furcht, ihr wehe zu thun, gar nicht wagte, sich von ihr los zu machen; deßhalb rief er, ohne sich zu besinnen, laut um Hülfe.

pp

So weit der Dialog.

Nun tritt Miß Proß charakteristisch auf, ungestüm gegen „Sie, Brauner“ u. das Hotelgesinde; man vermuthet aus ihrem Antheile an Lucien, daß sie in einer ⌜nahen⌝ Beziehung zu ihr steht, obgleich sie auf Lorrys Frage, ob sie Miß Manette nach Frankreich begleiten werde, entgegnet: „Wenn es jemals beabsichtigt gewesen wäre, daß ich über's Salzwaßer gehen sollte, glauben Sie dann, daß die Vorsehung mir meine Heimath auf einer Insel angewiesen hätte?“

Da dies eine andere schwer zu beantwortende Frage war, so zog sich Mr. Jarvis Lorry zurück, um sie sich zu überlegen. –

⌜Nicht⌝ umsonst, zeigt Mrs Pross die Kraft, mit der sie Mr Lorry an die Wand wirft; denn darauf, daß sie sehr stark ist, beruht zulezt die Rettung ihres Lieblinges u. der Seinen.

—

5. Capitel. Der Weinschank.

Ein großes Faß war auf die Straße gefallen pp woran Boz symbolisch das Vorauszeigen der kommenden großen Revolution knüpft. Die Szene ist, wie man bald merkt in der Vorst*a*dt St Antoine von Paris. Die Schilderung der Vorstadt, ihrer Bewohner u. ihres Treibens weist ebenfalls auf die Revolution, als auf etwas, was nun nicht ausbleiben kann. Man lernt ⌜*Monsieur*⌝ Defarge kennen, ⌜da⌝ er einen Pöbelwitz mit bluthartiger Weinhefe an die Wand geschrieben, mit Straßenkoth überstreicht. Dann seine Frau strickend. Kurze Beschreibungen.

⟨„⟩Der Weinwirth ließ ⌜demgemäß⌝ seine Blicke umherschweifen, bis sie auf einem ältlichen Herren u. einer jungen Dame haften blieben, die in einer Ecke saßen.“ Def. wendet sich erst zu andern, die eine kleine Szene der Jaquerie ausleb*en*d spielen. Die 3 gehen, dann Def. mit Lorry u. Lucie. Defarge kniet außen vor dem Kinde des alten Herrn u. küßt ihr die Hand, dann die Reise beschrieben bis an die Bodenkammer, vor deren Thüre die 3 Jaques, wiederum spannend auf das Ziel u. zugleich die Char. u. Def*ar*ges Stimmung ausmalend. Beschreibung der Kammer, nachdem die 3 J. hinuntergeschickt sind pp Dort – „saß ein Mann mit weißem Haar auf ⟦110⟧ einer niedrigen Bank, über einen Schuh gebückt, an dem er fleißig nähte.“

Auch die Angst u. Spannung Luciens mit Mr. Lorrys schon bekannter Beruhigungsweise ist dialogisch entfaltet.

—

6 Kapitel. Der Schuhmacher.

Dialog!

Hinsichtlich des Dialogs. Ich muß einmal die Natur des Dialoges wieder in der Wirklichkeit studiren. Meine lange Isolirung, gezwungene Isolirung hat mich seit Jahren kein Gespräch beobachten laßen, denn, wo man einer von zwei oder drei Sprechern ist, ist man kein rechter Beobachter. Wahr ist es, Dickens Dialog ist, wie Shakespeares, in der Regel nicht eigentl. fließend; die Leute nehmen sich nicht so das Wort aus dem Munde wie bei Leßing, noch singen sie sich an oder halten

Reden aneinander wie bei Schiller u. was das lezte betrifft, bei Corneille pp. Natürlichkeit, Wirklichkeit des Dialogs ist bei den Engländern, aber nicht die Natürlichkeit Leßings, die wiederum zur Künstlichkeit wird, wie Shakespeares Kunst zur Natur. – Wahr ist es, wenn wir mit einem Anderen sprechen – ausgenommen, wo wir durch Etiquette pp genirt sind*, – so ⌜sprechen⌝ wir zugleich mit uns selbst, u. auch ebenso mit den Gedanken, die wir im Andern voraussetzen, als mit diesem, insofern er spricht. Wir sprechen oft sogar mit noch Anderen zugleich, die gar nicht zugegen sind. Wir übergehen Glieder unserer Gedankenreihe ⌜absichtl.⌝ oder unabsichtl. mit Schweigen, wir kommen dagegen auf schon Gesagtes wieder u. abermals wieder zurück. Das Gespräch ist nicht das Neben- und Miteinandergehen zweier pp Menschen in gleichem Takte; bald gehen wir schneller, bald langsamer, bald bleiben wir stehen, bald eilen wir vor, bald springen wir wieder auf die Stelle zurück, wo wir schon waren; all dies thut bald das Eine, bald das Andere, bald Einer, bald der Andere, bald beide zugleich, bald thun sie das Gleiche, bald kreuzen sich die genannten Momente so, daß der eine stehen bleibt, wo der andere weiter geht pp und pp durch alle Combinationen hindurch.

*oder wo wir bewegen wollen u. nur unser Ziel sehen pp

„Guten Tag!" sagte Monsieur Defarge, indem er auf den weißen Kopf herabsah, der sich tief auf den Schuh herabbückte.

Er hob sich für einen Augenblick und eine sehr schwache Stimme beantwortete den Gruß, als ob sie aus der Ferne käme: „Guten ⌜Tag!"⌝

Hier haben wir etwas Aehnliches, wie bei Shakespeare. Dickens sucht gern nach dem Außerordentlichen. So hier die Situation, wie das Kind, das vor Kurzem noch meinte, sein Vater sei todt, vor ihm steht, ⌜er in solch⌝ fremder, gespenstischer, abstoßender und doch zum tiefsten Liebesmitleid entzündender Gestalt, sie nicht kennend, wie er von ihr s. z. s. nicht zu erkennen ist pp. Wer denkt nicht an Szenen, Hamlets oder Macbeths mit dem Geiste, Lears mit der Tochter im IV, wie der schlafwandelnden Lady Macbeth! Und nun die Behandlung mit charakterischem Dialog; eine Gestalt, die wir kennen, in diese außerordentliche Lage versezt, im allgemeinen menschlichen Affekt den besondern Charakter durchführend. Ich möchte wißen, ob Boz, ehe er eine solche Szene auszuarbeiten

Drastische Situationen, wo es um Leib und Leben oder sonst um Großes sich handelt, und Gefahr u. Leiden⟨,⟩ ⌜Wahnsinn pp⌝ nicht gewöhnlicher Art, sind an sich schon spannend. Große Verbrechen, Muth, List pp

beginnt, schon ⌜eine⌝ klare Vorstellung von dem hat, was er seine Figuren sprechen laßen wird*? Eine Probe solch ⌜schweren dialogischen⌝ Problems die Zeugenaussage Luciens, wo sich zugleich ihre Empfindung für Darnay malt; vor Allem die beiden Gespräche, wo Carton Lucien, u. wo er Charles – wie soll man sagen? Den Inhalt concis anzugeben ist schon schwer. Die allerliebste Wendung, mit der Mr. Lorry den Dr Manette selbst um Nennung der Maßregeln, die er zu nehmen hat in diesem delikaten Falle, angeht. Ich bin in solchen Fällen in den lezten Jahren so zaghaft gewesen, daß ich um solcher Szenen willen nicht den Muth gewinnen konnte zur Ausführung eines meiner Pläne. Freilich kommt dazu, daß ich selten in der rechten Faßung und Kraft dazu, daß ich beständig gestört war durch die Stimmen meiner Kinder, die ich in dem leichtgebauten Hause so deutlich höre, als wären sie mit in meinem Zimmer, u. die mir* ⌜ganz⌝ die Kraft, mich zu sammeln, ⌜geraubt⌝, und noch ⌜manches⌝ Andere. Ich glaube doch, ich könnte es unter beßeren Umständen; daß ich es konnte, beweiset denke ich, mein Erbförster, den ich so schnell zusammenschrieb – freilich damals ⌜noch⌝ voll Zuversicht und wie blind an das gehend, deßen Schwierigkeit mir nicht einmal einfiel, mir ⌜vorher⌝ klar zu machen. Und in einem Drama erschwert der karggemeßene Raum solche Aufgaben noch außerordentlich.

*überhaupt vom Detail der Szene

*bei ⌜meinen⌝ überreizten Nerven

Schöne Züge: Die Beschreibung des Klanges von des Doktors Antwort. Sein Aussehen ⌜„und⌝ die hohlen Augen hatten wieder ⌜aufgeschaut:⌝ nicht mit einer Theilnahme u. Neugier, sondern mit einer stumpfen mechanischen Wahrnehmung, daß die Stelle, wo der einzige Besuch, von dem sie etwas wußten, gestanden hatte, noch nicht leer sei."

Ein schönes Muster, wie psychologische Momente rein episch zu behandeln sind, nicht der innere Vorgang direkt, sondern nur in seiner äußeren Erscheinung und darum nicht weniger genau dargestellt. Das innere Auge der epische Sinn.

Der große Unterschied von Shakespeare, daß eine Anzahl solcher Szenen nicht in einem organischen Zusammenhang, in einer* Causalität stehen, sondern äußerlich ⌜zusammengethan⌝ sind, wie z. B. Cartons Tod am Ende mit diesem Anfange eigentlich gar nichts zu schaffen hat, ⌜u.⌝ nur mechanisch und zufällig verbunden ist, ohne allen idealen Zusammenhang. Nicht die Vernunft, wie bei Sh., nur die Aßoziation der Fantasie,

*um eine Idee geschloßenen

⌜u.⌝ zwar eigentlich eine frei spielende hat diese Composition gebaut.

⌜Was dem⌝ Roman zu gute kommt, daß die schrecklichen Dinge am Ende nichts Criminalistisches haben. Der Wahnsinn eines ganzen Volkes hat etwas Erhabenes in seiner Abscheulichkeit, zumal da er die Nemesis ist.

Der symbolische Monseigneur hat etwas Eigenes u. doch hat sich Boz gut geholfen, um die Nemesis desto imposanter hervortreten zu laßen, was verloren gegangen wäre; hätte er einige Monseigneurs detaillirt, es wären nicht alle gewesen, eben nur einige u. die allgemeine Rache wäre für das Gefühl nicht motivirt gewesen.

NB Diese Hoffnung schien Wahrheit zu werden, in voller Klarheit stand die Aufgabe in 2 fertigen Plänen vor mir, da packte mich ein nervöser Rheumatism, so d*aß* ich monatelang nicht schreiben konnte, u. da ich wieder etwas meiner Arme mächtig bin, sitze ich wiederum geistig im Dämmer u. bin völlig confus; auch ist die ⌜materielle⌝ Noth schon wieder vor der Thüre.

⟦111⟧ Ich habe eine leise Hoffnung, aus der Romanschreiberei ⌜einst⌝ mit neuer Seele zu dem Drama zurückzukehren. Näml. ohne die Fehler des Kleinmuths, der zu starken Selbstkritik pp. Mit wieder errungener Fähigkeit, Dialog zu schreiben pp.

Boz sucht nach solchen psychologischen Problemen; wahrscheinl. ist die Geschichte von einem, der in der Bastille solchem Dumpfsinn, Blödsinn oder wie man den Zustand nennen mag, verfiel, eine wahre; vielleicht existirt auch eine ⌜wahre⌝ Anekdote, auf ⌜welcher⌝ die Erzählung von der zweiten Errettung Charles fußt; das waren Aufgaben, wie für Boz gemacht; er fügte sie zusammen u. erfand zu dem Ende die übrige Geschichte.

Nun weiter, aber gedrängt:

Lucie versucht, den Alten zum Bewußtsein seiner selbst zu bringen; es scheint ihr soweit gelungen, daß ⌜zum⌝ völligen Gelingen mit der Zeit Hoffnung ist; er ⌜verlangt⌝, ⌜im⌝ Wagen schon, seine Bank u. die Schuhe, erhält beides.

⌜Jarvis⌝ Lorry fragt nochmals: ⟨„⟩Ich hoffe, Sie treten gerne wieder in's Leben ein?"

Und die Antwort ((wiederum)):

Das weiß ich nicht.

II Buch. ⌜Das goldene Haar⌝.

1. Kap. Fünf Jahre später.

Beschreibung des Banklokales v. Tellson et Comp. – Mr Cruncher⟨s⟩ ⌜Geschäft; Mr. Cr.⌝ auf seinem Posten als ⌜gelegentl.⌝ Ausläufer. ⌜Vorher⌝ Ehestandsszene in Mr. Crunchers Privatwohnung – das Rutschen; Mr. Cruncher junior. – Mr. Cruncher wird in's Comptoir gerufen.

2 Kap. Ein Schauspiel.

Mr. Cruncher wird nach Old-Bailey gesandt mit Zeilen, die ihn Mr. Lorry, der schon dort, zur Disposition stellen. Ueber Old Bailey. Wie Mr. Cruncher sich in den Gerichtssaal drängt u. erfährt, was „dran kommen soll." Lorry hat d*a*s Billet erhalten und Mr. Cruncher macht ihm sein Da- und Wo-sein bemerklich. Schilderung des Publikums, dann seines Augenzielpunktes. Brutales Int. des Pöbels an dem, der hofftl. geviertheilt werden wird.

„Schweigen im Gerichtssaale! Charles Darnay hatte gestern „Nicht schuldig" eingewendet gegen die Anklage"⟨, als⟩ französischer Spion ⟨gegen⟩ die Maßregeln der engl. Regierung ⌜im⌝ Befr*ei*ungskriege v. Nordamerika, zwischen Frankr. u. England hin- und hergereiset zu sein. Nun ⌜fallen⌝ des Angeklagten Augen auf Lucie u. ihren Vater – Beschreibung; sein eigener Abwesenheitsausdruck u. ihr Mitleidsausdr. mit dem Angeklagten. Jerry Cruncher erfährt, d*aß* sie Zeugen sind gegen den Angeklagten.

3K. Eine Enttäuschung,

näml. der bestialischen Erwartung des Publikums. Der Generalanwalt redet die Geschworenen an, führt die Anklage aus, die von einem Patrioten herrühre, der Darnay auf die Spur seines Vorh*a*bens gekommen. Dieser Zeuge, den der Generalanw. als ein Ideal herausstreicht, werde ihnen vorgeführt werden. Ein Diener des Angekl*a*gten, mit dem Zeugen im Verständniß, habe ⌜ihm Papiere⌝ pp weggenommen, Standeslisten der Streitkräfte Ihrer Majestät pp Der Generalfiskal verhört die ⌜Zeugen.⌝ 1., den „Patrioten", John Barsad. Des Angeklagten Advocat thut Fragen an Barsad, ⌜denen⌝ zu Folge der Patriot etwas entschminkt wird. Ob er nicht ein Schlingenleger in königl. Solde. Nein. 2., der Bediente, Roger Cly, läßt sich als von demselben Gelichter errathen. – ⌜Mr⌝ Lorry, Dr. Manette u. Tochter. Sie sind mit ihm übergefahren. In Lucies Aussagen theilnehmendstes Mitleid, – ein Beispiel davon: ⟨...⟩

⟦115⟧

Die Mühle am Floß. Von George Eliot, Verfaß. von „Adam Bede.“ – Schmidt № ⸢12827⸣.

Die Verfaßerin steht darin völlig auf demselben Standpunkte, auf dem ich mich mit meinem Erbförster befand, auf dem des offenen Gegensatzes gegen den Idealismus und einer liebevollsten Hingebung an die Wirklichkeit, des absichtlichen Abweichens von der conventionellen Heerstraße u. der Ueberzeugung von der Gefährlichkeit des Idealism u. ⸢daß⸣ des Dichters und Schriftstellers Aufgabe sei, nicht uns verwöhnte Kinder ⸢unserer Wünsche⸣ noch mehr zu verhätscheln und für ein kräftiges Familien- u. Staatsleben untüchtig zu machen, sondern abzuhärten gegen die möglichen Reaktionen des Lebens, ⸢vielmehr⸣ mit Einem Worte: praktische Lebensweisheit zu lehren. ⸢Die⸣ Welt des Gedichtes sollte die wirkliche Welt sein, nur durchsichtiger, ⸢woran⸣ der Leser pp ⸢seinen⸣ Lebenssinn schärfen, beobachten, Erfahrungen ⸢machen, lernen⸣ kurz eine Art Vorschule für die Schule des wirklichen ⸢Lebens haben sollte⸣. ⸢Woran⸣ er lerne, einen Einblick in andere Menschen thun, sie nicht nach Vorurtheilen zu beurtheilen, zu sehen, daß, wenn ein Anderer unsere Kreise stört, er es aus einem eigenen Innern heraus wirkend thut u. sich ⸢selbst⸣ darin zum Zwecke hat, nicht uns; mit einem Worte ⸢die⸣ Andern ⸢u. ihre Motive⸣ in der Vorstellung ⸢von⸣ uns und unsern Motiven los zu lösen, in dem Nebenmenschen unsere eigene Schwäche zu bemitleiden, in uns selbst sie möglichst zu ⸢tilgen,⸣ was eben nur möglich, wenn wir sie erkannt haben. Die gefährliche Macht der Phantasie und der Leidenschaften zu erkennen u. dadurch von ihrem Zauber frei ⸢zu⸣ werden; ⸢d. h.⸣ uns von ⸢allen erschlaffenden⸣ Zeitmoden – wie des Jammers, daß wir das Welträthsel nicht enträthseln können, dem daran herum Reflektiren u. ⸢uns⸣ absichtlich in verzweifelnde pp Stimmungen hinein zu dichten pp – los zu machen.

Die Mühle am Floß ist – soweit ich bis jezt urtheilen kann, da ich erst am Ende des 1 Bds bin – durchaus nicht, was man componirt nennt, worunter man gewöhnlich das Zusammenbringen von an sich spannenden, ungewöhnlichen Erlebnißen zu einem in Zeit u. Ort möglichst gedrängten Ereigniß u. zwar in der Art versteht, daß ⸢die⸣ Geschichte selbst durch ein ⸢aussparendes⸣ u. auf das möglichst effektvolle Ausbringen jedes

Einzelnen darin angelegtes Arrangement voll kleinerer u. größerer Kunstgriffe, noch mehr von der Wirklichkeit und ihrem ⌜auf Effekt⌝ unberechneten Gange sich unterscheidet. Es sind ganz gewöhnliche Menschen, die ein ganz gewöhnliches Ereigniß auf ganz gewöhnliche Weise erleben. Die Verfaßerin hat ein ungewöhnliches Talent für Charakteristik – die aber nie eine ideale ist; ihre Figuren sind lebenswahr, ohne den Mechanism vieler der Boz'schen, selbst Mrs Glegg ist keine ⌜blose⌝ Charge; sie sind mit den einfachsten Mitteln gemacht u. haben den Reiz der niederländischen Genrebilder, die uns eben darum gefallen, weil sie uns das Altbekannte aber mit der Liebe wiedergeben, die ⌜nicht sowohl⌝ in der Treue der Nachahmung das höchste Verdienst sieht, als einfach ihrer inneren Nöthigung folgt. Freilich gehört die Warze, die Pockengrube nicht zum Ausdrucke der geistigen Individualität, welche das ⌜Wesen des idealen Porträts⌝ ausmacht; aber der Eine, der einen Menschen liebt, vermißt den Mangel nicht gern, ohne die Warze pp ist es auch der nicht. Der Idealist liebt nur seine idealisirte ⌜Vorstellung,⌝ zu welcher der wirkliche Mensch ihm Anlaß gibt, in diesem; der Realist liebt den Gegenstand selbst, er liebt ihn mit seinen Mängeln u. Schwächen. –

– Wir müßen Alles wegthun, was wie Gelehrsamkeit aussieht, was blos für den „Kenner" ist, aus den Theorien blos das beibehalten, was durch alle Jahrhunderte thatsächlich sich als wesentlich auswies und auch ⌜unserer⌝ Zeit gerecht, ja eine Forderung derselben ist. Besonders aber dürfen wir Nichts einschwärzen, was spezieller National- oder Zeitgeschmack war, deßhalb keine eigentl. Nachahmungen aus fremdem Land u. fremder Zeit. Wir müßen unsere Zeit studiren, nicht um ihren Schwächen zu schmeicheln, sondern ihre Schwächen benutzen zum Vortheile deßen, was ihre Stärke ist, wenn wir es mit ⌜vorurtheillosem⌝ Auge ansehen. Wir müßen uns an die Wahrheit der Wirklichkeit halten, ⌜nicht⌝ an die Illusionen, die voraussichtlich ihrer Entlarvung entgegengehen. –

Die Verfaßerin der Mühle hat scharfe Geistesaugen und hat sie gebraucht. Der innere wie der äußere Sinn ist trefflich bei ihr entwickelt, und ganz vorzüglich versteht sie, ihre Reflexionen einzureihen in den Gang der Erzählung. Z. B.

Erst ein Beispiel ⌜von⌝ Vergleich:

Entsetzt u. erschrocken blieb Gretchen stehen während Tom aufstand und den Trümmern seiner Pagode den Rücken wandte und während Lucie stumm drein sah wie ein kleines Kätzchen, welches einen Augenblick aufhört, sich zu lecken.

Vorwort zu Adam Bede. № 12601 bei Schmidt.

Der nachstehende Roman hat im Original einen der bedeutendsten Erfolge gehabt, welche die engl. Romanliteratur in diesem Jahrhundert der Bulwer, Dickens und Thackeray kennt. In dem einen Jahre, in welchem er erschienen, sind 7 Auflagen nöthig geworden. Ein solcher Erfolg würde an sich zur Einführung beim deutschen Publ. berechtigen. Der innere Werth stellt diese Berechtigung vollends außer Zweifel.

Wenn nicht die erweiterte Anwendung von Bezeichnungen, die in ihrer Ursprünglichkeit scharf charakteristisch sind und daher nur ein kleines Gebiet umfaßen, immer ihr Bedenken hätte, so könnte man versucht sein, diesen Roman eine englische Dorfgeschichte zu nennen. Anlage und Untergrund des darin gezeichneten Gemäldes sind durchaus im Charakter der Dorfgeschichten, und der knappe Rahmen, in welchem es gehalten ist, entspricht demselben ebenfalls. Auf dem Grunde und unter den Bedingungen ländlichen Lebens bewegt sich die Erzählung, nur für einen kurzen Augenblick verläßt die Geschichte das abgelegene Kirchspiel, in welchem sie sich vollzieht, und die Schilderung dörflicher Zustände nimmt einen großen Raum ein. Aber nach Seiten der ⟦116⟧ psychologischen Entwickelung geht der vorliegende Roman so weit über die Art der Dorfgeschichten hinaus, daß diese Bezeichnung nicht als erschöpfend gelten kann und nur in einer Beziehung einen annähernden Maastab für die richtige Würdigung an die Hand gibt.

Die ländlichen Verhältniße nämlich, an sich klein und unbedeutend, gewinnen Fülle und Intereße nur durch die genaue Schilderung des Einzelnen. In dieser liebevollen Detailmalerei leistet der Roman „A. Bede" bewunderungswürdiges; an Frische und Durchsichtigkeit der Darstellung braucht er keinen Vergleich zu scheuen; die Scenerie und die Personen stehen in lebensvoller Unmittelbarkeit vor unsern Augen.

Mit gleichem Scharfblick erfaßt das Künstlerauge der Verfaßerin – denn es ist das Werk einer Frau, womit wir es zu thun haben – die psychologischen Vorgänge und mit gleicher Wahrheit und Treue stellt sie dieselben dar. In die innerste Werkstatt der Seele blickt sie wie wenige; die kleinen Kunstgriffe, mit welchen menschliche Schwäche sich selber täuscht, weiß sie aufzudecken und den Irrgängen genußsüchtiger Eitelkeit nachzugehen; für tüchtigen Menschenverstand und gesunden Humor hat sie den frischempfänglichsten Sinn und dem Mittelschlag sanfter Gemüther wird sie gerecht; die harten Kämpfe, in denen ein starker Charakter sich läutert, sind ihr vertraut und für eine Natur, die ohne Kampf nichts ist, als aufopfernde Hingebung, hat sie das liebevollste Verständniß.

Die künstlerische Composition endlich wird gewiß vor der Strenge unserer aesthetischen Kritik bestehen; die Grundsätze, welche Göthe und Schiller über den Charakter epischer Dichtung und die Bedeutung der retardirenden Momente für dieselbe aufgestellt haben, müßen der Verfaßerin von Natur eigen sein oder durch Studium eigen geworden sein; wer ihren Roman in Beziehung auf diese liest, wird die Uebereinstimmung der Praxis mit jener Theorie nicht verkennen.

Die Einsicht in diese Vorgänge des Romans, auf die ich hier einleitend aufmerksam mache, ist mir, wie ich hinzufügen muß, erst bei der eingehenden Beschäftigung, die eine Uebersetzung mit sich bringt, aufgegangen, und hat sich je länger, je mehr gesteigert u. verstärkt. Mein Lob soll daher niemand bestechen, nur gegen vorschnelles Urtheil abmahnen.

– – –

In der Uebersetzung hat ein großer Reiz des Originals – der häufige Gebrauch des provinziellen Dialektes (der Grafschaft Northumberland) verschwinden müßen, ⌜weil⌝ mit einer entsprechenden Uebertragung des Sprachlichen auch die Geschichte selbst in eine deutsche Provinz verlegt wäre. Bei diesem nothwendigen Opfer möchte ich andere um so lieber vermieden haben, als uns Deutschen, die wir so viel aus fremden Literaturen übersetzen, eine Beßerung in dieser Beziehung dringend noth thut: die schülerhaften, von Unkenntniß des Englischen strotzenden, Form und Geist der eigenen deutschen Sprache mißhandelnden Uebersetzungen, von denen die glänzenden Schriften von Dickens, die ergreifenden Schilderungen von Currer Bell, und die von feinster Poesie angehauchten See-

George Elliot, Verfaßer der „Szenen aus dem Leben eines Geistlichen."

lengemälde Thakereys sich haben heimsuchen laßen müßen, sind eben so viele – ich weiß nicht, ob schwerere internationale oder ästhetische Sünden. Berlin, An*fang* Febr. 1860. Julius Freese.

Zu bemerken ist, daß im 1 Theile der „Mühle am Floß" kein eigentlicher Bösewicht vorkommt.

In der „Kleinstadtgeschichte" habe ich eigentlich daßelbe beabsichtigt in Form u. Behandlung bis auf das Moment stärkerer Spannung nach dem Ende. Gelderwerbes wegen war es erdacht u. sollte es ausgeführt werden; was mich abhielt, ⌜auszuarbeiten⌝, war der Umstand, daß so eingehendes Detail, wie diese Geschichte erfordert hätte (eben diese Form) unser'm Publikum schwerlich so munden würde, daß der spezielle Zweck damit zu erreichen wäre. Es wäre merkwürdig, wenn nun diese englischen Bücher den Beweis führten, ich habe in ⌜meiner⌝ Furcht geirrt. Deßhalb begann ich, um einen Reiz mehr zu geben, die Gestalten ⌜humoristisch⌝ etwas à la Boz zu verzerren.

⟦117⟧

Sollte es denn nicht möglich sein, einen Mittelweg zwischen Dickens u. Elliot zu gehen, ohne die Vortheile beider zu verlieren? Wahr ist es, die Elliot packt nicht so stark und rasch, sie geht mehr auf ruhige Wirkung und man hat nicht schließlich die Empfindung, als wäre man in einem Irrenhause gewesen. Eine solche Mitte wäre eine fatale, wo man bei schwacher Wirkung zuletzt ⌜dieselbe⌝ Empfindung davon trüge.

Wenn die Motive nicht ⌜an⌝ sich drastisch sind, so muß er sie steigern, so weit es nöthig, sie mit dem drastischen Charakter des Ganzen in Einklang zu bringen.

Boz ist genöthigt, da er gleich drastisch beginnt, so fortzufahren, ja noch zu steigern. Er kann ⌜daher⌝ keine bescheidenen Motive brauchen, weil ⌜die⌝ neben den drastischen durch Contrast flau erscheinen ⌜würden⌝. Desto breiter aber wird seine Welt, je mehr dann feinre Naturzüge in den Dialog eingemengt sind. Seine Welt ist eine gesteigerte ⌜wirkliche⌝. Er nimmt seine Motive aus der Wirklichkeit, steigert sie aber so stark, daß sie Mittelwesen einer wirklichen u. einer fantastischen Welt werden. Dieses würde auffälliger sein, wenn er nicht ⌜gleich⌝ im ersten Anfange eines Werkes so energisch auf die Phantasie wirkte, daß wir wie geblendet oder bezaubert gern ⌜das normale⌝ Maas vergeßen. Wunderbares – wenn gleich, was in der wirklichen Welt geschehen kann – geschieht, noch wunderbarer dadurch, daß es eine Zeitlang mit für uns verdecktem Zusammenhange sich weiter spinnt und ⌜was davon⌝ uns gezeigt wird, uns immer tiefer in den Irrgarten führt, in welchem es der Phantasie so wohl ist, wie wir schon an Kindern zur Weihnachtszeit sehen können. Da geht der Vater aus, die Mutter aus, ⌜ohne⌝ zu sagen wohin, zu ungewöhnlicher Zeit und mit ungewöhnlichen Gesichtern, denn das Geheimniß verbergen macht eben so seine Chiffernschrift als die Spannung ⌜derer⌝, denen es verborgen wird. ⌜Wie⌝ lange währt es bis sie wiederkommen, u. nun kommen sie geheimnißvoll mit ⌜verdächtigem Gebausch⌝ in den Mänteln von weniger oder mehr ⌜entschiedener⌝ Modellirung. ⌜Es⌝ wäre schon genug, wenn sie nur etwas Neues, Unerwartetes zu sehen bekommen sollten, die kleinen Geister zu spannen, aber sie sollen das Neue u. Unerwartete ⌜<u>haben</u>⌝. Dies ist ein Wink für den Erzähler, daß er nicht blos die Phantasie errege, daß er wirklich Etwas gebe. Dies Etwas ist, ⌜was⌝ unser Gemüth in's Intereße zieht, und zwar so fest, daß es zu einem Theile unseres inneren Besitzes wird, s. z. s. unseres Wesens ⌜wird, das, was wir als unser aus dem Buche davon tragen.⌝ Das sind die ⌜liebenswürdigen⌝ Figuren und ihre Silberblicksmomente, wo der ⌜(Gemüths-⟨⟩)Gehalt⌝ völlig sichtbar in die ungeschickte ⌜Außen-Form⌝ tritt, der Geist die ⌜ungefüge⌝ Materie verklärt, wie z. B. manche Momente in dem Verhältniß Joes u. Pips in „große Erwartungen". Hier wie überall ist der Contrast, der wunderbare Modelleur und Luftperspektiviker, thätig. Es sind da Gestalten zur blosen Ueberraschung u. zur Reizung der Phantasie, ferner Gestalten von und für das Gemüth, in welchen ein mächtiger Gehalt durch die Unvollkommenheiten des Mediums, in welchem er erscheint, zugleich gehoben u. ⌜gesänftigt⌝, ⌜in welchen⌝ das Ferne, das Ideale, uns in einer unidealen, ⌜mängelvollen,⌝ unmittelbar aus ⌜Zuthaten⌝ aus unserer täglichen Umgebung zusammengeschoßenen Gestalt unmittelbar ⌜nahe⌝ tritt. Aber wie der heilige Christ, so sorgt der Romancier auch dafür, daß sich ⌜Schärfung⌝ des Verstandes u. Mehrung der Erkenntniß mit den Reizen für Phantasie und Gemüth eine. In der That ist die Hauptsache beim humoristischen Romane, daß der Erzähler bedacht sein muß, das Geistige u. Ideale in die uns geläufigsten Naturzüge ⌜zu⌝ kleiden, unser Intereße beständig rege zu erhalten und, indem er auf unsern ganzen Menschen wirkt, keine einzelne Kraft in uns zu überspannen; denn jede ⌜einseitige⌝ Anstrengung stört unser ⌜Gemeingefühl und wird unbehaglich, im stärkeren Grade peinlich.⌝

Also immer muß der Autor intereßiren, das Flaue darf uns nie langweilen, das Drastische uns nicht ⌜einseitig⌝ überspannen. Zunächst regt er unsere Phantasie an, damit er unsern Glauben gewinne, seine Welt uns wirklich lebendig werde. Wir wandeln auf dem ⌜Boden⌝ eines Räthsels für ⌜den⌝ Verstand, auf dem Boden der lezten Wochen vor der Christbescheerung; ⌜uns⌝ begegnen Züge für Gemüth u. Verstand und machen uns das Wandeln ⌜über⌝ dem Räthsel vorübergehend vergeßen, damit es uns nicht überspanne u. auch nicht abstumpfe gegen seinen Reiz. Die Formen der Zeichnung und die Tiefe und ⌜Gesättigkeit⌝ der Farben bringen die Gestalten unmittelbar an uns heran, so daß wir ⌜verkürzten⌝ Beinen, als streckten sie sich wirklich aus der Fläche heraus, ausweichen ⌜mögen, während doch ein breiter Rahmen das Bild in sich abschließt.⌝ Immer ist es Ernst und immer doch ist es Scherz mit dieser dargestellten Welt; wenn es uns Scherz ist, so ist es den Gestalten desto ⌜heiligerer⌝ Ernst; nie darf Beides zusammenfallen; das Phantastische ⌜muß⌝ fortwährend durch ein wirkliches Element balancirt werden; je mehr Freiheit, desto mehr Nothwendigkeit, je fantastischer, desto wirklicher. Denn der ganze Reiz u. der ganze Zauber beruht auf der steten Synthese der beiden Welten; so bald das eine heraustritt aus der Verbindung, ist der Zauber vorbei. Darin besteht hier die poetische Wahrheit.

Die Charaktere entwickeln sich (in dem Sinne des uns allmälig Bekanntwerdens) nicht sowohl durch Thathandlung, aus ⌜freien⌝ Entschlüßen hervorgegangen, ⌜u.⌝ die dann in die Causalität eingreifen, als durch Aktion. Es würde unpaßend sein, wenn Captain Cuttle oder Joe Gargery ⌜Etwas⌝ Thatsächliches ⌜zum⌝ Causalnexus beitrügen, am schlimmsten, wenn eine trag. Catastrophe daraus erfolgte. Nur im Ganzen sind sie ⌜Etwas⌝ für die Geschichte, als Freunde pp, die nach ihrer Weise thatsächlich ihre Freundschaft beweisen voll heiligen Ernstes u. Einfalt, aber ⌜in der Regel⌝ ohne einen eigentlichen wirklichen Einfluß auf ⌜den⌝ Gang der Begebenheit zu haben. Aus zwei

Gründen, erstlich um des Ganzen willen, das nicht von ⸢solchem⸣ relativ Kleinen abhängen darf, 2., um der Figuren selbst willen, die sonst aus der Unbefangenheit ihrer Stellung ⟦118⟧ zum Ganzen heraustreten, in welcher ihre Schönheit hauptsächlich gegründet ist. Denn eben in dem Verhältniße, daß das, was ihnen so wichtig erscheint u. in deßen Ausführung sie ihre ganze Energie legen u. nachher wohl den ⸢guten⸣ Erfolg, der ganz andere Ursachen hatte oder auch gar einen nur geträumten ⸢Erfolg⸣ mit Stolz u. Genugthuung betrachten u. darin sich selbst so unendlich wichtig erscheinen, also eben darin, daß, was ⸢ihnen⸣ wichtig erscheint, dem ⸢Leser⸣ so ganz anders vorkommt, liegt der Zauber dieser Gestalten vor allem Anderen.

Uerberhaupt aber stört eigentliches Thathandeln, insofern aus seinem Zusammenhange ein Schicksal wird, die Behaglichkeit des Romanes u. ist seinem Wesen nicht angemeßen. Alle Thathandlung muß im Romane ein weit Kleineres sein u. weniger Bedeutendes für den Gang des Ganzen, als im Drama. Das einzelne Leben ist im Romane ein Stück Weltleben, es steht nicht so souverain da, als der Held eines Drama, besonders einer Tragödie.

Im Romane ist das Detail die Hauptsache, da das Ganze ⸢gar⸣ nicht zur Ueberschaulichkeit mit einem Blicke⟨,⟩ zum Zusammenfaßen in Ein sittliches Urtheil bestimmt ist. ⸢Er⸣ verhält sich zum Drama wie das verbum activum ⸢(u. passivum)⸣ zum verbum neutrum. Daher hat im Drama die Einheit ⸢der Mannigfaltigk*eit*⸣ des Char*a*kters, im Romane die Mannigfaltigkeit in der Einheit den Accent. Im Romane ist das Ausleben der Figuren der Zweck, nicht das Handeln, wie im Drama; dort ist das Handeln der Figuren Mittel zum Ausleben, hier umgekehrt ist das Ausleben nur als indirekte Motivirung des bestimmten Handelns da. Im Romane sind die Zustände, die Affekte die Hauptsache, wie im Drama die Leidenschaft, die Absicht. Deßhalb muß der Romancharakter individueller in Zustands-, allgemeiner in Handlungsmotiven sein, wie der Dramencharakter allgemeiner im Zuständlichen, individueller im Handeln. Der Dramenheld macht ⸢seine⸣ Geschichte, der Romanheld erlebt die seine, ja man kann sagen: den Romanhelden macht seine Geschichte. Natürlich nicht im strengsten u. ausschließlichen Sinne genommen, denn auch der Dramenheld ist zugleich Produkt seiner Geschichte; da er aber auch der Produzent ist, so ist er sein eigenes Produkt. Im Roman umgekehrt; hier ist der Held Produzent, insofern er Produkt ist. Hier ist das Nichtich das Bestimmende, die Form, in welcher das Ich seine endliche Gestalt gewinnt, in ⌜seinem⌝ eigenen Handeln hilft er ⌜gezwungen dem Handeln⌝ der Welt, deßen Objekt er ist; ⌜in der Tragödie⌝ hilft das Nichtich dem Ich sich selbst zerstören. Ich ⌜rede⌝ hier speziell von der Tragödie, indem diese eigentlich der Gegensatz des Romanes oder Epos ist. ⌜Der⌝ reine Roman – ohne Mischung mit den Elementen der Tragödie, kann u. darf nicht traurig ausgehen, weil seiner Natur gemäß das Schicksal des Helden mehr zu einer Naturwirkung werden müßte als zum Austrage eines ethischen Confliktes durch ⌜diesen⌝ selbst.

Zu dem humoristischen Romane, wie ich ihn hier auf Boz' Spur construirt, gehört eine stetige ⌜Wachheit u.⌝ Lebendigkeit der Aufmerksamkeit, eine ⌜stets feurige⌝ Phantasie, Feuer in dem Leßingschen Sinne, wo es die Lebendigkeit bedeutet, mit der alle Stücke, die den Künstler ⌜ausmachen⌝, zusammenwirken und eine Unermüdlichkeit, die nicht durch die Länge der ⌜betreff*en*den⌝ Kunstleistung überdauert u. besiegt wird. Der Künstler darf ⌜keine⌝ Flauheit in sich aufkommen laßen; immer wachsam u. Alles zu ergreifen u. energisch zu ergreifen bereit sein, was der Moment fordert u. gibt.

Es gilt Begebenheiten, die stark auf die Phantasie wirken zu ersinnen, wobei nicht auf Einheit der Situation gedacht werden muß, wie im ⌜Drama. In⌝ diese Begebenheiten hinein eine Anzahl von lebensvollen Figuren zu stellen, ⌜u. unter sich⌝ zu gruppiren, von denen einige mehr darauf zielen, unsere Phantasie, andere, unser Gemüth sowohl in Sympathie, als Antipathie, andere unsern Verstand zu intereßiren; wo mögl. eine Vollständigkeit der Menschheit, überlegene, naive, gute⟨,⟩ schlimme, ernste, heitere – was nicht mit dem Eindruck, den sie uns machen sollen, zusammenfallen muß – mehr oder weniger einseitige pp rasche, langsame; melancholische, sanguinische; cholerische, phlegmatische; prunkhafte, schlichte; ⌜Bildungs-⌝ und Naturmenschen.

Freilich ist auch im Romane ein Causalnexus aber in ganz ⌜anderer⌝ Weise, wie im Drama. Mehr die Nothwendigkeit als die Freiheit erscheint in der Handlungsweise der Romanmenschen. Die Causalität ist daher mehr eine Causalität der Situationen, als des Charakters, im Charakter handelt mehr die Natur, die allgemeine, als im Drama, wo die Einseitigkeiten schärfer auf einander stoßen. Der Causalnexus hat weit mehr einzelne u. schwächere⟨,⟩ ⌜an sich unbedeutendere⌝ Glieder, die Absicht des Einzelnen beherrscht nicht so das Ganze, der Ausgang ist mehr ein Produkt der Mannigfaltigkeit, als der Einheit, die Absichten ⌜der⌝ Einzelnen neutralisiren sich mehr, das Handeln des Einzelnen verschwindet mehr gegen das Ganze, wie das einzelne Handeln gegen den Zustand. Das Produkt der einen Absicht wird durch die ⌜der⌝ anderen und durch gleichgültiges Thun, d. h. absichtsloses retardirt u. der Ausgang trägt nicht die Signatur ⌜eines⌝ Kampfesausganges, wo einer gegen alle Andern u. diese gegen jenen sich durchsezten u. beide Parteien besiegt siegten oder sieg*en*d besiegt wären. Mehr dem einander Drängen von Eisschollen im Eisgange vergleichbar, von welchen ⌜jede⌝, gedrückt, Druck ausübt und doch die Gesammtheit des Druckes u. die Ursache nicht in den Eisschollen selbst, sondern im Waßer liegt. Am Ende ist kein Einzelner schuldig im dramat. Sinne, man kann die einzelne Handlung nicht nachweisen, die die Grundursache u. Hauptursache wäre, ⌜keine⌝ ethische Schuld, deren nothwendige Folge der Ausgang wäre. Die Personen ⌜können {manche}⌝ Schuld wirken u. wirken sie, aber für sich, ohne daß d*a*s Ganze die Richtung davon bekäme; die Schuld der Einzelnen ⌜ist als solche⌝ mehr Folge als Ursache; oder vielmehr, das, was ⟦119⟧ im Drama Schuld heißt, existirt hier gar nicht. Die Personen handeln gut oder böse, haben die Folgen daran zu tragen, aber nicht der Zusammenhang dieses Handelns u. Leidens ist die Hauptsache, noch prägt sie sich als das Centrum u. den eigentlichen Gegenstand des Werkes aus.

Daraus folgt die Verschiedenheit des ⌜epischen⌝ u. dramatischen Helden u. überhaupt Charakters der Personen. Im Drama ist das Ethische die Hauptsache, das ethische Vermögen, die Thatseite die Hauptsache am Helden, weil seine Schuld u. ihre Fortführung u. Verstärkung durch d*a*s weitere Handeln ethischer Natur sein müßen. Im Romane ist das Handeln nicht die Hauptsache, auch nicht ein freies im dramat. Sinne, der Akzent wird deßhalb beim Romanhelden⟨,⟩ überhaupt den Romanfiguren auf ⌜der⌝ Existenz u. der Breite der Erscheinung ⌜liegen⌝. Der Charakter ist nicht ⌜sowohl⌝ ein handelnder, ⌜also⌝ auf eine große Leidenschaft als seinen Kern gebauter, er ist mehr ein Naturwesen, ein Gewohnheitswesen, ein Repräsentant der Sitte u. Mode der Zeit, ⌜eines⌝ Standes, ⌜einer⌝ Bildungsstufe, ein für sich ⌜Seiendes⌝, ein abgeschloßeneres, ⌜nicht⌝ eines, das, um sich durchzusetzen dem Strome entgegen, sondern eines, das behaglich mit dem Strome schwimmt. Und wo es sich isolirt hat, ist es einsiedlerisch, ⌜friedlich⌝ abgeschloßen, aber mehr defensiv als offensiv u. will seine Einseitigkeit nicht der Welt aufprägen. Diese Figuren sind daher mehr in sich vergnügt, selbstzufrieden, u. wenn sie Leid*en*sch*a*ft besitzen, wie z. B. Herrschsucht so bleiben sie damit in ihrer kleinen Welt u. laßen sie mehr im Kleinen ⌜u.⌝ Einzelnen wirken, als daß sie sie zu einer großen oder schweren That zusammenfaßten; ihre Wirkung auf die Umgebung ist mehr eine schwache aber fortdauernde; dazu haben sie noch mehre gleich große ⌜oder⌝ weniger schwächere andere Leidenschaften, von denen eine die andere neutralisirt, oder es fehlt ihnen die Energie, dieser Leidenschaft sich völlig hinzugeben ohne Rücksicht u. Besinnen.

Man muß seiner Kunst u. seinem Vermögen Etwas zu trauen. Wenn ich nicht bis in jedes Kapitel hinein ⌜das ganze Detail⌝ ausgedacht ⌜u.⌝ es für genügend zur bestimmten Wirkung gefunden habe, kann ich mich nicht an die Ausarbeitung eines Buches machen. Und doch ist dies ganz verkehrt; so wird die ganze Lust vergeudet u. der Reiz der Neuheit erstorben, ehe ich beginne. Sonst habe ich anders gearbeitet; ich habe mir mehr zugetraut u. so brachte ich doch wenigst*ens* Etwas fertig. Dickens arbeitet jedenfalls auch anders. Er macht einen Plan, der im Großen und Ganzen intereßiren kann, ⌜dann⌝ arrangirt er den Stoff szenisch u. geht dann bei der Ausarbeitung erst auf das Detail aus.

Die Regel ist einfach genug:

a Eine drastische Geschichte componirt, die an sich unterhalten kann.

b Diese szenisch so arrangirt, daß das Arrangement ⌜eine langweilige Gesch. unterhaltend machen müßte⌝

c Dann solchergestalt detaillirt, d*a*ß das Detail allein schon unterhalten müßte.

Bei a wird nur im Allgemeinen Rücksicht auf die Charakter genommen, die ja keine dramat. sind, bei b gar nicht; bei c desto mehr. Aber hier nicht blos der Menschen, auch der Szene; Vollständigkeit, Klarheit, Durchsichtigkeit pp

Die Charaktere nicht mehr zerlegt, sondern als Totalitäten angeschaut; dazu muß [man] aber auch alle ideale Composition wegfallen, soweit sie nicht sich auf die sogen. poetische Gerechtigkeit erstreckt. Dergl. ⌜wie Contrastirung⌝ macht sich, wie ich aus Erfahrung weiß, instinktmäßig; denn es ist ein Gesetz, welches die Fantasie so zu verfahren treibt, ohne d*a*ß der Verstand darum zu wißen braucht.

Ich habe auf zuviel acht geben wollen; das geht nicht. Nun will ich zunächst an die Wirkung denken.

Jede einzelne Person muß uns intereßiren, ⌜uns gefallen sei's durch gesteigerte Schönheit oder gest. Häßlichkeit (d. h. pp) der Wirklichkeit.⌝

Ich muß sehen, daß ich meine neue Theorie auf wenige u. einfache ⌜Grundregeln⌝ zurückführe, in welchen die andern enthalten sind.

Gesteigerte Wirklichkeit u. damit Steigerung der Wirkung! pp

Allein ich werde mehr zu vergeßen haben, als zuzulernen.

Vergeßen muß ich

a., das Streben nach idealer Composition, d. h. das absichtliche, ⌜unter⌝ welchem das jezt mir Wichtigere leiden könnte; damit hängt zusammen

b., das Mühen um eine ideale – typische Charakteristik, d. h. das absichtliche, unter welchem d*a*s mir jezt Wichtigere leiden könnte
die Einheit der Leidenschaft, der Situation, des Motives, des Totaleindruckes

c., die ⌜spezifisch⌝ dramatische Charakteristik, die auf das Handeln, also auf Darstellung der handelnden Mächte, der handelnden, ethischen Seite des ⌜Charakters,⌝
deßgl. auf die primitiven Motive ⌜geht.⌝

Dann muß ich vergeßen die

Aengstlichkeit, mit der ich, was mir einfiel, prüfte, ob ⌜es⌝ einer ganzen Schaar an Erfordernißen genug that, ferner

⟦120⟧ das Mißtrauen auf meine Detaillirkunst. –
Ich darf nicht mehr mich vor dem Ungewöhnlichen fürchten.

—

Mehre drastische Begebenheiten, ungewöhnliche, mit dergl. Figuren, entweder nach, neben oder in einander

Schon der Anfang muß uns vom Alletag abschließen.

Dennoch müßen die Gesetze der Wirklichkeit in dies gesteigerte Leben eingebildet werden, und daßelbe mit Liebe und Lust ins Detail verfolgt.

All das, wie schon einmal gesagt:

a., die Geschichte ⌜so⌝ componirt, daß sie an sich schon spannt u. intereßirt, ebenso die Hauptfiguren für diese Geschichte.

b., die Fabel dann mit allen Spannkünsten, doch ohne auffallende Künstlichkeit, die eben keine Kunst, szenisch ⌜arrangirt, als wenn man eine an sich langweilige Geschichte durch d*a*s Arrangement spannend u. amüsant machen wollte⌝

c., diesen Plan dann mit Liebe und Lust an den Gestalten detaillirt, klar, durchsichtig, natürlich, wirklich, doch gesteigerte Wirklichkeit, flaue Partieen vermeidend, ⌜die⌝ schon die Geschichte selbst und ihr Arrangement zu verhüten geeignet ist. Figuren, die spannen durch das Räthsel ihrer Geschichte, das sich erst am Ende löset, Figuren die durch Intentionen spannen, die wir ⌜erst⌝ nur aus Symptomen zu ahnen brauchen, Personen, die uns're Liebe gewinnen u. zwar darunter überlegene u. naive, in welchen entweder die äußere Erscheinung mit dem Gehalte gleich sichtbar zusammenfällt oder im Contraste steht, erstlich in einem zufälligen, indem sie ihre wahren Intentionen entweder bewußt verhehlen in einem gemachten oder durch Verkennung entstandenen Schein, oder indem Form und Gehalt an ihnen sich nicht decken, vielmehr in einem kleinern oder größeren Contrast zu einander stehen, ohne ihre Absicht, vielleicht ohne ihr Wißen und mit mehr oder minder Selbstzufriedenheit.

Ein solcher Contrast kann statt finden, wenn der Gehalt weit über die Form hinausgeht, oder umgekehrt, wenn eine versprechende Form ohne den versprochenen Gehalt ist. Ein Mensch kann sich zu gering anschlagen, aber auch zu hoch.

Narren, die eine beängstig*en*de Ahnung davon haben, daß sie es sind, Narren, die im Gegentheile bis zur Bewunderung von ihrer Weisheit, Witz oder sonst wirklichen oder eiteln Vorzügen überzeugt sind.

Aber die Hauptsache: erst mit der Anschauung naiv zu Werke gegangen. Die Personen nicht ausstudirt oder künstlich systematisch zusammengesezt.

Ich muß wieder so unmittelbar zu Werke gehen, wie sonst. Mühsam zusammenreflektirte Charakter sind sehr schwer in Bewegung zu bringen u. behalten etwas Automatenartiges. Hier kommen wir immer wieder in's dramatische Geleise, das wir ja eben verlaßen müßen. Die Conceptionen können äußerst einfach sein und die ganze Ausmalung lediglich durch Behabedetail bewerkstelligt. Der dramatische u. tragische Widerspruch im Charakter ist nicht nöthig.

Es wird mir, ich merke das immer mehr, unendlich schwer werden, die Schemata, die ich mir bildete, wieder los zu werden, besonders bei dem fortwährenden Kinderlärmen. Ich erfand sie mir, um einen ⌜mechanischen⌝ Anhalt für ⌜die Erfindung⌝ zu haben, da ich nie ungestört genug bin, meine Phantasie sich selbst überlaßen arbeiten zu laßen; aber sie halfen mir nicht und nun habe ich mit dem Kinderlärmen und den Schematen, mit Gift und vermeintem Gegengift zugleich zu kämpfen.

⟦121⟧

Reflexion in die Erzählung eingelaßen:

„Der Elende war ein Mensch von so beschränkten Geistesfähigkeiten, daß er nicht von meinen Aussichten reden konnte, ohne mich vor sich stehen zu sehen – pp – u. er pflegte mich (gewöhnlich an meinem Rockkragen) von meinem Schemel, den ich ruhig in meinem Winkel ⌜einnahm⌝, heraufzuzerren, mich an's Feuer zu stellen pp – und damit anzufangen, daß er sagte:

„Nun, ⌜Madam⌝, hier steht dieser Junge! Hier steht dieser Junge, den sie durch die Hand aufgezogen haben. Halte den Kopf gerade, Junge, und sei stets Denen dankbar,

> die so an dir gehandelt haben. Jezt, Madam, was diesen Jungen betrifft."

Boz hat tausend Arten, ⌜seine⌝ Reflexionen indirekt in die Erzählung des Vorganges eingehen zu laßen.

Eben so die Exposition der Motive irgend einer gewohnten Handlungsweise.

Eine große Rolle spielen bei ihm die dunkeln Vorstellungen seiner Personen, ⌜wie⌝ denn sein ganzes Verfahren eine Steigerung der Wirklichkeit in Form u. ⌜Farbe ist. Der⌝ Leser sieht seine Figuren in einem Vergrößerungsspiegel, was sonst klein ist, zeigt sich in relativer Größe und das ⌜dem blosen Auge⌝ Unsichtbare, wie eben diese dunkeln Vorstellungen, wird, wenn auch in unbestimmten Umrißen sichtbar.

Eigentlich sind sich die Menschen ⌜in⌝ ihrem Handeln in bedeutenderen Situationen sich weit ähnlicher als sonst; entweder sie thun Etwas oder thun es nicht; die Verschiedenheit kommt eigentlich in kleinen Dingen am meisten zur Erscheinung. Wirklich ⌜gibt⌝ es ⌜Unzählige⌝ in der Wirklichkeit, die eben so karrikaturartig erscheinen, wie die Boz'schen Figuren, ja die man einem Romanschreiber nicht glauben würde; der große Affekt und das Handeln reißt sie aus der seltsamen Form, [in] die sie durch Gewohnheit u. unzählige kleine wirkende Umstände allmälig angenommen haben heraus; und wenn auch ihr Wie in Augenblicken der Noth u. des Gezwungenseins ⌜zu⌝ einem Entschluße noch ⌜Etwas⌝ davon ⌜beibehält⌝, so überwiegt doch das allgemein Menschliche u. das ist, was an dem Einen ist, wie beim Andern. Nur die Handlungen, die oft von einer Person vollbracht werden, die Gedanken, mit denen sie öfter zu thun haben pp erhalten allmälig das originelle Gepräge, indem sich s. z. s. die Individualität immer mehr darin vertieft und zugleich mechanisch freier davon wird, so daß sie es s. z. s. zu ihrem Vergnügen u. Zeitvertreibe frei um- u. neugestaltet. Und auf diese Weise, auf dieselbe Weise, wie Leidenschaften, ja Wahnsinn entsteht, entsteht auch jene freie Originalität. Es ist gewißermaßen die souveraine Weise, Etwas vorzunehmen oder zu betreiben, die aus der Uebung entsteht, den Reiz der Neuheit, den die Handlung selbst verliert, ersezt der Handelnde durch die äußere Weise seines Handelns. Aehnlich wie die Sprache eines Taubgewordenen sich seltsam verändert, da er sich nicht mehr hört, so wird

an die Stelle des nothwendigen äußeren Zeichens tritt mit der Zeit ein willkührliches, das zur Gewohnheit wird.

die Art u. Weise, Etwas zu thun seltsam, weil man sich, je gewohnter man es wird, desto ⌜weniger⌝ mehr darin beobachtet. Dies, das Gewöhliche und bei ⌜einem etwas Ungewöhnlicheren die⌝ aus dem Gewöhnlichen u. dem Neuen zusammengesezte Art, mit der dies ⌜dem⌝ Gewöhnlichen Aehnliche u. doch nicht gleiche angegriffen wird, dies ist eigentlich die Sphäre, worin der ⌜Autor⌝ seine Individualisirkunst zeigen kann. Ferner die Bildungsstufe pp kurz alles das, was im tragischen Charakter nicht die Schuld hervorbringen dürfte.

Kind*er*bewahranstalt. Bescheerungen in der Armenschule. Taubstumme, Blinde.

Was ich gänzlich über meinem jahrelangen Excerpiren u. theoretischen Studium verloren habe, ist, was ich die Kunst des formalen Dialoges nennen möchte. Ich glaube aber auch dieser Verlust ist eine Folge meiner pedantischen Theorie, vermöge ⌜welcher⌝ ich von mir verlangte, in jeder ⌜poetischen⌝ Arbeit eine dialektische Auflösung eines ethisch-psychologischen Problemes zu liefern. Wenn ⌜das Substanzielle⌝ dialektisch entwickelt werden soll, fällt natürlich das reale Leben weg und es entsteht eine Art Moralität. Besonders wenn die Spannung selbst an dieser Dialektik haften soll, so muß sie mehr ⌜ein Intereße⌝ des Verstandes ⌜werden⌝. Was ⌜von⌝ Poesie im Werke, kann ⌜darin höchstens nur⌝ Schmuck sein. Im Wesentlichen stehen wir auf dem Boden der Prosa. Freilich sollte es eine dargestellte Dialektik sein; wo hatte aber nun ein Naturzug Platz, ohne zu stören, ja im Drama überhaupt Platz, in ⌜dieser⌝ auf so kurze Dauer beschränkten Art! Es soll ein ähnliches Problem nicht vom Romane ausgeschloßen werden, aber der Roman darf nicht blos daher sein Intereße nehmen wollen. Für die Leser, deren Verstand nicht so ausgebildet und im Vordergrunde ist, muß noch ein Phantasieintereße dasein. Wie z. B. in „Große Erwartungen", wo, d*a*ß Pip seine Lust an seinem Handwerke pp verliert, durch eine andere ⌜Geschichte⌝ motivirt wird, die ihre eigene Spannung hat. Und neben dieser ist noch eine da, die mit den entlaufenen Sträflingen. Da steht dann eine Handlung für die andere ein, wenn die pausiren muß und neben dem Faden, der all diese Geschichten verbindet, kann dann solch eine Gestalt herlaufen, wie Jo Gargery. Jener dialektische Weg ist ein so abgezirkelter und schnurgerader, daß er der Phantasie keine Freiheit läßt und das ist, was die Phantasie bedarf, um sich zu bethätigen. Er muß gerade sein, weil er kurz sein muß, und kurz, weil er in seiner Abstraktheit sonst langweilig ⌜wird. Wenn⌝ dieser Verstandesweg durch kleine grüne Inseln führt u. zuweilen verlaßen wird, kann man ihm selber eher sein Recht thun. Aber ad vocem formaler Dialog. verte.

⟦122⟧ Es ist dies der Dialog, insoweit er mehr Charakter – im epischen Sinne – als Verhältniße der Existenzen, Physiognomien eines Familienlebens pp gibt.

Ich glaube, die beste Cur wäre für mich, wenn ich bei einem neuen Plane mich zwänge, völlig von jenem Dialektischen abzusehen oder vielmehr, da ein negatives Verfahren in solchen Umständen weit schwieriger und ungewißer, als ein positives, einen Plan zu machen, der jenem Dialektischen zum Trotze und nach den auf einer der leztvorigen Seiten angegebenen Regeln componirt wäre. Allmälig würde ich diese Methode verlaßen können ohne Gefahr, in die alte, verkehrte zurückzufallen.

Meine Phantasie ist völlig unterjocht, gebunden und gelähmt, statt nur unter die milde Vormundschaft des Verstandes gesezt zu sein.

Nur merken, je fantastischer, das h. freier und seltsamer die Geschichte selbst, desto natürlicher u. s. z. s. wirklicher muß die Ausführung sein.

Zu bemerken, wie oft uns Carton in seiner Blasirtheit, wie oft uns M*i*ß Havisham und Estella u. der wunderliche Haushalt vorgeführt wird, wie viel Unwichtiges für die Geschichte in dem Hause Joes paßirt, damit wir uns darin einleben, wodurch uns auch das Wunderbarste ⌜gewöhnlich⌝ wird. Und der Hauptreiz ⌜beim⌝ Romanlesen ist ja, daß wir mit dem Seltsamsten, Wunderbarsten auf du und du ⌜kommen⌝ und innerhalb deßelben das, was uns vertraut ist, ⌜finden⟨,⟩⌝ das Gesetz der Wirklichkeit, also Beides zugleich haben; im Märchenlande zu Hause und zu Hause im Märchenlande sind. Indem das Märchen uns zur Wirklichkeit wird, wird uns ⌜die⌝ Wirklichkeit zum Märchen. Aber beides muß beisammen sein; das Wunderbare, und daß wir darin heimisch sind. Wie das Kind im Zuckerhause mit dem Candisdach erst recht glücklich wäre, sähe es einen Kameraden vorbeigeh'n, dem es zuruft

u. zeigt, indem es so das Reich der Einbildung mit dem der Wirklichkeit verbindet u. beide hat.

Das Entlegene zusammen, das Ferne zum Nahen gemacht, wunderbare Erfindung, wirkliche Ausführung, Einleben darin, eine Mannigfaltigkeit feßelnder Charakter* in ihrem Spiele gegeneinander, eigentüml. Locale, einen Vorgang voll Spannung, einen Ausgang nach Wunsch; das ist Alles.

*auch hier d*as* Ferne mit dem Nahen, d*as* Seltene mit dem Gewöhnlichen vereint; die gewöhnl. Char*a*kter wunderbar gemacht s. z. s. durch Detail u. die seltsamen natürlich.

Verhinderung flauer Partieen.

Wie spannend führt er Mr. Jaggers, der die Nachricht von dem neuen Vermögen an Pip u. Gargery bringt, ein. Die Nachricht von dem Morde, ⌜das⌝ Gespräch darüber, in welches sich ein Fremder ⌜mischt, deßen⌝ man vorher nicht gewahr geworden. Die Art des Einmischens u. das Benehmen des Fremden dabei läßt uns fragen: wie? wenn das der Mörder wäre? wie er sich dann über den Küster hermacht in seinem Eifer, seine Ueberlegenheit auch hier zu zeigen, wie er aus dem ⌜Mord⌝ dann aus dem ⌜Verdacht der Arroganz hindurch zur Autorität⌝ [hindurch] hindurchdringt; dadurch ist die Partie, die sonst eine flaue geworden wäre intereßant genug geworden. Kommt der Mord nun nochmals vor oder nicht, er hat doch die Phantasie durch seinen blosen Schatten in der Zeitung wiederum in Bewegung gesezt u. wir haben eine Spannung bis dahin, wo der Vorgang wiederum intereßant genug wird, ⌜diese⌝ Hülfe entbehren zu können; zugleich hat er eine ⌜Gedankenreihe⌝ geweckt, die bis zum Anfange des Romanes reicht und auf den Sträfling führt, und gibt nun die Frage ein: kommt das Vermögen von dem Sträflinge, dem er ⌜wohlgethan u.⌝ das ist nicht unmöglich, ja fast wahrscheinlich, wenn wir an den in zwei Pfundnoten gewickelten Schilling denken (die Szene des Advocaten erinnert ohnehin an jene des Fremden mit der Feile, u. gewiß absichtlich)? Oder von der ⌜Havisham⌝? Kurz das ⌜Geheimniß des⌝ Romanes, welches ⌜hier⌝ während des erzählten Vorganges ⌜noch sich fortbaut⌝, nicht, wie meistentheils, ⌜ganz⌝ in der Vorgeschichte liegt, bringt unsere Fantasie in ihr Element und es kann nun wieder eine Zeitlange der Autor ruhig der Entwickelung der innern Vorgänge in Pip beim Eintritt in sein neues Leben nachgehen. – Orlik und das Attentat auf Pips Schwester, die ⌜zerfeilte⌝ Beinschelle, das Alles hilft zur Aufregung der Phantasie.

Daß Pip den Mr. Jaggers bei Havisham's sah, scheint wieder deßhalb, um ein Gewicht für die Meinung, d*as* Vermögen komme von der Havisham, zuzulegen. Man erkennt den Schilderer u. Kenner des engl. Gerichtswesens; es ist, als wären von beiden Seiten eine Anzahl Zeugen erschienen, zu Gunsten näml. der Meinung, d*as* Vermögen kommt von dem Sträflinge u. zu

Gunsten der, das Verm. kommt von der Havisham; nun mag der Leser, der viell. Geschworener war oder es noch werden wird, seinen Scharfsinn ⌜üben. Auf⌝ beiden Seiten sind Indizien genug vorhanden.

Wunderbar, wie eine solche öffentl. Einrichtung ⌜bestimmend⌝ ihre Formen in ⌜das⌝ Denken u. die Umgangssprache der Nation prägt.

Es wäre also zu merken: so muß das Geheimniß sein verschleiert Antlitz erheben u. an sich erinnern oder sonst ein spannender Moment eintreten, um uns geduldig ⌜u. wach⌝ zu machen für einen längeren Weg ohne Hinderniße.

Die Bekanntschaft mit Mr. Mike! wie weiß Boz die Einführung neuer Personen zu variiren.

Merkwürdig, wie Boz zu dehnen weiß; so z. B. bis es zwischen ihm u. Herbert Pocket zur Erkennung kommt. Uebrigens auch diese ⌜Einführung⌝ individuell, das Warten im Hausflur; nun kommt H. P. heraufgestiegen, das Abnehmen der Tüten damit jener aufmachen kann; das Aneinanderpurzeln beim plötzlichen Aufgehn der Thüre, das Lachen Beider. Die feine Charakteristik H*erber*t Pockets. Welche Erfindungskraft in der Mannigfaltigkeit ⌜u.⌝ dem unerschöpflichen Reichthum des Details! Welche Maße u. Feinheit der charakteristischen Züge.

Wie ist auch fast jede Person ausgespart, wie kenntlich gleich im Anfange gezeichnet u. doch in der Regel wie wenig von ihrem Innern verrathen. An jede Person, an jedes Local (durch Stimmung u. dunkle Vorstellungen*) ist eine Spannung geknüpft; jede ist ein Räthsel für sich, an dem wir bei jedem Begegnen wiederum herumrathen; denn, wie auf der einen Seite uns die Person bekannter wird, um so spannender ist ihr Räthsel. So dies Hin- und Her-Schicken, Gehen, Warten;* Alles auf Spannung berechnet. Ein Gespräch, welches blos das Vehikel des Bekanntwerdens scheint, ist wiederum an sich ein spannendes Moment. So sausen eine Menge Räthselfaden an uns vorüber, wir ⌜möchten⌝ jedem einzelnen nachsehen, wohin er führt; u. ⌜zu⌝ welchem Gewebe dieser u. dieser, der u. der u. der u. am Ende alle führen mögen. Ja! große Erwartungen, Erwartungen ohne Zahl, nach allen Richtungen!

*in der Schilderung oder den Gefühlen ⌜u. Betrachtungen⌝, die es in der betreff*en*den Person hervorbringt.

*⌜auch,⌝ damit Pip u. der Autor Zeit haben, die {Banalität} „durchzuempfinden“. Denn dies ist der paßende Ausdruck.

Wie bescheiden dabei die innere Entwickelung ⌜der⌝ „großen Erwartungen“ in Pip u. wie allmälig!

⟦123⟧ Dies ist ungewöhnlich in den „Großen Erwartungen“, daß das Geheimniß der Vorgeschichte während des ⌜Vorganges⌝ sich noch fortbildet, d. h. daß neben dem Vorgange, der uns klar offen ⌜liegt noch⌝ ein anderer Vorgang ⌜nebenhergeht⌝, von dem wir nur ganz äußere Symptome, die uns gar nichts verrathen, sehen; dieser verdeckte Vorgang ist eine Weiterbildung des Geheimnißes der ⌜Vorgeschichte⌝. Dem entsprechend ist, daß ⌜von jener⌝ Vorgeschichte uns schon im Anfange des

3ten Theiles (es sind 6 Th.) ⌜eine Abschlagserzählung gemacht wird⌝; denn wenn auf der einen Seite ein dauernder Zufluß, so kann auf der andern auch ein Abfluß eröffnet werden; das Geheimnißvolle ⌜der Unterlage⌝ wird nicht fehlen, nicht ausgehen, aber es wird wechseln, das Verlorene immer wieder ersezt werden. Hier haben wir eine Fortbildung der Räthsel-Vorgeschichten-Technik.

Der Hauptunterschied des Dramatischen u. Epischen vide S. 27 am Rande.

In „Zwischen Himmel u. Erde“ ist die Spannung, überhaupt die Conception mehr dramatisch.

⌜Gemüth, Phantasie, Verstand.
Form. Fabel
Arrangem*en*t Char*a*kter
Stoff⌝

Das erste Erforderniß unter allen Umständen, daß ein Roman unterhaltend sei, feßelnd.

Daß er spannend sei, ist ein Unterbegriff davon. Aber eine Geschichte nach unserm Gemüthe, dergl. Personen, ⌜feßelnden Charaktern⌝, einschmeichelnder Sprache u. gewandter Erzählerkunst*; ⌜all dieses⌝ sind auch Mittel, den Leser zu feßeln. Das Wunderbare, der Wechsel, Lebendigkeit, ⌜psychologische⌝ Entwickelungen, intriguate Situationen, Humor

*Neuheit, Frische.

Besonders ist für uns Deutsche das ⌜gemüthliche⌝ Wohlgefallen an den Begebenheiten, den Charaktern und der erzählenden Persönlichkeit maßgeblich, während der Engländer mehr auf die Phantasie zu wirken hat. Wir Deutschen ziehen das Angenehme, das unsern Wünschen Entsprechende, das, was wir das Schöne nennen, dem Wahren vor, Rührung der Erschütterung ⌜vor⌝; und daß der Autor uns ein lieber Mensch u. ein gutes Herz erscheine, ist uns wünschenswerther, als daß er ein weiser Mensch und ein Künstler sei; und wir haben es lieber, wenn er sich uns zeigt in dieser Gestalt in seiner Geschichte und seinen Figuren abgespiegelt, als wenn er uns die Wahrheit des Lebens enthüllt und hinter einer objektiven Schöpfung verschwindet. Ja, wir sind schon zufrieden, wenn er sich nur so anstellt, als wir ihn wünschen und helfen ihm mit größtem Eifer zu dieser Täuschung und machen uns're Augen zu, wenn die Täuschung so ungeschickt ist, daß wir mit der Nase auf die Wahrheit stoßen müßten.

Neuheit der Char*a*ktere, Situationen, Begebenheiten und Motive?

Wenn Spannung erregen ⌜u. zu erhalten⌝ etwas so Wichtiges, so ist es ebenso wichtig, sich vom Leser nicht in die Karte sehen zu laßen, und wenn man ihn zu dem Ziele führt, welches er wünscht, es doch nicht auf dem Wege zu thun, auf welchem er denkt. Daher kann es vortheilhaft sein, zuweilen Finten zu machen, wie ein Fechter. Solch ein Roman ist wie ein Leben, in der Jugend oft in ganz anderen Umgebungen, als später und Erwartungen, die sich erfüllen, sehen erfüllt den gehegten nicht mehr ähnlich. Manche erfüllt sich uns zur Strafe. Wie nun solch ein Roman in Boz' Weise dem Leben gleicht pp

Der Romanheld und seine ⌜schließliche⌝ Entwickelung ist wie der Gestaltenwechsel des Kiesels, der durch das Hin- und Hergeworfen werden von der Flut ⌜bewirkt⌝ wird und nur insofern von seiner eigenen ⌜Natur⌝, wie der Kiesel, der weiche Theile hatte, nicht rund wird.

Unser u. der englische Romangeschmack bietet einen Vergleich ⌜mit⌝ der Lebenstüchtigkeit. Unsere Romane ⌜sollen⌝ gehen, wie wir wünschen, der Engländer nimmt sie, wie sie ein Bild des Lebens sind. Wenn unser Leben eine Wendung nimmt, die unsern Neigungen zu wi[e]der, wenden wir uns wie Kinder hülflos ab und weinen, daß es nicht ist, wie es sein könnte, ⌜u. wir leiden⌝ ohne Widerstand; da es nicht so wird, wie wir wünschen, geben wir Willen u. Wünsche auf u. verlieren, was noch zu gewinnen wäre. Der Engländer dagegen sieht dem Leben muthig in's Auge, wird ihm ein Weg verschloßen, so bahnt er sich einen andern; er will vom Leben, was er daraus machen kann, er bequemt seine Wünsche als ächter Realist der Wirklichkeit an, anstatt die Hände in den Schoos zu legen, wenn die Wirklichkeit sich nicht ⌜seinen⌝ Wünschen fügt. Und so zieht ihn ein Roman, der der Wirklichkeit gleicht, nur desto mehr ⟨an⟩, während wir ihn aus der Hand legen.

Wie das Drama eine ⌜zufälligkeitenlose⌝ Wirklichkeit (s. z. s. das Gesetz der Wirklichk*ei*t in Einem Falle gezeigt), so ist der Roman eine überall unterhaltende, eine ⌜durchaus⌝ intereßante Wirklichkeit. Doch das will nichts sagen; das zählte eben vom Drama auch. Auch ⌜„eine⌝ durchaus gesteigerte W." besagt nichts anderes. Eine wunderbare Wirklichkeit? Denn allerdings das Ungewöhnliche und Spannende ⌜der Erlebniße⌝ ist ein großer Romanreiz, aber wir sehen täglich, daß die einfachsten Bilder des ⌜Lebens, d. h. Bilder des gewöhnlichen Lebens⌝ in der Erzählung gefallen. Das gewöhnliche Leben hat seine Spannungen. – Ist es ⌜das⌝, daß die Wirklichkeit des Romanes darthun muß, daß sie durch den Geist (des Dichters – auch sein Gemüth pp) wiedergeborene Wirklichkeit ist? Eine solche geistwiedergeborene Wirklichkeit ist auch das Drama; ⌜aber wir brauchen die Erklärung des Gegensatzes⌝. Ich glaube, es ist kein direkter Gegensatz vorhanden; es handelt sich in dieser Beziehung nur um ein weniger oder mehr.

Im Romane hat der Stoff, als solcher mehr Gewicht, also die Mannigfaltigkeit, der Wechsel, das scheinbar Absichtslose; die Einheit darf weit, ja muß weit stärker maskirt werden, das Kunstwerk muß einem Naturwerke noch ähnlicher sehen. Wie dort das der Idee Unwesentliche, so muß hier das rein Gleichgültige, Intereßelose der Wirklichkeit ausgeschieden werden – wohl verstanden aus der Fabel, nicht aus dem ⌜Detail⌝, welches, wenn die Fabel wirkl. intereßant durch sie getragen wird, als Beglaubigung ⌜u.⌝ Balancement des Wunderbaren der Fabel gewöhnlich sein muß. Davon schon die Märchen der 1001 Nacht voll Belege. Da muß eben das Detail hülfreich eintreten.

⟦124⟧ Die verschiedenen Arten des Romanes bedingen hier auch Unterschiede.

In Boz ⌜ist⌝ uns oft Häßlichkeit widerlich. Es scheint, daß der Grundsatz der Steigerung der Wirklichkeit das zwischen dem Schönen und Häßlichen Indifferente nicht zuläßt. Und wirklich haben die deutschen Romane, die nicht von diesem Grundsatze ausgehen, ganz langweilige Figuren u. Partieen. Die Langeweile findet sich gemeiniglich ein bei unentschiedenen Qualitäten. Der Engländer sezt uns zu allen seinen Figuren pp in ein entschiedenes Verhältniß; das Häßliche irritirt uns, aber es langweilt uns nicht und der Realist, der nur bedingte Schönheit kennt, hat für seine schönen Gestalten u. Partieen der Art Folien nöthig, d. h. er bedarf des Contrastes.

Natürlich hängt der Gebrauch ⌜stärkerer⌝ oder schwächerer Contraste noch von vielen andern Bedingungen ab. Je länger z. B. ein Roman, je mehr er ⌜Figuren⌝ hat, desto nothwendiger wird das Kunstmittel des Contrastes.

Die Reflexion wird hier ⌜unmittelbar⌝ dem Autor wenig helfen, nur ⌜mittelbar⌝, indem die Summe der umfaßendsten Reflexionen zu einer Art Instinkt geworden ist.

Die Länge, die Art der Begebenheit pp sind einzeln u. gruppirt die Quellen der Bedingungen der Form. So wird die szenische Erzählung mit ihrer Ausführlichkeit einer einfachen Geschichte wenig paßen. Und doch läßt sich hierüber nichts endgültig festsetzen, da das „Wie" das Hauptwort bei der Sache spricht.

Nur soviel ist zu sagen, daß, was möglichst Vielen gefallen soll, möglichst viele Reize und Kunstmittel zusammen faßen muß.

Daß man die drei Grundkräfte des ⌜aufnehmenden⌝ Menschen zu bekräftigen suchen muß, Gemüth, Phantasie, Verstand. Eines von diesen dreien wird meist in der Oberhand sein, z. B. in den eigentl. ⌜Dorfgeschichten, im⌝ biographischen Romane, im lyrischen Romane das Gemüth, im Boz'schen pp die Phantasie, im psychologischen der Verstand. Und es fragt sich, ob es vortheilhaft, z. B. in einer Dorfgeschichte zugleich ⌜auch⌝ der Phantasie u. dem Verstande ihr Recht zu geben. Die Phantasie, das elastischeste unserer Vermögen verträgt am leichtesten starke Dosen für die andern beiden Kräfte. Und in der That welcher Reichthum von Verstand liegt im ⌜Detail bei⌝ Boz. Wollte man vertheilen, so müßte man sagen, die Phantasie müßte ⌜bei der Erfindung, der⌝ Verstand im Arrangement, das Gemüth im Detail ⌜vorzugsweise⌝ thätig sein. Das wäre aber immer mehr die subjektive Seite. Die subjektive u. objektive decken sich aber so wenig, daß der Verstand des Autors im Arrangement, mehr auf Phantasie u. Gemüth des Lesers wirkt, als wiederum auf deßen Verstand. – –

Aber alle diese Reflexionen sind müßig; man muß das Gefühl walten laßen u. zum Anhalte nur wenige Regeln feststellen. Das kann nur für Eine Art maßgeblich geschehen; das Beste, der Autor trifft seine Wahl und wendet sich ausschließlich Einer Art zu. Demgemäß muß ich mich fragen: auf welche der drei Hauptarten deutet meine natürl. Anlage und die bereits vorhandene Ausbildung meiner künstlerischen Vermögen. Die Neigung hat auch ihr Wort dabei zu sprechen. Nun wird mir die Wahl um so schwerer, da meine Neigung deutsch u. das Uebrige an mir s. z. s. englisch ist. So ist gleich ein Widerspruch vorhanden. Folge ich meiner persönlichen Neigung, so wird der technische Kopf, den ich habe, zum Feiern verurtheilt.

Im Romane, darin ⌜alle⌝ drei Kräfte unter dem Vortritt der Phantasie sich vereinigen, fände ich wohl meinen Platz am besten.

Dies ist in der Erfindung dem Drama am unähnlichsten. Hier ist zu beherzigen:

Die äußere Begebenheit dominirt, die innern sind nur Folgen davon. Der ⌜Einzelne⌝ bildet nicht die Welt, sondern die Welt gibt dem Menschen die Form. ⌜Diese⌝ steht mit seiner ursprünglichen Anlage ⌜entweder⌝ in Uebereinstimmung oder im Contrast, er wird mehr oder weniger glücklich. [In diesem] ⟨Dieser⟩ Romanmensch[en] muß – im Gegensatze zum ⌜dramatischen –⌝ mehr bildsam, mehr allgemeine Fähigkeiten ⌜zur⌝ Anlage haben, als das, was man ⌜eine⌝ entschiedene Natur nennt. So im Boz, daß Pip nicht von Natur das Hinaufwollen als ⌜mächtige⌝ Einseitigkeit in sich hat, sondern daß es in ihm erst geweckt wird und zwar zum Theile durch eine andere durch die Umstände erweckte Leidenschaft, die Liebe. Schon diese Zweiheit – jedoch nicht einen nothwendigen Widerspruch ⌜bedingende⌝ – macht Pip undramatisch. Deßgleichen seine mehr paßive Natur, die nur mit den Umständen handelt, nicht trotz ihrer. Der Roman scheint eine ⌜innere⌝ Entwickelung – oder mehre – zu fordern, aber eben so bestimmt, daß diese innere Entwickelung durch äußere Umstände veranlaßt und durch ⌜äußere⌝ Umstände weiter geführt wird und daß man am Ende auch ⌜ein⌝ fertiges Produkt dieser ⌜Formung von⌝ Außen vor sich sehe. Natürl. gilt dies nur vom biographischen Roman.

Nun ist es gut, wenn die Wirkungen von außen, deren Produkt der Held am Ende ist, ⌜in⌝ seinem Besitz pp, wie auch, doch mehr relativ in seinem Sein, ein System von ⌜Causalitäten⌝ eine fortlaufende einheitliche Begebenheit bildet – doch nicht im Sinne des Drama, weil der Held selbst wenig oder keine Causalität darin anspricht –. Beiläufig ist der Roman „große Erwartungen" typisch; ⌜Pip⌝ läßt sich aus dem Paradiese eines beschloßenen, unabhängigen Glückes locken und verliert sich an völlige Abhängigkeit pp Das Weitere ⌜erst⌝, wenn ich den Roman ganz gelesen. – Ist nun die Entwickelung Pips eine der Wirklichkeit entnommene, so muß der Causalnexus, der sie bedingt, ein desto wunderbarerer sein.

Eigen, wie ähnlich der Entwickelungsgang meinem Liesle-

NB. Liesle muß als Kind gut sein, wenn auch der starke Rechtssinn u. Wahrheitssinn mißverstanden wird.

Wie sich d*as* Gemüth immer

vertieft sieht vo[m]⟨n⟩ ⌜dem⌝ Verhältniß ⌜ihres Seins bei⌝ der Mutter Leiche, der Base aus dem Hause gehen, bei Rösens Liebe, Tod u. Leiche, bei Christians Werbung, dem Besuch auf dem Gottesacker, ihren Träumen pp ihrem Anschließen an den Stiefvater, da sie Jemand bedarf pp – am Anfang immer noch Reaktion dabei.

Diese Entwickelung ist äußerst allmälig, kaum merkbar wachs*end* in vielen Szenen darzustellen.

Eine kleine Stadt, die von der nun erst durch die Eisenbahn nahe⟨n⟩ Capitale noch keinen Einfluß erlitten hat.

Elisa, die ebenfalls aus dem geschloßenen Paradiese, welches die Base hütet, durch den Stiefvater gelockt, mittelst ihrer gefährlichen Anlage ihrer guten entfremdet wird, und durch ⌜desselben⌝ Stiefvaters Erbärmlichkeit, ⌜welche⌝ der epischen Gewalt der Umstände jede Conceßion macht, wie sie dieselbe durchschauen lernt, nun im epischen ⌜Stähl-⌝ u. Schmelzfeuer der ⌜äußeren⌝ Noth, erst ⌜von⌝ den Schlacken rein geschmolzen, dann gehärtet wird. Dieses Aufraffen der beßeren Anlage ist wiederum episch, da sie die Folge äußerer Umstände und ⌜von⌝ der edelschlauen Base Führung ist. Retardirt durch Detail wird dies Aufraffemotiv das dramatische, was es haben mag, glaube ich, nur zum Besten des Romanes ⌜verwerthen⌝. Nur schade, daß das Kleinstadtwesen in der Verwickelung der Umstände kein ⌜phantastisches⌝ Gegengewicht hat. Die Halbbauern auch nicht natürl. Weise viel Geist entwickeln können.

⟦125⟧ Eine Bemerkung, die ich machte, als ich meiner Frau einen der schönsten Dialoge zwischen Jo Gargery und Pip vorlas, darf hier stehen. Unsere Aesthetiker werfen in den Kasten „Epik“ die Ilias mit unsern Romanen zusammen u. abstrahiren aus dem einen für das andere Gesetze. Sie denken nicht an den großen Unterschied, den es macht, d*aß* jene Epen in Fragmenten von einzelnen Gesängen auswendig vor ⌜festlich⌝ beim Schmause Versammelten rezitirt wurden, während unsere Romane nicht fragmentweise vom Einzelnen hinter seiner Lampe gelesen [wird] ⟨werden⟩. Der Roman ist für den innern Sinn gebildet, während das Epos sich auch an den äußeren wendet.* – Die Boz'schen Romane sind Schauspiele, welche auf der Bühne der Phantasie ⌜von phantastischen Schauspielern⌝ für den innern Sinn gespielt werden. Jede Person darin hat ihre eigene ⌜Stimme;⌝ lesen wir leise für uns, wird Alles lebendig, das Lautlesen tödtet; durch blose schauspielerische Kunstgriffe von Stimmeverstellung kann man dem unvergleichlichen Joe Gargery nicht gerecht werden. Diese Schablonen paßen zu den Bret⟨t⟩ern, auf welchen sie im Gebrauche sind, nicht in das Bild der wirklichen Welt, wie es beim Leiselesen sich in uns gestaltet. Ein wirklicher Ton ⌜der sich in diese fantastische Welt der Wirklichkeit mischt⌝ zerstört den ⌜Zauber.⌝

*dieses für den Hörer, jene[s]⟨r⟩ für den Leser.

Neu, Alles neu? ⌜Die Situationen? Die Behandlung?⌝ Gut. Aber auch die Motive? Sollen die Charakter neu – noch nicht dagewesen, wenigstens nicht so dagewesen – sein und ihr Handeln – woraus eben die Neuheit der Situationen ⌜hervorgeht –⌝ neu, so ist die Folge, daß auch die Motive ⌜neue⌝ werden müßen, wie sie's in „Große Erwartungen" auch wirklich sind. Des Sträflings ⌜Einfall –⌝ u. doch, ein solcher wäre als vorübergehender sehr begreiflich, aber – aber freilich der Schwur auf das neue Testament; gut gebrüllt, Löwe! und dadurch kommt noch ein Neues hinein, daß ein ⌜Verbrecher⌝ ein neues Testament bei sich trägt soviele Jahre ⌜lang, um –⌝ darauf schwören zu laßen, oder selbst zu schwören. Ferner der Miß Havisham ⌜monomanische⌝ Idee, ihr ⌜durch einen Mann⌝ gebrochenes Herz zu rächen, indem sie einen Brecher für Männerherzen sich erzieht, wiewohl dies ⌜neue⌝ Motiv alte zur Verstärkung erhalten hat, z. B. die durch Abschließung ⌜u. absichtl. Vermeidung deß*en*, was zur Genesung führen mußte⌝ hervorgebrachte Erkrankung der Seele, dann, daß sie d*a*s Kind erst nur bewahren wollte gegen Herzbrechen u. durch die selbst producirte ⌜Erkrankung⌝ an Ueberreiztheit, allmälig auf den Plan kam. Gut für diesen Punkt; aber daß es ihr auch so mit ihrer Erziehung gelingt. Daß die Natur diese Künstlichkeiten nicht durchbricht? – Kurz eben im Gebiet dieser neuen Motive hört die wirkl. lebendige Welt auf u. wird eine automatenhafte; hier macht das Knarren der Walzen – man möchte eine Art ironischer Selbstkritik von Seiten des Autors in dem eigenen Gurgeln, welches Pip zuweilen im Halse ⌜des⌝ Magwitch vernimmt finden, als solle dies das Vorhandensein eines solchen Mechanism andeuten – ⌜pp⌝ einen unheimlichen Eindruck und dieser wirkt weiter, indem er uns auch das wirkliche Leben in den Joe, Pip pp als verdächtigt ⟨erscheinen lässt⟩ und dadurch uns die Freude an ihnen verdirbt. – Die Situationen, die aus diesen neuen Motiven entstehen, sind allerdings nun auch neue und wären, nähmen uns diese nicht die Unbefangenheit, in demselben Maße intereßant.

Es ist die Aufgabe allerdings eine sehr schwere, die alten Motive – die einzig wahren – u. was daraus entsteht, mit dem Scheine der Neuheit zu umkleiden.

Klar, daß der Humor am leichtesten neu sein – was man hier sein nennt – kann, weil er die Geschichte, die an sich als eine ganz natürliche erscheint, von einem neuen Gesichtspunkt zeigt. So, wenn man einen fantastischen Menschen seine Gesch.

oder die ⌜Anderer⌝ erzählen läßt, welche von seinem schiefen Augenpunkte aus verzogen erscheint, wo denn jederzeit auf irgend eine Weise dem Leser der eigentl. Verhalt vermittelt werden muß – etwa so, d*aß* er durch ⌜die⌝ Verkleidung deutlich hindurch scheint, oder sonst etwie.

Die Joe Gargery, Kapitain Cuttle, der alte Optikus und dergleichen Charakter, die uns durch ihre naive Beschloßenheit u. ⌜liebens⟨-⟩ u. achtungs-würdige⌝ Bornirtheit gefallen, können nur in ruhigeren Situationen sich ausleben, sie gehören dem Stillleben, sie haben die Organe nicht zur souveränen Bewegung, durch ein leidenschaftliches Streben werden ⌜sie⌝ aufgehoben und das Tragische ⌜paßt⌝ ihnen an keinem Gliede. In solche Figuren darf keine Entwickelung verlegt werden, sie sind ihrer nicht fähig, denn die Fertigkeit, die Geschloßenheit, das Gebundene ist eben ihr Wesen. Die entwickelungsfähigen epischen Charakter sind mehr bildsame Naturen, mehr Thon als Töpfer, Naturen, denen der Schwerpunkt fehlt; sie sind der direkte Gegensatz jener fertigen, aller Bildnerei von außen u. innen unzugängliche Naturen; sie sind überall Zufriedenheit, Behagen, während die andern Unruhe und Unbehagen sind, Menschen* ⌜Trieb⌝, aus sich selbst souverain zu handeln, von zu starkem, um in ihrer Lage recht heimisch ⌜werden zu⌝ können. ⌜Sie⌝ stehen in der Mitte zwischen jenen, die aus natürl. Schwere in der Ruhe gehalten werden und denen, welche das Leben beherrschen, sich in eine Lage gearbeitet haben, in der sie nun freiwillig beharren, doch ohne Verbeßerungen derselben aufzugeben. Jene sind fertige, gewachsene Mineralien, ⌜die Helden pp⌝ bildsamer Thon, ewig unfertig und ohne Abschluß, wenn nicht durch paßive, weibliche Resignation; diese sind Töpfer und Thon zugleich, die ⌜Jagger* pp; die mittlern sind das Mittelglied u. spielen auf allen Schauplätzen mit.⌝

NB. Der dramat. Charakter ist ein ethischer Menschentypus, Stand, Beruf, Geschäft sind mehr Ausmalung; ⌜beim⌝ epischen Char. spielt gerade Stand u. Beruf, Geschäft die große Rolle; sie sind besond*ers* bei Nebenfiguren, was dort Leid*en*sch*a*ft pp

*von zu schwachem

*eine vierte ⌜Claße⌝ verhält sich zu der dritten, wie die 2te zu der ersten. Es sind dies die ⌜energischen Strebenden⌝ ohne Selbstbeherrschung, die der Leidensch*a*ft, der Schuld u. dadurch der Reue verfallen.

So bestehen in Boz Romanen mehre Schauplätze nebeneinander, es gehen Stillleben neben Bewegung her. ⌜Das Machen der⌝ Glückswechsel gehör[en]⟨t⟩ den Strebenden, überhaupt die Bewegung; sie dürfen die Naiven nicht unmittelbar berühren, sondern durch das Medium der Bildsamen, sie sind daher die Freunde der Bildsamen; ihre Motive kleine, ebenso ⌜die⌝ Züge, welche sie individualisiren. Ich hätte anders die Claßen benennen sollen, etwa:

a die Naiven, Bornirten, Gebundenen, Instinkt- und Gewohnheitsmenschen. Temperirten.

b die Bildsamen, ⌜Sehnenden⌝, Geschobenen, zwischen Vorigen u. den ⌜beiden Folgenden,⌝ Gefühlsmenschen. Warmen

c die Verstandesmenschen, die Ueberlegenen, Harten, Zähen, bewußt Selbstsüchtigen, Kalten.

d die Phantasiemenschen, entweder Phantasten oder Leidenschaftsmenschen oder beides, Heißen.

Die bei a bleiben in ihrem Behagen, an ihrem Orte, bei sich aus Geschloßen- u. Gebundenheit, die b sind die Umhergetriebenen aus Stimmung in Stimmung⟨,⟩ aus Lage (Neigungsmenschen) in Lage, die ad c bleiben oder gehen, wie es ihr Nutzen heischt, sie sind stets bei sich aus Ueberlegenheit, diese regirt der Verstand. Die ad d machen die Glückswechsel, welche die ad b erleben u. ausleben, sie sind extrem in Ruhe u. Bewegung, Neigung wird Leid*en*sch*a*ft, sie gehen dem Verderben oder der Reue entgegen.

⟦126⟧ Diesen Menschen entsprechen als Sphären und Schauplätze:

a., das Dorf, das Stillleben; holländische Cabinetsmalerei.

c., das Geschäftsleben, Expeditionen, ⌜Comptoirs⌝ pp.

d., ⌜phantastische⌝ Landschaft, phantastisch staffirtes Local, Wind, Wetter, Spielhäuser, Gefängniße pp Ruinen pp

Die ad b., werden aus einer dieser Sphären in die andere getrieben, sie vermitteln dieselben miteinander. Zugleich vermitteln sie, da sie der* Mitte am nächsten stehen, die andern Personen u. ihr Thun dem Publikum; sie sind ⌜oder⌝ vielmehr ihre Geschichte ist der Faden, an dem wir durch die verschiedenen Sphären geleitet werden und an welches unser Intereße sich vorzugsweise bindet; sie sind unser Begleiter oder wir die ihrigen. Ihre Geschichte ⌜wird⌝ stätig erzählt, ⌜sie⌝ ist der Weg, den gehend wir den andern begegnen, eine Weile mit ihnen gehen u. dann sie wieder verlaßen, wenn nicht sie uns. Die Geschichte der andern, besonders ad c u. d wird uns bruchstückeweise erzählt, die ad d, sind Figuren der Vorgeschichte u. diejenigen, welche das Räthsel neben dem Hauptvorgange weiter führen, ihr Thun ⌜pp⌝ wird uns nur in Fragmenten bekannt, zuweilen zeigen sie sich nur[,] in Person oder durch Bevollmächtigte, deren Bezug zu ihnen uns erst später bekannt

*menschlichen

wird, um an das Räthsel zu erinnern und die Spannung zu erhalten, die sich an die Vorgeschichte u. ⌜ihre⌝ uns noch unbekannte neben dem Hauptvorgange, aber in den ⌜Coulißen⌝ hergehende Fortsetzung derselben knüpft – zuweilen auch uns auf falsche Fährten zu locken oder das Durchschauen ihres Mechanismus zu verhindern. Zuweilen sind es mehre Vorgeschichten u. Fortsetzungen, deren einzelne Symptome sich vor uns vermischen, so daß wir die eine thätig glauben, wo die andere es in der That ist, wie z. B. die verschiedenen Umstände, die ⌜dafür⌝ sprechen, Miß Favisham, u. die, welche wahrscheinl. machen, der Sträfling sei der Wohlthäter. Denn eine Hauptsache, ⌜den Leser⌝ zu einem andern Ziele zu führen, als er erwartet, oder zu demselben Ziele aber auf einem andern Weg, als auf dem er dahin geführt zu werden erwartet, u. der ihn glauben macht, er werde an ein ⌜anderes⌝ als das erwartete oder gewünschte Ziel geführt.

! NB !

Problematischer Weg, problematische Charakter, wie jener Heuchler im Chuzzlewit, problematisches Ziel pp.

———

Auch Schiller u. Göthe

Neu – und wenn ⌜die Sache selbst⌝ nicht neu ist, so muß sie neu gesehen sein. Was die Neuheit des Standpunktes den Objekten gegenüber wirken kann, belegen die Beispiele von ⌜Ld. Byron,⌝ Heine, Börne pp ⌜Also⌝, Neuheit des Stoffes, des Gesichtspunktes, der Form ⌜(Erzählungsweise)⌝, der Charakter (Motive), Situationen pp.

———

⌜Der Totaleindruck⌝ eines Romanes, wie ⌜„Große⌝ Erwartungen“ ist unbeschreiblich. Zu welch wunderbarem Accord das Wunderbare u. Natürliche pp kurz alle diese Gegensätze, welche zugleich wirksam sind, ⌜zusammenkling[t]⟨en⟩⌝, ist nicht zu sagen. Und wie selbst das Künstliche, das einzeln auffällt, ⌜diese⌝ Totalempfindung nicht beeinträchtigt, im Gegentheil uns nicht fehlen darf.

An diesem Romane konnte ich durch Vergleichung die⟨1⟩ ⌜mich der⌝⟨2⟩ Fehler meiner bisherigen Romanpläne erkennend bewußt werden. Z. B. in Beziehung auf die Entwickelungen, so sind diese bei mir völlig dramatisch gedacht u. angelegt, d. h. das von Außen dabei Treibende u. Haltende geht aus einem ganz engen u. gradlinigen Causalnexus hervor. Was aber im Drama nicht auffällt, im Gegentheile nöthig ist, die gerade

Linie, wirkt im Romane so prosaisch u. zweckwidrig, wie in ⌜einer⌝ Landschaft eine schnurgerade Straße. Die durchaus realistische Natur des Romanes wird mir immer deutlicher. Sie bedarf Thatsachen, objektive – und zwar bis in die kleinste Schilderung hinein. [(]Für das lezte will ich eine Stelle als Beleg abschreiben, wo bei der Kahnfahrt das Abstrakte der Bewegungen pp ⌜d. h. der inneren Thatsache beim Kahnfahren⌝ durch die Enumeration der objektiven Außenthatsachen wunderbar balancirt wird; wobei beiläufig die Bemerkung, daß die innere Thatsache – die ⌜erfahrungs-psycholog.-ethische – u.⌝ ihre Verbildlichung durch Uebertragung auf ⌜Merkmale äußerer⌝ Th*a*tsachen u. Geg*enstän*de dramatischer Natur ist, u. im Gegentheile die äußere Thatsache, das Objektive in seinem Bezuge auf dadurch hervorgebrachte innere, das Grundwesen des Epischen. D. h. die dramatische Bewegung ist innerlicher Natur und äußere Thatsachen haben im Drama nur ⌜insofern⌝ Gewicht, als sie äußere Merkmale der innern ⌜Vorgänge, und⌝ geeignet sind, ⌜auf⌝ diese zurückzuwirken. Die epische Bewegung dagegen geht von außen nach innen; die äußere Thatsache hat einen Werth an sich und die innern müßen Mittel werden, die äußere Bewegung ⌜in Gang⌝ zu erhalten. Bei der dramatischen Erfindung müßen wir von einer innern Thatsache (Leidensch*a*ft, Willensentschluß) ausgehen und die äußeren Thatsachen müßen – in ihrer ersten Quelle alle aus einem bewußten inneren Akte entsproßen (d. h. absichtlich, gewollt, gemacht) – als Motive in die innere Thatsachenreihe (Handlung) treten und zu einem innerlichen Abschluße führen; bei der epischen dagegen gehen wir von einer ⌜oder mehren⌝ äußeren Thatsachen aus und legen dann erst die Seele hinein. Dort bildet die Seele ihren Körper nach sich, hier ⌜schafft⌝ der Körper sich eine Seele. –

Aber ich wollte eine Entwickelung wie die Fritz Nettenmairs ⌜oder⌝ des Liesle-Elise bei mir mit der Entwickelung des Mr Pip vergleichen. ⌜Thue⌝ ich das, so finde ich den Hauptunterschied darin, daß jene dramatisch, diese episch gedacht ist. Beiläufig: Darin liegt das, was Schiller u. Göthe im Epos das Retardirende nannten: Hängen die äußeren Thatsachen von den innern ab, gehen sie daraus hervor, so wird der innere Drang u. Sturm der Leidenschaft auch ⌜die⌝ äußeren Thatsachen beeilen, ja wohl überstürzen machen; hängt dagegen die

Der Einzelne ist ein kleiner, ohnmächtiger Punkt in der Mannigfaltigkeit des Epos; im Drama dagegen ist der Held das überwieg*en*de ⌜Moment,⌝ wie er auch ⌜nur⌝ als sein eigenes Opfer fällt.

Schon die Maße u. d*as* Gewicht des Äußeren muß die etwa aufgewandte Charakterkraft eines Einzelnen als einen kleinsten Punkt erscheinen laßen, nicht die etwa aufgewandte, sondern die Summe der Möglichkeit ⌜vereinter Menschenkräfte vor unserem Augenmaße⌝ erdrücken.

⌜Den Ausdruck⌝ Handlung sollte man vom Drama nur dann brauchen, wenn von seinem Gegensatze zum Epos die Rede u. dieser hervorgehoben werden soll. In der ⌜praktischen⌝ Theorie des Drama kann nur von handelnden Menschen (-Arten) die Rede sein.

innere Entwickelung von den Impulsen ab, die von äußeren Thatsachen kommen, so wird die Bewegung um so weniger ⌜eine⌝ beschleunigte sein, als sie complicirter* und ⌜nicht⌝ aus der Einheit Einer Absicht oder Eines Willens hervorgehend ist. Hier wirkt das ⌜(mechanische)⌝ Naturgesetz der Reibung u. der Trägheit ⌜der Stoffe⌝ u. Complication der Maschine ⌜eine⌝ entsprech*end* trägere Bewegung.

*ein ganzes System ist

⟦127⟧ Aussparen, Aufschieben der Aufklärung. So ⌜Aussparen⌝ der Personen, durch Aufschieben der Bekanntmachung mit ihrem eigentlichen Wesen, ihren etwaigen Intentionen, Zubehören pp sogar der Nennung ihres Namens, Standes, welche dann am besten ohne Einmischung des Autors ⌜aus dem Vorgange selbst erhellt.⌝

Hier ist der Roman, in welchem der Held selbst seine Geschichte erzählt, sehr im Vortheile. Seine Verschweigungen sind damit natürl. zu motiviren, daß er an keiner Stelle der Erzählung mehr weiß, als der Leser auch. Sein Part intereßirt durch die innere Entwickelung seines Wesens, die Rollen der andern Personen durch die Spannung, die ⌜sich⌝ an ihr Benehmen heftet und durch das Räthsel, welches sie uns mehr oder weniger bis zu ⌜einer⌝ gewißen Zeit bleiben und immer wieder werden, indem wir ⌜von ihrer⌝ Meinung, ihren Intentionen u. Entschlüßen pp nicht mehr wißen, als ihr Äußeres uns verräth. Manche machen den Helden zu ihrem Vertrauten, in Manchen ist es Klugheit im gegenwärtigen Falle⟨,⟩ bei ⌜Manchen⌝ ist es ihr permanenter Charakter, daß sie sich nicht blos geben; mit Manchen können⟨1⟩ ⌜bei Manchen könnten⌝⟨2⟩ wir gar keine Verständigung versuchen, wäre auch sonst Gelegenheit da, denn Manche sind blose Mittelspersonen mit beschränktem Auftrage, von deßen Gründen ⌜u.⌝ sonstigem Zubehöre sie selber Nichts wißen, ja wohl den Auftraggeber nur dem Ansehen nach oder auch nicht einmal dem Ansehen nach kennen, und im Auftrage viell. gar nur eine Chiffre bringen, wie z. B. Auferstanden. Es kann dies Alles zusammenkommen.

von Manchen können wir ihrer Parteilichkeit halber pp keine Wahrheit erwarten.

Auch im Dialoge Aussparen, indem ⌜mit dem Worte⌝, welches aufklärt, welches einen Theil der Spannung erledigt, um viell. das Uebrige derselben nur desto intensiver zu machen, so lange als möglich hingehalten wird, entweder der Hörer u. Mitdialogist im Buche selbst oder nur der Leser, oder beide. Das Hinhalten kann in der delikaten Natur der Sache selbst* oder in der charakteristischen Weise der Person, an welcher es dargestellt wird, liegen oder das typische Zubehör der ⌜momentanen⌝ Situation; Horcher mögliche, oder sonst ein Gêne der Art; oder es ist blos die Convenienz des Autors, der spannen, retardiren, oder die Haltung conserviren will, jedoch auf das Natürlichste maskirt durch ⌜Formen⌝ der Höflichkeit, sonstige Gesprächsnaturzüge, wie Erinnern an das lezte Zusammentreffen pp oder sonstige blos formale Einleitung u. Vorrede. Alle diese Retardirmittel, die Spannung erregen* oder schärfen, sind zugleich zur Charakter- und äußeren Zeichnung zu benutzen. Beiläufig: Charakter ist nicht der treffende Ausdruck im Epos u. Romane, wo auch die Äußerlichkeit eine große Rolle spielt. Figuren ist beßer, wenn man das Moment des Charakteristischen damit verbindet. ⌜Der⌝ richtigste Ausdruck, wenn nicht zu breit, wäre charakteristische Figur. Hier tritt auch eine große Verschiedenheit in der Behandlung zwischen Drama u. Epos ein. Der dramatische Charakter ist etwas, das, so scharf es umrißen, doch wie ein Kleid ⌜mehren⌝ wirklichen Personen (Schauspielern) anpaßen muß. Daher die Forderung typischer Gestalten, d. h. bei denen das Typische stärker auftritt, denn natürl. muß auch die Romanfigur ⌜eine⌝ typische Basis haben, man muß ihr einen Gattungscharakter anmerken. Ein anderer Grund liegt in der ethischen Natur des Drama*; dieser fällt im Romane ⌜ebenfalls⌝ fort. Noch ein anderer in der Kürze des Drama, der ebenfalls das Epos nicht trifft. Unter so relativ wenigen ⌜zeichnenden⌝ Zügen, als zu denen das Drama Raum hat, können wenig mehr andere als die von Typen sein, wenn die Gestalt kräftig modellirt u. imposant heraustreten soll, wie wir vom Dramenhelden verlangten.

*wie die Vorbereitung der Lucie durch den Mr. Jarris Lorry am Anfange von „Zwei Städte.“ „Geschäft, Geschäft“ pp

*Es will Einer den Anderen sprechen. Was will der von dem? pp

*weil hier der Mensch wesentl. nur von der Seite des Handelns ⌜in⌝ Betrachtung kommt.

⌜Räthsel⌝ pp. Im Astrologen wird eine Vorgeschichte, der Raub des jungen Bertram mit Zubehör gleichsam als Einleitung vorausgeschickt. Nun kommt ein großes Zeitspatium, in welches die andere Vorgeschichte, die der Eifersucht G. Mannerings ⌜fällt; diese⌝ leztere, so wie die ⌜nächste⌝ Fortsetzung der ersten Vorgeschichte – wie H. Bertram nach Indien kommt, sich selbst nicht kennend pp bilden dann Hinderniß der Liebesgeschichte u. Räthsel. Im Robin roy ist keine Vorgeschichte, das Räthsel des Romans, der Robinstamm entsteht während des Vorgangs. Man müßte denn in des alten Vernon Vorgeschichte u. des N N⟨1⟩ ⌜Rashleigh⌝⟨2⟩ Osbaldistone Versuche auf

Dianas Reinheit dafür annehmen. Im Alterthümler ist das System des Romans mit Vorgeschichte ein wahrer Typus dieser Gattung. Auch das Herz v. Midlothian hat seine Vorgeschichte. – Ebenso die alte ⌜Eichentruhe v. James,⌝ der Lampenputzer der Mrs Cummins. Ein Muster dazu mag das Verhältniß im Hamlet gewesen sein. Auch Erzählungen wie der tolle Heide v. Höfer hat eine solche Vorgeschichte. Die Jane ⌜Eyre⌝ ermangelt deren ebenfalls nicht, ebensowenig ⌜Barnaby⌝ Rudge, Zwei Städte, Große Erwartungen, Klein Dorrit, ich glaube auch Blakhouse. Die Bulwer'schen Romane kenne ich nicht. Unter älteren Romanen hat der Zauberring eine große Vorgeschichte. Deßgleichen Toms Jones. Wilhelm Meister, die Epigonen, sogar der Münchhausen ⌜({wie} der alte)⌝ unter den neueren deutschen. Die 12 Nächte von W. Alexis ist auch damit versehen. Die reisenden Maler von E. Wagner. ⌜Der Freiknecht.⌝ In Freitags Soll und Haben entsteht das spannende Verhältniß erst während des Vorganges; es ist dies aber nicht die starke Seite des Buches.

⟦128⟧

Bei W. Scott ist im Alterthümler eine Person der Faden (doch kommen auch Szenen vor, wo er nicht ⌜u. auch kein Anderer⌝ der Vermittler zwischen uns und den übrigen Menschen des Romanes ist) welche eigentlich eine Nebenperson in der Pragmatik des Romanes. In der Regel ist der Faden u. Vermittler der Held; sowie dieser sich zu stark nach dem Dramatischen neigt, ⌜so bald er Wellen schlägt,⌝ ist er nicht mehr geeignet, der Spiegel zu sein, in welchem wir die Dinge sehen, sobald er etwas Imposantes erhält, kann er nicht mehr die schiefe Fläche sein, die uns mit dem Imposanten im Romane vermittelt; er hat dann zu sehr seine eigene Wesenheit, um uns ein Dollmetscher fremder Wesenheit zu sein; er ist dann mehr ausscheidend als aufnehmend, mehr Stempel als Prägmaße.

In der Hinsicht ist Dickens um ein Wesentliches weiter ge kommen als W. Scott, daß er Entwickelungen gibt, d. h. psychologisch-ethische, ein ⌜allmälig⌝ Werden von Charaktern⟨,⟩ ⌜Verhältnißen {u.} pp⌝, während Scott nur unsere genaue Kenntniß von des Menschen Charakter pp allmälig werden läßt. Ueber diese ⌜Entwickelungen⌝ ist ein Wort zu sagen; man darf sie allerdings nicht als ein absolutes Werden auffaßen, sondern als ein Mittelding zwischen Werden u. Sichtbarwerden. Die Stätigkeit verlangt, daß der Weg ein längerer scheine als er ist und der gesunde Menschenverstand, daß ein Ding nicht zu seinem Entgegengesezten werden kann, daß in die neu sich bildende Mischung nichts kommen kann, als was in der alten schon war; die Theile treten eben nur in ein ander Verhältniß, einer oder mehre scheinen durch pathologische Steigerung, Schwellung an Quantität andere geworden zu sein. In der That kann bei aller Entwickelung nur das in Menschen und Dingen (⌜Thatsachen⌝) sichtbar werden, was in [ihm] ⟨ihnen⟩ schon lag; die schönsten u. höchsten Entwickelungsmuster haben wir im Shakespeare: Diese Menschen, Makbeth, Hamlet pp, diese ⌜Thatsachen⌝, wie Desdemonens Mord, Makbeths Sturz, das Complott gegen Cäsar, das Königwerden Richard III, u. alles derartige im Shakespeare entsteht nicht, sondern ist schon im ⌜gegebenen⌝ Grundverhältniße vorhanden, wie der Baum u. seine Zweige, Blüten, Früchte, im Samen und im Boden. Es kommt nur zur Erscheinung; die Sonne lockt die Blüte heraus, aber sie ist nicht von der Sonne geschaffen, sie wird nur sichtbar, ⌜äußerlich;⌝ sie ist schon vor dem Locken der Sonne in dem Baume, sie ist schon im Samenkorn vorhanden gewesen. Dies muß in der dramat. Entwickelung besonders sichtbar sein, weil da die eigene Kraft des Helden mehr sichtbar werden muß; aber auch im Roman darf es nicht anders scheinen, obwohl hier sichtbarlich mehr von Außen der Impulse ausgeht. Der dramat. Charakter entwickelt s. z. s. sich selbst, der epische wird entwickelt. D. h. dort kommt, was im Menschen ist, sein Inhalt ⌜mehr⌝ durch seine eigene Energie zu Tage, durch die Ueppigkeit des innern Triebes; hier wird es mehr hervorgezwungen oder hervorgelockt durch die Treibhitze der äußeren Athmosphäre. Der dramatische Mensch ist ethisch genommen von größerer Einseitigkeit⟨,⟩ ⌜Entschied*en*heit der Natur⌝, ein Repräsentant der in ihm überstark vorhandenen Kraft u. Neigung zu einer gewißen Leidenschaft, also ein psychologisch ethischer Typus einer Art; der Romanheld aber ist mehr der allgemeine, d. i. gewöhnliche ⌜Mensch⌝ in seiner Bestimmbarkeit, nach der innern, ethischen Seite zu allgemeiner als der dramatische, nach der äußeren ⌜aber⌝ besonderer als der dramatische.

Wir sehen einen Knaben; er ist völlig Knabe überhaupt, zeigt keine Besonderheit, und schon hier geschieht mehr mit ihm, als er selber geschehen macht.* Die Abgeschloßenheit seiner Sphäre läßt ihn darin alles Glück meinen, das möglich; ihm ⸢öffnen⸣ die Umstände, nicht sein Wunsch, der seine bisherige Lage überflügelte, eine bisher ungekannte Sphäre; ⸢Hohn, aufgeregte⸣ Phantasie* helfen, ⸢dem⸣ Geschmacke an der Geschloßenheit ein Ende zu machen. Aber er handelt nicht, um aus der alten in eine neue Lage zu kommen; wieder thut das ein Äußeres für ihn. Er soll ein Gentleman werden. Da er meint, durch Miß Favisham, hat er keinen Grund, sich gegen die Erfüllung seiner Wünsche zu stemmen; nun beginnt der junge Mensch zu schwindeln, sein Glück gibt ihm in seinen Augen Würde; er versteht keine Warnung u. ist bereit, ein gemeines Motiv unterzulegen – weil er selbst, ohne es recht zu wißen ⸢eines⸣ gemeinen Fehlers, der Eitelkeit, theilhaftig geworden ist. In diesem Taumel, dem aber zu dramatischem Wesen wiederum Concentration u. ursprüngl. Kraft der Sinnlichkeit des Trägers fehlt, lebt er denn in den Tag hinein; er verlezt den naiv edeln Joe, die ähnliche Biddy, weil sie ihm eine Art von der Empfindung erregen, welche ⸢er früher Estella erregte⸣ und sympathetisch sich selbst. Es entschuldigt ihn dies leztere menschlich u. ist zugleich ein ächt epischer Zug. Nun tritt an diesen durch Träume großer Erwartungen und vornehmen Müßiggang Verweichlichten mit einer Plötzlichkeit, die ihn noch mehr in den Nachtheil sezt, die Aufklärung über die Natur des Bodens, aus dem seine fantastischen Erwartungen bisher lustig wuchernd wuchsen. Nur Eines ⸢deutete seine⸣ spätere Erhebung vor, sein schönes Handeln an Herbert, sollte dies auch nicht aus blos edeln Motiven ⸢hervorgegangen⸣ sein. Der Widerspruch gegen seine bisherigen Hoffnungen, denn nun löst sich die, Estella sei ihm bestimmt, in Dunst auf, die ⸢Gewalt⸣ der verschiedensten Affekte, von denen jedoch keiner zu einem Handeln führt überwältigt ihn. Er ist der Gentelman des ehemaligen Sträflings, der, wer weiß, was verbrochen, diese schreckliche Abhängigkeit von einem Menschen, den er von je verabscheute u. dem er doch Dankbarkeit schuldig*! Wäre er ein dramatischer Mensch, das eine verdunkelte ihm das andere und triebe ihn zu entschiedenem Handeln; der epische Mensch kann sich nicht entscheiden, er hat nur ⸢einen Einfall

⸢*von⸣ der Schwester, Pumblechook pp eingeschüchtert u. mißhandelt

*u. erstes Liebesgefühl

*erstlich für früher, nun für die Liebe zu ihm, die ihn sein Leben wagen läßt.

statt eines⌝ Entschlußes, er erwartet wiederum von Außen, von den Umständen den Impuls. Er muß den Gefahrbedrohten retten, wobei er selbst von ihm loskommen kann – ein ächt episch – complizirtes Motiv. Er verliert seine Liebe, sie wird seines verachteten Feindes Weib, der Schrecken persönlicher Lebensgefahren stürmt zu den andern Eindrücken auf ihn ein, statt der früheren, gewohnten glänzenden Aussichten sieht er Noth u. Schande nahen, die kleine Eitelkeit, der gentlemännische Widerwille u.* Ekel des verwöhnten Schooskindes des Glückes vor dem Sühnbocke des Glückes, die Aenderung im Wesen des Sträflings u. die genauere Bekanntschaft mit seiner Geschichte vermindert den Abstand; von Trotz ist ohnehin nichts in Pip. Nun ⌜appelirt⌝ noch ⟦129⟧ die Verletzung u. ⌜voraussichtliche⌝ Verurtheilung des armen Teufels, die Folgen seiner Güte u. Liebe gegen Pip, auf deßen Mitleid, er hat nichts mehr zu verlieren – da er das Geld des Gefangenen nicht vor der Arretation deßelben zu sich genommen –; der nackte Mensch zeigt seine angeborene Güte, er bleibt in liebender Treue bei dem leidenden armen Sünder – aus Liebe zu ihm; täuscht ihn über das Vermögen, damit der Arme freudig sterbe. Diesen veredelten Standpunkt hält seine frühere Geschichte fest; er sühnt auch sein Unrecht gegen Joe u. Biddy, in der ihm eine lezte Hoffnung entgeht u. beginnt sich selbst eine Existenz zu bereiten. In alledem ist nichts besonderes von Charakter.* Es sind die Eigenschaften, welche in jedem Mittelschlagsmenschen als Anlage vorhanden, welche ⟨durch⟩ diese äußeren Impulse an jedem zu der entsprechenden Erscheinung gekommen wären. D. i. Pip ist ein epischer Mensch, ein Typus der mittelschlächtigen Menschheit.

*halb sittl. halb vornehme

*Es wird nichts an ihm, es wird blos in die Erscheinung hervorgelockt, was indifferent in ihm lag – in jedem liegt, der keine menschliche Ausnahme.

Diese Entwickelung ist ⌜episch⌝ außerordentlich schön, so ferne von der kalten Secirmethode, die so abstrakt ist, wie ein Rechenexempel, ⌜wo die Sache wie ein ausschließl. Geschäft traktirt wird[.]⌝⟨,⟩ wo Schnitt ⌜um⌝ Schnitt geschieht u. das Präparat bei jedem Schnitte aufgezeigt wird in usum ⌜Delphini⌝ und jeder Schnitt von demselben Meßer kommt. Wie unabsichtlich erscheint das Ganze, wie ist es durchwachsen mit andern Partieen.

Ich möchte wohl wißen, was Dickens eher gekommen, der Gedanke dieser Entwickelung oder die beiden ⌜Begebenheitsstämme⌝, welche ⌜die⌝ Entwickelung hervorbringen. Dachte er sich vielleicht: Irgend ein ⸢Knabe⸣ verliert die Lust an seiner Sphäre, er strebt höher; ⸢da⸣ kommt von unsichtbarer Hand die Möglichkeit, die großen Aussichten machen ihn schwindeln u. über seine Freunde der niedern Sphäre sich ⸢undankbar⸣ [zu] überheben; mitten in seinen Schwindel hinein wird er gedemüthigt dadurch, daß seine Erhöhung von einem Verbrecher herrührt pp – Ich glaube aber eher, das Erste, was er hatte, war der Sträfling mit seinem Gelübde, viell. hat dies sogar histor. Grund oder ist eine Analogie einer andern ähnlichen wahren Geschichte. Der Vorgang ⸢zwischen⸣ den Beiden war ⸢nun⸣ das erste, daran schloß sich die Entwickelung in den Hauptumrißen. Aber das ⸢Bedenken:⸣ wie[,]? wird nicht ⸢wenn Pip nicht, doch⸣ der Leser errathen, wer der Wohlthäter ist? ⸢Beide müßen⸣ Grund haben, zu meinen, es komme anders her. Nun machte sich die Geschichte der M*iß* Havisham allmälig, es fand sich hier die geeignetste Anknüpfung für die Erweckung der Unzufriedenheit seiner Lage. Mit Estella zugleich entstand das Motiv der Erziehung des Mädchens zu ihrem Rachewerkzeug; dieser abenteuerl. Gedanke, der zugleich ein Analogon zu dem ähnlichen Plane des Sträflings, brachte die ganze abenteuerl. Geschichte u. das gespenstige Kerzenleben, weil solch abenteuerl. Einfall u. seine Verfolgung zum Motive eine Unnatur bedurfte, eine geistige Abirrung. Diese bedingte wiederum die Reue, die eine weitere Contrastirung mit der Endgeschichte des Sträflings brachte. Das Alles wirkte wiederum auf die Conception der innern Entwickelung in Pip. Die beiden möglichen Quellen der Erhebung Pips gaben ⸢Aussicht⸣ auf ⸢eine spannende⸣ Ungewißheit. Daraus entstanden nun Jaggers, der mit der Feile, die Erben der Havisham, die durch den Glauben, die Miß sei die Urheberin, diese bewegen, um sie zu ärgern, den Schein zu unterstützen.

Noch Etwas, was ich zu vergeßen, ja aus dem unmittelbaren Gefühle wegzuwischen habe, ist die Rücksicht auf Concentration der Zeit u. Sammlung des Ortes, im Romane, wo ich mich nunmehr bewegen will, nicht allein eine unnütze, sondern geradezu schädliche. ⸢Der⸣ einfachste Einfall, der mir kommt ist schon von jener Rücksicht episch verkümmert, ehe ich mich warnen kann. Auch Zeit u. Ort(-swechsel) muß beitragen, dem

⌜Romanhelden⌝ das Imposante nehmen zu helfen und der Welt zu geben.

—

Unsere Zeit hat einen gewißen Ernst und will Substantielles, das Formelle ist ihr nichts, nicht ⌜das Wie⌝, nur das Was intereßirt ihn und den Humor verzeiht er nur dem Ernste, in welchen jener sich mischt. Das Spiel der Humors mit sich selber ist ihr nichts. Ja, der Autor muß sich die Miene geben, als habe er die vollkommene Welt im Sacke und wollte nur erst aufräumen mit dem, was nicht da sein sollte.

—

Ich begann heute nocheinmal den 5ten Theil zu lesen. Mehr als je fiel mir – vielleicht, weil mir die erzählten Dinge ⌜diesmal⌝ schon bekannt waren, – die vollkommene Gleichförmigkeit im Gange der Erzählung auf. Ein und derselbe Grad von Ausführlichkeit u. Genauigkeit des Details, daßelbe Tempo, dieselbe epische ⌜Ruhe, Klarheit⌝ und Gemeßenheit von Anfang bis zum Ende deßen, was ich las. Kein Accelerando, ⌜kein⌝ ungeduldiges Springen, kein Nachlaß der Aufmerksamkeit ⌜u. der Arbeit,⌝ wie intereßant oder unintereßant die Situation auch ⌜wäre.⌝ Und die Erzählung selbst so bescheiden, kein Haschen nach Geist und Witz, immer ein mittler ⌜Ton.⌝ Wie die Erzählung, so der Dialog. Bei Homer, als ich den Meinen ⌜den Gesang, wo⌝ Nausikaa den Odyßeus findet, ferner die Geschichte Odyßeus mit Polipheen ⟨vorlas⟩, fiel mir diese Gleichheit des Ganges, diese Gemeßenheit u. Ruhe schon angenehmst auf. Aber selbst Shakespeare's Dialog hat diese Gleichheit. Er accelerirt u. retardirt nirgends, er verstärkt nur ⌜den⌝ Ausdruck oder mildert ihn; die Gespräche, komische u. ⌜ernste⌝, schwere u. leichte haben dieselbe Ausführlichkeit und dieselbe gemeßene Ruhe. – Pip und Drumle neben einander vor dem Feuer, das ⌜Nach⟨t⟩lager⌝ in den Hummums, die Szene des Abschiedes von Estella, immer dieselbe Ruhe u. Gemeßenheit. Ich glaube, es kommt auch im Romane viel auf ⌜den⌝ Maasstab an, den man selber gibt; ⌜auf⌝ eine sehr gedrängte Erzählung wird das Gegentheil langweilig.

So wenig als möglich die indirekte Rede angewandt, z. B. er meinte, er sei sicher pp u. es wurde daher ausgemacht pp ⌜dergleichen⌝ paßt am besten an das Ende eines Gespräches oder einer Szene

⟦130⟧

Ein Buch anlegen, welches eine Art ⌜Stoff-Magazin⌝, in welches einzutragen, was ich irgend für seltsame Glückswechsel, Schicksale pp seis aus mündlicher Erzählung, aus Zeitungen pp vernehme, ferner von brauchbaren andern größern u. kleinen Motiven, Namhaftmachung von Lebenssphären, Instituten pp, welche vielleicht zu nutzen wären. Dann hätten wir zwei Hefte nebeneinander, das 1., welches der praktischen Theorie des Romanes ⌜gewidmet wäre⌝, das 2., ⌜speicherte⌝ Rohstoff auf. Nun wird wohl noch ein drittes nöthig werden für Reflexionen nicht über das Handwerk des Romanciers, sondern über den Weltlauf, namentlich Natur, Stände pp welches dann, wie N. 2, ein Begebenheitsstoff-, so ein Ideen- u. Charakterstoff-Magazin würde. Diese drei Rubriken sind bisher in diesem Hefte zusammengewesen. Jede einzelne wird von nun reichhaltiger ausfallen und wir müßen, wollen wir uns die Uebersicht wahren an die Theilung in 3 verschiedene Hefte gehen.

Der Epiker kann sich besonders bei Erzählungen seiner Personen manche Freiheit herausnehmen. So ist z. B. die Erzählung des Magwitch zwar ⌜eine⌝ Lebensgeschichte, aber eigentlich nicht die des Erzählers, d. h. Inhalt u. Form gehen nicht zusammen; ein Mensch, der so durch Unbildung unglücklich war, der nachher noch in halber Wildniß einsiedlerisch gelebt, der kann nicht so gebildet erzählen. Zu bemerken ist es, wie Boz hier durch ⌜den Ton u. die Geberde kleiner⌝ Einschaltungen uns immer wieder erinnert: es ist der alte Sträfling, der erzählt. Und diese Procedur ist vollständig ⌜gerechtfertigt⌝ in einem Romane, den, wie diesen, der Held des Romanes selbst erzählt

NB.

Eine Frage: Kann es einen Roman geben, der zum Hauptinteresse das Wohlgefallen des Lesers an den Figuren des Romanes hat. Muß dann, wenn Spannung angewendet wird, diese nicht dann auch nach diesem Wirkungscentrum gehen?

In einem eigtl. humoristischen, d. h. komischen ⌜Romane⌝; in einem vernunft komischen (derart D. Quixote); muß da die Spannung auf äußere Begebenheit oder auf die Entwickelung des komischen Grundgedankens gehn?

Es wäre dies eine Mitte zwischen Roman und Idyll.

Der große Roman hat alle Hauptgattungen in sich. Den Einen treibt es auf Abenteuer, er reißt sich los aus dem Idyll u. durch die Wüste des Lebens keuchend, locken ihn idyllische Oasen. pp

⌜Realistisches Ausmalen⌝ von Stimmungen. Nicht sowohl die abstrakten ⌜Empfindungen⌝ nahmhaft machen u. musikalisch austönen, aus welchen die Stimmung besteht, vielmehr naiv die Dinge vor die Augen stellen, an welchen jene Empfindungen sich knüpfen. Also mehr den objektiven Leib als die subjektive Seele der Stimmung detaillirt. Derart die Schilderung des ⌜eben⌝ kommenden Frühlings in Hebbels „Mutter und Kind“; ferner die Schilderung der verfallenen Brauerei mit dem Detail der in allen Phasen des Verwitterns pp nuancirten Tonnen pp Im Epos immer der Umweg zum Innern durch das Äußere

Der lyrische Roman, die Wärme der Erzählung mit Apostrophen u. Refrains ist eigentl. in „Zw. H. u. E.“ vom Uebel. Dergleichen kann gute Wirkung thun, aber nur dann, wenn der Romanheld selbst seine Geschichte erzählt. Sonst ist das subjektive Element von der Wirkung auszuschließen. Es ließe sich viel Mißbrauch damit treiben, namentlich wenn der Autor eine Kokette ist und seine Herzenswärme uns solchergestalt absichtlich auftischte. Erzählt aber der Roman⟨held⟩ selbst seine Geschichte, so kann das Subjektive charakteristisch verwerthet werden, also zum Darstellungselemente werden.

Volksliteratur.

Sezt voraus eine Freiheit von polemischen Elementen; sei es in politischer, confeßioneller oder in sozialer Hinsicht. Denn sonst ⌜wäre⌝ sie Parteiliteratur. Ferner gesunde Moral, die Trias „Gut, ⌜Schön, Wahr“ nicht⌝ abstrakt auseinander ⌜gequält⌝, nicht erschlaffend, aber auch nicht überspannend, Weltklugheit nicht im Gegensatze der Moral, Ablenkung von Träumerei, ⌜Einseitigkeiten.⌝ Ebenso wenig Ausschließlichkeit der Berechnung auf besondere Bildungsclaßen. Das Buch in der Hand muß der Einzelne sich als Theil des Ganzen fühlen oder vielmehr seine Ausschließlichkeiten von Stand, Bildungsgrad pp vergeßen. Alles was nach ⌜Gelehrsamkeit –⌝ uns're Kunst ist heutzutage eigentlich eine Art gelehrter Dilletanterie, ein Aufschwänzen mit dem, was an Alte[n]⟨m⟩ und sonst uns Fremden für schön gilt, ohne Rücksicht, ob es für uns lebt oder todt ist, mehr Gelerntes als aus den Bedürfnißen unserer Zeit selbst hervorgegangen, mehr eine Art historischen Studiums, als unmittelbarer Anschauung – Alles also, was danach schmeckt, vermieden. Freilich ist es im Großen und Ganzen noch dasselbe, was jezt auf uns wirkt und in früheren Zeiten auf die Genoßen derselben wirkte, aber wir machen den Umweg, daß wir es mit den Formen, in welche es frühere Zeiten kleideten, um es zu Gegenwärtigem ⌜zu⌝ machen, unserer Zeit bringen, ⌜als⌝ wären diese Formen Dasjenige selbst, was durch sie auf ihre Zeit wirkte oder vielmehr wodurch ihre Zeit auf sich selbst wirkte; während wir es unmittelbar wirken laßen sollten, d. h. durch die Formen, wie unsere Zeit sie sich selber schafft. Unsere Zeit ist keine dramatische, aber auch keine epische im Sinne früherer Zeiten: Der Boden unserer Poesie, d. h. unsers Lebens, das poetisch reproduzirt werden soll, ist nicht mehr der des allgemeinen Gewißens und der Sitte, d. h. des einfachen ungeschriebenen Rechtes, sondern der des complizirten positiven Rechtes; der Nachtheil, in dem wir zu jenen Zeiten poetisch stehen, gleicht sich aber durch das Moment des Charakteristischen, welches eine Folge des Complizirten ist, für uns genügend aus. In dem Nachtheile sind wir gegen ältere Zeiten, daß wir von ihnen wißen, also eine größere Wahl haben als sie, die von unserer Zeit nichts wußten, denen also leichter wurde, sich mit dem zu begnügen, was sie hatten, u. ⌜darum, da⌝ sie ⟦131⟧ nicht vergleichen konnten, keinen Anlaß fanden zu zweifeln, ob das, was sie hatten, auch wirklich das Beste, was ⌜sie⌝ haben ⌜konnten⌝.

Beiläufig. Durch die Gewohnheit des Excerpirens hat mein Ausdruck etwas Dünnes, Abstraktes erhalten. Die Wörtchen: „Das“, „Dieses“ pp u. ähnliche spuken überall als unendlich dünne Stellvertreter. Eine Stelle, wo diese Dünnheit vermieden, diene als Beispiel u. als Muster: „– zu solchen Zeiten ließ ich denn mein Boot an einer Schiffswerfte am Zollhause, um es später an die Templestufen zurückbringen zu laßen. Es war mir nicht unlieb, hierzu genöthigt zu sein, denn es diente dazu, die Leute, welche ihre Beschäftigung an den Fluß führte, vertrauter mit mir und meinem Boote zu machen.“

Im größeren und größten Maasstabe dürfen Résumés, die ebenfalls eine Art abstrakten „Das“ sind, eine Sache erst dann abthun, wenn wir, was sie sagen, selbst genugsam bemerkt u. gemerkt haben. Z. B. wenn ⌜in⌝ der Kleinstadtgeschichte bemerkt wird, daß eben das, was in Liesle beßer ⌜war,⌝ als ⌜im⌝

Stiefvater, dies sie schlimmer erscheinen ließ (näml. die Offenheit, die ihre Meinung nicht verbarg), so muß der Vorgang schon mehre Szenen gehabt haben, welche* ⌜dieser⌝ Bemerkung in Form von Anschauung u. Begbenheit enthielt.

Motive. Christbeescherung für arme Kinder, wozu s. z. s. Zuschauer eingeladen werden in den Blättern. Die Aeltern oder eines nur davon unter den Zuschauern ⌜pp. Die⌝ kleinen Christmarktkrämer, ihre steh*en*den Witze – viell. mit {Herzog} combinirt. Ein Fremder verlirt eine Brieftasche, d*a*s Mädchen oder beide kämpfen sich durch allerlei Hinderniß zu ihm mit der Brieftasche hindurch, z. B. solche, die sich stellen, als hätten sie verloren, von denen einer sogar einen vorbeigehenden Polizeidiener requirirt; darüber verlieren sie ihren kleinen Kram u. werden von der Mutter übel empfangen, währ*en*d der Vater mild ⌜ist, der⌝ sie wie Cameraden behandelt; er ist auch ein Händler oder Verkäufer – viell. seiner Kraft. Jener Fremde ist nun d*ur*ch d*a*s Wiedererhalten der Brieftasche in den Stand gesezt, ein großes Glück zu machen. Daran läßt er dann die Kinder theilnehmen. Es läßt sich eine Art Kinderidyll in der Stadt denken, das in die prächtigen Laden hineinsehen, die Caroßen, Händel mit andern Kindern, Nahrungsneid pp Spekulationen. Sollte nicht ein solch Dasein in seiner Anspruchslosigkeit durch die Kunst der Erzählung höchst intereßant werden. Vornehme Kinder wiederum in ⌜ihrem⌝ Nachtheile; im Reichthum erzogen, in Armuth erzogen; diese beiden Dinge in einen Gegensatz gebracht. Die Reichen möchten bald selbständig ⌜werden, um noch freier zu werden⌝, die armen Kinder bleiben, da sie sehen, wie die Aeltern sich abarbeiten u. absorgen müßen, die reichen sehnen sich dann, blasirt, in die Kindheit zurück. Das Glück der unbefangenen Armuth; eine arme Familie wird unglückl., wie ihr deutl. gemacht wird, sie habe dieselben Rechte u. zwar durch einen, der seinerseits von dem, was er voraushat, etwas ⌜freiwillig⌝ herzugeben nicht das Gesicht hat. Maigeschichten. Der Arme, völlig ruinirt, will sich an seinem Ruhestörer rächen. Viell. auch ohne Maigeschichten; der Arme ist durch Zuwarten schlimmer daran u. sezt die Menschlichkeit u. Brüderlichkeit seines Hetzers auf die Probe; es entspinnt sich ein Kampf, in welchem dem Armen zulezt nur ⌜seine⌝ physische Stärke bleibt. Soll die Geschichte heiter bleiben, so kommt es zu keiner Extremität; die gesunde Natur

⟨*⟩den Inhalt

Da gilt denn Ein Kind d*an*kbar, welches schon durch Kritik pp demoralisirt ist, ein and*eres*, d*a*s voll Liebe, ⌜×. . .×⌝ unaussprechlicher für gefühllos pp

Wenn dann solch ein Kind sich nicht dankbar benimmt, d. h. ×. . .×, wo die {Veredler} nicht wißen, was in Kind*ern* vorgeht u. ihnen selbst Anderes unterlegen. Das Corrigiren {pp}

„Ausverkauf aus Geschäftsaufgabe“: ist der Vater selbst ein Humorist in seiner Art, oder haben die Kinder gesehen, daß es in einem Geschäft ⌜besonders⌝ gut ging, wo solche Firma u. ahmen sie nach u. viell. noch eine ähnliche, widersprechende.

In Verkleidung im Wirthshause, dann auf der Straße, vorsichtig hinter der Caroße: warum fährst du nicht? am Auslagef*en*ster kaufen sehen. Nun ist's gewöhnl. Eine reiche Familie; ein Zufall gibt dem Armen den Eindruck, d*a*ß diese Reichen weniger glücklich als er. Aber der Stachel bleibt u. wendet sich {gegen den}

Oder aber er wendet sich in Noth an den ⌜Urheber,⌝

den Hetzer, sieht, *daß* dieser ihn benutzen will u. richtet nun seine argen Gedanken, von diesem selbst erregt, gegen diesen. In einem Augenblick, wo jener in ⌜Lebensgefahr⌝ – der Arme hatte Aehnliches ⌜vor –⌝ wird dieser jenes Retter. Nun läßt dieser oder ist dieser von seiner Unzufriedenheit curirt u. bringt es noch zu Etwas. Viell. hat ihn der Adv. früher beschädigt u. dies spielt hinein.

NB. vielleicht wäre die Geschichte, die so oft im Spiegel erscheint, damit zu combiniren.

Goßenjunge, dabei von gutem Naturell; die Kinder leben mit den Puppen ihrer eigenen Arbeit in einem Herz*ens*verhältniß, verschieden geartet u. allmälig in Liebe, *Haß*, Verachtung, Respekt übergegangen; ihre Lieblingspuppe bieten →*sie theuer,*

*beßer eine Weihnachtserinnerung aus seiner Jug*end*zeit. Todte Brüderchen, dem ein Reicher bescheert, was ihn umso mehr rührt u. erfreut, da er in dem Brüderchen einen Engel sieht (*das* er sehr geliebt) Diese Erinnerung führt ihn gerade in der kritischen Zeit durch irg*en*d Etwas, viell. Analoges wieder aufgetaucht u. immer heller leucht*end*, je finsterer es in ihm wird. Viell. treten dazu die Personen aus jener Zeit wieder in die Geschichte herein.

des Mannes u. sein guter Verstand erholt sich selbst aus dem Fieber. Oder kommt er zufällig zu Einem, der das ⌜Contra⌝ bringt u. den er vielleicht für einen Geist hält, ihm gesandt.

Dazu die Geschichte, wo ⌜der⌝ arme Junge die Xbescheerung ⌜abverdienen zu⌝ dürfen bittet.

Eine Dresdener Weihnachtsgeschichte; der Schauplatz Ein Haus. Sämmtl. Bewohner werden nach und nach drin verwickelt. Die reiche unglückliche Familie – aus Reichthum unglücklich – ⌜mit⌝ den blasirten Kindern, Herzlosigkeit pp die vergnüg*ung*ssüchtige Frau u. Tochter pp ferner eine Philosophenfamilie, der Advocat u. Hetzer, die arme Familie mit dem Ausverkauf, der Alte in seiner Art humoristisch ⌜aus unbefangener Armuth⌝, dann aufgeregt u. aufgeregter aus Einsicht. Der Philosoph: Die Armen u. Ungebildeten werden wieder solche, ⌜die Katze⌝, wenn ⌜sie die⌝ Castanie herausgeholt, hat nichts davon. Bildung also! d*as* sieht er ein. Seine Aufregung wendet sich gegen den Urheber, ein glücklicher Zufall entlädt das Angesammelte nach einem andern Punkte, statt einer unrechten, thut er eine gute That u. die rettet ihn.

Darin ist nun allerdings etwas Tendenzhaftes, Polemisches, zugleich ist der Ged*an*ke dramatisch; viell. wäre er episch zu machen durch Mittelbarkeit, d. h. das große Wort der Begebenheitlichkeit, so d*aß* die innere Entwickelung ein Ergebniß der äußeren Thatsachen, durch sie angeregt, fortgebildet, gesteigert, umgebildet (durch die Hülfe von Seiten des Gemäßigten, da der Anarchist nicht hilft) u. schließlich erledigt. Also der Gemäßigte hat d*as* Motto: Alles für, Nichts durch das Volk, der ⌜Entschiedene⌝⟨:⟩ Alles durch das Volk, nichts für das Volk. – Aber nun das Wunderbare, Phantastische? In eine Weihnachtsfigur, einen Talisman gekleidet?* Der zugleich der Geist des wahren Fortschrittes u. der Humanität; das Ganze dann märchenhaft, gleichsam Vorbereitung zum großen Weihnachten der Humanität.

Der Gedanke ist gleichwohl dramatisch oder meinetwegen dialogisch u. gibt nicht Raum u. Anlaß epischer Charakterzeichnung. Die Absichtlichkeit des Gedankens müßte weg, d. h. das gegensätzliche, Dialektische, wenigstens müßte es vollkommen maskirt werden, die Begebenheit ⌜deßhalb⌝ reich. Schlimm ist es, d*aß* in der Region des Stilllebens die Entwickelung vorgehen ⌜soll,⌝ zu welcher eigtl. das Stillleben den

Gegensatz bilden müßte. Wenn die Entwickelung in diesem Kreise spielen soll, so muß nur dieser Kreis vorgestellt werden.

Oder 2 Entwickelungen, die bisherige in einem armen Handwerker, die andere in einem von der untersten ⌜Hefe.⌝ Bei dem H*an*dw*er*ker tieft sie sich nicht so tief ein u. wird nicht so gewaltsam – übrigens in beiden zugleich u. von demselben Hetzer erregt; oder in dem ganz unten wirkt nur des Advokaten Wohlsein und Hochmuth, was in dem Handw. deßen Reden, ⌜u.⌝ jenes Vorhaben geht unmittelbar auf den Advokaten, nicht ⌜eigtl.⌝ eine Entwickelung ist in ihm. Von dem Unten rettet der H*an*dw*er*ker den Advokaten, viell. ohne daß der selbst es weiß. Der Unten ist schon schlimm.

←sie theurer, auf deren Verkäuflichkeit rechnen sie, thun in Spannung was nöthig, u. sind schließl. dennoch froh, wenn sie sie behalten.

Es ist viel Entwickelung u. wenig Stoff vorhanden. Dazu ist der Stoff schon an sich deprimirend u. – sichtbarl. die Entwickelung⟨,⟩ das früher Vorhandene ⌜u. der Stoff zu sehr blos Behelf zur Entwickelung.⌝

Ein anderes Thema: wie es einem Deutschen aus einem kleinen Staate u. wie es einem Engländer im Auslande geht, in contrastir*en*der ⌜Begebenheitenreihe⌝

Ein anderes Thema noch: Ein statt 2 Kindern andern 2 Kindern zugewandtes – durch Unrecht – sogen. Glück, d. h. Vermögen wird die Ursache von der lezten wirklichem Unglück u. ⌜der⌝ ersten Glück. Ein Fund, ⌜der⌝ von dem Finder an einen vermeinten, sich d*a*für ausgeb*en*den Verlierer – in Sendung⟨1⟩ in Auftrag⟨2⟩ eines Reichen, aus bezwungener Versuchung ehrlich zurückgegeben wird. Der Finder hat überlegt, d*aß* er seine Kinder glückl. machen kann, aber unrechtmäßig? Nein. Der oder die Andere, aus unrechter Liebe zu den ihren, sezt sich in Besitz. Gewißen ⌜über⌝ die Thaten, über die Nichtthat erst, wirkt eb*en*falls gut.

⟦132⟧

Es scheint ein Widerspruch, daß ich an Dramen wie „Narziß“ das Vorwiegen der Combination u. das Streben, den dramatischen Effekt, die Wirkung, auf die künstliche Combination zu bauen tadle u. im Roman verlange, daß die Combination der Begebenheiten das Leitende erscheinen soll. ⌜Muß⌝ nicht das Substanzhafte, Nothwendige hier wie dort vorwiegen? Jawohl. Aber einmal liegt das Substanzhafte des Romanes,

Techn.

das Nothwendige auf Seite der Situation, des Begebenheitlichen, dort aber auf der innern, der geistigen, ethischen ⌜Seite,⌝ d. h. mit Freiheit zusammen. Dann macht auch das Äußerliche sich sehr geltend. Wenn im Drama soviel Combination, so bleibt kein Raum für die Existenz; der Fehler ist eben, d*aß* ein ⌜episches⌝ Kunstmittel in das Drama eingeschwärzt ist. Dadurch entsteht, daß z. B. der Narziß kein dramat. Charakter, daß ihm das Imposante der Freiheit fehlt, daß er ein epischer Charakter ist und der Raum eines Drama die eigentl. epische Char.Zeichnung nicht zuläßt. Der dramatische Char. liegt eben in der Richtung der Freiheit und der ⌜Kühnheit der⌝ Energie der Leidenschaft, ⌜in⌝ dieser seiner Richtung sich durchsetzen zu wollen trotz der Welt, d. h. ⌜seine Individualität⌝ liegt in seinem ethischen Kern u. bedarf keines besonderen Apparates, zur Erscheinung zu kommen, denn sein Handeln u. sein Leiden als Fortsetzung jenes Handelns, welches der Inhalt des Stückes ist eben die dramat. Charakterzeichnung selbst, welche nur noch leise Ausmalungen im Ausleben bedarf. Dagegen im Romane wird nicht in der Begebenheit u. nur dadurch, daß sie erzählt wird, der Charakter des Helden gezeichnet, sein Thun u. Leiden ist nicht, wie im Drama, ⌜das⌝ Ereigniß selbst, sondern geht, von diesem getrieben neben ⌜dem⌝ Ereigniß her. Ein Ereigniß u. einen Charakter, der dies Ereigniß nicht ⌜macht, ja⌝ s. z. s. dieses Ereigniß selber in sich enthält, genügend neben einander zu individualisiren, ist der Raum des Drama zu eng. Nicht aber der Raum, den der Roman einnehmen darf, abgesehen davon, daß, wenn es auch möglich wäre jenes Nebeneinander genügend durchzuführen, d. h. in Romanesweise, auch die ⌜eigentüml. Spannungskraft⌝ des Drama ⌜in dieser Behandlung fehlen⌝ würde. Also im Romane ist jenes Nebeneinander und das Bedingtsein des Helden von der Begebenheit ohne gleiches u. überwiegendes Bedingtsein der Begebenheit (Ereignißes) durch den Helden eben die ⌜Forderung.⌝ Dort ist der ethische Charakter des Helden die Hauptsache, das Treibende, daher müßen wir ihn genau kennen lernen, um diese Nothwendigkeit zu begreifen; ⌜hier⌝ ist die Begebenheit die Hauptsache u. wir müßen ⌜als⌝ Nothwendigkeit empfinden, daß der Held sich von ihr treiben läßt. ⌜Der⌝ Romanheld muß daher mehr äußerlich u. in ⌜kleineren⌝ Zügen gezeichnet sein, ⌜das⌝ Detail in seiner Zeichnung überherrschend sein, wenn Etwas von Individualität an ihm zur Anschauung kommen soll, ⌜da⌝ nicht das Eine, womit er initiirend ⌜das⌝ Ereigniß in's Dasein stößt, sondern die vielen Punkte, an welchen die Begebenheit ⌜in⌝ seinen Mechanismus greift, ihn zu bewegen, ⌜die⌝ Construktionspunkte seines Charakters sind. Dazu gehört, wenn es nicht absichtlich erscheinen soll, ein weiter Raum, u. wiederum Begebenheit, diese Punkte zu markiren. Im ⌜Combinations-Drama⌝ wird daher, weil der Raum fehlt, der Charakter stets ein mageres Bild geben u. als eine Molluske u. obendrein neben dem Ereigniße unbedeut*end* u. untergeordnet erscheinen; eben wie ein epischer Charakter, zu deßen ⌜Zeichnung, ethischer⌝ Rechtfertigung und ⌜Nachweis⌝ relativer Selbständigkeit kein Raum vorhanden. Er wird ein ⌜trocken⌝, mager u. in's Weichliche u. Erbärmliche gehender epischer Charakter erscheinen, weil – er einer ist. Aber eben so wird die epische Natur des Begebnißes nicht zu ihrem Rechte, zu dem Rechte kommen, welches nur in epischer Form, in der ihm angemeßenen, ihm gegönnt werden kann. –

Ad Dial.

„Jedenfalls, mein lieber Händel", sagte er nach einer kleinen Weile, „ist es nichts mit dem Anwerben laßen. Falls du dieser Gönnerschaft u. diesen Gunstbezeugungen entsagtest, so denke ich mir, daß Du es in der schwachen Hoffnung thätest, eines Tages im Stande zu sein, das zu ersetzen, was du bereits erhalten hast. Und diese Hoffnung würde keine begründete sein, falls du Soldat würdest. Und überdies ist das lächerlich. Du würdest dich unendlich ⌜viel⌝ beßer in Clarrikers Geschäft stehen, so klein daßelbe auch ist. Du weißt, ich arbeite mich zum Aßocié heran."

Der arme ⌜Junge!⌝ Er ahnte nicht, mit weßen Gelde.

Beiläufig: der Unabhängigkeitstrieb, wie die Ehrenhaftigkeit der Engländer haben etwas Kaufmännisches. Die Achtung die der Engländer zu ⌜erringen u. zu⌝ erhalten wünscht u. die er erweiset, ist ein Synonym unsers Wortes: Credit. Dies ist sein Maas, das von der eigtl. Bedeutung (Geldsache) auf andere Sphären übertragen ⌜wird⌝, gleichsam ⌜eine thatsächliche⌝ Metapher oder metaphorische ⌜Thatsache.⌝ Seine Achtung vor Macht, Talent pp ist jederzeit derart, daß sie ⌜bedeutet: Ich bin überzeugt, daß⌝ Macht ⌜oder⌝ Talent pp ⌜so groß in ihm ist⌝, daß er durch ihre Verwerthung ⌜für⌝ pekuniär selbständig zu achten ist, ⌜d. h.⌝ daß er keine Schulden zu machen braucht, keine Anleihen pp sei es von Geld selbst oder von Dingen, die man nach Geld schätzen kann, d. i. taxiren, d. h. z. B. von Verwendung eines Einflußes, von Empfehlung, von irgend einem Vorschube, aufzunehmen, sondern Alles baar bezahlen kann*, sowohl Geld als, was mit Geld aufgewogen werden kann. Selbständigkeit, soweit Geldbesitz sie zu erlangen u. zu behaupten dienen kann, Ehrenhaftigkeit, d. i. nichts schuldig zu bleiben, weder Geld noch etwas Anderes. Diese Ehrenhaftigkeit ist also ein Synonym von Rechtlichkeit im Verkehre. Dadurch gewinnt jedes gesellschaftl. Verhältniß einen Geschäftsanstrich, und zugleich ⌜wird das System aller⌝ Dienste, die ein Mensch leisten kann, ⌜eine⌝ Art Tarif, Geschäftstarif. So wird die eigentl. Pflichtenlehre ein Theil ⌜des⌝ Geschäftslebens. In der Handelsschule lernt man sie. Mensch sein, heißt in Rechten ⌜u. Pflichten⌝ machen, ⌜der⌝ jüngste Tag zieht die Bilance unsers Soll u. Habens; denn auch die Pflichten gegen Gott werden „entrichtet“, Wohlstand pp heißt einen Wechsel auf Gott ziehen.

*d. h. genau nach Wertlauf, bei Groschen u. Pfennig, nicht darüber nicht darunter.

Dankbarkeit genirt, weil s. z. s. eine lebenslängliche ⌜{Renten}verpflichtung⌝.

⟦133⟧

Dazu Sittengesch. Sittenschild*er*ungen. Biographien.

Striezelmarkt, die kleinen Händler. Ausverkauf. – Die Fundabjager. – Kellnerbälle pp. – ⌜Das⌝ Corps der Chaisenträger; ihr Statut, ihre Schnelligkeit, Zuverläßigkeit. Delicate Aufträge, ⌜Beobachtungen⌝ pp – Die Calculatoren. – Dienstmannschaft – Nebenbuhlerei der rechten, nachgemachten, der ⌜Aufflädern⌝. Chaisenträger⟨.⟩ Paradebett. – Theater. – Christbescheerungen für arme Kinder. – Sparverein. – Strohmanufakturen.

Zu der Combination, 2 Seiten weiter vorn. Der Held d. Spiegelgeschichte ist ebenfalls auf den Advocaten gespannt; dadurch ist er (oder d*a*s Haus der Geliebten) vor dem {Hause} oder darin, dem Handwerker zu helfen bei der Rettung des Advocaten. Bei der Gele*gen*heit trifft er seinen s. z. s. Schwiegerpapa; aber er ist nun reich – in Verbindung mit dem Weihnachtsmythus u. so löset sich Alles. Aber jede Person muß ihren Antheil haben an der Geschichte, man muß ihre Beziehungen kennen oder vielmehr erleben.

⌜Vorrede⌝ zu Mr. Humphreys Wanduhr, Weber'sche Ausgabe.

Dickens entfaltet in jeder neuen Produktion einen Reichthum von so verschiedenen schöpferischen Gaben, wie man sie schwerlich bei einem andern modernen ⌜Romanschriftsteller[s]⌝ in so hohem Grade vereinigt finden wird. Er weiß mit einer an den bizarren englischen Humoristen vorher nie gekannten Liebenswürdigkeit zugleich Verstand und Phantasie zu beschäftigen und dabei unmerklich auch das Herz auf den rechten Fleck zu treffen. Dieser junge Romandichter von 28 Jahren übt eine Macht über den Geist des englischen Volkes, wie mancher Stern erster Größe erst in den späteren Jahren nachträglicher Anerkennung geübt ⌜hat. – –⌝

Charles zeichnete sich schon als Knabe auf eine höchst vortheilhafte Weise aus, machte sich frühzeitig mit der englischen Literatur bekannt, und liebte namentlich die humoristischen Schriftsteller. Vor allem aber zog ihn Sterne an, den er auch später, wie sich nicht verkennen läßt, mehrfach, besonders im Style, ⌜nachgeahmt hat. Allein⌝ auch den tieferen Humor eines Goldsmith so wie alle übrigen glänzenden Seiten dieses Genius wußte er zu würdigen und nahm sich ihn in seinen Schriften, was seiner Muse auch nur frommen konnte, in vieler Hinsicht zum ⌜Muster. Seine⌝ frühsten Lebensschicksale machten ihn mit dem eigenthümlichen Leben der untersten Volksklaßen auf das innigste vertraut und schärften seine angeborene Beobachtungsgabe. Frühzeitig war er gezwungen, selbst für seinen Lebensunterhalt zu sorgen und verschrieb sich ⌜deßhalb –⌝ zwar nicht dem Teufel, aber dem Dienste eines Attorney. Bald jedoch verließ er, von seinem innern Berufe getrieben, diese Stellung und studirte 2 Jahre an dem britischen Museum Literatur, indem er zugleich Stenographie trieb. Die Stenographen spielen in England keine ganz unbedeutende Rolle, da sie wegen der Großartigkeit des dortigen Journalwesens fast unentbehrlich sind, und sich zugleich durch die Berührung in die sie mit Gelehrten, Schriftstellern, und Politikern kommen, so ⌜mannigfache⌝ Kenntniße u. eine gewiße geistige Gewandtheit aneignen müßen, daß sie dadurch zu allerhand höhern Aemtern fähig werden. Ein großer Theil der bedeutendsten Rechtsgelehrten u. Schriftsteller Englands waren früher Berichterstatter, für die politischen Zeitungen. In diesem Fache zeichnete sich Dickens bald so aus, besonders als Berichterstatter geistlicher Gerichtshöfe, daß man ihm die Theilnahme an der Redaktion des „Parlamentspiegels⟨“⟩ antrug, welches Anerbieten er auch annahm. Von nicht geringerem Nutzen für seine Romane mag es gewesen sein, daß [es] ⟨er⟩ bei ⌜diesem juristischen⌝ u. journalistischen Treiben den gemeinen Volksjargon kennen lernte, ⌜was⌝ ihn gewiß auch besonders in Stand sezte, manchen tiefern Blick in das eigenthümliche Leben der niedern Claßen zu werfen u. manche Erscheinung fest zu halten, an der andere achtlos vorübergehen. Dergleichen Volksszenen zeichnete er nun mit keckem Griffel und zugleich mit der dem ächten Humoristen eigenthümlichen Liebenswürdigkeit in kurzen Skizzen ⌜für⌝ das ⌜Morning Chronikle⌝. Durch diese kleinen, aber höchst witzigen Genrebilder machte er sich zuerst dem größern Publikum bekannt. Der ungewöhnliche Takt, die scharfe Auffaßungsgabe und die harmlose Freundlichkeit in diesen Skizzen sprach so allgemein an, daß er [sich] ⟨sie⟩ bald darauf unter ⌜dem⌝ Namen Sketches of London in 2 Bden mit Feder*zei*chnungen von ⌜dem berühmten ihm geistesverwandten Karrikaturisten Cruikshank⌝ gesammelt herausgab. – –

Dickens Romane sind im wahrsten Sinne des Wortes Volksromane, eine Gattung des Romans, die kaum in England vor ihm und in andern Ländern fast gar nicht diese Höhe erreicht hatte. Die Keuschheit seiner Feder, die Menschenliebe, die aus seiner Satyre blickt, die Gesundheit seines Witzes, der (in England eine Ausnahmstugend) fast nie zu Wortspielen seine Zuflucht nimmt, die Naturwahrheit seiner oft aus der Wirklichkeit genommenen Charaktere, die nationelle kräftige Färbung seiner Gemälde, seine kindliche Liebe zu Altengland ohne Vorurtheil gegen andere Nationen, dies Alles hat ihm eine so unbestrittene Anerkennung verschafft, daß keine einzige Partei ihn je anzufeinden wagte, obgleich aus manchen seiner Ansichten und satyrischen Gemälde der Whig hervorblickt. Boz besizt auch eine eigene Gabe, für seine Helden paßende Namen zu wählen; sie klingen fast alle onomatopöisch. Das Quarterly ⌜review⌝ sagte darum, er habe „ein vorzügliches Auge für das Ohr.“ Dickens hat Fußwanderungen durch England,

Schottl*an*d, Irland u. Frankreich gemacht pp

Dickens ist ein Mann von ⌜mittlerer⌝ Größe und ⌜ansprechendem⌝ Äußeren; seine Physiognomie ist, obgleich nicht schön, höchst geist- und lebenssprühend. In Gesellsch*a*ften erscheint er sehr fein gekleidet und zeichnet sich wie ⌜in⌝ seinen Schriften als ein Mann von stets ⌜schlagfertigem⌝ aber harmlosem Witze u. von tiefem liebenswürdigen Gemüth. Er lebt mit allen literärischen Notabilitäten Londons auf freundschaftlichem Fuße. –

⟦134⟧

Es kommt in

2 ⌜1. Die wirkenden (episch) Elemente.
Aufzählung{:}⌝

⌜2.⌝ Der Autor, Charakter, Naturell,
⌜3. Die Intention (schriftstellerische)⌝
1., ⌜4.,⌝ Der Roman selbst.
⌜5., Das Epische. Situation, Char*a*kt*er*, Motive, andere Verhältniße. Entwickelung.⌝
⌜6.,⌝ Die Erfindung von
Situationen
Charakteren u. Motiven⟨,⟩ ⌜Ch. des Stillleb*ens*, der Entwickelung, s. z. s. dramatische (Sh*a*k*e*sp*eare*), geschloßene Geschäfte pp Naive – Entwickelungs – Ueberlegene⌝
⌜7., Die Erzählungsart⌝
⌜8.,⌝ Das Arrangement.

9., Die ⌜Ausführung⌝ im Allgemeinen,
10., Dialog.
11., Sprache

} nach den Kategorien von ad 1.

ad 2 weil im Epischen der Autor als Medium ein Darstellungsmoment,
a. der wirkliche.
b. ein fingirter

Die Hauptsache{:} ⌜2.,⌝ die wirk*en*den Elemente
⌜1.,⌝ der Roman selbst
3., der Autor.
4., die Erfindung.

Der Romanheld muß durchaus gewöhnlicher Mittelschlag sein; er kann seine Schuld haben u. das damit verdiente Leiden, aber ohne die unmittelbare Causalität u. so, d*a*ß seine Schuld nicht mit der Initiative zusammenfällt u. seine Entwickelung nicht die Situation bedingt, sondern von ihnen bedingt wird. So ist die Nemesis der Geschichte, z. B. in der französischen (Revolution) eine völlig epische, die des Makbeth pp eine völlig dramatische.

Wenn ich die Personen des Romanes von denen des Dramas unterschied, so galt dies hauptsächlich von den Helden. Auch im Romane können Personen vorkommen, die eine Art dramatische Helden gäben; hier z. B. die Miß Havisham, besonders aber Magwitch; im Romane dürfen diese aber nicht die Helden sein. Sie initiiren, aber dann treten sie zurück. So gibt Magwitch besonders die Initiative, aber er ist nicht der Held der Bewegung od. Situation, die er initiirt hat. So ist das in der E. Galotti episch, d*a*ß der Prinz initiirt, aber unsere Theilnahme ⌜auf⌝ andere Personen concentrirt wird. Eigentl. ist der Hauptunterschied des Dramatischen die Concentration u. Unmittelbarkeit, der die Sache initiirt, hat sie auch auszubaden und unsere Theilnahme wird ihm zugewandt, dadurch daß sein fortschuldend Thun immer mehr ein Leiden wird, der Schuldige ist der ⌜tätig Leidende u. leidend Handelnde⌝ u. der Gegenstand unserer Theilnahme. Das ⌜Wunder, d. h.⌝ was uns spannt u. feßelt, ist er selbst. Im Epos u. Romane dagegen strebt all dies was im Drama um d*a*s Centrum liegt, nach der Peripherie auseinander, das Wunder liegt in der Situation, ⌜der⌝ sie ⌜als Schuld⌝ macht, ist nicht der, auf den sie ⌜als Schuld⌝ zurückwirkend unsere Theilnahme concentrirt. Die Initiative, die Schuld, d*a*s Leiden, d*a*s Intereße fällt auseinander, ⌜der⌝ Causalnexus geht durch viele Mittel hindurch u. gewinnt den Schein des Zufälligen.

⟦135⟧

Noch Etwas über „Grosse Erwartungen⟨“⟩.

Es ist unglaublich, wie reich die Composition dieses Romanes von Charakteren und ⌜Momenten⌝ des spannendsten Intereßes ist. Wir wollen einmal eine Aufzählung der Verhältniße des Helden zu anderen Personen unternehmen. ⌜Die⌝ meisten dieser Verhältniße haben einen Anfang, einen Fortgang und einen Abschluß, kurz eine ganze Geschichte. Nach diesen die Verhältniße zwischen den übrigen Personen, welche eine solche Geschichte haben. Die keine eigentliche* Geschichte besitzen, deuten wir dadurch an, daß wir Namen zusammenstellen.

*oder keine detaillirte

Pip zu Abel Magwitch ⌜– Sträfling⌝ mit der ⌜Feile –⌝ Arthur – Compeyßon – Estellas Mutter. – ⌜Estella –⌝ Jaggers – Wemmick. = Kirchhof. Alte Batterie. ⌜Sträflingsschiffe,⌝ Neu Süd-Wales. Temple. Mille Pond Basin. Themse. Newgate.

Pip zu Joe Gargery – Mrs Gargery. – Orlik. Mr. u. Mrs. ⌜Humble⌝. = Schmiede im Dorf in den Marschen. ⌜.....⌝. Temple. Schmiede.

Pip zu Mr. Pumblechook. = Städtchen ⌜pp.⌝

Pip zu ⌜Mr. Lehrjungen (u. seinem Prinzipal).⌝ = Städtchen. – Schleußenhaus ⌜bei⌝ den Kalköfen.

Pip zu Mr. Wosple – deßen Mutter. = Dorfschule. – Marschen. – bei Pumblechook – Theater in London.

Pip zu Biddy – Joe. = Dorfschule – Schmiede.

Pip zu Orlik – Biddy. = Schmiede. – Alte Batterie. – Satishouse. – Temple. – Schleußenhaus bei den Kalköfen. –

Pip zu Miß Favisham – ⌜Gorgiana –⌝ Camilla pp. ⌜Miß Pocket.⌝ Jaggers. Compeyßon. Arthur. ⌜Joe⟨.⟩ Orlik⌝ = Satishouse. (Die verfallene Brauerei nebst ⌜Gar*ten*⌝, die verfinsterten pp Zimmer.⟨)⟩

Pip zu ⌜Estella⌝ – Estellas Mutter – Abel Magwitch. ⌜Drummle⌝. = Satishouse – ⌜.....⌝. Wirthshaus. Postwagen. Satishouse Garten.

Pip zu Herbert – Clarriker – Clara – Mr. Barley. = ⌜.....⌝ Inn; Finkenklubb; Chelsea (?). Temple. Mille P*on*d Basin. Schleusenhaus. Temple. Orient.

Pip zu Mathew Pocket (Herberts Vater u. Mutter pp) – Startop. Drummle. = Chelsea. Themse (Bootfahren pp).

Pip zu Bentley Drummle – Estella. – Chelsea; Finkenklubb; Gasthof im Städtchen.

Pip zu Mr. Jaggers – ⌜Wemmick – Estellas⌝ Mutter. – Mike. – Jude. ⌜Satishouse⟨.⟩ Schänke. Schmiede⟨.⟩⌝ Mr. Jagg*er*s Expedition. Mr. J*agger*s Wohnung, Gerardstr. ⌜.....⌝ Inn. Straße.

Pip zu Mr. Wemmick – W*emmick*s ⌜Vater –⌝ Miß Skiffins. = Mr. J*agger*'s Expedition. Wohnung. Walworth. Newgate. Straße. Kirche.

Die Namen hinter ⌜dem⌝ ersten Gedankenstrich sind in der Regel die des Zubehörs der Personen vor diesem Gedankenstriche; [oft] einigemal aber nur Andeutungen der ⌜mittelbaren⌝ Bezüge Pips. Hinter den = stehen die Schauplätze.

Die beiden Hauptstämme haben gemein: Arthur, Compeyßon, Mr. Jaggers, Drummle, Orlik; auch Joe streift den Havishamstamm; Herbert, besonders aber den Helden.

Eine Anzahl (⌜darunter⌝ ethisch-psychologisch contrastirter = Magwitch : Miß Havisham; Estella : Biddy; Joe : Pumblechook) intereßanter Charaktere der mannigfachsten Art, dazu ebenso einen Wechsel der mannigfachsten Scenen, ⌜idyllisch⌝, romantisch, geschäftsmäßig.

Zu bemerken, wie Boz die Localität mit benuzt, s. z. ⟨sagen⟩ als Theil eines Charakters. Er geht hier[,] ⟨(⟩ob wißentl. oder nicht) mit großer psychologischer Kunst zu ⌜Werke⌝. Denn in der That gehört ein Charakter, wie Mr. Jaggers in seine Expedition, sie ist ein wesentliches Stück seines eigenen Bildes; die seltsame Gestalt u. Geschichte der Miß Favisham ist nur in der analogen Umgebung der Brauerei- und Gartenruine, unter Möbel-Ruinen u. Schutt (Staub pp), im Lichte des künstlich gemachten Tages begreiflich; die Doppelszenerie, ⌜in⌝ der Wemmick auftritt, ist ein Bild seiner Doppelnatur; seine gemüthliche paßte nicht in die Expedition, seine geschäftsmäßige nicht in das „Schloß" zu Walworth; durch die beiden Szenerien ist es uns möglich gemacht, sein Bild unverschoben in unsere Phantasie zu malen. Joe gehört in die Schmiede u. in d*a*s Dorf; da ist er er selbst, in der phantastischen Havishamschen u. der gentleman'schen Pips kann er sich nicht zu seinem Vortheil ausnehmen, ist er sich genommen. Dies ein neuer Beleg, wie ein eigenthüml. Ding durch ⌜seine analogische⌝ Umgebung wie ein Gegenstand ist, deßen ⌜Localfarbe⌝ durch Reflexe scheinbar verändert ist, daß die gewohnte Umgebung ein Stück des Menschen selbst nicht allein in der Erscheinung mit ihm Eines, sondern auch ein wesentliches Motiv ⌜der⌝ Existenz ist; so gewiß, wie Joe in Mr. Jaggers Expedition, Mr. Jagger in Joes Schmiede, der eine als ⌜Londoner⌝ Advokat, der andere als Dorfschmied ein ganz anderer Mensch geworden wäre,* als sie nun sind ⌜u. haben⌝. Solch Charakterbild eines Menschen gleicht jenem Sohne der Erde, den Hercules in der Luft erdrücken mußte; ⌜es⌝ ist in unmittelbarer Berührung des mütterlichen Bodens

die auf ½ 9 zeig*en*den stehengebl*iebe*n Uhren pp

*aber auch diese Locale ein ganz ander Ansehen haben würden,

⸢von unendlich wirkender⸣ Kraft, davon entrückt ein bloser Schemen seiner selbst: darunter leidet fühlbar das Bild ⸢Magwitch's⸣; in seinem Sträflingsornat, die Schelle an den Beinen* ist er ein überzeugend Bild; er würde es in seiner Neusüdwale'schen Umgebung als Pflanzer gekleidet pp ebenfalls sein; aber als Onkel Provis in einer Gentlemanwohnung ist er ein Bild ohne Farbe.

⟨*⟩⸢lahm ruhelos⸣ auf dem öden Kirchhof in den Marschen, hin u. herhinkend, im Graben kämpfend, in Ketten fortgeführt pp

Die Zeichnung u. Farbe hat etwas Grelles, aber damit ⸢allein⸣ werden ⸢die⸣ Charakter der wunderbaren, seltenen Erfindung, den drastischen Situationen gerecht. Wäre die Geschichte ein naives, ruhiges Idyll, könnte man den Charaktern aus solcher Zeichnung u. Färbung einen Fehler machen.

So konnten wir uns von Mr Jaggers weder auf dem Gange in Satishouse, noch in der Dorfschenke oder Schmiede ein ordentliches Bild machen, obgleich er dort schon seine ⸢mimische u. rhetorische⸣ Ausmalung hat; erst in seinem Geschäftslocale u. erst, als es uns beschrieben ist, als wir ein Bild seiner Berufswirksamkeit erhalten haben, wird er lebendig in seinen Rahmen und scheint herauszuschreiten; denn, in Wahrheit! die beiden Verbrecherköpfe, Mike pp sind nichts für sich, sie sind blos Linien zu seinem lebenvollen Porträt. So sind der Alte und Miß Skiffins, das Schloß zu Walworth nebst Zugbrücke und Namentäfelchen, ⸢Kanone ferner⸣ das bewegl. Eigenthum (die Ringe an seinen Fingern), sogar das fette Schwein seine eigenen s. z. s. Gesichtszüge.

⟦136⟧ Darin liegt das Geheimniß der ⸢Roman-Charakter⸣. Sieht man genau hin, so wird, wenn man all dies ⸢äußerliche⸣ Detail hinwegthut, sehr wenig von dem Charakter Wemmicks überbleiben, namentl. weit weniger, als zu einem Dramencharakter nöthig ist. Eine Mischung von behaglich gutmüthiger Romantik u. Geschäftsmäßigkeit. Schon im Drama ist die Situation schon ein gutes Stück des Charakters (d. h. der Antheil eines Ch*a*rak*te*rs an einer bestimmten Situation) u. zwar je mehr, je charakteristischer, besonderer die Situation selber ist. Z. B. daß sie als Weiße, Junge pp einen ältlichen Mohren geheirathet, ja sich von ihm wider Vaters Wißen u. Willen entführen laßen, ⸢unsere⸣ Vorstellung von ⸢Desdemona⸣ schon zu einer besonderen ⸢macht⸣. Gleicherweise aber tragen die umsteh*en*den Charakter zur Besonderheit bei, wie z. B. daß ein Jago u. ein Caßio mit eben diesen Charaktern u. Intentionen neben ihr

Denn selbst seine Schicksale gehören in unserer Vorstellung zu seiner besondern

stehen, gibt ihr, ganz abgesehen von ⌜den⌝ innern Bezügen der Handlung, blos s. z. s. malerisch betrachtet, eine Besonderheit von allen ihr sonst Gleichen, aber in anderer Umgebung ⌜stehenden⌝, wie sie wiederum durch ihr bloses Danebenstehen, wie im malerischen Reflex u. durch den Contrast der Formen, jene beiden, den Jago u. Caßio von andern ihnen Gleichenden absondert. Was thut nicht ein Namen, der ein bloser Laut ist! Er geht in unserer Vorstellung eine unlösliche Verbindung mit hundert andern eben so unwesentlichen oder wesentlichen Einzelnheiten zur Besonderheit gerade dieses Gegenstandes ein.

Existenz oder beßer zu der Besonderheit seiner Existenz.

So gehören die phantastischen Gestalten Mignons u. des Harfners unzertrennl. zu unserer Vorstellung von W. Meister.

Wir sehen daraus, daß das Auffallende, Besondere der Situation ⌜die Besonderheit⌝ des betreffenden Charakters schon in sich hat, die drastische Begebenheit den Gestalten von ihrer Drastik abgeben ⌜muß.⌝ Als Hülfsmittel der Charakteristik umgebe man daher die Gestalten mit einer Umgebung von drastischer Besonderheit, als von ihnen ausgehend, Ausstralungen ihres eigenen Wesens, ⌜oder⌝ sie selbst als Modifikazionen von ⌜dergleichen⌝ Umgebungen oder beides zusammen. Ein solches Charakterbild wird sich uns schnell u. fest einprägen und uns deßhalb desto lebendiger erscheinen, da, ⌜hat⌝ einmal eine solche Totalvorstellung in uns gewurzelt, jeder einzelne Theil jeden andern Theil u. das Ganze dazu in uns're Phantasie wieder lebendig macht, besonders wenn die einzelnen Theilvorstellungen sich als übereinstimmend oder contrastirend* unter einander verhalten. Bei blos gleichgültig nebeneinander stehenden Theilvorstellungen wird wegen der besonderen Beschaffenheit der Aßoziation der Ideen ein ⌜so lebendiges⌝ Wechselwirken der Kräfte der Phantasie oder Einbildungskraft zur Reproduktion des ganzen Bildes nicht statt finden.

in der Ordnung oder Unordnung seiner Bücher, in Zimmerverzierungen, Arrangement der Möbel pp häuslichen Gebräuchen pp, z. B. das Waschen Mr. Jaggers

*⌜oder causal, pp⌝

Liebhaberei zu großen oder kleinen Dingen; das Führen eines Motto, aus welchem ⌜Gründe⌝ zu jedem beliebigen Thun gewaltsamerweise abgeleitet werden.

Man charakterisire die Personen episch durch Einstimmung oder Contrast mit ihrer Umgebung, durch ihre Umgebung, insofern eine Wechselwirkung statt gefunden zwischen dem Werden des Charakters u. der Umgebung oder auch nur das eine auf das andere gewirkt hat. Das gewohnte Treiben, die Liebhabereien, die ⌜vielleicht gereizten⌝ Meinungen über gewiße ⌜gleichgültige⌝ Dinge, die Berufsgewohnheit – s. z. s. ⌜der⌝ Schreibtisch, der Einem ⌜in⌝ den Leib, der Schemel, der dem Schuhmacher an sein Sitzmittel gewachsen ist, wie das ⌜Volk⌝ sagt, ⌜in's⌝ geistige Gebiet gewandt; die Einseitigkeit, welche die Folge von Arbeiten, welche nur eine Kraft in Bewegung setzen; diese körperlichen u. geistigen habituellen Züge, ⌜die⌝ Physiognomie (besondere) ihrer geselligen u. häuslichen Verhältniße, zu Weib, Kindern, Freund, Herren, Dienern, Nachbarn pp. Die besonderen Wünsche oder Befürchtungen, mit denen sie sich tragen, bei ⌜größerem oder geringe⟨re⟩m⌝ Sanguinism oder Gegentheil deßelben, das größere oder geringere Selbstgefühl, ⌜u.⌝ deßen Verhältniß zu wirklichem Vermögen, für Was einer gehalten zu sein sich freut oder ärgert, Eigenheiten aus einer gewißen üblen Erfahrung hervorgegangen, wie Mr. Weller⟨s⟩ sen. Furcht vor Wittwen. Bei Leuten aus dem Volke thun die Schlüße nach Vordersätzen des ⌜analogon⌝ rationis besonders gute Dienste, wobei zuweilen ⌜blos⌝ das Resultat zu Tage zu kommen braucht. Derart ist Mr. Wellers sen. ebenerwähnte Furcht, eine aus einem ⌜einzigen⌝ Fall zur Maxime ⌜generalisirte Bemerkung (weil⌝ einmal, so ist es allemal der Fall). Die Idee eines verfehlten Lebens und die [–] ⟨(⟩mit der des Lesers viell. scharf contrastirende) Meinung, zu was man eigentlich bestimmt ⌜war⌝, worin man es zu Was gebracht haben würde. Paradoxien zum Staate, d. h. aus Renommage oder ⌜sich⌝ Eingeredethaben; die größere Einbildung auf einen geringen oder nur vermeinten Vorzug, als auf die wirkliche starke Seite. Besondere Wirkungen von besondern Dingen auf d*a*s Nervensystem viell. durch Aßoziation, vermöge ⌜deren⌝ Einem Rührung erweckt, was Andere ruhig läßt oder gar lachen macht u. umgekehrt. Fixe Ideen. Anwendung seltsamer Mittel, die eine Geschichte haben. Unverdaute Ideen oder Gelehrsamkeit. Das Vertheidigen einer Sache pp gegen einen, der gar nicht anwesend, als wäre er zugegen, das zum Trotze leben, wie wenn einer nach seiner bösen Frau Tode, dasjenige mit Genuß thut, was er, weil sie es nicht leiden konnte oder sich darüber ärgerte, aus Furcht vor ihr bei ihren Lebzeiten ⌜zu⌝ thun nicht das Herz hatte u. es noch thut, wo blos die Gewohnheit darin wirkt. Einer, der nicht d*a*s Herz hat, seines Arztes Vorschriften ⌜oder Herren Befehl ganz⌝ zu übertreten, aber stets aus Trotz etwas mehr oder weniger oder anders thut. – Die dunkeln Vorstellungen Eines an das Licht gezogen, wo sie denn meistens eine ungereimte aber charakteristische Anschauung oder solche Gedanken darstellen: der Base seliger Vater, der seine Pfeife rauchend in Hemdärmeln

oder Regel

oder Eigensinn, oder um Andere zu ärgern, vielleicht noch leb*end*, da zur Gewohnheit geworden, obgleich der damit zu ärgern wäre, nicht zugegen oder gar schon todt. Aergern ⌜pp⌝ in effigie.

Der ⌜„allgütige⌝ Gott", der Viel von dem Eigenen ja Seltsamen eines Menschen hat, der den Vorstellenden (während der Predigt), ⌜als⌝ das glänzendste Beispiel von Gütigkeit vorkommt. Der hausväterl. Gott, der sich all{er} sein{er} Geschöpfe {annimmt} pp in gelber Weste u. Hemdärmeln.

auf seinem Grabe sizt. Seltsame Definitionen, zu denen die dunkeln Vorstellungen zusammengesetzt werden, wobei ⌜ihr⌝ Unzusammenhang komisch u. doch in treffender Bezeichnung seines Gegenstandes erscheint. Die momentanen Wünsche pp, welche oft unser'm Charakter u. der Veranlaßung dazu widersprechen.

⌜Die Unterschiebung einer Person in die Vorstellung, welche Ein Merkmal mit dem ⌜genannten unbekannten⌝ Andern gemein hat, zuweilen ein sehr zufälliges.⌝

Solche Aßoziationen, die durch ⌜ein⌝ Epitheton ⌜entstehen⌝, pp dienen gut zum Ausmalen, besonders der s. z. s. Gedanken von Kindern u. Volksmenschen; denn wie ihr Urtheilen nach dem analog. rationis, so geht ihr „Reflektiren", d. h. was bei ihnen so heißen kann aus einer Mischung des analogon u. der ⌜Ideenaßoziation⌝ vor sich, welche leztere natürl. sich in dem ⌜engen, armen⌝ Kreise, den ihre Aufmerksamkeit bestrahlt u. der fast nur aus dem nächsten Bedürfniße hervorgegangen, bewegt u. als die leichtest sich total ⌜oder⌝ partial vorstellenden Ideen das Allergewohnteste u. das Fremdeste, Neueste, ihnen Frappanteste hervorruft u. mischt.

Die Verhältniße u. ihre Entwickelung die Hauptsache, das Wunder pp liegt mehr in den Situationen u. den Charaktern, die ⌜die⌝ eigtl. Treiber der Handlung sind, nicht in dem ⌜Helden; dieser vielmehr Mittelschlag.⌝

Seine Verhältniße zu

1. Magwitch – Entwickelung
2. Joe: dito
3. Biddy: dito

⟦137⟧ Die dramatische Charakterentwickelung, d. h. Werden ⌜und (in der Tragödie) Untergang⌝ des Charakters ist ein Rückschlag seines eigenen Wesens durch das Medium seines Handelns oder Unterlaßens – hier im Drama steht das Unterlaßen auch als ein Handeln da, weil das Drama ethischer Natur ist. Im Epos ist es anders.

Zur Sache:

Wie prächtig episch ist die Entwickelung des Pip. Erst ein Kind, ein völliges Kind, an dem ⌜nichts⌝ Dramatisches, kein Leidenschaftskeim, sondern ⌜ledigl. nur⌝ die epische Bildsamkeit erscheint. Er lernt eine gebildetere Form, ⌜eine⌝ reichere Ausschmückung des Lebens kennen, die Liebe beginnt u. macht Estellas ⌜Hohn über⌝ seine Plumpheit unerträglich. Sein Idyllenzustand wird ihm verleidet, aber als recht epischer Charakter reißt er sich nicht aus eigener Kraft des Willens und Entschlußes heraus. Da kommt die ⌜Hülfe⌝ eines Unsichtbaren, er soll, was er wünscht, ein Gentleman ⌜werden.⌝ Der Contrast macht seine Eitelkeit rege und ganz der äußeren Thatsache Spiel, und der daraus hervorgehenden Stimmungen, er wird hölzern u. arrogant gegen Joe und ⌜Biddy⌝, zeigt dem schlimmen Orlik seine Gesinnungen (bei zwei Gelegenheiten). ⌜Die⌝ Meinung, sein Loos komme von Miß Havisham unterstüzt die Liebe, im übrigen lebt er als ächt epischer Charakter, da ihn nichts ⌜von Außen⌝ in einen gewißen Beruf hineindrängt, in den Tag hinein u. verführt auch andere dazu. Er vergißt Joe undankbarerweise immer mehr, so sehr, daß der einfache Joe selbst es fühlen muß, überläßt sich seiner Liebe immer mehr aber immer ⌜als⌝ epischer Charakter, d. h. daß er ⌜nicht selbst⌝ thätig darin wird. Die Nichterwi[e]derung seiner Liebe macht ihn glückl.-unglücklich. Da kommt der, der ihn zum Gentleman gemacht; er erkennt den Sträfling und der Abscheu vor ⌜dem⌝ Geber macht ihm die Gabe abscheulich. ⌜Er⌝ möchte davon laufen, aber ächt episch ⌜wird⌝ der Gedanke nicht zu einem energischen Entschluß; ⌜durch die⌝ Angst und Spannung durch die Gefahr seines Wohlthäters, durch eine ⌜innere⌝ Ae⟨n⟩derung deßelben und den schlimmen Ausgang des Rettungsversuches siegt die Dankbarkeit über den Widerwillen und der edle Grund von Pips Natur tritt zu Tage, wie er, da er die Gabe bereits eingebüßt, mit Treue dem Geächteten anhängt – von seiner Eitelkeit curirt – bis zu deßen Ende u. zartfühlend ihn in seiner Täuschung läßt, Pips Gentlemanthum ⌜werde ihn⌝, die Gabe, ⌜werde⌝ den Geber überleben. ⌜Nun⌝ krank in Folge alles deßen begegnet er dem treuen, wiewohl gekränkten Joe wieder; ⌜die lezte Eitelkeit⌝, wenn er noch welche hat, straft ⌜u. zermacht⌝ Pumblechook, seine Liebe ist ihm verloren; bei Joe findet er auch Biddy, auf die er noch gerechnet, versagt; er ist ohne Vermögen dazu. Die Welt hat ihm Hoffnungen u. Laster gegeben, sie hat die Hoffnungen zermacht u. die Laster wiederum getilgt – beiläufig im Grunde die Weltansicht der ⌜griechischen⌝ Tragiker ⟨–⟩ ⌜ein Schauplatz für den Kampf objektiver Mächte[.]⌝. Er erwirbt sich Vermögen – eine Art des Handelns, die sich mit der Natur des Epischen verträgt, ja recht eigtl. sie hat, weil ⌜es⌝ sich nicht in eine Thatsache zusammenfaßen ⌜kann, findet⌝ Estella eben so episch, als er selbst ist u. so schließt sich in einer epischen Heirath – d. h. nicht aus dem Zuviel einer frischen, jungen Leidensch*a*ft; sie rennen nicht über alle Hinderniße hinweg zusammen, sie sind zu einander geführt worden u. da sie nichts mehr auseinander zieht, bleiben sie beisammen u. heirathen sich.

Das Epische darin, d*a*ß die Eitelkeit in ihm durch äußere Vermittelung geweckt u. eben so wiederum beseitigt wird.

Das Epische dieser Charakterentwickelung ist, daß alle Impulse von außen kommen und zwar nicht als Rückschlag ⌜einer⌝ Thatsache, in der der Charakter sich ⌜mit⌝ leid*en*sch*a*ftlicher Energie zusammen gefaßt hatte; dazu liegt sie nicht in ⌜einer abstrakt⌉ geraden ⌈Linie, und⌉ die Impulse kommen nicht von einer Seite u. wirken auch nicht nach einer Seite.

←an, die des armen Sünders zur Beßrung, die der reichen noch Schuldlosen zur Verschlimmerung.

Das „Substanzielle" Hegels ist ⌈die⌉ Grundnatur des Epischen, das ⌈„Formale des besondern Charakt*ers*"⌉ bei ihm des Dramatischen. Dies hat sich erst im Shakesp. i[n]⟨m⟩ völligen ⌈innern Gegensatze⌉ zum ⌈Epischen⌉ ausgebildet, ⌈u. darin den⌉ Höhepunkt seiner Geschichte erreicht; bei den Alten ist der Unterschied zwischen dem Epischen u. Dramatischen mehr ein äußerlich formaler.

⌈An ein⌉ Kind, das eben im kritischen Momente in ihre Lebenssphäre hineintri*tt*, knüpft sich bei beiden die ethische Entwickelung →*an, die*

*Ganz parallel, wie Miß Havisham da sie ihr gebrochen Herz nicht an den Männern rächen kann, die Estella dazu erzieht. Parallel bis in d*a*s Gelenke hinein, d*a*ß der Sträfling zuerst nur durch Dankbarkeit bewegt wird, dann aber nach u. nach auf den individuellen Gentlemansgedanken ⌈kommt⌉, u. zwar durch dieselbe Isolirtheit, die in Miß Favisham – Isolirtheit, die Mutter ⌈der⌉ Grillen u. Schrullen, der fixen Ideen – aus dem Gedanken das ihr anvertraute Kind durch ihre Erziehung vor dem Unglücke, das sie selber traf, zu bewahren, in jenen fantastischen ⌈Entschluß⌉ treibt.

Der Roman hat zwei Handlungsstämme, die Geschichte von dem Sträfling, der deportirt, ein rechtlicher Mann wird u. den kleinen Knaben, der sich ihm einst ⌈in⌉ der Noth auf der Flucht treu bewies, ⌈weil⌉ er selbst ⌈die⌉ Gentleman, die seinen Neid (?) erregen, nicht übergentlemanen kann, zu einem Gentleman machen will, damit der es thue.* Am Rande⟨:⟩ in dem ⌈Nachweise⌉ der Contrastirung, ist der Kern der ⌈beiden⌉ Stämme angegeben. Was diese Contrastirung zu einer im Geiste Shakespeares macht, ist die sittliche Gerechtigkeit, die den armen Teufel von Sträfling im Tode noch glücklich sein läßt, indem er sein früheres Leben nun abgebüßt fühlen kann u. auch die Täuschung läßt, daß ⌈die⌉ Folgen seiner ⌈Wendung⌉ zum Guten ihn überleben – was auch – ächt Shakespearesch – geistig wahrgemacht ist, denn Pips Veredelung geht daraus hervor, ⌈er⌉ macht ihn nicht allein zum Gentleman, sondern zum edeln Menschen. ⌈So⌉ ist dieser arme Teufel aus dem Schlamm seiner Kindheit pp heraus, der Reinheit entgegengestiegen, während die Miß Havisham umgekehrt durch eine Leidenschaft sinkt; wie jener im Sterben schuldfrei, ⌈wirkt⌉ Reue, das gethan zu haben, was sie nicht wieder gut zu machen glauben muß, bei der Miß Verzweiflung im Tode.

Der die beiden Stämme verbindet, ist Pip, der dem Sträflingsstamme ⌈angehört⌉.

Durch diese ⌈ethische⌉ Idealität der Composition wird der Tadel der Künstlichkeit der betreff*en*den Motive ⌈besonders⌉ Shakespeares Muster gegenüber, nicht aufgehoben, aber gemildert, zumal das eine das andere natürlicher macht.

Nun sehe man die epische Breite, in ⌈welche⌉ jeder dieser Handlungsstämme in Zweige u. Laub geschoßen, wie diese Zweige emanzipirt sind, ⌈all Das⌉, damit das Ganze ⌈nicht⌉ im Uebergewichte der Einheit über die Mannigfaltigkeit, der innern Vorgänge über die ⌜äußeren,* dramatisch⌝ werde. Boz ist Shakespear ⌜in⌝ den Roman übersezt.

*⌜der Bewegung über das Zuständliche, Handlung über das Begebenheitliche pp {da} alledem des Bewe*gen*den über das Retardirende, des Pathologischen über das Psychologische,⌝

⌜Des Helden, Pip, innere Bewegungen haben durchaus keinen direkten Einfluß auf die Begebenheit, aber stets ist das Äußere von sichtbarem Einfluß auf sein Inneres.⌝

⟦138⟧ Beiläufig: Merkwürdig, wie die Fiktion, als erzähle ein Augenzeuge, überall von selbst ⌜den Autor⌝ auf die epische Erfindung und Ausführung eines Werkes hindrängt. Man kann dies ⌜an⌝ „Große Erwartungen", mit „Zwei Städte", die sich schon sehr dem Dramatischen nähern (besonders ⌜in dem⌝ Entschluße Cartons) ⌜Copperfield⌝ u. betreff*en*de mit betreff*en*den andern Romanen Boz' verglichen nachweisen.

NB!

Eine Hauptsache, daß man sich durch das Einzelne bei der Ausarbeitung, wie beim Arrangement nicht irren läßt. Einmal ist eine gewiße Geduld, wohl beßer ruhiges Blut, dann aber eine beständig gleiche Energie der Aufmerksamkeit nöthig. Es muß auch verhältnismäßig indifferente und daher langweilige Szenen geben; es ist nicht anders möglich. ⌜Desto⌝ weniger aber darf der Autor ⌜davor⌝ verzagen; je weniger intereßant solche Szenen durch ihren Inhalt, desto mehr muß er darauf denken, durch das Detail⟨,⟩ ⌜die Wendungen*⌝ darin zu intereßiren, durch Reflexionen pp Ausmalungen, Stimmungen. Ueberhaupt darf ⌜die⌝ Energie seiner Phantasie u. seines Geistes nie erschlaffen; er muß überall intereßiren, wo er nicht amüsiren kann. Eine zweite Klippe für die Lust an der Arbeit sind die häßlichen Partieen. Und gerade hier hat er jene Lust am nöthigsten. Er darf nicht das Ganze, d. h. den Glauben an das Gelingen ⌜u.⌝ den Erfolg des Ganzen über der Einsicht ⌜in⌝ den Eindruck des häßlichen Einzelnen verlieren, denn der Schatten, der, allein gesehen, mißfarbig und gestaltlos erscheint, ist so nothwendig zu dem schönen Eindrucke des Ganzen, wie die Lichtpartieen; und ohne tiefe Schatten gibt es kein hohes Licht. Daher darf er auch die Haltung* nicht stören, indem er das Häßliche nur andeutet oder mildernd dämpft, denn damit dämpft er auch seine Lichter. Hier gilt es wacker ⌜sein⌝ und sich daßelbe Feuer zu bewahren, wie bei den Lichtszenen. ⌜Die⌝ Maße des Lichtes muß mit der des Schattens, die kühlen Töne müßen mit den warmen in einem Verhältniße stehen, welches

Behandlung der flauen Partieen.

*ein Muster d*as* ⌜Zusammentreffen⌝ Pips u. Herberts vor deßen Stubenthüre.

*des Ganzen, deßen Char. gesteigerte Wirklichkeit,

der beabsichtigte Eindruck des Ganzen bedingt und beide müßen durch die neutralen Töne verbunden u. vermittelt werden. Der Held gehört ⌜der⌝ Region dieser neutralen Töne an, ebenso die gemüthlichen Personen in der Regel – wie hier Pip, Joe, ⌜die beiden Wemmick, Herbert,⌝ Biddy, die warmen Töne sind Miß Havisham, Magwitch, Estella, Orlik, die kalten Jaggers, der halbe Wemmick, Pumblechook. Am schwierigsten sind die Partieen derart, wie Pips Ungemüthlichkeit und Arroganz gegen ⌜Joe u. Biddy,⌝ und doch gehören diese nothwendig in den Roman, denn die meisten nachherigen Schönheiten haben jene Partieen zur Folie und der ⌜psychologisch⌝ ethische Werth des Romans beruht darauf als auf seinem Angelpunkt.* Eben so mag es auch etwas langweiliges für Boz gehabt haben, das ungemüthliche Leben bei Gargerys durch die Mrs Gargery u. den faulen Peter, wie auch Pumblechook, ebenso das ähnliche des kleinen Pip bei ⌜*Miß*⌝ Favisham u. ähnliche durch eine ganze Anzahl von Szenen zu führen, die an sich auf ein neues oder wachsendes Intereße keinen Anspruch machen können u. sollen. Und sollen, da sie blos zum Behuf der Eintiefung ihres Gegenstandes ⌜da sind⌝ u. zu Puffern für andere, z. B. das Ueberbringen der 2Pfundnote durch ⌜einen⌝ andern von der Hefe zu dienen ⌜die⌝ Bestimmung haben

NB Joe, Biddy pp warm neutral, möchte man sagen, sie sind das, was ein warmes Braun neben dem neutralen Braun ist.

*dieser ⌜ethische⌝ Angelpunkt in Pips innerer Geschichte ist, was man im Drama die Schuld nennt. Im Drama faßt sich diese in Einer entschiedenen That zusammen, hier im Romane ist es ein zeitweiliger Zustand, ⌜aus dem⌝ eine Anzahl kleiner Fehler hervorgehen.

Wir müßen mit Pip später den Selbstvorwurf des Undankes gegen Joe fühlen pp dazu gehört, d*a*ß deßen Char. u. Treue gegen Pip von uns ⌜mit⌝ erlebt werden. Solche Charakter aber wie Joe, die nichts Blendendes haben, deren Schönheit eben ihre zwanglose Gleichheit, die ⌜mildeste⌝ Consequenz selbst ist, lernen wir nicht bei einmal Sehen kennen, da sie sich eher verstecken, als prahlend zeigen.

Man könnte, wie Lewis thut, von einer dramatischen Zeit sprechen; es wäre dies eine, die überzeugt wäre von der Freiheit des Willens, d. i. die einen freien Willen hat, denn jenes folgt aus diesem. Eine solche war ⌜wohl⌝ die Shakespeare'sche, wenn man nicht sagen ⌜muß, er war ein „dramatischer Mensch".⌝ Unsere Zeit ist sicher eine epische, aber in dem Sinne, in welchem der Roman das Epos ist; es gibt demnach auch in unserer Zeit „dramatische Menschen", aber sie sind Ausnahmen. Die Zeit der antiken Welt war epischer Natur, denn der Mensch hatte keinen Willen, die Götter wollten in ihm. ⌜Was⌝ als ⌜dichter.⌝ Talent der dramatische Mensch, ⌜das⌝

Der epische ⌜Dialog – mittelbar –⌝ die andern epischen Eig*en*sch*a*ften {–} retardir*end*.

ist als Charakter der ethische, d. h. ⌜nicht etwa:⌝ der ethisch vollkommene, sondern der ethisch angelegte Mensch.

Wer die Sache organisch ansieht, wird ohne erst die Erfahrung zu machen, überzeugt sein, daß der epische Dialog ein anderer sein müße, als der dramatische u. aus der Grundverschiedenheit der ⌜poetischen⌝ Arten die Unterschiede der Arten des Dialogs bestimmen können, und zwar dem epischen im Gegensatze zum dramatischen das Merkmal des Mittelbaren, d. h. Retardirenden geben, worin das des mehren Details, also ⌜die Mannigfaltigkeit und Ausführlichkeit⌝ der Wendungen liegt; der epische Dialog wird äußerlicher, objektiver sein, der Romandialog, als epischer Dialog unserer Zeit gefaßt, jedoch das scharf charakteristische Moment des dramatischen an sich haben; er wird ⌜jedoch⌝ allmäliger sein, mehr in seinen Zügen u. Verschmelzungen gehalten als im raschen Fortschritt, an die Stelle des intensiven Nachdrucks wird der extensive treten; er wird der Wirklichkeit näher liegen, als der dramatische. Mittelbarer, weil er durch das Medium des Erzählers geht. In dem Merkmale des Mittelbaren liegen eigentlich alle anderen, die Schiller u. Göthe in ihrem epischen Merkmale des Retardirenden, eine Eigenschaft für das Ding selbst, gesezt haben. Er wird zuständlicher sein s. z. s., auslebender, ⟦139⟧ scheinbar mehr um seiner selbst willen da zu sein scheinen, wie denn der Roman das Merkmal des ⌜emanzipirten⌝ Einzelnen in höherem Grade an sich haben wird, als das Drama. Darin liegt die sogenannte epische Breite.

Im Dialoge des englischen Romanes finden wir eine große Delicateße der Sprechenden, selbst im Affekte, eine große ⌜Höflichkeit u.⌝ Förmlichkeit, welche nicht allein, was sie überhaupt sagen will, sondern auch die Ausdrücke, mit denen sie es sagen will, bevorwortet und s. z. s. entschuldigt. Ob dies eine Nachahmung der Wirklichkeit ist und die Engländer auch im gewöhnlichen Leben so verfahren, weiß ich nicht; doch wäre es sehr natürlich, daß sich dies aus der parlamentarischen Etiquette auf die Gebildeten und, etwas ungefüge (charakteristisch ungefüge), auf das Volk verpflanzt hat. Hier war schon einmal davon die Rede u. ich glaube, daß die ⌜Anreden⌝ der homerischen Helden eben so aus der öffentlichen Art, zu verhandeln, in das homerische Epos herübergekommen ist. Bei Meistern in der Rede* ist diese Förmlichkeit mannigfaltigst

Das Corrigiren (sich selbst z. B.), ⌜der⌝ absichtlich leichte oder schwere Ton, das mehremal Ansetzen, das Unterbrechen, das Uebersetzen des schon Gesagten in's Deutlichere, wenn der Redner sieht oder fürchtet, der Andere faßt ihn nicht. Das Unterstreichen. Der scherzhaft gewandte Nachsatz am ernsten Vordersatz u. umgekehrt. Das sich in einen Affekt Hineinsprechen, das sich aus einem Affekt heraussprechen oder wollen. Das in einen anderen Ton Fallen, das zum gewöhnl.

Umgangstone Rückkehren. ⟨→⟩*Das sich*

*(im engl. Roman)

⟨←⟩Das sich nicht gleich besinnen können.

Mimen des Dialoges.

*dem ⸢speziellen⸣ Berufe

Eine Hauptssache, worin Boz sich wie Shakesp., von z. B. Göthe u. Schiller unterscheidet, nämlich, daß bei ihm seine Figuren nie wie ein Buche sprechen dürfen. Es ist wunderbar, die reiche Variation der Mittel zu sehen, durch welche den beiden Engländern gelingt, ⸢den⸣ Dialog vom buchartigen zu emanzipiren. Ein Mittel schon: den Char. präzis in der Situation zu fühlen; ihn in der augenblickl. Umgebung zu sehen. Ferner die mechanischen Mittel, das Cadenzirte zu unterbrechen, z. B. Parenthese, Umschreibung aus Zartgefühl, Furcht pp, aus der Construktion fallen aus irg*en*d einem Grunde, das Vertiefen, d. h. aus dem Dialog in den Monolog fallen, das Stammeln, Stottern pp der Verleg*en*heit, die Salbung des sich gern reden Hörenden, der sich an seinen rhetorischen Wendungen einen Schmaus gibt. Kurz das Agiren der Rede.

←sie gibt; u. je wichtiger die Person, besond*ers*, wenn in ihr ein Theil des epischen

variirt und durch Angabe anderer Motive ⸢die⸣ Einförmigkeit maskirt. Sie contrastirt auf das ⸢schönste mit⸣ dem Inhalte, wenn ⸢eine⸣ treuherzige Natur sie anwendet und wohl aus der Förmlichkeit wider Willen herausfällt. Ein anderer Grund als die Förmlichkeit der Höflichkeit, wiewohl oft mit dieser vereint, ist die Förmlichkeit des Geschäftsmannes, z. B. des Anwaltes, der gewohnt ist von den Gerichtsverhandlungen aus, stets zu referiren, nie sich blos zu geben. Aehnlich beim Diplomaten, bei Allen, die gewohnt sind, etwas zu verbergen. Diese Formen harmoniren besonders mit dem Costume, dem Ornat*, der etwas ihnen Analoges ist, z. B. beim Geistlichen, der überall etwas von der Kanzel, wie der Kaufmann von ⸢Comptoir⸣ ⟨und⟩ Ladentische, der Lehrer vom Katheder ⸢in seiner Art zu conversiren⸣ mit sich führen wird, er müßte denn ein sehr geriebener Gesellschaftsmensch sein. So charakterisirt sich auch das Geschlecht u. zwar nicht allein in der Form, denn das zurückgezogenere weibliche wird nicht leicht kühne Behauptungen u. dergleichen vorbringen und thut es eine, so charakterisirt sie sich dadurch als Ausnahme. Der zu befehlen Gewohnte wird durch die äußerste Höflichkeit, die er zeigen will, den Nachdruck, den jene Gewohnheit seiner Redeweise gibt, nicht ganz verstecken können. Der Soldat das kurz Angebundene, das „ohne Umschweif⟨"⟩ pp pp. Wie oft kommen uns ⸢Nebenvorstellungen, die⸣ Gedanken, die wir unwillkührlich in's Gespräch herein bringen, wenn wir nicht genirt sind. Die typische Wendung: „darüber fällt mir ein". Das à propos, das im gewöhnlichen Leben seinem Sinne entgegen gebraucht wird.

Das Antworten auf die Einwürfe, die ⸢Einem⸣ einfallen, als hätte sie der Andere vorgebracht. So das Wehren gegen eine Meinung, die wir bei dem andern mit oder ohne Grund voraussetzen. Das ⸢leise⸣ bei sich in Gedanken Fortführen eines Gespräches, deßen laute Fortsetzung dann einem Bache gleicht, der eine Zeit lang verdeckt gefloßen. pp –

Der neueste Dicken'sche Roman zerfällt in drei Hauptglieder, das erste umfaßt seine Kindheit u. endet mit seinem Abschied von seinem Geburtsorte, in diesem Gliede ist seine epische Schuld (s. v. v.); das zweite enthält sein Gentlemanleben bis ⸢sich⸣ Magwitsch ihm als Stifter seines Glückes zu erkennen gibt. Das dritte ist bis zu Magwitsch Tode u. Pips Krankheit; dann folgt noch eine Art *Ergänzung. *⌜skizzirter⌝

In dem ausgearbeiteten ⌜Romane, noch⌝ ohne Namen, worin das Liesle-Elise pp habe ich gleich im ersten Kapitel meine Meinung über die Base gesagt u. ebenso von dem „Mädle", als wenn die beiden in dem einzigen Capitel abgethan werden sollten. Nun mein Gott, erstlich habe ich da die Erzählung ungeschickt unterbrochen, ⌜eben so⌝ mit dem Zurückgang, der d*a*s ganze Hauswesen* silhouettirt⟨,⟩ habe[,] dann noch gleich dem Leser an den Kopf geworfen, ehe er nur fragte – während ich ihn je länger je beßer fragen laßen sollen, ohne zu antworten – was ausgespart werden ⌜mußte,⌝ sich ausleben mußte. Warum nicht gleich vorausgreifend von der Base ⌜erzählt, was wir erst spät{er} erleben sollen⌝. Diese hat dadurch den Ansatz zu einer Charge gemacht, das ⌜„Mädle"⌝ deßgleichen, zu ein paar Holzpuppen, die dann die Gelenke nicht hatten, die sie brauchten. Wozu binde ich dem Leser ein Gesetz für mich in Bezug auf die Base, auf die Nase; nun es wäre mir dann schwer geworden, dies Automat der Sitte zu der klugen Frau zu machen, die sie sein muß, wenn die Geschichte zu Stande kommen soll, wie sie im Plane. Ein so enges Gesetz ⌜„weil sich's so schickt"⌝; wie hätte ich ihr später Thun damit motiviren ⌜können?⌝ wie hätte ich mich verrenken müßen, um in ⌜u. aus⌝ dieser Enge all das möglich zu machen! Poßen! ganz allmälig mußte man die Frau kennen lernen, sie durfte nur dem nicht widersprechen, was wir noch von ihr sehen u. an ihr erfahren sollten. Ihr Benehmen ⌜z. B. gegen den Schwager klug genug⌝, aber eben solche Leute lernen sich nicht gleich aus, eben darum nicht mit dem Maule voran pp. Denn ihr leztes Thun darf ⌜ihr⌝ nicht unähnlich sehen, d. i. nicht so sein, daß wir's ihr dann nicht oder nur schwer zutrauen, wir müßen sagen, warum hab' ich mir das nicht gedacht – und daran, d*a*ß man sich's anders dachte, müßen Äußerlichkeiten schuld sein; – und zugleich doch muß uns die Lösung überraschen. Und diese Klugheit muß mit der Kurzsichtigen, die so lange dauert, als der Wohlstand, ihre Art Verstellung mit der ihres Schwagers contrastiren. Sie durchschaut ihn bald, wenn sie es auch nicht ausdrücklich sagt. Ihre Aussparung ist die Hauptsache, sie muß ⌜durch d*a*s Ganze⌝ eine leibhafte blose Möglichkeit

Schicksals, desto mehr muß sie uns nur durch Darstellung vermittelt werden.

⌜!
! NB !
!⌝

Man kann als Regel aufstellen: ein Paar Szenen muß man von einer Figur gesehen haben, ehe der Autor sie uns vorstellt u. sein Résumé ⌜über⌝ →*sie gibt;*

*auch den Gesellen u. den Alten. Es war genug, wenn der Geselle mit dem Liesle sprach u. man sein Bewerben hörte ⌜mittelbar d*u*rch d*a*s Kind und Base u. Mutter⌝, ohne d*a*ß man die {Ab*en*d} 8 Uhrszene noch mit erhielt. Es war genug das typische ⌜Bild⌝ eines Begräbnißes zu geben, die Kleine mit ⌜dem⌝ Widerspruche ihres Wesens mit ihrem Schicksale, das: Sie weiß noch nicht; ihr ⌜an⌝ diesem Räthsel Herumrathen u. bald ⌜meinen⌝, so, bald so löset sich's. Schmett*er*linge u. Vögel wißen auch noch nichts, dafür ein geprügelter⟨1⟩ ⌜*ge*tretener⌝⟨2⟩ Hund, der, den Schwanz eingezogen daherquiekt, der weiß sicher davon. Weiß der davon? Das? Das? Ja. Nein. Ihre kindischen Gründe dafür. Und dazu als Cont*ra*st die Beschreibung von Leichenzug u. Begräbniß.

Die beiden müßen vor Allen ausgespart werden, der Stiefvater u. die Base.

all Deß erscheinen, was sie am Ende ist. Innerhalb ⌜dieses⌝ Umrißes kann sie allerlei mehr äußere Züge haben, die ebenso auf Pietät deuten, als auf Klugheit, wie sie denn ein ⌜gesunder⌝ Kopf über einem gesunden Herzen. Sie kann neben dem ein Kabinetbild sein. Wie sie ⌜so etwas⌝ sagen oder thun würde, müßen wir wißen, ⌜auch⌝ d*aß* sie das thun könnte, nur nicht, daß sie es ⌜thun⌝ wird, eher daß sie es nicht thun wird, aber das müßen wir aus äußeren Dingen vermuthen, aus einzelnen Worten, nicht aus ihrer Totalität.

⟦140⟧ Das Aussparen der Gestalten, wodurch sie blose Möglichkeiten ihres Thuns sind, ehe sie es thun oder sich es vornehmen, das habe ich in meinen dramatischen Studien merkwürdigerweise verlernt. Ich wollte sie sich so ausleben laßen, daß ihr ganzes Thun fortwährend ideal dabei zugegen wäre, u. das war die Hauptklippe, um die ich nicht herumzukommen wußte. Porzia ist ein kluges, liebenswürdiges Mädchen, aber den Doktorhut vom 4ten Akte hat sie nicht gleich beim ersten Auftreten auf dem Kopfe. Vielleicht curirt mich die Beschäftigung mit dem Romane von den Fehlern, deren erste Muthlosigkeit und zu langes Besinnen, u. die mich zum Drama untüchtig machten.

Der Sack darf nicht eher zugebunden werden, ehe er voll ist; erst der volle Sack hat eine Gestalt.

So springt au[f]⟨ch⟩ Joes Liebenswürdigkeit nicht gleich in seiner ersten Szene in die Augen, eher werden wir über ihn irre geführt, wir sehen ihn mit Pip ⌜in⌝ kindischem Treiben, sehen ihn, wie er sich von seiner Frau mißhandeln läßt. Später freut uns seine Herzlichkeit, ⌜seine Naivetät*,⌝ beim Kampfe mit Orlik sein[en] Muth und seine Kraft und ⌜erst⌝ während Pips Krankheit erhalten wir den befriedigenden Schlüßel für seine vermeinte Furcht vor seiner Frau. Dazu hilft noch die Reue Pips, die ihn verklärt, weil sie sagen darf, was ein fremder Erzähler seiner Geschichte nicht durfte. Ist sein Lob ⌜übertrieben –⌝ nun danach fragen wir nicht, es gefällt uns wegen des Lobenden u. wegen des Gelobten und gibt unserer Vorstellung von dem lezten noch mehr Wärme.

*⌜sein⌝ wunderbares ⌜Bewundern⌝ von seiner Frau Schönheit.

Recht im gewöhnlichen Romanstyle ist Pips Errettung aus Orliks Händen. ⌜An sich⌝ trotz Scoper u. Hildebrandt, wenn auch char*akteristi*sch ⌜virtuos ausgeführt.⌝

Wie ungeheuer ist Jaggers ausgespart, ein kaltes Räthsel. Daß er nichts von Wemmicks Schloße weiß, fällt auf.

Aber das ist Boz' Weise, daß jede neu auftretende Figur ⌜wenigstens⌝ eine Zeitlang uns ein Räthsel ist.

Der spätere Herbert entspricht dem fantastischen Boxer nicht ganz. Wahrscheinlich hat die verwünschte Brauerei u. die Nähe der Favishamschen Räthselwirtschaft ihren Zauber über ihn ausgegoßen u. ihn verseltsamt.

Pumblechook, an sich ein abscheulicher Geselle, ist mit seiner angemaßten ⌜Treuebeleidigtheit⌝ eine sinnreiche Strafe für die wirkliche Kränkung ⌜von Pips wahrem Wohltäter⌝. Es ist darin etwas Shakespeare'sches, daß [ihm] ⟨er⟩ was er verdient – wiewohl an einem ⌜Andern –⌝ so derb hören muß, daß wir seine Partie nehmen möchten. Daß der, welcher einen so braven edlen Menschen mit Undank belohnt, nun dieser Schuld gegen einen so abscheulichen Burschen schuldig gilt. Zugleich wird dadurch ⌜des⌝ edlen einfachen Joe stilles ⌜Ertragen u. seine⌝ schöne Rache an Pip durch den Contrast ⌜noch⌝ verklärt.

Estella scheint uns verzeichnet, wenn sie die wahrhaft schöne u. ergreifende Erklärung Pips kalt anhört u. nicht versteht u. die Spinne heirathet; ⌜bei⌝ ihrem lezten Auftreten sehen wir die Natur gereift u. den Autor gerechtfertigt.

Daß die M*iß* Havisham durch das Gelingen ihrer hypochondrischen Grille gestraft wird, ist gut gemacht und wirkt wie das lezt Aufgezählte.

Belehrend, wie Boz in den zwei ersten Szenen des Magwitsch nicht unnützerweise da schon einen Zug angebracht hat, der auf seine ⌜nachherige⌝ Beßerung u. das, was von Pietät ⌜dann in ihm wirksam⌝ wird, ⌜deutete⌝.*

*daß er in der dritten den Jungen wie absichtl. nicht zu sehen scheint, deutet auf eine mögliche spätere Wiederbegegnung, doch mit Freihaltung beider Seiten, ob in guter oder schlimmer Weise, und bildet dann einen Anhalt für die ⌜nachherige⌝ Ungewißheit, woher dem Pip das Vermögen kommt.

Das neue Testament, auf welches Hehler u. Diebeseide geschworen werden, gehört unter Dickens curiose antithetische Preziosen.

Ungemein geschickt sind die vielen Verständigungen des Lesers über die Geschichten der Ursache von Miß Favishams Fantasterei, der Haushälterin Mr. Jaggers, ⌜der⌝ zwei Pfundnoten pp pp angebracht; deßgleichen die vielen innern u. äußern Motive, z. B. wie Pip pp auf den Gedanken kommen können, den Provis durch die Kahnfahrt zu retten, denn dazu mußte er ein geschickter Fahrmann sein u. Herbert u. Startop dazu.

Den Helden sehen wir in ganz verschiedenen Verhältnißen zu einer großen Zahl der verschiedensten Menschen, ganz

Jede Person hat wiederum eine ganze Sphäre voll charakteristischen Intereßes um sich, z. B. Jaggers, Wemmick.

wie es Hegel und mit Recht haben will. Und welche Anzahl von dergleichen Verhältnißen überhaupt, wiewohl alle andern nur zuweilen beim Begegnen mit Pip gezeigt; welche Maße begebenheitlicher Thatsachen, Ausmalungen von Stimmungen und realen Vorgängen, von leztern die Kahnfahrt, ehe sie Pro⟨v⟩is aufnehmen ein Muster. Wie sehen wir Alles, von den sichtbaren Dingen bis zu den dunkeln Vorstellungen in s. z. s. leiblicher Gestalt ⌜vor⌝ uns. Welcher Aufwand von Witz, Scharfsinn u. Tiefsinn, welch poetische Zeilen, welche Reflexionen, dargestellte u. ausgesprochene, welch eine Welt von Phantasie, welche Silberblicke von Gemüth! Und all das mit welcher Sicherheit und Gewandtheit einer Technik, die nicht leicht ein Anderer wieder erreichen wird u. auf dem Felde des Romanes noch Keiner erreicht hat!

! NB ! (mit ! darüber und darunter)

Die innern Entwickelungen sind am gelungensten, wenn sie blos ein allmäliges Enthüllen ⌜Deßen⌝ sind, was in dem Menschen ist, in den stärksten Gliedern ein Erwachen ⌜Deßen⌝, was in dem Menschen schlief.

*wo die Anlagen nicht so entschieden u. stark, wie im Drama, besonders in der Tragödie, in welcher sie daran untergehen sollen.

Besonders im Romane*! was ich mir merken muß. Eine schlafende Bestie wird geweckt, bis ⌜ein schlafender⌝ Engel geweckt wird, vor deßen Blicke sie vergeht. Ganz vortrefflich, daß uns Dickens nicht Alles, was aus Pip allmälig wird, schon an dem Kinde im Keime zu zeigen sucht.

!NB!

⟦141⟧ Der Romanmensch ist mehr ⌜Pflanze⌝ neben dem Tragödienmenschen; seine Neigungen, wenn auch vielleicht eben so tief, gebieten nicht über eine so gefährlich rasche Thatkraft. ⌜Er ist⌝ nicht so einseitig, daher ist ⌜seine⌝ Kraft mehr vertheilt. Er ist mehr zähe u. biegsam, er fordert den Sturm nicht nach Eichenart heraus, trifft ihn dieser unausgefordert, so biegt er sich und steht wieder auf, wenn auch nicht in der alten Gesundheit; zuweilen wurzelt ihn, schraubt ⌜ihm gleichsam⌝ der Sturm nur die Wurzel tiefer und fester in die Erde. Er faßt weit mehr Entschlüße, als er ausführt und führt manche nur halb aus.

Wegen dieser Expansion, die der Autor an sich selbst haben muß, wenn er einen wahren Dramenhelden darstellen will, die sich blos klar gemacht zu haben, nicht genügt, behaupte ich, *daß* ein Mensch in ge-

Dramatisch ist der Mensch, der, seiner Welt an Energie überlegen, seinen Stempel ihr aufprägt u. den nur ein Zusammenfaßen der Weltkräfte und nur, da sein ethisch verkehrtes Thun, also er selbst ihr Bundesgenoße gegen ihn selbst wird, überwinden kann. Er imponirt der Welt, dagegen dem Romanhelden imponirt die Welt u. drückt ihm ihren Stempel auf.

Diese imposante Stellung ⌜gegen⌝ u. jenes relative Verschwinden neben der Welt ist ein ⌜unterscheidendes⌝ Hauptmerkmal. Und daraus schon folgt die Forderung einer möglichsten Mannigfaltigkeit u. Breite der Welt, einer großen Zahl von Figuren, die ihm zum Theile an Kraft überlegen sind*; auch die äußere Macht der Natur, gegen die seine Kraft verschwindet, während es der Dramenheld blos mit einer moralischen Welt, d. h. mit Menschen zu thun hat, die alle einzeln neben ihm entweder theoret. oder praktisch verlieren. Dort herrscht das Gefühl der Freiheit, der unzerbrechbaren Burg des Geistes, da[s]⟨ß⟩ sich Niemand beugt, deßen Repräsentant physisch brechen ⌜kann⌝, aber moralisch ⌜unzermachbar⌝ ist, hier das Gefühl der Nothwendigkeit, der menschlichen Gebundenheit, des Ergebens in die Abhängigkeit von andern Mächten, ⌜des⌝ Ergebens, nicht erst nach, sondern ohne Kampf, der instinktmäßigen, selbstverständlichen Unterordnung von Anfang an, der der Gedanke des Trotzes gar nicht oder nur in der Verzweiflung ⌜kommt⌝, der gar nicht weiß, daß ein solcher Gedanke existirt. So muß aber auch die epische Welt dem Leser so gezeigt werden, daß ihm der Gedanke, einer der spielenden Menschen könne sich aus eigenem inneren Antriebe gegen sie auflehnen wollen, gar nicht oder nur als ein lächerlicher kommen kann. Während im Drama der Held so imposant, die Welt im Einzelnen ihm untergeordnet dem Zuschauer scheinen muß, daß nur das ⌜ethische⌝ Gesetz im Inneren des Helden selbst* ein zureichend Hinderniß u. eine Macht erscheint, an der des Helden Wollen scheitern könne. Kurz im Epos oder Romane ist die Welt, im Drama der Held das, was imponirt. Das Drama steht ganz auf ethischem Boden, der Roman oder d*as* Epos mehr auf dem Boden der Sitte oder des Rechtes, des gesellschaftlichen Vertrages (im eigtl. Epos des Naturrechtes, im Roman des positiven Rechtes.⟨)⟩

Im Don Quixote initiirt der Held, das wäre dramatisch, wenn nicht eben ⌜der⌝ Weltzustand, den er angreift, so überlegen, daß der ⌜blose⌝ Gedanke solchen Kampfes komisch; und wenn dieser Angriff in Wahrheit ein Angriff und der ganze Kampf ⌜nicht⌝ nur eine fantastische Fiktion des D. Quixote wäre. So wie er in einen wirklichen Kampf geriethe, würde der Roman seiner Natur nach zum Drama; aber eben in der Unangemeßenheit des Helden zu seiner Aufgabe hebt sich das Dramatische

drückter Lage, im Gefühle fortwähr*en*der Demüthigung →*nicht im*

*und ihm imponiren

←nicht im Stande sein kann, ein wahres Drama zu schaffen. Ja, ich glaube fast, er darf auch vorher nie in seinem Stolze völlig gebrochen worden sein, da ein Stolzer sich nicht wieder aufrichtet, wenn einmal gebrochen.

*sei es auch nur ⌜vom Zusch. in deßen Innern⌝ vorausgesetzt, ⌜weil der Held doch ein {Mensch},⌝ oder das Unzweckmäßige in der Zusammensetz*ung* des Charakters des Helden – der trag. Widerspruch in der Tragödie. Im Schauspiele muß der Held, nachdem er das Unsittl. in sich selbst besiegt u. ausgestoßen die Welt besiegen.

auf und schlägt ⌜in den⌝ Roman um, ähnlich wie ⌜die⌝ Wichtigkeit des Ernstes, der dabei aufgeboten ist, in's Lächerliche umschlägt. (Daran müßen wir beim Klaus denken).

Was den Roman poetisch neben dem Epos so sehr zurücksezt – oder vielmehr ästhetisch – ist eben, d*a*ß er auf dem Boden des positiven, des Civil- und Criminalrechts steht und damit an der Natur von allen den Nebenvorstellungen, welche diese beiden Institutionen begleiten, an Polizei, ⌜Häscher,⌝ Gefängniß, Zuchthaus, Echaffaud pp theilnimmt, ferner daß das materielle Wohl im Romane von der Künstlichkeit unserer Verhältniße und damit von der ganzen Prosa der gemeinen Wirklichkeit in Beschlag genommen wird; welche beiden Seiten er doch nicht entbehren kann, ohne das Moment des Charakteristischen einzubüßen, welches ⌜der⌝ einzige Vortheil ist, den der Roman ⌜den Vorzügen des⌝ Epos entgegenhalten kann. Im bürgerl. Drama ist das noch schlimmer.

⟦143⟧

Studieen
über den
Roman.
II.

⟨*Notizen: Namensliste*⟩

⟦144⟧

Es wäre möglich, die K*au*fmannstocher von Meßina zu einem Rendezvous des Erhabenen u. Komischen, beides in sehr hohen Graden durch Humor zu machen, ohne die Harmonie der Schönheit aufzugeben. Das Erhabene wie das Komische müßten in der Orlando-Narrenpartie als objektiver u. ⌜in Orlando⌝ selbst als subjektiver Humor erscheinen, die Camiola brächte die reine Schönheit hinzu. Im Orl. stiege der Humor bis in's ⌜Tolle, aber⌝ nicht in's Unversöhnte, die zweite Hälfte dagegen brächte den versöhnten Humor. Er ist eine so überlegene Gestalt, daß er im größten Ernste der Leidenschaft über sich in ihr scherzen kann. Die Freiheit, die Willkühr ist sein u. des Humors selbst Centrum. Wenn er dem Diego oder in ihm sich selbst die Leviten lieset, gegen seine Schmeichler die Schönheit der Camiola-Seele ⌜vertheidigt⌝ u. in ihnen seinen eigenen Adelsstolz ⌜humoristisch⌝ geißelt, wenn er die Treue des Diego humoristisch ⌜mitleidig⌝⟨,⟩ gutmüthig* abhält, sich zu schaden; wenn er dem Tode ebenso auf {pp} oder so pp Nur muß man sich hüten, seine Entwickelung weiter psychologisch u. mit baarem Ernste zu detailliren. ⌜| *Wer wird nun seine Imagination anstrengen, auch Thaten zu schaffen, von denen ihr selbst nichts ahntet. Armer Freund, ihr dauert mich. – Ei bewahre, ihr habt {eine} Strafe ⌜geheirathet⌝, was Gott vereint, soll der Mensch nicht trennen. Die älteste Ehe möglicherweise auf der Welt u. die treuste.⌝

†was ihr ungesagt denkt.

Zu den Schmeichlern: seht ⌜ihr habt ganz recht†,⌝ ich mache aus der Noth eine Tug*en*d, das Müßen zum Wollen – was nicht sein Ernst ist, aber es kränkt ihn nicht, wenn sie ihn nach ihrer ⌜Kleinheit⌝ meßen, so sicher ruht er auf seinem Selbstbewußtsein im ganzen Stücke, so d*aß* ihm Niem*an*d durch seine Meinung etwas nehmen oder geben kann.

„Der wahre Stolz ruht im Bewußtsein der Freiheit, ihm kann fremde Meinung nichts geben u. nichts nehmen" – dieser Schlüßel zu seinem Wesen kann er einmal selbst aussprechen.

⟨*Notizen: Bücherliste*⟩

⟦145⟧

Volksroman – Volksliteratur –

Volksliteratur, d. i. eine Literatur ohne Exclusivität, die sich weder auf eine gewiße Bildungsstufe, eine Partei (politische), eine Confeßion stüzt, und von da aus etwa polemisch zu Werke geht. Eine Literatur, die nicht für die Gelehrten oder Kenner vom Fache und den Kritiker, der, was nach Schiller u. Göthe gekommen, nur dann gelten läßt, wenn es einem vor ⌜diesen⌝ Vorhandenen ähnlich ist. Eine Literatur, die nicht aus Reflexion und Kritik, ⌜nicht⌝ aus den ⌜ästhetischen⌝ Bedürfnißen lang gestorbener Generationen entstanden und abgeleitet ist, sondern aus denen unserer ⌜eigenen. –⌝

⌜Möglichst⌝ Vielen gefallen, möglichst wenigen ⌜mißfallen.⌝

Das Zweite, indem man, wie in gemischter⟨,⟩ ⌜uns zum Theile unbekannter⌝ Gesellschaft, erstlich den Anstand beobachtet, Nichts anklingen läßt, was nur von ferne zweideutig wäre, ⌜Nichts⌝, was einen Gegenwärtigen möglicherweise beleidigen könnte, sei es in dem, was die Sitte ihm geheiligt oder persönlich in Stand und Beruf, ferner: Nichts, was Gelegenheit geben könnte zu unangenehmen Auseinandersetzungen oder gar zu aufregenden Debatten. Hier fällt der Begriff des Romanschreibers, wie auch in den meisten andern Hinsichten mit dem des guten Gesellschafters zusammen, und zwar des Wirthes (nicht ⌜Gastwirthes⌝ aber auch so kann man es betrachten) selbst. Daß er ⌜unterhaltend sei⌝, ist die Hauptforderung, die der Gast zu machen hat, auch daß er nicht blos ⌜auf Den oder Den, oder Zwei oder Drei, auf Einen⌝ Bildungsgrad oder Stand Rücksicht nimmt; man erlaubt ihm, daß er jezt mit einem Zuge sich an den Psychologen, mit einem andern an einen Andern wendet, nur nie so lange oder so ausschließlich, daß die ⌜Uebrigen⌝ sich bevortheilt oder gelangweilt fühlen könnten; man erlaubt ihm oder wehrt ihm wenigstens nicht, wenn er belehrt, wenn er erbaut, erhebt, zu Gutem anspornt, vom Unrechten ⌜abmahnt⌝, nur daß er all Das nicht ausdrücklich und wie mit Absicht thue und vor Allem nicht vergißt, zu unterhalten. Schon Cervantes hat einen Theil seiner Gäste durch die Drastik seiner Erfindungen zu ergötzen verstanden, indem er einen andern, weniger dafür disponirten Theil durch die Freiheit der Ausführung und der charakteristischen Züge zu feßeln wußte. Es gibt ein Mittel, das Komische, wie das Tragische Allen gefallend zu machen; es besteht darin, daß Beides nicht blos im Äußeren, in der Einkleidung liegt, sondern im Grundverhältniße, d.h. im Gedanken. So ist das Komische bei Cervantes und Shakespeare, das Tragische beim Shakespeare, wo es nicht blos im sogenannten äußern Schicksale*, sondern schon im „tragischen Charakter⟨"⟩ liegt. Ferner darf der Autor weder durch das Schöne, ⌜d*a*s Große⌝ noch durch das Gute oder durch das Wahre allein wirken wollen, sonst verdirbt er es entweder mit dem sog. Gemüths-⟨,⟩ ⌜Phantasie-⌝ oder den ethisch angelegten oder den Verstandesmenschen; d.h. er darf sich keine Blöße geben durch Einseitigkeit. Da in jedem ⌜Gaste⌝ eine geistige Kraft im Uebergewichte ist und beschäftigt sein will, so wird der Wirth am besten thun, wenn er möglichst alle

*oder in der Situation

Hauptkräfte in Bewegung sezt, zunächst die Phantasie wegen ihrer mittleren Stellung zwischen dem Herzen und Verstande u. ihre[m]⟨r⟩ unmittelbaren Wirkung auf alle übrigen Kräfte. Aber es werden noch eigentlich persönliche Eigenschaften vom guten Wirthe gefordert. Er soll nicht allein ⌜unterhalten⌝ und mit Angenehmem unterhalten, er soll auch angenehm unterhalten; seine Unterhaltung wird uns um so beßer gefallen, als er selber uns gefällt. Alle wünschen sich einen liebenswürdigen Wirth; Manche aber würden unzufrieden sein, wenn er ⌜so⌝ ausschließlich liebenswürdig sein wollte, daß er ihnen nicht mehr achtungswürdig vorkäme. Man verlangt vom Wirthe, daß er Welt habe, so gerne man ⌜ihn⌝ erzählen hört von Individuen, die keine haben, dafür aber viel Natur und obschon ⌜ungeschliffene, doch⌝ Diamanten sind. Es mißfällt an der angenehmsten Persönlichkeit, wenn sie sich zu auffällig hervordrängt, und obschon wir ihn als Erzähler nicht kalt wünschen, so wollen wir ihn doch auch nicht vor Wärme unruhig, unstet, ⌜haltungslos, ebensowenig⌝ aber ⌜seine⌝ Kälte durch eitle Schauspielerei als Wärme aufgepuzt sehen. Er muß uns Intereßantes und zwar Allen Intereßantes, wenigstens Allen intereßant vortragen können, möglichst neu im Gegenstande und in der Wendung des Vorganges, spannend geordnet, ohne die Klarheit zu verlieren. Aber das ist noch nicht genug; wir wollen, daß er den richtigen Ton treffe; denn sowenig wir ⌜die ausschließl.⌝ Absicht zu belehren ⌜bei⌝ ihm voraussetzen mögen, so sehr muß er sich hüten, durch seinen Ton ⌜auf⌝ eine solche Absicht ⌜schließen⌝ zu laßen. So stets mit dem Kanzelton. Das Alles sind wir gewohnt, wenn wir es bedürfen, wo ganz anders zu suchen. Wie die Erzählung selbst zunächst auf die Phantasie wirken soll, so muß auch die Sprache danach angethan sein. Die Folge einfacher Sätze ⌜(Hauptsätze)⌝ gehört der Beschreibung sinnlicher Gegenstände und hat etwas zu direkt und hastig ⌜Fortstrebendes⌝, etwas Dünnes, Nacktes, Nüchternes, Deutliches, was sich wohl im Naiven mit dem Gemüthe einen kann, aber wenig geeignet ist, die Phantasie frei zu machen und in Bewegung zu setzen. ⌜Die⌝ Satzverbindungen mit limitirenden ⌜causalen pp⌝ Bindewörtern sind die Sprache des definirenden, unterscheidenden Verstandes und der Spekulation. Aber weder ⌜zu dem Gemüthe, noch zu dem Verstande⌝ soll ein poetisches Werk unmittelbar sprechen; das einzige Medium, welches einem besonders reicheren Ganzen Haltung u. Uebereinstimmung geben kann, ist die Phantasie. Wie muß man nun sprechen oder schreiben, um zunächst auf die Phantasie zu wirken. Was ⌜in der Form⌝ erregt die Thätigkeit der Phantasie? Deutlichkeit der Vorstellungen? wozu das Direkte gehört? Gewiß nicht. – Wir kommen darauf zurück. Erst Etwas aus Maaß' Rhetorik.

⟦146⟧ Jeder schöne Gegenstand muß

1., etwas Anschauliches sein, und muß

2., dem Verstande Etwas zu denken geben.

Anm. Die Schönheit eines Geg*en*st*an*des liegt in der Form deßelben.

Freiheit; es muß das Ansehen haben, als wenn der Verstand nur zufällig bei den Vorstellungen der Sinnlichkeit Etwas zu denken fände.

Denn wenn das eine Vermögen durch das andere eingeschränkt würde durch die Absichtlichkeit auf das Denken oder auf die Anschauung wirken zu wollen, so würde d*as* Gefühl dieser Einschränkung das Lebensgefühl hemmen. Das Gute u. Wahre liegt im Gegenstande, das Schöne in der Form deßelben.

Wenn Etwas in Bezug auf ⌜die⌝ Beschaffenheit eines betrachteten Gegenstandes gefällt, ist es schön, wenn durch seine Größe, ist es groß. Beides zusammen macht die Erhabenheit aus.

Die Beschaffenheit einer Rede, daß die Vorstellung derselben beim Hören oder Lesen Wohlgefallen erregt, ist die ⌜Schönheit⌝ der Rede.

Die in den Gedanken lieg*en*de Schönheit die innere, die in den Worten ⌜⟨liegende Schönheit die⟩⌝ äußere der Rede.

Etwas darstellen heißt eine Anschauung davon geben.
Eine darstellende Rede heißt eine poetische Rede.

Da die sinnl. Vorstellungen die ersten sind, die sich in der menschl. Seele entwickeln, so läßt sich begreifen warum die frühesten Reden poetischer Art sind, obgleich schöne Poesie erst später entsteht.

Gilt so wohl von Völkern als Ständen u. Menschen.

Menschen aus dem Volke – Kinder sprechen mehr Poesie⟨1⟩ ⌜darstellend⌝⟨2⟩, doch eben nicht schöne.

Anm. Zu einer poetischen Rede ist es nicht genug, daß die Geg*en*stände, wovon sie redet, sinnlich u. anschaulich sind, sie muß diese Gegenstände auch darstellen. Denn ein sinnlicher Gegenst*an*d kann auch durch bloße Begriffe gedacht werden.

(Hierher gehört die psychologische Entwickelung, wenn sie blos gemeldet u. wie naturwißenschaftlich résumirt, wenn sie nicht dargestellt wird; d. h. durch das Medium der Sinnlichkeit ⌜in einer Reihe von⌝ Aktus der individuellen Anschauung geschieht. Daher die szenische Erzählung poetischer, als die resümirende; das s. z. s. anschauende Miterleben poetischer, als die Meldung.)

Unterschied von Beredts*am*keit u. Dichtkunst. Kant (Krit. d. Urth. S. 203).

> Beredtsamkeit ist die Kunst, ein Geschäft des Verstandes als ein freies Spiel der Einbildungskraft zu treiben, Dichtkunst, ein freies Spiel der Einbildungskraft als ein Geschäft des Verstandes ausführen. (Diese Definition trifft die Dichtk. in ⌜ihrem⌝ Verhältniß zur Beredts*am*keit, nicht die Dichtkunst an sich u. überhaupt, d. h. ihren Unterschied von der Prosa.⟨)⟩

Nun folgt die Rhetorik als Kunst der schönen prosaischen Rede. Wir wollen sehen, was wir daran für die Poesie brauchen können.

Die ⌜Rede⌝ soll klar sein, Deutlichkeit u. vollständige Zergliederung der Begriffe ist nicht immer nöthig.

Die poetische Rede muß aber zuweilen, besonders im Romane dunkel sein. Die Dunkelheit wirkt mächtig auf die Phantasie u. um der Spannung willen ist sie oft nöthig. ⌜Auch⌝ als Darstellung entsprechender Gemüthsbewegungen.

Die versch. Ursachen der Dunkelheit. [S.] § 26.

Mein Fehler ist oft, daß ich ⌜deutlich⌝ werden will und deßhalb die Begriffe zu sehr zergliedere. Dies gehört in die Prosa, nicht in die Poesie.

Die ⌜Vorstellungen sollen⌝ lebhaft sein.

Leben = Wirksamkeit

lebhaft heißt wirksam, deßhalb die Ausdrücke: lebhafter Streit; das Feuer brennt lebhaft ⌜(heftig)⌝; eine lebhafte

Farbe, die stark auf d*a*s Auge wirkt.
lebhaft heißt oft auch rasch.

Analogon rationis. NB.

Zu den falschen Vordersätzen des A. r. gesellen sich auch Sprichwörter, z. B. „wer Anderen Schlimmes zutraut, ist selbst schlimm" pp. Deßgl. gangbare Vorurtheile pp.

⟦147⟧ Der Verstand geht gern in gerader Linie auf seinen Gegenstand los; die Phantasie ergözt sich am Wege, sie eilt voraus, bleibt nach, schweift hüben und drüben ab; ihre Freude ist die Freiheit, darum bindet sie sich nicht und liebt den Wechsel, das Mannigfaltige; das Düster, das Versteckte, das Wunderbare, das Dunkel, das Abgebrochene (Fragmentarische), zieht sie an; dann bleibt sie ruhig sitzen und spinnt sich in die Stimmung ein, die der Gegenstand ihr erregt. Der Verstand geht ihr unsichtbar voran; vor der Leidenschaft (dem l*eiden*sch*a*ftl. Wunsche) fliegt sie vorher, und war schon ⌜hundertmal⌝ bei dem Bilde der Erfüllung, ehe die Leidenschaft ihr Ziel einmal erreicht oder ⌜ehe sie es⌝ verfehlt hat. In ihren Händen trägt sie das Saitenspiel der Gefühle und greift nach Belieben hinein.

⌜Den Tropen entsagt⌝ die Sprache des Epos schon bei Homer, dafür wendet sie die weniger kurzathmigen Figuren der ⟨*Lücke im Text*⟩, und ausgeführteren Gleichniße an, welche weniger (wenigstens das lezte) dem dramatischen Gange paßen. Ein Beleg zu meiner Meinung von der jetzigen ⌜Kenner-Kunst sind⌝ die Gleichniße, bei welchen der Poet aus der Construktion fällt. Welche Freude, wenn z. B. in Hermann und Dorothea man an Homer erinnert wird. Denn hauptsächlich diese Erinnerung an Homer ist es, die uns ⌜an⌝ dem schönen Gleichniß ⌜vom⌝ Wanderer u. der Sonne so sehr gefällt. Durch die Aßoziation der Ideen wird uns die ästhetische Idee der homerischen* Welt erweckt u. klingt harmonisch in die verhältnißmäßig arme des deutschen Epos und gibt dem Eindrucke deßelben Fülle und Reichthum. Unsere große Dichterperiode hat wie Juno den Gürtel der Venus geliehen, sie gefällt dadurch, daß sie an Anderes, an Primitives erinnert. Und wo sie aus andern Gründen gefällt, gehören sie nicht der Poesie, sondern andern Sphären, Rhetorik pp.

*u. damit der ganzen Griechischen Schönheitswelt

←die Ausführung in Dialog

u. Sprache geschehen.

Der R.Autor soll uns spannen, erregen⟨,⟩ er darf uns martern pp aber in alledem ⌜u.⌝ an alledem müßen wir Behagen empfinden. Unser Behagen muß mit unserer Spannung zunehmen. Ich glaube, dies ist hauptsächl. dadurch zu erreichen, d*a*ß der Roman unmittelbar nur mit der Phant*a*sie zu thun hat u. nur durch dieses Medium ⟨u.⟩ Umweg auf das Gemüth u. die andern Kräfte des Lesers wirkt; daß er, was daßelbe, seine Welt gegen die wirkl. trotz aller Aehnlichkeit abschließt u. ×...× Grundstimmungen {gehalten}. – Das Alles muß auch durch →*die Ausführung*

†das heißt: nicht blos sich verständl. machen, sondern auch auf gewählte – und nicht auf gesuchte Art.

Auch nicht das Zusagende immer gerade ⌜[u.]⌝ heraus† zu sagen. Auch Umschreibungen helfen zur Plastik und Entfernung von Dünnheit u. Nüchternheit und Geschloßenheit gegen die Wirklichkeit zu, {also} zur Behauptung eines poetischen (rel.) Bod{ens}.

Auch die Sprache muß Wechsel haben, einen Reichthum von Wendungen ⌜namtl. witzigen, scharfs., tiefsinnigen⌝ für die baare {Auf}zählung haben; sich der Figuren bedienen, welche den Ausdruck lebhaft machen (d. i. auf die Phantasie wirkend). – Grazie.

⌜Kurze⌝ Sätze geben dem Style etwas Abgerißenes, Hastiges, was mit der epischen Ruhe u. dem epischen Behagen nicht stimmt.

Sie haben etwas Geradliniges, Direktes, ⌜welches⌝ eher dem Wesen der Prosa, besonders der Beschreibung entspricht, als der Poesie, am wenigsten der epischen, deren Gang sich an sich selbst erfreut u. sich selbst genießt. Besonders widersprechen sie dem Romane, der im Großen und Ganzen die Verschlingung des Satzgefüges in Begebenheiten nachahmt. Im Satzgefüge u. der Periode haben wir schon das Indirekte, Mittelbare, d. i., was man das Retardirende des Epos nennt. Die Schönheit, die in den Wendungen der einzelnen Vorgänge, in den Verschlingungen derselben zu einem Ganzen liegt, kann schon der Satzbau mit kleinem Gegenbilde spiegeln. Dieselben gleichen den schönen ⌜geschwungenen, {geschwellten}⌝ Linien eines ⌜Sculpturwerkes,⌝ die, nicht blos in einer u. derselben ebenen Fläche liegend, fliehen u. wiederkommen, zur Seite ausbeugen und nie ⌜den⌝ kürzesten Weg nehmen. Das Täuschen der Erwartung, indem der ⌜Romandichter⌝ uns zu den Wünschen, die er in uns erregt, führt, aber auf einem anderen u. schöneren Wege, als ⌜auf⌝ dem er uns vermuthen ließ dahin geführt zu werden, ist ⌜hier⌝ schon im kleinsten Mittel der Kunst vorgebildet.

Ein Gesetz für den Epiker, nie den geraden Weg zu gehen, weder in dem Arrangement des Vorganges, noch in der Ausführung und das bis zum einzelnen Satze herab, ⌜wenn⌝ er einen längeren, gewundeneren, aber schöneren u. amüsanteren Weg weiß. Doch darf er diesen nicht bis zum Gesuchten suchen; die Gränze des Natürlichen in Vorgang, Erzählung u. einzelnem Ausdrucke muß seine Grenze sein. Der ⌜unschöne Weg⌝ nur wird als langer u. langweiliger empfunden. Beiwörter, oft mehre zusammen, machen plastisch u. retardiren zugleich. Auch machen sie, wenn sie nur charakteristisch sind, die Vorstellungen lebhafter. Auch der Epiker, und ⌜er⌝ noch mehr als der Dramatiker, muß die Raschheit eines Vorganges darstellen, aber die Darstellung selbst darf nicht hastig sein.

Ich glaube es wird gut sein, wenn ich beginne, jederzeit mit zwei oder drei Worten, an sein{er} Stelle mit einem ganzen Satze ⌜zu⌝ sagen, was ich mit einem Worte sagen könnte, da mir die Einsylbigkeit vom Exzerpiren pp als eine üble Angewohnheit anhängt. Besonders die sammelnden Beziehungswörter: „dies⟨“⟩ pp u. dergl., die für einen ganzen Satz ⌜oder eine ganze Schilderung pp⌝ stehen, muß ich zu vermeiden suchen, lieber den Sinn in einem kleineren Satze wiederholen, was auch der Klarheit günstig wirken kann.

So ist auch ein Schlimmes jezt an mir, jedenfalls auch eine Nebenfrucht meiner Studien; ich meine das Mühen um Deutlichkeit. ⌜Phantasie u. Verstand begegnen sich gern im⌝ klaren Helldunkel; das Licht der Deutlichkeit, in welchem die Farben verschwinden, ist nur für den Verstand.

Auch ⌜ein⌝ gewißes logisches Zugenaunehmen macht meine Sätze oft steif und gibt ihnen zuviel lockeres unplastisches Partikelwesen oder Unwesen.

Es gibt auch eine prosaische Anschauung oder anschauende Prosa; Naturgeschichte, Geschichte, Geographie.

Dickens hält die Novellenform Göthes fest, den Gegensatz der Tieck'schen. Oder sollte man sagen: die Hofmann'sche.

⟦148⟧

Wie man ein psychologisches Problem poetisch lösen könne, d. h. ganz auf dem Wege der Anschauung und Darstellung ohne eigentl. prosaische Auseinandersetzungen, das [steht] ⟨ist⟩ an der zweiten Novelle in Mr. Humphreys Wanduhr zu ersehen.

Ich glaube in der Art und Weise meiner Entwürfe liegt die Schwierigkeit. Mein Concipirtalent hat in meiner Studierzeit eine Ausbildung genommen, die mit dem so lange gänzlich unbeschäftigten Talente der Ausführung sich nicht mehr verständigen kann. Naturgemäß muß eines am andern wachsen, so müßen sie zusammen fortschreiten in Kraft und Bildung. Nun habe ich obendrein mich gewöhnt, meine Pläne oder Conceptionen begrifflich zu entwickeln, d. h. ideal zu componiren; da fehlt mir denn jezt die Brücke vom ⌜Begrifflichen⌝ zur Anschauung und ich möchte bei der Ausführung eben so verfahren, wie ich es bei der Composition that. Und zwar bei der Composition von einer Menge Fabeln seit Jahren, während ich keine einzige Ausarbeitung fertigte. Schon in Zw. H. u. E.

ist das Mißverhältniß zwischen der Thätigkeit des Begriffes u. der ⌜rein⌝ anschauenden sichtbar. Ich glaube wirklich, ich kann nichts Beßeres zu meiner Bildung thun, als zunächst gerade den entgegengesezten Weg zu gehen.

Hofmann baut schon auf dem Grunde Cervantes' u. der engl. Humoristen, muß aber ins Dämonische u. Diabolische, ⌜Fantastische,⌝ da ihm das deutsche Leben das Wunderbare, Seltsame nicht auf realistischem Wege entgegen bringt. Dies Hofmannsche Fantastische hat nun Boz nach Engl*and* zurückgeführt; ⌜das⌝ Musikalische hat er beibehalten, aber die Buntheit und das charakteristische Leben Englands zwingt ihn nicht, wenn er Wunder à la Hofmann aussinnt, gänzl. die Realität zu verlaßen.

Boz verfährt ähnlich wie Shakespeare, er faßt das Disparateste in eine ideale Composition zusammen. In „Große Erwartungen" haben wir auf dem Schauergrunde einer Hofmannischen Erfindung (welcher das wunderbare England auf realistischem Wege ⌜entgegenkommt)⌝ eine Erzählung, welche das Idyll, die Criminalgeschichte, den psychologischen Roman pp in sich vereinigt. So thut er schon in der Zusammensetzung der Forderung der subjektiven Totalität genug. Der Hofmannische Grund ist für die ⌜Spannung⌝⟨2⟩ Phantasie⟨1⟩, das Idyll für das Gemüth, der psychologische Roman trägt dem Verstande ⌜u.⌝ der Vernunft (in seiner ethischen Richtung) Rechnung, die Criminalgeschichte thut das pathologische Element, die Spannung des Begehrungsvermögens, hinzu. So wird jede Kraft beschäftigt und durch die Verschlingung ein Wechsel dieser Beschäftigungen hergestellt, der weder in die Langeweile, noch in das Peinliche verfallen läßt. In jeder Region ist eine Spannung u. eine Lösung (subjektiv); im Ganzen, dem psycholog. Romane ist ⌜die⌝ subjektive Spannung u. Lösung mit der objektiven Verwickelung u. Entwickelung eines.

Aus dem Claus darf ich nicht einen Roman in dieser Weise machen wollen. Es ist verkehrt, ⌜von⌝ der Erfindung des Idylls solche Construktion zu beginnen. Sie muß mit dem Verhältniße u. aus dem Verhältniße entstehen, der dem psychologischen ⌜Roman⌝, dem Haupttheile zu Grunde liegt. Dieser gibt zugleich die Vorgeschichte u. das Räthsel an das Ganze. Zum Idyll werden die Nebenfiguren ausgearbeitet. Es liegt meist entweder ⌜am⌝ Anfange oder am Ende des Buches, oder Beides; denn gewöhnl. macht der Held den Weg aus einfachen, engen Verhältnißen[,] ⌜in weite, complizirte,⌝ aus der Natur in die Cultur, oder umgekehrt, er rettet sich aus der Cultur in die Natur, oder es vereinigt sich beides, so daß das Paradies der Natur, der einfachen, primitiven Verhältniße, welches der Trieb nach weiteren, complizirteren verließ, von dem ⌜in den leztern⌝ Ermüdeten als Asyl wiederum aufgesucht wird.

Dieser Gegensatz von Natur und Cultur ist in den meisten Romanen u. sie danken ihm einen großen Theil ihres Reizes. Es liegt in jedem Menschenleben; jeder Mensch, der eine reiche Geschichte hat, macht den Weg von der Natur zur Cultur u. ⌜die reichste führt⌝ wieder zurück. Die mit ärmerer Geschichte können ihm nicht ganz entgehen, denn neben der Kindheit ist das einfachste bürgerliche Berufsleben ein relativer Culturzustand. In solchem Romane liest Jeder ein Analogon seiner eigenen Geschichte und fühlt sich dadurch heimisch ⌜angeweht. Beide⌝ Grundtriebe der menschlichen Natur finden ihre Befriedigung, das ⌜naive⌝ Heimathsgefühl geschloßener Zustände und der romantische Trieb in das ⌜Neue,⌝ Ferne, Unendliche, Mannigfaltige u. Complizirte. Die Sehnsucht daraus nach dem Einfachen, nach der Natur wird gemeiniglich nicht wirklich, sondern ideal gelöset. Mitten in der ungeheuern Bewegung ⌜des Culturlebens⌝ strebt der Mensch, ⌜das⌝ Paradies, in welches er nicht äußerlich zurückkehren kann, in sich aufzubauen. Und ein Stück, ein Analogon von Wemmicks ⌜Schloß hat⌝ jeder ältere Mensch wenigstens in sich selbst, eine grüne Oase, wo er zuweilen von dem Staube ⌜u.⌝ Lärmen des Geschäftsweges einkehrt, und von da gestärkt u. mit neuer Lust, oder immer gebrochener u. unbefriedigter wiederum in den Staub u. Lärmen sich stürzt oder schleicht. Ja das Grab, den Kirchhof haben wir uns als einen solchen Ruheplatz ausgemalt, dem die Müden sehnsüchtig zulächeln, ⌜vor⌝ dem die Bewegungslustigen zurückschaudern, weil von ihm kein Rückzug ist.

So wird das idyllische Element dem Cultur-, das Culturelement dem Idyllmenschen Lust schaffen u. in dem Romane, der Beides vereint, Beide ihre Rechnung finden. Ein neuer Grund für einen Romandichter, zu dieser gemischten Gattung zu greifen. In ihr tritt uns überhaupt das volle, ganze Bild der Wirklichkeit entgegen, um so mehr, wenn auch die beiden Seiten des Ernsten u. Komischen darin zusammengefaßt sind.

In der Regel wird auf einer der beiden Seiten unsere Sympathie partheiisch wurzeln. Der Ausgang muß danach fallen; es müßte denn sein, daß der Held zulezt beide Seiten in sich vereinte, d. h. der Cultur nicht entsagte, wenn er zur Natur zurückkehrt oder die Natur mit hinein nähme in die Cultur. In diesem Falle würde das Ideal der ganzen Menschheitentwickelung in ⌜der⌝ Entwickelung eines besondern Menschenlebens realisirt.

Was d*a*s Publikum jezt eigentl. will, ist Spannung aller Kräfte in ⌜drastischester⌝ Weise, ⌜Todes-Gefahr⌝ pp innerer Kampf bis zum Äußersten, aber guter Ausgang, d. h. Heirathen, Reichwerden, Vornehmwerden der Helden, und womögliches sich Ausweisen auch der wildesten u. kältesten Bösewichter als von Hause aus oder vom Ende des Buches guten Kerlen.

⟦149⟧
⟨*Notizen: Bücherliste*⟩

⟦150⟧
Ein Mensch, deßen Natur Feinheit, Humanität u. Höflichkeit u. der grob sein will.

Das romantische Behagen (vide S. 3 ⌜Rand.)⌝ ist eine Hauptbedingung. – Schon früher habe ich, u. zwar in den Shakesp.-Studien gefunden, daß die Lust an „tragischen" Gegenständen (trag. im weitesten Sinne) ⌜auf⌝ der Natur der Phantasie ruht, und daß wir am Schrecklichsten Vergnügen finden können, wenn wir uns bewußt sind, es sei nur ein Spiel der Fantasie damit. Eine ganze Scala gemischter Gefühle thut sich auf vom Süßwehmüthigen bis ⌜zur⌝ Lust im Grausen. Der Poet darf ⌜es⌝ nur nicht versehen, sich immer direkt an unsere Phantasie zu wenden, Alles zu thun, sie in's Spiel zu bringen u. darinnen zu erhalten, nie unmittelbar an ein anderes Gemüthsvermögen zu appelliren; also sein Schauspiel auf ein Podium zu stellen und es gegen die gemeine Wirklichkeit entschieden abzugrenzen. Dazu hat er noch allerlei Mittel; er kann etwas Conventionelles anklingen laßen, wie schon Hoffmann gethan, wenn er den „lieben Leser" anredet, wodurch er die falsche Täuschung verhindert. ⌜Die⌝ Kunst ist, auf der einen Seite die größtmöglichste ⌜künstlerische⌝ Täuschung hervorzubringen, ⌜[also]⌝ ⟨und⟩ auf der andern Seite immer vorzusehen, daß diese künstlerische Täuschung nicht in die falsche Illusion übergehe, die nichts mit der Kunst zu thun hat, sondern der „unfreiwillige Irthum⟨"⟩ ist, daß, was der Phantasie zum Spiele hingereicht wird, baare, blanke Wirklichkeit sei, wirkliche, nicht von der Kunst ⌜frei⌝ reproduzirte. Weiß der Dichter nur immer diesen „Irthum" abzuhalten, so ist erstaunlich, wie weit er gehen kann, welches Äußerste von Folter und Grausen der Leser mit Behagen empfinden kann. Wir haben die beiden ⌜Kräfte⌝ der Phantasie, die Intension u. Extension, jene führt zum Naiven, diese zum Romantischen. Diese beiden Regionen weiß der ächte Romandichter wohl auseinander zu halten, indem er das Schreckliche und mit ⌜stärkerer⌝ Unlust Gemischte in der Region des ⌜romantischen entwickelt⌝, aber nicht in das

Naive eintreten läßt. Die naiven Charakter oder wir in ihnen vertragen nicht größere Dosen von der genannten Mischung. Sie, oder wir in ihnen haben nicht die Widerstandskraft; im Naiven liegt eine gewiße Hülflosigkeit. Wir, Hebbel, Auerbach und ich, haben dieses kitzliche Wagstück unternommen, das Naive selbst mit den Schrecken zu mischen; es ist abgelaufen, wie es konnte und mußte. Ich habe im Erbförster viel romantisches Nebenwerk in Bewegung gesezt, ⌜ohne⌝ die Gefahr zu besiegen, die darin liegt, daß man die naive Gestalt selbst in unmittelbare Berührung mit dem Schrecklichen bringt. Shakesp. hat im Othello die Desdemona in diese Lage versezt, aber sie dient nur als reflektirende Fläche, die den Strahl der Glut auf die Hauptperson zurückwirft, ähnlich wie meine Marie; doch hat Desd. eine größere Schuld und ⌜ihr⌝ Schicksal überrascht weniger uns, als sie; und auch der alte Erbförster ist zu engnaiv, für Beide einzustehen. Uebrigens ist es Regel bei Shakespeare, Naivetät, d. h. die Naivetät des Stilllebens nicht mit Leidenschaft zu paaren, außer im Komischen. Und seine Regel trifft jederzeit mit dem Gesetze der subjektiven Natur zusammen. Auch Dickens folgt in der Regel diesem Gesetze; nicht den Capt. Cuttle, nicht den Toms im Chusselwit, nicht ⌜den⌝ Joe Gargery pp ist die Leidenschaft und das Pathos zugetheilt. Und das ist auch im Leben das Typische, daß der Blitz der gefährlichen Leidenschaft nicht in die selbstgenügsamen, ⌜eben⌝ in ihrer Stille und Bescheidenheit schönen Wiesenblumen schlägt, sondern in hohe Wipfel und Giebel.

Also ein Gesetz, daß man das Naive und das Romantische, das Idyll und das tragische Schicksal in den Charakteren auseinander halten soll. Sonst verliert auch das Naive seine schöne Bestimmung, uns an ihm von jenen Schrecken u. Spannungen auszuruhen. Mir fällt eben aus den Maiunruhen in Dresden die Bemerkung ein, daß während die Menschen in Wuth und Aufregung mit einander kämpften, der Vogelsang in den Alleen tönte.

Es scheint, als dürfte auch der Verstand nicht zunah an das Schreckliche pp herantreten, da seine Stetigkeit, sein causales Construiren ⌜die⌝ Phantasie lähmt.

Mir scheint, daß das sich Vorlesen laßen die beste Brücke zum Diktiren ist. Ferner: Ich habe daran herumgerathen, wie

So, daß das Vorlesen ⌜(objektive) uns des⌝ Mediums

des Auges u. der Hand entwöhnte, deßen Gewohnheit dem Diktiren im Weg steht.

es Dickens gelingen kann, seinen Dialog zu schreiben. Mich dünkt, es ist dies nicht möglich, wenn man nicht ebenso schnell schreiben kann, als sprechen und der Schlüßel zu seiner Kunst ist die Stenographie. Mir würde die Stenographie große Dienste leisten, denn was mich am meisten hindert in der Arbeit, ist, daß ich ⌜mit⌝ dem Schreiben der Entwickelung meiner Szenen in meinem Kopfe nicht nachkam. Will ich so langsam denken, als ich schreibe, so verliere ich den Duft des unmittelbaren Zusammenhanges. Doch ist gar nicht von einem Denken hier die Rede; könnte das sein, so würde man denken u. Figuren mit einander ausgleichen können; aber es ist eine stete Reihe von Einfällen, denen man nicht sagen kann: wartet ein wenig; ⌜komme⌝ erst du und dann du. pp Die leichten feinen Züge der Charakteristik verfliegen durch den Aufenthalt und was heraus kommt ist das unmittelbare flieg*en*de Gespräch in's Kriechende, Schleppende, ⌜Schwerfällige übersezt⌝, die lebendige Anschauung auf den Katechismus, die logische Folge u. den baaren, nackten Gegenstand reduzirt, das Poetische⟨,⟩ ⌜Geistvolle⌝ auf seinen Antheil gemeinen Menschenverstandes. Ich fürchte nur, daß mir das Mechanische der Stenographie so in meine Gewalt zu bekommen, daß es mir mechanisch wird⟨,⟩ zu viel Zeit wegnehmen würde. An Uebung würde es nicht fehlen; die erste beste Predigt, das erste beste Gespräch, sei es meiner Kinder könnte ich zur Uebung stenographiren.

⟦151⟧

Die Char*a*ktere dürfen keine ⌜ethi⟨...⟩⌝

Ich sehe schon, es geht mir im Roman wie im Dramatischen; ich nehme Alles viel zu genau. Besonders ⌜die⌝ Charaktere, die ich immer zu innerlich faßen will, immer als Menschenarten ⌜im⌝ wißenschaftlichen Sinne, während ich Typen des gemeinen Lebens behandeln sollte. pp

---

Ich habe schon davon gesprochen, vergeße es aber immer wieder, daß der Roman keine dramatischen Charakter brauchen kann, daß die Unterschiede u. Contraste weniger die ethischen Grundbestandtheile, als die äußere Erscheinung betreffen müßen. So kön-

Ich sollte nur ⌜irgend⌝ einen einfachen Plan ausdenken – ja! da wäre ich wieder im Zuge! ⌜ausdenken⌝! das ist meine Stärke.

Eigentlich ist die Dicken'sche Manier von der Hoffmann'schen gar nicht weit unterschieden. Die Mischung des Wunderbaren und Alltäglichen, eine so innige Mischung, daß ihre Elemente kaum zu scheiden sind, von der uns so eigen wird, daß wir wie bezaubert ⌜nicht⌝ wißen, ⌜welches⌝ nun eigentlich das Wunderbare, welches das Natürliche ist, wo das eine aufhört und das andere anfängt. Das Vehikel dieser Verbindung ist der Humor. Man möchte den Ausdruck brauchen: humoristische Romantik oder romantischer Humor. Da der Humor nun ebenso wiederum Ernst und Spaß in sich hat in eben so inniger Mischung, als ⌜dort⌝ das Wunderbare und Alltägliche gemischt sind, so erhalten wir ein Produkt, welches vier Gegensätze in sich hat und bald den einen bald den andern der vier Faktoren herauswendet in so raschen Übergängen, daß wir nicht wißen, welche Farbe wir eben sehen. ⌜Wunderbarernst-alltäglich komisch; ernstwunderbar-komisch-alltäglich; komischernst-wunderbar-alltäglich⌝ pp. So weit hätten beide Manieren gleiche Grundlage; der Unterschied ist, daß der Engländer das Wunderbare aus seiner Wirklichkeit greift, d. h. aus Motiven, die ⌜der⌝ Wirklichkeit entnommen, ⌜zusammensezt, das⌝ wirklich Wunderbare aber in Träume pp verweiset, ferner, daß der Ernst um Etwas vorwiegt. Vielleicht ist dies durch jenes nothwendig gemacht; was dort für die Phantasie verloren geht, wird hier für das Gemüth wiederum ersezt; d. h. was an der Spannung der Neugierde verloren geht, wird durch Spannung der Sympathie ersezt, wobei ⌜der⌝ Eindruck gewiß ⌜Nichts⌝ verliert. Hoffmann spielt mit der Haupterwartung, d. h. ihm scheint am Glücklichwerden seiner ⌜Helden nichts⌝ gelegen; ⌜dagegen⌝ weiß Dickens durch alles ⌜humoristische⌝ Spiel mit seinen Personen stets eine Theilnahme an seinen Helden und ihrem Schicksale zu zeigen, auch unser Gemüth für sie zu intereßiren, daß der Wunsch, sie möchten glücklich werden, das erreichen, was sie wünschen auf dem Grunde unserer Seele zu mildstark wird, um von dem tollsten Spiele der Phantasie je gänzlich absorbirt zu werden. Hier ist es ihm oder scheint es ihm Ernst; seine Helden haben vorwiegend menschlich schöne Seiten und mit ihnen spielt er nicht auf humoristische Weise, das thut er mehr mit Nebenpersonen u. auch gegen Manche unter diesen ist sein Humor mild und mit dem tiefsten Gemüthe vereinigt. Bei Hoffmann sind gewöhnlich die Helden Geschöpfe der freien ⌜Phantasie und in⌝ den Nebenpersonen steht ihnen als Hinderniß, welches am Ende besiegt wird, die Alltäglichkeit, die Prosa, das Spießbürger- und Pedantenthum entgegen. Bei ihm ist die

nen im Romane die Personen die nämliche ethische Grundlage haben, so daß sie im Sinne des Drama derselbe Charakter wären, wenn sie nur in der äußeren Erscheinung sich contrastiren. Denn im Romane kann ich eine[m]⟨n⟩ verhältnißmäßig feinen charakterist*isc*hen (im dram*at*. Sinne feinen) Unterschied in größter Breite u. mit solcher Anschaulichkeit behandeln, daß der eigtl. (dram.) Grundcharakter gar keiner Entwickelung u. Nuancirung bedarf, sondern latent bleibt.

Weil ich immer innerl. cha*ra*kterisiren will u. die Ch. unnötig reich mache an innern Zügen, muß ich mich bald ausschreiben.

Die Romancharakteristik kann aus einem Theile der dramatischen fast ganz bestehen, näml. aus dem, der die Figuren als Menschen beglaubigt u. anschaulich macht.

Wirklichkeit, d. h. der Alltag das Negative, das Positive ist die siegende oder durch den Widerstand des Alltages vertollte ⌜geniale⌝ Phantasie. Bei Dickens ist dies anders, weil er das abstrakt ⌜wunderbare⌝, der Wirklichkeit absichtlich entgegengesezte Element nicht hat; auch das Positive nimmt er aus der Wirklichkeit, dem Alltage und braucht das zauberische Element der Phantasie nicht, jenes zu verdunkeln durch den Contrast, sondern es durch Einstimmung zu verklären. Bei ihm ist ⌜die⌝ Fantasie, die freie Genialität nicht ⌜eine⌝ feindliche Substanz dem Wirklichen überhaupt gegenüber, sondern sie ist ein Adhärens des Wirklichen; er will uns die Wirklichkeit nicht verleiden, er schmückt sie im Gegentheile phantastisch heraus. – Der andere, formelle Unterschied ist das bei weitem reichere Detail wie bei Hoffmann, und aus diesem formellen Unterschiede ließe sich generisch jener substantielle herleiten. Für ein so langes Buch ist ein blos phantastisch willkührliches Spiel nicht von hinreichender Kraft, den Leser zu feßeln.

*und zugleich die Sympathie erreg*en*de

Also ein oder mehre wunderbare, aber doch in der Wirklichkeit mögliche* Verhältniße der Wirklichkeit gemäß, d. h. mit Wahrscheinlichkeit ausführen, nachdem sie in eine Verbindung gebracht sind, die denselben Charakter trägt, d. h. einer wunderbaren Wirklichkeit. Die Ausführung hat die Aufgabe, durch wahrscheinlichste Durchführung die Wirklichkeit des Ganzen zu ⌜beglaubigen, doch so, daß keine Absichtlichkeit, au[s]⟨f⟩ d*a*s Gemüth zu wirken, sichtbar, d. h. daß Sentimentalität vermieden wird. Das auf d*a*s Gemüth Wirk*en*de muß jederzeit als ein Naives auftreten.⌝

Ein solch Verhältniß, gleich stark auf die Phantasie, als auf das Gemüth wirkend, ist das des alten Trent und seiner Enkelin Nell.

Was den subjektiven Eindruck betrifft, so muß er aus der Durchdringung (gegenseitigen) des romantischen und naiven Intereße so hervorgehen, daß auch der Verstand darin beschäftigt ist.

NB. Als ich dies schrieb, hatte ich erst einige Bdchen gelesen. Was die Char. betrifft, ist die{s} noch meine Meinung; intereßant für die ⌜prakt.⌝ Theorie der Romanchar. wie die Leid*en*sch*a*ft in dem Alten im Verhält{niß}

Was die Charakteristik betrifft, so ist der alte Trent ein halbkindischer alter guter⟨1⟩ ⌜weicher⌝⟨2⟩ Mann, den eine leidenschaftliche Liebe zu der Enkelin ⌜vollends⌝ verwirrt hat, so daß das ⌜Zergehen⌝ seiner Wünsche ihn zu einer Mischung von Blödsinn u. Wahnsinn führt. Nell ist ein liebes Kind mit einer Unterlage von Idealität, Kit ein guter drolliger Junge, seine Mutter deßgleichen eine Frau, Daniel Quilp ist ein Gnom in ⌜menschliche⌝ Verhältniße versezt, Sviveller ist ein guter leichtsinniger, liederliche Geselle pp In ein wahres Drama würde höchstens Quilp paßen, aber nicht menschlich genug dazu sein. Das Detail ist die Hauptsache; alles Intereße ⌜dieser⌝ Novelle ruht auf dem Detail. Kit u. Mutter, das kleine runde Ehepaar mit Zubehör sind Verklärungen des Alltages mit etwas Idealität vermischt.

dazu steht. Hier ist die Leid*en*sch*a*ft eine ganze Zeit lang latent, dann wird sie durch eine beziehliche Rede u. die Geleg*en*heit, also durch einen äußeren Anla{ß} wie aus einem völligen Schlafe aufgeweckt. vide ⌜folg*en*de⌝ Seite.

Der Hauptunterschied zwischen Dorfgeschichte u. Roman in Dickens Manier liegt darin, daß jene mehr ausschließlich durch Erweckung u. Intereßirung des Gefühles für's Naive ⌜und⌝ liebevolle Detaillirung in diesem Sinne zu gefallen sucht, während Dickens [die Absicht,] auf das Gefühl des Romantischen ebensosehr als des Naiven ⌜wirkend⌝, und jenes zum Vehikel dieses machend u. zum Medium nach jenem Ziele strebt. Der ⌜Grund dieses Unterschiedes⌝ liegt wesentl. wiederum in der verschiedenen Länge, weil das Naive sich leichter abnuzt, als das Romantische und die Intensität bei längerer Spannung in's Peinliche ausartet, gegen welches das Romantische das beste Spezifikum ist.

⟦152⟧

Beim Claus ist das Schlimmste, daß der Held ⌜ein⌝ naiver Charakter und zugleich ein Etwas von einem dramatischen.

Also der alte Trent! So war das psychologische Problem die Hauptsache u. das zuerst Gegebene, d.h. was Dickens zu erst bewog, diese Geschichte zu behandeln. Es entstand wahrscheinlich so: Genug Beispiele sind bekannt, daß ⌜eine Leidenschaft⌝, nachdem sie, durch irgend ein Äußeres verdunkelt, gestorben schien, ⌜durch⌝ ein Äußeres, eine Gelegenheit, ein bezügliches Wort, geweckt, erschrocken plötzlich sich wieder aufrichtete. Einen solchen Unglücklichen ⌜gedachte⌝ Dickens uns dadurch gemüthlich nahe zu bringen, daß er deßen Leidenschaft aus einem schönen ⌜u. ehrenden⌝ Motiv hervorgehen läßt. Der Enkelin wegen und aus leidenschaftlicher Liebe zu der Enkelin. Dadurch kam die Enkelin selbst in die Erfindung u. die beiden Hauptpersonen waren vorhanden. Nun liegt der größte Theil des Romanes schon in ⌜dieser⌝ einfachen

Erfindung. Wir ⌜lernen den Alten im Stadium seiner Leidenschaft kennen⌝; das ist, wie im Anfange eines Romanes sein muß, in ein Räthsel gekleidet, welches durch das Locale, ⌜den⌝ Raritätenladen einen wunderbaren Duft erhält. Das eigene ⌜Zusammenleben⌝ mit dem Kinde in solcher Umgebung! Kit dazu; sobald wir mit dem Buche fertig, werden wir sehen, welche Rolle dem Kit in der gewiß einfachen Conception zugetheilt war. – Nun die zeitweilige Verdunkelung der Leid*en*sch*a*ft. Der Alte spielt schon eine Zeit lange mit fremden Geld, welches ihm geborgt wird, weil er als reell bekannt, für reich gehalten ist u. seine Leidenschaft geheim. Nun aber will der Leiher nicht mehr; das Warum und der weitere Inhalt der Erfindung gab der Gestalt des Quilp das Dasein, die Nothwendigkeit eines Zubehörs ⌜zur kühnen⌝ Charakteristik Quilps, fügte Mrs Quilp, Mrs Jiniwin, den Buben u. die Nachbarinnen dazu, als Locale, charakteristischen Boden, Quilps Werft pp Ferner die Krankheit; ⌜die⌝ Inbeschlagnahme der Raritäten. Nun die Flucht bis zu dem ⌜wieder⌝ Aufwachen der Leidenschaft und plötzlichen Steigerung bis zum Verbrechen – im „lustigen Soldaten". Dieser Zwischenraum mußte erfüllt werden und ist erfüllt mit dem frischesten, rührendsten u. amüsantesten Detail.

Wie einfach dieser Kern, in welchem ein psychologisch Problem in ein rührendes u. zugleich wunderbares Verhältniß eingesenkt ist! In Wahrheit beruht das ganze Intereße der Novelle zunächst darin. Weiter in den Charaktern des Quilp, des ⌜Kit und⌝ ihrem Zubehör. Recht wird man wiederum von der Wichtigkeit ⌜des⌝ Charakterisirmittels, welches in solchem Zubehör liegt, ⌜überzeugt. Selbst⌝ die Tragödie braucht solche Zubehöre und je mehr, je mehr ihre Natur, d. i. die Natur ihres Helden sich dem Epischen nähert; Hamlets Zubehör z. B. ist umfangreich, Horatio, die Schulkameraden, die Schauspieler, Ophelia, der Geist pp; im Romane aber, wo die Erscheinung die Hauptsache ist, wäre den Charakter des Helden ohne Zubehör laßen, wie wenn man ein romantisches Häuschen, welches an einem Knüppelstege in einem Felsengrunde liegt ohne seine Umgebung malen wollte. Hier, wo der Mensch sich nicht in kraftvoller Willkühr vom Weltganzen ablöset u. sich ihm zum Kampfe entgegenstellt, sondern eben als Stück Welt in seiner Abhängigkeit und seinem Biegen und Fügen – welches seine Gestalt modifizirt, nicht allein deren einzelne Bewegungen –

dasteht, ist der epische Charakter ohne sein Zubehör ein Vocal ohne Consonanten, die ihn zum Worte machen.

Einteilungsschema für das Magazin.
⌜1. Glückswechsel mehr oder weniger wunderbare.
2. Erkennungen.
3. Psychologische Probleme.⌝
4. Gemüthliche ⌜Verhältniße.⌝
⌜6.⌝ Kleinere Motive.
⌜5.⌝ Komische

Wir haben, was den Stoff betrifft, zunächst 2 Hauptelemente,
1., das ⌜Ideale⌝
2., das ⌜Reale⌝.
nach einer andern Seite
1., das Ernste,
2., das Komische.
nach einer dritten Seite
1., das Romantische
2., das Naive.

Kurz das Nöthige zu sagen. Der ⌜Rohstoff ist die⌝ Wirklichkeit, diese muß so bearbeitet werden, daß er ästhetisch wird. Motive aus der Wirklichkeit werden auf zwei Wegen für das unmittelbare Gefallen tauglich, durch Idealisirung ⌜entweder⌝ in den Bestandtheilen oder in der Form, d. h. durch Erhebung über die gemeine Natur, oder durch liebevolle Nachahmung; in dem einen Falle gibt der Stoff sich dem Geiste, im andern der Geist (Gemüth) dem Stoffe hin; in beiden Fällen ⟦153⟧ aber ist eine gegenseitige Durchdringung von Geist und Stoff, d. h. von subjektiver u. objektiver Natur, von dem, was wir wünschen, daß die Dinge sein* sollten (näml. um uns ästhetisch zu ⌜gefallen)⌝ und von dem, was sie sind oder wie sie uns wirklich erscheinen.

Die Forderung, ⌜wie⌝ die Dinge sein sollten, macht unsere Totalität; sie sind, wie diese Totalität selbst in einen Accord zusammenklingende oder geworfene Töne der Tonleiter; die Phantasie, das Gemüth im engeren Sinne, der Verstand, das ethische Gefühl. Im Verstande ist der Wahrheitssinn, das Wahrheitsgefühl, in ⌜der⌝ Phantasie das Schönheitsgefühl – ein Zubehör der Schönheit das Erhabene – im ethischen

⌜Romantisch { ⌜Glückwechsel⌝ Erkennungen. Situationen einzelne. Psycholog. ⌜Probleme⌝. Charakter. Züge. ⌜Locale. Motive. Licht- u. Schatten[-]stellen Stimmungen.⌝ Insgemein.⌝

Naiv { Situationen. ⌜Entwickelungen.⌝ Charakter. Züge. Insgemein. Locale. ⌜Stimmungen⌝ pp

---

⌜Prosa der Wirklichkeit; ⌜Personen.⌝ Situationen. Insgemein. Locale pp⌝

⌜Komische.⌝ { Situationen Charakter. Insgemein. Züge pp Locale, Effekte, Stimmungen

Reflexionen.

Conception des Hauptmotives.
⌜Composition des Ganzen.⌝
Erfind*ung* der übrigen ⌜u. ⟨...⟩⌝
Arrangement.
Ausführung.
Ein Intereße stets.

*oder vielmehr wie sie uns erscheinen

Gefühle die Vernunft mit gesezt.

Es gilt aber nicht allein diese Gefühle zu erregen, sondern auch sie zu erhalten.

Dies Erhalten ist nach dem ⌜Gesetze des⌝ Nachlaßes durch längeres Beschäftigen mit einem Eindrucke nothwendig ⌜auf⌝ Wechsel und Steigerung gegründet.

Das Erregen wird durch Neuheit der Vorstellung erleichtert und das Erhalten durch Wechsel ist nichts anderes als ein immer neues Erregen durch ⌜Neuheit⌝ der Vorstellungen. Ein besonders starker und dadurch effektvoller Wechsel geschieht durch den Contrast.

Gemischte Gefühle haben den Wechsel in sich selbst, doch mehr subjektiv, d. h. der Wechsel ⌜liegt⌝ im Beschauer, ⌜die⌝ Sache objektiv ist eine Individualität; aber die Beschauung verweilt bald bei dem einen, bald bei dem andern Bestandtheil und wechselt so zwischen beiden, d. h. sie macht sich das eine bald stärker, bald schwächer vorstellig, während das andere den Grund abgibt, von dem sich jenes abhebt. Hier liegt schon in der Individualität der Contrast. Die ⌜einzelne⌝ Individualität ist der einzelne Baustein; so ist es möglich aus ⌜je kleineren⌝ Contrasten immer je größere aufzubauen, d. h. contrastirende Inbegriffe von Contrasten.

Die Steigerung ist ein allmäliger Wechsel ⌜an Einem Dinge erscheinend⌝ und es ist schon um des Wechsels willen gut, zwischen Steigerung, d. h. Wechsel an den Dingen⟨,⟩ und Wechsel der Dinge (oder W. mit den Dingen) zu wechseln.

Der Contrast am meisten ästhetisch, wenn er zwischen zwei Reihen besteht, deren jede wiederum durch Einstimmung und Contrast gebildet ist; dieser Contrast ist, indem er ⌜ein⌝ Verhältniß ⌜beziehendlich⌝ wiederholt oder es zweimal sezt wiederum zugleich Einstimmung.

Der Verstand fordert Entwickelung, die Phantasie Wechsel; das Gemüth Intension, die Phantasie Extension. Verstand und Gemüth begegnen sich in der Freude am Naiven; Phantasie und Gemüth in der am Romantischen. In dem Wechsel zwischen romantischen und naiven Vorstellungen wären nach einer Seite hin die Forderungen der Totalität befriedigt. Die Composition muß also beide Elemente vereinigen, romantische und naive Situationen und Charakter (in diesen sind die Motive ⌜des Denk*en*s, Fühlens, Handelns⌝ eingeschloßen.

Wir haben nun ⌜drei⌝ Gegensätze überhaupt ⌜[in der Po⟨...⟩]
1 das Poetische u. das Prosaische, dann im Poetischen⌝
⌜2.,⌝ Das Ideale und Reale, das Schöne und das Wirkliche; unsere Forderung an die Erscheinung und die Erscheinung ⌜selbst, das Vorwiegen der subjektiven oder der objektiven Natur.⌝
⌜3.,⌝ Das ⌜Romantische⌝ und das Naive

⌜ad 2.⌝ Das Ideale, d. h. der ⌜Rohstoff⌝ vom Geiste erhoben, zeigt sich als romantische und naive Idealität, d. h. als gemeine Wirklichkeit durch ⌜und für Gemüth⌝ und Phantasie idealisirt und als dieselbe durch ⌜u. für Gemüth⌝ u. Verstand ⌜idealisirt.⌝

Der Unterschied, daß im Idealen das geistige, im Realen das stoffliche Moment im Uebergewichte ist.

Das Reale, d. h. der ⌜Rohstoff⌝ durch ⌜liebende⌝ Hingebung des Geistes an ⌜ihn uns⌝ näher gebracht, zeigt sich als ⌜romantisch⌝ Reales, d. h. dem ⌜sich ihm hingebenden⌝ Geiste durch und für Gemüth u. Verstand und als daßelbe für Fantasie und Gemüth uns nahe gebracht.

⌜ad 1. Auch⌝ die Prosa ⌜im weiteren Sinne⌝, der wir den Eintritt in den Roman nicht wehren können, d. h. der blose Rohstoff ist, ohne eigentlich Poesie im engern Sinne zu werden, ästhetisch zu machen – davon zu handeln wäre Aesthetik des Häßlichen – und zwar durch und für ⌜Phantasie⌝ u. Verstand (Geist); durch Steigerung über das Maas, welches es durchschnittlich in der gemeinen Wirklichkeit hat. Dies führt zur relativen Carrikatur.

Eine Steigerung, die eine umgekehrte Idealisirung heißen könnte, da sie die ⌜normale gemeine⌝ Wirklichkeit in der Richtung nicht nach dem Schönen u. Guten, ⌜d. h. durch u.⌝ für das Gemüth und den Verstand, sondern ohnerachtet u. gegen Gemüth u. Verstand verläßt, führt zur völligen ⌜Carrikatur.⌝

Diese ⌜Art u. Richtung der⌝ Steigerung bringt Gestalten u. Handlungen zuwege, die uns durch ihre Häßlichkeit und ⌜den⌝ Abscheu, den sie uns erregen, uns intereßiren; hier ist es die Lust der Phantasie, welche die Unlust des Gemüthes und den ruhigen Widerspruch des Verstandes siegend überwiegt; die Lust ⌜an⌝ der Freiheit, auch im Mißbrauch derselben.

Diese beiden Steigerungen der ⌜Prosa ins⌝ Intereßante und Häßliche könnte man das naive und das ⌜romantische⌝ Häßliche nennen. Beispiele von jenem Mr. Jaggers, überhaupt eine ganze Anzahl kluger, ja pfiffiger ungemüthlicher Geschäftsleute, von diesen Mr. Daniel Quilp.

Aber nicht blos Gestalten, auch psycholog. Probleme, Situationen, Localitäten, Handlungen, ⌜Gefühle, Leidenschaften⌝ können an dem Charakter des naiven u. des romantischen Häßlichen partizipiren.

⟦154⟧ Beßer vielleicht wäre die Eintheilung so: Etwas gefällt

1 ⌜Durch⌝ und für ⌜Gemüth⌝ und Verstand.	= das Naive,	das	Reale.	Realistische Ideale
2 „ „ „ Phantasie und Gemüth	= das Romantische.	⌜schöne⌝	Ideale.	Idealistische Reale
3 „ „ „ Phantasie und Verstand	= das Häßliche,	das	Reale.	Pikant. } Gesteigerte
		häßliche	Ideal.	⌜Reale.⌝

Nun wiederum Combinationen aus diesen zwei Hauptverhältnißen:

4 das naive Häßliche.

5. das romantische Häßliche.

Natürlich findet eine Gradation in jedem dieser statt.

Durch Combination dieser verschiedenen Fächer mit dem Komischen, der anderen Seite der Weltbetrachtung, entsteht

die Mischung des Komischen und ⌜Naiven =⌝ der naive oder objektive Humor.
" " " und Romantischen = der ⌜romantische⌝ oder subjektive Humor.
" " " und Häßlichen = der phantastische Humor, die Carrikatur.

Ich hätte vielleicht noch das Moment des Sinnes, der ⌜blos⌝ receptiven Sinnlichkeit mit dazu nehmen sollen u. der Vernunft. Das Gemüth spielt oben eine wunderliche Rolle, es vertritt den theoretischen ⌜Sinn, d. h. die⌝ sinnliche Urtheilskraft, d. h. den ethischen, den Wahrheits- und den Schönheitssinn. Die Möglichkeit der ⌜Spannung⌝ liegt in all diesen ⌜Combinationen⌝; die Forderungen des Gemüthes d. h. hier des ethischen und Schönheitssinnes, ebenso der Freiheitstrieb ⌜u. Trieb nach Neuem⌝ der Phantasie können leidenschaftlich werden

der Verstand vertritt den Sinn der technischen Zweckmäßigkeit.

Aber ad 1 ist der Wahrheitssinn wesentlich in der Synthesis, ad 2 aber entsteht durch das Dabeisein des Wahrheitssinnes oder nicht Dabeisein ein Unterschied u. eine neue Eintheilung, näml. in's Romantische u. Phantastische, ad 4 u. 5 unterscheiden sich ebenso ad 4 wäre der Wahrheitssinn noch betheiligt, bei 5 machte er dem Sinne der technischen Zweckmäßigkeit Platz. Also

1., ⸢Für Wahrheitssinn⸣, Schönheitssinn, ethischen ⸢Sinn =⸣ das Naive.
2., „ Phantasie u. ⸢Wahrheits-⟨,⟩ Schönheits⸣ u. ethischen Sinn = das Romantische.
3., „ Phantasie, Schönheits u. ethischen Sinn = das Phantastische.
4., „ Phantasie, ⸢ohne *Wahrheits* u. ethischen Sinn geradzu zu beleidigen⸣ = gesteigerte Prosaische, einfach Häßliche.
5., „ Phantasie, ⸢absichtl. gegen den *Wahrheits*- u. Schön*heits*sinn⸣ = umgekehrte Ideal, die völlige Carrikatur.

Phantasie ⸢u.⸣ technischer Kopf ⸢sind⸣ als künstlerische Organe in all diesen Combinationen inbegriffen; ⸢unter⸣ Phantasie ist die des Lesers zu verstehen. – Die ad 4 u. zwischen ad 4 u. ad 1 vertragen das Komische gut.

Die Töne müßen sich ausgleichen, solche Figuren ad 5 können nur als Balance gegen ⸢eigtl.⸣ Ideale vorkommen. Die mittleren Figuren ad 4, ⸢modifizirt⸣ mit ad 1., 2., müßen die Maße, die conservative Majorität ausmachen; die mittleren Durchschnittsmenschen.

Bin ich da wiederum in ein unnützes Theoretisiren verfallen, da ich mir nur einen Vorhalt entwerfen wollte, auf den ich bei der Arbeit immer sehen wollte. Amüsant, d. h. unterhaltend, con amore ⸢detaillirend, feßelnd,⸣ spannend, neu erfunden, ⸢empfunden,⸣ neu gesehen, neu gesagt, ⸢neu gewandt⸣ (statt neu kann man setzen: selbst) wechselreich, mannigfaltig, anschaulich, lebensvoll, voll Züge aus der Wirklichkeit, charakteristisch, fließend, gewandt, liebenswürdig ohne Koketterie, schelmisch hinter affektirter Feierlichkeit, graziös, nobel, geschmackvoll, elegant, nonchalant, leicht, gehaltvoll, ⸢gedankenvoll⸣, gefühlvoll, frisch, heiter, gesund, objektiv, darstellend, poetisch, plastisch. Oder nach Rubriken: Erzählung, ⸢szenische⸣ Darstellung, Dialog, (mimisch) Schilderung*, ⸢(Beschreibung)⸣ Reflexion als gelegentl. Bemerkung vorgeschaltet oder für sich Betrachtung

*Charakter, Seelenzustand, ⸢Landschaft⸣, Naturerscheinungen u. Zustände; ⸢Stimmungs-⸣ Anschlagen, Ausklingen, Vorgänge, Situation, einzelner Natur- u. anderer Gegenstände

---

Was das ganze Romanhandwerk betrifft meine Niederschriften durchsehen, die Hauptsachen anstreichen, ⸢am Rande zu rubriziren,⸣ Hauptstellen, Regeln pp unterstreichen, dann einen Index dazu machen, um ⸢alles⸣ Bezügliche leicht auffinden zu können.

In Etwas fürchte ich noch den Einfluß des Dramatischen, nämlich in einer gewißen Drängung der Composition zu einer ⌜s. g.⌝ Einheit der Handlung, eine zu leicht übersichtliche Composition u. daher zeitiges Voraussehen des Ausganges. Bei Dickens besteht das Spannende oft blos in ⌜dem⌝ absoluten nicht Räthsel, sondern in der Grenzenlosigkeit der Erwartung im Allgemeinen, in der gänzlichen Unmöglichkeit, irgend einen Ausgang des Ganzen diviniren, und vermuthen zu können. Das ist die Spannung, die in ⌜der⌝ Wirklichkeit statt findet, Spannungen auf ein u. das ⌜ander zwischen⌝ Furcht u. Hoffnung Erwartete aber völlige Ungewißheit im Ganzen. Momentane Wünsche u. Befürchtungen aber nur auf die nächste oder übernächste Welle, was die uns bringen wird, aber sonst unübersehbar Waßer. Ich glaube, daß solche Beschaffenheit ⌜des⌝ epischen Behagens dem Zustande gleicht, der uns Stunden lang am Meeresufer soll festhalten können, die Lust an dem Wechsel im immer gleichen Strome, oder was uns den Wolken zusehen läßt, ⌜wir⌝ sind immer beschäftigt, aber nicht leidenschaftl. aufgeregt. Auch das Tabaksrauchen als angenehmer Zeitvertreib gehört hierher. Immer beschäftigt mit der Gegenwart u. nächster Zukunft, so d*aß* wir an die entferntere kaum denken u. uns einen Abschluß zu wünschen nicht einfällt, ja ⌜der⌝ kommende uns nicht einmal angenehm ist. So wenn der alte Trent u. seine Enkelin auf's Gerathewohl, ohne Ziel u. eigtl. Zweck in die Welt hinein wandern.

⟦155⟧

Es liegt doch ein großer Zauber im Scheine der Wirklichkeit, und dieser scheint jezt der herrschende. Es liegt wirklich eine große Quantität Poesie auch in dem wirklichen Leben unserer Zeit. Das große Lesepublikum weiß nichts von dem Schönen, das irgendwann irgendwo anders war; als Stoff, z. B. ⌜im⌝ historischen Roman nimmt es dies mit Freuden auf, aber es mag diese formalen Schönheiten nicht, wenn sie mit dem Stoffe der ihm bekannten Wirklichkeit zusammengebracht, [sich] als etwas Fremdes ihm auffallen. Nicht allein die Qualität, auch die Quantität der Wirklichkeit verlangt es vom ⌜Romane.⌝ Nur ⌜in⌝ einer spannenden oder rührenden Begebenheit läßt sie sich so Etwas gefallen, im Komischen oder ⌜Mittleren⌝ nicht wohl.

Nichts desto weniger ließe sich das wahrhaft Künstlerische und diese Lust an der Wirklichkeit vereinigen; ⌜nämlich⌝ wenn man das Künstlerische auf dem Wege der scheinbarsten Wirklichkeit zu erreichen trachtete –; wenigstens im Romane, meine ich, wäre es möglich. Die Wirklichkeit sieht aus, wie ⌜wenn⌝ sie eben nur als Gegensatz künstlerischer Anordnung existirte oder umgekehrt, als wäre die Kunst eben die völlige Leugnung der Wirklichkeit. Das mag mit daher kommen, daß die Kunstgesetze eben zu schablonenmäßig behandelt wurden, so daß das Publikum in der Kunst als solcher zuletzt nur die Eintönigkeit, den Schlendrian, den ewig gleichen Schematismus sah. Die Aufgabe wäre also keine andere, als die Kunstgesetze, die aus dem Wesentlichen u. Ewiggleichen der menschlichen Natur entwickelt sind, in ganz neuem Stoffe, auf ganz neue Weise zu realisieren. Eine alte Forderung, daß in einem Kunstwerke die Phantasie nur ihrem eigenen Gesetze gefolgt zu sein scheinen müße, während sie doch in der That durch den Verstand controlirt sein muß und dem ästhetischen u. ethischen Sinne nicht zuwider handeln darf. Es wäre allerdings eine schwere, aber gewiß lohnende Aufgabe, einen Roman zu schreiben, der überall sich vom Schlendrian der Erfindung u. Technik frei machte u. doch die wesentl. Gesetze derselben nicht verlezte. Einen Roman, deßen Absicht scheinen könnte, der Kunst in das Gesicht zu schlagen, während er nur um so genauer mit ihrem wesentlichen Gesetze in Uebereinstimmung wäre.

Der größte Schwung, die ausgelaßenste Freiheit der Phantasie auf Grund einer ethisch-psychologischen Einheit, dem entsprechend die möglichste Individualität eines möglichst weiten Typus. Oder vielmehr daßelbe damit. Das wäre eine Seite, die andere möglichst kein Verstoß gegen die Gesetze des wirklichen Lebens, d. h. äußerste Wahrscheinlichkeit. Das Wunderbarste völlig wahrscheinlich, das Mannigfaltigste u. Wechselvollste völlig einheitlich (ideal). Also das ideale, wie das reale Element, beide in möglichster Steigerung in's möglichste Gleichgewicht gebracht.

⌜Das⌝ liegt in der spezielleren Maxime ausgesprochen: ⌜ein⌝ Ziel vorher wünschen gemacht und der Leser auch wirklich dahin geführt, aber auf ganz andern Wegen, so daß er meint, immer weiter vom Ziele abzukommen. Dies Ziel aber muß ein ethisch gerechtfertigtes sein.

Immer die alte ⌜Geschichte:⌝ das Gute belohnt, das Böse bestraft, aber auf möglichst neuem Wege. – Es liegt auf der Hand, daß das Arrangement u. das Detail sehr viel dazu thun können, aber es muß die Fabel schon in ihrem innersten Kerne neu sein, d. h. stofflich.

Der Kern der Bozschen Romane ist in der Regel ein ethisch-psychologisches Problem, auch zuweilen mehre, die in einem Contraste zu einander stehen. In „Große Erw*ar*tungen" entsteht aus zwei solcher ein drittes; dieses, am nächsten ⌜dem⌝ Durchschnitt stehend, das, was am meisten typische Weite hat, ist vollständig detaillirt, die andern mehr skizzirt. Aber es ist sogar noch ein viertes da, die Entwickelung Estellas, welche aber ganz beiläufig ⌜abgehandelt⌝ wird. Im ⌜Raritätenladen ist⌝ der alte Trent der Schauplatz des ethisch-psychologischen Problems. Es ist hier ein weltbekannter Typus mit den individuellsten Zügen umkleidet, durch ⌜welche⌝ er s. z. s. ganz neu wird. Doch ist er dadurch vom Ethischen mehr in's Reinpsychologische gespielt, daß der Alte nicht <u>völlig</u> zurechnungsfähig ist. Im Lear indeß ist das Verhältniß wenig anders, mehr ethisch als psychologisch ist der Makbeth gefaßt. Aber beide sind nur auf diese Weise möglich. Der Typus im Raritätenladen ist der, welcher schon im Londoner Kaufmann behandelt wurde. Wie die Leidenschaft des Spieles nur in Schlummer zu bringen, nicht auszulöschen; wie sie durch ein Wort geweckt wieder ausbricht; ⌜wie⌝ sie zu andern Lastern führt, z. B. zunächst z. Diebstahl; soweit ist dies ein ethisch-psychologischer Typus, ⌜wenn⌝ der Wille[n] wirklich, jedoch ohne Erfolg, sich gegen die Leidenschaft aufmacht. Im alten Trent aber ist ⌜die⌝ ⟨Leidenschaft⟩ zum Spiele keine aus sich selbst entstandene – wie wohl in den meisten Fällen der Wirklichkeit – sie ist aus Liebe zu der Enkelin entsprungen und findet in ihr immer neuen Anstoß u. ⌜neuen⌝ Vorwand, wiewohl sie in ihrer Erscheinung selbständig auftritt. – Auch die Ueberzeugung, gewinnen zu müßen, wenn man nur nachhaltige Quellen hat, daß man schon gewonnen hätte, wenn man nicht durch Mangel an dem Mittel die Chancen verfolgen konnte, ist typisch u. nicht allein für die spezielle Leidenschaft des Spieles, sondern für alle Leidenschaften. – Dann ist der Alte schon von der Zeit an, wo man ihn kennen lernt, halb kindisch; vielleicht nicht blos aus Alter, vielleicht aus Charakterschwäche überhaupt. Die Faktoren des Ethischen sind an zwei Personen vertheilt; der Alte repräsentirt blos die Leidenschaft, der Wille, die entgegenstrebende ethische Kraft ist im Kinde hypostasirt. Im Drama, ich meine in der Tragödie müßte Beides in dem Helden selber sein und z. B. der Gedanke, die Mrs. Barley zu bestehlen, in ihm selbst entstehen, weil all das dem Helden das Imposante der Freiheit u. Leidenschaft zugleich gäbe. Es ist möglich, daß es in der Natur des Epischen liegt, das Ethische solchergestalt an Mehre zu vertheilen; es entspricht dem ⟦156⟧ epischen Charakteristikum (dem dramat. gegenüber) der Mittelbarkeit ⌜u. der von An*fang* bekannten u. vom Individuum eingestandenen Ueberlegenheit der Welt gegen daßelbe[.]⌝. Gelegentlich mit auch der Forderung einer epischen Zeit, der Schiller u. auch Göthe sogar auf dramatischem Boden sich willig finden ließen. Vielleicht hat die Zeit das Recht an den Autor, ich denke aber, dieser dann die Pflicht, vom Drama wegzubleiben.

Dieser Typus erhält das Anziehende, die Wirkung auf unsere Sympathie durch diese epischen Wendungen; für das Drama wäre er nicht zu brauchen, ⌜weil⌝ er ⌜darin⌝ ohne solche – undramatische, ja widerdramatische – Zuthat in seiner Kleinlichkeit widerlich werden müßte. –

Je mehr der Roman sich dem Drama nähert, desto mehr fallen uns Zufälligkeiten, die zur Katastrophe oder sonst wirken, auf; so wie er die speziellen Vortheile deßelben sich zu nutze macht, fällt er in unserer Beurtheilung ⌜auch im ×...×⌝ in die Rubrik des Drama. Dies ist wohl zu merken! NB.

Ein neuer Jacob, um eine neue Rahel dienend, dem der neue Laban eine neue Lea aufschwatzen will.

Das Ideal eines Volksromanes zu entwerfen. – Erst: ⟨...⟩

Es gibt zwei Arten des poetischen Intereße, das freie und das gebundene. Entweder:

⌜der⌝ Zuschauer oder Leser steht frei mit dem Autor über der Sache; oder aber

der ⌜Zuschauer⌝ oder Leser (⌜wie⌝ der Autor mehr oder weniger, absichtlich ⌜oder instinktiv⌝) verhält sich zu der Sache eben so naiv, als die Personen selbst.

Bei der ersten leiht wohl der Autor auch einer oder der andern ⸢oder allen dargestellten Personen ein⸣ Etwas von der ⸢eigenen⸣ Freiheit. Die Kunst, welche auf das sittliche Urtheil neben dem ästhetischen basirt ist, oder ⟨in⟩ der beides in Eines zusammenfällt – nicht ⸢so⸣ mißzuverstehen, daß, wie bei Schiller, das Schöne an die Stelle des Guten ⸢treten⸣ soll, sondern daß ⸢das⸣ Gute ⸢u. Schlimme⸣ im Schönen ⸢enthalten sein, aber⸣ nur das erste von diesen beiden, das gute Schöne, als das Schöne ⸢gelten⸣ ⟨soll⟩, wie bei Shakespeare[)] – kann die erste Art des poetischen Intereße nicht entrathen, weil Freiheit ein nothwendiges ⸢Moment⸣ im Sittlichen ist. Hegel scheint danach die ⸢dramat. Poesie der formalen⸣ Besonderheit und die substantielle bei Gelegenheit Shakespeares und der alten Tragiker zu unterscheiden; mich dünkt, er hätte einfacher gethan, hätte er nach der Freiheit und ⸢nach⸣ der Gebundenheit der handelnden und leidenden Personen unterschieden. Nicht wie Göthe nach der Freiheit und nach der Natur; denn dies ist kein Gegensatz; in der menschlichen Natur liegt auch die Freiheit. Wenn nun nach unsern Begriffen die Tragödie sittlicher Natur sein soll, so bedarf sie der Freiheit und ihr Intereße wird jener Art sein, die ich die freie nannte. So ist sie bei Shakespeare; die alten Tragiker dagegen verhalten sich, wie ihre Personen naiv zu der Sache, ihr Handeln ist gebunden, d. h. sie folgen der Leidenschaft ⸢ohne Wahl⸣, in welcher sie noch den Gott sehen, während das Christenthum Gott und den Teufel ⸢in die Wagschalen getheilt⸣ und die Freiheit der Wahl ⸢dazwischen⸣. (Man sehe Orest, ⸢der⸣ Mahnung zum Muttermorde folgend, ⸢die⸣ er ohne Reflexion dem Gotte zuschreibt, dagegen Hamlet im selben Falle, wie er zweifelt, ob die Mahnung von Gott oder von dem Teufel ausgehe, d. h. ⸢ob⸣ die Leidenschaft, die ihn treibt, eine berechtigte oder unberechtigte, d. h. ob sie keine Sünde will (wovon das Alterthum (claß.) nichts wußte.)⟨)⟩ Zugleich gibt die Freiheit dem Helden das Imposante, welches in seinem Sturze coloßal gesteigert auf die ewige Gerechtigkeit übergeht. Darin das Erhebende der Tragödie – welches ⸢nichts⸣ Anderes ist als das Hochgefühl der Freiheit der Selbstbestimmung, die der Zuschauer als sein unveräußerliches Eigenthum, der menschliche Adel, deßen er sich theilhaft empfindet.

Aber wir finden diese Art des freien Intereße auch im Romane und zwar ebenso stark wie bei Shakespeare in Cervantes

Don Quixote. Wenigstens im Verhältniß des Autors u. mit ihm des Lesers, ⌜wenn⌝ auch nicht der Personen, zur Sache. Ja hier liegt der Reiz eben durchaus in dem Contraste der ironischen Freiheit des Autors u. Leser gegen die ⌜Naivetät⌝ und Gebundenheit wenigstens der zwei Hauptpersonen. Die übrigen Personen verhalten sich so frei wie Autor und Leser zu den beiden Helden, und eine Schönheit des Buches entsteht daraus, daß eine von den freien Personen in die Gebundenheit ⌜der Gebundenen⌝ fällt, jene Duenna, die im vollen Ernste ⌜des⌝ D. Quixote Ritterlichkeit für ⌜ihren⌝ Dienst aufruft.

Wir haben also drei Grundverhältniße des Intereße, in sofern es in der Form der Darstellung liegt:

1., Autor, Publikum u. Personen verhalten sich frei zum Gegenstande = die Shakespeare'sche Tragödie.

2., Autor u. Publikum verhalten sich frei, die Personen naiv, gebunden z. G. = Don Quixote.

3., Autor (wenigstens scheinbar), Publikum u. Personen verhalten sich naiv zum Geg*en*st*an*de.

Lezteres scheint dem modernen Bedürfniß am meisten zu entsprechen, darum ist es die Regel in ⌜der⌝ modernen Literatur. Ausnahmen Capitain Marryat.

⟦157⟧ Nun entsteht eine wichtige Frage: darf der Autor in einem und demselben Werke zwischen diesen Arten des Intereße wechseln? – ⌜Ich denke von ⌜einer⌝ höheren Art kann er stellenweise heruntersteigen, nicht umgekehrt, weil der Gebildetere sich leichter auf den Standpunkt des weniger Gebildeten [sich] wird versetzen können, als umgekehrt.⌝

Ferner ist noch zu bemerken:

N. 1 ist am Meisten bei großen ⌜drastischen⌝ Gegenständen am ⌜Platze, in welchen das allgemeine Menschenloos in einem einzelnen Falle dargestellt wird.⌝

N. 2 bei kleinen, d. h. solchen, die dem Leser klein, ⌜den⌝ Personen groß ⌜erscheinen. Hier⌝ liegt die Pointe in diesem Unverhältniß von kleinen Dingen und ⌜großer⌝ Meinung ⌜davon, in welchen das allgemeine Menschenloos im einzelnen sich spiegeln soll, das einzelne nur dazu dient.⌝

N. 3 bei verhältnißmäßig kleinen Gegenständen, wie das ⌜äußere⌝ Glück oder Unglück einer ⌜oder mehrer einzelne[n]⟨r⟩ Personen⌝, in welchen nicht das allgemeine Menschenloos zur Erscheinung kommt, wo unser Intereße also nicht an Ideen anknüpft, wo der einzelne Fall einen einzelnen Fall bedeutet, und die etwaigen Ideen nur unsern Antheil am einzelnen Loose hervorrufen sollen.

Es leuchtet ein, daß N. 1 u. 2 als ⌜real-ideal die⌝ eigentliche Region der Kunst oder des Künstlerischen, der Poesie im höheren ⌜geistigeren⌝ Sinne beleben, dagegen N° 3 mehr zu naturalistischer Technik führt, die allerdings in ihrer Art groß sein kann u. bei Dickens dies ohne Frage ist. Leztere N° ist so eigentlich der Boden der Unterhaltungsliteratur.

In N. 1 u. 2. wiegt die Form, d. h. der Gedanke, in N. 3 der Stoff vor.

Die Reflexion wird in 1 u. 2. den Stoff sich unterwerfen, ja ihn geschaffen oder doch reproduzirt haben, aber ihre Spuren ⌜werden⌝ überwunden sein*; in N° 3 wird sie ⌜neben⌝ dem Vorgange hergehen, und das dargestellte Besondere auf die ⌜Allgemeinheit⌝ beziehen.

*das Ganze wird ⌜an sich lediglich⌝ dargestelltes Allgemeines sein

Den Liebhabern von N 1. u. 2. ist es mehr um das Allgemeine ⌜der menschlichen Natur u. Geschichte⌝, um die Wahrheit des Lebens, den Liebhabern von N. 3 mehr ⌜um eine einzelne⌝ Wirklichkeit des Lebens zu thun; ⌜die⌝ ersten suchen mehr Gegenstände der Betrachtung, sie wollen ein Leben sehen, an ⌜welchem⌝ sie ihre theoretische Thätigkeit ⌜in⌝ Bewegung setzen können; die Andern wollen nicht das Leben selbst, ⌜sondern⌝ ein einzelnes, und nicht als freier Beschauer, sondern als mitspielende Person mit erleben. Die Ersten wollen eine künstlerische Illusion, die Andern wollen eine wirkliche Täuschung; die Einen wollen das Thun u. Handeln der Menschheit von einem höheren Standpunkte, gleichsam mit der Theilnahme eines vom Irdischen freien, verklärten Geistes beschauen, um ihr Gefühl für das Menschliche ⌜zu stärken⌝ und zu mildern zugleich, die Andern aber wollen in die Zustände des Vorganges so mit hineingesezt sein, wie es die dargestellten Menschen selber ⌜sind. Wer diese während der Lektüre⌝ auf jenen freien Standpunkt über dem dargestellten Vorgange hinaufstellte, würde sie um ihr ganzes Vergnügen bringen. Während jene ⌜ad 2⌝ momentan etwas tiefer ⌜herabsteigen⌝ können, sich vorübergehend in das Dargestellte vertiefen, sich mit den Personen identifiziren mögen, um dann den Genuß der Freiheit des

Betrachters desto stärker zu haben, sich desto freier darin zu empfinden. Die ⌜Art⌝ des Intereße ad 1 erlaubt beides; jene werden die Freiheit der Personen theilen, ohne sich ⌜von der⌝ Gewalt der Situationen zum ⌜leidenden⌝ Verhalten hinreißen zu laßen; diese werden sich der Gewalt der Situationen überlaßen und ⌜die⌝ Freiheit der Personen vielleicht nicht einmal ahnen, noch weniger in ihrem leidenden ⌜Verhalten durch⌝ dieselbe sich stören laßen. Bei N. 2. dagegen, wo jene ihre volle Rechnung finden, ⌜werden⌝ diese sich nicht heimisch finden können; ⌜die darunter, welche⌝ Sinn für das Komische haben, wird noch die Drastik des komischen Vorganges ⌜die⌝ komische Seite mit erleiden laßen, aber die eben so ernste als komische Seite ⌜des⌝ theoretischen Vergnügens wird ihnen verschloßen bleiben. Denn für diese gibt es nur ⌜Einen⌝ Ernst bei der Sache, den, der aus dem Stoffe auf ihr leidendes u. handelndes Vermögen wirkt. ⌜Der⌝ Widerspruch zwischen dem Ernst der Figuren und der Nichtigkeit u. Verkehrtheit ⌜der Sache, an welche⌝ dieser Ernst ⌜gewend*et*⌝ und verwendet wird, wird sie ärgern, alle formale Schönheit wird ihnen als Eitelkeit u. Ungereimtheit erscheinen. Es müßte denn sein, daß der Leser selbst das Schicksal jener Duenna im Don Quixote theilte und so naiv wäre, den Ernst der Personen zu dem seinigen zu machen und demzufolge die Situation sich ebenso erscheinen zu laßen, als sie den Personen erscheint.

In unserer Zeit, die ganz nach № 3 neigt, würde № 2 die wenigsten Liebhaber finden.

Cervantes sagt gerade heraus, daß er selbst den D. Quixote für einen Narren erkennt; der Leser kann auch nicht anders, als ihn dafür erkennen; soll er nun ein so dickes Buch durchlesen, welches von den Thaten u. Meinungen eines Narren u. eines Pinsels handelt? Dickens hat im Pickwick den alten derben Cervantes ⌜gemildert und⌝ das ⌜Intereße am Allgemeinen⌝ darin in ein Intereße am Besonderen verwandelt, weder die Narrheit, noch auch der romantische Edelmuth des D. Quixote hat Pickwick in dem mächtigen Grade; wir lieben den Pickwick im Pickwick, dort die Menschheit selbst im D. Quixote u. S*an*cho Pansa, das Herrliche u. das Thörigte der Menschennatur selber, nicht eines einzelnen liebenswürdigen Exemplars; dort liegt das ⌜Tragische⌝ u. das Komische, das Große u. das Kleine, das, was wir in der Menschennatur bewundern, das, worüber wir lachen müßen, im Grundgedanken des Ganzen, im Pickwick liegt die Liebenswürdigkeit ⌜des⌝ einzelnen Originals in seinem Benehmen, das Komische ⌜des⌝ einzelnen Falles in seinen Abenteuern. Jenes ist die ⌜nothwendige⌝ Geschichte des Menschen, die Weltgeschichte* selbst vom idealen Standpunkte gesehen; dieses ist die zufällige Geschichte eines einzelnen liebenswürdigen Originales. Jenes ist ein Werk des objektiven, dies ⌜ein⌝ Werk des objektiven Humors. – Gleichwohl sieht man Dickens ⟦158⟧ beständig an, daß er die Intention des Cervantes hat; nämlich die Intention, Humanität zu wirken, uns zu ⌜lehren die⌝ menschliche Thorheit als eine andere Seite des Edeln im Menschen ⌜aufzuzeigen. Aber in seinen übrigen Werken geht er⌝ noch weiter, er will auch ⌜für⌝ die Verbrecher unser Mitleid, aber er schlägt einen andern Weg ein als die Reformationszeit, die das Laster als Thorheit auffaßte, den Teufel als den Narrenkönig. Er faßt das Laster als Unglück auf, und in Einem Sinne ist es dies gewiß, ja noch mehr, das einzige wahre Unglück; aber er versteht ein unverschuldetes oder nicht genügend verschuldetes Unglück darunter. Es gibt gewiß ⌜einzelne⌝ Fälle, in denen er damit Recht hat, aber eben darum sollte er dies nicht ⌜zur⌝ Allgemeinheit eines Grundsatzes erheben wollen. Die Moralität soll nicht Schaden leiden durch die Humanität, wenn diese nicht selbst zur Immoralität werden soll.

*darum bleibt der Conflikt u. Kampf des Idealism mit dem Realism im D. Q. ohne Austrag, wie in der Weltgesch. Sie stehen sich am Ende gegenüber noch wie im Anfang.

Man könnte eine große Stadt fingiren, ohne sie zu nennen, diese construirte sich allmälig ⌜in⌝ verschiedenen Romanen, da sie alle daselbst spielten. Der Leser könnte sich denken, es sei eine wirkliche große deutsche Stadt gemeint, wenn auch nicht genannt, in Hinsicht der einzelnen Theile, Straßen, Plätze, Gebäude pp sogar pseudonym. Diese Stadt könnte man aus Berlin, Dresden, Hamburg pp zusammensetzen; jede dieser Städte wäre eben ein Quartier der fingirten Stadt. Nach u. nach würde man darin heimisch.

Auch ein Weihnachtsmärchen in Dickens' Manier.

An die Puppe, welche die Kinder nicht gern verkaufen, knüpft sich die gute Katastrophe; sie erinnert den Vater an ein gestorben Kind vielleicht und die an dieselbe gebundene Erinnerung wirkt wie ein guter Talisman.

oder erinnert sie ihn an eine brave That, die er gethan?

Der Erwerbsneid unter den kleinen Handelsleuten, die im

Verlauf der Geschichte vielleicht große werden. Handel u. Wandel in der kleinen Kaufmannswelt. Sympathieen, Antipathieen, sogar Intrigue. Vornehme Jungen kommen dazwischen, viell. als Kritiker, wiewohl der eine sich wacker erweiset. –

Der Arme könnte auch curirt werden – wenigstens hälfe es ⌜mit –⌝ wenn er Gelegenheit erhielte, zu sehen, wie es mit dem beneideten Glücke des Reichen aussieht; wie er selbst im Begriffe, in seinem Irthum ein weit größer Glück zu zerstören, als das, welches er beneidet hat. Dies muß auf eine natürl. Weise geschehen, welche er aber als Wunder auslegt, und welche eben darum so gewaltig auf ihn wirkt. Sein Zorn wendet sich nun auf den Verführer, stillt sich aber in der Rettung deßelben.

Wie er durch des Advokaten Anreizung nur erst Augen bekommt, in Allem u. Jedem das Unglück seines Standes pp und das Glück der Reichen pp zu sehen u. wie seine innere Bewegung dadurch anschwillt. Doch darf diese Steigerung nicht lange dauern, damit das Wiedergewinnen seiner guten Laune natürlich bleibt.

Nun würde vielleicht den Kindern der Fund von andern abgejagt, wodurch der Wunsch der Leser, den der Autor erregt durch unser Kennenlernen des Verlierers vor dem Verluste, vereitelt wird scheinbar, ja es wird noch schlimmer, denn es fällt auf die Kinder der Verdacht, den Fund behalten zu haben; vielleicht eben der Advocat, den der Herr angenommen, ist der Aufreger u. ⌜verfolgt⌝ nun wider den Willen des Herren die Spur des Fundes ohne Rücksicht; dadurch kommt er ⌜noch⌝ schlimmer in den Haß des Armen, der schon den Verführer in ihm haßt. Nun muß aber der einmal erregte Wunsch des Publikums gerade auf diesem Umwege zu einer schöneren Erfüllung kommen, u. dieser Umweg muß sogar diese schönere Erfüllung erst herbeiführen

Oder ist es so: es ergibt sich, d*aß* die Christbescheerung, die dem sterbenden Kinde das Ende erheitert u. dem Alten von einem Engel zu kommen schien*, vielleicht von der jungen Frau des Advocaten war, die aus Furcht vor ihrem Manne sich nicht erkennen laßen wollte. Mit dieser Erzählung des Vaters beginnt vielleicht die Geschichte. ⌜Darauf⌝ viell., wie es der Frau von dem Manne dafür ging – oder später, natürl. nicht von dem Manne erzählt. Es klärt sich zur rechten Zeit auf, d*aß* es des Advocaten Frau oder Tochter gewesen, um

†er ist gerade s. z. s. von den Reichen verlaßen u. in Noth, nichts destoweniger ist er ehrlich, wie die Kinder den Fund bringen;

Er träumte all das Glück ⌜der Reichen⌝, wie es sich Arme der Art vorstellen, im Detail durch –†; ⌜wird⌝ er ⌜dann⌝ in einen Reichen verwandelt u. lebt nun ⌜von⌝ all diesem Mythus die Wahrheit durch? u. ist froh, wie er in seiner Armuth wieder erwacht. Dort hat er neben seiner Frische auch seine Stumpfheit oder Abhärtung verloren u. wird gewahr, wie empfindlicher ihn Alles trifft.

Viell. eine Vertauschung, durch welche der Reiche an d*es* Armen Platz kommt u. beide Lehren erhalten; denn nun hat der Reiche des Armen brave Kinder.

⟨*⟩u. deßen guter Geist ist – diesen Engel haben die Kinder nach seinen Angaben gemacht u. er ist die Puppe, die sie froh sind, immer zu behalten, obgleich sie sich von ihr den besten Verdienst versprechen. Die Puppe erinnert ihn an den Engel

u. damit an Etwas, was ihn nun die Frau erkennen läßt.

den Mann auf seinem Wege abzuwenden – ⸢diese hat dann, weil fast entdeckt u. froh, für einen Engel gehalten worden zu sein, ihre Milde weiter {vom} Hause weggetragen {–}⸣ so daß der Advokatin oder Tochter damaliger Weg zwei Menschen u. Häusern Segen bringt, an den Niemand denken konnte. ⸢Viell. auch ergibt sich nachher, wer der Engel war⸣

⸢Oder wird das Kind gerettet dadurch, d*a*ß der Alte erst wieder Hoffnung erhält oder Kraft u. es nun nicht einschlafen läßt u. wenigstens glaubt, es sei dadurch erhalten worden. So hat ihm ein Arzt ges*a*gt. {Nicht} wahr, aber wenn wäre, so wäre immer der Engel schuld gewesen. D*a*s Kind war schon gestorben nach seiner Meinung, als der Engel bringt u. geht; er möchte, es sähe wenigst*ens* noch die Pracht, da merkt er, noch nicht todt, u. er könne es {am} Sterben hindern, was er nun mit Erfolg thut. Oder: der Engel kann doch nicht gebracht haben, wenn es nicht davon profitiren soll. Sein Hör{er} leitet eben {d*araus*} sein Argument gegen den „Engel," der einem todten Kinde bringt.⸣

Der Advocat steckt nur mit seinem eigenen Neide an, den er in Wohlwollen gegen das Volk kleidet. ? Oder macht er nur die sozialen Moden mit, so d*a*ß diese in ihm widerlegt werden

Der Advocat wird viell. auch bekehrt? aber dann müßte er bekehrungsfähig sein u. der Neid nicht so tief gewurzelt.

Der Wegnehmer des Fundes ist ebenfalls durch des Advocaten Rede erhizt, in ihm ging daßelbe vor; er verthut den Fund, den er aus Neid gegen die Reichen behalten u. wird dadurch liederlich – er verthut, weil er auf die Zeit hofft, wo Gütertheilung sein wird; verwandelt hier sich der Neid in Haß gegen den Erreger nach den Maitagen u. denkt dem A. nach seinen eigenen Worten zu thun?

Der Vater sagt: soviel Tage früher u. ich ⸢glaube, ich⸣ wäre nicht zu Hülfe gekommen; er erzählt, wie der Engel die Schuld war

Der Advocat ein Hypochonder; er hält alle Armen für Spitzbuben u. mit kleinen Hülfen macht man sie schlimmer; im Ganzen liegt der Fehler, wie es steht, müßen wir freil. strafen u. strenge gegen sie sein, um sie nicht zu verschlimmern, aber d*a*ß wir d*a*s sein müßen, ist nur ein Schößling der Schuld im Ganzen. Und diese Schuld nimmt er sich zu Herzen; zulezt sieht er seinen Irthum ein. Dies Gespräch an einem Schaufenster geführt, macht eben die Reizung auf die Beiden. Man könnte sehen, wie die Frau oder Tochter anderer Meinung ⸢u. wie sie ihre Milde deßhalb weiter trägt, wobei viell. hier schon herauskommt⸣. Der A.⟨:⟩ Käme dies Geschlecht herauf, aus den Verbrechern würden Helden; sie würden die Welt die knackende restauriren. Viell. ist dies eben ein Gespräch mit dem Fremden, der verliert.

Viell. sieht der Vater den Andern bei der Geleg*en*heit u. wie diesen die Reden packen

Oder der Advoc. eine Art Menschenfeind, der weder die Armen, noch die Reichen achtet, ⌜sondern⌝ beide haßt u. gute Natur, ⌜Edles,⌝ außerhalb dem Menschlichen annimmt, bei den Armen auf die Reichen u. umgekehrt losgeht. Auf diese Art wird die Sache weniger tendenziär u. polemisch. Nun sieht er doch ein edles Thun. Der ⌜Attentäter⌝ rechtfertigt sich mit des Advocaten eigenen Maximen; bei der Geleg*en*heit kommt auch der Fund zur Sprache u. die Ehrlichkeit des Vat*er*s wird anerkannt.

Aber die Weihnachtsstimmung müßte überwiegen, die Handlung gleichsam nur eine ⌜Christallisation⌝ aus ihr sein u. daher sie von jeder ihrer Facetten ⌜spiegeln⌝.

⟦159⟧ Der Reiche warnt, nicht unzufrieden zu machen. Der Ad. ⌜oder Criminalaßeßor oder dgl.⌝ lacht; er sezt den Neid voraus, glaubt auch nicht das Mitleid des Reichen, wiewohl er halb ironisch darauf eingeht u. dem Mildegelüsten Motive unterschieb*end*; er macht sich selber schlechter, als er ist und beweiset dabei viel Scharfsinn. Sie reden von der Ehrlichkeit der Armen, von der der A. nichts wißen will; u. so denken sich die Armen viell. die Reichen ehrlich, kurz jeder sucht d*as* Gute bei den Andern. – Der A. triumphirt dann, wie gerade die Kinder, die dem Reichen ⌜so wohl⌝ gefallen, den Fund behalten u. noch gelogen – es muß ihre Ausrede etwas Unwahrscheinliches haben. Dennoch glaubt der Reiche nicht. Der A. läßt den Vater kommen u. sagt ihm pp, was diesen auf's Neue in's Feuer bringt

Die Kinder erinnern ihn an die, welche er verloren, weßhalb er nicht ⌜wieder⌝ heirathen will.

Der Reiche ist dann so vernünftig, d*aß* er den Vater als Hausmann zu sich nimmt, die Familie allmälig wohlhabender macht u. seine Wohlthat vom Verhalten abhängig macht oder aber auch nur die Kinder in den Stand sezt, sich selbst fortzubringen.

Viell. flieht der Attentäter u. später kommt sein Geständniß u. Ersatz ⌜freiwillig⌝.

Ich verfalle immer wieder in meinen alten Fehler. Anstatt ⌜einer⌝ einfachen, kurzgefaßten ⌜Fabel⌝ von drastisch-romantisch-naiver Art mit einem Kerne, der auf Herz u. Phantasie wirken kann mit einfachen ⌜Charakterconceptionen –⌝ so daß die Zubehöre gar nicht alle vor Beginn der Ausarbeitung ersonnen sein müßen oder nur in Hauptumrißen. Dann das Arrangement auf Spannung berechnet. In den ersten Jahren keine idealen Compositionen, es müßte denn in einfachster Weise sein. Dann aber bei der Ausarbeitung mit ganzem Feuer, mit ⌜nim*m*ermüder⌝, immer gleicher Aufmerksamkeit u. stets aus vollem Herzen; von keiner Oedheit des Planes den Muth verloren. Ist nur Wechsel in dem Arrangement, so wird es an Freude an der Arbeit nicht fehlen, wo man denn immer sehen muß, diese zugleich zu einer Freude am Stoff u. den Figuren zu machen.

jede Situation erstl. als Erzähler, dann in den Charakteren durchempfunden u. durchgespielt.

Immer noch mischt sich der Verstand zu früh in das Geschäft; auch ⌜hat⌝ sich noch viel zu sehr mit meinem Gefühle die Enge und Absichtlichkeit des heutigen Drama verwachsen, nicht allein die Weise des Drama ⌜überhaupt.⌝

Sowie ich ein Thema habe, ⌜so⌝ construirt mein Verstand augenblicklich eine ganze Geschichte, d. h. Zusammenhang daraus. Wenn die Phantasie bereits eine Geschichte vollendet nach ihren Gesetzen, dann mag ⌜der Verstand, sie⌝ reproduzirend, das Gesetz der Vernunft in ⌜diese Geschichte⌝ hineinbilden, d. h. sie ideal um- oder durchcomponiren; aber er soll nicht an die Aufgabe sich wagen, die der Phantasie zusteht. Dadurch wird das Innere des Äußeren Tyrann, läßt es nicht aufkommen; ⌜der⌝ Welt des Glückes, d. h. wo das Glück regiert, zwingt er das Gesetz der Stetigkeit auf; die äußeren Dinge existiren ihm gar nicht, oder er behandelt sie wie einen psychologischen Prozeß. Ich muß durchaus suchen, etwas von meiner alten Naivetät wieder zu gewinnen, die Phantasie in ⌜ihr⌝ Recht wieder einzusetzen, welches der Verstand usurpirt hat. Es wäre dazu wohl gerathen, gar keine kritischen Reflexionen mehr anzustellen. Einige müßen noch einen Platz finden:

Ich habe nun den Raritätenladen durchgelesen. Es ist dieser von Dickens Romanen, die ich kenne, der am wenigsten dem Drama sich zuneigende und an dies ⌜vorwiegend⌝ Epische knüpfen sich ganz andere Eindrücke. In der Wanderschaft der zwei Helden wandert die Phantasie in eigener Person, hinter ihr Ruß und Staub und Lärmen, der Käfig der Noth der Wirklichkeit, vor ihnen die von fernen Bergen, Himmel und Freiheit blauduftige ⌜Freiheit.⌝ Zwischen diesen Personen oder vielmehr in diesem Stamme der Geschichte ist so wenig eigentliche Handlung; der Alte, um seine Enkelin reich u. damit

Ich muß besonders ⌜von⌝ dem Gelesenen (zum Studium) nicht allein mit dem Verstande zu durchdringen versuchen, d. h. dem Denken des Autors mit meinem Denken folgen; ich muß auch mit ⌜meiner⌝ Phantasie u. meinem Gemüthe mich in ⌜die⌝ Phantasie u. das Gemüth ⌜des Autors⌝ versenken, nicht allein soweit ⌜sein Wirken⌝ in der Produkion verendlicht ist, sondern ihr ganzes Spiel, nicht allein ihr Geschaffenes, sondern ihr Schaffen selbst, die Lust, das Hingeben an

glücklich zu machen, greift zu dem Mittel des Spieles; beides ⌜wird⌝ zu Einer ⌜Leidenschaft,⌝ deren erste Folge der ⌜völlige⌝ Ruin des Vermögens, dann der Ruin ⌜seiner Sittlichkeit⌝ würde, wenn nicht das Kind sein Engel wäre und ihn ⌜aus⌝ dem Netze des Verderbens herausführte. Diese beiden Wanderungen mit ihrem Zubehör von Ursachen u. Wirkungen sind Gegenbilder – aber der Art, wie die Phantasie sie schafft, nicht der Verstand. Die beidenmale rettet das Kind den alten Mann; ⌜die fast⌝ noch Kind ist, den, der fast schon wieder Kind; aus dem Wirbel, ⌜in⌝ den die Liebe zu ihr den Alten geführt, das erstemal in ⌜eine⌝ relative[s], das andremal in eine absolute Sicherheit. An ⌜der⌝ über kindliche Kräfte hinausgehenden Aufgabe geht ⌜die⌝ physische Natur des Kindes zu Grunde, aber die moralische hat sich glänzend bewährt. Dieser Theil ist völlig episch; schon die Natur des ⌜Wanderns ist⌝ episch; das eine der zwei ⌜großen⌝ ältesten Muster, die Odyßee, gibt davon Zeugniß. – Beiläufig, um nicht zu vergeßen, was ich eben ⌜an⌝ den Rand bemerkt, wo kein Platz mehr ist, in der Bemerkung fortzufahren: ich wollte die Regel aufstellen in Bezug auf die lezten Kapitel des Romanes, die von der todten Nell handeln; daß man, vom Räthsel begünstigt (hier ist das Räthsel, ⌜wie sie⌝ das Kind finden werden, die sie suchen), die Empfindung einer Situation s. z. s. mit der Beredsamkeit der Stimmung zu ganzen Szenen ausdehnen oder vielmehr ausschwellen ⌜müße⌝, wo ein Ruhepunkt, um in diesem Ausklingen die Seele wohlthätig zu erleichtern u. doch zugleich die Situation ihr ⌜einzutiefen.⌝ Aber ⌜mit⌝ dergleichen Regeln macht sich der Verstand eine unnütze Mühe, wenn er Phantasie u. Gemüth so unter seine Tyrannei gezwungen u. gelähmt hat, daß sie auf sein Geheiß nicht oder nur schlecht das verrichten kann, was ⌜sie⌝ als freie Kraft von selber ⌜gethan hätte⌝ weit beßer u. vollkommener, als der Verstand weiß, daß sie kann. Das Andere war: beim Lesen selbst ⌜verlezt⌝ nicht selten die Rücksichtslosigkeit der ⌜Erfindung⌝, die Härte der Zeichnung und die Grellheit der Farben; nach Beendung der Lektüre dagegen muß man das Alles gutheißen. Denn diese Fülle der Harmonie, in der jedes Einzelne aus dem vorübergegangenen Ganzen nicht verschwunden, ⟦160⟧ aber das Grelle gesänftigt ist u. nur als richtig vertheilter Schatten und Licht die Totalempfindung belebt, ⌜war⌝ ohne die Steigerung über das Normale hinaus nicht möglich. ⌜Ist⌝ die Carrikatur in dem

sich selbst nachempfinden; ja nicht, wie ich jezt leider zu thun pflege, ihre Thätigkeit zu begreifen, indem ich mit dem Verstande diese als eine psychologische Causalität faße, sondern indem ich meinen innern Sinn u. meine Phantasie an diese Gebilde u. Gefühle von des Autors innerm Sinn u. Phantasie ⌜hingebe⌝ u. den ganzen Prozeß nachzuspielen meiner Aßoziation überlaße. ⌜Es⌝ gilt diese relativ frei zu machen; d. h. ⌜sie⌝ soviel Kraft gewinnen zu laßen, d*a*ß mein Verst*and* wohl den Führer, aber nicht mehr den Tyrannen spielen könne. Jezt begreife ich erst, warum Auerb*a*ch, der weit reflektirender angelegt ist, als ich, sich vor allem theoretischen u. technischen Reflektiren über seine eigene Kunstthätigkeit wie vor dem Teufel fürchtet u. hütet

Quilpzubehör fast scheußlich, so brauchte der Rückfall des Alten in seine Leidenschaft und infolge de*ßen* das Bestehlen des eigenen Kindes – freilich s. z. s. halb in ihrem eigenen Intereße – ein solches überschreiendes Gegenstück und die melancholisch süße Macht ⌜des lezten Asyles⌝ brauchte solch dunkeln Grund, um den Beischmack von Süßigkeit zu erhalten, der ⌜in⌝ dem Gefühle des allerlezten Asyles so harmonisch die Geschichte schließt. Die wundervolle Naivetät mancher Stellen bedurfte solchen Heraushebens durch einen grellgefärbten Grund. – Man würde nicht die Empfindung haben, Alles selbst mit erlebt zu haben, wären nicht die Einzelnheiten von so starker Färbung u. ⌜auffallender⌝ Form. Zu solcher Schlußempfindungen gehört ein unendlich reiches Leben, eine Ueberzahl von einzelnen Motiven, die durchaus nicht der Verstand in ⌜einer vernünftigen⌝ Causalität erfunden oder die arme Phantasie zu erfinden gezwungen – für die Wißenschaft und Belehrung ist solcher Faden sehr zweckmäßig, aber nicht für die Kunst, die mehr braucht, als ⌜ein⌝ kaltes Genehmigen des Verstandes im Beurtheilen – dieser Reichthum ⌜muß⌝ nun wiederum, wenn er für das Kunstwerk fruchtbar sein ⌜soll –⌝ welches erst nach Beendigung der Lektüre fertig, also unser'm Natur- und Geistesurtheil eine rechtmäßige Thätigkeit erlaubt – ⌜in⌝ all seinen Einzelnheiten sich uns eingetieft haben. Nun erst übersehen wir das Ganze und haben das Kunstwerk als Kunstwerk vor uns.

Wir erhalten also folgende Erforderniße als Resultat:

Ein reiches Ganze.

Mannigfaltigkeit, die den Reichthum erst zum Reichthum macht. Starke Contraste. Tonleiter vom Mildesten, Zartesten bis zum Gewaltsamsten.

Drastik des Ganzen u. einzelnen, daher

Steigerung ⌜der⌝ Mittel, Formen, Farben, Stimmungen nach Maßgabe der Aufgaben; Entsprechen der Drastik der Erfindung durch Drastik des Ausdruckes derselben in Mimik-Rhetorik.

Schein, als ob die Phantasie allein die Fügung ⌜der⌝ Einzelnheiten, der Vorfälle pp besorgt, aber diese Einzelnheiten der

Wirklichkeit entnommen, so daß Stimmungen sich aßoziirt nach den Gesetzen der Aßoziation u. auf diesem selben Wege in Bilder von Personen u. Geschehnißen ausgeprägt, die der Wirklichkeit entnommen u. auch in ihrer Fügung der Wirklichkeit analog, wenn auch dem Stoffe nach ⸢concentrirte, von lediglich⸣ Gleichgültigem abstrahirende, der Form nach ⸢gesteigerte Wirklichkeit⸣.

Es ist klar, daß ein kleines Bildchen, ein undrastischer ⸢Vorgang⸣ mit solchen Farben pp ⸢zu⸣ malen eine Ungereimtheit wäre, daß die Stärke, die Steigerung von Form und Farbe mit der Drastik und dem Reichthume, mit ⸢dem⸣ Umfange der Erzählung wachsen muß;

daß in solchen kleinen, ⸢weniger⸣ drastischen Bildern das unmittelbare Gemüth in der Vorhand sein kann und daher als Sprecher der produktiven Kräfte auftreten darf, ja in Fällen muß. In größeren, stärkeren u. weiteren Aufgaben dagegen ist kein anderer Repräsentant zuläßig als die Phantasie.

Das heißt, ⸢das Maß der Intension, oder⸣ Expansion im Gegenstande muß auch ⸢d*a*s Maß der⸣ Intension oder Expansion der ⸢Form-produzirenden⸣ Phantasie bestimmen.

Ich muß mich daran gewöhnen, wieder unmittelbar zu empfinden. Es begegnet mir selbst im Leben, daß ich mehr über die Empfindungen reflektire, die die gegebene Situation bei der Beschaffenheit meiner Natur in mir hervorbringen muß, als daß ich sie wirklich empfinde; oder beßer zu sagen ich empfinde statt der unmittelbaren ⸢Empfindung⸣ die Vorstellung ihrer Regel oder ihres Gesetzes. Das hat ⸢im⸣ Leben sein Gutes – aber auch den Mangel an dem Guten u. wohl Beßern, das vorhanden sein könnte, wenn nicht jenes vorhanden wäre, ⸢zur Folge,⸣ denn die Position eines an sich Guten negirt nicht blos seinen bösen ⸢Gegensatz –. Was⸣ mich trifft, würde mich schwerer treffen; manches davon freilich würde mich dann nicht treffen, wenn jene, soll ich sagen „Gewohnheit, zu ⸢sein“ nicht⸣ wäre. So kann es kommen, daß einer, der immer auf Vertheidigung angewiesen war, das Angreifen verlernte, ja ⸢dem⸣ Gedanken, er könne oder müße ⸢selbst⸣ angreifen fremd werden konnte; so daß er nicht kann, wenn er will, da er das ungewohnte u. fremde Werkzeug wohl anfaßen und brauchen kann, aber nicht so, wie es der Zweck erfordert, wovon die Folge, daß er sich wieder ⌜gegen sein eigenes verkehrtes⌝ Angreifen wehren muß, wodurch er nur wieder in das alte Geleise geräth. Das ist jezt völlig mein Fall; ich kann Angriffswaffen ergreifen, aber ⌜es⌝ gelingt mir nichts damit, als das Wehren, das Pariren; anstatt das Schwert als Schwert zu brauchen, brauche ich es, nur zu dieser Bewegung gewöhnt, als Schild. So greifen die Lebens- ⟦161⟧ umstände in die künstlerische Thätigkeit hinüber zu einer immer vereinseitigenden Wechselwirkung.

Meine Lage lähmt die Phantasie; ich will ihr mit dem Verstande zu Hülfe kommen und lähme sie damit vollends.

Ich muß meine Niederschriften mehr im Sinne eines unbefangenen Lesers, der sich in den Genuß reproduzirend vertieft, machen, ⌜denn⌝ im Sinne des Psychologen u. Kritikers, der ⌜den Grund⌝ des Genußes sich vorzustellen sucht.

Wegen idealer Composition braucht der Verstand sich auch gar nicht zu bemühen; die Phantasie besorgt dies Erforderniß selbst und weit beßer, als es der Verstand kann, der mehr hindert als fördert; als ich noch ein schriftstellerischer Nachtwandler unmittelbar aus meiner Stimmung herausschrieb, hab' ich dergl. ideale Contrastirungen gemacht, ohne es zu wißen. Erst bei ⌜der späteren übermächtigen⌝ Verstandesrichtung bin ich das gewahr geworden. ⌜In dem⌝ Vermögen der Abstraktion,* der Aßociation nach Einstimmung u. Contrast ist schon ⌜das Vermögen⌝ der idealen Composition in der Phantasie mitgesezt. Auch die objektive Causalität, wenn auch schwächer in der Aßociation nach Causalität; hier mag der Verstand nachhelfen, doch möglichst diskret.

*ist der Typismus von Vorgang u. Personen, in

Dann habe ich mich aus mißverstandener Pflicht eines Nationalautors zu streng von dem sogenannt Rührenden u. Intereßanten abgewandt, aber dadurch der Nation keinen Dienst erwiesen u. ⌜meiner⌝ Familie u. mir noch weniger. Mein Motto: „Jezt ⌜gilt's⌝ nicht zu erweichen, gilt's zu stählen" oder wie es die Lea sonst ausspricht, wäre gut, wenn ich das Publikum in meiner Gewalt hätte, aber es läßt mich nur zu sehr fühlen, d*aß* d*as* P. mich in seiner Gewalt hat. Wenn ich es stählen will, ergreift es die Maßregel, sich (weg)zustehlen. Und es hat nicht unrecht, denn ich gehe zu absichtlich auf mein Vorhaben aus. Ein Vorhaben u. das absichtl. darauf Ausgehen, wenn jenes nicht das Intereße der Kunst selbst betrifft, ist außerhalb der

Kunst u. daher Prosa. Und wie entsetzlich erschwert man sich die Produktion, ja macht sie fast unmöglich, wenn man die blos rührenden Motive gänzlich vermeiden will. Aus mir hat das Gewißen keinen Feigen – wie Hamlet sagt –, sondern einen Uebelthäter gemacht. Soviel moralische ⌜Hegen⌝ und Verschläge, als ich ⌜in⌝ meinem Poesiegarten angebracht, machen einen Gebrauch ⌜deßelben⌝ gänzlich unmöglich.

—

Ich glaube, wenn Cervantes u. Shakespeare ⌜nur⌝ all das mit bewußter Absicht in ihre Werke hätten thun wollen, was wir darin finden, weil es wirklich drinnen ist, sie hätten vor lauter Absicht nicht zum Thun kommen können, ⌜oder⌝ das Gethane wäre ganz anders ausgefallen, als wir es nun zu unserem unendlichen Genuße ausgefallen finden. Wohl möglich, daß wir weder das drinn finden würden, was wir jezt drinnen suchen u. finden, auch das Beste, was wir noch, ohne es zu suchen, darin finden, wäre kein Bestes. Ich glaube, sie hätten weder ⌜der⌝ Reflexion noch ⌜der⌝ Naivetät der Beschauer und Leser genug gethan.

—

Der „Raritätenladen“ hat zwei ⌜Aeste, in die sich Ein Stamm⌝ theilt. Gabelform —⊏. Der eine hat die Nell, der andere den ⌜Kit⌝ zum Helden. Zubehör Nells: der Alte, ⌜Frederik Trent{,} Quilp⌝⟨,⟩ die Puppenspieler, Mrs Barlay, die 2 Schwestern, die Spieler, der Schulmeister, der Feuermann, Magister, Todtengräber pp, den ledigen Herren pp. Kit, der erst zum Zubehör der Nell gehörte, hat als Stammeschef zum Zubehör seine Mutter, Jacob u. den Säugling, die beiden Mr. u. Mrs Abel Garland, den Pony Whisker, Barbara u. Mutter, den Notar Witherden, Chukster, Mr. u. Miß Braß, R. Sviweller, die Marquise, Quilp pp; Quilp u. Sviweller haben jeder ein ⌜Zubehör⌝, Quilp die beiden Braß, Sviweller, Mrs Quilp, Mrs Jiniwin, seinen Burschen; Sviweller, die Sophie nebst Familie u. Mr. u. Miß Cheeks, die Marquise.

—

Wiederum eine ganz andere Form als „Große Erwartungen“. Es muß eben jeder Stoff sich seine eigene Form bilden, um zu seinem Rechte zu kommen. Hier ist die Hauptheldin gar nicht, der Nebenheld nur im An*fang* u. am Ende der Vermittler beider Aeste. Was alle gemein haben, sind die Zubehöre ({zu}

Garl*an*ds Whisker pp) an Personen u. Localen, die szenische Ausführung u. die Darstellung durch Dialog (hier nicht so durchaus wie in Gr. Erw. u. manchen andern). Der epische ⌜Gang.⌝ Hier ist auch eine Vorgeschichte, die aber blos der Machinerie wegen vorhanden.

⟨*Notizen: Bücherliste*⟩

⟦162⟧

Da thun eben die Vorgeschichten die beste Wirkung, die Auflösung gibt bei weitem wahrscheinlicher Handeln – Erfahren pp – als das Verwickeln.

Sollte man nicht ⌜dergl.⌝ Intriguen, wie des Quilp u. Braß gegen Kit entbehren können? Das Motiv steht in gar keinem Verhältniß. Aber der ruhige Gang des andern Stammes braucht eine Figuration des Kitstammes. Weiß der Himmel, diese Intriguen u. Complotte haben im ⌜Romane⌝ etwas überaus unangenehm Theatralisches für mich!

---

ad 1., Stände.
2., Berufe.

Ich kann noch immer die enge Gränze des Drama modernen Schlages nicht überwinden. Das Wesen des Romanes aber ist, die ganze Breite des Lebens in seinen Wechselfällen, Treiben, Werden, Vergehen, Blühen mit ihren Localen nebeneinander zu stellen, d. h. ein möglichst vollständiges Bild des Lebens überhaupt zu geben.

Da sind die verschiedenen Stände ⌜u. Berufe⌝ mit ihrem Zubehör von Personen u. Localitäten.

1. Das Subjekt. [(]
⌜A.⌝, Der ⌜private⌝ Mensch. — das Subj. des persönl. Zeitwortes
B., Die geschichtl. Agentien } die Subjj des unpersönl.:
C., Die Natur } Es; Zufallähnliches.

A., Der Mensch.
⌜Bekleidung⌝ des Subjekts {–} ⌜Subjekts-Prädicat⌝
a., äußere.
Stand.
Beruf, ⌜Treiben⌝ pp
Geschlecht
Alter.
Nationalität pp
b., innere.

⌜1., primitive. Kraft oder Schwäche {des} Naturells.⌝
⌜Temperaments⌝
⌜Ansichten.⌝
⌜Charakters, [oder] prakt. Begehrungsvermögen⌝

⌜2., angenom*m*ene{.}⟨1⟩ angebildeten.⟨2⟩ Kraft oder Schwäche der Sittl. Grundmaximen.⌝
⌜Theoret. Ansichten.⌝
Triebe.
⌜Gewohnheiten⌝ große u. kleine, nichtige u. wichtige.

B., ⟨...⟩

1., ⌜Subjekte.⌝
⌜a., Äußere. b., Innere⌝ Unterschiede
2., ⌜Objekte.⌝
⌜a., äußere ⌜×...× Leid*en*sch*a*ften⌝ Motive[)] Edle H*an*dlungen
b., innere⌝ Triebe. Verbrechen
3., Prädicate. Sittl. Forderungen. ⌜Mittle⌝ {Gute}.
a., verb. act. transit Reaktionen.
⌜b.,⌝ v. reflexivum. wie oben
c., v. neutrum. ⌜Suche, Bewegung⌝
Zustände
Leiden, Gefahren u. Benehmen darin.
Abschlüße
⌜Wirkungen⌝ weltgeschichtl. auf die Privaten.
„ ⌜Naturwirkungen.⌝
s. g. Glücksfälle
⌜Zusammensetzung.
innere Fortbildung
Ableitung, Bindewörter⌝
Bekleidungen des ⌜Subjekts⌝
Zubehör
Bekleidung des Obj.
⌜Zub.
Bekl. des Prädicates⌝
⌜Zubehör d. h. die Handlung.⌝
Contrasti{*ren*d} ×...×

das eine zum Leben
das andere am Tode vorbei.

(1. {Kubj.}
a. Subjekt{iv}) ?
b. Prädicat (Char.)) ?

Oder.
1. Subjekt (Wort.)
⌜Zusammensetzung⌝

Ganzheit des Lebens, dem Ernsten muß das Heitere, dem Tragischen das Komische, dem Reflektirenden das Resolute, dem Zweifel der Glaube ⌜gegenüber⌝ stehen, der Weisheit die Thorheit, der Zartheit das Herbe, je harmonischer ist die Welt, je mehr Dißonanzen darin aufgelöset wurden. Die Temperamente, Trieb, Neigung, Leid*en*sch*a*ft.

⟦163⟧

Noch ⌜werden⌝ meine Pläne zu dramatisch, ⌜die⌝ Fabel zu ⌜stetig;⌝ ich arbeite noch zu sehr mit innern ⌜Motiven; ich⌝ laße mehr den Einzelnen nach außen wirken, als das Außen auf den Einzelnen. Im Romane wie in der Wirklichkeit ist die Wirkung der Einzelnen auf das Ganze ein Minimum u. noch dazu in vielen einzelnen Aktus ⌜zerstreut⌝, nicht sich zusammenfaß*en*d in Ein starkes Faktum u. dadurch das Außen ⌜modifizirend⌝, wie im ⌜Drama.⌝ Das Leben der Romanfiguren ist mehr eine bewegte Zuständlichkeit. Wohl hat in ihm die Innerlichkeit ein weites Feld, ⌜aber⌝ das Handeln seiner Innerlichkeit geht nicht als wirkliches Handeln nach Außen, das Außen gestaltend, sondern es bleibt innerlich und zeigt sich als Dichten von Zuständen u. Handlungen, oder in kleinem Thun. Sein Durchgreifen bleibt im epischen Verhältniß ⌜der⌝ Situation ⌜untergeordnet.⌝ Sein Trachten geht nicht dahin und kann nicht, weil er nicht so leidenschaftl. einseitig wie der dramat. Held, die Situation umzugestalten durch seine That, vielmehr darauf, die Situation dadurch zu ändern, daß er sich ⌜ihr⌝ entzieht, ⌜so weit, d.i{. ;}⌝ wenn es möglich u. in eine andere oder in ein ander Verhältniß innerhalb der bisherigen kommt. Sein Widerstand ist mehr ein paßiver. Seine Wirkung auf die Welt

Vorwiegen des Zuständlichen s. z. s. theoret. Handeln – Dichten; da kein Umschaffen der Welt u. der Lage praktisch möglich, dichtet d. Rom*an*held sie um.

ist eine geringste, er ändert blos die Art der Abhängigkeit von den Umständen, nicht diese; dafür ist die Wirkung der Welt auf ihn eine vielseitige u. mehr oder weniger ihn oder seine Lage modifizirende; da dringen die ⌜zwei Elemente⌝ auf ihn ein, ihn zu verwittern, die Mächte der Geschichte, die Mächte der Natur, ⌜beide in der Gestalt⌝ des ⌜Zufalls. Er⌝ ist in histor. Verhältniße hineingesezt, die er nicht gewählt hat, die sich verändern ohne seine Wahl; er steht ohne seine Wahl in einer Natur, die ihr eigen Gesetz hat; ein Stein kann von einem Dache oder aus einer spielenden Menschenhand ohne Absicht auf seinen ⌜oder eines Freundes⌝ Schädel fallen, ihn krank oder verrückt machen, oder gar ihn tödten; er ist in Abhängigkeit gesezt von der Sittlichkeit und der Sinnlichkeit in ihm selbst ⌜und⌝ in Andern. Er lebt in einer bürgerlichen Ordnung, Religion pp die er nicht gewählt, ebenso wenig hat er seine Familie gewählt. Seine Situation hängt von Charakter, Leben, Tod von Andern ab. Das Glück kann seine Bewährungen um die Objekte des Lebens, um die ihm zu werben frei steht, Achtung, Ehre, Liebe, Unabhängigkeit in pekuniärer Hinsicht, die Möglichkeit, irg*en*d eine Neigung zu befriedigen, Reichthum, Aufsehen pp begünstigen, ihn zu seinem Liebling machen, mittelmäßig abfinden, aber auch vergeblich machen.

Er weiß es nicht anders, sein Thun ist ein Eingeständniß dieser Abhängigkeit von Anderem, dagegen der trag. Held löset sich los, tritt dem Andern entgegen als ein Ding für sich, als habe er sich selbst geschaffen u. nur er selbst könne sich vernichten.

Quellen. –

Balladen, Sagen, Märchen können den Kern des Intereße geben u. zum Romanstoffe ⌜werden⌝

1., durch Zusammensetzung mehrer daher genommene[n]⟨r⟩ Verhältniße

2., durch innere Umbildung,

3., durch äußere.

Auf dieselbe Art können aus den Grundsituationen schon ⌜vorhandener⌝ Erzählungen durch innere Umbildung besonders neue entstehen, wenn man einen Faktor verändert, ⌜und⌝ dann nach 1., oder 2., mit dem Gewonnenen verfährt. Zuerst aber muß man das Verhältniß auf seinen abstrakten Kern zurückführen und dann das Gewonnene neu bekleiden.

Eben so kann mit Nebensituationen u. dem Vogange selbst verfahren werden.

Es gibt Beispiele von äußeren Umbildungen des Wesentlichen ganzer Romane; so ist Oliver Twist eine dergleichen des Astrologen von W. Scott.

Diese äußeren Umbildungen können dadurch erleichtert werden, daß sie von einem gewißen Prinzip aus vorgenommen werden, wie z. B. die eben berührte Umbildung durch das democratische ⌜Princip.⌝ Oliv. Twist ist der aristokrat. Astrolog in's Democratische übersezt.

Diese Wege stehen auch dem Drama frei; so sind die Göthischen u. Schiller'schen Stücke Zusammensetzungen aus innern u. äußeren Umbildungen Shakespearescher u. ⌜antiker⌝ Stoffe.

Die abstrakteste Art von Umbildung ist die: die Stimmung aus der Lektüre eines Romanes so zu ⌜concentriren u. zu⌝ steigern, daß sie sich von Neuem objektivirt.

Darüber kommt mir etwas Anderes, was jedoch viell. auch für das hier Vorgesezte fruchtbar sein kann:

der primitivste Unterschied der drei poetischen Hauptgattungen.

⌜Alles unmittelbar⟨e⟩ Dichten⌝ geschieht durch die Phantasie.

Jede Stimmung kann in einer ⌜produktiven Phantasie⌝ (die dichterische Anlage) zu einem Gedichte werden.

Wird eine solche Stimmung unmittelbar in der Rede fixirt, so entsteht das lyrische Gedicht.

In einer reflektirenden Persönlichkeit⟨1⟩ ⌜In einer zu Affekten geneigten Persönlichkeit⟨2⟩ wird⌝ die Stimmung in allgemeine Betrachtung übergehen – Elegie pp

⌜Ist⌝ die Persönlichkeit von ⌜starkem⌝ Begehrungsvermögen und dieses geübt, so wird die Stimmung ⌜unter Einwirkung der sich steigernden Blutbewegung⌝ in eine leidenschaftliche übergehen; gesellt sich dazu ein plastisches Vermögen von großer Reizbarkeit, so wird die Stimmung sich ⌜objektiviren.⌝

Daraus enstehen die Anfänge von objektiver Dichtung.

⌜Liegt⌝ in der Persönlichkeit große Subjektivität*, so wird sie expandirt u. es entsteht der dramatische Entwurf.

*⌜Freiheitsbedürfniß⌝ u. Widerstandeskraft

⟦164⟧

←in welchen er auf unsere sympathischen Kräfte wirkte; so wird aus seinen u. unsern Zusammenerlebnißen† sein Charakter, u. schon deßhalb führe man ihn uns in den verschied*en*sten Ver-

†seiner Contrastirung mit den betreff*en*den anderen Figuren pp

Ist die Persönlichkeit mehr objektiver Natur, so entsteht der epische Entwurf.

Der Eine der Welt gegenüber; der Eine in der Welt. Jener fühlt sich der Welt gewachsen in der Aufregung, dieser fühlt sich als einen Theil der Welt von ihr abhängig.

———

Nun wirkt die Aßociation der Ideen, erstlich der inneren, der Freiheit oder der Nothwendigkeit.

Ist die Stimmung von äußerer Anregung ausgegangen, wie beim Epiker in der Regel, so setzen sich die erregenden ⌜Naturdinge⌝ nach Qualität u. Quantität in ⌜handelnde, d. h. moralische [in] Charakter⌝ um, die Erregung selbst bringt den Conflikt dazu in der subjektiven Natur; in der objektiven Natur dagegen werden sie zum Bilde einer Situation. Wie dort mit dem Charakter und Conflikt eine Situation gegeben ist, liegt im Begriffe einer Situation die Nothwendigkeit des Subjektes, das zu der Situation gehört. Dort entsteht die Situation [als ⌜ein] durch die Natur des Charakters bedingt⌝, hier entsteht der Charakter als das Bedingte der Situation. Wie das Licht an einem undurchsichtigen Gegenstande, so erscheint dort die ⌜subjektive⌝ Freiheit an dem ⌜objektiven⌝ Hinderniß der Weltnothwendigkeit, hier die Nothwendigkeit an ⌜dem⌝ Repräsentanten der Freiheit; dort ist ⌜auf⌝ der Freiheit d. h. der Nothwendigkeit des Einzelnen, hier auf der Nothwendigkeit d. h. der Nothwendigkeit des Ganzen der Accent. Dort ist die Nothwendigkeit des Ganzen der Grund, auf dem sich die Freiheit des Einzelnen ⌜imposant⌝ entfaltet, hier ist die [die] Freiheit des Einzelnen der Grund, auf dem sich die ⌜Nothwendigkeit⌝ des Ganzen imposant entfaltet. Jener stürzt sich in's Waßer, um es schwimmend zu bewältigen und dies gelingt ihm oder nicht, je nachdem er vernünftig oder unvernünftig zu Werke gegangen ist; zu diesem kommt das Waßer und ⌜der Ausgang⌝ seines Aufgebens oder Vertheidigens hängt davon ab, daß das Waßer sich wiederum entfernt ⌜oder⌝ ihn unbeschädigt selbst an's Ufer trägt oder aber ihn hinabzieht in den Tod und in ihm einen Schwachen oder Wackern vernichtet.

Ist der Dramatiker zugleich objektiv, so siegt in der Weltnothwendigkeit eine sittliche Macht; ist er das nicht, so gibt er lieber den Ged*an*ken der sittlichen Ordnung auf, um ⌜seinem⌝ Helden den Sieg zuzuwenden auch im Tode u. zwar nicht ⌜durch⌝ deßen Charakterkraft, sondern als sittlicher[,]

hältnißen vor.

⟨←⟩charakterbildes u. machen es reich. Der Held, der öfters, ja in der Regel als Mitteldurchschnitt nicht viele besondere Züge haben darf, nimmt von allen den Localen u. den Zügeund Menschen-Zubehören, die er vermittelt, Etwas an; wir können uns ihn nicht vorstellen ohne uns die Situationen wenigst*en*s dunkel mitvorzustellen, *→in welchen*

Die Stimmung kann als Natur, als Localbild auftreten. So gehören die Marschen u. der Gottesacker u. das winterl. neblige Wetter wesentl. zu dem Bilde des Sträflings. Durch das Aßoziationsgesetz ⌜vergesellsch*a*ften⌝ sich die Züge des Locales, wo sie zum erstenmale erschien, mit den Zügen des Menschen- *⟨→⟩charakterbildes*

Die Stimmung bekommt immer mehr Objekt u. Objekte; durch das anorganische Reich steigt die anschauende Kraft bis zur Persönlichkeit. So gehören die verlechzten Faßdauben, das Wucherunkraut, Schutt, Staub, Käfer, alte Strickenden pp zum Char*ak*terbild der Miß Favisham.

Daraus folgt die Regel: was den Autor produktiv machte, wird ⌜auch⌝ den Leser, der ebenfalls, nur in geringerem Maße produktiv sein muß, produktiv zu machen das Geeigneteste sein. Man führe ihn den Weg, den der Autor ging, errege erst die betreffende Stimmung u. laße dann die Objektivirung derselben folgen, so da*ß*

denn die Nothwendigkeit der Welt. Bei dem obj. Dram. will der Held, ⸢im⸣ subjektiven der Dichter Recht behalten.

Nun können nach der Aßoziation die äußeren ⸢Mit-Anreger⸣ der Stimmung in eigener oder ähnlicher Gestalt in die Objektivirung übergehen, z. B. in dem epischen Talente, ⸢in dem⸣ die Stimmung mit durch den Gang des Thurmperpendikels hervorgebracht wurde, dieser Perpendikel oder etwas damit sich ⸢aßociirendes⸣ Äußeres in die Objektivirung mit übergehen ⸢wohl in ganz fremder Weise.*⸣ So wäre es möglich, d*aß* Dickens der erste Gedanke zum Barnaby Rudge in der Glockenstube eines Kirchthurms gekommen. Dann kann es sogar in den Causalnexus eingehen, wie z. B. die geläutete Glocke dort den Mörder herbeizieht, um sich die Vergeltung auf dem Thurme zu holen.

Die Produktivität wäre zu verlebendigen, wenn man Gelegenheit zu Stimmungen aufsuchte u. sich ihnen ohne Widerstreben des Geistes überließe. Denn die Kraft, Stimmungen zu produziren oder zu reproduziren (das Produziren jederzeit eine Art d*es* Reproduzirens) ist die Basis der dichterischen Produktion. Die Phantasie aus der Uebermacht ⸢u. d. Despotie⸣ des Verstandes zu befreien, wäre dies d*as* beste Mittel. In meinem Alter brauchte ich nicht zu fürchten, ein Phantast zu werden.

⸢Seit⸣ mir im Jahre 1850 die Kritik rieth, meine Phantasie zu discipliniren, habe ich alles Mögliche gethan ihre Ueppigkeit zu verschneiden und den Verstand mehr zur Herrschaft zu bringen, zu welchem Zwecke ich allem Dämmern einen Riegel vorschob, alles Träumen floh ⸢und,⸣ was ich vornahm, mich der größten Anstrengung befliß, es mit klarstem Bewußtsein zu thun. Nun ist es mir nur zu gut gelungen. Hätt' ich die Zeit machen laßen, sie hätte allein gebracht, was ich brauchte. Eigen ist es, oder vielmehr natürlich, ⸢daß⸣ in demselben Maße, wie mein Verstand die Oberhand bekam, ⟨ich⟩ immer seltener träumte, in den lezten Jahren fast gar nicht, und sogar mein Schlaf so leise und leicht wurde, da ich auf das leiseste Geräusch erwachte und sogleich meiner Besinnung völlig Meister war, ja daß mir es oft schien, als wenn ich selbst im Schlafe ⸢mein⸣ klares, ruhiges Bewußtsein nur wie unter einem dünnen, leichten Schleier ruhte, daß ich gleichsam ohne

sich s. z. s. die Stimmung zusehends in ⸢Situationen⸣ – denn diese sind im Epos die Hauptsache – die Gestalten pp krystallisiren. Zur Stimmungsmalerei gehört die Reflexion; durch diese vertieft sie ⸢sich.⸣ So entsteht aus der musikalischen, lyrischen Erregung die Lust, ⸢dieselbe⸣ auch in einem Gegenst*an*de sinnlich anzuschauen, der wie Venus allmälig aus den Wellen der Stimmung ⸢heraufsteigt u. immer klarer u. charakteristisch plastischer, greiflicher wird, wie der Wellenschleier immer durchsichtiger u. endl. gar verschwindet.⸣

Wie ⸢„dein⸣ Valentin" aus dem Hamlet (in Ophelias Lied) in den Faust überging, in die innere Umbildung des Hamlet; aus der Stimmung.

⟨*⟩Objektivierung der Stimmung, aber auch völlige ⸢Objektivirung.⸣ Objekte, handgreifl. für das Subjektive gesezt.

Zur Verlebendigung des Gefühlsvermögens wird es kaum ein ⸢beßer⸣ Mittel geben, als Göthes Lieder u. Elegieen und das Volkslied – auch Bethovens Musik; der Phantasie die Engländer, Spanier, die italiän. Epiker u. Novellisten u. die 1001 Nacht; nur daß Nebenvorstellungen mit herüber kommen können, die vom Uebel sind.

eigentlichen Schlaf doch einer stärkenden Ruhe genoß. Wenn ich noch eine ⌜andere⌝ Kraft schwächer werden sah, so war es mein Gedächtniß, was wiederum ganz natürlich, da ⌜die⌝ Einbildungskraft stärker beim Geschäfte des Erinnerns betheiligt ist, als der Verstand. Auch kann ich bemerken, daß sich der Scharfsinn auf Kosten des Witzes ausbildet. Möglich auch, daß die zunehmende Körperschwäche die Ursache des erschlafften Gedächtnißes ist; wenigstens konnte ich öfter die Erfahrung machen, daß Gedächtnißschwäche mit der Schwäche des Körpers geht. Mit dem Willen ist zur ⌜momentanen⌝ Reizung der Phantasie gar nichts zu thun; er scheint ihr vollständiger Antagonist zu sein. Ich muß sein Regiment zeitweilig sistiren, um die Ph. wieder aufkommen zu laßen.

Kein traurigerer Thor, als der es durch seinen Verstand, kein ärmerer Sünder, als der dies durch sein Gewißen ist!

So matt ist durch stete Controle meine Phantasie geworden, daß ich selbst die dummen Streiche, die ich noch mache, lediglich dem Verstande zu danken habe. Die Art dummer Streiche aber ist die traurigste, die es gibt; nicht einmal im Augenblick, wo sie gemacht werden, lustig.

⟦165⟧

Es ist nicht nöthig, daß der Vater erst dem Advocaten nicht helfen will, daß er so weit schon demoralisirt ist; deßwegen kann doch immer das Püppchen der Retter sein, indem es auf wirkl. epische Art schuld ist⟨;⟩ viell., daß der Vater, es suchend, den Spektakel hört; genug, daß dieses Helfenkönnen den Mann entlastet vom Zorne auf den Advocaten.* Uebrigens take care, daß der einzelne Mann nicht zu gescheit wird. Wenn die Reichen nicht wären, wie wollten wir leben, meint er erst ganz ⌜naiv⌝ zu dem plebejen Hetzer, der ihm die Sache nicht plausibel machen kann, da er ihn nicht achtet. Dieser ist ein Gentlemanaffe, hat etwas Vornehmes. Aber dann, wenn dieser den Kindern abluxt (den Fund); wie kennen sie ihn denn nicht? ⌜– Dem Advocaten dann, der selbst ein Reicher u. beredt, muß er glauben.⌝

*den Verführer, da er über die Reichen ⌜×. . .×⌝ überhaupt anders denkt. Wodurch? Zur Breite.

Die ganze Geschichte eine objektivirte Christfeststimmung; die Revolution im Vater der Rupprecht, der schon anfängt rücksichtslos zu werden.

Die Breite der Welt relativ, indem [man] eine ganze Anzahl der nach Stand, Vermögen, Bildung, Beruf u. Denkart

Ja, man hat solche Beispiele, *daß Men*schen wieder in's Leben kamen, wenn man sie nicht einschlafen ließe – D*as* Kind ißt nach der Ermunterung wieder. →NB oder

pp verschiedensten Menschen der verschiedenen Geschlechter und Altersstufen in [seinem] ⟨ihrem⟩ Verhältniß zum Feste gezeigt wird u. in verschiedenem Verhalten dazu. Leute, denen bescheert wird, denen nicht bescheert wird, die sich selbst bescheeren, die mit Neid u. Groll die allgemeine Hoffnung betrachten. Blasirte Jug*en*d, die sich nicht freut, der das gefällt, was sie nicht haben, dagegen das frische Alter. Der Briefträger u. sein Kommen u. Gehen. Weihnachtsbesuch. Die blasirten gehören Aeltern, die die Fiktion vom heiligen Christ den Kindern pädagogisch-prinzipiell nicht bringen u. in demselben Geiste die ganze Erziehung führen. Eine Familie, wo die Domestiken das Aelterngefühl haben u. die Aeltern muthig strafen. Unsinn junger Eheleute*, die einem fast Neugeborenen bescheeren u. große Vorbereitungen getroffen; ⌜sie⌝ sehen am Kinde allerlei Klugheit, von der nichts vorhanden u. nehmen es Einem ordtl. übel, der sich darüber mokirt, als habe er den „Engel" beleidigt. [Alle diese müßten wo möglich] – nebst einer 80jährigen Alten, die ihrem 60jährigen Sohne einen Baum puzt. Auf der einen Seite die Trunkenheit, welche durch d*as* Bemerk*en* der Anstalten der Anderen in Allen gesteigert. Alle diese müßten, wenn auch zum Theile als ⌜blose⌝ Mitredner, Begegner pp in eine Handlung verflochten werden. Viell. auch kommen mehre dieser Gruppen blos in resümir*en*der Schilderung der täglichen Fortschritte in der Trunkenheit pp vor. Nur viel u. individuelles, charakteristisches Detail. Ist ein{er} Sohn des Vaters, Bedienter, Laufjunge oder so etwas u. ist solchergestalt Vermittler.

*dazu ein Kindermädchen, die in ergötzlicher Plumpheit den Ton, in den sie einstimmen will, parodirt u. travestirt.

⌜Wie theuer⌝ Alles sei! Ueberhaupt viel Realien, viel Dinge; so die Stimmung möglichst plastisch.

Es könnte auch eine Reihe Weihnachten nacheinander darstellen. So daß bei der ersten die Christbescheerung für das⟨,⟩ wie man meint, sterbende Kind mit (szenisch) erlebt u. angeschaut wird.

←NB oder hat die Dame das Kind aufgeweckt oder ⟨sich⟩ mit dem Vater darin abgelöst. Zwillinge. Der Alte behauptet, die D. habe beide gerettet. Sie haben dann, ⌜wenn⌝ Eines gescholten, beide in Ein Taschentuch geweint; oder damals d*as* eine gestorben, d*as* andere ⌜wäre⌝ ihm gefolgt. Denn wenn das eine schrie, wachte[,] d*as* andere auf pp.

Durch die Phantasie auch das Gemüth getroffen, doch ja nicht unmittelbar das Gemüth zu treffen versucht. Objektivirte Stimmung in subjektiver⟨,⟩ wie der Braten in seiner Sauce.

Contrast des Wetters pp.

Die Handelskinder untereinander, eine kleine Handels- und Börsen-Welt, die typischen Charakter der erwachsenen schon kindlich vorgebildet. Auch schon Neid pp – das Verhältniß zu den Kindern anderer Stände, die nicht so ganz auf dem Boden der Natur stehen, wie jene; die Mittelstands⟨kinder⟩,

naive Gemeinheit, Nobleße pp. naive Schwindlerei sogar

die vornehmen mit Uhren u. Prätensionen, mit nachgespielter Blasirtheit pp Ueberhaupt in alledem ein Spiegelbild der Erwachsenen, theils naiv, theils bewußt gespiegelt.

Das Glück der Armuth und Niedrigkeit, so lange sie naiv ist; die gefallene mit dem Schurz u. dem Gefühle der Nacktheit, ein spekulativer Kopf, der die Bewunderung der Naivetät von Seiten der Bewunderer ausnuzt, der da weiß, wie die Eckensteherwitze im Preise stehen, der nun die Naivetät, die er nicht mehr besizt, mit plumper Koketterie ausbeutet, indem er, was er sein sollte, spielt. Dieser wäre vielleicht der Fundabjager, da er den Naiven gegenüber wiederum den Gebildeten spielt. Seine Frau treibt die ⌜Träumerei⌝ pp in's Carrikirte und findet doch in den feineren Ständen Bewunderer.

Ein älternloses Kind in ⌜den Straßen⌝, verlaßen, ⌜ein armer⌝ Hausmann nimmt es mit, wie Reiche es examiniren u. in's Waisenh*aus* thun wollen od. dergl. Dies Kind macht dann sein u. der übrigen Kinder Glück.

Der Held des Advokaten Hausmann. Ich habe mich in euch getäuscht oder vielmehr nicht getäuscht. Ihr seid pfiffig, was ich nicht dachte; ich wollte, ihr wäret es weniger oder mehr. Sucht euch ein ander Unterkommen. – Und was ihm (dem Adv.) Grund gibt dazu, das ist eben aus den Wirkungen seiner eigenen Rede geworden. Es ist öfter gestohlen worden, der Hausm. hat, vertieft, es nicht gehindert. Er sah nach erhellt*en* Fenstern u. malte sich auf seine Weise d*a*s Glück derer dahinter aus; wenn er tiefer sehen konnte, er wäre von seinem Neide curirt worden. Die Existenz eines berühmten Schauspiel*ers*; das Alles wird detaillirt, sein eigener Zustand, die ewig verlezte, nur im Rausche der Darstellung glückl. Eitelkeit pp.

Erst fühlt der Mann sich geschmeichelt u. zeigt es.

Der eigtl. Prozeß, der den H*au*sm. curiren konnte, spielt in der Seele der Zuschauer, er selbst curirt sich durch Resignation u. Arbeit – kein Fluch. Als Glücksbedingung wird nicht niedriger Stand oder sonst dergl., sondern das dargestellt, was jedem Stande zu erreichen ist, das Bewußtsein, seine Stelle auszufüllen, die innere Harmonie, die keine niedern Leid*en*sch*a*ften stören, das Maas, die Uebereinstimmung pp nicht die Arbeit abstrakt, sondern als Bedingung der Ruhe; die kleinen Liebhabereien werden nicht verpönt, an ihnen ruht der Mensch aus. Jener Schauspieler ist unglückl., weil Virtuos, der Kaufmann, weil habsüchtig oder Schwindler pp.

Nicht ausdrückl. u. ausgesprochen.

Das Unrecht der Vornehmen darf den H*au*smann viell. nur irritiren. Er verlirt sonst seine Liebenswürdigkeit u. die Irritation darf nicht zu lange dauern. Wenn wir doch noch einen durch des Advocaten Wort aufstacheln, so kann in diesem

Der Alte hat seine Kinder nicht zu der öfftl. Bescheerung gelaßen, aus Stolz u. aus Rücksicht auf d*a*s väterl. Ansehen; er hält es auch für irreligiös.

mehr vorgehen, obgleich es viell. nicht detaillirt wird. Er kann Lust haben, den H*au*smann aufzufordern, mitzumachen, an dem Advocaten selbst, der ja d*as* Unrecht der Reichen eingestanden u. selbst reich, dies Unrecht zu corrigiren⟨.⟩ Er hat schon früher in diesem Tone zum Hausmann geredet, doch vergebl., denn deßen Philosophie versteigt sich nicht so weit, d*as* ⌜Gegebene⌝ als provisorisch anzusehen. Er sieht die Arbeitgeber u. d*aß* er selbst ein dgl. sein könnte, macht ihn confus u. er will nichts davon wißen. Nach d*e*s Advocaten erregenderen Worten klopft jener einigemal wieder an, wo dieser ohnehin bedrängt ist u. außer sich – wie er das sein kann, da ihm Unrecht geschehen, noch mehr seinen Kindern, die er kennt. Da hilft das Püppchen, das er vor sich stellt, um sich recht denk*en* zu können u. den Engel sich wieder zu reproduziren, der auch ein Reicher war. Gegen Frau u. Kinder ist er in seinem Zustande nicht hart, im Geg*en*theile bedauert er sie. Der

oder war sie vom Einbruche ohnmächtig.

Advocat wohnt viell. noch nicht lange hier. Wie er die Tochter oder was aus dem Feuer gerettet, erkennt er sie an dem Augenaufschlag, den er am Püppchen vermißte. „Ja wenn es die Augen aufschlagen könnte.⟨"⟩ Die Freude, vergeben zu haben, macht ihn wieder gesund. Mimik u. wunderbare Reden, d*aß* die Leute ihn für verrückt halten. Oder paßt er jenem auf u. hindert ihn, ihm drohend, bei Wiederholung anzuzeigen. Der sagt: dem hilfst du, der dich verderben will, dich für einen schlechten Kerl hält. Jener: still; mach mich nicht böse, sonst bekommst du es. Der: Der Fund war so und soviel, es wird ernsthaft.⟨1⟩ ⌜Weißt du, wieviel der F*un*d war? Nein. Geht dich auch *nich*ts an.⌝⟨2⟩ – Der Advocat hat gelauscht u. weiß nun, wo der Funddieb ist u. d*aß* der Hausmann ein braver Mensch. Er wird eingeladen; da ist er sprachlos – oder bei der Bescheerung, die den Seinen veranstaltet wird; – er ist d*e*[s]⟨r⟩ Kennzeichen ⌜gewahr⌝ geworden, welche[s] die Figur charakterisiren müßen u. führt nun die Kind*er* mit einer halb sprachlosen, halb verrückt kling*enden* Anrede zu der Tochter, ⌜in welcher⌝ er den rett*en*den heiligen Christ wieder erkennt. Die Kinder ihrerseits sind gerechtfertigt.

⟦166⟧

„Wie ich an dem Riesendom ⸢hinaufblickte⸣, konnte ich nicht umhin, mich zu fragen, was wohl der Mann sich gedacht haben mag, deßen Genie diesen Bau geschaffen, wenn er, wie ich jezt, sein Werk betrachtete, und sich in seinem ungeheuern Umfang verlor, als der lezte kleine Keil Holz eingetrieben, der lezte Nagel für viele Jahrhunderte ⸢eingeschlagen, als⸣ der Lärm der Hände, und das Surren geschäftiger Stimmen verklungen war, und das Schweigen, das ganze Jahre geschäftigen Lärms geholfen hatten, hervorzubringen, ringsherum herrschte."

Der Numerus dieser Periode ist wahrscheinlich im Original gewählter, als hier. Der Satz könnte am Schluß der zweiten Zeile zu Ende sein, wenigstens in der Hälfte der dritten schließen; das übrige ist lediglich plastische Beigabe.

Immer ⸢spannen, d.h. aussparen⸣, immer amüsiren.

Immer spannen, bei den Situationen, bei den Vorgängen, den Personen, den Dialogen – hauptsächl. durch Aussparen. Wer ist das? Was macht er? Was will er damit? Um was handelt es sich. Finten. In dem Maße, wie man von ⸢der Gegenwart⸣ unterrichtet wird, auf ein Zukünftiges gespannt. Die Gegenwart spinnt alte Räthsel ⸢fort.⸣ In welchem Bezuge steht die Vergangenheit zur Gegenwart? zur Zukunft? Der Leser ist bewogen, Etwas zu wünschen, ein wahrscheinl. Weg wird vorausgezeigt, an seine Verfolgung knüpft sich die Steigerung unserer Hoffnung; Hinderniß, Zwang des Ausbeugens machen den Wunsch leidenschaftlicher; der Weg wird verloren, Furcht tritt ein, Amüsement gibt Erholung u. plötzlich sehen wir uns auf einem genußreicheren Wege u. in der Meinung, darauf in umgekehrter Richtung geführt worden zu sein, in einer vom gewünschten Ziele uns entfernenden u. die Erreichung scheinbar unmöglich machenden, an's gewünschte Ziel geführt, ⸢d*as*⸣ wir mit vom Contraste unserer Erwartung geschärften Jubel begrüßen. – Oder wir werden auf solche Weise ⸢an⸣ ein uns ⸢noch⸣ mehr gefallendes Ziel geführt, als nach dem unsre Hoffnung strebte.

Äußerste Sinnlichkeit. Wenn z.B. einer nicht von Etwas reden, es in seiner Geistesaufmerksamkeitsbeleuchtung behalten kann, wenn er es nicht vor sich hat. – Einer, der ⸢sagen⌝ will, daß er statt nach P, nach A von O gekommen ist, meint das seinen Zuhörern nur dadurch begreifl. zu machen, d*a*ß er drei Dinge auf den Tisch legt, die O, P, A bedeuten [u.] ⟨um⟩ dann mit einem Finger oder sonst die Bewegung zu verfolgen.

Der Mangel des gemeinen Mannes an abstrakten Ausdrücken und Wendungen, daher sein Mühen, das Abstrakte durch concrete Merkmale darzustellen.

Deßhalb der Mangel deßelben an Synonymen, an Nuancirungsmitteln, so daß er z. B. für nicht allein den eigtl. Begriff der Verschuldung, des Unrechts, sondern auch des Unbilligen, Unschicklichen, physisch Gefährlichen das Wort „Sünde" hat u. die Nebenbegriffe des Wortes, das Religiöse, auch von den andern durch d*a*s Wort bezeichneten Dingen nicht trennen kann.

Der Mangel an feiner Unterscheidung. Dieser bringt wohl auch Symbolik (eine Art) hervor, wenn z. B. ein Kind Brodkrumen, die es fallen ⌜laßen⌝, aus Unachtsamkeit nicht aufhebt.

Das Bewußtsein der Obliegenheit als Vater ⌜der⌝ Lehrer u. Mentor ⌜seiner⌝ Kinder zu sein u. ihnen die Regel vorzuhalten, gegen die sie gesündigt, oder nicht sündigen sollen, führt zu ⌜wunderbar ausgedrückten⌝ Abstraktionen, Sentenzen, Maximen u. Ausbrüchen von Beredsamkeit, wo ⌜denn etwas⌝ Nachahmung naheliegender Vorbilder, des Pastors pp mit unterläuft u. bei der Ausführung große Arbeit von ⌜individualisirenden⌝ Gesten, welche die Unterschiede ausdrücken wollen, denen die Sprache sich versagt, beim Gelingen wohlgefällige Eitelkeit, durch Wichtigkeit des Vortrages die Neuheit ersetzende oder hervorbringensollende von Gemeinplätzen; die Ueberzeugung, wenn eine glückl. oder unglückl. Wendung ⌜die⌝ gebräuchl. Form des Gemeinplatzes verändert, wirkl. etwas durchaus Neues gesagt zu haben. Die einleitenden u. Schlußgeberden, die zu einem Gegenst*an*de verschiedener Art ⌜überleiten⌝ sollenden pp alle diese Geberden, wie alle Mimik symbolisch, wodurch denn unbewußte mimische Witze entstehen, wenn die wichtige Art u. der nichtige Stoff sich contrastiren u. sonst pp in ⌜all⌝ diesen Geberden aber die habituelle Art der Bewegung, wie sie die verschiedenen ⌜gewohnten⌝ körperl. Arbeiten einseitig fixirt. Doppelte Contraste, wenn das Alberne oder Gewöhnliche als Weises u. Außergewöhnliches auftreten soll

u. doch wiederum durch affektirt bescheidene Schlichtheit gemildert wird.

Die Armuth an Ideen, an Anknüpfungspunkten, das Kleben an der Einzelheit der Fälle, die geistige Ungelenkheit, die sich naiv gibt, wie sie ist, oder auch sich verbergen will, ja wohl eine gewiße Gewandtheit u. Leichtigkeit annehmen will. Die beschränkte Zahl der Muster, die in der Nachahmung immer sichtbar bleiben.

Der Contrast einer innigen, wahren Empfindung, die durch die Unbehülflichkeit u. d*a*s Vergreifen des Ausdruckes als ihr Gegentheil erscheint, gemacht, unwahr, preziös pp

Scharfsinn ohne Witz, Witz ohne Scharfsinn.

Einer, der gewöhnlich d*a*s Gegentheil von dem sagt, was er sagen will.

Einer, der durch einzelne Worte andeutet u. wenn er einige Geberden dazu gemacht, meint, nun wiße man, was er meint u. viell. ungeduldig wird, wenn er noch ⌜deutlicher⌝ sein soll u. das alte Manöver zum zweitenmale bringt, überzeugt, d*a*ß die Andern d*a*s erstemal nur nicht gehörig aufgepaßt. Lächeln nach der mimischen Anstrengung, das bedeutet: nun wißt ihr es.

Einer, der meint, er sei verstanden, wenn er behauptet hat, d*a*ß er verstanden sei; da ⌜er⌝ durch die ⌜Behauptung,⌝ daß es geschehen, überzeugter davon wird, meint er ihr Verständniß sei mit seiner Ueberzeugung davon gewachsen.

⟦167⟧ Der Charakter.

Die Meinungen, das Denken u. Fühlen.

Der Ausdruck in Rede u. Geberde.

Daß unser Dienstmädchen bei allem ⌜körperl.⌝ Thun, wo Zartheit nöthig, die Scheuerbewegung anwendet.

Die Einartigkeit einer Arbeit gewöhnt die Leute, nur ein oder wenige Gelenke ⌜ihres⌝ Körpers nach einer oder wenigen Richtungen zu bewegen; die übrigen kommen allmälig ganz außer Gebrauch und der Besitzer verliert die Erinnerung an ihr ⌜Vorhandensein⌝. So ist es körperl. u. geistig. Jene Scheuerbewegung ist wie eine fixe Idee.

Einer, der stets rechnet, behält die Form des Rechnens als Denkform; all sein Thun nimmt die Geberde, wenn nicht die innere Form des Rechnens an. Er ist gewohnt, die Probe zu machen, oder die Bilanz zu ziehen. So werden Gründe pro et contra zu Posten von Einnahme u. Ausgabe u. der Schluß (d*as* ⌜Vernunft⟨-⟩Urtheil⌝) ist eine Bilance.

Dies läßt sich weit treiben.

Hierher gehört, wenn ein Holzmacher, wenn er an eine ernsthafte Ueberlegung ⌜oder sonst eine schwere Aufgabe⌝ geht, wohl in die Hände spuckt, oder die Hemdsärmel zurück streift, sich mit dem Oberkörper ⌜vorlegt.⌝

Der Schneider handhabt das Beil wie eine große Nadel.

Weitere Entwickelungen aus dem Vordersatze der Armuth an abstrakten Bezeichnungen von Dingen u. Sätzen, an Ausdrücken, an ⌜scharfer⌝ Unterscheidung u. Nuancirung, an Anknüpfungspunkten. Ferner, wie dunkle Vorstellungen in die klaren hereinspielen. Die Rathlosigkeit, wenn dem Menschen Etwas einmal ⌜zum⌝ leitenden Grundsatz geworden oder eine blose Möglichkeit als Gewißheit, ein Fall als Regel vor den Augen steht, deßgl. der Fatalismus, der grundlose Vordersatz, da es einmal so werden muß oder so wird. pp Unvermögen, den einzelnen Fall unter die Regel zu subsumiren, Hülflosigkeit vor dem Ungewohnten.

⟦168⟧

Bei der Ausarbeitung immer zu denken an

Aussparen, allmälig Bringen von Figuren, Vorhaben, Vorfällen, Expositionen, man kann auch dies Retardiren nennen. So lange es möglich muß noch Etwas ⌜zu⌝ sagen aufgespart werden, u. wenn es sein kann, jedes Kapitel, in dem ein neuer Stamm daran kommt, oder einer, der vorhin abgebrochen wurde, um unterdeß einen andern zu verfolgen⟨,⟩ wieder mit einem kleinen Räthsel beginnend, so auch die Dialoge[n] analytisch; Nichts gleich gerade herausgesagt. Außerdem an Steigerung der Natur zu denken, deßhalb schon der Styl breit und ⌜plastisch.⌝ Alles stark modellirt, hervortretend, nirgends flaue Partieen, überall ebenso Geist als Gegenstand, starke Formen, tiefe gesättigte Farben, voll Leben und Haltung zugleich, überall Bewegung der Dinge, Ruhe der Darstellung, Beredheit des Gegenstandes und treffende Mimik; immer mit gleicher Aufmerksamkeit und gleichem Feuer, d.h. Zusammenwirken der Stücke, die den Poeten ausmachen.

Alles stylisirt; Dresden muß unter der Feder wachsen. Man braucht nicht gegen die ⌜Geographie zu⌝ verstoßen, aber man kann durch 100 Mittel bewirken, daß dem Leser beim Lesen Dresden wie was Rechtes vorkommt, wie die Rolle und das Spiel für die Dauer ⌜des⌝ Stückes ⌜uns⌝ einen Schauspieler viel größer u. coloßaler vorkommen laßen kann, als er in Wahrheit ist. Man kann das Treiben auf den Gaßen den Figuren erscheinen laßen, wie dem Londoner das Londoner Treiben, das Alles ist relativ; man muß nur immer die Personen vorschieben, dann wird nicht beschrieben, was u. wie Dresden ist, sondern wie es im Geleite der Stimmung und unter ihrer Wirkung ihnen erscheint; also unter der Wirkung der Phantasie, nicht des Verstandes. Des Romans Dresden ist eine große, gewaltige Stadt, die gewiß auch ihre Mysterien pp hat, ⌜voll⌝ Lebens pp, mag das Dresden der Geographen auch eine weit kleinere sein. Es hat ausgedehnte Vorstädte pp All das wird ja nicht wie in einer Geographie <u>beschrieben</u>, sondern es lebt vor unsern Augen u. dehnt sich nach dem Maasstabe unseres Zustandes.

Namentlich die Entwickelungen <u>in</u> den Charaktern ⌜sehr⌝ allmälig und mit Breite, daß wir sie ganz u. völlig mit durchempfinden können.

Alles durchempfundene Rollen – der Char. in der Situation empfunden – und äußerlich durchgespielte Rollen.

⌜War⌝ aus „Zwischen Himmel u. Erde“ ein wirklicher Roman zu machen? Ich glaube doch. Was mir jezt am meisten daran auffällt, ist das daramatisch Affektvolle der Narration. Die Erzählung ist wie die einer persona dramatis ⌜an eine oder mehre⌝ Andere auf der Bühne gewandt. Der Erzähler erzählt seine Geschichte nicht als ein Kunstwerk, sondern als ein ⌜wirklich⌝ Erlebniß, das er sich vom Herzen los reden muß; daher verwandelt sich ⌜oder⌝ strebt die Darstellung – ganz dramatisch – sich in das Dargestellte zu verwandeln. Das ist das Gegentheil des epischen Behagens und mag, wenn man es überhaupt gelten laßen will, an Arbeiten von kleinerem Umfange gestattet sein. Die kleineren Novellen von Dickens scheinen auf den ersten Blick dieser Gattung ähnlich, sind es aber durchaus nicht. Sie sind außerordentlich lebendig, aber ⌜diese Lebendigkeit⌝, die der Erzähler auf sein Werk überträgt, ⌜kommt⌝ in seinem Ursprunge nicht aus dem Gegenstande durch den Autor in das Werk, sondern sie ist ein Charakterzug des Erzählers, ist nicht ⌜erregter⌝ Affekt, sondern Temperament, überhaupt Erregbarkeit.

⌜Ich⌝ glaube, es konnte ein eigentlicher Roman werden, so wenig von Außen in die Geschichte kommt. Die Kindheit konnte intereßant genug ausgemalt werden, dann Apollonius Liebe, sein Aufenthalt in Köln; man sah dann zugleich, szenisch arrangirt, Fritz Nett*en*mairs Thun; neben alle dem (auch der Erblindung des Alten) manch ergötzlich Genrebild, den treuen alten Gesellen, der schlimme Gesell wurde ein vollständig Charakterbild von seinem Kommen bis zu seinem Tode. Der Vetter in Cöln, deßen Tochter ⌜sich in⌝ den Appollonius verliebte pp pp das Alles war, mit Ruhepunkten ⌜u. Wechsel⌝ versehen, welche aus Episoden ⌜u. durch das Arrangement⌝ gebildet wurden, Stoff reichlich zu sechs Bändchen. Der Gang der Erzählung ⌜dazu⌝ breit u. objektiv; wa⟨h⟩rlich! ich sehe nicht, was gehindert hätte, einen trefflichen wirklichen Roman daraus zu machen. Die Erfindung war so drastisch, als in irgend einem Dicken'schen Romane, die Charakter derart, daß sie nicht Carrikaturen werden mußten, um drastisch zu sein. Die ganze Fügung war verhältnißmäßig tadellos, das Locale neu und unverbraucht. Eine breitere Form, welche die Stimmungen weiter ausspinnen konnte, gab Gelegenheit zu ⌜poetischen⌝ Stimmungen u. Reflexionen der verschiedensten Art. Ein nicht geringerer Vorzug des Stoffes war, daß das Pekuniäre keine zu große Rolle spielte und daß kein blos paßives Dulden darin, wie so ⌜oft, oder⌝ vielmehr in der Regel in Volksromanen. Auch nichts eigentlich Criminelles; die Häscher drohen nur als mögliche von fern.

Appollonius ist ein ächt epischer Held.

Hätte ich nur noch solch einen Stoff!

⟦169⟧ Der Hauptfehler auch des Planes von „Dämon Geld" liegt darin, daß die Handlung aus der Spezialität der Charakter ⌜hervorgeht,⌝ daß die Geschichte eigentl. zwischen verhältnißmäßig wenigen Figuren spielt und eben dieses Spiel aus den verschiedenen Entwickelungssphasen dieser Figuren heraus die ganze Geschichte ist.

In „Soll und Haben" ist nichts von einer dergleichen Entwickelung; nur ein Verhältniß wird episch entwickelt, das des Bürgerlichen zu den Adligen; es kommt immermehr zur Anschauung, für was die Adligen eigentl. die Bürgerlichen anse-

⌜Also eigtl. darin, daß die Char. nicht episch, sondern dramat. gedacht sind, d. h. daß sie von ihrer sittl. Seite aus construirt sind.⌝

⌜Ein⌝ eigentliches inneres Werden kann nur in Monologen künstlerisch dargestellt werden; es gehört also nur in's Drama und in das Epos, deßen Autor der Held der Geschichte selber ist. ⌜Kleinere⌝ dergl. Entwi-

hen. Es ist dies die Entwickelung eines sozialen Verhältnißes.

Man muß über eine einfache Sache mit guter Art viele Worte machen können. Das Umschreiben eine edle Kunst, die mir noch sehr abgeht. Das ist eine schiefe Fläche, während das psycholog. Detailliren eine Treppe ist.

Während vieler Szenen immer nur zu sagen: „⌜er⌝ wurde eitel." Jezt war sie es so sehr, jezt so sehr pp.

Ich könnte auch einen Roman in Hamburg, ⌜Bremen⌝ oder Lübeck wenigstens theilweise spielen laßen, nur müßte der Held, der selbst seine Geschichte erzählt, da fremd sein. Ungenauigkeiten würden dann nicht auffallen, zumal wenn er selbst sich unsicher erklärt, und besonders, wenn er gerade in affektvoller ⌜Stimmung⌝ war, ⌜die⌝ die Beobachtung schwächen. Er brauchte auch die Localitäten nicht so genau zu bezeichnen.

Rubriken für das Magazin:

Situationsmotive. Localitäten.
Charaktermotive.
Reflexionen, Stimmungen.

Es müßte sich eine Sammlung von Situationselementen anlegen laßen, ⌜welche⌝ man dann combiniren könnte.

Findling. – Geraubtes Kind. – Verwechseltes Kind. – Kind, das seine Aeltern nicht kennt. – Pflegekind. – Von den Aeltern für todt gehaltenes Kind. – Heimlich ohne Kenntniß seiner Angehörigen von diesen oder von Andern erzogenes Kind. – Nicht anerkanntes Kind. – Eigene Situationen zwischen Gliedern eines natürlichen Verhältnißes, Vater, Tochter; Mutter, Sohn, wo sich vielleicht das Stiefkind oder Pflegekind ⌜oder vernachläßigte⌝ als wahres, das ⌜ächte, verhätschelte⌝ Kind als de facto unächtes erweiset; auch viell. die Stiefmutter als ächte Mutter, während der Stiefvater als unächter Vater und umgekehrt. Gute Geschwister, der zweifelhaften ⟨Geschwister⟩ Halt, während ⌜diese⌝, verzogen, gegen jene nicht dankbar, indem sie noch immer d*as* Verhältniß im Geiste der vorziehenden und vernachläßigenden Mutter oder Vater betrachten u. ⌜jene⌝ daßelbe thun in der Naivetät der Herzensgüte oder aus Bravheit.

ckelungen können ebenfalls nur in Erzählungen ⌜der⌝ betreff*en*den Personen, in denen sie wurden, vorgetragen werden. Ein solch Bedürfniß hat die Romane in Briefen hervorgebracht. Am wenigsten geht es in der Erzählung, d*a*ß der Autor mehre gleichzeitige Entwickelungen darstellt; er wird damit stets zu abstrakt. Erzählt eine Person ihre Geschichte, so braucht man um so weniger die anderen Personen innere Entwickelungen erleben zu laßen, nur die Symptome der Motiven anzudeuten u. den Erzählenden ⌜und den Leser⌝ sich die Leute zurecht legen laßen, so gut er kann.

⟦170⟧

Die inneren Entwickelungen, Umkehren pp werden am besten concret als Entwickelungen des Verhältnißes zu Personen, welche dann gewißermaßen die Träger ⌜der⌝ Beschaffenheit, von welcher sich die Helden abwenden oder der sie sich zuwenden, sind, z. B. Joe Gargery der Beschloßenheit des Idylls, während Estella die des vornehmen, gebildeten, eleganten ⌜Lebens.⌝

Es ist ein großer Fehler, einen Romanplan auf Entwickelungen zu gründen, statt auf Begebenheiten, die ⌜die (ascns.)⌝ Personen allmälig exponiren. Höchstens auf eine, auf die des Helden.

Mein Hauptfehler ist eben immer noch ⌜der⌝ alte; es ist zuviel Einheit darin, zu wenig ⌜äußere Mannigfaltigkeit, daher⌝ Wechsel, d. h. in den Thatsachen. Der gegenwärtige Plan ist eigentlich aus Einem Stamme erwachsen; es sind zwar mehre Zweige, aber sie sind zu innig verbunden; die eine Geschichte geht aus der andern hervor, ⌜sie⌝ gehen nicht nebeneinander her, woraus Wechsel flöße. Je länger eine Erzählung, desto mehr und verschiedenere Stämme muß sie haben. Wahr ist es, der biographische Roman kann nicht so mannigfach in seinen Ingredienzien sein als die andern Gattungen. Das ächte ⌜epische⌝ Leben entsteht eben, wenn die verschiedenartigsten Geschichten neben einander zu einer mehr oder weniger gemeinsamen Katastrophe hinstreben und so daß das Movens <u>einer</u> Geschichte immer aus den andern hervorgeht. Es scheint, als ob die Tragödie die Tiefe u. Einheit, der Roman (Epos) die Breite und Mannigfaltigkeit des Lebens an Einem Falle versinnlichen müßte, so, daß dort die rel. Mannigfaltigkeit nur dazu vorhanden, um die ideale ⌜Einheit, hier⌝ die Einheit, um die Mannigfaltigkeit des Lebens daran aufzuzeigen, daß zur Klarheit komme, dort, wie der Mensch in den Geschicken der andern sein eigenes, hier wie die Welt ⌜aus⌝ den Geschicken der Einzelnen ⌜sich selber⌝ formt. Dort wirkt der ⌜Einzelne⌝ durch das Medium der Welt (die in ihm als sittliches Gesetz mitgesezt ist) auf sich selber; hier wirkt das Allgemeine durch das Medium ⌜der⌝ Einzelnen sich selber. Dort ist die That, hier die Existenz dargestellt; dort bedroht ⌜die⌝ Ausdehnung ⌜des einseitigen Willens⌝ die Existenz, um sie wiederherzustellen, hier zeigt sich wie die Existenz aus ⌜einer⌝ Mannigfaltigkeit von ⌜einzelnen Willen⌝ besteht, die sich gegenseitig neutralisiren, oder da[s]⟨ß⟩ der immer fortdauernde Prozeß dieser ⌜gegenseitigen⌝ Neutralisation der Kräfte ⌜der⌝ Bewußtheit und der Natur* eben die ⌜Weltexistenz⌝ ist.

*d. h. der einzelnen Existenzen

Ich dränge immer zu sehr auf das Uebergewicht des ⌜idealen⌝ Momentes in der Composition hin. Aber das Epos oder vielmehr der Roman soll ja eben zeigen, daß das Leben, die Welt auf einer Mannigfaltigkeit (der Motive) beruhe. In der Tragödie ist es, als habe ein Motiv, Eine Leidenschaft unternommen, sich an die Stelle der vielen zu setzen und sie von der Produktion des ⌜Lebens⌝, des thätigen Daseins auszuschließen, u. als rächte sich diese Ueberhebung ⌜an⌝ ihrer eigenen Einseitigkeit, d. h. Schwäche in der Stärke. ⌜Der⌝ Roman dagegen soll uns zeigen, daß eben die Breite der Welt sie selber ist, daß das allgemeine Leben stetig aus einer Unendlichkeit (die sie natürl. nur durch eine relative Mannigfaltigkeit andeuten und vertreten laßen kann, weil das ⌜menschliche⌝ Kunstwerk dem Blicke des einzelnen, endlichen Geistes klar übersichtlich daliegen soll, wie das göttliche, die Welt selbst vor dem Blicke des allgemeinen und unendlichen Geistes daliegt) der ⌜verschiedensten⌝ Quellen entspringt. Das Drama hat die Aufgabe, die Regel durch die Ausnahme zu beweisen, der Roman zeigt die Regel selbst, näml. daß das Einzelne nur als eine Welle ⌜im⌝ Meere des Allgemeinen dahinfließe, daß das allgemeine Dasein das Bestimmende u. Maßgebende für die einzelnen Dasein. Von dieser Seite aus gesehen ist die Tragödie ⌜s. z. s.⌝ ein Einzelfall aus dem Ganzen ⌜herausgenommen,⌝ so daß er seine ⌜scheinbare⌝ Größe eben nur seinem Alleinstehen dankt, der Roman dagegen ist eine relative Unendlichkeit solcher Fälle (das heißt eine Andeutung im ⌜beschränkten⌝ Maasstabe für ⌜den⌝ Menschenblick), von welchen keiner jene scheinbare Größe ansprechen kann, weil sie alle nach diesem Anspruche streben und einer den andern hindert, jene Extremität zu erreichen*. Eine Anzahl ⌜Tragödien- und anderer Keime⌝, die schon im Mutterleibe der ersten Entwickelung sich gegenseitig Raum u. Nahrung nehmen. –

So im Kampfe der histor. Mächte sind die Helden im Drama die Führer u. Repräsentanten der Mächte, im Romane (histor.) die Geführten, nicht die Erreger der Wirbel, ⌜sondern die Erreggten oder die Ruhigen, die ihre einzelne Existenz dem Wirbel abkämpfen, oder ihm folgend sich erringen müßen.⌝

*das, was wir Zufall nennen, welches eben aus der Complikazion der unendlich vielen Absichten u. reinnatürlichen Wirkungen d. h. Naturwirkungen entsteht, die wir nicht vollständig überschauen ⌜können,⌝ geht eben darum in das Epos ein.

Daraus die Regel für den Roman: Mannigfaltigkeit der Motive und ihre ⌜gegenseitige⌝ Neutralisierung. Aus den unter sich verschiedensten Motiven bringen die verschiedenartigsten (auch äußerl. in Stand, Beruf pp) Menschen die verschiedenartigsten Situationen hervor, die sich in der Person des Helden verschränkend treffen und die Wirkungen sind, die sein Schicksal ⌜formen⌝, wozu seine eigene Natur nur in untergeordneter Weise hilft. Er muß deßhalb eine große Elastizität u. ⌜Eindrucksfähigkeit⌝, dabei den mittleren Durchschnitt haben, der ihn für uns zu einem Spiegel dieser Agentien macht und zum Medium, durch welches die Agentien in ihm auf uns wirken. So ist in Pip die ⌜naive,⌝ allgemein menschliche Anlage, an der Beschloßenheit einfacher Zustände Freude zu haben ⌜(das⌝ Gemüth) durch das Idyll seiner Jugend gepflegt; ⌜die⌝ (romantische) Einwirkung ⌜der⌝ Havishamssituation weckt die eben so allgemeine menschliche Anlage des ⌜romantischen⌝ Strebens in ihm u. verdunkelt jene ⌜u. macht ihn an ihren Trägern schuldig⌝; von einer andern romantischen Situation aus (Magwitch) geht die Reaktion gegen die romantische Neigung ⌜deren Aussichten ihm genommen werden⌝ und treibt ihn wiederum zur Sehnsucht nach dem verlaßenen Paradiese seiner Jugend zurück. Dieses verschloß sich ihm durch seine Schuld und er findet einen halbresignirten Mittelzustand. Er hat blos die allgemeine menschliche, die durchschnittliche Fähigkeit, Eindrücke aufzunehmen, bewiesen, und diese wurde in ihm schuldig u. corrigirt; die eigentl. kämpfenden Mächte waren außer ihm und fochten nur in ihm ihren Kampf aus, er war erst idyllische Flur, dann Schlachtfeld romantischer Mächte; nun ist er jene wieder mit den starken Spuren des Kampfes. –

⌜Es müßte dann das Schlimme der großen Welt ebenso erscheinen, wie das der kleinen, u. sie wäre doch nur geduldet.⌝

Ihr Char*a*kter ist, d*a*ß sie „Temperament“ hat. Dieses kann zu ihrem Vortheil für Röse gegen den Schmied sich zeigen u. diesen reizen. Die Liebe selbst erscheint ihr da wie ein unwürdiges Erdulden, wie es die Gouvernante, die Trauben sauer nenn*en*d, da die Heldin sie sich doch um Liebe ⌜bemühen⌝ sieht. Sie zweifelt dann auch an der Existenz wahrer

⟦171⟧ So könnte meine Heldin sein; Rösens Geschichte macht ihr ⌜die naive⌝ Welt zuwider; die Critik ⌜welche d*a*s romantische⌝ Leben der Großstädter an ihren Umgebungen ausübt und der Reiz dieses Lebens selbst macht sie schuldig an dieser naiven Welt; die grelle Seite des Großstädterlebens und das Verlieren der ⌜Aussichten⌝ macht sie nach der alten Beschloßenheit und deren Gefährten sich zurücksehnen, aber der Rückweg ist ihr verschloßen. Die alte Bravheit, die nun wieder aufgewacht – auch in ihrem Abwege hat sie dieselbe nicht ganz verleugnet, aber sie ist eine kokette Spielerin mit der Liebe Anderer geworden, was sich dann rächt, wie sie nach jener ⌜wahren⌝ Liebe sich zurücksehnt und die nicht mehr zu haben ist, oder sie dieselbe, obgleich sehnend, doch zurückweisen muß. Wie sie gerechtfertigt ist, ist Christian nach Amerika;

es heißt dann, er sei verschollen, bis er wieder kommt. Die Naive hat ihm, den sie erst gelockt, gesagt: das könne er nicht verlangen. Sie hat im alten Instinkt der Heldin den Christian abgejagt, nun jagt sie ihr ihren nachherigen Mann ab – bei den andern glückt es ihr nicht – u. zwar gewinnt sie diesen wie früher den Lehrer, durch das Temperament der Heldin, da sie mißhandelt erscheint u. so auf das Mitleid wirkt. Der Besuch dann hat etwas Rache bei sich; die Heldin muß – und ist nun geduldig genug dazu – auch ihre wahre Schilderung der Naiven büßen u. erträgt das Preisen der Natur, das eigentl. mit ein Herabsetzen ihrer als Unnatur ist – in ihrer stillen reuevollen Resignation. Bis Christian wiederkommt, von gefälligem Benehmen, doch mit leeren Händen u. sie ihn heirathet u. seiner Familie versöhnt. – ⌜Der⌝ Tod der Röse war schon eine halbe Cur, aber nach Verwinden trat Langeweile auf die romantische Seite.

Liebe, daher pp Auch daß ihr Christian doch eigtl. widerwillen im Kopfe liegt, ist ein Grund des Spielens mit den Männern.

Äußerlich complizirt, innerlich einfach.

Die Heldin darf nicht soviel Schuld haben, daß wir ihr ernstlich gram werden.

Ich glaube, es ist beßer, die Base gibt die Heldin auf u. fällt viell. wirklich in die Schlingen der Naiven⟨*⟩. Die Heldin gewönne dabei. Natürlich dürfte sie dann nichts ahnen von dem {holen} Glücke. Am besten, wenn die Heldin die Base aufnähme, ⌜ohne⌝ Etwas von ihr ⌜zu⌝ hoffen zu haben. Wie dem nun werde, die anfängl. Absicht mit der Klugheit der Base u. ihrem Vorsehungspielen ist nicht recht realistisch.

⟨*⟩⌜oder sonst – verliert sie in falschen Papieren, was Xstian gewahr wird, wie sie ihr {Alles} ihm geben will; nun nehmen sie es u. laßen die Alte dabei, daß sie reich durch sie. (?)⌝

Hat die Heldin zuletzt eine Pension.

Wie steht sie zuletzt mit dem Stiefvater? Da er bereut, muß sie sich nicht seiner annehmen? Was wird überhaupt mit ihm? Natürl. muß sie nach seinem Thun damals ihn verlaßen.

Wenn es nun auch beim Stiefv. ein äußerlich angeflogener Rausch wäre, der ebenfalls ⌜wieder⌝ abflöge, d. h. wenn er nicht als sittlich so schlimm dastände namentlich in dem Thun, welches die Heldin von ihm scheidet. Wenn er selbst gestände, d. h. freiwillig.

Es zerfiele solcher Gestalt in drei Theile. Idyll. Flucht aus dem Idyll. Rückkehr in einen Mittelzustand.

Er müßte den Gedanken gehabt haben, ganz von der Idee, reicher zu werden als je ⌜für⌝ das Mädchen mit*, das er liebt u. nach seiner Weise glücklich machen wollte, ⌜gefangen;⌝ dann

*denn deren Schande trifft ihn tief mit, da von ihm bewirkt, u. eben weil er fühlt,

er muß sie rehabilitiren, verfolgt er den Gedanken; der des Mädchens kommt vom Bücherlesen u. sie wird ihn fahren laßen.

Dann wäre wirkl. sein Hauptgedanke, kein Stiefvater zu heißen, aber in dem Verfolgen deßelben ist er nicht consequent, geht er in Nebenverlockungen ein u. verfällt er selbst dem Fluche des Reichthums.

Er kann sich einmal kein Glück ohne Reichthum denken

zu Rathe halten und an einem andern Orte zu leben, wo Niemand weiß. Er darf ihren Romanideen nicht nachgeben. Er schont ihre Romanideen im Anfange, dann sucht er sie davon zu curiren u. von den altfränkischen Vorstellungen der Base, der ⌜er⌝ sie deßhalb auch entzieht. Er sieht recht gut den Balken in des Wirthes und der ⌜andern⌝ Kleinstädter Augen ⌜u. weiß sie sarkastisch zu kritisiren⌝, aber den eigenen nicht. Er hat seine Theorie u. alle seine Spekulationen sind philanthropisch und weltmännisch zugleich; er will den Armen nützen, aber sie nicht verweichlichen. Er legt seine Spekulationen mit dem besten Willen an, aber er hat nicht die Beharrlichkeit der Ausführung; da ihm einmal oder 2mal das Glück zu Hülfe kommt, rechnet sein Sanguinism auf öftere. Er ist ein glücklicher Redner u. hört sich gern und täuscht sich selbst am meisten. Zulezt nun wird er noch durch den Schmied ein Spieler. Das Mädchen sieht die Veränderung in ihm, aber nur sie; denn nach außen hält sich die Eitelkeit wacker. Sie sieht auch, wie immer mehr der Schmied zum Herren wird, sie ahnt Etwas und erlauscht es zulezt. Dies in Szenen. Er ist naiv und geht nur von einem falschen Satze aus. ⌜Reichthum ist Selbständigkeit, Freiheit, Ehre; der Reiche ist nicht solchen Versuchungen ausgesezt.⌝

Mit der „Naiven"; die reizt sie allemal erst zu einem Ausbruch, wo denn die Naive dann allemal die ungerecht Verlezte erscheint.

Der Stiefvater kommt als vazirender Gesell in die Mühle, die, was er nicht weiß, jezt wiederum die Base bewirthschaftet. Denn das Resultat ist, daß das Geld blos als Mittel zur Unabhängigkeit u. Wohlthätigkeit anzusehen sei und der Mensch dasei, sich u. ⌜Andere⌝ nach Kräften glücklich zu machen, wozu die Arbeit das beste Mittel. Bildung gehört zum Glücke, daher muß man sich die Mittel zur Bildung erarbeiten. Die Heldin nahm der Base Geld nicht an; Selbständigkeit! Gut, mit Mühle ⌜bei einer Stadt⌝ verbunden; da im Wohngebäude in schönster Gegend die Pension, die allmälig aus einer Kleinkinderschule geworden. Dem Gesellen, alternd schon, scheint Manches in Einrichtung u. Verzierung aufzufallen, ⌜ein⌝ kleines Mädchen kommt daher. Er nennt den Namen; das Kind hört darauf. Der alte Gesell bricht in Schluchzen aus. Es kommen Leute hinzu pp. So treffen sich die Personen wieder. Ist Christian als englischer Sprachlehrer an dem Pensionate, welches viell.

„Ich schwor, wenn ich genug hätte, dich aufzusuchen pp⟨"⟩

unter einer andern ⌜Prinzipalin war⌝, als er angestellt wurde. Er hat sich ebenfalls um Bildung bemüht. Vor ihm war die Heldin durch eine vornehme Bekannte, die ihr viell. die Nachricht bringt bei Begegnung, daß ihre Ehre gerettet sei⟨,⟩ hier angestellt worden; dieselbe hat den Christian hierhergewiesen; viell. hat diese Bekannte ihr Schicksal von ihr gehört – viell. ein Mädchen, welches nicht so mitmachte u. sich ⌜{wirkl.}⌝ aristokratisch hielt, aber an der Heldin Gefallen fand, aber der Andern wegen sich nicht näherte, ihr auch bei dem Scheinglanze Etwas ansah.* Viell. hier ein Gespräch dies*es* Mädchens mit ihrer Mutter über sie; sie, die Heldin weiß ihr damals Dank für die Freundlichkeit im Blicke, ja die Annäherung*, die die Heldin sehr rührt, ⌜obgleich sie ablehnt, sie⌝ ist es, die der Heldin Spuren ausfindig macht⟨*⟩, mit großem Zartgefühle sie erforscht, was sie treiben will u. kann, ihr die Stelle schafft u. sie öfter besucht, auch von ihr besucht wird. Sie ist nun eine junge Frau u. ruht, da sie die Gesch. der Heldin weiß, nicht eher, bis sie auch von Xstian Nachricht hat und diesen herüber u. hierher gespielt. Wie die Prinzipalin sich zur Ruhe sezt, greifen ihre beiden Hände, Ch*ris*tian u. die Heldin zusammen, die Sache auf ihre Rechnung fortzuführen. Viell. auch wankt der alte Müllergeselle weiter oder er stirbt da; es ist beßer, wenn er weg ist. Er hat gestanden freiwillig, nachdem sie fort. Auch der Base Hersiedeln macht d*a*s Mädchen; ihr Mann, den sie gepflegt, ⌜ist⌝ gestorben; sie kauft d*a*s Gut; des Mädch*ens* Agent hat es besorgt, ⌜aber⌝ nicht den Namen gesagt. So wird es eine Ueberraschung. Da die jungen Leute wiederum – obgleich sie sich ⌜da×...×⌝ an den Christian wandte[,] ⟨–⟩ ⌜das⌝ Gut nicht nehmen wollen, so gibt sie es auf; sie erben es ja doch.

⌜*oder⌝ viell. Gespräch, das ⌜die⌝ And*ere* ahnen läßt, was in ihr vorgeht. Sie {schien} in {ihrem} aise zu sein. pp

*da die Anderen ferner von ihr bleiben? Oder auch nicht. Sie hat sie bedauert, d*aß* sie in diese Gesellsch*a*ft gekommen – von Schmiedes wegen; es sind die Töchter von deßen Bekannten. ?

⟨*⟩⌜die erst abwenden will u. sagt: ich bin nicht eine Gefährtin, die Ehre bringt; diese {muß aber}. Sie wird ohnmächtig, in den {Wagen gehoben} pp⌝

⟦172⟧ ⟨*Notizen: Bücherliste*⟩

Bulwer geb. 1803. Weed and wildflowers (1826) } metrisch.
O'Neill, or the rebel (1827) }

Falkland 1827. Pelham 1828 (gesellschftl. Leben in den höheren Kreisen) dies gründete seinen Ruhm. The disowned, u. Devereux ⌜(1829)⌝, ein histor. Roman, unter deßen Charaktern sich die treffl. Schild*er*ung des Lords Bolingbroke auszeichnet. Paul Clifford (1830), eine polit. Satyre, ein Roman aus dem Leben der mittleren Volksclaße, ganz verschieden von seinen Vorgängern. The siamese twins (1831) witzige metr. Satyre, wo er nicht so glückl. als in der ernsten Satyre. Eugene Aram 1832 theilt die Vorzüge seiner Vorgänger (Richard hat gute Uebersetzungen geliefert). „Als Hauptverdienst erscheint in diesen Werken eine kräftige, wenn auch nicht immer scharf individualisirende Charakterschilderung und so seine Menschenkenntniß, daß man mit Recht bemerkt hat, es finde sich in seinen Romanen der Stoff zu einem trefflichen englischen Rochefaucauld, nur von edlerem Gefühl, woran es dem Franzosen fehlt."

Ich lese jezt die „Caxtons" v. Bulwer, ohngefähr in der Manier Sterne verwandt. Es ist doch eigen, wie ganz andern, angenehmeren Eindruck ein Roman hat, wenn er uns nur „gute Leute⟨"⟩ vorführt. Darin hat der humoristische Roman unter denen, die die Gegenwart behandeln, dadurch einen Vorzug, daß er keinen eigentlichen Bösewicht bedarf, weil er die Hinderniße, welche den Guten in den Weg gelegt werden, aus Wunderlichkeiten ⌜u. nicht bösen Leidenschaften⌝ sonst nicht böser Leute ableiten kann, worin der Erbförster als Roman betrachtet, deßen Held natürlich Robert werden müßte u. der gut abliefe, ein Beispiel wäre. Der historische Roman, wo er das Böse nicht mit der Criminaljustiz zusammenzuthun braucht, ⌜und⌝ den Boden des Naturrechts festhalten ⌜kann⌝, kann böse Teufel ⌜anbringen⌝. W. Scott hat in seinem Astrologen ⌜die⌝ Klippe des Unschönen, welche die Criminaljustiz ⌜in⌝ den Roman bringen kann, recht schön vermieden.

Die Folge der Epochemach*en*den engl. Romanschreiber.

Richardson.
Fielding.
Smollet.
Sterne.
Goldsmith
W. Scott. Waverley 1814. Eduard erschien 1822 in deutscher Uebers*etzung*.
Cooper. Der Ansiedler v. Susquehannah. 1824 ⌜⟨Uebers.⟩⌝
W. Irving.

Bulwer. Falkl. *1827*. Pelh. *1828*. Falkl*and*. 1831 ⌜⟨Uebers.⟩⌝
Boz.
Currer Bell.
Elliot.

⟦173⟧
Wahrscheinlichkeit, mathematische u. philosophische.

Die erste, welche sich auf die empirischen Verhältniße des gemeinen Lebens vorzugsweise bezieht, tritt ein, wenn man unter den möglichen Fällen einer und derselben Sphäre für den Fall, daß es anders sei oder kommen werde, die wenigsten Gründe hat. Die Berechnung der Fälle ⌜Für⌝ und Wider ist die Wahrscheinlichkeitsrechnung, welche einen Theil der praktischen ⌜Arithmetik⌝ ausmacht. ⌜Laplace. Philosophischer⌝ Versuch über Wahrscheinlichkeiten, übers. v. Plönnies. Heidelb*e*rg 1819.

Die philosophische gründet sich auf die Vielheit der Fälle. (Fries ⌜System der⌝ Logik). Die Schlüße sind hier Induktionen, ⌜Analogie⌝ u. der Schluß durch Hypothese.

Die ästhetische beruht auf der Illusion. Daß Etwas, was als geschehen oder sich ereignend vorgestellt wird, von uns, nach den von dem Künstler ⌜zu⌝ machenden Grundbedingungen der Darstellung, als wirklich genommen werden könne.

„Es ist mit den nachgeahmten Gesprächen nicht wie mit den wirklichen. ⌜Bei⌝ diesen sehen wir die Personen vor Augen und unterscheiden sie durch die Anschauung, bei jenen aber können wir die Personen nur durch ihre Reden erkennen und von einander unterscheiden. Wenn wir aber nicht mehre redende Personen unterscheiden können, so hat das etwas Widersinniges an ⌜sich, die⌝ gegebenen Reden als ein Gespräch betrachten zu sollen. Jede auftretende Person muß also in ihrer Art zu denken, zu empfinden, zu begehren⟨,⟩ sich auszudrücken etwas Eigenes haben und dieser Eigenthümlichkeit getreu bleiben. Daher alle diejenigen Stoffe, die sich nicht aus verschiedenen Gesichtspunkten betrachten laßen, oder bei denen überhaupt sich jene Verschiedenheit in den Charakteren der Personen nicht zeigen kann, sich für das nachgeahmte ⌜Maas Rhet.⌝

Gespräch nicht schicken, obgleich sie in dem wirklichen gar wohl abgehandelt werden können." S.z.B. Untersuchungen der reinen Größenlehre.

„Die Schreibart ist fließend, sofern die einzelnen Sätze der Rede so aufeinander folgen, daß der Uebergang von einem zum andern leicht ist. Es dürfen also bei der fließenden Schreibart niemals viele Zwischenvorstellungen übergangen werden, die zum Uebergange von einem Gedanken zum andern gehören, und die also der Leser oder Zuhörer hinzudenken müßte, wenn sie nicht mit ausgedrückt würden. Denn dieses würde einen Anstoß oder Aufenthalt ⌜veranlaßen⌝ und also den leichten Fluß der Rede verhindern. Insbesondere müßen auch die einzelnen Ausdrücke so gewählt und im Zusammenhange so gestellt sein, daß sie nirgends eine ⌜Schwierigkeit⌝ (auch nicht für die Aussprache) oder einen Anstoß bei dem Uebergange von einem Satze zum andern verursachen." – –

⌜Komisch⌝

„Wer also den Gedanken seiner Rede komische Kraft geben will, der muß darin etwas Widersinniges vorstellig machen und zwar dergestalt, daß es nur von Seiten seiner Widersinnigkeit, nicht aber von Seiten des darin liegenden (natürlichen oder sittlichen) Uebels betrachtet werde. Denn je mehr dies geschieht, ⌜desto⌝ mehr wird das Gemüth zum Ernste, und desto weniger also zum Lachen gestimmt." (Wenn daher ⌜die⌝ Widersinnigkeit ⌜zwischen der Verstandes-⌝ und der Vernunftzweckmäßigkeit ist, entsteht der Humor, welcher deßhalb ⌜angenehmer⌝ wirken muß, ⌜als⌝ das Komische, weil ⌜er⌝ zu dem Reize des Komischen ⌜noch an sich⌝ die Befriedigung unsers ⌜Gefühlsvermögens⌝ durch die Uebereinstimmung mit der Vernunft u. ⌜die⌝ aus alledem entstehende Rührung bringt – (näml. aus dem Contraste der Idee mit der ⌜Wirklichkeit⌝).⟨)⟩

Der D. Quixote wirkt deßhalb so poetisch, weil gar keine eigentlich bösen Elemente darin sind. Dies scheint überhaupt die Bedingung des humoristischen Romanes. Es laßen sich mehre Fälle denken, ⌜wenn⌝ Böses im Stoffe liegt, d. h. wenn ⌜böse⌝ Menschen und damit unsittliche Thatsachen im Stoffe sind. Entweder die Bösen selber sehen nicht, daß sie böse, sondern meinen sich ⌜und⌝ ihr Thun gut, wenigstens entschuldbar, oder der Poet thut, als sähe er das Böse nicht, sondern nur das Widersinnige darin. Im ersten Falle kann der Betreffende ein leichtsinniger u. sogar gemüthlicher Bursche sein, deßen Nachsicht mit seinen eigenen Fehlern uns aus allgemeiner Menschenliebe zu kommen scheint und mit dergleichen Mitleid verbunden, dazu von unverwüstlicher Heiterkeit und Behagen pp. – ⸢Nun, so einer ist Fallstaff.⸣

⟦174⟧

Ein poetischer Roman, der den möglichst angenehmen Eindruck machen sollte, müßte ein humoristischer sein, wenn der Humor auch nicht stark hervorträte. Denn es gälte, das zu mindern, was in der Wirklichkeit eben jener Befreiung von Bedürfniß, vom Verkehrten, ⸢(Bösen u. Dummen),⸣ von der Noth des Daseins, der menschlichen Gebrochenheit (Mangel an Harmonie der Eigenschaften u. Kräfte) und ⸢Gebundenheit⸣ hindert, die das Wesen und der Grund des Gefallens der Poesie, ohne doch die Wirklichkeit zu verlaßen, in welcher all das eine Rolle spielt, welche wesentlich ist. Und der Humor gäbe das Mittel an die Hand, durch bloses Mischen der Bestandtheile der Wirklichkeit und des Ideals (⸢unserer⸣ Wünsche, wie die Wirklichkeit sein sollte) jene Befreiung zu bewirken.

Das Bedürfnis ist relativ; alle Schranke ist Schranke nur, weil sie gefühlt wird, also wenn sie gefühlt wird. Die Enge selbst wird weit, wenn der, welcher in sie gebannt ist, in der äußersten Expansion, die seiner Natur möglich, nicht an die Schranken stoßend schmerzlich ⸢ihrer⸣ bewußt wird. Wenn der Vogel im Bauer diesen Bauer für die Freiheit hält, so ist sie ihm Freiheit. Denn eine absolute Freiheit gibt es nicht, es sind nur verschiedene ⸢Proportionen⸣ der Wünsche des Wesens zu dem, was er zu haben glaubt. Der Contrast zwischen dem engen Raume und der Meinung ihres Insaßen⟨,⟩ ⸢[die] ⟨der⟩ ihn für weit hält⸣⟨,⟩ ist komisch und rührend, ja groß, ⸢zugleich also dem⸣ Humor angehörig. Eine Geschichte muß Hinderniße haben, ein Bild Schatten. Ist das Verkehrte, das sich als Hinderniß unserer Sympathie mit dem Helden entgegensezt, nur in den Augen des Verstandes verkehrt, ⸢so⸣ wird es uns nicht häßlich erscheinen; stimmt es gar mit der Vernunft, so haben wir mit Licht schattirt. Wird uns das Böse nicht als solches, sondern nur als ein Verkehrtes vorstellig gemacht, so wird es uns komisch, nicht abscheulich. Aber ein sehr feines Maas ist hier zu halten. Der moralische Maasstab muß uns überall im ganzen Werk fern gehalten werden und die ⸢Verkehrtheit⸣ darf nicht in ernste Noth führen, sonst mischt sich unser moralisches Gefühl dennoch ein und zerstört den ganzen Zauber. Da der Roman gleichwohl das bedarf, was man Noth nennt (nicht im pekuniären Sinne), so hilft uns der Humor mit einer Noth aus, die nur für den Betreffenden eine Noth ist, weil er sie dafür ansieht, die aber dem Leser nicht als wirkliche Noth erscheint. So ist es mit dem Bösen; der in Noth, kann sie der Bosheit Anderer zuschreiben, wenn nur der Leser weiß, daß entweder diese Bosheit der betreffenden Andern nicht existirt oder auch diese Andern, die Bösen, die der Held für die Urheber seiner Noth hält, nicht existiren, als nur in der Phantasie des Helden. So ist auch die ⸢Dummheit⸣ selbst, sofern sie ihren Träger ⸢u. Andere⸣ nicht unglücklich, ja wohl gar glücklich macht, lediglich ergötzlich und der Dichter kann machen, daß wir den Dummen um seine Dummheit, d. h. mit seiner ganzen Existenz beneiden. Ist die Beschränktheit nur im Verstande und mit Freiheit in den Augen der Vernunft und Phantasie verbunden, so ist der Gewinn größer als der Verlust und dieser Contrast eine reiche Quelle des Ergötzens. Nur immer und bei all diesen Fällen vorausgesezt, daß nicht wirkliche Noth, d. h. solche, die der Leser selbst für ein Uebel halten müßte, daraus hervorgeht. Ist das mit der menschlichen Gebrochenheit nicht der Fall, sondern besteht in einem unschädlichen – wie man am Ende sehen muß, daß ⸢er es⸣ war – Contrast zwischen Ideal und Wirklichkeit, d. h. den Ideal- und weltlich praktischen Vermögen im Menschen, bei dem das erstere unverhältnißmäßig überwog, so wird uns auch diese Gebrochenheit wegen des größeren angenehmen Mischtheils [uns] ergötzen und die Gestalt uns desto lieber werden, jemehr wir über sie lächeln. Das eigentliche Lachen darf nur dann erregt werden, wenn wir gewiß sind, daß unsere Achtung vor dem Gegenstande deßelben dadurch nicht leiden wird. ⸢Sonst mag es eine⸣ andere Gestalt treffen, als den Helden. Je naiver die Figuren dabei, je mehr die betreffende im Ernste mit ⸢sich⸣ zufrieden, mit je mehr Bewunderung sie dies ihr eigenes Thun anschaut, je tragischer und erhabener ihr das eigene Leiden erscheint, je mehr sie in beidem gewiß ist, daß jeder Betrachter es mit denselben Augen anschauen müße, als sie selbst, ⌜desto⌝ herzlicher, stärker und befreiender (schöner) wird des Lesers Lachen oder Lächeln sein.

Man sieht, wie im Tragischen, geht auch im Humoristischen die Ergötzung aus einem Contraste hervor. Diese Ergötzung ist nicht beßer und sicherer zu erregen und zu erhalten und hat die Tiefe und Solidität vor ⌜allen⌝ äußerlichen und zufälligen ⌜Contrasten –⌝ welche aber neben dem Hauptcontraste herlaufen ⌜können⌝ und nicht absolut zu verwerfen sind – voraus, wenn sie auf einen Contrast im Charakter ⌜der Haupt⟨-⟩Personen⌝ und wiederum auf einen solchen zwischen den ⌜Charakteren der⌝ Hauptpersonen gebaut sind. Zwei widerstrebende Elemente, das eine etwa der Vernunftsphäre, das andere der Verstandessphäre ⌜angehörend⌝ als Hauptzüge des Charakters gesezt. Damit haben wir den Keim eines reichen Materiales, ein Ehepaar mit einem Volke komischer Kinder in den Lenden, deren Gelegenheitsmacher nur der Autor zu sein braucht, indem er ⌜eine⌝ Situation erfindet, die gemacht ist, den Widerspruch immer wieder in's Spiel zu setzen in ihrer Entwickelung. Der Held wird sich am besten, wie der tragische, selbst die Aufgabe setzen, die seine Beschaffenheit unlöslich macht und ihn in Leiden versezt, welches aber nicht wie beim trag. Helden auch dem Zuschauer als solches erscheinen darf, und zu einem epischen Austrage oder ⌜zu⌝ einem Siege führt, der ebenso blos in des Helden Phantasie existirt, wie sein Leiden.

←Im ersten Falle sind beide, im zweiten ist der Held, im dritten der Dichter komisch. Wie die Tragödie das Gewißen, so hat der humoristische Roman die Phantasie des Helden zur eigentl. Szene, welche auch das Äußere mit ⌜der⌝ Farbe ihrer Stimmung färbt u. sich mit ihren eigenen Geschöpfen bevölkert, wie dort ⌜vom⌝ Gewißen (Macbeth), mit dem Gedanken der Schuld, hier von der Phantasie mit der Ueberspannung des Vernunftideals erzeugt

⌜Der⌝ Held muß völlig ernsthaft sein, der Dichter kann diesen Ernst zu theilen scheinen. Die Noth kann in der Phantasie des Helden sein und ⌜zugleich⌝ in der des Dichters scheinen; oder sie ist blos im Helden oder ⌜scheint⌝ blos im Dichter. *→Im ersten*

⟦175⟧ Auch darin ist das Drama (die Tragödie) in mir noch zu mächtig, daß ich auf das Sittliche bei meinen Entwürfen zu großen Akzent lege. Aber der humoristische Roman spielt nicht in dem Gewißen des ⌜Helden, wie die Tragödie⌝, sondern in seiner ⌜Phantasie.⌝ Vernunft u. Verstand entzweien sich und decken sich nicht mehr und verfallen Beide in ihrer Isolirung der Komik; das absolute Ende dieses Kampfes, und werde er nur in des Lesers Seele ausgefochten, ist die Versöhnung. In der Tragödie ist der Kampf zwischen der Leidenschaft u. der Vernunft, die sich trennen. Hier macht sich die Leidenschaft los von der Vernunft, dort die Vernunft von dem Verstande; dort ist das Schlachtfeld u. die Szene das Gewißen, hier die Phantasie.

Aus der Geschichte des alten Hartlaub wäre vielleicht etwas zu machen, wenn wir noch einige Originale darin mitspielen ließen. Des Menschen Leben in der Phantasie. Die meisten, die an dem allgemeinen Gedichte dichten, waren nur dem Grade nach von dem verschieden, über den sie sich so stolz erhoben und die wenigsten davon hätten diese Charaktergüte und Größe beweisen können an seiner Stelle. Ja, er übertrifft sie auch an Weisheit; er stellt vortreffliche Betrachtungen an über die wunderbaren Vorfälle, die man ihm weismacht. Er wird an seinen vermeinten Erlebnißen ein Philosoph u. weise* u. so stirbt er.

*was die andern an ihren wirklichen nicht werden.

Apparat

GSA 61/VII 12, Deckblatt *obere Seitenhälfte, leicht nach links versetzt:* Roman. I.; *Bearbeitungsspuren vfH: Titel rot unterstrichen; rechts oben alte Signatur, vom Archivar durchgestrichen, darunter:* in Kasten VIII gelegt; *rechts unten neue Signatur*

GSA 61/VII 12, Deckblattinnenseite *obere Seitenhälfte:* 37 Zeil*en*, à ~~19~~20 Sylb*en* / Thomas Platter u. Felix Platter, zwei Auto⟨bio⟩graphieen von Dr. D. A. Fechter, Basel 1840. / K. A. Müller, das (sächsiche) Söldnerwesen in den ersten Zeiten des 30jährigen Kieges. / Jacobi v. Wallhausen, Kriegskunst zu Fuß 1615. – J. v. W. Kriegsmanual, 1616. Kriegsk*un*st zu Pferd. 1616. Archiley-Kriegsk*un*st. 1617 (Artillerie). Defensio patriae ʃ1621ʃ / Rüstow W. Geschichte der Infanterie. 1857. / Grimmelshausen, Seltsamer Springinsfeld. – Landstörzerin Courage. / Pasquillus {~~Noous~~} Norus, der Hußeer. 1546. 4. 9 Bl. / Kursächsiche Reiterbestallung. 1619. {Schwedisches Kriegsrecht.} 1631. / Adam Junghans von der Ol*ß*nitz, Kriegsordnung zu Wasser u. Land. 3 {Ausg.} Köln. 1598. / Fron|s|~~×~~perger, Kriegs~~s~~buch: 1596 pp. / Simplizissimus. / New-Alamodische Sittenschule. 1662. 16. / Die Badenfahrt von David Heß. 1818. (Baden bei Zürich; histor. Data aus frühern Jahrhund*er*ten.) / Archiv für die Herzogl. Meiningenschen Lande, II, 1834 (darin Biographie Anton Ulrichs.⟨)⟩ / Der Wasunger Krieg v. A. v. Witzleben. 1855. / Beschwerdeschriften des Meininger Hofes gegen A. Ulrich von 1721, 33, 45, 47 ({~~im~~} ⌋als⌋ Manusc. gedruckt). *rechts neben der Bücherliste:* der ʃkurʃfürst. Hofprediger Hoe, der böse Geist des Kurfürsten. *untere Seitenhälfte, Hsp:* Gute Mehlwürmer Hauptstr*a*ße N° 6. II. Verkauf Sonnab*en*ds u. Sonntags bei Adam. *links daneben aäR:* Mi~~ss~~ss Cumming, der Lampenwärter. 21 Aufl. geh. ½ rl. / mit 16 Illustr. v. {Fr.} Gilbert geh. ⅔ rl. Friedlein. / Leipzig. *mit Abstand weiter in Hsp:* Bei Leubner. Convers*ation*slex., neueste Aufl*a*ge 16 Bde, nebst 3 Jahrgängen Suppl.: Unsere Zeit bis 1861. ({zuh.} 27 ½ rl. L*aden*preis) nur 12 rl. / Pierer Universallex. nebst Supplem*en*ten (welche Aufl*a*ge?), 37 Bde, schön geb*un*den mit Atlas (L*aden*preis 37 rl.) 14 rl. / ~~Deßglei~~ Works of Shakesp. in 1 B. 1 rl. 20 ngl. Deßgl. in 7 Bd. 2 rl. 12 ngl. / C. Brandt. 1199. Schule der Höflichkeit für Alt u. Jung v. Ru~~h~~mohr. 2 Bde. / 6726. Enk. Von der Beurtheilung Anderer. / 7243. Beobachtungen über d*a*s Gefühl des Schönen u. Erhabenen v. Kant. 1771. / 7245. Logik, ein Handbuch zu Vorlesungen. 1800. v. I. Kant. / Maaß, I.G.E., Grundriß der Logik. Vierte, verm. u. veränd. Auflage. 1823. 1 rl. 4 ngl. *fälschlich gnl geschrieben; links daneben aäR:* ~~Hö~~ Löhr, Künst~~er~~ u. Gewerbe ~~×...×~~ (104) 3 rl. (15 ngl. bei Löser Wolf⟨)⟩ / Handbuch der gebräuchlichsten Ausdrücke bei der Elbschiffahrt. / Diller, Pirna. 10 ngl. / Walter Scott, Romane. 1 Bdchen à 2 ngl. Brüder Schuhmann. / Kenilworth 7 Bdch. Waverley, Nigel, Robin d. R., der Abt à 7 Bdchen. / Schw*a*rze Zwerg 2, Herz v. M. Lothian 5. Presbyterianer 6. Braut 5. / Montrose 3. Q. Durward. 8 Kloster. 6. / Lehrbuch der Stenographie v. Prof. Rätzsch *mit Abstand weiter in Hsp:* ⟨*Trennstrich*⟩ / Patriarch Adams, {Conver.} I S 11. ~~Bech~~ Beechey, Narrative of a voyage to the Pacific and Beering straits. / ⟨*Trennstrich*⟩ / Bei Hoffmann in Stuttgart. Bibliothek claßischer Romane des Auslandes. Warrens 6 Bde in 22 L*ie*ferungen, Boz / 21 Bä*n*de in 73 Lief*erun*gen, Marryat *y- oder Umlautstriche gestrichen*, 20 Bde in 63 Lief*erun*gen; Scott 25

Bde in 93 Lieferungen; Cooper 30 Bde in 110 Lieferungen. / Lieferung à 12 {xr}, 4 {Ngl} Jeder Roman zu etwas erhöhten Preisen einzeln zu haben. / Copperfield 2 Bde, Blackhouse 2 Bde, Chuzzlewit 2 Bde. Dombey, 2 Bde. Nicolas Nikleby 3 Bde. Barnaby Rudge 2 Bde. / Klein Dorrit 2 Bde, Humphreys Wanduhr. 2 Bde. Jeder andere Roman in 1 Bd. (wahrscheinl. 1858 angezeigt). *links daneben aäR mit Trennstrichen zur Hsp:* Claßiker des In- u. Auslandes, 16. Berlin. Hofmann. / 13., Engel, der Philosoph für die Welt. 7 ½ ngl. 1–5. D. Quixote v. Tieck / 1 rl.. 12., Engel Lorenz Stark 5 ngl. 13. Töpfer Genfer Novellen 12 ngl. / 30. Beranges Lieder, v. Silber×...× 6 ngl. 35–38. Lesage, / Gil Blas v. Barrasch ʃ3 Bdeʃ 22 ½ ngl. 39–~~24~~2. Tristram / Shandy, 2 Bde 22 ½. 43. 44 Lesage, der hink*e*nde Teufel 2 Bde. / 9 ngl. 45–48. Immermann, Münchhausen 4 Bde 7 rl 6 ngl / 56. Burns Lieder u. Balladen. 6 ngl. / ⟨*Trennstrich*⟩ Dickens, gesamm. Werke, üb*e*rsezt v. J. Seybt. Volksausg*a*be / in 24 Bde. Leipzig 1861. Wiedemann. à Bd 10 ngl. = 8 rl. / Scotts ausgew. Romane in 9 Bde 2 rl. (9 rl). Sigis- / mund {Löwg}.

GSA 61/VII 12, 1 *aoR* Otto Janke, Verlagsbuchh., Anhalterstraße № 11. Berlin

GSA 61/VII 12, 2 *vacat*

GSA 61/VII 12, 3 *Bearbeitungsspuren vfH: Absatz* NB. Dieser Chester ... erzielt. *und zugehörige Marginalie mit Rot- und Bleistift markiert*

5,5 Der] ~~2~~**D**er 5,6 Fräulein] *u-Markierung über* n *gestrichen* 5,7 geben] {~~l~~}**g**eben 5,28 dem] d~~as~~**em** 5,30 junge] ʃjungeʃ 5,37 von] ~~de~~ von 6,10 Muttermalblutstropfen] ~~einen~~ Muttermalblutstropfen **Marginalien:** 6 wie] ʃwieʃ

GSA 61/VII 12, 4 *Bearbeitungsspuren vfH: Marg.* Kunst ... Weise. *und Marg.* Contrastirte Ch. ... innen. *mit Bleistift markiert*

6,22 bleiben] ~~z~~**b**leiben 6,34 Der] ~~E~~**D**er 7,9 mit] ~~seinen Feind~~ mit 7,16 Man] ~~Zugleich~~ Man 7,17 Fleck] Fl~~l~~eck 7,18 Geoffrei] ~~Har~~ Geoffrei

GSA 61/VII 12, 5 7,38 Dolly] ~~Getans~~ Dolly 8,27 beim] ~~d~~**b**eim 8,32 Der Mann] *links darüber aZa* ~~19. K.~~ 8,38 19. K.] |19.| ~~20.~~ K. 9,7 furchtbare] ʃfurchtbareʃ **Marginalien:** 9 21. K.] *aiR*

GSA 61/VII 12, 6 *Bearbeitungsspuren vfH: Absatz* NB. Man ... umgekehrt. *mit Bleistift markiert*

9,19 Heldin u. das] Heldin *danach Komma überschrieben mit* **u.** ~~das~~ das 9,24 Ueberfalls- u. Rettungs-geschichte] Ueberfallsʃ- u. Rettungs-ʃgeschichte 9,31 ihn] ~~sich~~ ihn 9,31 feines] ʃfeinesʃ 10,1 Wieder-Einschlafen.] ʃWieder-ʃEinschlafen. 10,7 unschuldig] ~~se~~ unschuldig 10,23 hätte] h{~~ab~~}**ä**tte **Marginalien:** 10 Gespräch] Gespräch ⁎

GSA 61/VII 12, 7 11,5 Chester] ~~Hare~~ Chester 11,23 33 K.] *dahinter, schwach erkennbar* 5 11,39 K. 36.] K. 36. ~~p~~ 12,1 K. 37.] K. 37. ~~H~~ 12,4 Gashford] G~~h~~ashford **Marginalien:** 11 3ter Theil] *aiR*

GSA 61/VII 12, 8 12,25 41.] *danach begonnener Buchstabe* 12,28 Er geht ... Beweger.] *später aAe und zdA eingefügt* 12,29 Versammlung] ~~p~~**V**ersammlung 12,29 Protestant.] Pro~~××~~**te**stant. 13,8 Gentlemen] Gentlem~~a~~**e**n 13,9 Schwindelnden] ~~s~~**S**chwindelnden 13,11 44. K.] *links daneben aZa undefinierbares Zeichen* 13,21 von Haredale,] ~~(~~von Haredale~~)~~ *danach Komma korr. aus Punkt* 13,30 Friedensrichter] ~~Lan~~ Friedensrichter

GSA 61/VII 12, 9 14,21 Gashford] G~~h~~ashford 14,24 Zeitung] ~~Anf~~ Zeitung 14,25 der] d~~ie~~**e**r 14,28 Hugh] {~~s~~}**H**ugh 14,38 Hugh rettet ... Leben.] *später aAe und aäR eingefügt* 15,4 Des] De~~rs~~ 15,8 Den] ~~×~~**D**en 15,17 auch] ∫auch∫ **Marginalien:** 15 6ter Thl.] *aiR*

GSA 61/VII 12, 10 *Bearbeitungsspuren vfH: Absatz* Boz ... Roman. *mit Rotstift markiert; dazu aHv* entzückend *bis* dieser Trotz *Bleistiftmarkierung, daneben Notiz:* kürzen; *Marg.* NB. Bei ... geändert. *mit Rotstift markiert*

15,20 gleichmäßig] gleich~~erm~~**m**a~~ä~~**ä**ß~~en~~**ig** 15,20 wie] ~~s~~**w**ie 15,21 andern] ~~A~~**a**ndern 15,24 sichtbar] ~~k~~**s**ichtbar 15,38 shakespear.] ~~d~~**s**hakespear. 15,38 demselben] de~~r~~**m**selben 16,1 das] ~~er ist der~~ das 16,11 das] da~~ß~~**s** 16,15 in einer] ~~auf~~ in eine~~n~~**r** 16,18 60. K.] *später aAa eingefügt* 16,22 61. K.] 6~~0~~**1**. K. 16,33 Im Gefängnißhof ... Sohn.] *später aAe eingefügt* 16,34 zwischen] ~~63.~~**z**wischen **Marginalien:** 15 mein] ~~die~~ mein 16 ihn] ih~~m~~**n** 16 dieser] de~~r~~**ie**ser

GSA 61/VII 12, 11 17,2 vor dem] vo~~n~~**r** de~~n~~**m** 17,13 66. K] *später aZa eingefügt* 18,13 Gespr. Joes ... confus.] *später aAe und aäR eingefügt* **Marginalien:** 17 64 K.] *aiR* 18 71.] *aiR*

GSA 61/VII 12, 12 18,25 Friedensrichters] Friedensrichter|s| 18,29 Der] ~~Bar~~ Der 19,27 Miggs.] *davor klein* 5. 19,38 Friedensrichter] *davor klein* 20. 19,45 Gashfords] G~~h~~ashfords 19,52 Verhältniß] *darüber* ~~Ba Willet und~~

GSA 61/VII 12, 13 *Bearbeitungsspuren vfH: neben erstem Absatz aAa Markierung mit Blaustift; neben Folgeabsatz aHv* sich isolirt. pp *Bleistift-, aHv* Wie bei Shakesp. *Rotstiftmarkierung*

20,2 Aufruhrgeschichte und] Aufruhrgeschichte *danach Komma überschrieben mit* **u**nd 20,2 Familiengeschichten] Fam~~l~~**i**liengeschichten 20,4 eine] ~~Motive für die eine~~ eine 20,15 der] ~~zur~~ der 20,16 entgegenkämpft] entgegen~~drängt~~kämpft 20,18 zum] zu|m| 20,22 deren einere] der|en| ∫einere∫ 20,28 bei] ~~ein~~**bei**

20,40 vorschreiten] ~~f~~vorschreiten 21,4 geliefert.] geliefert. ~~Die~~

GSA 61/VII 12, 14 *Bearbeitungsspuren vfH: Absatzende ab* Die Gespräche und *mit Rotstift markiert; daneben mit Bleistift unleserliche Notiz*

21,9 eingebildeter] ʃeingebildeterʃ 21,10 heilen und] heilen *danach Komma gestrichen* ~~die ihn~~ und 21,11 ihn] ih~~m~~n 21,16 seinem] ~~ohn~~ seinem 21,21 trauen.] *Punkt korr. aus Semikolon* 21,22 Zorn über] Zorn *danach Komma gestrichen* ~~da die~~ über 21,35 in] ʃinʃ 21,37 kommen] komm~~ten~~ 22,13 knieet und] knieet *danach Komma überschrieben mit* **u**nd

GSA 61/VII 12, 15 *Bearbeitungsspuren vfH: aAa Rotstiftmarkierung; aHv* Hauptgeheimniß des *Bleistiftmarkierung; die letzten Zeilen ab* dann erst *mit Bleistift markiert*

22,26 Figuren] ~~solche~~ Figuren 22,35 ihre] ~~seine~~ ihre 23,1 und] ~~oder~~ ⌋und⌋ 23,7 die] ~~eine~~ die 23,9 uns viel darin] ⌋uns⌋ ~~V~~viel ~~uns~~ darin 23,13 des] ~~der Beziehung dem Maase~~ des 23,18 [zu]] *mit Bleistift vermutlich vfH gestrichen* 23,19 das Alles] ~~sie~~ ʃdas Allesʃ 23,23 da] ~~wir be~~ da 23,26 volle] ʃvolleʃ 23,27 Lust] *danach Komma gestrichen* 23,27 Beziehungen unter] Beziehungen *danach Komma überschrieben mit* **u**nter 23,32 Erlebniße] ~~Handlung~~ Erlebniße

GSA 61/VII 12, 16 *Bearbeitungsspuren vfH: Ende des ersten Absatzes ab* Gewohnheitsmenschen *mit Rotstift und mehreren Bleistiftstrichen markiert; letzter Absatz mit Bleistift mehrfach markiert; auR blauer Schrägstrich*

23,39 aber] ʃaberʃ 24,10 äußere] ʃäußereʃ 24,11 Jene] ~~durch beider Kreuzung~~ Jene 24,12 weggerißen aus] weggerißen *danach Komma gestrichen* ~~diese~~ aus 24,13 verhaßten,] *Semikolon gestrichen und Komma eingefügt* 24,19 Wie] ~~D~~Wie 24,22 lebendige] ʃlebendigeʃ 24,24 oder] ʃoderʃ 24,25 oder] ~~(aus~~ oder 24,26 hineinwollen.] *Komma gestrichen und Punkt eingefügt* 24,27 dreierlei,] ~~zweierlei~~ ⌋dreierlei,⌋ 24,28 Meinung] ~~Irthum~~ ⌋~~Gesinnu~~⌋ ʃMeinungʃ 24,29 eine] eine~~n~~ 24,29 Glücklich] ~~äußerlich~~ Glücklich 24,33 einzeln] ~~Han~~ einzeln 24,37 fortstrebend] ʃfortʃstrebend 24,40 einige] ʃeinigeʃ 25,3 zu] ~~wesentlich~~ zu 25,4 zu sein] ʃzu seinʃ

GSA 61/VII 12, 17–20 *vacat*

GSA 61/VII 12, 21 *Bearbeitungsspuren vfH: Überschrift mit Rotstift markiert, über* James *mit Bleistift* James*; erster Absatz und erste Marg. mit Rotstift markiert; neben Absatz* Er verlangt ... Miniaturenmalerei sein. *und Folgeabsatz mehrere Markierungen mit Rot- und Bleistift; Absatz* Dann muß ... machen. *mit Bleistift markiert; folgender Absatz mit Rotstift markiert*

25,36 innere] ʃinnereʃ 25,37 das] ~~es~~**da**s 26,1 doch] ~~g~~**d**och 26,4 dürfen] daürf|en| 26,8 Besonders] ~~D~~ Besonders 26,15 statt] *danach Komma gestrichen*

26,16 od. Teig] ſod. Teigſ 26,17 Zerlegung] ~~Zertrümmerung~~ Zerlegung 26,25 daher] ~~als~~ daher 26,25 Dilettant] Dil~~l~~ettant 26,29 eine Wurzel, dann] ſeine Wurzel, dannſ 27,9 jedem] ~~d~~jedem 27,14 allen] alle|n| 27,15 ungerührt] ~~aus dem Wege vor~~ ungerührt **Marginalien:** 25 so] ~~scheinbar~~ so 26 Autors] ſAutorsſ 26 je] ſjeſ 26 je] ſjeſ 26 Höhe] ~~Unter~~ Höhe 26 Die] De~~r~~ie 27 Pflanze] ſPflanzeſ ~~Topf~~ 27 sproßende] sproßende~~n~~

GSA 61/VII 12, 22 *Bearbeitungsspuren vfH: erster Absatz mit Rotstift markiert, ab* ein Shakesp. Stück *zusätzliche Markierung mit Rotstift und Bleistiftmarkierungen; die Worte* Napoelons- *und* Sokratesseele *rot unterstrichen; neben Folgeabsatz mehrere Markierungen mit Rot- und Bleistift; Absatz* Eine Hauptkunst … zweckmäßig. *aAa mit Rot- und Bleistift markiert*

27,17 Ungeduld] ſUngeduldſ 27,18 zum] zu|m| 27,21 eines] ~~des~~ eines 27,32 Der] D~~as~~er 27,36 politischen] politische~~r~~n 28,2 ein] ~~die~~ ein 28,13 Nebenbegebenheiten] Neben~~handlungen~~⌋begebenheiten⌋ 28,31 hinter] {~~u~~}b ~~im Au~~ hinter 28,33 erräth,] *über Komma mit etwas Abstand ein Punkt oder Strich, aber kein Semikolon* 28,34 in] ~~××~~ in 28,36 eine] ~~ger~~ eine 28,40 hervortreten] hervor~~zu~~treten 29,3 der liebe … wird,] *ääR aZa eingefügt*

GSA 61/VII 12, 23 *die letzten Zeilen der Marg.* Der Deutsche … gehören. *fließen um die Einfügung* Personen nach *herum und sind mit einer runden Klammer davon abgegrenzt; Bearbeitungsspuren vfH: Absatz* Im Ganzen … Idealität *mit Rot- und Bleistift markiert; Marg.* Der Deutsche … gehören. *mit Rotstift markiert; neben Absatz* Bei Boz ist … liegt *Rotstiftmarkierung aAa; Folgeabsatz mit Rot- und Bleistift markiert; dazu der Name* Boz *rot unterstrichen; neben Absatz* Seine Darstellung … Epos. *mehrere Bleistiftmarkierungen, zudem Rotstiftmarkierungen aAa und aAe; die Wörter* Schauspielerschulen *sowie* ungeheures Schauspielertalent *rot unterstrichen; im Folgeabsatz der Titel* Erbförster *mit Bleistift unterstrichen; neben Absatz* Wie dramatisch … hinzugeben *mehrere Rot- und Bleistiftmarkierungen; letzter Absatz mit Rot- und Bleistift markiert*

29,16 Verderber scheinen … Kate] Verderber *aZe ääR* |scheinen und getödtet,| *aZa* ~~werden und sterben,~~ ⌋?⌋ Kate 29,22 Charles.] *Komma gestrichen und Punkt eingefügt* 29,23 im] ~~selbst~~ im 29,27 des Lebens] de~~rs~~ ~~Welt~~ Lebens 29,34 liegt] *danach Komma gestrichen* 29,40 Personen nach Stand,] *aZe ääR* |Personen nach| *aZa* St~~ä~~ande *danach Komma gestrichen und wieder eingefügt* 30,2 Dombey.] *Komma gestrichen und Punkt eingefügt* 30,7 ist's] ~~w×. . .×~~ ist's 30,15 hergehn] hergeh~~t~~n 30,15 stehn] steh~~t~~n 30,20 Seine] ~~Seine Romane~~ Seine 30,21 Zwischen-Musik] ſZwischen-ſMusik 30,28 Mannigfaltigkeit] Manni~~ch~~gfaltigkeit 30,30 Wahre … charakteristisch-mimischen] ~~Welche~~ Wahre Magazine ~~der~~ von ſcharakteristisch-ſmimischen 30,31 geärgerte] *aZe ääR* |geärgerte| *aZa* ~~ärgerl.~~ 30,35 erlaubt] ~~macht~~ erlaubt 30,36 der] d~~i~~eer 31,5 zeigt] ~~steht~~ zeigt 31,13 beide] ~~und~~ beide 31,15 Der] ~~Ja~~ Der 31,19 Jeder] ~~Aber~~ Jeder

31,21 realen] ~~S~~ realen 31,22 ohne] ~~d×~~ ohne **Marginalien:** 29 die] ~~was er sein~~ die 29 gleich mit] ʃgleich mitʃ 30 aber] *darüber* ~~die A×~~ 30 das Intereße] ~~die Spannung~~ *udZ* |das Intereße|

GSA 61/VII 12, 24 *Bearbeitungsspuren vfH: neben Absatz* Das Boz'sche ... Gewohnheit pp *Markierungen mit Rot- und Bleistift; der Absatz* Göthe sagt: ... Verstand. *mit Bleistift durchgestrichen*

31,28 eine] eine~~n~~ 31,37 erscheint?] *Fragezeichen über Komma eingefügt* 31,39 ist] ~~sind~~ ist 31,40 wollen] ~~str~~ wollen 32,1 den] d~~ie~~**en** 32,2 liegen, die] liegen {~~pp~~} ~~weil wir fühlen~~, die 32,5 überlegene Gemüthsstimmung des] ʃüberlegeneʃ Gemüthsstimmung *danach Komma gestrichen* ~~in der~~ des 32,6 dafür] ʃdaʃfür 32,14 geht] ~~w~~{~~i~~}~~r~~ geht 32,15 ist] ~~ist~~ ist

GSA 61/VII 12, 25 *Bearbeitungsspuren vfH: ersten drei Absätze jeweils mit Rotstift markiert; Marg.* Im Drama ... Vorgang. *mit Rot- und Bleistift markiert; die vier Absätze von* Die Spannung ist von ... Reiz gewinnen. *jeweils mit Rotstift markiert; zudem aHv* Erzählung bedarf *Bleistiftmarkierung; neben Absatz* Zum Theil ... Zeit. *aHv* Das Gesetz der Erzählung *und aAe Markierungen mit Rotstift; ebenso neben letztem Absatz aAa und aAe*

32,24 diese] ~~diese Spannung muß am Ende keine~~ diese 32,25 in einen] ⌋in⌋ eine~~m~~**n** 32,26 ein erhöhtes] ein~~en~~ erhöhte~~n~~**s** 32,28 nichts leidenschaftliches] nicht|s| ~~×~~leidenschaftliches 32,33 der] d~~ie~~**er** 32,36 innern] ~~M~~ innern 33,2 was] ~~wovon~~ ⌋was⌋ 33,2 kann.] kann. ~~Auf diesen~~ 33,4 wir] ~~die~~ wir 33,6 kann] ~~smuß~~ kann 33,12 der] d~~ie~~**er** 33,24 gegebene] ~~G~~**g**egebene 33,25 Der dramatischen] D~~ie~~**er** dramatische|n| 33,34 das scheinbar] ~~sich~~ das ʃscheinbarʃ 33,37 sie] ʃsieʃ 34,4 nur] ʃnurʃ 34,9 u. innere] ʃu. innereʃ 34,11 kann] ʃkannʃ 34,12 die Zeit nur] ʃdieʃ Zeit ~~und Raum~~ nur 34,14 Raume] ~~Orte~~ Raume 34,17 darstellen, das ... umgekehrt.] ~~vor~~⌋dar⌋stellen *danach später Komma korr. aus Punkt, danach aAe und aäR* |das ~~später~~ ʃnachherʃ Geschehene ... umgekehrt.| 34,25 Darauf] ~~Wir~~ Darauf 34,29 der] de~~s~~**r** 34,29 der] de~~s~~**r** 34,30 sein, denn ... geschehen".] ~~zum Gegenstande~~ sein *später Komma korr. aus Punkt, danach Einfügung aAe* **Marginalien:** 32 Spannung] ~~sympat~~ Spannung 32 blickt] *aZa* |blickt| ~~ist~~ 33 die] ʃdieʃ

GSA 61/VII 12, 26 *Bearbeitungsspuren vfH: Absatz* Gang ... lösen. *mit Rotstift markiert; ebenso Zeile* Mittel zur Spannung *und Absatz* Eine recht ... werden?"; *Absatz* Also Erkennung ... werden. *und Marg.* NB. In alledem ...eignet. *mit Bleistift markiert; neben Absatz* Die Spannung am Anfange ... das Epische. *aAa Markierung mit Bleistift; im letzten Absatz die Worte* Gehört fürs Drama! *rot unterstrichen*

34,35 vide S. 100] *später aoR eingefügt* 34,37 liegt entweder ihren] ~~ist~~ ⌋liegt⌋ entweder ihr|en| 34,38 so daß] ~~oder~~ so daß 34,39 wir] ~~sie~~ |wir|

34,40 entsteh'n u. dann] entsteh'n *danach Komma gestrichen* ~~die s~~ u. ~~allm~~ dann 35,3 wie] ~~d~~**w**ie 35,3 angefangen] ~~wieder~~ angefangen 35,4 Darüber vide: S. 100.] *später aAe eingefügt* 35,8 muß] ~~konnte~~ muß 35,15 später] ʃspäterʃ 35,16 können] ʃkönnenʃ 35,25 wir] ~~uns~~ wir 35,27 geschehen] ~~G~~**g**eschehen 35,28 Viel] ~~v~~Viel 35,33 ein] ein~~e~~ 36,2 Andern, oft] Andern *Komma korr. aus Punkt* ~~Gut~~ oft 36,6 der] ~~man~~ der 36,8 Oder dies ... Art.] *später aAe und darunter zdA eingefügt* 36,9 zu] ~~daß was~~ zu 36,14 wenn] ~~ehe~~ wenn 36,15 wird] ~~dann ist~~ wird 36,16 Räthsel] R~~h~~**ä**thsel 36,18 davon] ~~wiß~~ davon 36,19 Zweck] ~~Erfolg~~ ⌋Zweck⌋ 36,31 intereßiren] intereßir**ten** 36,31 jenen] jene|n| 36,35 d.h. speziell dramatischer] *später* ʃd.h. speziell dramatischerʃ 36,39 NB. Dies ... Epische.] *später aAe eingefügt* 37,1 mannigfaltige] ~~verschiedene~~ mannigfaltige 37,4 die] ~~zu wißen~~ die 37,6 zwischen] ~~zwei~~**w**ischen 37,9 NB. Gehört fürs Drama!] *später aAe eingefügt* **Marginalien:** 35 bald] *aZa* |bald| 35 Einen] ʃEinenʃ 35 nimmt] ~~ist~~ ~~geht~~ nimmt 35 größere] ~~Bes~~ größere 35 Fortsetzung jener] ʃFortsetzung jenerʃ 36 begebenheitliche[,] Natur] begebenheitliche, ~~mittelbare~~ Natur 36 aufhebt] ~~verh~~{~~in~~} aufhebt 36 vorstellten, d.h.] vorstellten *Komma korr. aus Punkt* ~~Nein;~~ ~~der Begriff der Retarda~~ d.h. 36 mechanische] ʃmechanischeʃ 36 Leidenschaftlichkeit] ~~größere~~ Leidenschaftlichkeit 37 der] d~~i~~**e**e~~r~~ 37 Klimata] {~~ein~~} Klima~~x~~ta

GSA 61/VII 12, 27 *Bearbeitungsspuren vfH: in Rsp ab Absatz* Der dramatische Held ... Gefühl. *bis zum Ende der Marg. mehrere Markierungen mit Rot- und Bleistift; in Hsp Absatz* Die speziell ... die Kinder *mit Bleistift markiert, davor mit Bleistift Fragezeichen*

37,12 Was ist ... Warum?] *später idZ eingefügt* 37,14 Wird's ihm ... Gegentheil.] *später idZ eingefügt* 37,20 oder wider] ʃoder widerʃ 37,23 nicht?] *Komma gestrichen und Fragezeichen eingefügt* 37,25 mit] ʃmitʃ 37,28 die] ~~oder~~ die 37,31 retardirendes] retar~~t~~**d**irendes 37,33 zwischen] ~~d~~**z**wischen 37,36 Affekt.] *Punkt korr. aus Komma* 38,18 drastische] ʃdrastischeʃ 38,21 Viel] ~~v~~Viel 38,22 wird.] *Punkt korr. aus Semikolon* 38,23 speziell] ʃspeziellʃ 38,24 vornehmen] ~~vorbereit~~ vornehmen 38,25 speziell] ʃspeziellʃ 38,27 kommen] ~~auch ohne zu wißen,~~ kommen **Marginalien:** 37 NB. wiederum ... dramatisch.] *in Hsp idZ, danach weiter aäR* 37 Was besteht?] ʃWas besteht?ʃ 37 Wie] ~~Wird es zu~~ Wie 37 Ist] ~~Macht~~ Ist 37 handelt er so] ~~macht~~ ʃhandeltʃ er ~~es~~ so 37 wie hat ... erhalten?] ʃwie hat ... erhalten?ʃ 37 gönnen] gönne~~rn~~ 38 der] ~~die Spann~~ der 38 das] ~~ude~~ das 38 die] ~~er will es nicht~~ die 38 in einen neuen Zustand] ʃin einen ~~g~~neuen Zustandʃ 38 Dort] ~~×~~ Dort

GSA 61/VII 12, 28 38,30 Häuschens,] *über Komma undefinierbares Zeichen* 38,30 Ziegen] *darüber undefinierbares Zeichen* 39,13 loswerden.] loswerden. ~~Bar~~ 40,23 Barthli] ~~Hann~~ Barthli 40,24 auch] ~~mit m××~~ auch 40,34 nicht] {~~erh~~} nicht

GSA 61/VII 12, 29 *aoR leicht nach links versetzt* III.; *ääR in der oberen Ecke neben der Seitenzahl* III *und darunter* ~~24.~~; *Seite ansonsten unbeschrieben*

GSA 61/VII 12, 30 *Bearbeitungsspuren vfH: am Seitenanfang neben erster Zeile Markierung mit Rot- und Bleistift; ebenso im folgenden Absatz aHv* Dadurch daß der Dichter; *Absatz* Es gälte die ... verkörpern. *mit Rot- und Bleistift markiert; Absatz* Er fand ... entgegen. *mit Bleistift durchgestrichen; neben folgenden beiden Absätzen Markierungen mit Rot- und Bleistift; neben letztem Absatz mehrere Markierungen mit Rotstift, zudem mit Bleistift vertikaler Doppelstrich und zwei längere, kräftige Schrägstriche*

41,2 von] ~~d~~von 41,4 was] ~~und~~ was 41,5 dem] de~~r~~**m** 41,10 die Taube v. Dumas] *aZe aiR eingefügt, dabei wohl Satzpunkt überschrieben* 41,13 ausgebeutet,] *Komma korr. aus Punkt* 41,24 Lebensanschauung] ~~eigene~~ Lebensanschauung 41,30 Denken u.] ʃDenken u.ʃ 41,31 Genauste] ~~g~~Genauste 42,8 Geschichte] {~~w××de~~} Geschichte 42,11 alle drei und] all~~en~~ drei~~en~~ ~~ve~~und 42,17 noch] ʃnochʃ 42,19 ethisches] ~~E~~ethisches 42,26 zeigen] ʃzeigenʃ 42,26 mündlichen] ʃmündlichenʃ **Marginalien:** 41 hundert] hundert~~t~~ 42 jener Zeit] ʃjener Zeitʃ

GSA 61/VII 12, 31 *Bearbeitungsspuren vfH: ersten beiden Absätze jeweils mit Rot- und Bleistift markiert; im Folgeabsatz aAa Markierungen mit Rot- und Bleistift; ebenso aHv* geradezu Rabulisterei *sowie aAe; Absatz* Welche Kunst ... Kinder. *mit Bleistift markiert; neben Folgeabsatz aHv* Eine schwache Seite *Rotstiftmarkierung, darunter bis zum Seitenende mehrere Markierungen mit Bleistift*

43,11 Immer] ~~Er~~ Immer 43,28 recht] ʃrechtʃ 43,31 übeln] ~~r~~übeln 44,2 blos] ʃblosʃ 44,6 beschmutzen] ~~machen~~ ʃbeschmutzenʃ 44,8 Sache] *darüber* ~~×~~ 44,12 eine] ~~die~~ eine 44,22 es] ʃesʃ 44,23 Frage –] *Komma gestrichen und Gedankenstrich aZe eingefügt* 44,27 Alles] ~~a~~**A**lles 44,30 plötzlich] ʃplötzlichʃ 44,31 Wir] ~~In dem Ma~~ Wir 44,34 ein] ~~der~~ ⌋ein⌋ 44,36 die] ~~allmälig~~ *Streichung unsicher* die 44,39 schon] ʃschonʃ 44,39 Reden] Rede|n| 45,1 Sparsit] Spar{~~r~~}sit 45,5 Volkes.] *Punkt korr. aus Semikolon* 45,9 Volk; und, ... gemachte.] *Semikolon korr. aus Punkt, danach Einfügung aZe und ääR* 45,13 Partei] ~~Seite~~ ʃParteiʃ 45,13 schlägt] ~~fall~~ schlägt 45,17 und das ... Clienten] ʃund das ... Clientenʃ 45,18 seine] ~~d~~seine 45,24 dem Gefühle, daß] ~~dem~~ ⌋~~einem~~⌋ Gefühle *danach Komma gestrichen* ~~daß~~, ~~das~~ daß 45,25 sitzen müße] sitze *danach Komma überschrieben mit* **n** *aZe ääR* |müße| 45,35 in diesem] ʃinʃ diese~~s~~**m** 45,35 aufstellen] ʃaufstellenʃ 45,37 uns.] *Punkt korr. aus Semikolon* **Marginalien:** 43 Exposition] ⌋Exposition⌋

GSA 61/VII 12, 32 *Bearbeitungsspuren vfH: Absatz* Außer Romanen ... studieren. *mit Bleistift gestrichten, daneben Markierungstrich; nach Absatz* Im Romane ... Gedanken pp. *horizontale Bleistiftlinie bis auf den Rand, dazu Markierungsstrich*

46,1 ist] ~~die~~ ist 46,6 durch] ~~eins~~ durch 46,8 Haus] ~~das~~ Haus 46,11 Inconsequenz in] Inconsequenz *danach Komma gestrichen* ~~sein~~ in 46,17 anerzogene] ~~l~~anerzogene 46,27 Sißy mitten] *aZe* S~~y~~ißy *aäR aZa* |mitten| 46,27 mit] ~~selbst~~ mit 46,39 Vorstellungen] Vor~~r~~stellungen 46,40 u. wechselwirk*end* leiten] ∫u. ~~l~~wechselwirkd leiten∫ 47,1 sich] ~~g××~~ sich 47,2 die Logik] ~~Denken u.~~ d~~en~~**ie** ~~Styl~~ Logik 47,5 seinen] ∫seinen∫ 47,8 der] ~~und~~ der 47,34 Arbeitern.] *Punkt korr. aus Semikolon* 47,35 Coketowner] ~~Arbeiter u.~~ Coketowner 47,38 9erlei] {~~h~~}~~×~~**9**erlei 48,19 Annehmen] Annehmen 48,22 der Luise] ∫der∫ Luise~~s~~ 48,25 Räthsel] Räth|s|el **Marginalien:** 46 Sißy] S~~y~~ißy

GSA 61/VII 12, 33 *Bearbeitungsspuren vfH: Absatz* NB. Wir sind … verdienen. *einschließlich zugehöriger Marg. mit Rotstift oben und unten markiert*

49,6 erhielt] ~~gab ihr vor 5~~ erhielt 49,27 Dickens] ~~man~~ Dickens 49,31 äußert] ~~zu äuß~~ äußert 49,39 das Wundwaßer] d~~i~~**eas** ~~F~~**W**undwaßer 50,10 Denn] ~~Aber~~ ⌊Denn⌋ 50,11 nicht] ~~schuldig~~ nicht 50,15 alten] ~~griechi~~ alten 50,19 die] ~~doch sind~~ die 50,21 in] ~~der~~ in 50,21 wofür] ~~und~~ wofür 50,34 den Helden] ∫den Helden∫ 50,36 zugleich] ~~durch~~ zugleich 50,40 sie] ~~er~~**sie** 51,8 Gradgrind] Grad~~d~~grind **Marginalien:** 50 Was meinem … könne.] *mit Schweifklammer umfasst, an die mittig eine Einweisungsschlaufe ansetzt, die zwischen der Nebenbemerkung und dem folgenden, mit* 14 Cap. *beginnenden Absatz quer über die Seite gezogen ist; hier mit Asterisk umgesetzt* 50 sein] sein~~e~~ 50 {un}möglich] ~~××~~{**un**}möglich 51 sein Glück und] ∫sein Glück und∫ 51 an?] *Komma gestrichen und Fragezeichen eingefügt* 51 II Theil.] *aiR*

GSA 61/VII 12, 34–36 *vacat*

GSA 61/VII 12, 37 *neben der Unterstreichung* Darstellung … geben *aiR* NB!; *Bearbeitungsspuren vfH: Liste* Pädagogisches. … Reisen *mit Bleistift gestrichen; Folgeabsatz mit langem Bleistiftstrich markiert; darunter weiterer Bleistiftstrich über mehrere Absätze von* Unterhaltend muß *bis zum Anfang von Absatz* Ein Mittel … freut.; *aHv* Publikum als sein Ziel *zudem einzelne Markierung mit Bleistift*

51,32 Baret,] *Komma gestrichen und wieder eingefügt* 51,34 dieser historischen] diese~~n~~r historische|n| 51,37 alles] alle|s| 52,6 unterhalt*end* der … Thun,] ∫unterhaltd der … Thun,∫ 52,8 selbst.] *Komma gestrichen und Punkt eingefügt* 52,8 im Allgemeinen] ∫im Allgemeinen∫ 52,12 jene] ~~diese~~ ⌊jene⌋ 52,13 Dieser] Diese|r| 52,18 die] ~~es für~~ die 52,29 pp] ~~u~~pp 52,36 darf] ~~muß~~ darf 53,9 Geschichte] ~~Fab~~ Geschichte 53,11 Bedeutendste] ~~Spannend~~ Bedeutendste 53,13 vorzeigt] {~~ge~~} vorzeigt 53,22 entstelltes] entstellt~~en~~s 53,35 in dem] in|dem **Marginalien:** 53 der] ~~auf~~ de~~n~~r 53 geschehen] *danach Komma gestrichen* 53 scheint unter] scheint *danach Komma gestrichen* ~~welches~~ unter 53 unbekannte]

~~d~~unbekannte 53 im] ~~hx~~ im 53 neben] ~~es bedarf~~ neben 54 diese unterhält] ~~dies~~ ⌋diese⌋ ~~wirkt~~ unterhält

GSA 61/VII 12, 38 *Bearbeitungsspuren vfH: über die ganze Seite Markierungsstrich mit Bleistift; im zweiten Absatz aAa die Worte* Die Dorfgeschichte *rot unterstrichen*

54,6 allein] ~~schon~~ allein 54,11 der] d~~emr~~ 54,14 charakteristisch] *aZe* ~~aus~~ *danach Trennstrich gestrichen, aZa* charakteristisch 54,18 was sie ... vermeiden*] *Umstellung des Hg., in Handschrift Asterisk aZa vor* was 54,32 Reihen solcher Spiegelbilder] ʃReihenʃ solch~~enr~~ Spiegelbilde~~rn~~ 54,33 durch dieser herausgeforderter] ~~dem~~ durch ~~I~~ diese|r| herausgeforderte~~n~~⌋r⌋ 54,35 wie] ʃwieʃ 55,3 aufzuwägen gesucht. Dazu] ~~zu erset~~ aufzuwägen gesucht *Komma gestrichen und Punkt eingefügt* ~~auch~~ Dazu 55,6 englischen Sichgehenlaßens] englische~~rn~~ ʃSichʃ~~G~~gehenlaßens 55,14 blieb immer] ~~war~~ ʃblieb immerʃ 55,16 wandte] ~~machte~~ ⌋wandte⌋ 55,16 der populäre] d~~ie~~er po~~l~~puläre 55,17 politische] ~~U~~ politische 55,17 deutschen] ~~großt~~ deutschen 55,21 war.] *Komma gestrichen und Punkt eingefügt* 55,35 es] ~~sie~~ ⌋es⌋ 55,40 karrikirende] ~~K~~karrikirende 56,1 des] ~~Ex...x~~ des 56,3 vergeßen⟨.⟩ Dazu] vergeßen *danach Textverlust durch Tintenfleck* ~~x...xen die~~ ʃ{~~fehl~~}~~geringere~~ʃ~~Mannigfaltigkeit der S~~ Dazu 56,5 die] ~~eigentl~~ die 56,5 der Conturen] ʃder Conturenʃ 56,10 ein] *mglw. gestrichen* 56,12 Herausheben] ~~cont~~ Herausheben 56,15 Ende bis zu allgemeiner] Ende *danach Komma gestrichen* ~~allgemeine allge~~ bis zu~~r~~ allgemeine~~nr~~ 56,19 Leidenschaften] Leidschft|en| 56,22 immer] ~~da~~ immer **Marginalien:** 54 die Ursache davon] ʃd~~erie Grund~~ ʃUrsacheʃ davonʃ 54 er] e~~s~~r

GSA 61/VII 12, 39 *Bearbeitungsspuren vfH: Absatz* Klein Dorrit ... wahnsinnig. *mit Rotstift oben und unten markiert; zudem aHv* Boz' Poesie ist *Markierung mit Rot- und Bleistift; Marg.* Wie bei ... ausgeben pp. *und folgende Marg. mit Bleistift markiert; neben Absatz* Das Raffinement ... Gonne *aAa und aAe Markierungen mit Rot- und Bleistift; nach eingerücktem Absatz* gegen das Uebergewicht ... Bildung. *zwei längere Schrägstriche mit Bleistift; beide folgende Absätze mit Bleistift gestrichen; daneben mehrere Markierungsstriche mit Bleistift; die Worte* Oliver Twist gelesen *rot unterstrichen; neben letztem Absatz kräftige Bleistiftmarkierung*

56,24 Der Dialog: ... Behaglichkeit.] *später idZ und aäR eingefügt* 56,26 Lügnerin] Lügner|in| 56,29 Mrs] M~~iß~~rs 56,40 eingestandenen] ~~wirklichen~~ ʃeingestandenenʃ 57,1 charakteristische] ~~ein~~ charakteristische 57,2 weniger] ~~j~~weniger 57,4 ohne Befruchtung durch ⟨...⟩] ⌋ohne Befruchtung durch⌋ *Einfügung unvollständig* 57,6 den] ~~b~~ den 57,8 unser] ~~der Anx~~ unser 57,10 Arnim, die] Arnim *Komma korr. aus Punkt, danach gestrichener Gedankenstrich* ~~Die pol~~ die 57,11 schönen] ʃschönenʃ 57,14 ich] ~~so froh~~ *danach Komma gestrichen* ich 57,15 gehabt] *aZe aäR* |~~hatte~~ gehabt| 57,16 Drin] ~~Drin~~ Drin 57,28 mich] ~~die~~ mich 57,33 Wirklichkeit;] *Semikolon korr. aus Gedankenstrich*

57,34 Gegen] Gege~~g~~n 57,35 der Zeit, ... Weiber.] *später mit Einweisungsschlaufe üdZ und aäR eingefügt* 57,36 Emanzip. der Frauen.] *aZe aäR eingefügt* 57,39 Thatkraft] ~~handelnden Natur~~ Thatkraft 58,7 diese] ~~se~~ diese 58,15 humoristische] ʃhumoristischeʃ 58,17 bleibt] ~~spürt sich~~ ⌊bleibt⌋ 58,17 diesen] ~~dem~~ diesen 58,18 meist] ~~wie~~ meist 58,20 sichere, ja übermüthige] ʃsichere, ja übermüthigeʃ 58,23 aufgingen] auf~~gehen~~ʃgingenʃ 58,25 wir] ~~uns dafür~~ wir 58,26 Er] E~~s~~r 58,32 u. Wahrheit] ʃu. Wahrheitʃ 58,36 novellistischen] ʃnovellistischenʃ

GSA 61/VII 12, 40 *Bearbeitungsspuren vfH: neben Absatz* Die Hauptschwierigkeiten ... Dichter *aHv* Soviel ich weiß *Rotstiftmarkierung; unter letztem Absatz am Rand Bleistiftmarkierung*

58,39 Ein] ~~An~~ Ein 58,40 einen Besitz] ʃeinen Besitzʃ 58,40 als] ~~ein~~ ⌊als⌋ 59,1 zu] ʃzuʃ 59,1 setzen] ~~was mit~~ setzen 59,3 Gesinnung,] ʃGesinnung,ʃ 59,4 contrastirende[r]⟨n⟩] contrastirend~~enr~~ *darüber* ⌊~~ter~~⌋ 59,4 Bewegung, –] *Komma korr. aus Punkt, danach Gedankenstrich eingefügt* 59,12 Anerkennung, rechte Wirkungskreis] ʃAnerkennung, rechte Wirkungskreisʃ 59,14 endlicher] ʃendlicherʃ 59,18 gefällt, wenn] gefällt|,| ~~und der~~ wenn 59,19 Edelmuth] *danach Komma gestrichen* 59,40 des] ~~des Handelns~~ des 60,1 Menschen] ~~Gestalten~~ Menschen 60,2 sie] ~~Sie~~ sie 60,4 die] ʃdieʃ 60,6 poetischen] ʃpoetischenʃ **Marginalien:** 59 Der] ~~Wie nun~~ ⌊Der⌋ 59 Lust, Schmerz] ʃLust, Schmerzʃ

GSA 61/VII 12, 41 *Bücherliste mit Leihbibliotheksnummern:* S. Pochm. № 88 Versuch über d*as* Kostüm der vorzüglichsten Völker des Mittelalters v. R. v. Spalart pp 5 Bde / 90. Büsching, Liebe, Lust u. Leben pp (Hanns Schw.) 3 Bde. / 181. Gesch. der oestr. Länder, Völker pp v. Groß-Heffinger. 1ster Bd 1834 / 251. Merkwürdigkeiten bei der römischen Königswahl u. K*ai*serkrönung mit Kupfern. 1791. / 438. Kotzebue, A. v. über meinen Aufenthalt in Wien u. meine erbetene Dienstentlaßung. 1799. / 462. Hans Normann, Memoiren eines ausgew*ander*ten Oesterr*eicher*s über sein Vater*la*nd u. seine Zeit 1834. / 494. Wien u. Berlin in Parallele pp 1808. / 491. Nettelbecks Joachim, Bürg*er*s zu Colberg, Leb*ens*beschr. 3 Bde 1823. / 674. Oestr. wie es ist von H. Normann. 1. 2. Bd die oesterreich. Länder 3 4. Wien, wie es ist. / 939. Nürnberg mit 4 Portr. u. Plan 1819. / 771. Wiens Chronik v. Joh. Pezzl. 1824. / 772. Wiens Tage der Gefahr. / 773. Wien, wie es ist / 774. Wiener Bilder u. W. Alexis.

60,19 Roman] *darüber* ~~histo~~ 60,20 realistisch] ~~od~~ realistisch

GSA 61/VII 12, 42 *Bearbeitungsspuren vfH: beide Absätze mit Bleistift durchgestrichen*

60,25 Grafpfaffelei] ~~von der neuen~~ Grafpfaffelei 60,26 oder Kriegs⟨kaße⟩] ⌊oder Kriegs⌋ 60,29 Donquichote] Donquichot~~te~~ 60,32 den] de~~m~~n 60,34 wegen

Behandelns ... Arbeiter] ∫wegen Behandelns ... Arbeiter∫ 61,10 Junker –] *Gedankenstrich korr. aus Komma* 61,10 vorher] ~~ein~~vorher 61,18 Der] D~~ie~~**er**

GSA 61/VII 12, 43 *Bearbeitungsspuren vfH: erster Absatz oben und unten mit Rotstift markiert; dazwischen mehrere Bleistiftmarkierungen; neben Absatz* Nun bin ich ... Boz pp *mehrere Markierungen mit Bleistift, aHv* unausgesprochener Gehalt *Rotstiftmarkierung, daneben mit Bleistift Fragezeichen; die Namen* A. *und* Freitag *mit Bleistift unterstrichen*

61,31 Mittel] ~~Zwecke~~ Mittel 61,33 von] ∫von∫ 62,4 mußte] ~~ist~~ ∫mußte∫ 62,5 blose] ∫blose∫ 62,16 muß] m~~üu~~ß~~en~~ 62,17 nur so] ∫nur so∫ 62,18 als er] ⌋als er⌋ 62,18 diskreter] *danach Punkt gestrichen* 62,21 Hauptintereße] ~~In~~**H**auptintereße 62,26 Dieser] ∫Dieser∫ 62,33 so] ~~har~~ so 62,38 doch] ∫doch∫ 63,3 Einen] ~~e~~**E**inen 63,9 prachtvolle] prachtvoll|e| 63,10 wie] ~~dies~~ wie 63,14 Koketterie.] *Punkt korr. aus Semikolon* 63,15 unausgesprochener] unausgesprochene|r| 63,16 in] ~~auch~~ in 63,17 die] ~~ja, ich glaube~~ die 63,17 bei aller Kraft] ∫bei aller Kraft∫ 63,21 in solchem] ∫in∫ solche|m| 63,27 Mittelstraße] Mitt~~e zwis~~**lstraße** 63,34 solche] ∫solche∫ 63,35 gegen] ∫gegen∫ 63,37 histor.] ~~Stim~~ histor. 63,39 herüberholt.⊙] *Verweiszeichen später eingefügt; Bezugstelle in Marginalie auf Folgeseite* 63,40 vom Astrologen] vo~~n~~**m** ~~Scott~~ ∫Astrologen∫ 64,3 Karrikatur] ~~G~~ Karrikatur 64,7 Brown] ~~P~~**B**rown 64,9 die] ~~jen~~ die **Marginalien:** 63 Kindheit] *danach Komma gestrichen* 63 ihr] ~~d~~**ih**r 64 dem] de~~ß~~**m** 64 eine] einẹ

GSA 61/VII 12, 44 *die linke Spalte der Tabelle links aäR, nach dem Seitenwechsel aiR; Bearbeitungsspuren vfH: das Ende des Absatzes* Der Preis ... Mensch. *ab* Darin ist W. Scott *mit Rotstift markiert; neben Anfang der Marg.* Also Scotts ... möglich. *Rotstiftmarkierung; folgende Marg. rot markiert; die Worte* Sc. bei Shakesp.. *rot unterstrichen; Absatz* Man kann ... Dichter. *mit Rotstift markiert; neben Folgeabsatz aAe Rotstiftmarkierung*

64,17 epischen] ∫epischen∫ 65,2 der aristocratische] *später* ∫der aristocratische∫ 65,8 eines] ⌋~~de~~⌋ eines 65,9 Gloßin] ~~er~~**Gl**oßin 65,19 Gerechtigkeitsgefühl] {~~p~~}**G**erechtigkeitsgefühl 65,26 revolutionäre] re~~b~~**v**olutionäre 65,36 gerne] gern|e| 66,5 kein] ~~nicht~~ kein 66,12 Figuren] ∫~~handelnde~~∫ Figuren **Tabellen:** 66 Geb.] |Geb.| ~~Alt 25~~ 66 1796] 179~~7~~**6** 66 Heller] Heller ~~179~~ 66 1799] |1799| ~~18799~~ *darunter* ~~18~~ 66 a] ∫a∫ 66 einige] ~~Später~~ einige 66 Grey] ~~g~~**G**rey 66 31] 3~~2~~**1** 66 1803 1803, vol. III.] *zdZ* |1803| *danach Pfeil, der auf* |1803, vol. III.| *udZ am Ende der rechten Spalte weist, durch Trennlinie Zusammenhang dieser Einfügung mit darüber liegender Zeile markiert* 66 Bremen] ∫Bremen∫ 66 Slingby's] Sling~~y~~**b**y's 66 1809] |1809| 67 (1{9}.)] *darunter Pfeillinie bis zum Seitenende gezogen* 67 1812] 181~~3~~**2** *darüber* ⌋2⌋ 67 The] ∫The∫ 67 1815] 181~~4~~**5** *darüber* ⌋5⌋ **Marginalien:** 65 das] ~~meine V~~ das 65 die] d~~a~~**sie** 65 steht] ~~wird~~ steht 66 wirkl.] ∫wirkl.∫ 66 Boz] Bo~~tz~~z 66 u. Bosheit] ⌋u. Bosheit⌋ 66 *Freitag] *Marg. durch Linie mit*

Verweiszeichen verbunden 66 hat –] *Gedankenstrich korr. aus Komma* 66 Parteistandpunkte –] *Gedankenstrich korr. aus Komma*

GSA 61/VII 12, 45 **Tabellen:** 67 Miscellaneous] Miscellan~~o~~eous 67 since] ~~ago~~ ⌋since⌋ 67 Memoire of ... vaine.⟨"⟩] *idZ, aäR und udZ eingefügt* 67 Banner⟨"⟩.] *Komma gestrichen und Punkt eingefügt* 67 („Schwärmer"] *Komma mit öffnender Klammer überschrieben* 68 The abbot] *darunter* ~~Ivanhoe.~~ 68 M.] ~~Lind~~**M.** 68 Lives] ~~Life~~ Lives 68 Nigle] Nig~~el~~|e| 68 Verlobten] *danach undefinierbarer Punkt* 68 Tales of ... I. series.] *darunter vertikal folgende Einträge, die alle mit einem vertikalen Strich gestrichen sind* Letters on Damonolog~~ie~~y. / Karl d. Kühne oder die Tochter des Nebels. / Das schöne Mädchen von Perth / History of Scottland. / The castle Dangerous. *daneben* Count Robert of Paris. 68 the] ~~C~~**the** 68 III] ~~3~~**III** 68 vol.] ~~V~~vol.

GSA 61/VII 12, 46 *Bearbeitungsspuren vfH: ersten vier Absätze mit Bleistiftlinien markiert; neben erstem Absatz zudem mehrere Markierungen mit Rot- und Bleistift; der Titel* Der Alterthümler *mit Rotstift, der Titel* im Erbförster *mit Bleistift unterstrichen; neben Absatz* Nun versteh' ... definirte. *aAa Markierungen mit Rot- und Bleistift; die Worte* „Erbförster, Weiler, Nettenmair *mit Bleistift unterstrichen; neben Absatz* Ich glaube ... besizt. *aAa Markierung mit Rotstift; neben letztem Absatz aAa und aAe Rotstiftmarkierungen*

69,6 Alterthümlerei diesem ... Etwas] Alterthüme~~l~~e**irei** ~~ihnen~~ ⌋diesem⌋ vorschmeckt *Punkt korr. aus Semikolon* ~~So~~ Etwas 69,17 der] d~~ie~~**er** 69,28 im Drama] ~~×...×~~**im Dr**ama 69,29 daß] da~~s~~**ß** 69,30 bewußten] ʃbewußtenʃ 69,32 der] d~~as~~**er** 70,5 der Motive] ʃder Motiveʃ 70,10 die] ~~die~~ 70,12 finden –] *Gedankenstrich korr. aus Komma* 70,19 der] ~~seiner~~ der 70,22 auch] ʃauchʃ 70,24 Motive] ~~Begeb~~ Motive 70,33 {in}] ~~e××~~**{in}** 70,37 Kenntniß] ~~allgemeine~~ Kenntniß 71,3 jene] jene~~s~~ 71,8 Hofschultenidyll] ~~Dorfschul×...×~~ Hofschultenidyll 71,9 hier] ~~darin~~ ⌋hier⌋ 71,14 u.] ~~Sh.~~ u. 71,16 zu Shakespeares Zeit] ~~dort~~ ʃzu Shksps Zeitʃ 71,19 einer ungeheuren] eine|r| ungeheure|n| 71,25 gewandt] ~~ent~~ gewandt 71,32 politisch u. {sozial}] ~~At×...×~~ politisch ʃu. {sozial}ʃ 71,33 ihre] ~~sich~~ ihre **Marginalien:** 69 Mrs aber] Mrs *danach undefinierbares Zeichen* {~~davon~~} aber 71 den] d~~ie~~**en**

GSA 61/VII 12, 47 *Bearbeitungsspuren vfH: neben Absatz* Solche Figuren ... allein. *aAa Rotstiftmarkierung; die Worte* der Erbförster, der alte Nettenmair *mit Bleistift unterstrichen; im Absatz* Am besten ... zu geben. *das Wort* Klausstamm *rot unterstrichen; beide folgende Absätze und Beginn des letzten Absatzes mit Bleistiftlinie markiert, die in Querstrich über Marg.* oder ists Thiergattung *übergeht; Abschnitt von* Das scheint eins *bis* Seelenverwandter. *zusätzlich mit Rotstift markiert; im letzten Absatz aHv* Im Alterthümler *Rotstiftmarkierung; aHv* So schildert er *mit Bleistift Fragezeichen; aAe Bleistiftmarkierung*

72,15 von mehren ... Gipfeln] ʃvon mehren hohenʃ Gipfel|n| 72,18 überhaupt]

∫überhaupt∫ 72,21 bequemer {Fonds}] bequeme|r| {F~~a~~**o**nds} 72,23 aus allen … Völkern] ∫aus∫ alle~~r~~**n** diese~~r~~**n** Völker|n| 72,24 ihrem] ihre~~r~~**m** 72,31 der] d~~ie~~**er** 72,32 er] ~~sie~~ er 72,36 Leben] Leben~~la~~ 72,38 des] de~~r~~**s** 72,40 urwüchsigern] urwüchsige∫r∫n 73,4 hauptsächlich] ~~der~~ hauptsächlich 73,6 dem patriarchalischen Verhältniße] de~~n~~**m** patriarchalischen Verhältniße~~n~~ 73,9 großen] *Umlautstriche gestrichen* 73,10 ob] ~~und~~ ob 73,12 was] ~~d~~**w**as 73,17 büßt] ~~hat~~ büßt 73,25 physischen] ~~psye~~ physischen 73,26 Menschenkindern] Menschenkind~~de~~r|n| 73,27 ungesehen] ∫ungesehen∫ 73,32 das] ~~sie das Po~~ das 73,33 die] d~~as~~**ie** 74,3 Methode:] *Komma gestrichen und Doppelpunkt eingefügt* 74,5 histor.] ~~Skizz~~ histor. 74,10 Mareshalsea] *über dem letzten* a *ein Punkt* 74,12 dann den Bettler⟨,⟩] ⌋dann den Bettler⌋ 74,15 Zustände] *Umlautstriche durch Hg. ergänzt* 74,15 social-histor.] ∫social-∫histor. 74,17 Knockwennock] ~~Oldbuck~~ Knockwennock 74,20 im] ∫im∫ 74,21 Äußerungen ⟨dargestellt.⟩] Äußerungen ~~u.~~ *Satz abgebrochen* **Marginalien:** 74 Gesch.] ∫Gesch.∫

GSA 61/VII 12, 48 *Bearbeitungsspuren vfH: erster Absatz mit Rot- und Bleistift markiert; Folgeabsatz mit Bleistift markiert; Absatz* Wie einfach … Takt. *mit Rotstift und kräftigen Blaustiftlinien markiert; neben Folgeabsatz dünne Bleistiftlinie; Beginn des letzten Absatzes mit Rot- und Bleistift markiert*

74,26 dramat.] ⌋dramat.⌋ 74,35 Stellung] ~~St~~ Stellung 74,36 am Menschen] ~~der~~ am Mensch|en| 74,37 seine] ~~die~~ ⌋seine⌋ 74,38 der Persönlichkeit] ∫der Persönlichkeit∫ 75,1 dem] de~~n~~**m** 75,7 (Gesellschafts-)Verhältniße] *später aZe aiR* |(Gesellschfts-)| *aZa* Verhältniße 75,8 u. noch machen] ∫u. noch machen∫ 75,12 Einbruch drohende] Einbruch|drohende 75,15 Dämmen] Dämmen~~k~~ 75,16 weise] ∫weise∫ 75,19 der] ~~man auf~~ der 75,22 den] ~~doch zugleich~~ den 75,24 realistischen] ~~R~~realistischen 76,5 Lockung] ~~Verführung~~ Lockung 76,33 idealistischen] ∫idealistischen∫ 76,35 der, was] der|,| ~~sonst~~ was 76,37 der] ~~die~~ der 77,1 Kommt dazu … haben pp] *später aAe und zdA eingefügt* 77,11 u. Kirchen⟨-⟩ u. Schulamtes] *später* ⌋u. Kirchen u. Schulamtes⌋ 77,12 u. Respektsperson] ∫u. Respektsperson∫ 77,18 ein Diebstahl … Betrug] *später mit Einweisungsschlaufe eingefügt* 77,23 die] ~~für~~ die 77,26 abstrakte] ∫abstrakte∫ **Marginalien:** 75 Vorsicht; der … affektirte.] *später eingefügt* 75 Hausirer-Diplomatie] ~~Krämer~~ Hausirer-Diplomatie 76 wo er noch nicht] *in Hsp zdZ, wahrscheinlich später eingefügt* 76 Sprache] *danach mit vertikalem Strich von Hsp abgegrenzt* 76 Reiseliebhabers] Reise~~g~~liebhabers 77 ausbilden] aus~~prägen~~⌋bilden⌋ 78 sentimentale Schlagworte pp] *in Hsp* 77 Wenn sein … {Prozeßfeind}.] *in Hsp auR, mit Einweisungsschlaufe eingefügt* 77 Genau bis … vor.] *in Hsp auR* 77 Je nach … Beredsamkeit, ⟨…⟩] *in Hsp auR* 77 {Ketzer}geschichte] *udZ* |{Ketzer}geschichte|

GSA 61/VII 12, 49 *Bearbeitungsspuren vfH: neben Absatz* Der Thüringerwald … Könitz. pp *aAa Rotstiftmarkierung*

78,3 seiner] ~~gegen~~ seiner 78,3 weltliches] weltliche|s| 78,23 Gastfreiheit] Gastfr~~eundsche~~iheit 79,3 Contrast zwischen … Könitz. pp] *später aAe und zdA eingefügt* 79,10 oder] ~~u~~**o**der 79,21 All diese … Realität] *später aAe, ääR und zdA eingefügt* 79,25 den] de~~m~~**n** 79,28 dieser] diese|r| 79,32 Käufer] ~~F××~~ Käufer 79,34 unter] ~~das~~ unter 79,35 Werber Bräutigam] *aiR* |Werber| Bräutigam 79,37 Casuistik] Casuisti~~e~~k 79,39 Meinung] ⌊Meinung⌋ 79,39 wirkliche] *darüber* ~~absolute~~ 80,1 An] ~~Be~~**An** 80,2 des Einzelnen] ʃdes Einzelnenʃ 80,3 ein] *aiR aZa eingefügt* 80,6 Ehrlichkeit] ~~Redlichk~~ Ehrlichkeit 80,8 den] d~~a~~**se**n 80,9 sehr] ~~×…×~~ sehr 80,11 leichtsinnige] ʃleichtsinnigeʃ 80,14 den Credit … Ehrlichkeit] ~~seinen~~ ⌊den⌋ Credit ʃder … Ehrlichkeitʃ 80,16 verloren] verl~~aß~~**or**en 80,18 beständе] ~~wäre~~ ⌊bestände⌋ 80,26 einzigen] ~~E××~~ ~~E~~**e**inzigen 80,27 Feldherr] ~~Cavalier~~ Feldherr 80,30 dennoch] ʃdennochʃ 80,31 Berechtigung und] *aZe ääR eingefügt* 80,33 sittliche] *aiR aZa eingefügt* 80,34 ein] ʃeinʃ 80,38 rühmt?] *Komma gestrichen und Fragezeichen eingefügt* 80,38 Menschlichkeit rühmenswerth] Menschlichkeit ⌊~~××~~⌋ rühmenswerth 80,40 Verwünschung?] *Komma gestrichen und Fragezeichen eingefügt* 81,1 ein] ~~das~~ ʃeinʃ 81,1 Unmenschlichkeit] ~~fehlender Menschlichkeit~~ Unmenschlichkeit 81,3 Stände,] *Punkt gestrichen und Komma udZ eingefügt* **Marginalien:** 78 körperl.] ʃkörperl.ʃ 78 widerspricht] ~~×d~~ widerspricht 78 Schauspielerei] Schauspiel|erei| 78 Momenten, da … erwarten.] *in Hsp rechts aoR* 78 ins Herz hinein.] *später eingefügt* 78 Der Hauptmann … Spitznamen.] *in Hsp üdZ, angefangen bei* Fabrikherrn 78 listigen] ʃlistigenʃ 78 aber] ~~u. doch mer~~ aber 78 mit {einer … Falle}] ʃmit {einer … Falle}ʃ 79 u. die … Gewohnheit] ⌊u. die allgemeine⌋ *udZ* |Gewohnheit| 79 haben] ~~zu~~ haben 78 Der Wirth … willen] *in Hsp aAe nach* Hinterwäldlerei zusammen. *und zdA eingefügt* 78 {um}] ~~×…×~~ {um} 79 den] ʃdenʃ 79 möglicher] *in Hsp zdZ eingefügt* 80 viel] ~~z~~viel 80 {vorerst noch}] {ʃvorerstʃ ~~zu~~**no**ch} 80 der Leute halber] *in Hsp zdA*

GSA 61/VII 12, 50 *Bearbeitungsspuren vfH: mehrere Absätze von* Beim epischen … römische Costume. *mit Bleistift halb eingerahmt und mit mehreren roten Markierungen versehen; Marg.* Bei Gotthelf … schuld. *rot markiert; neben letztem Absatz längerer Strich mit Rotstift*

81,6 in] i~~m~~**n** 81,6 Güte] ~~Bravheit~~ ⌊Güte⌋ 81,8 zeigen] ~~zeigt~~ zeigen 81,9 für] ~~ihres~~ für 81,15 eben so] eben|so 81,24 ungerecht] ʃungerechtʃ 81,34 engem] ~~×~~**e**ngem 81,38 über] ʃüberʃ 81,39 Böse, Verruchte,] ʃBöse, Verruchte,ʃ 82,1 seine] ~~wird~~ seine 82,17 bewegte] ʃbewegteʃ 82,21 die] ~~aus~~ die 82,25 aus] ~~in süß~~ aus 82,31 Aber] ~~Aber die histor. Agentien treten zu abstrakt herein~~ Aber 82,32 Conventionen] ~~Dinge, als~~ Conventionen 82,33 vor unseren Augen] ʃvor unseren Augenʃ 82,37 in ihnen] ʃin ihnenʃ 83,4 eine Willkühr und] ʃeine

Willkühr undʃ 83,5 als] ʃalsʃ 83,6 u. als Erklärung] ʃu. als Erklärungʃ 83,8 als] ~~ein~~ als 83,9 oder Partei] ʃoder Parteiʃ 83,9 sind] ʃsindʃ 83,15 Shakesp.] Shaksp *danach Abkürzungsschleife, danach wahrscheinlich Punkt überschrieben mit* |~~schen~~| 83,22 zunächst] ~~Z~~zunächst 83,23 tägl.] ʃtägl.ʃ 83,24 Feces] ~~f~~Feces 83,28 würde" –] würde *danach Gedankenstrich korr. aus Punkt* 83,33 deutsche] ʃdeutscheʃ 83,36 u. schneidet ... Wuth –] ʃu. schneidet ... Wuth –ʃ 83,38 selbigen] ʃselbigenʃ 84,9 Neigung] ~~Liebe~~ Neigung **Marginalien:** 82 {feste}] ʃ{feste}ʃ 82 Alltag] ~~Zus~~ Alltag 82 mit] ~~das Verwitter~~ mit 82 gefaßt] ʃgefaßtʃ 82 der] ~~fo~~ der 83 weil dieser ... schafft.] *links neben der vorhergehenden Marg.* 83 gleichgültigen] ʃgleichgültigenʃ 83 {von} Gymnasiasten] ʃ{von} Gymnasiastenʃ

GSA 61/VII 12, 51 *Bearbeitungsspuren vfH: neben Absatz* Nun muß ... geschöpft. *aHv* Das Epischgroße *sowie aHv* Immer Deutschlands *zwei Rotstiftmarkierungen; neben letztem Absatz ebenfalls Rotstiftmarkierung*

84,18 Sünde] ~~eine~~ Sünde 84,19 oder] ~~u~~oder 84,20 auf-] auf~~d-~~ 84,29 gebend, außerdem ... Fingern] gebend|,| ʃaußerdem ... Fingernʃ 84,31 als] {~~in~~}**als** 84,36 wenig. Viell.] wenig|.| ~~u. ist~~ Viell. 85,4 in] ~~bei~~ in 85,9 der Leute] ʃder Leuteʃ 85,10 So fiel ... {durch.}] ⌋So fiel ... {durch.}⌋ 85,11 Standesehrgefühl] Standesehr**e**gefühl 85,13 nicht] ~~in sein~~{~~em~~} ~~Unbe sel~~ nicht 85,16 ihren] ~~seinen~~ ihren 85,26 Der P.P. B. ... übergibt.] *später aAe und aäR eingefügt* 85,26 P.P. B.] ~~P~~P.P. B. 85,31 sich, d.h.] sich|,| ~~als~~ d.h. 85,32 erweckend, als ... (Composition).] erweckend *danach Komma korr. aus Punkt, danach Einfügung aZe und aäR* 86,7 Enthusiasmus] {~~Despo~~} Enthusiasmus 86,9 gegen] ~~des E~~ gegen 86,17 an] ~~Nichts~~ an 86,20 quantitativer] ~~der~~ quantitativer 86,20 qualitativer] qua~~x~~litativer 86,22 Zügel] Z~~x~~**ü**gel 86,30 Phantasie] Phantasie~~en~~ 86,30 Deutschen] *danach Komma gestrichen* 87,2 voraushat] ~~h~~ voraushat 87,4 stylisirt] styl~~y~~isirt 87,4 mit der] ʃmitʃ d~~i~~e**er** 87,5 dargestellte objektive Welt] ~~g~~**d**argestellte *danach Wortumstellung mit Zahlen markiert* Welt² objektive¹ **Marginalien:** 85 Wie er ... {ein}] *später eingefügt, am Ende* {~~dem~~**ein**} 85 so ist ... suchen] *aiR z. T. zdZ* 85 metallurg.] *darüber* ~~Ode~~

GSA 61/VII 12, 52 *Bearbeitungsspuren vfH: Seitenzahl doppelt rot unterstrichen; in erster Marg. die Worte* Moritz Brühl *unterstrichen; neben Absatz* Dieser Enthusiasmus ... zu sein. *aAa Rot- und Bleistiftmarkierung; neben letztem Absatz aHv* Elemente des Intereßes *Bleistiftmarkierung; Worte* namenlose Grazie *mit Bleistift unterstrichen*

87,11 in] ʃinʃ 87,30 vertraue] vertrau~~te~~ 87,30 seinen] ~~auf~~ seinen 87,30 umgränzt] um~~f~~gränzt 87,31 finden] ʃfindenʃ 88,12 reden] ~~bleiben~~ ⌋reden⌋ 88,17 perephrasis] perep~~x~~hrasis 88,27 Makbeth] ~~Shak~~ Makbeth 89,3 Nichts] ~~n~~Nichts 89,4 Ueber] ~~Von~~ ⌋Ueber⌋ 89,10 was] ~~und was~~ was

89,12 Gefühles] ~~subjek~~ Gefühles 89,15 waren] *danach Komma gestrichen* 89,22 nicht] ∫nicht∫ 89,22 Romantik] ~~×…×~~ Romantik 89,32 irgend ⟨eines⟩ einzelnen] ~~eines~~ irgend einzelne|n| **Marginalien:** 87 u.] ~~aus~~ ⌋u.⌋ 87 „Denkwürdig*keiten*] ~~bearbe~~ „Denkwürdigkten 89 Lockhart] *danach mehrere undefinierbare Zeichen*

GSA 61/VII 12, 53 *Bearbeitungsspuren vfH: mehrere Absätze von* Ein Hauptvorzug … gebracht. *mit Bleistiftlinie und mehreren Rotstiftmarken hervorgehoben*

90,1 seines] *davor aZa geschwungene Linie, Bedeutung unklar* 90,8 konnte] *danach Komma gestrichen* 90,23 übertreffen?] *danach geschwungene Linie, Bedeutung unklar* 90,35 Introduktion] In~~d~~troduktion 90,38 M'Kinlay] M'Kin~~d~~lay 91,2 höchster] ~~Schw~~ höchster 91,5 sentimental] ~~id~~ sentimental 91,5 wohl] ~~was~~ wohl 91,10 eben] ∫eben∫ 91,10 sind, und] sind *Komma korr. aus Punkt* ~~Wie~~ und 91,12 in jedem … Stücke] ∫in jedem … Stücke∫ 91,21 Schaffens] ~~Geschaffenen~~ Schaffens 91,26 episch-lyrische] episch~~e~~-lyrische 92,8 die] ~~ihre~~ ⌋die⌋ 92,13 der] ~~Deutschland~~ der **Marginalien:** 92 Exc.] *aiR*

GSA 61/VII 12, 54 *nach dem ersten Absatz Buchtitel notiert:* Lebensbeschreibungen des Maj. Ferd. von Schill ~~aus~~ v. J.C.L. Hakem. Leipzig 1824. 2 Bde.; *Bearbeitungsspuren vfH: Absatz* Charakteristisch für … Balladen. *mit Rotstift markiert; neben Absatz* Also: Familiengeschichte … gewürzt. *zwei Rotstiftmarkierungen; Absatz* Darin besteht … überschreiten *mit Rotstift markiert; Anfang des Folgeabsatzes mit Rot- und Beistift markiert; die Worte* alten Eichentruhe *rot unterstrichen*

92,33 „Percy's" Reliquien] *y-Striche gestrichen, über dem zweiten* e *bei* Reliquien *ein weiterer i-Punkt* 92,35 den] ∫den∫ 93,4 möglichst] mög~~st~~lichst 93,5 u. Atlas v. Deutschl*and*] ∫u. Atlas v. Deutschld∫ 93,6 antiquarisch-topographisches] ~~wie~~ antiquarisch-topographisches 93,12 Burtenbach, Berlichingen[.]] *später* ⌋Burtenbach, Berlichingen.⌋ 93,18 einwirkt] ~~hine~~inwirkt 93,18 der] ~~die~~ der 93,40 Form] ~~V~~Form 94,2 zum Theile] ∫zum Theile∫ 94,4 übriges] ~~anderes~~ übriges 94,6 sind] ~~ist~~ ⌋sind⌋ 94,13 exclusiv] ∫exclusiv∫ 94,22 sinnlichen] ~~S~~sinnlichen 94,24 wahrem] wahr~~er~~m 94,28 völlig] ~~f~~ völlig 94,29 ich schon] ~~es mir~~ ∫ich schon∫ 94,30 deßen Urtheil] ∫deßen Urtheil∫ 94,31 accordirend] accordir~~t~~end 95,3 wäre] *danach Komma gestrichen* **Marginalien:** 94 erzählt] ~~sp~~erzählt

GSA 61/VII 12, 55 *Bearbeitungsspuren vfH: Ende des obersten Absatzes sowie ganzer Folgeabsatz mit Rotstift markiert; die Worte* von Coleridge *und* das meinige über Sch. *rot unterstrichen; neben letztem Absatz aAa Bleistiftmarkierung*

95,19 verschließt] ~~zwingt~~ verschließt 95,34 Schöpfungen] *Umlautstriche durch Hg. ergänzt* 95,38 erwachsend] e~~××~~rwachsend 95,39 Mistreß] Mis~~st~~reß

96,12 Ich] Ich~~×~~ 96,19 sonnenhell. Es] sonnenhell|.| ~~und sie k~~ Es 96,27 herabzusetzen] herab~~s~~zusetzen 96,32 als] ~~geworden~~ *danach Komma überschrieben mit* **als** 97,20 beobachtete] be~~tr~~ʃobʃachtete

GSA 61/VII 12, 56 *Bearbeitungsspuren vfH: am Seitenanfang neben oberster Zeile Bleistiftmarkierung; kräftige Bleistiftmarkierung neben Folgeabsatz aAa*

97,23 in] {~~im~~}**in** 97,27 armen] ~~andern~~ armen 97,29 schwarze] ʃschwarzeʃ 98,1 spielend,] ~~spielend~~ *udZ* |,| 98,15 zusammen] zusammen~~fa~~ 98,20 bei] ~~××~~ bei 98,27 des] de~~rs~~ 99,15 Parteilichkeit] Parteil~~l~~ichkeit 99,29 der alten … oft] d~~ie~~**er** alte|n| Hanke ~~in allerlei~~ oft 99,37 {sie}] {si~~ch~~**e**} 99,38 u. sich begegnen,] ʃu. sich begegnen,ʃ 100,1 Held] ⌡Held⌡ 100,2 Jenes] ~~se~~ Jenes 100,2 Eelkingsgeschichte] Eel~~×~~kingsgeschichte **Marginalien:** 98 alle] ~~dazu~~ alle 99 Lebenlaßen] Leb~~×~~**e**nlaßen 100 Verwicklung] ~~Ent××~~ Verwicklung 100 ersten nach … Sinne u.] *in Hsp auR*

GSA 61/VII 12, 57 *der gesamte letzte Absatz später eingefügt; Bearbeitungsspuren vfH: unterhalb des Textes kleiner Schrägstrich mit Bleistift; nach dem ersten Absatz Aufzählung von Buchtiteln:* Pommern. Chronik von P. v. Kosegarten. ⟨(⟩Greifswald 1816. 2 Th.) eine der besten altdeutschen Chroniken. „Sells. Gesch. des H*erzogth*um P. von den ältesten / Zeiten bis 1648". (Berlin 1819 pp~~)~~ 3 Th.⟨)⟩ Topograph. Beschreibung der Provinz Pommern mit einer statistischen Uebersicht von F. v. Restorff. *aäR* (Berl. 1827.)

100,17 detaillirt] ⌡detaillirt⌡ 100,22 bis] ʃbisʃ 100,29 zum] *ein überzähliger Bogen vom* m *gestrichen* 100,31 das] ~~daß~~ das 100,32 u. geistige[n]⟨m⟩] ʃu. geistigenʃ 101,1 damit] ~~der~~ damit 101,1 er] ~~ma~~ er 101,10 eigenes] ʃeigenesʃ 101,12 andern] ~~A~~andern 101,22 der] ~~Biographischer Antheil a~~ der 101,37 daß] ~~als~~ daß 101,39 mit] *aiR* |mit| *aZa* ~~vor~~ 101,40 mit sich] ʃmit sichʃ 102,1 Agentien] *danach Komma gestrichen* 102,1 besondern] beson~~×~~**d**ern 102,4 u.] ~~des~~ u. 102,18 Endlich] ~~Dies Mädchen wird~~ Endlich 102,31 eines] ~~d~~eines **Marginalien:** 100 wird mit] wird ⌡~~h××~~⌡ mit 100 Leser] ~~Zusch~~ Leser

GSA 61/VII 12, 58 *zweispaltige Bücherliste mit Leihbibliotheksnummern (Pochmann 1837), linke Spalte:* 6588. Reiche, Dr. Fr. Preußens Vorzeit oder hist. Unterhaltungen, Gemälde, Sagen, v. Stadten, Burgen pp. 1 Hft mit 1 St~~h~~ahlst. / 6653. Preußen in landschaftl. Darstellungen 2 ~~Lieferungen~~ ⌡Bde.⌡ mit 8 Stahlst. 183~~5~~6. / 7~~1~~561. Deutsches Taschenbuch 1837. (Norden). Mit 17 Stahlst. v. O. L. B. Wolff u. H. Döring. / 1130. Richter. Die Waßerwelt oder d. Meer u. die Schiffahrt im ganzen Um*fange*. (2ter Bd: Der Bau u. Einrichtung der Schiffe.⟨)⟩ / 7591. Nidda⟨,⟩ Fr. Kr. v. Ausflug nach Swine*mün*de u. Insel Rügen. 1835. / 7592. Meinhold. Humoristische Reisebilder von Usedom mit Karten / 7920. Kretzschmar. Soldaten-, Kriegs- u. Lagerleben. 2 Bde 1838. / 7959. Dr. Becker. Der Ausflug nach der Ostsee oder die Fahrt nach Rügen. / 7939. Beurmann. Deutschland u. die Deutschen. 4

Bde. / 8274. v. d. Haide. Buch der Wanderung (Ostsee u. Rhein. 1839.) / 8313. Dielschneider. Deutsche Verslehre. / 8538. Steffens. Was ich erlebte ~~4 Bde~~ ~~6~~8 Bde / 8822. George. 1805–1815. Erinnerungen eines Preußen aus der Napoleon. Zeit / 8823. Roth. W. Die Vertheidigung von Colberg i. J. 1807. mit 2 Plänen. / 8833. Deutschl*an*ds Ritterb*ur*gen u. B*ur*gschlößer v. Gottschalk. 9 Bde. 1835. / 8836. Harz, deßen Burgen. Bergfesten u. nächste Umgebg. mit 12 Kupfer. / 8879. ~~D~~Tiemme. Die Volkssagen von Pommern u. Rügen. / 9152. Lebensbilder aus dem Befreiungskriege. I. Ernst Herbert, Gr*a*f v. Münster / 9157. Prondzynski, Theor⟨i⟩e des Krieges. 2 Bde. / 9171. Nord u. Ostsee v. T. v. Kobbe pp mit 30 Stahlst. 2 Bde. / 9172. Königsberger Skizzen v. R*osen*kranz. / 9205. Nekowsk~~j~~i. Eichenkr*ä*nze um die Denksteine der Vorzeit Preußens gewunden. / 9442. Dorow. Erlebtes a. d. J. 1813–1820. 2 Bde. / 9444. Damitz. Gesch. des Feldz*u*gs v. 1814 in Fr*an*kreich. 4 Bde. / 9446. Bülow. General in den Feldz*ü*gen v. 1813 u. 14. / 9729. Aster: Schilderung der Kriegsereigniße in u. um Dresden mit 2 großen Schlachtplänen / 9732. Traditionen zur Charakt*eristi*k Oesterreichs, seines Staats- u. Volkslebens unter Fr*a*nz I. 2 Bde / 9737 Dorow. Krieg, Literatur u. Theater. Mitth*ei*lungen pp / *aäR* Schmidts Erben. *rechts daneben in Hsp:* 11535, v. Berndt, illustriertes Sold*aten*buch. / 11783. Droysens Gesch. der preußisch. Politik. / 11647 Klemm Dr. allgemeine Culturwißensch*a*ften 2 Bde. / 11729, v. Ledebur, Erlebniße aus den Kriegsjahren 1806 u. 1807, Zeit u. Lebensbild. / 11637. Erinnerungen aus meinen Feldzügen (v. Mändler) in den Jahren 1809–1815. / 11788. Pröhle, Harzbilder. Sitten u. Gebräuche pp / 11676. Riehl. Die Familie. / 11596. Tietzen; illustrirte Soldatenbibliot*h*ek für Krieg u. Frieden. / 11621. Denkw*ü*rdigk*ei*ten des Meck*lenburg* Strelitzschen Husarenregiments v. 1813–15. / 11262. Soldatengesch. v. Hackländer. ~~3~~4 Bde. / 10943. v. Höpfner, der Krieg von 1806 u. 1807. Beitrag zur Gesch. der preuß. Armee 4 Bde. / 10634. Fr. Perthe's Leben. 3 Bd. / 10752 Pertz das Leben des Minist*ers*{, Freiherrn} v. Stein. 6 Bd. / 11324. v. Wickede, preuß. Husarengesch. 3 Theile / 11442. ÷ *als Unterführungszeichen für Wickede* ein Soldatenleben. Erinnerungen 3 Bd. / 11139./25. Frh. v. Stein v. Mauritius. / 11866. v. Berneck: das Buch der Schlachten. / 12180. Lindau, Gesch. d. Haupt u. R*esidenz*st*a*dt Dresden {1}. / 11981. Pflug, von Auerstädt bis Bellealliance nach den Erinnerungen eines preuß. Veteranen. 2 Bde / 11938. Rasch. Ausflug nach Rügen. Natur, Bewohner u. Geschichte der Insel. / 11796. Vogel pp. Vaterlandsbuch, ~~2ter~~ 5ter Bd. Geographische Bilder aus Preußen. / Deutsches Land u. Volk v. Duller.; *rechte Spalte aHv* 7592. Meinhold. *beginnend:* 654. Lebensbeschr*ei*bungen merkw. verschiedener Kaufl. u. H*a*ndl*u*ngsdiener 1771. / 655 —— *als Unterführungszeichen für Lebensbeschreibungen* berühmter Kaufleute 1796. / 656 Lebensgem*ä*lde ~~d~~interes*san*ter u. d*en*kwürd*i*gster Pers. des 18 J. 3 Theile. 1814. / 640. Palm. / 191. Uebers. tabell. aller Schlachten, Belagerungen pp. der preuß. Armee v. 1696–1816. / 485. Histor. Denkwürdigk*ei*ten zur Gesch. des Verfalls des preuß. Staates seit 1794 nebst Tageb. über den Feldz*u*g 1806 v. Obst. v. M*aßen*b*a*ch. 2 Th. mit Karten. Planen 1809 / 491. Nettelbecks Lebensbeschr. in 3 Bde. / 493. Danzig vor, währ*en*d u. nach der Belagerung im J. 1807. / 768. Rügen, Wanderungen durch dasselbe

GSA 61/VII 12, 59 *Bearbeitungsspuren vfH: ganze Seite ab* Es gilt also *mit Bleistiftlinie markiert; ebenso Marg.* Ein Stamm … Amtsunterthanen.*; neben letztem Absatz aHv* Und dieser Alterthümler *Rotstiftmarkierung; Marg.* Deßhalb erscheinen … Dramas pp *und Marg.* *d.h. unmittelbar … alte Frau, *mit Rotstift markiert*

102,37 unverholene] unverholene~~n~~ 103,6 durch] ʃdurchʃ 103,9 beide] ʃbeideʃ 103,18 sich] ~~fort~~ sich 103,22 Retardation] *danach Komma gestrichen* 103,22 auch] ~~schon~~ auch 103,26 bewußte] ⌋bewußte⌋ 103,27 Verderben] *danach Komma gestrichen* 103,27 das] d~~ie~~**as** 103,34 sie] ʃsieʃ 103,37 Hütten] ~~Palläste~~ Hütten 103,38 den] ʃdenʃ 104,4 Lichtbringen] Licht~~d~~**b**ringen 104,6 Erzählen] *danach Komma gestrichen* 104,15 das] d~~×~~**as** 104,21 ein bloses Hülfsrad] ein~~e~~ blose|s| Hülfs~~lin~~rad 104,35 als] ⌋als⌋ 104,40 welches] ~~der~~ ʃwelchesʃ 105,13 pp.] *Punkt korr. aus Semikolon* **Marginalien:** 103 ! ! NB ! !] *aiR* 103 Spitzen] ~~G~~Spitzen 105 den Leichenzug … der Hütte] *aiR*

GSA 61/VII 12, 60 *Bearbeitungsspuren vfH: Seitenanfang bis* zweckmäßig verdunkelt. *mit Bleistiftlinie markiert; neben Folgeabsatz aHv* die Construktionspunkte *Rotstiftmarkierung; das Wort* Autodidakt *rot unterstrichen; neben Folgeabsatz aAa Rot- und Bleistiftmarkierung; ebenso neben Absatz* Welcher Reichthum … gehört.*; neben Absatz* Ein Vortheil … gut macht. *aAa Bleistiftmarkierung*

105,29 deren] ~~so, daß sie vor~~ deren 106,6 Die] ~~Er~~ Die 106,15 Ausnahmemäßige] *danach Komma gestrichen* 106,21 habituellen] ʃhabituellenʃ 106,25 hat] ~~von~~ hat 106,33 wäre] ~~ist~~ wäre 107,5 läßt] ~~zieht~~ ⌋läßt⌋ 107,6 erziehen und] erziehen *danach Komma überschrieben mit* **u**nd 107,6 er] e~~s~~**r** 107,7 Dieser] D~~er~~**ies**e~~s~~**r** 107,16 Dem] ~~Ochiltree~~ Dem 107,17 von Lovel] ʃvon Lovelʃ 107,25 wie] ~~nach~~ wie 107,30 Noth, aber] Noth|,| ~~u~~aber 107,33 bei] ~~nach~~ ⌋bei⌋ 108,3 $_{24.}$Mailsetter] ʃ$_{24.}$Mailsetterʃ 108,6 Welcher] Welche|r| 108,11 Lovel] *darüber undefinierbares Zeichen* 108,14 und] ~~und~~ 108,18 deßen] ~~S~~deßen 108,23 viel vor] viel|vor 108,23 Lovels] ~~der das Amt~~ Lovels **Marginalien:** 105 künstlerischem] künstlersche~~r~~**m** 105 im] ~~s~~im 106 Vergangenheit] ~~Vorzeit~~ Vergangenheit 106 ist,] *Komma korr. aus Punkt* 106 Inhalte] ~~Folge~~ Inhalte 107 er] ʃerʃ

GSA 61/VII 12, 61 *auR rechts zwei Berechnungen, welche sich auf das letzte Zitat dieser Seite beziehen, zuerst eine schriftliche Multiplikation: 24×15 = 360, anschließend eine schriftliche Division: 360 : 16 = 22,5; Bearbeitungsspuren vfH: erster Absatz mit Rot- und Bleistift markiert; in Rsp Worte* Lockharts Mem. bei Brühl. *und* Bene notandum! *rot unterstrichen*

108,40 od.] ~~h~~ od. 109,1 Und das … Wachtmeister.] *später aAe eingefügt* 109,7 dem] ~~doch~~ dem 109,11 zu lange und] ʃzu lange undʃ 109,26 faul-gefährlich] *Bindestrich korr. aus Komma* 110,15 sind –] *Gedankenstrich korr. aus Komma* 110,21 fließt,] *Komma korr. aus Punkt* 110,27 um] ~~allei~~ um

110,35 denken –] *Gedankenstrich korr. aus Komma* 110,37 etwa ein] ~~der~~ ∫etwa ein∫ 110,38 hinwegtreibt] ~~zum~~ hinwegtreibt 111,10 niedersetze] niedersetze 111,14 Schöpfer] *Umlautstriche durch Hg. ergänzt* **Marginalien:** 109 der] ~~für~~ der 109 {auch}] ∫{auch}∫ 109 der] {~~wegen~~} der 109 Dies.] *aiR*

GSA 61/VII 12, 62 *großer Tintenfleck auf der unteren Hälfte rechts*

111,21 sehr] ∫sehr∫ 111,36 vollkommen] ∫vollkommen∫ 112,6 bestimmten] *aZe* ~~g×~~ *danach Bindestrich gestrichen, aZa* bestimmten 112,12 Egomet ipse.] *leicht versetzt zum Haupttext, aäR beginnend* 112,13 ein] eine 112,16 erst,] erst ~~re~~, 112,25 nichts zu sagen,] ∫nichts zu sagen,∫ 112,31 der ein] der|ein 112,31 es] ~~das~~ ⌋es⌋ 112,37 das] ~~neben jener andern~~ das 113,6 Herabsteigen] ~~Entsag~~ Herabsteigen 113,9 Manneslehen{majorats}] Manneslehen{~~M~~major~~×~~ats} 113,21 ihm zu] ihm|zu 113,23 bemerkt] ~~er~~ bemerkt 113,25 der] |der| 113,33 seiner] ~~er~~ seiner 113,35 eingehändigt, so] eingehändigt *Komma korr. aus Punkt* ~~Er geräth in Gefahr. pp~~ so 113,38 versiegelt] ∫versiegelt∫ 113,39 mißrathene] ∫mißrathene∫ 114,13 Bewandtniß] Bewand|t|niß 114,21 Sache] Sache~~n~~ **Marginalien:** 113 allmälige,] ∫allmälige,∫ 113 der gegenwärtige] di~~e~~er ∫gegenwärtige∫ 113 Alles] ~~sich aufopf~~ Alles 114 dem Sterbenden ... {danken}] *darüber horizontaler Strich zur Trennung der Marg., mglw. mit Verweisfunktion; darunter undefinierbares Zeichen*

GSA 61/VII 12, 63 *Bearbeitungsspuren vfH: neben Absatz* Der Held ... vernichtet. *aAe Rotstiftmarkierung; neben Folgeabsatz aHv* Die Hauptwunder eines Buches *Rot- und Bleistiftmarkierung*

114,33 strengstem] strengste~~r~~m 114,33 causale Glieder] causale~~s~~ Glied|er| 115,1 welche⟨s⟩ keine] welche ~~es~~ keine 115,3 und] ~~ist ihm der~~ und 115,5 der] ∫~~u.~~∫ ~~die Ver~~ der 115,5 Leser] Le~~e~~ser 115,12 retardirende] ~~R~~retardirende 115,13 im] ~~es~~ im 115,16 sich kämpfend] sich *danach Komma gestrichen* ~~nachdem sie~~ kämpfend 115,24 gehen,] ~~zu~~ gehen *danach Komma gestrichen* ~~meinen~~, 115,27 Oft] ~~Am~~ Oft 115,29 der] de~~m~~r 115,30 Die] ~~Z~~Die 115,32 mit] ~~deren~~ mit 115,35 die] de~~r~~ie 115,37 deßen] ~~ihren~~ deßen 115,39 mit der] ~~in der~~ ∫mit der∫ 116,8 Blut] ~~uns~~ Blut 116,12 Chorus der Tragödieen] Chor|us| der Tragödie *danach Komma überschrieben mit* **en** 116,24 welche] welche~~n~~ 116,37 eines] eine~~rs~~ 116,39 die Möglichkeit dieser] ∫die Möglichkeit∫ diese|r| 117,4 die] ~~wobei~~ die **Marginalien:** 117 die preuß. ... heben,] ∫die preuß. ... heben,∫ 117 sie halten ... Verrath pp] *zdA und aäR eingefügt, beginnend über* Theil 117 Alt-Fritzpatriotisch] ⌋Alt-⌋Fritzpatriotisch 117 hier] ∫hier∫ 117 der Wette] der|Wette 117 der] ~~man auch selb~~ der

GSA 61/VII 12, 64 *Tintenfleck auf der unteren Hälfte rechts; Bearbeitungsspuren vfH: neben*

Absatz Der Erbförster ... spornt. *aAa Rotstiftmarkierung; das Wort* Erbförster *rot unterstrichen*

117,14 zu] ~~er gegen andere~~ zu 118,4 aber seine] aber|seine 118,4 deßen] ~~seinen~~ ⌋deßen⌋ 118,16 Manchem] ~~m~~**M**anchem 118,39 er] ~~Heinr. in gewißen Punkten~~ er 119,9 wegen Heinrichs] wegen *danach Komma gestrichen* ~~wer~~ Hrichs 119,15 einer] ein|er| 119,15 einer] ⌋einer⌋ 119,32 aber] ~~seine Geschichte~~ ~~×~~**a**ber 119,33 wenn] ~~knüpft sich~~ ʃwennʃ 119,37 Oder] ~~Oder~~ Oder 120,1 er] ~~f~~er 120,2 gehört] ~~ge~~ gehört 120,3 Meg oder] Meg *danach Komma gestrichen* ~~Ochiltree~~ oder **Marginalien:** 117 Eine Hauptsache ... wir?] *aoR in Rsp und Hsp* 117 sie] ~~die For~~ sie 118 Entdeckung] ~~Unt~~ Entdeckung 117 u. deßen ... darüber.] *aoR in Hsp,* Die Pflegeschw. ... darüber. *später eingefügt* 117 ihm] ʃihmʃ 118 mir] ʃmirʃ 118 ihrer] ihr|er| 118 es] e|s|~~r~~ 118 die Wahrscheinlichkeit] ~~der~~|ie| ~~Beweis vo~~ Wahrscheinlichkeit 118 die] de**rie** 118 denn sie] denn|sie 119 unfruchtbar –] *Gedankenstrich korr. aus Komma* 119 Anlage –] *Gedankenstrich korr. aus Komma* 119 unserer] ~~im Geiste~~ unserer 120 verkaufen;] verkaufen *danach Komma gestrichen* ~~der~~; 120 durch] ~~gibt die~~ durch 120 Nur die ... Major pp] *auR in Rsp* 120 Ehe die ... Heinrich?] *auR in Hsp* 120 an den Major] ʃan den Majorʃ

GSA 61/VII 12, 65 120,10 verdeckt] ~~be~~ verdeckt 120,16 Die] ~~Das ××× Diese Vergleichung u. das Auswählen Das~~ Die 120,16 würde] ~~mußt~~ würde 120,21 die] ~~das~~ de**rie** 121,6 der pikarische Roman,] *später eingefügt* 121,11 Naturer[r]eigniße] ~~von~~ Naturerreigniße 121,15 Nordpolexpeditionen] ~~Edle Züge~~ Nordpolexpeditionen 121,17 Astrologen] ~~Alchymisten,~~ Astrologen 121,20 Historie] ~~historische Roman~~ Historie 121,28 natürlichen] ʃnatürlichenʃ 121,30 Eintönigkeit, Mangel an Spannung;] Eintönigkeit *danach Komma korr. aus Punkt, danach äāR* |Mangel an Spannung;| 121,38 nicht] ~~wenig~~ nicht 121,39 Behandlung.] *Komma gestrichen und Punkt eingefügt* 122,3 seine Geschichte] sein|e| *äāR* |Geschichte| *aZa* ~~Intereße~~ 122,13 sich] ~~mit s~~ sich 122,15 vielmehr] viel~~l~~**m**ehr 122,15 kann] ~~sucht~~ ʃkannʃ 122,16 suchen] ʃsuchenʃ 122,18 können] ~~treiben~~ können 122,24 andern] ~~A~~**a**ndern 122,27 sein] ~~seinen~~ sein 122,31 Geschichte] ~~F~~**G**eschichte

GSA 61/VII 12, 66 *Bearbeitungsspuren vfH: neben Absatz* Also eine ... brauchen. *aHv* Erbförster *Rotstiftmarkierung, dieses Wort zugleich mit Bleistift unterstrichen; neben Absatz* In keinem ... Aufklärung. *aAa Markierung mit Rot- und Bleistift*

123,2 ruhigern] ʃruhigernʃ 123,7 der] ~~die Ge~~ der 123,8 deßen] ~~an dem also der Weg~~ deßen 123,9 jene] ~~uns~~ jene 123,14 den] de~~m~~**n** 123,16 trifft] ~~stößt~~ ʃtrifftʃ 123,17 nächsten] ~~meisten~~ ⌋nächsten⌋ 123,29 den] ~~und~~ den 123,33 uns] ~~mit de~~ uns 123,40 nachdem uns] nach|dem| ~~×b wir~~ uns 124,2 ausweist] auswei~~××~~**s**t 124,8 nach ihrer Charakteranlage] ʃnachʃ ihrer ~~Anla~~

Charakteranlage 124,11 jene] ~~di~~ jene 124,17 in] ~~sie~~ in 124,20 dem] ~~dem Detail,~~ dem 124,21 Oldbuck] {~~xx~~} Oldbuck 124,22 Vater] ~~die~~ Vater 124,24 dann {mit}, ob] ~~die~~ ʃdann {mit}, obʃ 124,38 war.] *danach Verweiszeichen gestrichen* 125,6 in] ~~resumiren läßt~~ in 125,6 Resumés] Resum~~é~~es 125,7 Wiedererhalten] Wi~~de~~dererhalten 125,9 zur] ~~und~~ zur **Marginalien:** 122 u. Ständen] ʃu. Ständenʃ 124 u. Räson*nement*] ʃu. Räsonemntʃ 124 des] ~~sein~~ des 124 z.B.] ʃz.B.ʃ

GSA 61/VII 12, 67 *Bearbeitungsspuren vfH: neben Absatz* Auf eine ... Voraushaben. – *aAa Markierung mit Blaustift*

125,12 adliger, ja] ʃadliger, jaʃ 125,19 Toms] Tom~~e~~s 125,21 Toms] Tom~~e~~s 125,23 Toms] Tom~~e~~s 125,23 im Robin auch] ʃim Robin auchʃ 125,24 als Begleiter ... zurückweiset[;]] ʃals Begleiter *danach später Komma eingefügt, aäR* |was auf ... zurückweiset;|ʃ 125,25 Toms] Tom~~e~~s 125,28 noch] ~~ferner~~ |noch| 125,28 Junker] ~~Herr~~ Junker 125,30 Indiskretion] ⌋In⌋diskretion 125,32 schulmeisterliche] ʃschulmeisterlicheʃ 125,36 romantische, pittoreske] romantische *danach Komma eingefügt, aäR* |pittoreske| 125,39 jenes Voraushaben] jene~~rs~~ ~~Vermehrung~~ Voraushaben 126,2 des] de~~rs~~ 126,2 detaillirte] ⌋detaillirte⌋ 126,6 scheinbar selbständiger] scheinbar|selbständiger 126,7 Anfangendes] ~~a~~Anfangendes 126,15 keines] ~~nicht~~ ʃkeinesʃ 126,16 epische] ʃepischeʃ 126,18 Die epische ... Erfindung.] *später aAe eingefügt* 126,21 einer] {J} einer 126,26 Bewunderung] ~~Verwunderung,~~ Bewunderung 126,26 aber] ~~Bedenk~~ aber 126,27 Verwunderung] *aZe aäR eingefügt* 126,29 mit] ~~f~~ mit 126,29 für] ~~f~~ für 126,34 davon] ʃdavonʃ 126,39 steht;] steht *danach Punkt gestrichen* ~~Es~~; 126,39 jede] jede~~r~~ 126,40 einmal] ʃeinmalʃ 127,10 Lebenskenntniß, vortrefflichen] Lebenskenntniß ~~genug~~, ~~dazu~~ vortrefflichen 127,26 sittliche] ʃsittlicheʃ **Marginalien:** 126 als] ~~mit~~ als 126 sein.] *Komma gestrichen und Punkt eingefügt* 127 leidenschaftl.] ~~L~~leidenschaftl. 127 für bewundernde] ʃfürʃ bewundernde~~r~~ 127 auch] ⌋auch⌋ 127 edle] ʃedleʃ 127 einer] eine|r| 127 von] ~~ohne~~ ⌋von⌋ 127 die] ~~man~~ die 127 dies ... Shakespeare'sch.] *in Hsp auR rechts*

GSA 61/VII 12, 68 *Bearbeitungsspuren vfH: Ende des Absatzes* Schwierig ist ... zu mögen. *mit Rot- und Bleistift markiert*

127,30 eines] ~~des~~ ⌋eines⌋ 127,31 eine] ~~wieder~~ eine 127,33 ihren] ~~seinen~~ ihren 127,34 an] ~~g~~ an 127,36 seiner] ~~der~~ seiner 127,37 personifizirten] ~~Ver~~ ʃpersonifizirtenʃ 128,2 W. Scott theilt] *später* ~~Man~~ ⌋W. Scott⌋ theil~~e~~t 128,2 zeigt] *später* zeig~~e~~t 128,3 geht zwischen ... mit] *aZe* ~~lege~~ *aäR aZa* |gehe~~t~~| *Überschreibung spätere Korrektur* zwischen diese|n| Zeigmomente|n| ~~Stücke von~~ mit 128,8 gedrängtem] gedrängte~~r~~m 128,15 wiederum] ʃwiederumʃ

128,17 und] jund 128,19 wir] dwir 128,19 wieder] ∫wieder∫ 128,30 von] um ⌋von⌋ 128,31 der] dier 128,38 unterbrochen] u×nterbrochen 129,5 des Starken] ders sStarken 129,6 dritten Person] *später* ⌋dritten P⌋ 129,10 ein] ein 129,16 eine] ⌋eine⌋ 129,27 erfahren] merken mehr von ⌋wiß⌋ erfahren 129,34 nun] ∫nun∫ 129,39 relativ] ∫relativ∫ 130,1 feinere, tiefere] ∫feinere, tiefere∫ **Marginalien:** 128 der] und der

GSA 61/VII 12, 69 *Bearbeitungsspuren vfH: Anfang des Absatzes* Im Romane … Epos. *mit Rot- und Bleistift markiert; neben letztem Absatz aAe Rotstiftmarkierung; unterhalb des Textes blauer Querstrich*

130,3 Bei] {Z}Bei 130,4 Ungleichheit im Vermögen] Reichthum *aZe ääR* |Ungleichheit im Vermögen| *danach Punkt gestrichen* 130,6 Unebenbürtigkeit nicht … zu] Ungebenbürtigkeit *aZe ääR* |nicht mehr soviel| *aZa* weniger zu 130,9 es] sie es 130,11 mußte sich] mußten beid sich 130,12 in] auch in 130,12 aber] o aber 130,14 andern] {d}andern 130,24 überwiesen. Die] überwiesen *Punkt korr. aus Semikolon* daneben sind nun noch Die 130,26 immer gleiche] immer|gleiche 130,36 in] h×× in 130,39 die] ∫die∫ 131,2 Von] In Von 131,5 Glenallan.] *Komma gestrichen und Punkt davor eingefügt* 131,11 das Detail,] *aZe ääR eingefügt* 131,16 zwei] ein d zwei 131,19 völlig] völligen 131,23 theoret. des] *aZe ääR* |theoret.| *aZa* auf des 131,23 Zustände] *Umlautstriche durch Hg. ergänzt* 131,24 u.] wirk u. 131,24 möglicherweise] wirk möglicherweise 131,29 im] ist im 131,34 geschieht] entsteht, oder geschieht 131,34 Entstehen] vereinigungverheißendes Entstehen 131,37 bereits] ∫bereits∫ 132,7 moralische,] *später* ∫moralische,∫ **Marginalien:** 130 die] ⌋die⌋ 130 zweite] erstere ⌋zweite⌋ 130 dritten] andern ⌋dritten⌋ 131 eine] die eine 131 bei] auf ⌋bei⌋ 131 einer] deiner 131 die] derie 131 als] die als

GSA 61/VII 12, 70 *Bearbeitungsspuren vfH: am Seitenanfang vor erster Zeile Markierung mit Blaustift*

132,11 während einer] ⌋während einer⌋ 132,12 großen] Garten großen 132,21 zu] den zu 132,26 lebendigem] dlebendigem 133,13 Seine] Sein|e| 133,23 der] {neuer} ⌋der⌋ 133,25 wollen] swollen 133,26 früheren] übrigen früheren 133,26 persönl.] animos persönl. 134,19 der] dieer **Marginalien:** 134 ein] {im} ein 134 verliert.] *in Hsp zdZ* 134 hört immer … Herr, pp] *in Hsp zdZ* 134 Gespräche, die … schlichten.] *auR über die gesamte Seitenbreite* 135 Zwei] ×× Zwei 135 Duell zu] Duell|zu 135 laßen zu wollen] zu laßen ∫zu wollen∫ 135 und ihn … weiß.] *auR über die gesammte Seitenbreite* 135 zulezt] ∫zulezt∫

GSA 61/VII 12, 71 *Bearbeitungsspuren vfH: unterhalb des Textes Markierung mit Blaustift*

135,5 düp.] *Umlautstriche durch Hg. ergänzt* 135,7 hochzuachten] ~~zu~~ hochzuachten 135,21 diese] diese~~r~~ 136,1 die] ~~gest~~ die 136,1 des] de~~rs~~ 136,2 seinem] seine~~r~~**m** 136,6 Viell. in ... Landschaften.] *später aAe eingefügt*

GSA 61/VII 12, 72 *Bearbeitungsspuren vfH: Absatz* Der Anfang ... Adel *aAa mit Rotstift markiert*

136,12 reisend oder ... begleitend] ~~zugleich~~ ∫reisend ... begleitend∫ 136,21 das] *davor undefinierbares Zeichen* 136,27 Vor] ~~D~~Vor 137,1 ihr] ~~×...×~~ ihr 137,3 – Besucht mich ... wegen.] *später aAe eingefügt*

GSA 61/VII 12, 73 *Bearbeitungsspuren vfH: Datumsangabe* Ende Juni 1858. *doppelt rot unterstrichen; erster Absatz mit Rotstift markiert, aAe zudem Bleistiftmarkierung; Anfang des Folgeabsatzes mit Rot- und Bleistift markiert; Anfang von Absatz* Eine prächtige ... Chiffreschrift ist. *mit Rot- und Bleistift markiert, aHv* dabei Naivetät *sowie aHv* Der Philosoph gewinnt *weitere Bleistiftmarkierungen*

137,6 meine] mein|e| 137,8 verfolge] ~~g~~verfolge 137,9 gegründet s.] ~~herrühren~~ ⌋gegründet s.⌋ 137,25 die] ~~seine~~ die 137,29 warnend] ~~an~~ warnend 137,29 erinnert,] *dahinter üdZ mehrere kleine Tintenflecke oder verschmierte, unleserliche Einfügung* 138,4 – ohne] |–| ~~sich~~ ohne 138,9 Wesentliches] ~~w~~**W**esentliches 138,20 all die] ∫all∫ ~~die~~ 138,31 Naivetät] {~~a~~}**N**aivetät 138,34 u.] *davor undefinierbares Zeichen* 139,10 reflektirtes] ~~philos~~ reflektirtes 139,18 ihm,] *aiR aZa eingefügt* 139,19 oder] ~~aber~~ oder 139,19 herumzugehen scheint] herum∫zu∫geh~~ten~~ ∫scheint∫ 139,22 nun wenigs*tens* ... erscheint] *spätere Einfügung üdZ ohne Einweisungsschlaufe* **Marginalien:** 139 nicht] ~~de×~~ nicht

GSA 61/VII 12, 74 *Bearbeitungsspuren vfH: Absatz* Bei W. Scott ... Shakespeare. *mit Rot- und Bleistift markiert; das Ende des Folgeabsatzes mit Bleistift markiert*

140,22 leicht,] leicht *danach* u. *mit Komma überschrieben* 140,26 ist] ~~hat sich~~ ⌋ist⌋ 140,33 ethisch-psychologische] *später* ∫ethisch-∫psychologische 141,3 sind] ~~ist durch eine Handlung~~ sind 141,6 Eindruck] {~~Aus~~}⌋Ein⌋druck 141,6 erscheint] ⌋er⌋scheint 141,11 Offenbarungen] ~~Bele~~ Offenbarungen 141,12 seinen Stücken] seine|n| Stücke|n| 141,13 nicht] ~~nur, um kenn~~ nicht 141,18 einer historischen] ~~de~~ einer ~~Ge~~ historischen **Marginalien:** 141 die] ~~bei~~ de~~n~~**ie** 141 sind] ∫sind∫

GSA 61/VII 12, 75 141,25 Sie hat ... Phantasie.] *spätere Einfügung üdZ ohne Einweisungsschlaufe* 142,5 in Zorn geräth,] *aZe aäR eingefügt* 142,32 nun:] *Komma gestrichen und Doppelpunkt eingefügt* 142,37 ernsteres] ~~Er~~ ernsteres 143,23 nun] nu~~r~~**n** 143,36 ist] ~~ha~~ ist 143,38 mit patriarchalischer Tradition] ∫mit ... Tradition∫ 143,39 die] de~~r~~**ie** **Marginalien:** 141 War der ... Dankbarkeit.] *aoR über die gesamte Seitenbreite* 141 wobei] ~~b~~wobei 141 rückgezogenen]

~~R~~rückgezogenen 142 oder] ~~jene~~ oder 142 Einleitung im {Wirthsh.}] ~~Einleitung~~ ʃim {Wirthsh.}ʃ 142 bei dem] {~~im~~}**bei** ~~×~~**d**em 142 auch] *davor undefinierbares Zeichen* 142 u. weiß ... bringen.] *später aAe eingefügt* 143 dadurch] *vor der Marg. steht mit Abstand ein Verweiszeichen ohne Entsprechung in Hsp*

GSA 61/VII 12, 76 *Bearbeitungsspuren vfH: Zeile* Material zu ... Romanes. *rot markiert*

144,14 diese] ~~sie~~ diese 144,23 u. sie achten] ʃu. sie achtenʃ 144,25 u. Berufe] ʃu. Berufeʃ 145,15 im] ~~den~~ ⌋im⌋ 145,21 nun auch] ʃnun auchʃ 145,22 äußeres] ʃäußeresʃ

GSA 61/VII 12, 77 145,37 nur] ~~höchstens~~ ⌋nur⌋ 146,6 Heinrich] Heinrich~~s~~ 146,16 der] de~~s~~r 146,16 Anstrengungen] Anstrengung|en| 146,18 überarbeitet] überа~~nstrengt~~⌋rbeitet⌋ 146,19 Arbeit überhoben] *aZe aäR* |Arbeit| *aZa* ~~Anstrengungen~~ überhoben 146,24 möchte] ~~sezt~~ ʃmöchteʃ 146,24 einen [Zeit] ... Leb*ens*] eine|n| Zeit ʃTheil des Lebsʃ 146,24 Leben selbst] ~~ganze~~ Leben ⌋selbst⌋ 146,26 keine] ~~jede~~ ʃkeineʃ 146,27 kleinen] *danach Komma gestrichen* 146,27 überheben] ~~nicht überhebt~~ *danach Komma überschrieben mit* **über**heben 146,29 größere] ~~g~~ größere 146,36 Wenn] ~~Indem~~ ⌋Wenn⌋ 146,38 am Ende] ~~bald~~ ʃam Endeʃ 147,1 sein] ~~dr~~**s**ein 147,3 Freiheitssucht] Freih~~h~~**e**itssucht 147,4 Kampfe;] *zuerst Komma gestrichen und Doppelpunkt eingefügt, danach Semikolon korr. aus Doppelpunkt* 147,5 einzelnen] ~~E~~**e**inzelnen 147,7 der] de~~s~~**r** 147,8 aber* die Paßivität so] ⌋aber*⌋ die Paßivität ~~jezt~~ so 147,11 seine] ~~nicht~~ seine 147,13 besizt] besi~~tz~~**zt** 147,21 jeder] |j|~~er~~⌋der⌋ 147,22 vornehmen während] vornehmen *danach Komma gestrichen* ~~ohne~~ während 147,30 des] ~~davon~~ des 147,30 ganzen] ~~F~~ ganzen 147,31 es] ʃesʃ 147,32 einen] ⌋~~z××~~⌋ einen 147,34 {Neig*ungen*}] ʃ{Neiggen}ʃ 147,36 weniger] ~~mehr~~ weniger 147,37 sie] ~~ihn~~ ⌋sie⌋ 148,1 Zweckmäßige erscheint] *aZe aäR* |Zweckmäßige| *aZa* ~~Nützliche~~ erscheint 148,3 eine] ~~die~~ eine 148,4 Befreiungskriegen –] *Gedankenstrich korr. aus Komma* 148,11 die Zeit] ~~gar~~**die** ~~Verf~~ Zeit 148,13 nicht] ʃnichtʃ 148,18 so] ʃsoʃ 148,23 dem die] de~~r~~**m** de~~n~~**ie** 148,25 Idee – Anschauung –] Idee *Gedankenstrich korr. aus Komma* ʃAnschauung –ʃ 148,28 abstrahirenden] ʃabstrahirendenʃ 148,29 voll Beweglichkeit] *aZe aäR eingefügt* 148,31 Ungegliedertes] ~~u~~**U**ngegliedertes **Marginalien:** 148 wie Nägel ... Leichnamen,] *aiR*

GSA 61/VII 12, 78 *einige der Marginalienzeilen reichen in die Hsp; auR Trennstrich, der Marginalienspalte und Hsp trennt; Bearbeitungsspuren vfH: im zweiten Absatz die Angabe* Heimchen auf dem Herde von Dickens. *rot unterstrichen*

148,35 fingirt –] *Gedankenstrich korr. aus Komma* 148,35 formulirt] ~~fertig~~ formulirt

148,36 bei] der bei 149,7 es] ses 149,7 von] ∫von∫ 149,7 blinder] zu ∫blinder∫ 149,10 realistischen Würzen] realistische|n| Würze|n| 149,11 jenes] jeners 149,14 gesundem] gesundenm 149,16 individualistisch.] *Punkt korr. aus Semikolon* 149,25 Handlung des ... der] ∫Handlung ... der∫ 149,29 in] imn 149,35 was] die P was 150,10 gefunden] zu find gefunden 150,15 den Dichter] ihn ∫den Dichter∫ 150,17 Schauspieler – Schröder pp] *üdZ eingefügt* 150,17 hätten] er wird hätten 150,20 Er] Ja, Horaz × Er 150,21 für das Schöne] ∫für ds Schöne∫ 150,24 nicht?] *Fragezeichen korr. aus Semikolon* 150,37 euren] ihr euren 151,1 gilt] {sch} gilt 151,8 Alle werben ... lieben.] *später aAe eingefügt* 151,11 Weichheit] Milde Weichheit 151,15 {sagt} dem] *ääR aZa* |{sagt}| gibt dem **Marginalien:** 149 einer, der auch Gegner{,}] einer|,| ∫der auch Gegner{,}∫ 149 wären] sind ⌋wären⌋ 150 gewann] kam zeig ⌋gewann⌋ 150 das Gefallen ... sittl.] der Enthusiasm ⌋das Gefallen an⌋ für dasem Schöne|n| ein ∫den {Schein} *udZ* |Charakter| von sittl.∫ 150 er] aber er 150 verführt.)] *darunter aZa* Wie 150 ich] wie ich 150 Retardirt] Reltardirt 151 u. Theklas] ∫u. Theklas∫ 151 Bösewicht{en} pp] ⌋Bösewicht{en} pp⌋ 151 was] ⌋was⌋ 151 seinem Leben ... wird.] *in Hsp geschrieben* 151 dem] dse|m| 151 Im Anfang ... Güte.] *auR in Hsp* 151 nach] zu ⌋nach⌋ 151 Der eine ... soll.] *auR in Hsp* 151 was] ×××was 151 {milder}, ×...× doch] ∫{milder}, ×...× doch∫

GSA 61/VII 12, 79 *Bearbeitungsspuren vfH: im Absatz* Oder drei ... wird. *das Wort* Erzähler *rot unterstrichen*

152,15 I.] *aiR eingefügt* 152,15 Graf?] ⌋Graf?⌋ 152,15 u. demoralisirt] ∫u. demoralisirt∫ 152,18 nicht lang] eben ∫nicht lang∫ 152,21 III.] *idZ eingefügt* 152,22 den abwesenden Grafen] dasen abwesde|n| Grafenhaus 152,25 des] zwischen dens 152,27 Ketzer- u.] ∫Ketzer- u.∫ 152,30 Den] Desn 152,36 II. Das] ⌋II.⌋ ××Das 152,37 I.] *üdZ eingefügt* 152,38 endl.] ∫endl.∫ 153,1 I.] *üdZ eingefügt* 153,23 die] dasie 153,33 Teich] DTeich 154,2 eitel] ∫eitel∫ 154,2 Schau] Schautr 154,3 Mehremal] Mehreremal 154,10 in] auf ⌋in⌋ 154,18 Jenes] jJenes 154,18 demselben] ihm ⌋demselben⌋ 154,23 Erzählung] *danach Komma gestrichen* 154,29 durch den Patrimonialrichter] ∫durch den Patrimonialrichter∫ 154,36 den] demn 154,39 Jägerhaus] Ha Jägerhaus **Marginalien:** 152 die] dasie 153 er –] *Gedankenstrich korr. aus Komma* 153 Der Graf ... sterben.] *aiR und in Hsp zdZ* 154 war nach ... wißen.] *schräg nach rechts oben geschrieben* 154 Das Leben des {Bauers.}] *über der ersten Zeile der Marg. eingefügt* 154 Jägerhause] *Umlautstriche durch Hg. ergänzt* 155 {Aufstände}, ×...×] ⌋{Aufstände}, ×...×⌋ 155 Der Erz. ... mehr pp] *auR in Hsp, rechts unter den letzten Absatz geschrieben* 155 Nun kommen ... Athmosphäre.] *auR in Hsp* 155 kommen] kommt|en| 155 Wie dem ... ausdichten] *auR in Hsp* 155 †das Leben ... Familie.] *auR aiR, durch lange Linie mit Marg. verbunden*

GSA 61/VII 12, 80 155,7 damit] ~~deßgleichen~~ damit 155,29 Inhalt.] Inhalt. ~~F~~ 155,31 Zug] ~~D××~~ Zug 155,32 der] de~~s~~r 156,3 nach] ~~d~~ nach 156,4 im] i~~n~~m 156,5 noch tiefer] ⌋noch tiefer⌋ 156,9 Kindermörderingeschichte] Kindermörder|in|geschichte 156,17 preuß.] ∫preuß.∫ 156,26 die] de~~r~~ie 156,30 dem] de~~r~~m 156,33 oder] ~~u.~~ oder 156,38 Held] ⌋Held⌋ 156,40 seiner] ~~der~~seiner 156,40 selbst] ⌋selbst⌋ 157,4 Andern.] Andern. ~~Auch der~~ 157,8 Beiden] ∫Beiden∫ 157,21 der Triumph … {müße}.] *üdZ eingefügt* 157,27 Shakespeares] ∫Shakesps∫ 157,31 das Bewußtsein der] ∫das Bewußtsein∫ d~~i~~eer 157,37 in] ~~durch~~ ⌋in⌋ **Marginalien:** 156 Dazu ist … Kind.] *Schreibrichtung von unten nach oben* 156 ein] ~~auf~~ ein 157 Kinderscharfsinn] Kinder|{~~u. ×…×~~}|scharfsinn *Einfügung udZ* 157 junges] ~~We~~ junges 157 ältere] ⌋ältere⌋ 157 damals] da~~s~~mals 157 nach] ~~d~~nach 157 Leser in … ausgeschmückt] *auR z. T. über die gesamte Seitenbreite* 157 Teich] ~~D~~Teich 158 oder einem Calvinisten] ⌋oder einem Calvinisten⌋ 158 eingeschwärzt] e~~s~~ingeschwärzt 158 u. seine … Kindesmörderin.] *auR neben der Marg. aHv* versagte, auch *eingefügt* 158 ohne] *über dem* o *Umlautstriche* 158 †ein Gaukler … mit.] *zwischen dem letzten Absatz der Hsp und der Marg. auR eingefügt, durch Linie mit Marg. verbunden* 158 fanatisirten] fanati~~schen~~sirten

GSA 61/VII 12, 81 *zwei schadhafte Stellen neben und im Absatz* Das Mädchen … Leben., *um die die Zeilen herumfließen*

158,1 Kindererinnerungen] {~~k~~}Kindererinnerungen 158,3 nach] ~~über~~ nach 158,4 Aus] ⌋Aus⌋ 158,12 {Wanderneigung} u.] ∫{Wanderneigung} u.∫ 159,11 dem] ~~ihm~~ dem 159,17 dem] ~~einem~~ ⌋dem⌋ 159,23 dem] d~~i~~eem 159,24 viell. erst … glaubt,] ⌋viell. … glaubt,⌋ 159,34 umflort] ~~da~~ umflort 159,34 das] ~~er~~ ds 160,7 Daraus wird] *dazwischen größerer Abstand wg. schadhafter Stelle* 160,9 worden. Trotzdem] *dazwischen größerer Abstand wg. schadhafter Stelle* 160,10 Sehnsucht nach] *dazwischen größerer Abstand wg. schadhafter Stelle* 160,14 Gesellen] ~~D~~Gesellen 160,16 das] de~~r~~as 160,31 Hof-Händel] ∫Hof-∫Händel 161,9 Bruder] ~~Manne od~~ Bruder 161,11 wie er sie liebte[.]] ∫wie er sie liebte.∫ 161,16 {erkalten}] {~~G~~erkalten} 161,24 niedergestoßen] ~~der den Helden niederstoßen will t~~ *danach Komma gestrichen* niedergestoßen **Marginalien:** 159 mir] ~~ich~~ mir 159 beßer?] *Fragezeichen korr. aus Semikolon* 160 Ich hörte … ×…×.] *in den Zwischenraum zwischen Hsp und Rsp geschrieben* 160 {stets}] ∫{stets}∫ 160 {angewandt}⟨,⟩ muß] {an∫ge∫weande~~nt~~ ~~müssen~~} muß 160 deßen] ~~××~~ deßen 160 er] ~~s~~er 161 Wär' ich … {nicht}] *zdZ über* Shakesp. – Vaterland, Wahrheit. 161 Jezt wirkt … buchstabirte] *aiR und in Hsp über* so die Hohlheit des französ. Wesens 161 {erfährt}] *Umlautstriche durch Hg. ergänzt*

GSA 61/VII 12, 82 *Bearbeitungsspuren vfH: in Rsp die Worte* in einzelnen Balladen *rot*

unterstrichen; die Marg. der Herr Hofrath ... gefallen u. *mit Rotstift markiert; ebenso in Hsp das Ende des Absatzes* Ja es stand ... hoffe, aber

161,29 der Rede] de~~n~~r Rede~~n~~ 162,4 dann] ⌋dann⌋ 162,6 die eine ... viel pp] ⌋die ... viel pp⌋ 162,8 gaben] ~~erklärten~~ gaben 162,13 Aber] ~~Ge~~ Aber 162,22 als Secretair] ʃals Secretairʃ 162,27 Grund] ~~Urs~~ Grund 162,36 wie ein Cicerone] ⌋wie ein Cicerone⌋ 163,7 relata] ~~reposita~~ relata 163,17 vergeßen.] *Komma gestrichen und Punkt eingefügt* 163,17 Euer Gnaden] ʃEuer Gnadenʃ 163,23 Dienstboten] *über dem* n *gestrichener i-Punkt* 163,31 Zeit,] *Komma mglw. gestrichen und darunter wieder eingefügt* 163,39 Einleitungen] ~~klein~~ Einleitungen 164,5 mich] ~~steh~~ mich **Marginalien:** 162 es] ʃesʃ 162 {auch}] {~~aus~~**auch**} 163 Mittheiler] ~~H~~**M**ittheiler 163 selbst auffallen] selbst|auffallen 163 Egalité] ~~×...×~~ Egalité 163 hinaus] ~~an ds Schaffot~~ hinaus 164 der Herr ... gefallen u.] *Fortsetzung des Textes aus Hsp, Spaltenwechsel nicht platzbedingt* 164 falschen] ʃfalschenʃ 164 trotz {Schwachheiten}] ʃtrotz {Schwachheiten}ʃ 164 wie] ~~wenn~~ wie 164 u. den ... gefunden.] ⌋u. den ... H. Vats gefunden.⌋ *ab* H. Vats *in Hsp* 164 Ich: Schiller ... taxiret.] *in Hsp auR* 164 ich sollte ... Hofrath pp [ab⟨...⟩]] ʃich ... Hofrath pp *udZ* abʃ 164 er] ʃerʃ 164 richtig] ~~sehr~~ *udZ* |richtig| 164 Selbstmord wie ... Nachahmungswürdiges] *in Hsp auR*

GSA 61/VII 12, 83 *Bearbeitungsspuren vfH: am Seitenanfang neben erster Zeile Rotstiftmarkierung; das Ende dieses Absatzes ab* Das habe der H. *mit Rotstift markiert*

164,16 allgemeine] ʃallgemeineʃ 164,17 wie die ... Theologie] ʃwie die ... Theologieʃ 164,18 jene schwachen] ~~die~~ ʃjene schwachenʃ 164,19 nichts mehr ... eben] ʃnichts ... ebenʃ 164,20 {von glänzendem}] ⌋{von glänzendem}⌋ 164,22 Humantität, meine ich,] Humantität|,| ʃmeine ich,ʃ 164,23 aber nicht als eine] ~~e~~**a**ber *aZe aäR* |nicht als| *aZa* ~~k~~eine 164,26 des] ~~seine~~**des** 165,1 oder auch ... Menschen] ʃoder ... verlorene ⌋sonst edle⌋ Menschenʃ 165,4 dem] de~~r~~**m** 165,6 Das Volk] ~~Man~~ ʃDs Volkʃ 165,7 Graf] ʃGrfʃ 165,14 nicht] ~~man~~ nicht 165,20 Rasche] ~~der~~ ʃRascheʃ 165,21 Wirkung] ~~×...×~~ Wirkung 165,22 der] ~~ihre~~ der 166,1 gloreiche] ~~P~~ gloreiche 166,9 hilft] ~~folg~~**hilft** 166,9 seinem] seine~~r~~**m** 166,11 von ihm] ʃvon ihmʃ 166,18 äußerl.] ʃäußerl.ʃ 166,19 ein] ein~~er~~ 166,32 In] ~~Des~~ In 166,37 mälig] ʃmäligʃ 167,6 er] ~~d~~er 167,9 Er fängt] Er|fängt **Marginalien:** 165 Ja] ~~×~~**Ja** 165 die] ~~ja~~ die 165 sie] ~~die~~ sie 166 nun] ʃnunʃ 166 die] d~~a~~**sie** 167 über deßen] über|deßen

GSA 61/VII 12, 84 *Bearbeitungsspuren vfH: im ersten Absatz Titel* Zw. Himmel und Erde *rot unterstrichen; ebenso im Absatz* Auch diese ... Gang sein. *der Titel* Waldburg; *am Anfang des letzten Absatzes die Worte* Höfer'schen Erzählungen *rot unterstrichen, daneben zudem Markierungen mit Rot- und Bleistift*

167,33 respektirt] ~~a××~~ respektirt 167,34 von ihnen] ʃvon ihnenʃ 167,36 Die]

D~~x~~ie 168,4 des] ~~des Ep~~ des 168,5 Grund-Wesens] ∫Grund-∫Wesens 168,10 Andern, einen … Andern] Andern|,| ∫einen … Andern∫ 168,15 in] ~~bei~~ in 168,17 eine wesentlich pittoreske] ∫eine wesentlich∫ pittoreske 168,18 bringt] ~~ma~~ bringt 168,23 man] ~~dx~~ man 168,25 hinreich*end*] ∫hinreichd∫ 168,33 das] d~~er~~as 169,13 Wirthshaus] ~~So geht's,~~ Wirthshaus 169,14 Clementine.] *Komma gestrichen und Punkt eingefügt* 169,16 Composition] ~~Ep~~ Composition 169,20 spezielle] ∫spezielle∫ 169,22 bloses] ∫bloses∫ 169,25 auf] ~~sie~~ auf 169,26 mit {wenigen} … Naturzügen] ∫mit ∫{wenigen}∫ {volleren} Naturzügen∫ 169,29 zusammenhäng*en*de, einheitliche] ∫zusammenhängde, einheitliche∫ 169,33 vielmehr] ~~sonde~~ vielmehr 169,33 sucht] ~~find~~ sucht 169,34 findet. Er] findet *danach Komma gestrichen und Punkt eingefügt* ~~meist in dem, was~~ Er 169,36 leichter. Für] leichter|.| ~~u.~~ Für 169,39 Stimmung, Naturschilderung und] Stimmung|,| ~~und~~ Naturschilderung ~~und~~ 169,40 des] ~~ensteht~~ des **Marginalien:** 168 weniger Anlaß geben die] ~~schwerer mit~~ ⌊weniger Anlaß geben⌋ d~~er~~ie 168 naturalistische, volksthüml.] ∫naturalistische, volksthüml.∫ 168 Erzählung] *danach Komma gestrichen* 168 gehören] ~~haben~~ gehören 168 der] ~~ihrer Ursachen~~ der 169 *NB.] *Marg. durch Linie mit Verweiszeichen verbunden*

GSA 61/VII 12, 85 *die nach dem Doppelstrich begonnene Eintragung wird auf S. 89 der Handschrift fortgesetzt und entstand später als die Aufzeichnungen auf den Folgeseiten*

171,17 Intereße⟨-⟩Kern] ∫Intereße∫Kern 171,19 Bekanntwerdung einer … die] ~~Lösung eines Räthsels~~ *danach Komma aZe überschrieben mit* |**B**ekanntwerdung| *aZa* ~~welches in der~~ ⌊~~aus~~ einer⌋ Vorgeschichte|,| ~~liegt und~~ ⌊die⌋ 171,21 als ein] ∫als ein∫ 171,21 Räthsel] ∫Räthsel∫ 171,24 keine] keine~~n~~ 171,25 diese] ~~j~~diese 171,27 und] ~~und der Ausführung~~ und 171,31 scheinbaren] ~~Ema~~ scheinbaren 171,33 gesunden] ∫gesunden∫ 171,38 erregt.] *Komma gestrichen und Punkt eingefügt* 171,39 innerhalb] ~~eine seh~~ innerhalb 172,2 u. Verbindungen] ∫u. Verbindungen∫ 172,2 u. kleiner Handlungstheile] ~~u. kleiner Handlungs~~theile 172,6 Blattergowl. Zu] Blattergowl *danach Semikolon gestrichen und Punkt eingefügt* ~~ferner Hektor, wed~~ Zu 172,25 Verkennung der … Geburt] *aäR* 172,16 sich] ∫sich∫ 172,22 die] ~~die Vorgeschichte,~~ die **Marginalien:** 170 307.] ~~306.~~ 307. 171 309.] 30~~0~~9.

GSA 61/VII 12, 86 172,27 weniger] wenig∫er∫ *Einfügung udZ* 173,3 Philipp] Phil~~l~~ipp 173,25 unser] ~~der~~ unser 173,26 heran{.}] heran{f.} 173,32 von] ⌊von⌋ 173,33 vornehmsten] ~~edelsten~~ vornehmsten 174,10 mich selbst] ~~du~~ mich ~~liebst~~ selbst

GSA 61/VII 12, 87 *zweispaltige Bücherliste mit Leihbibliotheksnummern, linke Spalte:* Bei

Pochmann (Brandt) / 61. Bayards Gesch. von einem treuen Diener beschrieben 2 Thl. 1826. / 104. Denkwürdigk*ei*ten aus Dresd*en*s Reform*ation*sgesch. / 144. Sully Memoiren. / 139. Mem. geheime zur polit. u. Reg*enten*gesch. des franz. Reichs. v. 1638 bis auf Louis Philippe I. 2 Bde. / 148. Richelieu, Marschalls Memoiren. 4 Bde. / 154. Chronik des Oeil de boeuf pp Schilderung der Sitten u. ihres Verfalles unter Louis XIV-XVI; 8 Bde. / 180. Wallenstein v. Woltmann. 7432, Wallenstein v. K. Förster. / 211. Sachs*en*s Fürsten in 61 wohlgetr*o*ffenen Bildern. / 282. Memoiren pp aus dem T*age*buche der Prinze*ßin* Lamballe. 2. Bde. / 283 Memoiren d*es* „Gr*a*fen Alex v. Tilly". 3 Bde / 286 Memoiren a. d 18 pp von 1756 bis jezt (1825) v. Gräfin v. Genlis / 287 Bekennt*n*iße einer schönen Frau, Anekdoten pp aus der frz. Republ., dem Consul*at* u. Empire. 8 Bde. / 300. Denkwürdigk*ei*ten d*es* Scharfricht*er*s unter der Schreck*en*sherrschaft. / 342 Denkwürdigk*ei*ten, v. Napoleon selbst diktirt. ~~6~~9 Bde. / 344 Lucian Bonap*art*es geheime Denkw. 2 Bde. / 345. Ludwig Bon. pp (Holl*an*d) Denkw*ürd*ig*kei*ten. / 7140, Memoiren des Fried*en*sfürsten v. Esménard. 4 Bde. / 7145. Marie Antoinette Memoiren. ~~2~~4 Bde.*; rechte Spalte:* 7146. Tarnow Fanny, Denkwürdigk*ei*ten einer Aristokratin aus den Papieren der M*ar*quise / v. Crequi. ~~2~~4 Bde. *daneben aäR:* 7676. Soltau, einhundert histor. Volkslieder. / 6614. Napol. Bonaparte Memoiren. 5 Bde. / 7149. H*er*zogin v. Abrantes. Memoiren. / 7150. Sir Huds. Lowes, Denkwürdigk*ei*t. 2 Bde. / 7154. Prokesch. Denkw*ürd*ig*kei*ten aus dem Leben des Fürsten v. Schwarzenb*er*g / 7164. Albr. Dürer u. sein Zeitalter v. Dr. Ad. Weise. / 72751. Jung Stillings Lebensgeschichte. / 7530. Gaillardet. Memoiren des Chev. d'Eon. / 7538. Lucian Bonap. Memoiren. / 7540 Cambacères, vertraul. Mittheilungen. 4 Bde. / 7542 Merlin Gräfin Erinnerungen. / 7545 Lafayette Memoiren pp / 7546. Mem. der H*er*zogin v. Berry. 3 Bde. (nicht die Tochter d*es* Reg*en*ten.) / 7908. 50 Jahre der geheimen Gesch. Frankr*ei*chs. 4 Bde. *daneben aäR:* 8573. Constant, K*ammer*diener, D*en*kwürdigk*ei*ten über Napoleon, / sein Privatleben, Familie u. Hof. 6 Bde. 1831 / 7910 Peuchet, Mem. aus den Archiven der Pariser Polizei. *daneben aäR:* 8538. Steffens, Was ich erlebte pp |8|~~4~~ Bde 1840. / 7912. H*er*zogin v. Abrant*es*, die Pariser Salons. 2 Bde. / 7919. Erinn*erun*gen histor. pp aus der neuen Gesch. des Bayer*i*schen Staat*es* v. ×...×...× / bis Max. Joseph. 2 Bde. / 8226. Münch, Denkwürdigk*ei*ten zur polit., Reform*ation*s- u. Sittengesch der 3 lezten / Jahrh*und*er*t*e.

174,26 Der] *davor abgebrochener Schreibansatz* 174,29 stolz und] stolz *danach Komma überschrieben mit* **u**nd 175,13 zusammen] ~~s~~ zusammen 175,21 mit] ~~d~~ mit

GSA 61/VII 12, 88 175,39 zu] ~~he~~ zu 175,39 Sie] ~~s~~Sie 176,1 junge] ~~sch~~ junge 176,9 einen] ~~d~~**e**inen 176,24 ihr] ⌊~~ihr~~⌋ ~~so d~~ ihr 176,37 (unreinl. pp ... haben):] *idZ eingefügt* 176,39 dich] ~~zu~~ dich 176,40 Hause, der] Hause|,| ~~gem~~ der 177,4 umarmt –] *Gedankenstrich korr. aus Komma* 177,13 Haushaltungsbuch] ~~Handelsbuch~~ Haushaltungsbuch **Marginalien:** 177 7146] ~~4~~7146

GSA 61/VII 12, 89 177,16 den] ~~nachher ge~~ di**e**en 177,21 zu detailliren] ~~möglich~~ zu ~~mach~~ detailliren 177,23 des] de~~rs~~ 177,25 gehört] ~~f~~ gehört 178,23 ganz]

⌋ganz⌋ 179,17 Auf] ~~Wahr~~ Auf 179,18 bloser] ʃbloserʃ

GSA 61/VII 12, 90 *Bearbeitungsspuren vfH: Seitenzahl größer als sonst und mit Bleistift unterstrichen; neben Absatz* Der eine … beßere sei. *aAa Bleistiftmarkierung; daneben von Hand Adolf Sterns:* (blos Excerpt L Richter); *neben letztem Absatz mehrere Bleistiftmarkierungen*

179,21 In] ~~Die p~~ In 179,35 sich] ~~ihn~~ ⌋sich⌋ 179,36 er] ~~E~~er 180,33 legt] l~~ie~~gt 180,40 Romantik des mittelalterlichen] *Wortumstellung mit Pfeil und Zahlen markiert* mittelalterlichen[3] Romantik[1] des[2]

GSA 61/VII 12, 91 *Bearbeitungsspuren vfH: Bleistiftmarkierungen neben den ersten beiden Absätzen jeweils aAa; neben letztem Absatz mehrere Rot- und Bleistiftmarkierungen; die Worte* die Riehl zwischen Sh. u. Gotthelf findet *mit Bleistift unterstrichen*

182,17 Branntweinsäufer] Bran~~d~~ntweinsäufer 182,18 einfach] ʃeinfachʃ 182,23 nicht.] *Komma gestrichen und Punkt eingefügt* 183,21 Staatsleben] ~~we~~ Staatsleben **Marginalien:** 183 allgemeinen menschlichen] allgemein~~en~~ ʃmenschlichenʃ

GSA 61/VII 12, 92 *Bearbeitungsspuren vfH: im ersten Absatz der Titel* Kleinstadtgeschichte *mit Bleistift unterstrichen*

183,29 soviel] ʃsovielʃ 183,32 ihrem] ihre~~r~~m 183,33 in] ~~be~~ in 183,34 u.] ʃu.ʃ 184,12 ihres] ihre~~r~~s 184,14 einmal] ʃeinmalʃ 184,19 dem] ~~je~~dem 184,20 das] ʃdasʃ 184,20 d*a*s man] ʃds manʃ 184,22 Notwehr des … Starken] ⌋Notwehr … Starken⌋ 184,24 welche] *danach Komma gestrichen* 184,30 des] de~~r~~s 184,36 großstädtischen] ~~Gr~~ großstädtischen 184,39 selbst] ʃselbstʃ 184,40 dem] ʃdemʃ 185,1 die] ~~nun~~ die 185,1 zum ganzen] {~~ins~~} ʃzum ganzenʃ 185,8 mit] {~~man~~} mit 185,9 vermeinten] *Textverlust wegen Tintenfleckes* 185,20 reichen,] *Komma gestrichen und wieder eingefügt* 185,26 Umkehr] ~~Rück~~ Umkehr 185,29 der] d~~ie~~er 185,32 Sprichwort-*manier] Sprichwortʃ-*ʃmanier 185,38 er] ~~x~~er 185,39 Mittel, ja] Mittelʃ, jaʃ 186,2 einzige] ~~E~~einzige 186,6 {Oberliebe}] ʃ{Oberliebe}ʃ 186,9 ein Mund mehr] ⌋ein Mund mehr⌋ 186,9 {mehr}] ʃ{mehr}ʃ 186,14 Summe abstr*a*kten] *Wortumstellung mit Pfeil und Zahlen markiert* abstrkte|n|[2] Summe[1] 186,16 ist] ~~seine Frau~~ ist 186,19 dem] d~~as~~em 186,20 Wir] ~~Das~~ Wir 186,21 u. d*a*s Kind ⟨u.⟩ d*a*s {Thier}] *Wortstellung unklar, wohl zunächst* u. ʃds {Thier}ʃ ds Kind *dann Stellung durch Einkreisung der Wortgruppen nachträglich korr.* 186,23 Cometen] ~~Planeten~~ Cometen **Marginalien:** 184 ihre] ~~die~~ ⌋ihre⌋ 184 der] ʃderʃ 186 {allein}] ⌋{allein}⌋ 186 liebäugelt] ~~antwortet~~ liebäugelt

GSA 61/VII 12, 93 *Bearbeitungsspuren vfH: im ersten Absatz die Worte* Deserteurgeschichte und die Waldburg *mit Bleistift unterstrichen; Absatz* Die Anekdote … abhorrirt. *mit Bleistift*

markiert; zu Beginn des Folgeabsatzes die Worte Zu der 2 Pastorengeschichte. *mit Bleistift unterstrichen*

186,31 Sein] ~~Im~~**Sein** 186,37 krankhafte] ʃkrankhafteʃ 187,1 zur Zermachung seiner] zu|r| ~~ihrer~~ Zermachung ~~ihrer~~ ʃseinerʃ 187,25 Haydn] *über dem* n *Apostroph gestrichen* 187,28 ähnlich.)] *schließende Anführungszeichen mit schließender Klammer überschrieben* 187,30 den eigenen Hochmuth] ʃden eigenen Hochmuthʃ 188,1 Erhebung] ʃErhebungʃ 188,4 der] d~~ie~~**er** 188,18 sein] ~~der Neid~~ sein 188,19 {nur}] ʃ{nur}ʃ 188,19 d.h. Gott] ʃd.h. Gottʃ 188,21 man] ~~er~~ man 188,26 sie] {~~ihren~~} sie 188,29 eigensinnige] ~~E~~**e**igensinnige 188,35 Willen in … Rechtschaffenheit] *aZe aäR* |ʃWillen in derʃ Frömmigkeit, Rechtschaffenheit| 189,5 Nein!] ⌋Nein!⌋ 189,17 nicht] ~~man~~ nicht **Marginalien:** 187 Riehl Familie 220.] *aiR* 187 ib. 271. 274.] *aiR* 187 *Darin] *Marg. mit langer Linie mit* Verstellung *verbunden* 188 Der Junge … Faßung.] *in Hsp zdA beginnend,* die Folge … große *aäR* 189 wodurch Bauern … Patron{herr}).] *aiR und in Hsp zdZ, ab* immer unzufriedener *auR in Hsp* 189 Erst {wie} … verständigt.] *aiR und in Hsp zdZ, beginnend aHv* Eitelkeit Gottes, 189 verachten] ʃverachtenʃ 189 Wie der … geschoben.] *aiR und in Hsp zdZ, beginnend aHv* Gottes – der Arzt 189 Rücksicht auf … Jungen ×…×…×] *in Hsp auR, letzte Zeile aiR beginnend*

GSA 61/VII 12, 94 *Bearbeitungsspuren vfH: in Rsp die Titelangabe* Solger's nachgelaßene Schriften *rot unterstrichen*

189,22 so anders beschaffenen] ʃso anders beschaffenenʃ 190,13 bei Flora,] ʃbei Flora,ʃ 190,25 u. erklären] ʃu. erklärenʃ 190,26 3tte] 3t~~e~~te 190,29 an] ~~gegen~~ ⌋an⌋ 190,31 groß] ~~tief~~ groß 191,9 Macht] ~~Kraft~~ Macht 191,12 im] ~~das~~ ⌋im⌋ 191,20 in] ~~so tief~~ in

GSA 61/VII 12, 95 *Bearbeitungsspuren vfH: im ersten Absatz die Worte* für den Claus. *rot unterstrichen*

192,22 Menschheit –] *Gedankenstrich korr. aus Komma* 192,23 u.] ~~××~~ u. 192,26 Bahn machende] Bahn|machende 192,29 über] ʃüberʃ 192,30 herein] ʃherʃein 192,35 u.] ~~×…×~~ u. 193,5 Haupttypen] ~~mensch~~ Haupttypen 193,13 endliche] ʃendlicheʃ 193,23 u. idealistischer … Hingebung[.]] *üdZ und aäR eingefügt* 193,23 Gewißheit] ~~Hoff~~ Gewißheit 193,37 Er ist … schlagen.] *später aAe und aäR eingefügt* 193,39 über] ʃüberʃ 194,3 Wohl am … stählt.] *später aAe, aäR und zdA eingefügt* 194,14 in] ~~in nach~~ ⌋in⌋ 194,14 mit] ~~und~~ ⌋mit⌋ 194,16 wirklichem Handeln abstrahirt] ʃwirklichemʃ Handeln ~~und Denk~~ abstrahirt 194,16 im durchgeführten] i~~n~~**m** ~~Wi~~ durchgeführten 194,18 Pikwick] Pi~~c~~kwick 194,19 der] ʃderʃ 194,22 sich] ~~über~~ sich 194,23 der absichtlichen] ~~einer gewißen~~ der ~~ironis~~ absichtlichen 194,23 ausdrücklich] ʃausdrücklichʃ 194,24 Und zwar … Fehler.] *später aAe eingefügt* 194,33 Schlehwein;] *Semikolon* *korr. aus unleserlichem Buchstaben* 194,33 Gobbo] ʃGobboʃ 194,34 od. erzählte*] ʃod. erzählteʃ *Marg.* Eine Art ... Parodie *durch Pfeillinie mit Einfügung verbunden* 194,35 das] ~~Er~~ das 194,40 Figuren] *danach Komma gestrichen* 195,5 in dem ... Welt] *ääR* 195,7 für viele Leser] ~~bei~~ ⌋für⌋ viele~~n~~ Leser~~n~~ **Marginalien:** 194 des] ʃdesʃ

GSA 61/VII 12, 96 *Bearbeitungsspuren vfH: im ersten Absatz der Titel* die Pickwicker *rot unterstrichen, aAa zudem Bleistiftmarkierung; neben Folgeabsatzes aAa Bleistiftmarkierung, die Worte* Begeisterung der Heiterkeit *mit Bleistift unterstrichen; Absatz* Schön, daß ... Maulbeerfarbene. *mit Bleistift markiert; neben Absatz* Aus der ... Conception. *mehrere Bleistiftmarkierungen*

195,13 äußeren] ʃäußerenʃ 195,29 oder] ~~u~~**o**der 196,1 das Detail ... der] *aZe* de~~r~~**as** *ääR aZa* |Detail ... der| 196,4 romanschreibenden] ʃromanschreib*en*denʃ 196,5 diese gentile] diese~~n~~ gentile~~n~~ 196,13 zeichnen] ~~zeigen~~ zeichnen 196,13 Bildung pp ... dar] Bildung |pp|, ʃthunʃ ihr Heimathsrecht ~~××~~**d**er concreten ʃwirklichenʃ Welt ʃdarʃ 196,20 Erzählungen] *danach schließende Klammer gestrichen* 196,22 instinktive] ʃinstinktiveʃ 197,8 Fortschritt] ~~V~~Fortschritt **Marginalien:** 195 allgemeinen] ʃallgemeinenʃ 195 Nachhall] ~~s×~~ Nachhall

GSA 61/VII 12, 97 *die Absätze* Das Ganze ... enthält das *sowie die nachfolgende Tabelle stehen rechts neben der ersten Tabelle (Rechnung) und dem Absatz* Es enthielt ... Ausgabe.

197,18 begegnen] *darüber Apostroph oder i-Punkt gestrichen* 197,22 ist.] *Punkt korr. aus Komma* 197,24 gab] ~~traf~~ gab 198,20 Kapitel.] *rechts daneben leicht versetzt nach oben* ~~1 Hft S. 54.~~ 198,23 Heft 1] *aZa* |Heft 1| ~~das Bdchen~~ 198,23 soviel] ~~u. bis~~ soviel 198,24 also enthält das] also *darunter aZa* ~~2 ging bis zu~~ *darunter aZa* ~~2 den Text~~ *darunter aZa* ~~geht da~~ *darunter aZa vor erster Tabellenzeile* enthält das 199,2 auch] ~~ist~~ auch 199,2 Der] D~~ie~~**e**r **Tabellen:** 198 190] 19~~4~~**0** 198 1175 „ = 38,⟨775⟩] 117~~9~~**5** *unter letzter Ziffer klein nochmals 5, danach Unterführungszeichen mit Gleichheitszeichen überschrieben, danach links neben Gleichheitszeichen Unterführungszeichen wieder eingefügt* 38,~~907~~ 199 das] ~~und~~ das

GSA 61/VII 12, 98 *dreispaltige Bücherliste mit Leihbibliotheksnummern, keine Trennung zwischen äR und Hsp, linke Spalte:* Pochm. C. Brandt. 4428. D. Quiqote v. Soltau. 4 Theile / 4244. Fantasiestücke in Callots Manier. / 4268. Gran Tacaño oder Leben u. Thaten eines Erzschelms. / Kom. Rom. aus d. Span. des Quevedo. / *undefinierbares Zeichen* 4270. Abenteuerl. Gesch. des Iwan Wischyghin oder des / ruß. Gilblas v. Bulgarin, 3 Th. / 4277. Gil Blas v. Santillana v. la Sage 3 Bde mit / 14 Kupfern. / 4278. daßelbe. 4 Th. 1826. / 4291, Das weiße Haus v. Paul de Kock. / 4313. Jonathan Oldstyle's Briefe v. Washington / Irving. / *undefinierbares Zeichen* 4317. Iwan Wuishigin, moral. satyr. Roman / v. Bulgarin. 4

Bde. 1830. / 4329. Leben des Lazarillo v. Tormes, v. Don / de Mendoza. / 4336. Leben u. Meinungen des Tristram Shandy / v. Sterne. 5 Th. / 4408. Peter Iwanowitsch v. Bulgarin. 3 Th. / 4435, Roderich Random. 4 Bde / 4458. Sieben Narren auf einmal pp. (Kyau, Gonella pp) / 4479. Teufel, der lahme v. Le Sage. 2 Th. 1789. / 4480. Der hinkende Teufel pp. 1777. / 4481. daßelbe. 2 Theile. 1826. / 4517. Yoricks empfindsame Reise pp nebst des / Autors Lebensbeschreibung. 1827. / The expedition of Humphrey Klinker by / Smollett. / 6022. Sebald~~××~~**us** Nothanker, Leben u. Meinungen / Schmidt. 12460, Corvinus, Halb Mähr, halb Mehr. / 12221. Eötvös, die Schwestern 2 Bde. / —— *als Unterführungszeichen für Eötvös* der Dorfnotär. / 11685. Conscience, *unter den letzten beiden Buchstaben ein gestrichenes Komma* die Dorfplage *Komma gestrichen* |.| / 12454. Gerstäcker Hell u. Dunkel, Erzählung, 2 Thle. / 12428. Hackländer, Krieg u. Frieden. / 12483, Berliner Federzeichnungen. / 12476. F. Lewald, neue Romane, 4 Th. 1. Der Seehof, 2 Schloß / Tannenburg, 3. Graf Joachim. 4. Emilie. / 12533. Müller v. d. Werra, Thüringer Volkskalender. 1860. / 12304. Mar. Nathusius, Dorf- u. Stadtgeschichten. / 12417. Scudo, der Chevalier Sarti. / 12481. Wachenhusen, die Frauen des Kaiserreichs. / 12334. Wildermuth, Ott. Auguste. / 12277, Dieffenbach, Novellen. / 11985. Hackländer, Erlebtes. Kleine Erzählungen. / Pochmann. 1482. Bergk Museum des Wundervollen / 1545, Curiositäten 24 Hfte / 1454. Knigge, über den Umgang mit Menschen. / 1425 —— *als Unterführungszeichen für Knigge* über Eigennutz u. Undank. / 1642. l'Ami, die Kunst, sich eine Frau zu wählen. / 1476. Mannigfaltigkeiten aus der Natur u. aus dem Menschenleben./ 1483, Nachrichten, histor.-physikalische / 1431. W. Scott, Briefe über Damonologie u. Hexen. / 1526. Spielerleben und Gaunerkünste. / 1489. F. Schiller, Neues Wunderbuch. / 1455. v. Sydow, der Weltbürger. / ~~56~~{8} 578, Bahrdt, Gesch. seines Lebens. / 555. Denkwürdigkeiten aus der Menschen- Völker- / u. Sittengeschichte. 5 Bde. / 287. Bekenntnisse einer schönen Frau. / 601: Dr. Fr. V. Reinhard v. Böttiger. / 580. Büttners Selbstbiographie. / 582. Dinters Leben, von ihm selbst beschrieben.; *mittlere Spalte:* 634. Kasp. Hausers Gesch. / 635. Kasp. Hauser in seiner lezten Zeit v. / ~~×~~ Fuhrmann. / 491 Haken, Nettelbecks Lebensbeschreibung 3 Bde. / 625. Salvator Rosa u. seine Zeit. / 7368, Bülow, Die Abenteuer des / Simplicißimus. Rom. aus dem 30jährigen / Kriege. 1836. *danach mehr als die Hälfte der Spalte leer, dann horizontaler Strich, darunter:* Schmidt. / ~~Lind~~ 12180. Lindau, Geschichte Dresdens 2 Bde (?)., *darunter vetikaler Abstand, danach weiter:* 12224. Schäfer, deutsche Städtewahrzeichen. / 12534. Gesch. der deutschen Frauen v. Jh. Scherr. / 12325. ~~Gesch~~ Wunderbare Schicksale des Spe⟨e⟩lhoven, / eines Kaufmanns pp von ihm selbst beschrieben. / 12474. Sigismund B. Lebensbilder aus dem sächs. Erz- / gebirge. / 12423. v. Weber, zur Chronik der Stadt Dresdens. / 12321, Mittheilungen aus den Papieren eines sächsischen Staatsmannes. Zezschwitz. / [12209]⟨12364⟩. Die ~~Ritter~~ *udZ* |Leute| der Amtsstube. Sozialer Roman 3 Th. / 12209. Die Ritter der Industrie, ×...× Rom. 6 Bde, / 11699. Eilers D. Meine Wanderung {durch's} Leben. Beitr. zur inneren Gesch. der ersten Hälfte des *in der 3. Spalte* 19ten Jahrhunderts. 4 Th.; *rechte Spalte:* Schmidt's Erben. / 11609, Rosenkranz K. aus einem Tagebuche. / 11574. Cotta,

Deutschl*an*ds Boden, sein geologischer Bau und deßen Einwirkung auf / das Leben der Menschen. / 11568. Johnston, chemische Bilder aus dem Alltagsleben. 3 Bde. / 11548. Lampert. Charakterbilder aus dem Gesammtgebiete der Natur für Schule und Haus. / 11663. Barnum, Leben. Von ihm selbst geschild*er*t pp 4 Bde. / 11535. v. Berndt, illustrirt*es* Soldatenbuch. / 11736, Ferguson, Leute u. Berge, Reisebilder aus der Schweiz. / 11597 Fontane, ein Sommer in London. / $\frac{11271.}{3.}$ Charakterbilder deutschen Landes u. Leb*ens* für Schule u. Haus. Grube / $\frac{11788.}{4}$ Kühne. F. G. Wien in alter und neuer Zeit. / 11813. Berlin u. die Berliner in Wort u. Bild. Löffler. / $\frac{11788}{5.}$ Pröhle, Harzbilder, Sitten u. Gebräuche pp. / 11678. Thiele, Schattenspiele der feinen Welt. Eine Sammlung intereßanter / Biographieen berühmter u. berüchtigter M*en*schen. In histor. romant. Bildern / Bd. 1. 2. / 11596. Tietzen Dr. H. illustrirte Soldatenbiblioth*e*k in Krieg und Frieden. / 11796. Vogel Dr. pp. d*as* Vaterl*an*dsbuch. Illustrirte geograph. Bilder / aus der Heimath. In Schilderungen aus Natur, Gesch., Industrie u. Volksleben. / 11788. Willkomm, v. Berlin nach Hamburg. Nebst Schildereien aus Lübeck / u. Hamburg. / 11710. Selbstbekenntniße, oder 40 Jahre aus dem Leben eines oft genannten Arzt*es*. / 3 Bde. / 10797. Bülau; geheime Geschichten u. räthselhafte Menschen. ~~×~~6 Bde (?) / 10794. Jerem. Gotthelf. Erzählungen u. Bilder aus dem Volksleben der Schweiz 5r Bd. / ~~10~~ 93553, Hitzig u. Häring. Der neue Pitaval. 287 Bde. / 11472. Le[p]⟨r⟩ov, amerikan. Criminalmysterien, oder d*as* Leben der Verbrecher in ×…× / 11459. Veron Dr. Memoiren eines Pariser Bourgeois. 2r Bd. 1854. / $\frac{11139.}{23.}$ Nahrungsmittel u. Speißewahl v. Dr. Reclam. / 12405. Ueber Land u. Meer, Allgemeine illustrirte ~~H~~Zeitung. H*erausgegeb*en v. Hackländ. / *undefinierbares Zeichen* 12370. Bog. Goltz. Charakt*eri*stik u. Naturgesch. der Frauen. / 12431. Michelet, die Liebe. / 12350. Nöllner. Criminal-psycholog. Denkwürdigk*ei*ten / 12496. Reclam, C. Geist u. Körper in ihren Wechselbeziehungen mit Ver- / suchen naturwißenschaftlicher Erklärung. / 12500. Vogt, C. Altes und Neues aus Thier- u. Menschenleben / 12288. Wagner, der Kampf um die Seele vom St*an*dpunkte d. Wiß*en*sch*a*ft / 12237. Allmers, Marschenbuch aus den M*a*rschen der Elbe u. Weser. / 12218. Aßing. Gräfin ~~Ludmilla~~ Elisa v. Ahlefeldt, die Gattin Lützow⟨'s,⟩ die Freundin Carl Immermanns. / 12369. Avé-Lallemant. D*as* deutsche Gaunerthum in seiner social- / politischen, literar. u. linguistischen Ausbildung. / 12263. Bäuerle, Memoiren. / 12382. Helm. v. Chezy. Unvergeßenes. Denkw*ü*rd*i*gk*ei*ten pp 2 Th. / 12392. Pariser Bilder. / 12219 Cousin. D*as* Leben der Frau v. Longſuſeville, 4 Theile. / *undefinierbares Zeichen* 12544. B. Goltz. Die Deutschen, Ethnogr. Studie. 2 Bde. / *undefinierbares Zeichen* 12272. —— *als Unterführungszeichen für Goltz* Der Mensch u. die Leute, zur Char*a*kt*er*istik der / barbarischen u. civilis. Nationen. / *undefinierbares Zeichen* 12450. —— *als Unterführungszeichen für Goltz* Physiognomie u. Charakt*er*istik des Volkes. / *undefinierbares Zeichen* 12536. Natur- u. Culturleben in vergleich*en*den Bildern. v. Grube {1ster} Bd. / 12413. d'Harcourt: die Herzogin v. Orleans, Helene v. Meckl*en*burg / Ein Lebensbild. / 12264. Koßa⟨c⟩k, Badebilder. / 12451. Lobe, aus dem Leben eines Musikers. / 12473. Th. Mügge. illustrirte Kriegsgeschichte unserer Zeit. / 6 Lieferungen in 5 Heften. / 12518. Preller, ein fürstl. Leben (Maria Paulowna, {Groß*her*zogin} v.

Weimar-Eisenach.⟨)⟩ / ~~123~~ 12338. Renée, A. die Nichten Mazarin's, Studien der Sitten u. Char. / im 17. Jahrh*undert*. / 1249~~95~~. Richard, der kurfürstl. sächs. Kanzler D. Nicolaus Krell. / 2 Thle. / 12407. Culturstudien aus 3 Jahrh*underten*.

GSA 61/VII 12, 99 *Bearbeitungsspuren vfH: am Ende des Absatzes* Solche Motive … Pickwickier. *Bleistiftmarkierung; neben Folgeabsatz mehrere Bleistiftmarkierungen über den ganzen Absatz*
200,2 dramatische] ~~Au~~ dramatische 200,16 sie] ~~ihr~~ sie 200,24 werden] werde|n| 200,33 aber] ~~und~~ aber 200,36 die Mrs Weller] ʃdie M~~××~~rsʃ Weller~~t~~ 200,39 diese] ~~sie~~ ʃdieseʃ 201,2 sie uns … belustigen] ~~es~~ ⌋sie⌋ uns, wie ~~es ist~~ ⌋sie sind⌋, ~~beleidigen~~ belustigen 201,9 Menschheit] Menschʃhʃeit 201,18 und] ~~ge~~ und 201,23 Philisterei] ~~Philosophie~~ Philisterei 201,23 Kleines] ʃKleinesʃ 201,26 irgend] ʃirgdʃ 201,27 damit] ʃdaʃmit 201,29 breit u.] breit *danach Komma gestrichen* ~~sein Pinselstrich~~ u. 201,29 schon] ʃschonʃ 201,31 jene] ~~die~~ ⌋jene⌋ 201,33 Dilettant] Dil~~l~~ettant 201,35 im] ~~der art~~ im 201,39 zur Betrachtung … in] ʃzur … Familieʃ in *danach angefangene Einweisungsschlaufe gestrichen* 202,1 den] ~~alle~~ den 202,1 weite] ʃweiteʃ 202,3 selber] ʃselberʃ 202,3 es] ~~auch ist's nicht~~ es

GSA 61/VII 12, 100 *Bearbeitungsspuren vfH: neben erstem Absatz zwei Bleistiftmarkierungen; neben den beiden folgenden Absätzen jeweils aAa Bleistiftmarkierung; neben der Zeile* Die Formen der Erzählung *Markierung mit Bleistift; von da ab durchgezogene Linie bis zum Seitenende*
202,18 hören] ~~lesen~~ hören 202,24 in] ~~die~~ in 202,26 gelesen.] *Punkt korr. aus Semikolon* 202,31 noch mehr,] *aäR* |noch mehr,| *aZa* ~~sogar~~ 202,32 sogar der Gegenwart] ʃsogar der Gegenwartʃ 202,33 Uebersicht des] ~~„Ceulturgeschichtliche~~ Uebersicht de~~rs~~ 202,39 einförmige] ʃeinförmigeʃ 203,1 Oder] ~~Mißfa~~ Oder 203,4 an „das Herz"] ~~auf~~ ⌋an⌋ ~~ihre Herzen~~ „das Herz" 203,9 weit] ʃweitʃ 203,11 weniger bedeutenden] ʃweniger bedeutendenʃ 203,17 Szenen] Szene|n| 203,18 uns] ~~uns~~ 203,23 die Schwalbennester der Reflexion] ʃdie … derʃ Reflexion~~en~~ 203,25 mit] ~~die~~ mit 203,30 Man muß voraussetzen] ~~Diese hat am meisten~~ |Man muß voraus-| *aZa* ~~Je lebhafter das~~ setzen 203,32 oder daß] oder ⌋~~×…×~~⌋ daß 203,32 er] ~~seine~~ er 203,38 dem Helden] ʃdem Heldenʃ 203,38 indirekt, zeitweilig oder stets] indirekt|,| ʃzeitweilig oder stetsʃ 203,39 gestanden haben] ʃgestanden habenʃ *Einweisungsschlaufe unsicher* 204,1 sein] ~~das~~ sein 204,4 Stelle] ~~be~~ Stelle 204,5 seiner Regel] sein~~em~~⌋r⌋ ~~Gesetze~~ ʃRegelʃ 204,5 Also] ~~Ueber~~ Also 204,8 seinem] ~~planlos~~ seinem 204,8 im] ~~vielmehr ein~~ im 204,9 so] ʃsoʃ 204,14 möglichen Stätigkeit] möglichen *danach Komma gestrichen* ~~Stat ja~~ Stätigkeit 204,15 durch] ~~zu~~ durch

GSA 61/VII 12, 101 *Bearbeitungsspuren vfH: durchgehende Bleistiftlinie über mehrere Absätze, zunächst bis* Kräften hinzuwirken.; *dann durch Streichung bis vor Absatz* Wenn er … Zähneklappen. *gekürzt; neben erstem Absatz zudem mehrere Bleistiftmarkierungen; neben letztem Absatz aAa Rotstiftmarkierung*

204,32 u. Zuhörer] ʃu. Zuhörerʃ 204,35 z.B.] ~~d~~ z.B. 204,35 Reden der … die] ʃReden derʃ Gestalten ~~selbst~~ die 204,40 dieser Art der] ~~seiner~~ ʃdieser Art derʃ 205,2 Beiden] ~~b~~**B**eiden 205,4 und] ~~und ×…×~~ und 205,5 bei] ~~×~~**b**ei 205,6 der] ~~der ab~~ der 205,8 Beide] ~~b~~**B**eide 205,10 Decorationen, er … Blitze] Decorationen|,| ʃer … Blitze ~~selbst~~ʃ 205,12 ungefüges reales] ~~das~~ ungefüge|s| reale|s| 205,16 rasch] ~~sehr~~ rasch 205,17 da] ʃdaʃ 205,19 der] ~~die Zeit~~ der 205,19 Uhr,] Uhr ~~u. ×~~, 205,27 für] ~~sich~~ für 205,31 der seinen] ʃder seinenʃ 205,31 großen] ʃgroßenʃ 205,37 physische] physi~~olo~~**s**che 206,4 u.] ~~V~~ u. 206,6 des Gemüthes] ʃdes Gemüthesʃ 206,6 auch] ~~er~~ auch 206,8 dem] de~~n~~**m** 206,10 begebenheitlichen] ʃbegebenheitlichenʃ 206,11 seiner Absicht] seine~~m~~**r** ~~Zwecke~~ Absicht 206,13 im Gehalt] i~~n~~**m** ~~der Exist~~ Gehalt 206,14 Andere] ~~a~~**A**ndere 206,17 zu] ʃzuʃ 206,26 einer] ~~je mehr~~ einer 206,27 Autor] ʃAutorʃ 206,27 zweierlei] zweiʃerleiʃ 206,28 ihm] ~~dem~~ ihm 206,29 umgekehrt] *danach Komma gestrichen* 206,30 ihr] ih~~m~~**r** 206,35 die] ~~eine~~ ⌋die⌋ 206,37 abspiegelt] ~~abspi~~egelt 206,38 und] *aZe* |~~gleichsam~~| *aZa* ~~eine Muster~~ und 206,38 abspiegelt] ~~so~~ abspiegelt 206,39 eine] ~~die~~ eine 206,40 nach] ~~h~~ nach 207,5 den Cinquentisten] ~~sie~~ den ~~Q××~~ Cinquentisten 207,6 die] ~~war,~~ die 207,7 nur] ʃnurʃ 207,9 u.] ~~pp~~**u.** **Marginalien:** 205 Vorhergehende] ~~lezte~~ Vorhergehende 205 aber] ʃaberʃ 205 zugleich] ~~sich~~ zugleich 206 in] ~~er~~ in 206 beantworten.] *Punkt korr. aus Semikolon* 206 ist] ~~muß~~ ist 206 oder vielmehr Zustands] ~~oder Zustandes~~ ʃoder … Zustandsʃ 207 beziehen] bezieh**ten** 207 was] ~~d~~**w**as 207 „Damals!" … bestimmtes.] *in Hsp auR, durch Strich mit Marg. verbunden*

GSA 61/VII 12, 102 *Bearbeitungsspuren vfH: erster Absatz mit zwei längeren Bleistiftstrichen markiert; neben letztem Absatz aHv* Wir Deutschen überwinden *und aAe Bleistiftmarkierung*

207,13 zu] ~~und~~ zu 207,17 da,] ~~wie~~ da ~~uns~~, 207,18 ein] ein~~e~~ 207,21 mit musicalischen] ~~für das~~ ⌋mit⌋ musicalische|n| 207,25 Poesie pp] Poesie *danach Komma überschrieben mit* **pp** 207,34 entzogen] entz~~ieh~~og|en| 208,4 Obiges] ~~d~~**O**biges 208,9 von Bewunderung pp] ⌋von Bewunderung pp⌋ 208,13 Nichts] ~~k~~ Nichts 208,28 Saddler] Saddler~~s~~ 208,28 Theater,] *vor Komma undefinierbares Zeichen* 208,32 durch] ~~aus~~ durch 208,34 schon] ʃschonʃ 208,35 gestatte] gestatte~~t~~ 209,1 daß] ~~als ob~~ ⌋daß⌋ 209,4 Strebens] Streben|s| 209,6 diesem] ~~dieser Leidenschaft~~ diesem 209,11 äußere] *aäR aZa eingefügt* 209,20 den] d~~as~~**en** **Marginalien:** 207 große] ʃgroßeʃ 209 es doch {als}] ʃesʃ doch ~~×…×~~{**als**}

GSA 61/VII 12, 103 *Bearbeitungsspuren vfH: neben den ersten beiden Absätzen jeweils aAa und aAe Bleistiftmarkierungen*

209,29 Alles] ~~die Dinge~~ ⌊Alles⌋ 209,36 Summum jus] Summ~~a~~**um** ~~j~~|j|us 209,39 was] w~~enn~~**as** 209,40 Ein] ~~einem~~ Ein 210,3 durch] ~~der zu~~ ʃdurchʃ 210,3 bereitesten] ~~tief~~ bereitesten 210,5 übertriebene] ʃübertriebeneʃ 210,6 dem] ~~jene~~ dem 210,12 größer muß die Verwickelung] ~~absichtlich stärker müßen~~ ⌊größer muß⌋ ~~die ʃeinzelnenʃ Fäden der~~ ⌊die⌋ ~~Ent~~ Verwickelung 210,13 und] ʃundʃ 210,14 dieselbe] ~~eine~~ ʃdieselbeʃ 210,15 der einzelnen Fäden] ~~u. die Art~~ ʃde~~s~~**r** ~~E~~**e**inzelnen Fädenʃ 210,16 kleinen u. weniger] ~~großen und reichen~~ kleinen ~~u. gedrängteren Erzählung~~ u. weniger 210,19 reicher ein] reicher *danach Komma gestrichen* ~~verw~~ ein 210,23 u. mildernde] ʃu. milderndeʃ 210,25 schaden] ~~stören~~ schaden 210,33 nehmen] ~~rufen~~ ⌊nehmen⌋ 210,38 für] ʃfürʃ 210,39 Geschwister] Gesch~~×h~~**w**ister 211,3 durch] ~~um seinetwillen~~ durch 211,4 auch] ʃauchʃ 211,9 Diener,] Diener ~~des Dokto~~, 211,11 wie] ~~×von~~ wie 211,15 wo] ~~bei~~ wo 211,16 im Auftrage Tellsons] ʃim ... Tellsonsʃ 211,25 leidend] ~~h××~~ leidend 211,26 Jahre] Jahre~~n~~ 212,3 dieser] ʃdiesʃer 212,8 endlich] ~~zulez~~ endlich 212,9 Evrémond] Evrémond~~e~~ 212,10 aristocrat. Tyrann, der] *aZe aäR eingefügt* 212,17 den gedrückten Unterthanen] ʃden ... Unterthanenʃ 212,19 sucht] ~~findet~~ sucht 212,32 {ihr} gefährlichen Erinnerungsmittel] |{ihr}| gefährlichen Erinnerung~~en~~**sm**ittel

GSA 61/VII 12, 104 *Bearbeitungsspuren vfH: Marg.* Eine Anzahl ... einander. *mit Rotstift markiert; ebenso der Beginn der folgenden Marginalie; neben Absatz* So gehören ... Buches. *aAe Bleistiftmarkierung; neben letztem Absatz aAa Markierung mit Rot- und Bleistift*

212,35 den] de~~r~~**n** 212,37 milde] ʃmildeʃ 212,40 in] ~~festge~~ in 213,9 Beim] ~~Der Doctor, der überrascht~~ Beim 213,13 um] ʃumʃ 213,17 u. Dry] ʃu. Dryʃ 213,17 Revolutionsspione,] Revolutionsspione *danach* u *mit Komma überschrieben* 213,18 geberdend] gebe~~h~~rdend 213,27 die Kleider wechseln] ʃdie Kleider wechselnʃ 213,32 zu] ʃzuʃ 214,2 Zimmer.] *Komma gestrichen und Punkt eingefügt* 214,4 andern] ~~×~~andern 214,4 wie] ~~indem~~ ⌊wie⌋ 214,12 bloses] ʃblosesʃ 214,16 Feststehendes] ~~f~~Feststehendes 214,18 eine] ~~××~~ eine 214,19 haben – zur] haben *danach Gedankenstrich korr. aus Komma* ~~welche durch die Sit~~ zur 214,22 kleine] ~~b~~ kleine 214,24 der] ~~wie er~~ der 214,27 u. zeigen ... Seiten] ʃu. zeigen ... Seitenʃ 214,30 ihr Wieder-Erscheinen] ~~sein~~ ⌊ihr⌋ ʃWieder-ʃErscheinen 214,34 Manettes] *undefinierbares Zeichen über dem zweiten* e 214,35 das] d~~ie~~**as** 214,39 Wechselwirkung.] *Komma gestrichen und Punkt eingefügt* 214,40 ein] ʃeinʃ 215,12 beides,] ʃbeides,ʃ 215,19 unkünstlerisch u. nimmt] unkünstlerisch *danach Komma überschrieben mit* **u.** ~~da~~ nimmt 215,24 einen] ʃeinenʃ 215,27 gegen] ʃgegenʃ 215,29 Urahnen] ~~Väter oder~~ Urahnen
Marginalien: 215 Der Einfall ... natürlich] *z. T. in Hsp und zdZ*

215 uneigennützige Liebes-Erklärung] *in Hsp zdZ* |uneigennützige Liebes-|Erklärung 215 die Erfindung] ʃdie Erfindungʃ 215 diesen] dies|en| 215 hat, diesen … Zubehör.] *die letzten zwei Zeilen der Marg. auR und bis in Hsp*

GSA 61/VII 12, 105 *Bearbeitungsspuren vfH: am Seitenanfang neben erster Zeile Markierung mit Rot- und Bleistift; nach erstem Absatz blauer Querstrich*

215,37 wechselndem] ʃwechselndemʃ 216,1 äußerliche] ~~T~~ äußerliche 216,4 unorganischen] ~~a×~~ unorganischen 216,7 Stätigkeit einer] Stätigkeit *danach Komma gestrichen* ~~mit~~ ⌋einer⌋ 216,11 Forderungen der] ʃForderungen derʃ 216,20 der] d~~ie~~er 216,22 eine] eine~~n~~ 216,25 Geldverdienst] ~~V~~Geldverdienst 216,29 wohlhabende] ~~×~~wohlhabende 216,33 I Buch] ~~1 Bd.~~ I Buch 217,3 der] ~~u. G×~~ der 217,6 Paris] ~~England~~ Paris 217,7 Cruncher] ~~Ch~~ Cruncher 217,13 Lorry] ~~×~~Lorry 217,14 in] ~~zu wa~~ in 217,15 durch 20jährige … Befreiung] ~~na~~durch 20jährige Bastille ~~freigelaßen war u.~~ irrsinnig u. hülflos geworden|,| ʃnach seiner Befreiungʃ *danach Komma gestrichen* 217,21 das] d~~er~~as 217,29 Dazu] ~~3 Ka~~ Dazu 217,38 speziell] ʃspeziellʃ 218,2 jedem] ~~d~~jedem
Marginalien: 217 Anno 1775.] *aiR*

GSA 61/VII 12, 106 *Bearbeitungsspuren vfH: neben Absatz* Nun ist … Bezeichnungen. *aAe Bleichstiftmarkierung*

218,18 plastischen,] *Komma korr. aus Punk* 218,24 Begebenheit] ~~Bewegung~~ Begebenheit 218,26 mit] ʃmitʃ 218,37 verrathendes, … Phantasie] verrathendes, ~~daran~~ Herum{~~fühlen~~}ʃ{handthieren} der Phantasieʃ 218,38 dem „Mademoiselle"] ʃdem „Mademoiselle"ʃ 218,39 asoziirten] asoz~~z~~iirten 219,29 Fähigkeit (wenn] *Komma mit öffnender Klammer überschrieben* 219,37 auf Armen] ~~auf den~~ Armen 220,2 todten] ⌋todten⌋ 220,4 sie] ~~Mr~~ sie 220,15 ist] *danach schließende Anführungszeichen gestrichen* 220,17 beunruhigten] *darüber dritter u-Strich gestrichen* 220,21 Bank] ~~Ban~~ Bank 220,25 Knix.] *Komma gestrichen und Punkt eingefügt*

GSA 61/VII 12, 107 221,29 englische] ʃenglischeʃ 221,37 „Geschichte!"] *schließende Anführungszeichen mit Ausrufezeichen überschrieben, danach wieder eingefügt* 222,37 gebrauchend] gebrauch~~t~~end 223,4 reine] ~~lauter~~ reine 223,5 nie] ~~×××~~ ʃnieʃ

GSA 61/VII 12, 108 223,5 Nein; Sie] *darüber* ~~Gefühle!~~ 223,6 Haus] ~~Bank~~ Haus 223,36 hatte] *Umlautstriche gestrichen* 224,1 eines] ~~überliefern~~ eines 224,8 ertragen?"] *schließende Anführungszeichen mit Fragezeichen überschrieben, danach wieder eingefügt* 224,9 die] ʃdieʃ 224,17 Kind] Kind~~er~~ 224,25 erzog] ~~der~~ erzog 224,26 Sie] ʃSieʃ 224,32 bleiben.] *Komma gestrichen und Punkt* *eingefügt* 224,33 z.B.] ~~jezt~~ z.B. 224,37 beantworten] ~~vollenden~~ beantworten 225,5 Herzen –] *Gedankenstrich korr. aus Komma*

GSA 61/VII 12, 109 226,21 das!] das~~?~~! 226,36 nahen] ʃnahenʃ 227,4 Nicht] ~~D~~Nicht 227,14 Monsieur] ~~N~~Msr 227,15 da] ~~der~~ da 227,18 demgemäß] ~~deßhalb~~ demgemäß

GSA 61/VII 12, 110 *Bearbeitungsspuren vfH: neben Absatz* Hinsichtlich des ... hindurch. *aAa Rotstiftmarkierung, zudem Bleistiftmarkierungen aHv* Wahr ist es *und den folgenden Zeilen; neben Absatz* Hier haben ... außerordentlich. *Bleistiftmarkierung aHv* Freilich kommt; *die Absätze ab* Schöne Züge: ... Nemesis ist. *jeweils mit Bleistiftstrichen markiert*

228,7 sprechen] ~~ist~~ sprechen 228,11 absichtl.] ~~mit~~ absichtl. 228,27 Tag!“] *danach Punkt und Komma gestrichen* 228,31 er in solch] ʃerʃ in solch~~er~~ 229,1 eine] eine~~n~~ 229,2 schweren dialogischen] schwere~~r~~n dialogische~~r~~n 229,16 ganz] ~~den~~ ganz 229,16 geraubt] ~~zer~~ geraubt 229,17 manches] ~~Ma~~ manches 229,20 noch] ʃnochʃ 229,21 vorher] ʃvorherʃ 229,25 „und] ~~nach dem~~ „und 229,26 aufgeschaut:] *Komma gestrichen und Doppelpunkt eingefügt* 229,36 zusammengethan] ʃzusammenʃgethan 229,38 u.] ~~sonde~~ u. 230,1 u.] ~~eigen~~ u. 230,3 Was dem] W~~oduasrch~~ de~~r~~m **Marginalien:** 228 Wahnsinn pp] ʃWahnsinn ppʃ 229 meinen] meine~~m~~n

GSA 61/VII 12, 111 *Bearbeitungsspuren vfH: neben erstem Absatz Bleistiftmarkierung; Marg. mit Rot- und Bleistift markiert*

230,14 einst] ʃeinstʃ 230,20 wahre] ʃwahreʃ 230,21 welcher] welche|r| 230,28 zum] zu|m| 230,29 verlangt] ~~wird~~ verlangt 230,29 im] i~~n~~m 230,31 Jarvis] Jarvi{~~es~~}s 230,36 Das goldene Haar] D~~ie~~as goldene~~n~~ Haar~~e~~ 230,39 Geschäft; Mr. Cr.] ʃGeschäft; Mr. Cr.ʃ 230,39 gelegentl.] ʃgelegentl.ʃ 230,40 Vorher] ⌋Vorher⌋ 231,15 im] i~~n~~m 231,16 fallen] ~~das Verhör~~ fallen 231,28 ihm Papiere] ~~ihm~~ ~~dx~~ Papiere 231,30 Zeugen.] *Punkt korr. aus Komma* 231,31 denen] d~~ie~~enen 231,34 Mr] *Gedankenstrich überschrieben* **Marginalien:** 230 materielle] ʃmaterielleʃ

GSA 61/VII 12, 112–114 *vacat*

GSA 61/VII 12, 115 *Bearbeitungsspuren vfH: am Seitenanfang neben Überschrift und erster Absatzzeile Markierung mit Rot- und Bleistift, aHv* seinen Lebenssinn *Rotstiftmarkierung; neben Folgeabsatz aAe Markierung mit Rot- und Bleistift; neben Absatz* Der nachstehende ... Zweifel. *aHv* 7 Auflagen nöthig *Bleistiftmarkierung*

232,2 12827] 128~~9~~⌋2⌋7 232,8 daß] ~~Hinweis~~ daß 232,10 unserer Wünsche] ʃunserer Wünscheʃ 232,13 vielmehr] ʃvielmehrʃ 232,14 Die] ~~Das~~ Die

232,15 woran] ~~gleichsam ein anatomisches Präparat aus Papiermachée~~ woran 232,15 seinen] ~~beobachten g~~ seinen 232,16 machen, lernen] machen|,| lernen 232,17 Lebens haben sollte] ~~Lesers~~ *udZ* |Lebens| habe *danach Punkt überschrieben mit* **n**, *danach udZ* |sollte| 232,18 Woran] ~~Daß~~ Woran 232,21 selbst] ~~darin~~ selbst 232,22 die] ~~zu sehen u., daß sich~~ die 232,22 u. ihre Motive] ʃu. ihre Motiveʃ 232,23 von] ~~er~~ von 232,25 tilgen,] *Komma gestrichen und wieder eingefügt* 232,28 zu] ʃzuʃ 232,28 d.h.] ʃd.h.ʃ 232,28 allen erschlaffenden] all~~emn~~ ~~durch~~ erschlaffenden 232,30 uns] ~~sich~~ ⌋uns⌋ 232,38 die] ~~eine~~ die 232,38 aussparendes] ~~spannen~~ aussparendes 233,3 auf Effekt] ʃauf Effektʃ 233,9 blose] ʃbloseʃ 233,12 nicht sowohl] ʃnicht sowohlʃ 233,16 Wesen des … Porträts] ʃWesen desʃ ideale|n| Porträt|s| 233,19 Vorstellung,] Vorstellung ~~nicht~~, 233,26 unserer] unser|e||r| 233,33 vorurtheillosem] vorurtheillose~~n~~**m** 233,34 nicht] ~~×…×~~ nicht 234,1 von] ~~ihre~~ von

GSA 61/VII 12, 116 235,30 weil] ~~×…×~~ weil 236,11 auszuarbeiten] ~~dazu~~ auszuarbeiten 236,17 meiner] ~~der lezten~~ meiner 236,18 humoristisch] ʃhumoristischʃ

GSA 61/VII 12, 117 *zwischen den ersten beiden Absätzen ein gestrichener Trennstrich; Bearbeitungsspuren vfH: am Seitenanfang neben erster Zeile Rotstiftmarkierung, unter dem Absatz blauer Schrägstrich; neben Folgeabsatz aAa und aHv* so energisch auf die Phantasie *Bleistiftmarkierungen; neben letztem Absatz aHv* Wir wandeln auf *Bleistiftmarkierung* 236,26 dieselbe] diese|lbe| 236,28 daher] ʃdaherʃ 236,29 die] ~~s~~**d**ie 236,30 würden] würde|n| 236,32 wirkliche] ~~W~~**w**irkliche 236,35 gleich] ~~zugleich durch die von Anfang so~~ gleich 236,37 das normale] d~~en~~**as** ʃnormaleʃ 237,4 was davon] ~~Alles,~~ was ~~wir~~ davon 237,8 ohne] ~~nachdem sie er das~~ ohne 237,10 derer] der|er| 237,11 Wie] ~~D~~**W**ie 237,12 verdächtigem Gebausch] verdächtig|em| ~~wattirten Mänteln, B~~**G**ebausch 237,13 entschiedener] entschieden|er| 237,14 Es] ~~D~~**E**s 237,17 haben] ~~als~~ haben 237,19 was] ~~d~~**w**as 237,21 wird, das … tragen.] wird *danach Komma korr. aus Punkt, danach Einfügung aäR* 237,22 liebenswürdigen] ~~Momente,~~ liebenswürdigen 237,23 (Gemüths-⟨)⟩Gehalt] ʃ(Gemüths-ʃGehalt 237,24 Außen-Form] ʃAußen-ʃForm 237,25 ungefüge] ~~Ma~~ ungefüge 237,32 gesänftigt] ~~zum Gemut~~ gesänftigt 237,32 in welchen] ʃin welchenʃ 237,33 mängelvollen,] ʃmängelvollen,ʃ 237,34 Zuthaten] ~~unse~~ Zuthaten 237,35 nahe] ~~tritt~~ nahe 237,37 Schärfung] ~~Belehrung~~ ⌋Schärfung⌋ 238,1 zu] ʃzuʃ 238,4 einseitige] ʃeinseitigeʃ 238,4 Gemeingefühl und … peinlich.] Gemeingefühl *danach Punkt überschrieben mit* **u**nd *danach Einfügung aAe und aäR* 238,7 einseitig] ʃeinseitigʃ 238,10 Boden] ~~G××~~ Boden 238,10 den] ~~die Phan~~ den 238,12 uns] ~~wir wandeln~~ uns 238,13 über] {~~au~~}**über** 238,16 Gesättigkeit] ~~Satt~~ Gesättigkeit

238,17 verkürzten] verkürzt|en| 238,18 mögen, während ... abschließt.] mögen *danach Komma korr. aus Punkt, danach Einfügung aäR* 238,22 heiligerer] heiliger|er| 238,23 muß] ~~wird~~ muß 238,32 freien] ∫freien∫ 238,32 u.] ∫u.∫ 238,34 Etwas] ~~e~~Etwas 238,35 zum] zu|m| 238,36 Etwas] ~~e~~Etwas 238,39 in der Regel] ∫in der Regel∫ 238,40 den] ~~die Wendun~~ den 239,1 solchem] solch~~en~~m

Marginalien: 236 an] ~~selbst~~ an

GSA 61/VII 12, 118 *Bearbeitungsspuren vfH: Markierungsstriche mit Bleistift neben erstem Absatz aAe, neben Absatz* Im Romane ... selbst. *aHv* Im Romane ist das Ausleben, *neben Absatz* Es gilt ... Naturmenschen. *aHv* wo mögl. eine Vollständigkeit *und neben letztem Absatz aHv* Eisgange vergleichbar

239,7 guten] ∫guten∫ 239,9 Erfolg] *danach Komma gestrichen* 239,11 ihnen] ~~d~~ihnen 239,11 Leser] ~~Zus~~ Leser 239,23 gar] ~~der~~ gar 239,24 Er] ~~Es~~ Er 239,25 (u. passivum)] ∫(u. passivum)∫ 239,26 der Mannigfaltigk*eit*] ∫der Mannigfaltigkt∫ 239,37 seine] ~~die~~ ⌋seine⌋ 240,5 seinem] sein~~er~~m 240,6 gezwungen dem Handeln] ∫gezwungen∫ de~~r~~m ~~W~~ Handeln 240,7 in der Tragödie] i~~m~~n ~~Drama~~ ⌋der Tragödie⌋ 240,8 rede] ~~rede h~~ rede 240,10 Der] ~~Ohne~~ Der 240,14 diesen] ~~sich~~ diesen 240,16 Wachheit u.] ∫Wachheit u.∫ 240,17 stets feurige] stet~~es~~ ⌋×⌋ feurige 240,19 ausmachen] ∫aus∫machen 240,21 betreff*en*den] ∫betreffden∫ 240,22 keine] keine~~n~~ 240,27 Drama. In] Drama *danach Komma gestrichen und Punkt eingefügt* ~~sondern die~~ In 240,28 u. unter sich] ~~sie~~ ∫u. unter sich∫ 240,37 Bildungs-] ~~gebildete~~ Bildungs- 240,39 anderer] andere|r| 241,5 an sich unbedeutendere] ∫an sich unbedeutendere∫ 241,8 der] de~~s~~r 241,11 der] de~~s~~r 241,13 eines] ~~d~~eines 241,17 jede] ~~die~~ jede 241,22 keine] ~~wenn gleich~~ keine 241,23 können {manche}] ~~wirken~~ ⌋können⌋ ∫{manche}∫ 241,25 ist als solche] ⌋~~als~~⌋ ist ∫als solche∫

GSA 61/VII 12, 119 *Bearbeitungsspuren vfH: neben Absatz* Daraus folgt ... Besinnen. *Bleistiftmarkierung aHv* Und wo es sich isolirt, *unter dem Absatz blauer Schrägstrich; neben Absatz* Man muß ... aus. *aAe Bleistiftmarkierung; die mit* Die Regel ist *beginnende Aufzählung mit Bleistift markiert, ebenso Absatz* Ich muß ... sind.

241,32 epischen] ~~d~~epischen 241,40 der] d~~ie~~er 242,1 liegen] ~~gehe~~ liegen 242,1 sowohl] ∫sowohl∫ 242,2 also] ~~als~~ also 242,4 eines] ~~s~~eines 242,4 einer] eine~~s~~r 242,5 Seiendes] ~~s~~Seiendes 242,6 nicht] ~~das~~ nicht 242,8 friedlich] ∫friedlich∫ 242,13 u.] ~~zer~~ u. 242,17 oder] ~~u~~oder 242,23 das ganze Detail] *aZe* ~~meines~~ *aiR aZa* |das| ganze~~n~~ De~~t~~tail 242,24 u.] ~~habe~~ u. 242,31 dann] dan~~m~~n 242,37 eine langweilige ... müßte] *später* ~~sie darin unterstüzt~~ eine langweilige *danach Einfügung aZe aäR* 243,8 wie Contrastirung] ∫wie Contrastirung∫ 243,14 uns gefallen ... Wirklichkeit.] ~~entweder~~ uns gefallen ~~oder mißfallen~~

danach Einfügung idZ und aäR 243,18 Grundregeln] Grundgregeln 243,25 unter] unter ⌊über⌋ 243,32 spezifisch] spetzifisch 243,34 Charakters,] Charakters, geht, 243,36 geht.] geht. und d× 243,39 es] sie es

GSA 61/VII 12, 120 *Bearbeitungsspuren vfH: neben Absatz* c., diesen Plan ... Selbstzufriedenheit. *aHv* erst am Ende löset *Bleistiftmarkierung; Absatz* Narren, die ... sind. *mit Rot- und Bleistift markiert; neben letztem Absatz mehrere Bleistiftmarkierungen*

244,11 so] ∫so∫ 244,16 arrangirt, als ... wollte] arrangirt *neuer Absatz, aZa* c., *dann nach* arrangirt *Komma eingefügt, danach Einfügung aAe* 244,21 die] was ⌊die⌋ 244,25 erst] ∫erst∫ 245,21 mechanischen] ∫mechanischen∫ 245,21 die Erfindung] denie Verst Erfindung

GSA 61/VII 12, 121 *Bearbeitungsspuren vfH: Absatz* Eine große ... sichtbar. *mit Bleistift markiert; neben Folgeabsatz aAa und aHv* Nur die Handlungen *Bleistiftmarkierung; Anfang des letzten Absatzes mit Bleistift markiert*

245,32 einnahm] einmnahm 245,35 Madam] Madame 246,3 seine] die direk seine 246,8 wie] die er, wie 246,9 Farbe ist. Der] Farbe *danach Komma gestrichen* ist *danach Punkt korr. aus Semikolon* SDer 246,11 dem blosen Auge] ∫dem blosen Auge∫ 246,14 in] nur in 246,18 gibt] giebt 246,18 Unzählige] inUnzählige 246,25 zu] ∫zu∫ 246,25 Etwas] eEtwas 246,25 beibehält] beibehälten 247,2 weniger] mehr weniger 247,3 einem etwas ... die] ∫einem∫ etwas Ungewöhnlichemre|n| eben dasie 247,5 dem] weniger dem 247,7 Autor] Schildere Autor 247,16 welcher] der welcher 247,16 poetischen] derartigen poetischen 247,18 das Substanzielle] dieas Substanz∫ielle∫ *Einfügung udZ* 247,21 ein Intereße] eine Spann Intereße 247,22 werden] wierden 247,22 von] dann von 247,23 darin höchstens nur] *Wortumstellung mit Zahlen markiert* nur[3] ⌊darin[1]⌋ höchstens[2] 247,26 dieser] diesemr 247,33 Geschichte] Spannung Geschichte 248,3 wird. Wenn] wird *danach Punkt korr. aus Semikolon* wWenn

GSA 61/VII 12, 122 *Bearbeitungsspuren vfH: Absatz* Meine Phantasie ... zu sein *und Folgeabsatz mit Bleistift markiert; neben Marg.* Daß Pip ... prägt. *ab* von der Havisham *bis zum Ende Rotstiftmarkierung; neben Absatz* Wie ist ... Richtungen! *aAe Bleistiftmarkierung; ebenso neben Folgeabsatz*

248,30 gewöhnlich] gewöhntlich 248,31 beim] des ⌊beim⌋ 248,32 kommen] stehen ∫kommen∫ 248,33 finden⟨,⟩] ∫finden∫ 248,36 die] das Mä die 249,11 das] welche das 249,12 mischt, deßen] m×ischt, derß∫en∫ 249,16 Mord] *danach Bindestrich gestrichen* 249,17 Verdacht der ... Autorität] ∫Verdacht der∫ Arroganz *danach Bindestrich gestrichen* Verdacht ⌊hindurch⌋ zumr Entfalten seiner Autorität 249,23 diese] ihr diese 249,24 Gedankenreihe] Aßoziation Gedankenreihe 249,27 wohlgethan u.] aus wohlgethan × u. 249,31 Havisham] *danach Komma gestrichen* 249,31 Geheimniß des] Geheimniß *danach Komma gestrichen* ~~auf dem ds~~ des 249,32 hier] ~~hier erst~~ ⌊hier⌋ 249,33 noch sich fortbaut] ʃnochʃ sich ~~auf~~ʃfortʃbaut 249,33 ganz] ʃganzʃ 249,38 zerfeilte] ~~B~~zerfeilte 250,3 u. wach] ⌊u. wach⌋ 250,9 Einführung] ~~Bekanntschft~~ Einführung 250,14 u.] ~~des~~ u. 250,27 möchten] ~~sehe müßen~~ möchten 250,28 zu] ~~was~~ zu 250,31 der] {~~u.~~}**der** **Marginalien:** 250 üben. Auf] üben|.| ~~und~~ Auf 250 bestimmend] {~~ein~~}**be**stimmend 250 das] ~~das~~ das 250 u. Betrachtungen] ʃu. Betrachtungenʃ 250 auch,] ʃauch,ʃ

GSA 61/VII 12, 123 *Bearbeitungsspuren vfH: neben erstem Absatz aAa und aAe Bleistiftmarkierungen; Absatz* Wenn Spannung ... gleicht pp *und die beiden folgenden Absätze mit Bleistift markiert; neben Absatz* Wie das Drama ... mehr. *aAa und aHv* Bilder des Lebens *Bleistiftmarkierungen*

250,34 Vorganges] ~~er~~**V**organges 250,36 liegt noch] liegt *danach Komma gestrichen* ~~vor die Vor~~ noch 250,36 nebenhergeht] ~~h~~ nebenhergeht 250,39 Vorgeschichte] ~~Urges ×~~**V**orgeschichte 250,40 von jener] ʃvonʃ jene|r| 251,1 eine Abschlagserzählung ... wird] ~~uns sch~~ ⌊eine⌋ Abschlagsʃerʃzählung~~en~~ gemacht we**i**rd~~en~~ 251,4 der Unterlage] ʃder Unterlageʃ 251,17 feßelnden Charaktern] feßelnde|n| Charakter|n| 251,19 all dieses] ~~alle~~ all die~~ss~~|es| 251,20 psychologische] ~~Stetig~~ psychologische 251,23 gemüthliche] ~~Wohl~~ gemüthliche 251,29 vor] ⌊vor⌋ 252,1 u. zu erhalten] ʃu. zu erhaltenʃ 252,11 schließliche] ʃschließlicheʃ 252,13 bewirkt] ~~des~~ bewirkt 252,14 Natur] ~~organ~~ Natur 252,18 mit] ʃmitʃ 252,18 sollen] ʃsollenʃ 252,23 u. wir leiden] ~~wir~~ u. wir ~~laßen uns nun gefal~~ leiden *danach Komma gestrichen* 252,30 seinen] ~~m~~seinen 252,34 zufälligkeitenlose] zuf~~a~~**ä**ll~~s~~**i**gkeitenlose 252,36 durchaus] ~~inte~~ durchaus 252,38 „eine] ~~selbst~~ „eine 252,40 der Erlebniße] ʃder Erlebnißeʃ 253,2 Lebens, d.h. ... Lebens] Leben|s,| *danach Einfügung aZe aäR* 253,4 das] ~~daß~~ das 253,7 aber wir ... Gegensatzes] ʃaberʃ wir brauchen ʃdie Erklärungʃ de~~n~~**s** Gegensatz|es| 253,17 Detail] ~~d~~**D**etail 253,19 u.] ~~gewoh~~ u. **Marginalien:** 251 Gemüth, ... Stoff] *in Hsp aAe*

GSA 61/VII 12, 124 *Bearbeitungsspuren vfH: Absatz* Natürlich hängt ... Contrastes. *mit Bleistift markiert, ebenso Absatz* Nur soviel ... muß.; *neben Folgeabsatz aAa und aAe Bleistiftmarkierungen; neben Absatz* Aber alle ... besten. *aHv* Einer Art *Bleistiftmarkierung; neben Folgeabsatz aAa Rotstift- und Bleistiftmarkierungen, zudem mehrere Bleistiftmarkierungen über ganze Länge des Absatzes; neben letztem Absatz Markierungen mit Rot- und Bleistift*

253,24 ist] ~~sind~~ ⌊ist⌋ 253,35 stärkerer] ~~eines~~ stärker~~en~~r 253,37 Figuren] ~~Begebenheit u.~~ Figuren 253,39 unmittelbar] ʃunʃmittelbar 253,40 mittelbar] ~~un~~mittelbar 254,11 aufnehmenden] aufnehmende|n| 254,14 Dorfgeschichten, im] Dorfgeschichten|,| ~~u~~**im** 254,18 auch] ʃauchʃ 254,21 Detail bei] Detail *danach Komma gestrichen* ~~wie im~~ bei 254,23 bei der Erfindung, der] be~~im Concipiren~~ der Erfindung|,| ~~u. Gemüth u.~~ der 254,24 vorzugsweise] ~~th~~ vorzugsweise 255,1 alle] ~~die~~ alle 255,7 Einzelne] ~~He~~ Einzelne 255,8 Diese] ~~Je mehr~~ Diese 255,9 entweder] ~~in größ~~ entweder 255,11 dramatischen –] *Gedankenstrich korr. aus schließender Klammer* 255,12 zur] ~~sein, als~~ zur 255,13 eine] ʃeineʃ 255,15 mächtige] ~~Eins~~ mächtige 255,19 bedingende] bedingende~~n~~ 255,21 innere] ʃinnereʃ 255,24 äußere] ~~diese~~ äußere 255,25 ein] ~~da~~ ein 255,25 Formung von] ~~Entw~~ Formung ~~durch~~ von 255,29 in] ~~sowohl~~ in 255,30 Causalitäten] *danach Komma gestrichen* 255,34 Pip] ~~eine Variation über das~~ Pip 255,36 erst] ʃerstʃ 256,4 desselben] de~~ns~~selben 256,4 welche] ʃwelcheʃ 256,6 Stähl-] Stähl|-|~~feue~~ *Einfügung udZ* 256,7 äußeren] ʃäußerenʃ 256,7 von] ~~gese~~ von 256,9 von] ʃvonʃ 256,12 verwerthen] ʃ~~sich~~ʃ verwerthen 256,14 phantastisches] ʃphantastischesʃ **Marginalien:** 256 dem] ~~××~~ dem 256 ihres Seins bei] ihres|Seins|bei

GSA 61/VII 12, 125 Ich hätte anders ... entgegen. *wahrscheinlich später eingefügt, letzter Absatz auR, teilweise in Rsp reichend; Bearbeitungsspuren vfH: erster Absatz mit Bleistift markiert; neben Folgeabsatz mehrere Bleistiftmarkierungen; Absatz* Es ist ... umkleiden. *mit Rot- und Bleistift markiert; Folgeabsatz mit Bleistift markiert; neben Absatz* Die Joe ... mit. *aHv* Die entwickelungsfähigen *Markierungen mit Rot- und Bleistift; neben Marg.* eine vierte ... verfallen. *Markierung mit Rot- und Bleistift; die Liste* a die Naiven ... Heißen. *mit Rotstift markiert*

256,22 festlich] ~~tafelnden~~ festlich 256,28 von phantastischen Schauspielern] ʃvon ... Schauspielernʃ 256,30 Stimme;] Stimme *danach Komma gestrichen* ~~ihre eige~~; 256,36 der sich ... mischt] ʃder sich ... mischtʃ 256,37 Zauber.] *Punkt korr. aus Komma* 256,39 Die Situationen? Die Behandlung?] ʃDie Situationen? Die Behandlung?ʃ 257,2 hervorgeht –] *Gedankenstrich korr. aus Komma* 257,3 neue] neu|e| 257,5 Einfall –] *Gedankenstrich korr. aus Komma* 257,8 Verbrecher] ~~Sträfling~~ Verbrecher 257,9 lang, um –] lang *danach Komma korr. aus Gedankenstrich* um |–| 257,10 monomanische] monomanische~~r~~ 257,11 durch einen Mann] ʃdurch einen Mannʃ 257,13 neue] ʃneueʃ 257,14 u. absichtl. ... mußte] ʃu. ... deß, *ääR* was ... mußteʃ 257,17 Erkrankung] *darüber* ~~×...×~~ 257,25 des] ʃdesʃ 257,27 pp] ~~er~~**pp** 258,1 Anderer] ~~a~~**A**nderer 258,4 die] d~~en~~**ie** 258,9 liebens⟨-⟩ u. achtungs-würdige] liebensʃu. achtungs-ʃwürdige 258,12 sie] *danach gestrichenes Verweiszeichen; ääR ebenfalls gestrichenes Verweiszeichen, danach* ~~d×~~ 258,13 paßt] ~~ist~~ paßt 258,22 Trieb] ~~ohne~~ Trieb 258,23 werden zu] ~~zu~~ werden ~~k~~ zu 258,24 Sie] ~~Ihnen~~ Sie 258,28 die Helden pp] ʃdie Helden ppʃ 258,31 Jagger* pp; ... mit.] Jagger* pp *später Semikolon eingefügt, danach Einfügung aAe und ääR* 258,34 Das Machen der] D~~ie~~**as** ⌋Machen der⌋ 258,38 die] ~~ih~~ die 259,3 Sehnenden] ~~zwischen~~ Sehnenden 259,4 beiden Folgenden,] ⌋beiden⌋

Folgenden *danach Komma korr. aus Punkt* **Marginalien:** 258 beim] ~~d~~**b**eim 258 Claße] ∫Claße∫ 258 energischen Strebenden] ~~E~~energischen ∫Strebenden∫

GSA 61/VII 12, 126 *Bearbeitungsspuren vfH: Liste* a, das Dorf ... Ruinen pp *mit Rotstift markiert; neben Absatz* Die ad b., ... geführt. *aAe Markierungen mit Rot- und Bleistift; Anfang des Absatzes* Der Totaleindruck ... darf. *mit Rot- und Bleistift markiert; neben Folgeabsatz vom Anfang bis aHv* Thatsachen, objektive *mehrere rote Markierungen, aAe mit Bleistift Fragezeichen; im Folgeabsatz Figurenname* Fritz Nettenmairs *rot unterstrichen und rote Markierung vor Zeilenanfang, Absatz zudem mit Bleistift markiert*

259,22 Comptoirs] ~~Comptoi~~ Comptoires 259,23 phantastische] phantastisch *danach Komma mit* **e** *überschrieben* 259,28 oder] ~~de~~ oder 259,32 wird] ~~ist~~ wird 259,32 sie] ~~die and~~ sie 259,38 pp] *udZ eingefügt* 260,2 ihre] ihr|e| 260,3 Coulißen] Cou~~×~~lißen 260,10 dafür] da~~rf~~**für** 260,12 den Leser] ~~uns~~ ∫den Leser∫ 260,15 anderes] ander|es| 260,20 die Sache selbst] ∫*gestrichener Schreibansatz, danach* die Sache selbst∫ 260,23 Ld. Byron,] ∫Ld.∫ Byron *danach* u *mit Komma überschrieben* 260,23 Also] Al~~×~~so 260,24 (Erzählungsweise)] *öffnende Klammer korr. aus Gedankenstrich* 260,27 Der Totaleindruck] D~~ie~~**er** Total~~e~~**m**~~inpfind~~druck 260,27 „Große] ~~die~~ „Große~~n~~ 260,30 zusammenkling[t]⟨en⟩] zusammen~~fließt~~∫klingt∫ 260,32 diese] ~~dazu nothwendig~~ diese 260,35 mich der] ∫mich der∫ 261,2 einer] eine~~m~~r 261,7 d.h. der ... Kahnfahren] ∫d.h. ... {~~N~~}**K**ahnfahren∫ 261,10 erfahrungs-psycholog.-ethische – u.] ∫erfahrungs-∫psycholog.-~~E~~ethische – ~~die in de~~ u. 261,11 Merkmale äußerer] ∫Merkmale∫ äußere|r| 261,16 insofern] ~~die P× die Wicht~~ insofern 261,17 Vorgänge, und] Vorgänge|,| ~~sind~~ und 261,18 auf] ~~auf diese steigernd zu~~ auf 261,21 in Gang] ∫in Gang∫ 261,28 oder mehren] ∫oder mehren∫ 261,30 schafft] ∫schafft∫ 261,33 oder] ~~(auch~~ oder 261,34 Thue] ~~Jene beiden sind~~ Thue 261,39 die] ~~jene~~ die 262,3 eine] ∫eine∫ 262,3 nicht] ~~schwerer~~ nicht 262,5 (mechanische)] *aäR aZa eingefügt* 262,6 der Stoffe] ∫der Stoffe∫ 262,6 eine] ~~gegen Etwas, was~~ eine **Marginalien:** 261 Moment,] *in Hsp zdZ* 261 nur] ∫nur∫ 261 vereinter Menschenkräfte ... Augenmaße] *in Hsp zdZ* 261 Den Ausdruck] ∫Den Ausdruck∫ 261 praktischen] ~~P~~praktischen

GSA 61/VII 12, 127 262,8 Aussparen] ~~der~~ Aussparen 262,12 aus dem ... erhellt.] *aäR* 262,19 sich] ∫sich∫ 262,21 einer] ein|er| 262,22 von ihrer] ∫von∫ ihre|r| 262,25 Manchen] ~~m~~**M**anchen 262,27 bei Manchen könnten] ∫bei ... könnten∫ 262,30 u.] ~~pp~~**u.** 262,35 mit dem Worte] ∫mit∫ d~~as~~**em** Wort|e| 263,3 momentanen] ~~Si~~ momentanen 263,6 Formen] Form|en| 263,14 Der] D~~as~~**er** 263,18 mehren] ~~sich~~ mehren 263,21 eine] eine~~n~~ 263,24 ebenfalls] ~~u.~~ ebenfalls 263,26 zeichnenden] ∫zeichnenden∫ 263,30 Räthsel] ~~Vor~~ Räthsel

263,34 fällt; diese] fällt *danach Semikolon eingefügt und Komma gestrichen* ~~deren Exposition~~ diese 263,34 nächste] ~~Verbindungsglie~~ nächste 263,40 Rashleigh] ʃRashleighʃ 264,4 Eichentruhe v. James,] Eichentruhe *danach Komma überschrieben mit* **v.** *danach aZe ääR* |James,| 264,7 Eyre] ~~A~~**E**yre 264,8 Barnaby] *danach Komma gestrichen* 264,13 ({wie} der alte)] ʃ({wie} der alte)ʃ 264,15 Der Freiknecht.] *aZe ääR eingefügt* **Marginalien:** 263 in] ~~bet~~ in

GSA 61/VII 12, 128 264,20 u. auch ... Anderer] ʃu. ... Andererʃ 264,25 so bald ... schlägt,] ʃso ... schlägt,ʃ 264,34 allmälig] ⌋allmälig⌋ 264,34 Verhältnißen {u.} pp] ʃVerhältnißen {u.} ppʃ 264,37 Entwickelungen] Entwickelung|en| 265,11 Thatsachen] ~~Verhältnißen~~ ⌋Thatsachen⌋ 265,14 Thatsachen] ~~Verhältniße,~~ Thatsachen 265,17 gegebenen] ʃgegebenenʃ 265,21 äußerlich;] *Komma gestrichen und Semikolon eingefügt* 265,29 mehr] ʃmehrʃ 265,33 Entschieden*en*heit der Natur] ʃEntschiedheit der Naturʃ 265,37 Mensch] ~~Mensch~~ 265,39 aber] ~~besond~~ aber 266,5 öffnen] ~~öffnet sich, wiederum~~ öffnen 266,6 Hohn, aufgeregte] Hohn|,| ~~u.~~ aufgeregte 266,7 dem] de~~n~~**m** 266,16 eines] ein~~en~~**s** 266,21 er früher ... erregte] ʃer früherʃ Estella ~~früher an ihm~~ erregte 266,28 deutete seine] ~~vor~~ deutet|e| sein|e| 266,30 hervorgegangen] hervor~~gehen~~gegangen 266,33 Gewalt] ~~verschiedenst~~ Gewalt 266,40 einen Einfall ... eines] ⌋einen⌋ Einf~~ä~~**a**lle statt ~~der Ent~~ eines 267,13 appelirt] ~~k~~ appelirt **Marginalien:** 266 *von] ~~d~~ *von

GSA 61/VII 12, 129 267,13 voraussichtliche] ~~Ver~~ voraussichtliche 267,30 episch] ʃepischʃ 267,32 wo die ... wird[.]] *aZe ääR eingefügt* 267,33 um] ~~vor~~ ⌋um⌋ 267,34 Delphini] {~~pub~~} Delphini 267,39 Begebenheitsstämme] ~~Handlungs~~ Begebenheitsstämme 267,40 die] ~~sie~~ die 268,1 Knabe] ~~M~~ Knabe 268,2 da] ~~de~~ da 268,4 undankbar] ~~zu~~ undankbar 268,10 zwischen] ~~mit~~ ⌋zwischen⌋ 268,11 nun] ~~viell~~ nun 268,12 Bedenken:] *Komma gestrichen und Doppelpunkt eingefügt* 268,13 wenn Pip ... doch] ʃwenn Pip ... dochʃ 268,14 Beide müßen] ~~Er~~ ⌋Beide⌋ m~~u~~**ü**ß|en| 268,28 Aussicht] Au~~f×~~**ss**icht 268,28 eine spannende] ein|e| spannende~~s~~ 268,38 Der] {~~W~~}**D**er 269,1 Romanhelden] ~~D~~**R**omanhelden 269,5 das Wie] ʃdasʃ ~~w~~**W**ie 269,13 diesmal] *aZe ääR eingefügt* 269,17 Ruhe, Klarheit] Ruhe|,| ʃKlarheitʃ 269,18 kein] kein~~e~~ 269,19 u. der Arbeit,] *aZe ääR eingefügt, mit geschwungener Linie von umlaufender Marg.* So wenig ... Szene *abgegrenzt* 269,21 wäre.] *Komma gestrichen und Punkt eingefügt* 269,22 Ton.] *Komma gestrichen und Punkt eingefügt* 269,24 den Gesang, wo] d~~ie~~**en** Gesang *danach Komma gestrichen und wieder eingefügt* ~~der~~ wo 269,29 den] ~~hier~~ den 269,30 ernste] ~~E~~**e**rnste 269,32 Nach⟨t⟩lager] Nachl~~ä~~**a**ger 269,35 den] d~~as~~**en** 269,35 auf] au~~ch~~**f** **Marginalien:** 269 dergleichen] *davor aZa mit vertikalem Strich von Hsp abgegrenzt*

GSA 61/VII 12, 130 *Bearbeitungsspuren vfH: neben erstem Absatz langer, kräftiger Schrägstrich mit Bleistift*
270,1 Stoff-Magazin] ⌋Stoff-⌋Magazin 270,8 gewidmet wäre] ∫gewidmet wäre∫ 270,8 speicherte] ~~ode~~ speicherte 270,20 eine] ~~s~~eine 270,25 den Ton ... kleiner] ∫den ... Geberde∫ kleine|r| 270,27 gerechtfertigt] ~~G~~gerechtfertigt 271,1 Realistisches Ausmalen] Realistisches *danach Komma gestrichen* ~~ab~~ Ausmalen 271,2 Empfindungen] ~~Ge~~ Empfindungen 271,7 eben] ∫eben∫ 271,26 wäre] ~~entstand~~ wäre 271,27 Schön, Wahr" nicht] ~~s~~Schön, ~~w~~Wahr" ~~noch~~ nicht 271,27 gequält] ~~q~~ gequält *über erster Silbe gestrichener u-Strich* 271,30 Einseitigkeiten.] *Kommma gestrichen und Punkt eingefügt* 271,34 Gelehrsamkeit –] *Gedankenstrich korr. aus Komma* 272,6 zu] ~~zu~~ zu 272,7 als] ~~als daß wir~~ als 272,23 darum, da] ~~es~~ ⌋~~die~~⌋ darum, ~~so schwer~~ da
Marginalien: 270 Romane] Romane~~n~~

GSA 61/VII 12, 131 272,25 sie] ~~ma~~ sie 272,25 konnten] k~~ö~~onnten 272,39 in] i~~m~~n 272,40 war,] *Komma doppelt eingefügt* 272,40 im] ~~de~~ im 273,3 dieser] diese|r| 273,7 pp. Die] pp *danach Punkt korr. aus Gedankenstrich* ~~d~~Die 273,15 ist, der] ist|,| ~~u.~~ der 273,24 ihrem] ihre~~r~~m 273,27 werden, um ... werden] werden|,| ∫um ... werden∫ 273,33 freiwillig] ∫freiwillig∫ 273,39 seine] ~~ds Recht~~ seine 274,2 Contra] Cont{~~t~~}ra 274,4 der] d~~ie~~er 274,5 abverdienen zu] ab~~zu~~verdienen ~~sich~~ zu 274,9 mit] ~~die~~ mit 274,12 aus unbefangener Armuth] ∫aus ... Armuth∫ 274,15 die Katze] d~~er~~ie ~~Affe~~ ⌋Katze⌋ 274,15 sie die] ~~er~~sie ~~seine~~ die 274,28 Entschiedene] Entschiedene~~n~~ 274,38 deßhalb] ∫deßhalb∫ 274,40 soll,] *Komma korr. aus Punkt* 275,4 Hefe.] *Komma gestrichen und Punkt eingefügt* 275,9 u.] ~~aber~~ {~~sein~~} u. 275,10 eigtl.] {~~a~~} eigtl. 275,15 u. der ... Entwickelung.] *aZe aäR eingefügt* 275,19 Begebenheitenreihe] Be~~b~~ge~~g~~benheitenreihe 275,23 der] {~~be~~} der 275,23 der] de~~s~~r 275,29 über] ~~des~~ über **Marginalien:** 273 ×...×] ∫×...×∫ 273 besonders] ~~der Art~~ besonders 273 Urheber,] ⌋Urheber,⌋ 274 Lebensgefahr] ~~großer~~ Lebensgefahr 274 vor –] *Gedankenstrich korr. aus Komma*

GSA 61/VII 12, 132 275,35 Muß] ~~D×~~Muß 276,2 Seite,] *Komma korr. aus Punkt* 276,6 episches] epische|s| 276,11 Kühnheit der] ∫Kühnheit der∫ 276,12 in] ~~diese~~ in 276,13 seine Individualität] sein|e| ~~Wesen~~ ∫Individualität∫ 276,21 das] ~~die Begebenheit~~ das 276,22 dem] de~~r~~m 276,24 macht, ja] macht|,| ~~u.~~ ja 276,29 eigentüml. Spannungskraft] ∫eigentüml.∫ Spannung|skraft| 276,30 in dieser ... fehlen] ~~nicht~~ in ... Behandlung ~~nicht~~ fehlen 276,34 Forderung.] *Komma gestrichen und Punkt eingefügt* 276,36 hier] ~~aber~~ hier 276,37 als] ~~die~~ ⌋als⌋ 276,39 Der] ~~Im Romane mit einem W~~ Der 276,39 kleineren] kleine~~nr~~|en| 276,40 das] ~~aus~~ das 277,2 da] ~~da~~ 277,3 das] ~~auf~~ das 277,4 in] ~~ihn~~ in

277,5 die] ~~sowie~~ die 277,8 Combinations-Drama] ∫Combinations-∫Drama 277,12 Zeichnung, ethischer] Zeichnung|,| ~~ins Bedeutende,~~ ethischer 277,12 Nachweis] ∫Nachweis∫ 277,14 trocken] ~~schlecht u.~~ trocken 277,27 viel] ∫viel∫ 277,30 Junge!] *Komma gestrichen und Ausrufezeichen eingefügt* 277,34 erringen u. zu] ∫erringen u. zu∫ 277,37 wird] ∫wird∫ 277,37 eine thatsächliche] ein|e| thatsächliche~~s~~ 277,38 Thatsache.] *Komma gestrichen und Punkt eingefügt* 277,39 bedeutet: Ich … daß] ~~gleichsam~~ bedeutet: ∫Ich … daß∫ 277,40 oder] ~~u~~oder 277,40 so groß … ist] ~~ist~~ so … ∫ist∫ 278,1 für] ~~sich~~ ⌋für⌋ 278,2 d.h.] ~~daß~~ d.h. 278,13 wird das … aller] we**i**rd~~en~~ ∫das System∫ alle|r| 278,14 eine] ~~in~~ eine 278,15 des] de~~rs~~ 278,17 u. Pflichten] ∫u. Pflichten∫ 278,17 der] ~~d~~ der **Marginalien:** 278 {Renten}verpflichtung] {Renten}|verpflichtung|

GSA 61/VII 12, 133 278,22 Das] ~~Chai~~ Das 278,24 Beobachtungen] Beobachtung~~x~~**e**n 278,25 Auflädern] Aufläder|n| 279,2 Vorrede] ~~Einleitung~~ Vorrede 279,7 Romanschriftsteller[s]] ~~Se~~**Ro**manschriftstellers 279,15 hat. – –] hat. ~~Wer so~~ – – 279,21 nachgeahmt hat. Allein] ~~g~~ nachgeahmt hat *danach Komma gestrichen und Punkt eingefügt* ~~a~~**A**llein 279,25 Muster. Seine] Muster|.| ~~an~~ Seine 279,30 deßhalb –] *Gedankenstrich korr. aus Komma* 279,38 mannigfache] manni~~ch~~**g**fache 280,8 diesem juristischen] diese~~n~~**m** juristische|n| 280,9 was] ~~d~~**w**as 280,15 für] ~~vor~~**für** 280,16 Morning Chronikle] *dazwischen Bindestrich gestrichen* 280,20 dem] de~~n~~**m** 280,22 dem berühmten … Cruikshank] *Einfügung üdZ begonnen und abgebrochen, daraufhin idZ vorgenommmen, richtige Wortstellung mit Zahlen und Bogenlinien üdZ markiert* ⌋~~de~~⌋ Cruikshank[2] dem berühmten ihm geistesverwandten Karrikaturisten[1] 280,39 review] ~~revue~~ ⌋review⌋ 281,2 mittlerer] mittler|er| 281,2 ansprechendem] ansprechende~~n~~**m** 281,5 in] i~~s~~**n** 281,6 schlagfertigem] schlagfertige~~n~~**m**

GSA 61/VII 12, 134 *geschweifte Klammer neben längerer Liste beginnt zunächst aHv* 1. Die wirkenden an *dieser Teil gestrichen, dann Neuansatz aHv* 2. Der Autor *zunächst bis* 8. Das Arrangement. *dann verlängert bis* 10., Dialog. *noch einmal verlängert bis* 11., Sprache; *die kürzere Liste* Die Hauptsache{:} … Erfindung. *steht aoR und rechts neben längerer Liste* 282,12 auf] ~~sich~~ ∫auf∫ 282,17 tätig Leidende … Handelnde] ∫tätig∫ Leidende ∫u. leidend Handelnde∫ 282,18 Wunder, d.h.] Wunder|,| {~~lie~~} d.h. 282,21 der] ~~eb~~ der 282,22 als Schuld] ∫als Schuld∫ 282,22 als Schuld] ∫als Schuld∫ 282,24 der] d~~ie~~**er** **Listen:** 281 1. Die … Aufzählung{:}] *zdZ eingefügt* 281 2.] ~~1~~**2.** 281 3. Die Intention (schriftstellerische)] {~~2~~}**3.** Die Intention (schriftstellerische) *darunter* ~~34. Die Erfindung von~~ *darunter* ~~Situationen~~ *darunter* ~~Charaktern~~ 281 4.,] ~~3~~**4**., 281 5., Das … Entwickelung.] *zdZ eingefügt, aZa* ~~4~~**5**., 281 6.,] ~~45~~**6**., 281 Ch. des … Ueberlegene] *später idZ eingefügt* 281 7., Die

Erzählungsart] *zdZ eingefügt* 281 8.,] ~~67~~8., 281 Ausführung] ~~S×~~Ausführung 282 2.,] ~~1~~2., 282 1.,] ~~2~~1.,

GSA 61/VII 12, 135 *Liste mit Personen und Schauplätzen reicht z. T. bis auf den äR, vor den Gleichheitszeichen zur besseren Übersicht z. T. größerer Zwischenraum*

282,29 Momenten] ~~Verhältnißen~~ Momenten 282,31 Die] ~~Jede~~ Die 283,4 – Sträfling] *Gedankenstrich korr. aus Punkt* ~~M~~Sträfling 283,4 Feile –] *Gedankenstrich korr. aus Punkt* 283,5 Estella –] *Gedankenstrich korr. aus Punkt* 283,6 Sträflingsschiffe,] ∫Sträflingsschiffe,∫ 283,10 Humble] ~~G~~Humble 283,10 .....] 2 *Kreuze als Platzhalter* 283,12 pp.] *danach* ~~Theater in London.~~ *über* ~~in~~ {2.} 283,13 Mr. Lehrjungen ... Prinzipal).] Mr. ~~(des Schneiders)~~ Lehrjungen (u. seinem Prinzipal). *danach Schreibansatz* 283,14 bei] ~~in~~bei 283,20 Gorgiana –] *Gedankenstrich korr. aus Komma* 283,20 Miß Pocket.] ∫Miß Pocket.∫ 283,21 Joe⟨.⟩ Orlik] *später* ⌋Joe⌋ ∫Orlik∫ 283,22 Garten] G~~ä~~art 283,24 Estella] ~~W~~Estella 283,24 Drummle] ~~D×× S×t~~ Drummle 283,25 .....] 4 *Kreuze als Platzhalter* 283,27 .....] 3 *Kreuze als Platzhalter* 283,34 Wemmick – Estellas] Wemmick *danach Gedankenstrich korr. aus Komma* ~~×...×~~ Estellas 283,35 Satishouse⟨.⟩ Schänke. Schmiede⟨.⟩] ∫Satishouse∫ Schänke. *darunter überschriebenes Kreuz als Platzhalter* ∫Schmiede∫ 283,36 .....] 3 *Kreuze als Platzhalter* 283,38 Vater –] *Gedankenstrich korr. aus Komma* 284,1 dem] de~~n~~m 284,3 mittelbaren] ∫mittelbaren∫ 284,8 darunter] ∫darunter∫ 284,11 idyllisch] ~~lan~~ idyllisch 284,15 Werke] ~~w~~Werke 284,21 in] ~~d~~ in 284,30 seine analogische] sein|e| analogische~~s~~ 284,31 Localfarbe] Localfarbe{~~n~~} *Streichung unsicher,* e *nachträglich hervorgehoben* 284,34 der] ~~se~~ der 284,36 Londoner] ∫Londoner∫ 284,38 u. haben] ∫u. haben∫ 284,40 es] ~~sie sin~~ es 285,1 von unendlich wirkender] ~~ein S~~ von unendliche~~r~~ ∫wirkender∫ 285,2 Magwitch's] ~~Pr~~ Magwitch's 285,8 allein] ∫allein∫ 285,9 die] ~~s~~die 285,15 mimische u. rhetorische] mimische~~n~~ u. rhetorische~~n~~ 285,23 Kanone ferner] Kanone *danach Komma gestrichen* ~~Zu~~ ferner **Marginalien:** 285 lahm ruhelos] ~~fl~~ lahm ∫ruhelos∫

GSA 61/VII 12, 136 285,26 Roman-Charakter] ~~epi~~ Roman-Charakter 285,27 äußerliche] ∫äußerliche∫ 285,37 unsere] ~~macht~~ unsere 285,37 Desdemona] ~~ihr~~ ∫Desdemona∫ 285,38 macht] ∫macht∫ 286,1 den] ~~ih~~ de~~r~~n 286,3 stehenden] ~~S~~stehenden 286,13 die Besonderheit] ~~und der übrigen~~ die ~~b~~Besonderheit 286,15 muß.] *Komma gestrichen und Punkt eingefügt* 286,18 oder] ~~wie~~ ∫oder∫ 286,19 dergleichen] dere~~r ××~~gleichen 286,21 hat] ~~ist~~ ⌋hat⌋ 286,28 so lebendiges] so|lebendiges 286,36 vielleicht gereizten] ∫vielleicht gereizten∫ 286,37 gleichgültige] ∫gleichgültige∫ 286,37 der] d~~i~~er 286,38 in] ~~an~~ ⌋in⌋ 286,39 Volk] ~~S~~ Volk 286,40 in's] ∫in's∫ 287,2 die] ~~ihr~~ die 287,6 größerem oder geringerem] größere~~r~~m oder geringere~~r~~m 287,8 u.]

~~vielleicht~~ u. 287,12 analogon] ~~A~~**a**nalogon 287,13 blos] ~~sich der Sch~~ blos 287,15 einzigen] ʃeinzigenʃ 287,16 generalisirte Bemerkung (weil] ~~oder zur~~ generalisirte Bemerkung~~en~~ *danach Punkt mit Klammer überschrieben* weil 287,19 war] ʃwarʃ 287,21 sich] ʃsichʃ 287,24 deren] de~~ß~~ren 287,33 zu] ~~nicht~~ zu 287,35 oder Herren … ganz] *aZe aiR* |oder| *aäR aZa* |Herren Befehl ganz| 288,2 ihr] ihre 288,7 ein] ein~~en~~ 288,7 entstehen] ~~ste~~ entstehen 288,12 Ideenaßoziation] *über zweiter Silbe gestrichener i-Punkt* 288,13 engen, armen] engen|,| ʃarmenʃ 288,15 oder] ~~oder~~ ⌊~~u.~~ {~~danach~~}⌋ **Marginalien:** 286 oder causal, pp] ~~gleichzeitig oder~~ ⌊oder⌋ causal, ~~gleichartig~~ pp 286 Gründe] ~~zu~~ Gründe 287 pp] *udZ eingefügt* 287 „allgütige] „~~g~~**a**llgütige 288 als] ~~bis jezt wie~~ als 288 Die Unterschiebung … zufälliges.] *letzten Zeilen der Marg. mit halbrunder Linie von Hsp abgegrenzt* 288 genannten unbekannten] ~~G~~genannten ʃunbekanntenʃ

GSA 61/VII 12, 137 *Bearbeitungsspuren vfH: neben Absatz* Wie prächtig … heirathen sich. *aAa Bleistiftmarkierung; neben letztem Absatz aHv* Boz ist Shakespear *Markierung mit Rot- und Bleistift*

288,19 und … Untergang] ⌊und … Untergang⌋ 288,26 nichts] nicht|s| 288,27 ledigl. nur] ʃledigl. nurʃ 288,28 eine] eine~~n~~ 288,30 Hohn über] ~~Spott~~ Hohn ʃüberʃ 288,33 Hülfe] ~~unsichtbare~~ Hülfe 288,34 werden.] *Komma gestrichen und Punkt eingefügt* 288,37 Biddy] B~~y~~**i**ddy 288,38 Die] D{~~er~~}**ie** 289,1 von Außen] ʃvon Außenʃ 289,5 als] ~~ga~~ als 289,5 nicht selbst] ~~trotz~~ nicht ʃselbstʃ 289,9 dem] de~~n~~**m** 289,9 Er] ~~Die~~ Er 289,10 wird] ~~ist~~ ʃwirdʃ 289,11 durch die] ~~in~~ ʃdurchʃ d~~er~~**ie** 289,12 innere] ʃinnereʃ 289,18 werde ihn] ʃwerde ihnʃ 289,19 werde] *danach Komma gestrichen* 289,19 Nun] ~~Aber~~ Nun 289,21 die lezte Eitelkeit] d~~er~~**ie** lezte ~~S~~**E**itelkeit 289,22 u. zermacht] ʃu. zermachtʃ 289,27 griechischen] ~~al~~ griechischen 289,27 ein Schauplatz … Mächte[.]] ʃein Schauplatz *aäR* für … Mächte.ʃ 289,30 es] ~~sie~~ ⌊es⌋ 289,31 kann, findet] kann|,| ~~u. ×~~ findet 289,38 einer] {~~einer~~} einer 289,39 mit] ʃmitʃ 289,40 einer abstrakt] *Umstellung durch Hg.* ʃabstraktʃ einer 290,1 Linie, und] Linie|,| ~~u. geht sondern~~ und 290,3 die] d~~er~~**ie** 290,4 „Formale des … Charakters"] „Formale *danach Anführungszeichen gestrichen* ʃdes besondern Charakts"ʃ 290,6 innern Gegensatze] ʃinnernʃ Gegensatz|e| 290,6 Epischen] ~~Dr~~ Epischen 290,6 u. darin den] ~~welches~~ ʃu. darinʃ de{~~r~~}**n** 290,12 in] *Streichung durch Hg. zurückgenommen* 290,13 weil] ~~aus Dankbarkeit~~ weil 290,13 die] die 290,15 Nachweise] ~~ent~~ Nachweise 290,16 beiden] ~~Geschich~~ beiden 290,21 die] ~~sein~~ die 290,21 Wendung] {~~ge~~} Wendung 290,24 er] ~~die~~ er 290,25 So] ~~Während~~ So 290,28 wirkt] ~~so~~ wirkt 290,32 angehört] ʃanʃgehört 290,33 ethische] ʃethischeʃ 290,34 besonders] {~~vor~~} besonders 290,37 welche] welche~~r~~ 290,39 all Das] {~~b~~} all ~~d~~**D**a~~ß~~**s** 290,39 nicht] ʃnichtʃ

291,1 äußeren,* dramatisch] äußeren|,|* ~~epi~~ dramatisch 291,2 in] in~~s~~ **Marginalien:** 288 die] ~~ihrerseits~~ die 288 Helden; dieser ... Mittelschlag.] *ääR neben folgender Marginalie* 290 An ein] ~~Ein~~ ⌋An ein⌋ 290 kommt] komm~~en~~**t** 290 der] ~~fantast~~ der 290 Entschluß] ~~Gedanken~~ ⌋Entschluß⌋ 291 der Bewegung ... Psychologische,] *in Hsp auR, mit horizontaler Schweifklammer vom letzten Absatz abgegrenzt, deren Spitze auf das Verweiszeichen deutet* 291 Des Helden ... Inneres.] *in Hsp auR eingerückt, mit vertikalem Strich von vorhergehender Marg. abgegrenzt*

GSA 61/VII 12, 138 *Bearbeitungsspuren vfH: letzter Absatz mit Bleistift markiert*

291,4 den Autor] ∫den Autor∫ 291,6 an] a~~m~~**n** 291,7 in dem] ~~im~~ ~~darin,~~ ~~d~~**in** dem 291,8 Copperfield] ~~ve~~ Copperfield 291,16 Desto] ~~Deßw~~ Desto 291,17 davor] da~~ran~~**vor** 291,19 die Wendungen*] ∫die Wendungen*∫ 291,21 die] ~~seine~~ die 291,26 u.] ~~des~~ u. 291,26 in] ~~u.~~ ⌋in⌋ 291,33 sein] *danach Komma gestrichen* 291,34 Die] ~~Licht~~ Die 292,3 der] ~~dies~~ der 292,5 die beiden ... Herbert,] *ääR aZa* |die beiden Wemmic~~e~~k, Herbt,| 292,9 Joe u. Biddy,] Joe *danach Komma überschrieben mit* **u.** Biddy *danach Komma korr. aus Punkt* 292,11 psychologisch] ∫psychologisch∫ 292,16 M*iß*] M~~rs~~**ß** 292,20 da sind] ∫da sind∫ 292,21 einen] ~~den~~ einen 292,22 die] ~~ein~~**die** 292,25 mit] ∫mit∫ 292,27 mildeste] ∫mildeste∫ 292,33 wohl] ∫wohl∫ 292,34 muß, er ... Mensch".] muß|,| ∫er war ein∫ „dramatische|r| Mensch~~en~~ *über der Streichung schließendes Anführungszeichen und danach Punkt eingefügt, danach schließendes Anführungszeichen und Komma gestrichen* 292,40 Was] ~~SWogl~~ Was 292,40 dichter.] *ääR aZa eingefügt* 292,40 das] ∫das∫ 293,1 nicht etwa:] ~~d~~{~~emgem~~} nicht etwa *danach Komma gestrichen und Doppelpunkt eingefügt* 293,6 poetischen] ∫poetischen∫ 293,10 die Mannigfaltigkeit und Ausführlichkeit] ∫die Mannigfaltigkeit und Ausführlichkeit∫ 293,14 jedoch] ∫jedoch∫ **Marginalien:** 291 Zusammentreffen] ~~erste~~ Zusammentreffen 292 ethische] ~~ist~~ ethische 292 aus dem] ∫aus dem∫ 292 Dialog – mittelbar –] Dialog *danach Gedankenstrich korr. aus Doppelpunkt* mittelbar *danach Gedankenstrich korr. aus Komma*

GSA 61/VII 12, 139 *Bearbeitungsspuren vfH: erster Absatz mit Bleistift markiert; Folgeabsatz aAa Rot- und Bleistiftmarkierung, zudem erster Abschnitt des Absatzes bis aHv* Bei Meistern *mit Bleistift markiert, aHv* wie der Kaufmann *weitere Bleistiftmarkierung; neben Absatz* In dem ausgearbeiteten ... Totalität. *aHv* je länger je beßer *Rotstiftmarkierung*

293,24 emanzipirten] ~~E~~**e**manzipirten 293,28 Höflichkeit u.] Höflichkeit *danach Komma gestrichen* ~~die~~ u. 293,37 Anreden] ~~homerischen~~ Anreden 294,1 die] ~~mas~~ die 294,2 schönste mit] schönste *danach Komma gestrichen* ~~mit~~ mit 294,3 eine] ~~dieser~~ eine 294,13 Comptoir] ⌋Comptoir⌋ 294,13 in seiner ... conversiren] ∫in ... conversiren∫ 294,24 Nebenvorstellungen, die] Nebenvorstellungen|,| ~~in~~ die 294,29 Einem] ~~ihm~~ ⌋Einem⌋ 294,32 leise] ~~F~~ leise 294,40 sich] ~~zum Find~~ sich

295,2 skizzirter] *danach Komma gestrichen* 295,4 Romane, noch] Romane|,| ∫noch∫ 295,9 eben so] eben|so 295,13 mußte,] *Komma gestrichen und wieder eingefügt* 295,14 erzählt, was ... sollen] erzählt|,| ∫was ... sollen∫ 295,16 „Mädle"] „Mädele" 295,22 „weil sich's so schickt"] ⌋„weil sich's so schickt"⌋ 295,24 können?] *Fragezeichen korr. aus Komma* 295,25 u. aus] *aäR aZa eingefügt* 295,28 z.B. gegen ... genug] ∫z.B. gegen den Schwager∫ klug ⌋genug⌋ 295,31 ihr] ~~wx~~ ⌋ihr⌋ 295,40 durch das Ganze] ∫durch ds Ganze∫ 296,1 dieses] dieser~~s~~ 296,3 gesunder] ~~kluge~~ gesunder 296,5 so etwas] ⌋so⌋ etwa|s| *danach üdZ gestrichener Schreibansatz* 296,6 auch] ~~aber~~ auch 296,7 thun] ~~sagen~~ thun **Marginalien:** 293 der] d**ie**er 294 speziellen] ∫speziellen∫ 294 den] ~~aus~~ den 295 ! ! NB ! !] *aiR* 295 über] über ~~ihn~~ 295 mittelbar durch ... Mutter] ⌋mittelbar ... Mutter⌋ 295 Bild] ~~Zeich~~ Bild 295 dem] ~~ihrem~~ ⌋dem⌋ 295 an] ~~d~~ an 295 meinen] ~~zu dx~~**m**einen 295 getretener] ⌋tretener⌋

GSA 61/VII 12, 140 296,26 in] ~~wie~~ ⌋in⌋ 296,28 seine Naivetät*,] ∫seine Naivetät*,∫ 296,29 erst] ~~g~~ erst 296,33 übertrieben –] *Gedankenstrich korr. aus Komma* 296,38 An sich] An|sich 296,39 virtuos ausgeführt.] ∫virtuos ausgeführt.∫ *Ergänzung zuerst nach* Hildebrandt *eingefügt* 297,3 wenigstens] ∫wenigstens∫ 297,9 Treuebeleidigtheit] Treuebeleidig~~ung~~**the**it 297,10 von Pips wahrem Wohltäter] ~~seines~~ ∫von Pips∫ wahre~~n~~**m** Wohltäter~~s~~ 297,12 Andern –] *Gedankenstrich korr. aus Komma* 297,16 des] de~~r~~**s** 297,16 Ertragen u. seine] **e**Ertragen ~~ein~~ u. sein|e| 297,17 noch] ∫noch∫ 297,20 bei] ~~d~~**b**ei 297,27 nachherige] ∫nachherige∫ 297,27 dann in ihm wirksam] ∫dann∫ in ihm ~~ist~~ wirksam 297,28 deutete] ~~den~~ deutete 297,34 der] ~~ab~~ der 298,8 vor] ~~für~~ ⌋vor⌋ 298,16 Deßen] ~~d~~**D**eßen 298,17 Deßen] ~~d~~**D**eßen 298,20 ein schlafender] ~~sie~~ ein ⌋schlafender⌋ **Marginalien:** 296 sein] seine 296 Bewundern] |Be|~~W~~**w**undern 297 nachherige] ⌋nachherige⌋

GSA 61/VII 12, 141 *Bearbeitungsspuren vfH: am Seitenanfang neben erster Zeile Rotstiftmarkierung; neben zweitem Absatz aAa sowie aHv* Kurz im Epos *Rotstiftmarkierung, ebenso am Anfang des Folgeabsatzes*

298,24 Pflanze] P~~la~~**fl**anze 298,27 Er ist] ~~Sie sind~~ ⌋Er ist⌋ 298,27 seine] ~~ihre~~ ∫seine∫ 298,31 ihm gleichsam] ih~~n~~**m** gleichsam~~x~~ 299,1 gegen] ∫~~zur~~**gege**n∫ 299,2 unterscheidendes] ∫unterscheidendes∫ 299,12 kann] ∫kann∫ 299,12 unzermachbar] {~~keiner~~} *unsichere Streichung* {~~amor~~} unzermachbar 299,14 des] ~~ja nicht~~ des 299,18 kommt] ~~u.~~ kommt 299,25 ethische] ~~E~~**e**thische 299,34 der] ~~diese Initiative bei~~ der 299,35 blose] ∫blose∫ 299,37 nicht] ∫nicht∫ 300,1 in den] in~~'s Epos um~~ den 300,1 die] de~~r~~**ie** 300,8 Häscher,] ∫Häscher,∫ 300,14 der] ~~das~~ der 300,15 den Vorzügen des] de~~m~~**n** ∫Vorzügen des∫ **Marginalien:** 299 vom Zusch. ... Innern] ∫vom ... Innern∫ 299 weil der ...

{Mensch},] *zdZ* |weil … {Mensch}|,| *aZa* ~~ist~~|

GSA 61/VII 12, 142 *vacat*

GSA 61/VII 12, 144 *aäR ganz außen untereinander geschrieben eine Namensliste:* Bork. / Benitz. / Baar. / Borel. / B~~×~~⌊e⌋rga. / Brum. / ~~Ch~~ Crohn. / Pranke / Pratze. / Höddig. / Honten. / Hecht. / Kornagel. / Koßel / Lipps / Löser. / Murr. / M{o}ty. / Pfau. / Vielfaber. / Faulwaßer. / Vibrans / Waurich. / Härla~~f~~, / F{r}ähla. / D{o}thle. / Doth u. sonstige Provinzialismen. / Pathe. / {Gevatter}. / U. Geschwisterkindsvetter. / Lä{h}koh{~~fl~~}.; *links unten aäR zwei Literaturangaben:* 80 Zeichenblätter zur Selbstbeschäftigung für / junge Leute, v. Binder. 10 Auflage. In / Mappe 10 ngl. Bei G. Wachsmuth, mittlere / Frauengaße N. 9. / Wieck Das Buch der Erfindungen 4 Aufl. 1861. Leipzig, / {nur} 1 rl. Bei Eger. Schößergaße 23.

302,5 in Orlando] ~~subjek~~ in ~~der P~~ Orlando 302,8 Tolle, aber] Tolle|,| ~~u~~aber 302,14 vertheidigt] ~~u. den Bürger~~ vertheidigt 302,15 humoristisch] ~~her××~~ humoristisch 302,16 mitleidig] ∫mitleidig∫ 302,19 | *Wer wird … treuste.] *aAe eingefügt, mit horizontalem Strich von vorhergehendem Text abgegrenzt* 302,22 geheirathet] *über* a *gestrichener i-Punkt* **Marginalien:** 302 ihr habt ganz recht†,] ∫ihr habt ganz recht†,∫ 302 Kleinheit] ~~D~~Kleinheit

GSA 61/VII 12, 145 *Bearbeitungsspuren vfH: ganze Seite mit Bleistiftlinie markiert; dazu Rotstiftmarkierungen aHv* Begriff des Romanschreibers *und* Es gibt ein Mittel *sowie* als Erzähler nicht kalt; *Absatzende ab* Aber weder *mit Rotstift markiert*

302,31 diesen] ~~D~~diesen 302,33 nicht] ~~sondern~~ nicht 302,33 ästhetischen] ∫ästhetischen∫ 302,35 eigenen. –] eigenen. – ~~Damit ist nicht Die~~ 302,36 Möglichst] ~~Wer~~ Möglichst 302,36 mißfallen.] *Punkt korr. aus Semikolon* 303,1 uns zum Theile unbekannter] ∫uns zum Theile unbekannter∫ 303,4 Nichts] ~~n~~Nichts 303,11 Gastwirthes] *danach Semikolon gestrichen* 303,12 unterhaltend sei] unterhalte|nd| ∫sei∫ 303,13 auf Den … Einen] ~~mit~~ ⌊auf⌋ ~~d~~Dem~~n~~ oder ~~d~~Dem~~n~~, oder ~~z~~Zwei~~en~~ oder ~~d~~Drei~~en~~, e~~a~~uf ~~e~~Einen 303,18 Uebrigen] ~~Andern~~ Uebrigen 303,21 abmahnt] ab{~~halt~~}mahnt 303,34 das Große] ∫{~~u.~~} d*a*s Große∫ 303,36 Phantasie-] ⌊Phantasie-⌋ 303,38 Gaste] ~~Menschen~~ ⌊Gaste⌋ 304,5 unterhalten] *danach Komma gestrichen* 304,10 so] ~~es~~ so 304,12 ihn] ~~sich ×~~ ihn 304,14 ungeschliffene, doch] ungeschliffen|e|, ∫doch∫ 304,18 haltungslos, ebensowenig] haltungslos|,| ~~oder gar~~ ebensowenig 304,18 seine] ∫seine∫ 304,24 die ausschließl.] ∫die ausschließl.∫ 304,25 bei] {~~vo~~}**bei** 304,26 auf] ∫auf∫ 304,27 schließen] {~~vor~~} schließen 304,31 (Hauptsätze)] ∫(Hauptsätze)∫ 304,33 Fortstrebendes] ~~f~~Fortstrebendes 304,36 Die] ~~De~~ Die 304,37 causalen pp] ⌊causalen⌋ *udZ* |pp| 304,39 zu dem … Verstande] ∫zu∫ d~~as~~**em** Gemüth|e|, noch ∫zu∫ de~~r~~**m**

Verstand|e| 305,4 in der Form] ʃin der Formʃ

GSA 61/VII 12, 146 *große nach rechts geöffnete Klammer links neben den Absätzen* Die Rede soll … oft auch rasch.; *links unten aäR persönliche Notiz, vfH mit Rotstift markiert:* NB. 1406 Schritte mein gewöhnl. Mittags⟨-⟩ / spaziergang ʃPillnitzer,ʃ Amalienstraße bis zum Eingang / der Drehgaße; durch diese den kürzesten / Weg zurück. Von der Haustreppe bis / zum Thore vorn {~~12~~}20 Schr., der 7te / Theil. Also Hin- u. Rückweg zwischen Haustüre u. Thor ~~12~~/7 des ganzen / Weges. *darunter Trennstrich; Bearbeitungsspuren vfH: Rotstiftmarkierung neben Zeile* Etwas darstellen heißt; *Marg.* NB. *rot unterstrichen*

305,22 die] ~~seine~~ ⌋die⌋ 305,28 Schönheit] ~~s~~Schönheit 305,31 ⟨liegende Schönheit die⟩] 2 *Unterführungszeichen durch Hg. ersetzt* 306,2 darstellend] ⌋darstellend⌋ 306,11 in einer Reihe von] ~~imn~~ ʃeiner Reihe vonʃ 306,21 ihrem] ~~dex~~ ihrem 306,27 Rede] Rede ⌋~~Vorst~~⌋ 306,32 Auch] ~~Freilich~~ Auch 306,35 deutlich] ~~zu~~ deutlich 306,38 Vorstellungen sollen] ~~R.~~ ʃVorstellungenʃ soll|en| 306,40 (heftig)] ⌋(heftig)⌋

GSA 61/VII 12, 147 *Bearbeitungsspuren vfH: ganze Seite mit Bleistiftlinie markiert, mit vertikalen Strichen Markierungsende zweimal angezeigt, vor Absatz* Ich glaube … kann. *und neben letztem Absatz; zudem erster Absatz mit Rotstift markiert; neben Anfang des Folgeabsatzes Rotstiftmarkierung, ebenso neben Absatz* So ist … Verstand. *aAe*

307,16 hundertmal] hundertmal~~e~~ 307,18 ehe sie es] ʃehe sie esʃ 307,20 Den Tropen entsagt] De~~r~~n Tropen ~~und~~ entsagt 307,24 Kenner-Kunst sind] Kenner-Kunst *danach Komma gestrichen* ~~ist~~ sind 307,28 an] ~~d~~ an 307,28 vom] vo~~n~~m 308,1 Kurze] ~~D~~Kurze 308,4 welches] ~~welche~~ welches 308,15 geschwungenen, {geschwellten}] ʃgeschwungenen, {geschwellten}ʃ 308,16 Sculpturwerkes,] *danach aZe mit geschwungener Linie von Marg. abgegrenzt* 308,18 den] d~~ie~~en 308,19 Romandichter] Roman~~×~~dichter 308,21 auf] ~~daß er~~ auf 308,22 hier] ~~ihr~~ ⌋hier⌋ 308,26 wenn] ~~wenn er~~ wenn 308,30 unschöne Weg] unschöne *danach Komma gestrichen* ~~langweilige ×~~ Weg 308,34 er] ʃerʃ 308,39 zu] ~~so~~ zu 309,2 oder eine ganze Schilderung pp] *aZe aäR eingefügt* 309,8 Phantasie u. … im] ~~Die~~ Phantasie ~~liebt das~~ ʃu. … imʃ 309,11 ein] ein~~e~~

Marginalien: 308 u.] ~~müß~~ u. 308 [u.]] ʃu. {~~mehr~~} ~~den~~ {~~Verstande~~}ʃ 308 namtl. witzigen … tiefsinnigen] ⌋namtl. witzigen, scharfs., tief-⌋ *udZ* |sinnigen|

GSA 61/VII 12, 148 *aäR aHv* umgekehrt, er rettet *als Marg.:* {~~Stoff.~~}; *Bearbeitungsspuren vfH: erster Absatz mit Rot- und Bleistift markiert; zweiter Absatz mit Rotstift oben und unten markiert; Folgeabsatz mit Bleistift markiert; Absatz* Aus dem … wird. *mit Bleistift eingeklammert; Marg.* Hofmann baut … verlaßen. *mit Bleistiftlinie und Rotstift markiert; über mehrere Absätze ab* Dieser Gegensatz von *durchgehende Bleistiftmarkierung bis zum Seitenende; neben vorletztem Absatz aAe zudem Rotsiftmarkierung*

309,33 Begrifflichen] ~~b~~Begrifflichen 310,2 rein] ʃreinʃ 310,10 entgegenkommt)] *Klammer korr. aus Komma* 310,14 Spannung] ⌋Spannung⌋ *mglw. gestrichen* 310,16 u.] ~~u.~~ 310,23 die] ~~sie~~ die 310,27 von] vo~~m~~n 310,30 Roman] ʃRomanʃ 310,33 am] ~~i~~am 310,35 in weite, complizirte,] ʃin weite, complizirte,ʃ 310,39 in den leztern] ~~darin~~ ⌋in den leztern⌋ 311,5 die reichste führt] ~~wohl~~ ʃdie reichste führtʃ 311,9 angeweht. Beide] angeweht *danach Komma gestrichen und Punkt eingefügt* ~~während~~ Beide 311,11 naive] ʃnaiveʃ 311,12 Neue,] ʃNeue,ʃ 311,16 des Culturlebens] ʃdes Culturlebensʃ 311,16 das] ~~was~~ das 311,18 Schloß hat] Schloß *danach Komma gestrichen* ~~eine~~ hat 311,20 u.] ~~des~~ u. 311,25 vor] ~~die~~ vor 311,33 der] ~~einer~~ der 311,36 drastischester] drastische~~r~~ester 311,36 Todes-Gefahr] ʃTodes-ʃGefahr **Marginalien:** 310 Fantastische,] ʃFantastische,ʃ 310 das] ~~u. zugleich~~ das

GSA 61/VII 12, 149 *in Hsp zweispaltige Bücherliste mit Leihbibliotheksnummern, linke Spalte:* Pochmann. / 601 {Ger.} Reinhard Dr. Fr. Volkm. v. C. A. Böttiger. 1813. / 620. Kügelchen, Gerh. v. Leben. v. Haße, 1824. / 623. Naumann, J. G. Bruchstücke zu deßen Biographie v. Meißner. 2 Th. 1804. / 636. Kyau's Leben pp 1800. / 729. Hamburg ʃwie es war u. istʃ pp 1827. / 730. *Unterführungszeichen für Hamburg* 2 Bde mit 7 Kupfern 1802. / 731. Lübecks Selbstbefreiung am 1 Mai 1226 v. Dahlmann. / 732. Bremens Chronik. 2 Th. 182{~~49~~}. / 705, Hamb., Lübeck, Bremen, Frankfurt a/M. geograph. stat. / histor. Taschenbuch für Geschäftsmänner u. Reisende v. / Zedtlitz 1833. / 740. Meißen, die Stadt, ihre Gesch. Merkwürdigkeiten u. malerische / Umgegend v. P. Reinhard mit 12 Kupfern 1829. / 741. Dresdens diplom. Gesch. 5 Bde. 1820. v. Hasche. / 742. Dresdens Chronik der Stadt u. ihrer Bürger pp u. der / Sammler für Gesch. Alterthum, Kunst u. Natur im Elbthale, / v. Klemm, 2 Bde mit 40 Kupfern 1833. / 744. ʃDresden.ʃ Beschreibung von deßen vorz. Merkwürdigkeiten u. einigen / umliegenden Gegenden. 2 Th. 1782. / 745. Dresd. mit seinen Umgeb. Merkw. Kunsts. Bildungsanstalten. pp / 1829. / 746. Ohngefähr daßelbe. / 747. Dresden, wie es ist / 749. Dresdens hist. Museum v. Quandt 1834. / 754. Plauische Grund pp. mit 25 Kupfern auf Velin. / v. Becker (Ladenpreis. 12 rl.) / 758. Freiberg. v. Breithaupt 1825. / 6683. Beurmann, Ed., Skizzen aus den Hansestädten. / 7135. Saxonia, Museum für sächsische Vaterlandsfreunde / v. Dr. E. Sommer 1 Bd mit 74 lithogr. Blättern. 1835. / 7163. Dresdens theils neuerl. verstorbene, theils noch lebende / Schriftsteller u. Künsler v. Heymann 1809. / 7180. Die Festung Königstein. / 7136. Textor. A. Histor. Bildersaal aus der sächsisch⟨.⟩ Gesch⟨.⟩ / für alle Tage im Jahr. 6 Bde. 1837. / 4175. Metha von Zehren, Hexengeschichte, Beitrag / zur Gerechtigkeitspflege des vorigen Jahrhunderts aus / Akten. 1799. / 4244. Fantasiestücke in Callots Manier. 4 Bde / 1805. / 7226. Schmidt, H., Hamburger Bilder. Wirklichkeit / im romant. Gewande. 2 Bde 1836. / 8250 Dickens, Denkwürdigkeiten Josef Gri- / maldis. / 8328. Uechtritz, Blicke in das Düßeldorfer / Kunst- u. Künstlerleben 1r Bd 1839. / 8505 Mebold, der 30jährige Krieg u. die Helden / deßelben Gustav Adolf u. Wallenstein. 2 Bd. 1840. 8542. Dörnig H. Danziger Bilder. 1840.;

über rechter Spalte mit Bleistift: James A Book of the passions. Illustr. Band 1832. Bei Löser Wolf / gebunden mit Goldschnitt 3 rl.; *rechte Spalte:* 7550, Dr. Gretschel, die Schützengesellsch*a*ft zu Leipzig. 1836. / 7556. Tomblesons ~~G×~~ Ansichten an der Themse mit 80 Stahlst*i*chen. / 7563. Leipzig u. seine Umgebungen v. Gr*e*tschel. 1837. / 7564. Sächs. Schweiz, romant. Wand*er*ungen durch die, v. Trommlitz mit 30 St*a*hlst*i*chen / 1837. / 8227 Hohlfeld, die Einführung der Reformation in Dresden im J. 1539. – 1839. / 8230. Föster Dr. Fr. Die Höfe u. Cabinette Europas im 18ten Jahrh. 1838. / 3ter Bd. Friedrich August II, König v. Polen u. Churf*ür*st v. Sachsen. / 9171. Nord- u. Ostee mit 20 St*a*hlstichen. 2 Bde 18~~2~~42. / 9172. Königsberger Skizzen v. K. Rosenkranz. 2 Bde. 1842. / 9433. Hamburg von seinem Ursprunge bis 1842. – ~~4~~1843. / 9808. Vorträge über Aesthetik für bild*en*de Künstler. J. v. Quandt. 1844, / 6736. Dr. Kerndörfer, Anleitung zur Kryptographie mit der / Stenographie u. Tachygraphie. 1835. / 6739. ~~F×l~~ Fielding, A. J. Th. Anleitung, das Schachspiel grund. / zu erlernen. Herausgegeben v. C. G. F. v. Düben 1819. / 6741. Mauvillon, F. W. v. Belehr*en*de Unterhaltungen für junge angeh*en*de / Schachspieler pp 3 Bde. 1831. *darunter Trennstrich, darunter weiter:* 6966. Leben, Wirken u. Treiben der Kellnerinnen, Köchinnen u. Kindsmägde der neuesten Mod. u. / die Dienstmägde am Schlenkeltage in der Methschenke beim Dumberger in München. 1835. / 7727. Buntes Berlin.

GSA 61/VII 12, 150 *Bearbeitungsspuren vfH: ab* Das romantische Behagen *über mehrere Absätze bis* Phantasie lähmt. *Markierungslinie mit Bleistift; längerer, kräftiger Querstrich mit Bleistift aHv* Ich habe im Erbförster; *neben den Absätzen zudem mehrere Markierungen Rotstift*

312,5 Rand.)] *danach Komma gestrichen* 312,8 auf] ~~da~~ auf 312,12 zur] zu~~m~~r 312,12 es] ∫es∫ 312,21 Die] ~~Denn d~~Die 312,22 künstlerische] *ääR aZa eingefügt* 312,23 [also]] ~~und~~ ⌊also⌋ 312,28 frei] ∫frei∫ 312,32 Kräfte] ~~Rechte~~ Kräfte 312,35 stärkerer] ∫stärkerer∫ 312,36 romantischen entwickelt] romantischen *danach Komma überschrieben mit* **e**ntwickelt 313,8 ohne] ~~aber~~ ohne 313,14 ihr] ~~wir~~ ihr 313,22 den] de~~m~~n 313,25 eben] *ääR aZa eingefügt* 313,37 die] ~~eb~~ die 314,6 mit] {~~nie~~}~~h~~ mit 314,13 komme] komme~~r~~ 314,16 Schwerfällige übersezt] Schwerfällige *danach Komma überschrieben mit* **ü**bersezt 314,19 Geistvolle] ∫Geistvolle∫ **Marginalien:** 313 (objektive) uns des] ∫(objektive)∫ uns ~~gewöhnte,~~ des

GSA 61/VII 12, 151 *Bearbeitungsspuren vfH: erster Absatz mit Rotstift markiert; ab zweitem Absatz über mehrere Absätze bis* beschäftigt ist. *Markierungslinie mit Bleistift; zudem neben Absatz* Eigentlich ist … zu feßeln. *im Abschnitt ab* Bei Hoffmann sind *mehrere Rotstiftmarkierungen; neben Absatz* Was die … vermischt. *aAa Rotstiftmarkierung; letzter Absatz mit Bleistift markiert*

314,26 die] ~~mit den die~~ die 314,28 im] ~~nach~~ im 314,31 irgend] ∫irgend∫ 314,32 ausdenken] ~~nicht~~ ausdenken 315,1 nicht] ~~das~~ nicht 315,1 welches] ~~ob~~

~~das Wunderbare das Natürliche und das Natürliche das Wunderbare~~ welches 315,7 dort] ~~in jener Verbindung~~ dort 315,11 Wunderbar-ernst-alltäglich … komischernst-wunderbar-alltäglich] Wunderbar|-|ernst *danach Komma mit Bindestrich überschrieben* alltäglich komisch *danach Komma gestrichen und Semikolon eingefügt* ernstwunderbar *danach Komma mit Bindestrich überschrieben* komisch|-|alltäglich *danach Komma gestrichen und Semikolon eingefügt* komischernst~~er~~ *Streichung mit Bindestrich überschrieben* wunderbar-alltäglich 315,16 der] d~~ie~~**er** 315,16 zusammensezt, das] zusammensezt|,| ~~und~~ das 315,22 der] ~~die~~ der 315,23 Nichts] ~~n~~**N**ichts 315,24 Helden nichts] Helden *danach Komma überschrieben mit* **n**ichts 315,25 dagegen] ~~er schafft,~~ dagegen 315,25 humoristische] *danach mit geschwungener Linie von Marg. abgegrenzt* 315,37 Phantasie und in] Phantasie *danach Komma überschrieben mit* **u**nd ~~bei~~ ⌋in⌋ 316,3 geniale] ~~Genie~~ ʃgenialeʃ 316,4 wunderbare] ~~W~~{~~u~~} wunderbare 316,9 die] ~~nicht~~ die 316,9 eine] ~~die~~ ⌋eine⌋ 316,24 beglaubigen, doch … auftreten.] beglaubigen *danach später Komma korr. aus Punkt, danach Einfügung aAe und aäR* 316,36 weicher] ⌋weicher⌋ 316,37 vollends] ⌋~~u.~~⌋ vollends 316,38 Zergehen] {~~(erat~~} Zergehen 317,2 menschliche] menschliche~~nr~~ 317,5 dieser] d~~er~~**ie**ser 317,12 und] ~~gefallen~~ und 317,14 wirkend] ~~zu~~ wirkend 317,16 Grund dieses Unterschiedes] ʃGrund diesesʃ Unterschied|es| **Marginalien:** 314 ethi⟨…⟩] ~~wiß~~ ~~anthrop~~ ethi 316 prakt.] ~~×…×~~ ~~der~~ prakt. 317 folg*en*de] ~~unt~~**fol**gde

GSA 61/VII 12, 152 317,21 ein] ~~zugleich~~ ein 317,27 eine Leidenschaft] ~~die~~ ʃeineʃ ~~Spiell~~⌋L⌋eidenschaft 317,29 durch] ~~und~~ durch 317,31 gedachte] ~~brachte~~ gedachte 317,33 u. ehrenden] ʃu. ehrendenʃ 317,37 dieser] d~~er~~**ie**|ser| 318,1 lernen den … kennen] ~~sehen~~ ʃlernenʃ den Alten i~~n~~**m** ʃStadiumʃ seiner Leidenschaft ʃkennenʃ 318,3 den] d~~ie~~**en** 318,4 Zusammenleben] ~~z~~**Z**usammen|leben| 318,14 zur kühnen] zu|r| ʃkühnenʃ 318,17 die] ~~das Heraus~~ die 318,18 wieder] ʃwiederʃ 318,26 Kit und] Kit *danach Komma gestrichen* ~~des~~ und 318,27 des] ~~dieses~~ ⌋des⌋ 318,28 überzeugt. Selbst] überzeugt. ~~Ders tragischen Charakters Zubehör ist das ganze Stück, insofern sein Handeln der Lebensodem deßelben ist, also zunächst sein Handeln selbst~~ Selbst 319,5 1. Glückswechsel … Probleme.] *links daneben geschweifte Klammer* 319,8 Verhältniße.] Verhältniße. ~~Naiv~~ 319,9 6.] |6.|~~5.~~ 319,10 5.] |5.|~~6.~~ 319,13 Ideale] ~~i~~**I**deale 319,14 Reale] ~~r~~**R**eale 319,21 Rohstoff ist die] ~~Stoff~~ Rohstoff ist ~~real~~ die 319,24 entweder] ~~und durch~~ entweder **Marginalien:** 319 Romantisch … Insgemein.] *ursprünglich nur bis* Situationen einzelne. *reichende Schweifklammer dreimal um je einen Listenpunkt verlängert, links daneben* ~~Naiv~~ *darunter* ~~Naiv~~ *der letzte Listenpunkt* Züge. … Insgemein. *zdZ eingefügt* 319 Glückwechsel] Glück~~s~~**w**echsel 319 Probleme] Pr~~b~~**o**bleme 319 Locale.

Motive. … Stimmungen.] ⌊Locale. Motive. *weiter in Hsp, überschreibt* 4. *der Liste* Licht|-|ʃu. Schatten-ʃstellen Stimmungen.⌋ 319 Entwickelungen.] ~~Entwickelungen.~~ 319 Stimmungen] *udZ* ʃStimmungenʃ 319 Prosa der … Locale pp] *in den Raum zwischen den Listen eingefügt* 319 Personen.] ~~Detail~~ Personen. ~~I~~ 319 Komische.] *darüber* ~~Humorist.~~ 319 Composition des Ganzen.] ⌊~~E~~⌋ Composition ʃdes Ganzen.ʃ *danach Komma gestrichen* 319 u. ⟨…⟩] *darunter idZ* ~~zur~~

GSA 61/VII 12, 153 *neben Absatz* Die Forderung … gesetzt. *aäR* ~~oder~~ {~~ein~~}; *zwischen den beiden letzten Zeilen gestrichener Trennungsstrich, letzter Absatz daher vermutlich später eingefügt*

319,32 gefallen)] *Komma mit Klammer überschrieben* 319,34 wie] ~~daß~~ ⌊wie⌋ 319,39 der] ʃderʃ 320,4 Gesetze des] Gesetze *danach Komma gestrichen* ~~daß~~ des 320,5 auf] ʃaufʃ 320,9 Neuheit] ~~die~~ Neuheit 320,13 liegt] ~~lie~~ liegt 320,13 die] ~~in der~~ ⌊die⌋ 320,19 einzelne] ~~Ind~~ einzelne 320,20 je kleineren] ʃjeʃ kleine~~nr~~|en| 320,23 an Einem … erscheinend] ʃan Einem Dinge erscheinendʃ 320,29 ein] ~~er~~ ein 320,30 beziehendlich] beziehend|lich| 320,40 des Denkens … Handelns] ʃdes Denks, Fühlens, Handelnsʃ 321,1 drei] ~~zwei~~ ⌊drei⌋ 321,1 [in der Po⟨…⟩] … Poetischen] *zuerst zdZ* |~~Poesie und Prosa,~~| |in der Po| *Einfügungsabbruch, danach Einfügung idZ* 321,3 2.,] *später aZa eingefügt* 321,5 selbst, das … Natur.] selbst *danach Komma eingefügt, danach Einfügung aZe aäR* 321,7 3.,] *später aZa eingefügt* 321,7 Romantische] ~~Naive un~~ Romantische 321,8 ad 2.] *aiR* 321,8 Rohstoff] ~~Stoff~~ Rohstoff 321,10 und für Gemüth] ~~den~~ und für ~~den~~ Gemüth 321,11 u. für Gemüth] ʃu. fürʃ ~~Verstand~~ *danach Schrägstrich* Gemüth 321,12 idealisirt.] idealisirt *danach Punkt korr. aus Semikolon* ~~beim lezteren~~ 321,13 Rohstoff] ~~Stoff,~~ Rohstoff 321,13 liebende] ʃliebendeʃ 321,14 ihn uns] ihn *danach Komma gestrichen* ~~d.h. durch Vergeistung des~~ uns 321,15 romantisch] ~~romantisch~~ romantische~~s~~ 321,15 sich ihm hingebenden] ʃsich ihm hingebendenʃ 321,18 ad 1. Auch] *aiR* |ad 1.| ~~D~~Auch 321,18 im weiteren Sinne] ʃim weiteren Sinneʃ 321,22 Phantasie] {~~F~~}Phantasie 321,27 normale gemeine] ʃnormale gemeineʃ 321,28 d.h. durch u.] ~~sondern~~ d.h. ʃdurch u.ʃ 321,31 Carrikatur.] *Punkt korr. aus Semikolon* 321,32 Art u. Richtung der] ~~Richt~~ ʃArt u. Richtung derʃ 321,34 den] ʃdenʃ 321,37 an] ~~amn~~ 321,39 Prosa ins] Prosa *danach Komma gestrichen* ~~d.h. des an~~ ins 321,40 romantische] ~~R~~ romantische 322,5 Gefühle, Leidenschaften] Gefühle *danach* pp *mit Komma überschrieben* ~~k~~Leidenschaften

GSA 61/VII 12, 154 *Text in der ersten Liste rechts neben den drei ersten Zeilen aBv der ersten Schweifklammer später eingefügt; gestrichener Trennungsstrich unter dem Absatz* Natürlich findet … statt.; *Bearbeitungsspuren vfH: neben Absatz* Bin ich da … Betrachtung *aAa*

Rotstiftmarkierung
322,12 blos] ∫blos∫ 322,15 Sinn, d.h. die] ~~und praktischen~~ Sinn, d.h. ~~die receptive Sinnlichkeit und~~ die 322,17 Spannung] ~~Steigerung~~ Spannung 322,17 Combinationen] ~~Momenten~~ ⌊Combinationen⌋ 322,19 u. Trieb nach Neuem] ∫u. Trieb nach Neuem∫ 323,1 u.] ~~als~~ u. 323,1 sind] ~~ist~~ ∫sind∫ 323,2 unter] ~~hier ist~~ unter 323,9 detaillirend, feßelnd,] *aZe* detaillirend|,| ~~mit~~ *aäR aZa* |feßelnd,| 323,10 empfunden,] ∫empfunden,∫ 323,10 neu gewandt] ∫neu gewandt∫ 323,15 gedankenvoll] ~~d~~gedankenvoll 323,17 szenische] ∫szenische∫ 323,18 (Beschreibung)] ∫(Beschreibung)∫ 323,23 am Rande zu rubriziren,] ∫am Rande zu rubriziren,∫ 323,25 alles] ~~A~~alles 324,3 s.g.] ⌊s.g.⌋ 324,5 dem] de~~r~~**m** 324,9 der] ∫der∫ 324,10 ander zwischen] ~~A~~ander ~~ent~~ zwischen 324,15 des] de~~r~~**s** 324,18 wir] ~~in was~~ wir 324,23 der] ~~ein g~~ der **Listen:** 322 Durch] ~~F~~**D**urch 322 Gemüth] ~~Verstand~~ Gemüth 322 schöne] ~~S~~schöne 322 Reale.] *darunter* ~~Ide~~ 322 Naiven =] *Gleichheitszeichen korr. aus Komma* 322 romantische] ~~sentimentale~~ romantische 323 Für Wahrheitssinn] ~~durch u.~~ *darunter in jeder der 4 folgenden Zeilen ein Unterführungszeichen* ~~f~~**F**ür ~~Wahr~~heitssinn 323 Sinn =] Sinn ⌊~~Ph~~{~~an~~}~~t~~⌋ *danach Gleichheitszeichen korr. aus unleserlichem Buchstaben* 323 Wahrheits-⟨,⟩ Schönheits] ~~Wahrheits~~|-| ~~u.~~**S**chönheits 323 ohne W*ah*rh*ei*ts … beleidigen] ~~Wahrheitssinn~~ |ohne Whhts u. ethischen| *udZ* |Sinn geradzu zu beleidigen| 323 absichtl. gegen … Schönh*ei*tssinn] *idZ eingefügt*

GSA 61/VII 12, 155 *Bearbeitungsspuren vfH: ganze Seite mit Bleistiftlinie markiert; zudem zweiter Absatz mit Rotstift markiert; neben letztem Absatz aHv* Im Raritätenladen *Rotstiftmarkierung*
324,30 im] i~~n~~**m** 324,35 Romane.] *Komma gestrichen und Punkt eingefügt* 324,35 in] ~~als~~ in 324,37 Mittleren] Mitt**e**leren 325,2 nämlich] näm~~×~~lich 325,5 wenn] ~~d~~wenn 325,36 Das] ~~Das alte~~ Das 325,36 ein] ein~~e~~ 326,1 Geschichte:] *Komma gestrichen und Doppelpunkt eingefügt* 326,10 dem] de~~r~~**m** 326,14 abgehandelt] abg~~emacht~~∫handelt∫ 326,14 Raritätenladen ist] Raritäten~~kabinet~~⌊laden⌋ ~~de~~ ist 326,17 welche] welche~~n~~ 326,26 wie] ~~dieses ist~~ wie 326,28 wenn] ~~da~~ ⌊wenn⌋ 326,29 die] d~~a~~**sie** 326,33 neuen] ~~e~~ neuen

GSA 61/VII 12, 156 *Bearbeitungsspuren vfH: ab* Bei der ersten *bis zum Seitenende Markierungslinie mit Bleistift; neben Liste* 1., Autor … Gegenstande. *Rotstiftmarkierung*
327,12 u. der … daßelbe[.]] *mit Abstand üdZ* ⌊u. … u. ∫vom Individuum∫ eingestandenen … daßelbe.⌋ 327,20 weil] ~~wenn~~ weil 327,20 darin] ∫darin∫ 327,27 auch im ×…×] ∫auch im ×…×∫ 327,36 der] ~~der Autor, wie~~ der 327,38 Zuschauer] ~~Autor z~~**Z**uschauer 327,38 wie] ∫wie∫ 327,39 oder instinktiv] ~~u~~oder instinkt~~××~~**iv** 328,2 oder allen … ein] ∫oder allen∫ dargestellten Person|en| *danach vertikaler Worttrennungsstrich* ein 328,3 eigenen] ∫eigenen∫ 328,5 so] ∫so∫ 328,6 treten] trete~~n~~ 328,7 das] ~~im Schönen~~ das 328,7 u.

Schlimme] ʃu. Schlimmeʃ 328,7 enthalten sein, aber] ~~soll~~ enthalten sein|,| ~~können (wo es~~ aber 328,9 gelten] g**ö**elte|n| 328,11 Moment] ~~Element~~ ⌊Moment⌋ 328,12 dramat. Poesie der formalen] ʃdramat. Poesie derʃ formale|n| 328,15 nach] ʃnachʃ 328,24 ohne Wahl] ʃohne Wahlʃ 328,25 in die … getheilt] ~~an~~ ⌊in⌋ die Wage~~s~~|chalen| ~~gestellt~~ ʃgetheiltʃ 328,26 dazwischen] ~~der Schalen~~ dazwischen 328,27 der] de~~m~~**r** 328,28 die] de~~n~~**ie** 328,30 ob] ~~d×~~ ob 328,35 nichts] ~~k~~ nichts 329,2 wenn] ~~zu~~ wenn 329,4 Naivetät] ~~n~~**N**aivetät 329,9 der Gebundenen] *aZe* |der| *aäR aZa* |Gebundenen| 329,9 des] de~~n~~**s** 329,10 ihren] ~~sich~~ ihren 329,20 der] {~~uns~~} der

GSA 61/VII 12, 157 *Bearbeitungsspuren vfH: über die ganze Seite Markierungslinie mit Bleistift; zudem neben letztem Absatz aHv* D. Quixote u. Sancho Pansa *Markierung mit Rotstift*

329,24 Ich denke … umgekehrt.] *später aAe, aäR und zdA eingefügt* 329,24 einer] ~~eine~~ einer 329,29 drastischen] ʃdrastischenʃ 329,30 Platze, in … wird.] Platze *danach Komma eingefügt, danach Einfügung idZ und aäR* 329,32 den] de~~m~~**n** 329,33 erscheinen. Hier] erscheinen|.| ~~sollen~~ Hier 329,34 großer] ~~der~~ groß~~en~~**r** 329,35 davon, in … dient.] davon *danach Komma korr. aus Punkt* ~~Dies ist~~ *danach Einfügung aAe und aäR* 329,39 äußere] ʃäußereʃ 329,39 oder mehrer … Personen] ʃoder mehrerʃ einzelnen Person|en| 330,6 real-ideal die] ~~ideal~~ real|-|~~I~~ideal *danach Komma gestrichen* ~~als~~ d{~~er~~}**ie** 330,8 geistigeren] ~~Sinne~~ geistigeren 330,16 werden] ~~müßen~~ ⌊werden⌋ 330,16 neben] ~~als der~~ neben 330,18 Allgemeinheit] ~~Gan~~ Allgemeinheit 330,20 der menschlichen … Geschichte] ʃder … Geschichteʃ 330,21 um eine einzelne] ~~d××~~ um ~~die W~~ eine ʃeinzelneʃ 330,22 die] de~~r~~**ie** 330,24 welchem] welche~~s~~**m** 330,24 in] ~~knüpfen~~ in 330,25 sondern] ~~ode~~ sondern 330,32 zu stärken] zu *darüber fälschlich Abkürzungsmarkierung* ~~dbest~~ stärken 330,35 sind. Wer … Lektüre] sind *danach Komma gestrichen und Punkt eingefügt* ~~Ein~~ Wer ~~sie~~ ⌊diese⌋ ʃwährend der Lektüreʃ 330,37 ad 2] ʃad 2ʃ 330,38 herabsteigen] herabsteigen~~d~~ 331,2 Art] ~~Dar~~ Art 331,3 von der] ~~in~~ ⌊von⌋ d~~ie~~**er** 331,4 leidenden] leiden|den| 331,6 die] ~~jene~~ ⌊die⌋ 331,7 Verhalten durch] Verh**ä**alten ~~storen~~ durch 331,9 werden] ~~wah~~ werden 331,10 die darunter, welche] ~~wenn~~ die ʃdarunter, welcheʃ 331,11 die] ~~das K~~ die 331,13 des] de~~r~~**s** 331,14 Einen] **e**Einen 331,16 Der] ~~Ja d~~**D**er 331,17 der Sache, an welche] ʃder Sacheʃ, an welche~~n~~ 331,18 gewendet] gew{~~ö~~}en{~~ne~~}**dt** 331,32 gemildert und] gemildert *danach Komma gestrichen* ~~aber~~ und 331,32 Intereße am Allgemeinen] ʃIntereße amʃ Allgemeine|n| 331,39 Tragische] ~~Ernste~~ ⌊Tragische⌋ 332,2 des] *Streichung durch Hg. zurückgenommen* 332,3 des] ~~ein~~des 332,4 nothwendige] ʃnothwendigeʃ 332,8 ein] ~~das~~ ⌊ein⌋ **Marginalien:** 330 an sich lediglich] ʃan sich lediglichʃ

GSA 61/VII 12, 158 *Bearbeitungsspuren vfH: neben erstem Absatz aAa und aAe*

Rotstiftmarkierungen; unterhalb des zweiten Absatzes langer Querstrich mit Bleistift

332,11 lehren die] lehren *danach Komma gestrichen* ~~d~~ die 332,12 aufzuzeigen. Aber … er] aufzuzeigen *danach Punkt eingefügt und Semikolon gestrichen* ~~a~~**A**ber ∫in seinen übrigen Werken∫ *danach geänderte Wortstellung mit Zahlen markiert* er² geht¹ 332,13 für] ~~unser die~~ für 332,20 einzelne] ∫einzelne~~n~~∫ 332,21 zur] ~~als~~ zur 332,27 in] ~~aus~~ ⌋in⌋ 333,6 mit –] *Gedankenstrich korr. aus Komma* 333,25 verfolgt] ~~ve~~ verfolgt 333,26 noch] ~~s~~noch 333,37 Darauf] ~~Im kr××~~ Darauf 334,1 diese hat … weggetragen {–}] *aAe zdZ eingefügt* 334,5 Viell. auch … war] *aZa üdZ eingefügt* 334,26 u. wie … herauskommt] *üdZ eingefügt* 335,6 sondern] ~~u. b~~ sondern 335,7 Edles,] ∫Edles,∫ 335,10 Attentäter] ~~Th×~~ Attentäter **Marginalien:** 333 der Reichen] ∫der Reichen∫ 333 wird] ~~oder~~ wird 333 dann] ∫dann∫ 333 von] ∫von∫ 334 Oder wird … bringt.] *in Hsp zdZ und aiR* 334 glaube, ich] ∫glaube, ich∫ 335 Christallisation] ~~K~~{~~onz~~}**Chri**stallisation 335 spiegeln] ~~wider~~spiegeln *Streichung unsicher*

GSA 61/VII 12, 159 *Bearbeitungsspuren vfH: Absatz* Immer noch … überhaupt. *mit Rotstift markiert; neben Folgeabsatz aAe Markierung mit Rotstift, ebenso am Beginn des letzten Absatzes; der Titel* Raritätenladen *und weiter unten die Worte* unnütze Mühe *und* gelähmt *rot unterstrichen; Ende der Seite ab* Phantasie u. Gemüth *mit Rotstift markiert*

335,15 oder Criminalaßeßor oder dgl.] ⌋oder … dgl.⌋ 335,23 so wohl] so|wohl 335,34 freiwillig] frei~~×~~willig 335,36 einer] eine~~s~~**r** 335,37 Fabel] ~~Planes~~ ⌋Fabel⌋ 335,39 Charakterconceptionen –] *Gedankenstrich korr. aus Komma* 336,4 nim*m*ermüder] ~~i~~nimermüder 336,12 hat] ~~bei~~ ⌋hat⌋ 336,14 überhaupt.] überhaupt. ~~S~~ 336,15 so] ~~für~~ so 336,18 der Verstand, sie] ∫der∫ Verstand ~~diese × Geschichte~~, ∫sie∫ 336,19 diese Geschichte] ~~sie~~ ∫diese Geschichte∫ 336,23 der] ~~es p×~~ der 336,27 ihr] ~~da~~ ihr 336,33 vorwiegend] vorwiegend~~e~~ 336,38 Freiheit.] ~~Phantasie.~~ Freiheit. 337,2 wird] ⌋~~u.~~⌋ ~~jene~~ wird 337,2 Leidenschaft,] *danach gestrichenes Verweiszeichen* 337,2 völlige] ~~materielle~~ ⌋völlige⌋ 337,3 seiner Sittlichkeit] seine~~s~~**r** ~~Gewiß~~ Sittlichkeit 337,4 aus] ~~aus de~~ aus 337,8 die fast] ~~der~~ die ∫fast∫ 337,10 in] *aäR aZa eingefügt* 337,11 eine] ein~~e~~ 337,12 der] de~~n~~**r** 337,12 die] d{~~er~~}**ie** 337,15 Wanderns ist] Wanderns *danach Komma gestrichen* ~~des Such~~ ist 337,15 großen] *später aZe eingefügt, mit geschwungener Linie von Marg. abgegrenzt* 337,17 an] ~~in F~~ an 337,21 wie sie] ~~was~~ ∫wie sie∫ 337,24 müße] ~~k~~ müße 337,26 einzutiefen.] *Komma gestrichen und Punkt eingefügt* 337,26 mit] ∫mit∫ 337,30 sie] *danach Komma gestrichen* 337,30 gethan hätte] ∫gethan hätte∫ 337,32 verlezt] verle~~t~~zt 337,33 Erfindung] ~~Zeichnung~~ Erfindung **Marginalien:** 335 wieder] ∫wieder∫ 336 von] ~~das~~ von 336 meiner] ∫meiner∫ 336 die] ~~das~~ die 336 des Autors] ∫des Autors∫ 336 sein Wirken] ~~es~~ ∫sein Wirken∫ 337 hingebe] hing~~i~~ebe 337 Es] ~~×~~Es 337 sie] ~~ihr~~ ⌋sie⌋

GSA 61/VII 12, 160 *Bearbeitungsspuren vfH: neben erstem Absatz mehrere Markierungsstriche mit Rotstift; ebenso neben eingerückten Absätzen* Es ist klar ... bestimmen.*; neben letztem Absatz aHv* Empfindung die Vorstellung *und aAe Rotstiftmarkierung; dazu die Worte* Gewohnheit, zu sein *rot unterstrichen*

337,39 war] ware 337,40 Ist] ~~Wirkt~~ ⌋Ist⌋ 338,5 des lezten Asyles] de~~rs~~ lezten ~~und alle~~ Asyles 338,7 in] i~~m~~n 338,12 auffallender] ~~strenger~~ auffallender 338,15 einer vernünftigen] eine|r| vernünftige|n| 338,18 ein] ~~Befr~~ ein 338,19 muß] ∫muß∫ 338,20 soll –] *Gedankenstrich korr. aus Komma* 338,23 in] ~~dies~~ in 338,32 der] ~~von F~~ der 338,36 der] ~~bes~~ der 339,4 concentrirte, von lediglich] concentrirte|,| ~~und~~ von ∫lediglich∫ 339,5 gesteigerte Wirklichkeit] ~~aber~~ ⌋×...×⌋ gesteigerte ~~Erscheinung~~ Wirklichkeit 339,7 Vorgang] ~~und~~ Vorgang 339,8 zu] ~~gemalt~~ zu 339,10 dem] de~~r~~m 339,12 weniger] ~~wx~~ weniger 339,18 das Maß ... oder] ∫das Maß der∫ Intension|,| ~~u~~oder 339,19 d*as* Maß der] ∫ds Maß der∫ 339,20 Form-produzirenden] ∫Form-∫produzirenden 339,27 Empfindung] ~~die vom Verstande~~ Empfindung 339,28 im] ~~auf~~ im 339,30 zur Folge,] ∫zur Folge,∫ 339,32 Gegensatz –. Was] Gegensatz –|.| w**W**as 339,34 sein" nicht] sein" *danach Komma gestrichen* ~~d.h.~~ nicht 339,36 dem] de~~n~~m 339,37 selbst] ∫selbst∫ 340,1 gegen sein eigenes verkehrtes] ~~vor~~ ⌋gegen⌋ seine~~m~~ eigene~~ns~~ verkehrte~~ns~~ 340,4 es] ~~nichts~~ es

GSA 61/VII 12, 161 *einspaltige Bücherliste mit Leihbibliotheksnummern:* 8647. Die nachgelaßenen Papiere des Pickwikklubs ~~×~~6 Bde. 1839. / 8033. Leben u. Abenteuer des Nicola|u|s Nik|l|e~~l~~by. 7 Bde. 1840. / ~~82~~ 9291. Dickens, Ch., Pic-Nic-Blätter, 3 Bde. / 9540. Dick*ens*. Leben und Ab*en*theuer Martin Chuzzlewits 1843. / 9875. Dick*ens*, die Geheimniße Londons. 1844. / 9874. *Unterführungszeichen für Dickens* Eine Weihnachtsgesch. 1844. / 8250. *Unterführungszeichen für Dickens* Denkwürdigkeiten Josef Grimaldis 1839.*; Bearbeitungsspuren vfH: am Seitenanfang neben den ersten drei Absätzen jeweils Rotstiftmarkierung; die Worte* Grund des Genußes *rot unterstrichen; neben Abstatz* Dann habe ... unmöglich. *mehrere Rotstiftmarkierungen*

340,13 denn] ~~a{l}~~ denn 340,14 den Grund] d~~ie~~en Gr~~ü~~unde 340,22 der späteren übermächtigen] ∫der späteren∫ übermächtige~~r~~n 340,23 In dem] In|dem 340,24 das Vermögen] d~~ie~~as ~~Kraft~~ ⌋Vermögen⌋ 340,32 meiner] ~~d~~meiner 340,33 gilt's] gilt|'|~~es~~ 341,5 Hegen] ~~Cautx...x~~ Hegen 341,6 in] ∫in∫ 341,7 deßelben] ∫deßelben∫ 341,9 nur] ∫nur∫ 341,12 oder] ~~u.~~ ⌋oder⌋ 341,18 der] ~~für~~ d~~ie~~er 341,18 der] ~~für~~ d~~ie~~er 341,21 Aeste, in ... Stamm] ~~Stamme~~ Aeste, ∫in∫ die ~~aus~~ ⌋sich⌋ Ein~~em~~ Stamme 341,23 Kit] Kit~~t~~ 341,23 Frederik Trent{,} Quilp] ∫~~Kit~~ Frederik Trent{,} Quilp∫ 341,31 Zubehör] ~~kleines~~ Zubehör 342,4 Gang.] *Komma gestrichen und Punkt eingefügt*

GSA 61/VII 12, 162 1., Subjekte. ... Zusammensetzung *aäR, z. T. bis in Hsp;*

Bearbeitungsspuren vfH: neben zweitem Absatz Rotstiftmarkierung

342,7 dergl.] ~~ohne~~ dergl. 342,11 Romane] Roman|e| 342,20 u. Berufe] ∫u. Berufe∫ 344,3 gegenüber] gegenüb~~ber~~ **Listen:** 342 A.] ~~1~~**A.** 342 private] ∫private∫ 342 Bekleidung] *darüber* ~~a. Stand~~ 342 Subjekts-Prädicat] ∫Subjekts-∫Prädicat 342 Treiben] ~~Lebensa×~~ Treiben 343 1., primitive ... Naturells.] |1., primitive.| *udZ* |Kraft oder Schwäche {des}| Naturell|s|. *danach undefinierbares Zeichen* 343 Temperaments] Temperament|s| 343 Ansichten.] *zdZ eingefügt* 343 Charakters, [oder] ... Begehrungsvermögen] {~~Leid~~}**Cha**rakter|s|, ⌋~~Im Zustd Kraft~~ *Streichung unsicher* oder⌋ prakt. Begehrungsvermögen *in der nächsten Zeile eingerückt* ~~Trieb, (×...×~~ *darunter* ~~Leidschft, Affekt.~~ *darunter* ~~Gewohnheit.~~ 343 2., angenom*m*ene ... Grundmaximen.] |2., angenom*m*ene{.}| *udZ* |angebildeten.| ∫Kraft oder Schwäche der∫ Sittl. Grundmaximen. ~~Prakt.~~ 343 Theoret. Ansichten.] *darüber* ~~Ansichten. Theoret.~~; *links davon* ~~2. angenommene.~~ 343 Gewohnheiten] ~~Leidschft~~ Gewohnheiten 343 1., Subjekte.] *rechts daneben* ~~1., Existenzen~~ 343 a., Äußere. ... Innere] *zdZ eingefügt* 343 Objekte.] ~~Prädikate~~ Objekte. 343 a., äußere ... innere] *zdZ eingefügt* 343 ×...× Leiden*s*ch*a*ften] ~~×~~ ∫×...×∫ *Einfügung unsicher* Leidschften 343 Mittle] ~~×~~**M**ittle 343 b.,] *links daneben* ~~4.,~~ 343 Suche, Bewegung] *Einfügung unter* wie oben *mit gebogener Linie davon abgegrenzt und* v. neutrum. *zugeordnet* 343 Wirkungen] *links daneben* {~~2.~~} 343 Naturwirkungen.] Naturwirkungen *danach Punkt eingefügt und Komma gestrichen* ~~Z×~~ 343 Zusammensetzung. innere ... Bindewörter] *mit 2 Linien zdZ eingefügt* 343 Subjekts] ~~Satzes~~ *udZ* |Subjekts| 343 Zub. Bekl. des Prädicates] *zdZ eingefügt* 343 Zubehör d.h. die Handlung.] *mit Linie zdZ eingefügt* 344 Zusammensetzung] *darunter* ~~Innere~~

GSA 61/VII 12, 163 344,7 werden] ~~s×~~ werden 344,7 die] ~~zu die Compos~~ die 344,8 stetig;] *Semikolon korr. aus Komma* 344,8 Motiven; ich] Motiven *danach Semikolon korr. aus Punkt* ~~Ich laße mehr die Wirkung der Charakter auf das die Welt (ihr Nichtich) als die Wirkung der Welt auf den~~ ⌋[einze]⌋ ~~Charakter~~ ich 344,12 zerstreut] ∫zerstreut∫ 344,13 modifizirend] modifizir~~t~~end 344,14 Drama.] *Punkt korr. aus Semikolon* 344,16 aber] ~~aber~~ aber 344,20 der] ~~z~~der 344,20 untergeordnet.] *Komma gestrichen und Punkt eingefügt* 344,24 ihr] ~~ihr der~~ ihr 344,25 so weit, d.i{. ;}] *aZe aäR eingefügt, danach mglw. Notatabbruch* 345,4 zwei Elemente] ~~drei~~ zwei ~~großen~~ Elemente 345,6 beide in der Gestalt] ~~leztere~~ ⌋beide⌋ in de~~nr~~ ~~beiden~~ Gestalt~~en~~ 345,6 Zufalls. Er] Zufalls *danach Punkt eingefügt und Komma gestrichen* ~~dem sogen. Glück~~ Er 345,11 oder eines Freundes] ∫oder eines {J}Freundes∫ 345,14 und] ~~und dieser beiden M~~{~~om~~} und 345,27 werden] *danach gestrichener Schreibansatz* 345,33 vorhandener] ~~bestehender R~~ vorhandener 345,35 und] ~~oder nach 3.,~~ {~~wo~~}|~~denn nach 3., nach~~

und 346,7 Princip.] *Punkt korr. aus Semikolon* 346,11 antiker] ~~Aa~~ntiker 346,14 concentriren u. zu] ʃconcentriren u. zuʃ 346,20 Alles unmittelbar⟨e⟩ Dichten] Alle|s| ⌋unmittelbar⌋ Dicht|en|~~ung~~ 346,21 produktiven Phantasie] produktiven *danach Komma gestrichen* ~~d.h. dichterischen~~ Phantasie 346,25 In einer ... wird] ⌋In ... Persönlichkeit⌋ ~~werden~~ wird 346,28 Ist] *darüber* ~~In einer naiven Persönlichkeit wird sich die Stimmung~~ 346,29 unter Einwirkung ... Blutbewegung] ʃunter ... Blutbewegungʃ 346,32 objektiviren.] objektiviren *Punkt korr. aus Semikolon* ~~ist das si×~~ 346,34 Liegt] *darüber* ~~Ist das Gefühl der Freiheit~~ 346,28 starkem] starke~~r~~m **Marginalien:** 346 Freiheitsbedürfniß] Freiheitsʃbedürfnißʃ

GSA 61/VII 12, 164 *Bearbeitungsspuren vfH: Absatz* Die Produktivität ... zu werden. *mehrfach mit kräftigen Bleistiftstrichen markiert; neben Folgeabsatz aAa Rotstiftmarkierung, ebenso neben letztem Absatz*

347,9 Naturdinge] ~~Dinge~~ Naturdinge 347,9 handelnde, d.h. ... Charakter] ʃhandelnde, d.h.ʃ moralische ʃ~~× d.h.~~ in Charakterʃ 347,16 [ein] durch ... bedingt] ein|e| *gepunktete Linie gestrichen* ~~Theil~~ ⌋~~Seite~~⌋ ~~des~~ ʃdurch die Natur desʃ Charakters ʃbedingtʃ 347,19 subjektive] ʃsubjektiveʃ 347,19 objektiven] ʃobjektivenʃ 347,21 dem] ~~der Freiheit des Geschöpfes~~ dem 347,21 auf] ~~die~~ auf 347,25 imposant] ʃimposantʃ 347,27 Nothwendigkeit] ~~imp~~ Nothwendigkeit 347,31 der Ausgang] ʃder Ausgangʃ 347,33 oder] ~~oder~~ 347,38 seinem] seine~~n~~m 347,40 durch] ~~blos~~ durch 348,2 im] ~~b~~ im 348,3 Mit-Anreger] ʃMit-ʃAnreger 348,5 in dem] in|dem 348,8 aßociirendes] ~~Aa~~ßociirendes 348,9 wohl in ... Weise.*] ʃwohl ... Weise.*ʃ 348,21 u. d. Despotie] ʃu. d. Despotieʃ 348,25 Seit] ~~Als~~ ⌋Seit⌋ 348,29 und,] *Komma gestrichen und wieder eingefügt* 348,33 daß] ~~aber~~ daß 348,39 mein] ~~das~~ ʃmeinʃ 349,2 andere] ʃandereʃ 349,3 die] ~~das Gedächtniß~~ die 349,10 momentanen] ~~Stärkung, und~~ momentanen **Marginalien:** 347 vergesellschaften] vergesellschfte~~t~~n 347 auch] ʃauchʃ 348 Situationen] ~~Gestalten, de~~ Situationen 348 sich.] sich *dahinter gestrichenes Komma oder gestrichener Schreibansatz, zu Punkt korr.* 348 dieselbe] ~~de~~ dieselbe 348 heraufsteigt u. ... verschwindet.] *in Hsp zdA* 348 „dein] ~~der~~ ⌋|„d|[„]ein⌋ 348 Objektivirung.] *Punkt korr. aus Semikolon* 348 beßer] ʃbeßerʃ

GSA 61/VII 12, 165 349,27 naiv] *danach Komma gestrichen* 349,31 – Dem Advocaten ... glauben.] *aAe und aäR eingefügt* 350,14 sie] ~~Be~~ sie 350,21 blose] ~~Stat~~ blose 351,12 Träumerei] *dahinter Verweiszeichen, welches aäR ohne eingefügten Text wiederholt wird* 352,7 Gegebene] Gege~~×~~bene 352,27 Weißt du, ... an.] *üdZ eingefügt* 352,32 gewahr] ~~wiederholt~~ gewahr 352,35 in welcher] ʃinʃ welche|r| **Marginalien:** 349 ×...×] ⌋×...×⌋ 350 Wie theuer] *darüber* ~~Besch×××~~ 350 wenn] wenn~~s~~ 350 wäre] ~~h~~ wäre 351 den Straßen] den|Straßen 351 ein armer] ~~der~~

⌊ein⌋ arme|r|

GSA 61/VII 12, 166 353,1 hinaufblickte] hinauf~~sah~~blickte 353,6 eingeschlagen, als] eingeschlagen|,| ~~war~~ als 353,15 spannen, d.h. aussparen] spannen|,| ʃd.h. ausspareʃ 353,19 der Gegenwart] de~~m~~r ~~Vorher~~ ʃGegenwartʃ 353,21 fort.] *Punkt korr. aus Semikolon* 353,32 das] d**e**s 353,34 an] ~~auf~~ an 353,34 noch] ʃnochʃ 353,39 sagen] ~~erklären~~ ⌊sagen⌋ 354,18 laßen] ~~gle~~laßen 354,19 der] |der| 354,20 seiner] ~~der~~ ⌊seiner⌋ 354,22 wunderbar ausgedrückten] wunderbar~~en~~ ʃausgedrücktenʃ 354,23 denn etwas] denn *danach Komma überschrieben mit* **etwas** 354,25 individualisirenden] ~~d~~ individualisirenden 354,30 die] d~~en~~**ie** 354,33 überleiten] überleiten~~de~~ 354,37 all] ~~d~~ all 354,38 gewohnten] ʃgewohntenʃ 355,17 deutlicher] deutl. *danach Punkt nach Abkürzungsschleife (kein* l *) überschrieben mit* **icher** 355,23 er] ʃerʃ 355,23 Behauptung,] Behauptung ~~ihm~~,

GSA 61/VII 12, 167 *auR in Hsp Liste von Namen, vermutlich für fiktive Figuren:* Schlickelmann. Klau. / Bobo / Kräkel. / Hiell.

355,29 körperl.] ʃkörperl.ʃ 355,32 ihres] ~~nach~~ ihres 355,35 Vorhandensein] ~~Dasein~~ Vorhandensein 356,2 Vernunft⟨-⟩Urtheil] ʃVernunftʃUrtheil 356,5 oder sonst … Aufgabe] ʃoder … Aufgabeʃ 356,7 vorlegt.] vorlegt. ~~D~~ 356,11 scharfer] ʃscharferʃ 356,14 zum] zu~~r~~**m**

GSA 61/VII 12, 168 *Bearbeitungsspuren vfH: Neben Absatz* War aus … Erregbarkeit. *aAa Rotstiftmarkierung; zudem die Worte* Affektvolle der Narration *rot unterstrichen*

356,23 zu] ~~zu errathen~~ zu 356,30 plastisch.] *Komma gestrichen und Punkt eingefügt* 357,2 Geographie zu] Geographie|zu 357,5 des] de~~r~~**s** 357,5 uns] ʃunsʃ 357,14 voll] ~~mag~~ voll 357,19 sehr] ʃsehrʃ 357,25 War] W~~ä~~**a**re 357,28 an eine oder mehre] *ääR aZa* |an| eine~~n~~ oder mehre~~n~~ 357,31 wirklich] ʃwirklichʃ 357,32 oder] {~~s~~} ~~die S~~ oder 357,39 diese Lebendigkeit] diese~~s~~ Leben|digkeit| 357,40 kommt] ~~geht~~ ⌊kommt⌋ 358,2 erregter] *ääR aZa* |erregt|er|| 358,4 Ich] ~~A~~Ich 358,12 sich in] ʃsich inʃ 358,13 u. Wechsel] ʃu. Wechselʃ 358,14 u. durch das Arrangement] ʃu. durch das Arrangementʃ 358,16 dazu] ~~daf~~ dazu 358,23 poetischen] ʃpoetischenʃ 358,27 oft, oder] oft|,| {~~in~~}**od**er

GSA 61/VII 12, 169 358,33 hervorgeht,] *Komma korr. aus Punkt* 359,6 er] ~~sie~~ ⌊er⌋ 359,9 Bremen] ~~od~~**Br**emen 359,14 Stimmung] *danach mit geschwungener Linie von Marg. abgegrenzt* 359,14 die] ~~als er~~ die 359,20 welche] ~~aus~~ welche~~n~~ 359,27 oder vernachläßigte] ʃoder vernachläßigteʃ 359,28 ächte, verhätschelte] ächte|,| ʃverhätscheltеʃ 359,32 diese] ~~jene,~~ diese 359,34 jene] ~~diese~~ {~~s~~} jene
Marginalien: 358 Also eigtl. … sind.] *aoR in Hsp und ääR* 358 Ein] Eine

358 Kleinere] {~~J~~}**K**leinere 359 der] ~~der~~ der 359 und den Leser] *in Hsp vor Za eingefügt*

GSA 61/VII 12, 170 360,3 der] de~~s~~**r** 360,7 Lebens.] Lebens *Punkt korr. aus Semikolon* ~~als~~ 360,9 die (ascns.)] d~~en~~**ie** *ääR aZa* |(ascns.)| 360,12 der] d~~ie~~**er** 360,13 äußere Mannigfaltigkeit, daher] ∫äußere Mannigfaltigkeit, daher∫ 360,17 sie] ~~es~~ sie 360,22 epische] ~~dramatische~~ ⌋epische⌋ 360,29 Einheit, hier] ~~l~~**E**inheit, ~~des~~ hier 360,32 aus] ~~in~~ ⌋aus⌋ 360,33 sich selber] ~~das allgemeine das ihre~~ ⌋sich selber⌋ 360,33 Einzelne] ~~×~~**E**inzelne 360,36 der] de~~s~~**r** 360,37 die] ~~das Uebergr~~ die 360,37 des einseitigen Willens] de~~r~~**s** ∫einseitigen Willens∫ ~~Kraft~~ 360,39 einer] ~~einzelnen Kraften~~ einer 361,1 einzelnen Willen] *ääR aZa* |einzelnen Willen| ~~Kräften~~ 361,3 gegenseitigen] ∫gegenseitigen∫ 361,3 der] ~~des Wollens u. der~~ der 361,4 Weltexistenz] ~~Existenz ist.~~ Weltexistenz 361,5 idealen] ~~I~~**i**dealen 361,11 Lebens] ~~allgem~~ Lebens 361,12 an] ~~der Einseitigkeit~~ an 361,13 Der] D~~as~~**er** 361,17 menschliche] ∫menschliche∫ 361,20 verschiedensten] ~~ma~~ verschiedensten 361,24 im] im~~n~~ 361,26 s.z.s.] ∫s.z.s.∫ 361,27 herausgenommen,] herausgenommen ~~u. zwar~~, 361,28 scheinbare] ~~Gr~~ scheinbare 361,30 beschränkten] ~~klei~~ beschränkten 361,31 den] d~~as~~**en** 361,34 Tragödien- und anderer Keime] Tragödien|-|∫und anderer∫~~k~~**K**eime 361,39 gegenseitige] ~~gegens wechsels~~ gegenseitige 362,4 formen] ~~und ihn selbst~~ formen 362,6 Eindrucksfähigkeit] ~~Bildungsfa~~ Eindrucksfähigkeit 362,9 naive,] ∫naive,∫ 362,11 (das] *öffnende Klammer überschreibt Komma* 362,11 die] ~~d×...×~~ ∫die∫ 362,12 der] de~~s~~**r** 362,13 romantischen] ∫romantischen∫ 362,14 u. macht ... schuldig] ∫u. ... schuldig∫ 362,17 deren Aussichten ... werden] ∫deren ... werden∫ **Marginalien:** 361 sondern die ... müßen.] *z. T. in Hsp und zdZ* 361 können,] *Komma gestrichen und wieder eingefügt*

GSA 61/VII 12, 171 362,28 die naive] d~~en~~**ie** naive~~n~~ 362,28 welche das romantische] ~~des~~ ∫welche ds∫ romantische~~n~~ 362,32 Aussichten] *danach Komma gestrichen* 362,38 wahren] ∫wahren∫ 363,14 Der] D~~ie~~**er** 363,24 ohne] ~~die~~ ohne 363,24 zu] ⌋zu⌋ 363,32 wieder] ∫wieder∫ 363,39 für] {~~um~~} für 363,40 gefangen;] ∫gefangen;∫ 364,5 er] ∫er∫ 364,6 andern] ~~gro~~ andern 364,6 u. weiß ... kritisiren] ∫u. ... kritisiren∫ 364,20 Reichthum ist ... ausgesezt.] *aAe zdA eingefügt* 364,29 Andere] ~~a~~**A**ndere 364,33 bei einer Stadt] ∫bei einer Stadt∫ 364,36 ein] ~~bis sich ergibt~~ ein 365,1 Prinzipalin war] Prinzipalin|war 365,7 {wirkl.}] ∫{wirkl.}∫ 365,13 obgleich sie ablehnt, sie] ∫obgleich sie ablehnt,∫ ~~×...×~~ sie 365,25 ist] {~~wo~~} ist 365,26 aber] ~~sie~~ aber 365,28 da×...×] ∫da×...×∫ 365,28 das] ~~der Base~~ das **Marginalien:** 362 Es müßte ... geduldet.] *aoR in Hsp* 362 bemühen] ~~×~~**b**emühen 363 oder sonst ... sie. (?)] *in Hsp und ääR, Einfügung mit Einweisungsschlaufe hinter* Naiven 365 *oder] *Linie mit Pfeilende* *zwischen zusammengehörigen Verweiszeichen* 365 die] d~~en~~**ie** 365 die erst ... {gehoben} pp] *in Hsp zdZ über* macht, mit ... Stelle

GSA 61/VII 12, 172 *aäR Bücherliste mit Leihbibliotheksnummern:* Bei Mde Brandt (Pochmann). / 3264. O Neil / ~~? 5381.~~ Falkland. *danach größerer Abstand* 3581. *danach mit Klammer von Hsp abgegrenzt* / 6212. ~~Pehl~~ Pelham. 3 Bde. / 5590. Devereux. 3 B. / 6205. Paul Clifford. 3 B. / 3579. Eugen Aram. 3 B. *1832*. / 5904. Herbert Milton oder Leben der höheren / *aZa* ~~5~~ *danach größerer Abstand* Stände. 3 Bde. 1828. / 6487. Die Verstoßene 4 Bde. 1829. / 6443. Trelawneys Abenteuer in Ostindien / 3 Bde. 1832. / 3827. Die Pilgrime am Rhein. 2 Bde. 1834. / 6877. Die lezten Tage v. Pompeji. 3 Bde. / 6878 daß. *danach größerer Abstand* 1835 / 7371. ~~L~~**R**ienzi, der lezte Tribun 3 B. *1836*. / 7726. ~~Bul~~ Ernst Maltravers / 8042. Alice u. die Geheimniße. 3 B. *1838*. / 8043 Calderon d. Höfling u. O'Neill pp. 1838. / 8044 Leila u. die Belagerung v. Granada. / 8375 Lady Bulwer. Cheveley oder d. Mann / v. Ehre *1839*. *1840*. 3 Bde / 8065. Nacht u. Morgen. 3 B. *1841*. / 9274. Zanoni. 3 B. *1842*. / 9531, Der lezte Baron. 4 B. *1843*.

365,34 (1829)] ∫(1829)∫ 366,20 u. nicht bösen Leidenschaften] ∫u. nicht bösen Leidenschaften∫ 366,25 und] ~~sondern~~ ⌊und⌋ 366,25 kann] ∫kann∫ 366,26 anbringen] ~~schildern~~ anbringen *danach Einweisungsschlaufe ohne eingefügten Text* 366,27 die] ~~der~~ ⌊die⌋ 366,27 in] ~~ha~~ in 366,38 ⟨Uebers.⟩] 2 *Unterführungszeichen für* Uebersetzung *durch Hg. ersetzt* 367,1 ⟨Uebers.⟩] 2 *Unterführungszeichen durch Hg. ersetzt*

GSA 61/VII 12, 173 *Bearbeitungsspuren vfH: neben Absatz* Die ästhetische ... könne. *mit Bleistift von der Hand Adolf Sterns:* Excerpt

367,10 Für] ~~f~~Für 367,12 Arithmetik] Ar~~r~~ithmetik 367,12 Laplace. Philosophischer] ~~La Place~~ Laplace *danach Punkt korr. aus Komma* ∫Philosophischer∫ 367,16 System der] ∫System der∫ 367,17 Analogie] *danach Komma gestrichen* 367,20 zu] ~~gegebenen~~ zu 367,23 Bei] {~~T~~}**B**ei 367,28 sich, die] sich *Komma korr. aus Punkt* ~~D~~**d**ie 368,12 veranlaßen] *danach Komma gestrichen* 368,15 Schwierigkeit] *am Wortende gestrichene Abkürzungsschleife* 368,23 desto] ~~st~~ desto 368,25 die] ~~mit~~ d~~er~~ie 368,25 zwischen der Verstandes-] ~~für~~ ⌊zwischen⌋ de~~nm~~**r** Verstand|es-| 368,27 angenehmer] ~~stärker~~ angenehmer 368,27 als] ~~weil~~ als 368,28 er] e~~s~~r 368,28 noch an sich] *aZe aäR eingefügt* 368,29 Gefühlsvermögens] Gefühl~~e~~svermögens 368,30 die] ~~dem~~ ⌊die⌋ 368,31 Wirklichkeit] ~~entgegengesezt~~ Wirklichkeit 368,36 wenn] ~~entweder~~ wenn 368,37 böse] ~~d×~~ böse 368,39 und] ~~oder~~ und 369,6 Nun, so ... Fallstaff.] *später aAe eingefügt* **Marginalien:** 367 Maas Rhet.] *aiR* 368 Komisch] *aiR*

GSA 61/VII 12, 174 *Bearbeitungsspuren vfH: ganze Seite mit Bleistiftlinie markiert; im letzten Absatz das Wort* Contraste *rot unterstrichen*

369,11 (Bösen u. Dummen),] ∫(Bösen u. Dummen),∫ 369,13 Gebundenheit] *danach Komma gestrichen* 369,18 unserer] ~~das Bild~~ unserer 369,24 ihrer] ~~davon~~ ⌋ihrer⌋ 369,27 Proportionen] ~~Relationen~~ *ääR* |Proportionen| 369,29 [die] ⟨der⟩ … hält] ∫die … hält∫ 369,30 zugleich also dem] ∫zugleich∫ also ∫dem∫ 369,34 so] ~~aber mit der Vernunft einstimmend,~~ so 370,3 Verkehrtheit] ~~Thaten bösen~~ Verkehrtheit 370,15 Dummheit] Dummh~~l~~eit 370,16 u. Andere] ∫u. Andere∫ 370,27 er es] e~~s~~r ∫es∫ 370,35 Sonst mag es eine] ~~Es~~ ∫Sonst es∫ mag *Wortstellung durch Hg. angepasst* ~~vorzugsweise~~ eine 370,37 sich] ~~der H seine~~ sich 371,1 desto] ~~was dem Leser eben~~ desto 371,7 allen] alle~~m~~n 371,8 Contrasten –] *Gedankenstrich korr. aus Komma* 371,9 können] ~~müßen~~ können 371,10 der Haupt⟨-⟩Personen] de~~s~~r ∫Haupt∫ Personen 371,12 Charakteren der] *ääR aZa eingefügt* 371,14 angehörend] angehör~~t~~end 371,18 eine] ~~Sit~~ eine 371,24 zu] ∫zu∫ **Marginalien:** 371 der] ~~ihr~~ der 371 vom] ~~ds~~ ⌋vom⌋ 371 Der] *darüber* ~~Nun k~~ 371 zugleich] ∫zugleich∫ 371 scheint] ⌋scheint⌋

GSA 61/VII 12, 175 *Bearbeitungsspuren vfH: erster Absatz mit Bleistiftlinien markiert*

371,30 Helden, wie die Tragödie] Helden *danach Komma eingefügt* ∫wie die Tragödie∫ 371,31 Phantasie.] *Komma gestrichen und Punkt eingefügt*

GSA 61/VII 12, 176–190 *vacat*

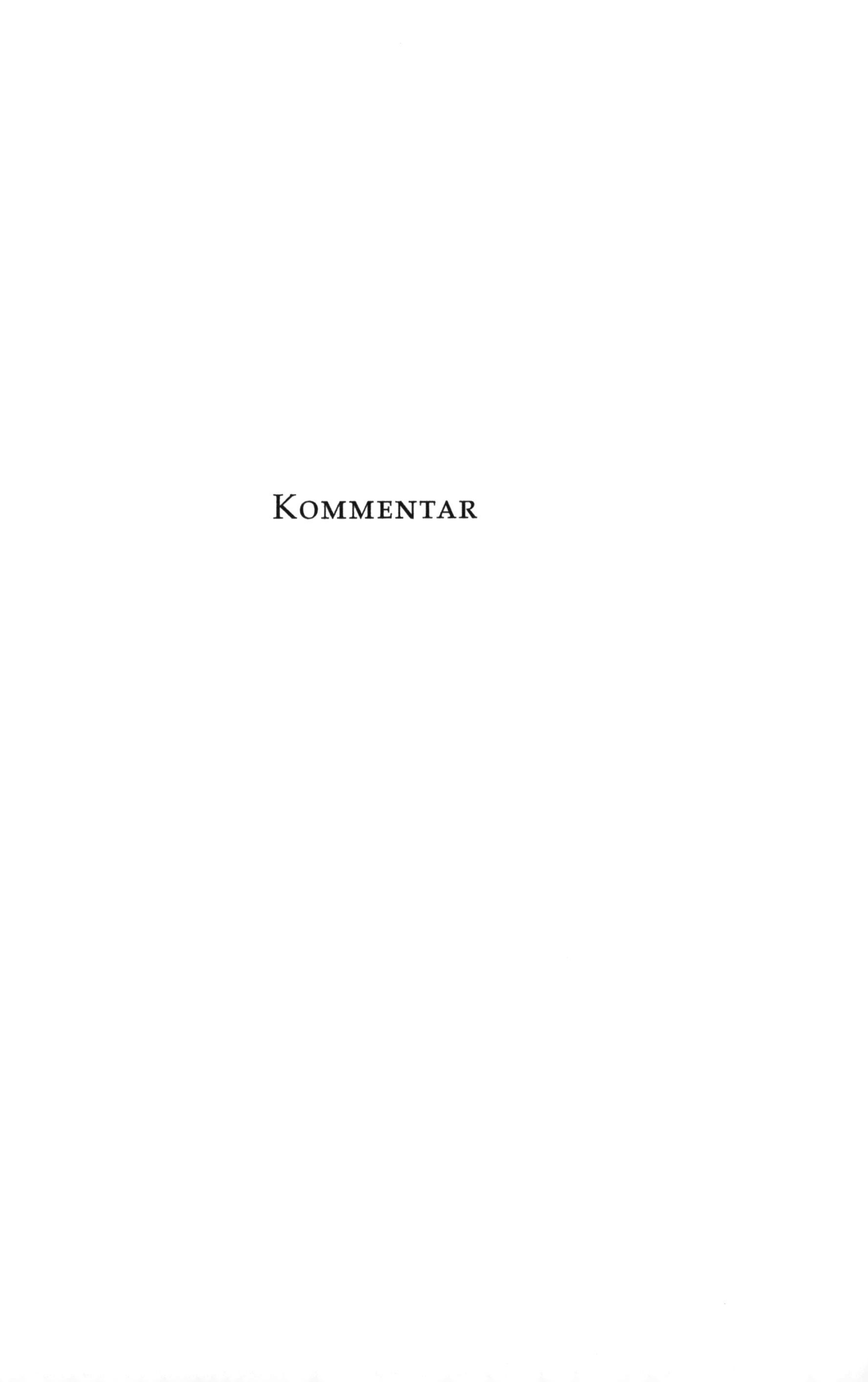

Kommentar

5 1 *Barnaby Rudge]* Historischer Roman von Charles Dickens, der die antikatholischen Gordon-Unruhen von 1780 thematisiert. Er erschien von Februar bis November 1841 in dem von Dickens selbst edierten Periodikum *Master Humphrey's Clock*. Ludwig nutzt die noch im gleichen Jahr bei Weber in Leipzig erschienene deutsche Erstausgabe (möglicherweise in einer späteren Auflage).

2 *Boz]* Pseudonym des englischen Schriftstellers Charles Dickens (1812–1870). Neben Walter Scott ist Dickens der Autor, dessen Werk in den *Romanstudien* am ausführlichsten besprochen wird. Während Ludwigs Urteil über Scott weitgehend konstant bleibt, wandelt sich seine Einschätzung von Dickens' Romanen über die Zeit. In die Wertschätzung der Erzähltechnik mischt sich zunächst stellenweise die Kritik an der gesellschaftskritischen Stoßrichtung der Romane (vgl. dazu die Besprechung des Romans *Hard Times* S. 43ff.). Aus Ludwigs Sicht neigt Dickens zum Tendenziösen und zur karikierenden Überspitzung seiner Charaktere. Einen Wandel erfährt sein Urteil dann im Zuge der Lektüre des Romans *Great Expectations*, den Ludwig durchweg anerkennend aufnimmt (vgl. Thomas 1971).

Marg. *Deiche]* Vermutlich dialektal für: Teiche.

26 *Tapperit]* Korrekt: Tappertit.

28 *Miß Rudge]* Korrekt: Mrs Rudge. Entsprechend im Folgenden.

6 1 *unnöthigsten Gespräche]* Ludwigs Wertschätzung von Dickens Dialogtechnik fußt wesentlich auf der Beobachtung, dass sich die Gespräche in den Romanen zu einem gewissen Grade von der Handlung emanzipieren und nicht in der Funktion aufgehen, diese voranzutreiben oder vorzubereiten.

Marg. *Shakespeare]* Das Werk des englischen Dramatikers steht im Mittelpunkt von Ludwigs – im Vergleich zu den *Romanstudien* wesentlich umfangreicheren – dramentheoretischen Aufzeichnungen, den sogenannten *Shakespearestudien*. Aber auch im Kontext der Erzähltheorie verweist Ludwig auffallend häufig auf Shakespeare, was für eine zumindest streckenweise parallele Arbeit an den Studien zum Roman und zum Drama spricht.

12 *erzählt ... der Dichter selbst]* Ludwig unterscheidet nicht konsequent zwischen Autor und Erzähler, wie Lillyman (Ludwig 1977, S. 736) annimmt. An einigen Stellen ist die begriffliche Trennung jedoch angelegt, insbesondere dort, wo Ludwig über die Erzählinstanz in seinen eigenen Erzähltexten reflektiert (vgl. S. 357). Gelegentlich verwendet er auch den Autorbegriff zur Bezeichnung einer vom empirischen Autor abzulösenden, erzählenden Aussageinstanz (vgl. S. 117, 281).

8 9 *16 Kap.]* Ludwig weicht kurzzeitig von der Kapitelzählung der Vorlage ab. Die ersten drei Kapitel des 2. Teils haben in der benutzten Weber'schen Ausgabe die Nummern 12–14. Das 16. Kapitel in Ludwigs Übersicht ent-

spricht dem 15. Kapitel der Vorlage. Entsprechend im Folgenden bis zum Eintrag für das 18. Kapitel, das das 17. und 18. Kapitel der Buchvorlage zusammenführt.

18 *Wittib]* Witwe.

9 13 *Gotthelf]* Jeremias Gotthelf (eigtl. Albert Bitzius, 1797–1854). Schweizer Schriftsteller und Pfarrer. Bekannt für seine Erzählungen und Romane, die meist im bäuerlich-dörflichen Milieu spielen und in denen sich ein derber, bildkräftiger Realismus mit pädagogisch-didaktischen Zügen mischt.

10 7f. *„ist unschuldig … schuldig⟨“⟩]* Freies Zitat. Die Stelle findet sich in der 3. Auflage der Übersetzung von Moriarty (Dickens 1845) auf S. 41.

37 *Parole]* Mündliche Zusicherung, Ehrenwort.

11 19 *Eduard]* Gemeint ist Edward.

Marg. *3ter Theil]* Korrekt: 4. Teil.

33 *Ghasford]* Korrekt: Gashford. Entsprechend im Folgenden.

37 *Grüeby]* Korrekt: Grueby.

15 18 *Boz … Shakespeare trug]* Während Shakespeares Werk in den dramentheoretischen Studien in der Regel als ein überzeitliches Muster behandelt wird, rückt Ludwig es hier in eine stärker historisierende Perspektive, indem er es in eine Entwicklungslinie mit der englischen Romanliteratur des 19. Jh. stellt. Später relativiert er diese Position, wie seine Bemerkung in den Marginalien nahelegt.

28 *Englands]* Wiederholt bemüht Ludwig die Vorstellung einer nationalen Mentalität, die er zum Teil auf soziohistorische Bedingungen zurückführt, zur Erläuterung der Charakteristika der englischsprachigen Literatur. Im Zentrum steht dabei der Topos des englischen Pragmatismus, den er sowohl in den Romanfiguren als auch im Selbstverständnis der Literaten wiederzuerkennen meint.

17 15 *Duegby]* Korrekt: Grueby. Entsprechend im Folgenden.

20 9f. *Repräsentant des Zuschauers]* Im Kontext seiner Auseinandersetzung mit den Werken Walter Scotts wird Ludwig später die Hauptfunktion des Romanhelden eben in dieser Repräsentationsfunktion ausmachen (vgl. Anm. zum Konzept des ‚mittleren Helden‘ S. 482).

25 *Schauspieler]* Eine wiederkehrende Beobachtung zu Dickens’ Romanen, dass die Personen darin wie Bühnenfiguren agieren. Vgl. S. 30, 126 und 256.

21 5 *Fligare-Carlen]* Emilie Flygare-Carlén (1807–1892), schwedische Schriftstellerin. Ihr Roman *Ett År (Ein Jahr)* erschien 1846 (dt. 1847).

22 21 *Hackländer]* Friedrich Wilhelm Hackländer (1816–1877). Der Roman *Namenlose Geschichten* erschien 1851 in drei Bänden.

37f. *ohne eigentl. Handlung]* Die anerkennende Hervorhebung der seriellen Erzählstruktur, bei der das Prinzip der Variation vertrauter Elemente (Akteure, Orte, Aktionen) die lineare Handlungsentwicklung ersetzt, steht im Gegensatz zu der von der hegelianischen Ästhetik vertretenen, letztlich auf Aristoteles zurückgehenden Vorstellung, die epischen Großformen hätten sich der Forderung nach einer geschlossenen Handlung ebenso zu beugen wie das Drama. Das Variationsprinzip kontrastiert aber auch mit dem Ideal eines panoramatischen Überblicks über die Breite der Gesellschaft, dem die Romantheorie des Vormärz folgte. An die Stelle der extensiven Erfassung des Zuständlichen tritt das intensive Erlebnis einer begrenzten Lebenswelt.

23 4f. *Marie … Fr. Welscher besucht]* Vgl. Band 1, 4. Kapitel.

Marg. *Bürgerball]* Vgl. Band 1, 5. und 6. Kapitel.

Marg. *Stechmaiers erstes Debüt]* Vgl. Band 1, 19. Kapitel.

24 6 *Figuren in zwei Geschlechter]* Vgl. dazu die Weiterentwicklung dieser Figurentypologie unter dem Eindruck von Dickens' Roman *Great Expectations* S. 258f. Beide typologischen Entwürfe rücken den Aspekt des räumlichen Bezugs, d. h. die lokale Gebundenheit bzw. Ungebundenheit einer Figur, ins Zentrum.

25 13 *Die alte Eichentruhe von James] The Old Oak Chest*, Roman des englischen Schriftstellers George Payne Rainsford James (1799–1860), erschien 1850 (dt. 1851). In seinem Literaturverständnis stark an Walter Scott orientiert, verfasste James eine Vielzahl von Romanen, überwiegend mit historischen Sujet, die ihm in seiner Zeit eine große Popularität einbrachten.

15 *Wesen des Romanes]* Der Gedankengang ist bezeichnend sowohl für die Nähe als auch die Distanz zur spekulativen Ästhetik des Idealismus: Einerseits schließt Ludwig an das essenzialistische Gattungsverständnis an, andererseits bricht er mit der Vorstellung, dass das ‚Wesen' einer Gattung vornehmlich an wenigen, mustergültigen Texten zur Erscheinung kommen könne.

28 *Äußerlichkeit]* Die Überzeugung, dass sich der Roman als epische Großgattung vorwiegend auf das äußerliche, plastische Erfassen von Handlungen und Gegebenheiten beschränken muss, während das Drama die Exploration des Figureninneren leisten kann, geht auf die Poetik der Goethezeit zurück. In Jean Pauls *Vorschule der Ästhetik* heißt es entsprechend: „Das Epos schreitet durch äußere *Handlung* fort, das Drama durch innere" (Jean Paul 2015, S. 119).

26 9 *Thakeray]* William Makepeace Thackeray (1811–1863), als satirischer Porträtist des viktorianischen Englands besonders durch seinen Roman *Vanity Fair* (1847–1848) bekannt, auf den vermutlich auch Ludwig hier Bezug nimmt. Es bestehen Parallelen zur Thackeray-Deutung Julian Schmidts, der dem Engländer fehlenden künstlerischen Idealismus vorwirft (J. Schmidt 1853, S. 45).

25 *Praktikus]* Ludwig knüpft an das seit der Antike geläufige Autorenkonzept des *poeta faber* an, das den Schriftsteller als kompetenten Handwerker und seine Praxis als regelgeleitete Profession beschreibt. Es steht in Konkurrenz zum Konzept des *poeta vates*, des göttlich inspirierten Dichters.

27 10f. *Romanschreiber und ... Staatsmann]* Die Ausdehnung des literarischen Urteils auf das Gebiet der Politik hat in diesem Fall sogar eine Stütze in der Biografie. Allerdings war es Ludwig wahrscheinlich nicht bewusst, dass James selbst seit 1852 im diplomatischen Dienst tätig war.

32 *Schiller]* Die Dramen Friedrich Schillers (1759–1805) werden auch in den *Shakespearestudien* überwiegend kontrastiv zu den Werken Shakespeares erfasst und vor diesem Hintergrund einer scharfen, mitunter polemischen Kritik unterzogen. Ludwigs Ablehnung resultiert aus einer allgemeinen Kritik am literarischen Idealismus, als dessen Hauptvertreter er Schiller ansieht, bezieht sich aber auch, wie in diesem Fall, auf konkrete dramenstrukturelle Aspekte.

34 *Don Carlos]* Zu Ludwigs Kritik an Schillers Drama *Don Carlos* (1787) vgl. seine Ausführungen in den *Shakespearestudien* (Studien I, S. 295–298).

28 3 *Wallenstein]* Ähnlich äußert sich Ludwig in den *Shakespearestudien* (vgl. Studien I, S. 298–312) über den Protagonisten aus Schillers *Wallenstein*-Trilogie (1799). Die Einwände legen zugleich den Kern seines eigenen Tragödienbegriffs offen, der die tragischen Begründungsstrukturen primär am Charakter des Helden festmacht. Widersprüche im Charakter sind dabei nicht ausgeschlossen, ja begründen eigentlich erst den tragischen Konflikt (vgl. Grüne 2015). Schillers Helden jedoch würden die inneren Widersprüche nicht ausleben, sondern vielmehr in einzelne Figuren zerfallen.

21 *Ilias]* Anders als die Erzähltheorie um 1800 oder die zeitgenössische philosophische Ästhetik orientiert sich Ludwig in seiner Theoriebildung kaum an den beiden homerischen Epen, der *Ilias* und der *Odyssee*, oder am antiken Epos im Allgemeinen. Auch hat die Frage nach der Gattungsdifferenz zwischen Epos und Roman nur eine untergeordnete Bedeutung für ihn. Wo er sie dennoch aufgreift, begründet er den Unterschied der Gattungen eher medial als geschichtsphilosophisch (vgl. S. 256).

21 *Helena]* In der Mythologie die Tochter des Zeus und der Leda, zugleich Schwägerin des griechischen Heerführers Agamemnon. Ihre Entführung durch Paris ist der Sage nach Ausgangspunkt für den Trojanischen Krieg.

25 *Argonauten]* Der antiken Sage gemäß griechische Seeleute, die unter Führung Jasons mit ihrem Schiff „Argo" nach Kolchos segeln, um das Fell eines goldenen Widders zu rauben. Die Sage findet bereits in Homers *Odyssee* Erwähnung (12. Gesang, Verse 69–73).

26 *Penelopeia]* Gattin des Odysseus.

26 *Aeneis]* Epos des römischen Dichters Vergil (eigtl. Publius Vergilius Maro, 70–19 v. Chr.).

29 3 *Vergnügen des Ahnens]* Zentraler Aspekt von Ludwigs Poetik: Die teilweise Verrätselung der Geschehnisse provoziert beim Rezipienten Erwartungen über das Verhalten der Charaktere (in diesem Fall: des Autors) oder den Fortgang des Geschehens und stärkt so seine Partizipation an der Erzählwelt. Die hypothetische Vorwegnahme zukünftiger Entwicklungen als elementares Prinzip der Wirklichkeitserfassung verbindet zudem die Konstitution inner- und außerliterarischer Realität.

30 2 *Cuttle ... Walter ... Mr. Dombey]* Figuren aus dem Roman *Dealings with the Firm of Dombey and Son* (1846–1848) von Charles Dickens. Die deutsche Erstausgabe erschien 1847–1848 unter dem Titel *Dombey und Sohn.*

13f. *dunkeln Vorstellungen]* In der Vorstellungstheorie der Aufklärung viel diskutierter Begriff, der auf Gottfried Wilhelm Leibniz' Unterscheidung der Vorstellungen nach verschiedenen Graden von Bewusstheit zurückgeht. Bei Leibniz steht er in Opposition zu den klaren, d. h. deutlich bewussten Vorstellungen. Ludwig verwendet ihn abgelöst vom engeren erkenntnistheoretischen Kontext als Bezeichnung für unbewusste oder kaum bewusste, gleichwohl die Persönlichkeit prägende mentale Vorgänge.

21 *erzählte Dramen]* Unter dem Eindruck der Lektüre von Dickens' frühen Romanen diskutiert Ludwig hier Möglichkeiten der Gattungsmischung. Auffällig ist, dass er die Nähe zwischen den Gattungen nicht am strikten Aufbau, sondern im Gegenteil an der eher offenen Kompositionsweise der Romane festmacht. Wie die Marginalien belegen, distanziert er sich später von dieser Position und fordert eine stärkere Trennung der Gattungen sowohl in der Theorie als auch in der Praxis. Davon unberührt bleibt die Möglichkeit, die Erzählung durch eine szenisch-vergegenwärtigende Darstellungsweise zu dramatisieren. Ludwig bespricht diese Gestaltungsform später ausführlich in seiner Theorie der Erzählformen (vgl. S. 203f.). Dort kehrt auch der Gedanke wieder, dass die Aufhebung der realen Beschränkungen der Bühne die dramatisierte Erzählung gegenüber dem Drama begünstigt.

31 *Miß Nipper]* Figur aus Dickens' Roman *Dombey and Son.*

31 4 *dem Drama näher als dem Epos]* Einer der wenigen Fälle, in denen Ludwig auf eine Gattungsdifferenz zwischen Roman und Epos zu sprechen kommt. Trotz der verallgemeinernden Formulierung steht die Überlegung in engem Bezug zur Analyse von Dickens' frühen Romanen und wird so in den Studien nicht wiederholt.

6 *Der Erbförster]* Ludwigs bekanntestes Drama. Die Uraufführung fand am 4. 3. 1850 am Dresdner Hoftheater statt und machte den Autor schlagartig

bekannt. Die Buchausgabe erschien 1853 mit erheblichen, insbesondere den Schluss betreffenden Änderungen. Zu den Plänen einer epischen Umarbeitung des Stoffes vgl. Anm. zu Georg Wigand S. 488.

11 *die Szene]* Im 10. Kapitel von *Dombey and Son.*

32 4f. *Einmischung ... Karker]* Bezieht sich auf das 17. Kapitel des Romans.

5 *Der Humor]* Die Aussage erinnert an die Verbindung von Humor- und Verklärungsbegriff, wie sie in zeitgenössischen Poetiken, etwa bei Theodor Fontane, begegnet. Vgl. dazu auch die Ausführungen auf S. 369ff.

6 *Gervinus]* Georg Gottfried Gervinus (1805–1871), Historiker und Verfasser der fünfbändigen *Geschichte der poetischen National-Literatur der Deutschen* (1835–1842), einem zentralen Werk der deutschen Literaturgeschichtsschreibung des 19. Jh. Im 5. Band dieses Werkes bespricht Gervinus den humoristischen Roman und kritisiert an ihm eine zu starke Fixierung auf die Erfahrungswirklichkeit und einen Mangel an ideellem Aufschwung. Er stellt den Humoristen darum dem Pragmatiker gleich: „Denn das, worin der Begriff des Pragmatischen und Humoristischen zusammenfällt, ist eben die rationale und blos verständige Betrachtung der Welt. Der Pragmatiker bekümmert sich nicht um den unsichtbaren Hintergrund der Menschengeschichte, und der Humorist ebensowenig" (Gervinus 1842, S. 164).

15 *Göthe sagt]* Johann Wolfgang Goethe (1749–1832) schreibt in seinen *Maximen und Reflexionen:* „Der Handelnde ist immer gewissenlos, es hat niemand Gewissen als der Betrachtende" (Goethe 1993, S. 28).

21 *intereßant sein]* Der Begriff des Interesses bzw. des Interessanten ist im kunsttheoretischen Diskurs erst seit der Aufklärung von Bedeutung. Ludwig schließt allerdings weder an Kants Disqualifikation des Begriffs an, wonach das ästhetische Urteil ein uninteressiertes Wohlgefallen zur Voraussetzung hat, noch geht er auf Friedrich Schlegels geschichtsphilosophisch fundierte Poetik ein, die im Interessanten das zentrale Merkmal der modernen Kunst ausmacht. Bezugspunkte ergeben sich eher zur Wirkungsästhetik der Spätaufklärung, da Ludwig das Interesse als notwendige Bedingung künstlerischer Wirkung auffasst und zudem vermögenstheoretische Überlegungen über den Ausgleich der Affekte im Kunstgenuss daran knüpft. Charakteristisch für seinen Ansatz ist die enge Verbindung mit dem Konzept der Spannung. Demnach beruht die Qualität des Interessanten weniger auf der Beschaffenheit der behandelten Gegenstände als auf den Techniken der Informationsvergabe. Zur Weiterführung der begrifflichen Auseinandersetzung vgl. die Typologie des poetischen Interesses auf S. 327f.

Marg. *Mitleides ... Furcht]* Die von Lessing etablierte deutsche Übersetzung der griechischen Begriffe *eleos* und *phobos*, mit denen Aristoteles in seiner *Poetik* die Wirkung der Tragödie beschreibt.

33 4 *Die Spannung ... zweierlei Art]* Die Einteilung der Spannungsarten erinnert an eine von Lessing im 79. Stück der *Hamburgischen Dramaturgie* getroffene Unterscheidung zwischen einem Interesse aus Teilnahme und einem Interesse aus Neugier (Lessing 1985, S. 575–580). Bei Lessing bezieht sich die Neugier jedoch auf das Ende einer Handlung, das Gelingen oder Fehlschlagen eines Plans. Wie im Folgenden deutlich wird, entwickelt sich die Spannung aus Neugier nach Ludwigs Verständnis hingegen aus dem Vorenthalten von Informationen über Absichten bzw. Identität der Handelnden.

33 *Begebenheit ... Handlung]* Die begriffliche Differenzierung zwischen Begebenheit und Handlung übernimmt Ludwig aus der Erzähl- und Epiktheorie der Goethezeit. Handlung meint hier ein aus einem freien Willensakt hervorgegangenes Geschehen, sie setzt, schreibt Friedrich Schlegel in der *Geschichte der Poesie der Griechen und Römer* von 1798, mit einem „Machtanspruche der Willkür" ein und schließt mit der „vollendeten Ausführung dieser Absicht" (F. Schlegel 1979, S. 474). Die Begebenheit ist demgegenüber ein mehr oder weniger kontingentes Geschehen, das sich der Verfügungsgewalt des einzelnen Akteurs entzieht.

34 35 *vide S. 100]* Der Verweis (lat. *vide:* siehe) bezieht sich auf die Theorie der Erzählformen, d. h. die Unterscheidung von eigentlicher und szenischer Erzählung (vgl. S. 203f.).

36 *Gang der Erzählung]* In der Geschichte der Erzähltheorie haben Ludwigs Gedanken über die analytische und synthetische Erzählung keinen Vorläufer. Die Begriffswahl könnte durch eine Lektüre des Briefwechsels zwischen Schiller und Goethe angeregt worden sein. In seinem Brief vom 2. 10. 1797 bezeichnet Schiller Sophokles' Tragödie *König Ödipus* als eine „tragische Analysis", bei der – da das handlungsbestimmende Ereignis dem Einsatz der Bühnenhandlung zeitlich vorausgeht – alles nur „herausgewickelt" werde (Goethe 1990, S. 430). Die moderne Literaturwissenschaft hat darauf aufbauend sowohl das *analytische Drama* als auch die *analytische Erzählung* (Weber 1975) zum Forschungsgegenstand gemacht. – Vgl. auch die Ausführungen auf S. 54 und 131.

35 35 *Trugschluß]* Bezeichnet in der Musiktheorie eine Akkordverbindung, bei welcher der zu erwartende Schlussakkord durch einen anderen ersetzt und so der endgültige Schluss aufgeschoben wird.

36 Marg. *das Retardirende]* Referenz auf den Briefwechsel zwischen Goethe und Schiller und den daraus entstandenen Aufsatz *Über epische und dramatische Dichtung*. Den Begriff der Retardation (Verzögerung) führt Goethe in seinem Brief vom 19. 4. 1797 in die Diskussion ein. Seiner These nach „sind alle retardierende[n] Motive episch". Er begründet dies mit der Eigenschaft der

Erzählung, „immer vor und zurück" gehen, d. h. von der Chronologie der Ereignisse abweichen zu können (Goethe 1990, S. 331). Schiller führt das Prinzip der epischen Retardation dann auf den Grundsatz zurück, dass die Handlung im Epos im Gegensatz zum Drama „nur Mittel zu einem absolutern ästhetischen Zwecke ist" (ebd., S. 336).
Marg. *„retardirende Momente"]* Zitat aus dem Brief Goethes an Schiller vom 22. 4. 1797 (ebd., S. 334).
11f. *entsteht]* Korrekt: besteht.

38 Marg. *Pip]* Hauptfigur aus Dickens' Roman *Great Expectations* (vgl. Anm. S. 508). Die Nennung des Romans erlaubt hier Rückschlüsse auf die zeitliche Distanz zwischen Haupttext und Marginalien. Die Randbemerkungen sowie die später hinzugefügten Einschübe in den Text, in denen Ludwig die Gattungsdifferenz zwischen Drama und Epik akzentuiert, sind frühestens 1862, dem Erscheinungsjahr der deutschen Erstausgabe, entstanden, während der Haupttext wahrscheinlich um 1857 geschrieben wurde. Ludwig orientiert sich zum späteren Zeitpunkt weit stärker als früher an der klassisch-idealistischen Epiktheorie, die ebenfalls den Unterschied zwischen epischer und dramatischer Handlung betont.
Marg. *Brutus]* Hauptfigur aus Shakespeares Tragödie *Julius Caesar*.
13 *Mine und Contremine]* Schlag und Gegenschlag. Das der franz. Kriegssprache entlehnte *Mine* bezeichnet einen Sprenggang, die *Contre-Mine* (Gegen-Mine) wiederum einen Sprengtunnel zur Abwehr der Mine.
24 *Speiteufel]* Ein Feuerwerkskörper.
29 *Barthli, der Korber]* Erzählung von Jeremias Gotthelf (vgl. Anm. S. 448), 1852 in Hoffmanns *Illustriertem Volkskalender* veröffentlicht. Die (unvollständige) Inhaltsangabe bezieht sich auf die erweiterte Fassung der Erzählung, die Gotthelf 1853 in den 4. Band der *Erzählungen und Bilder aus dem Volksleben der Schweiz* aufnimmt und die im 10. Band der *Gesammelten Schriften* (1856) abgedruckt ist.

39 Marg. *Sträfling]* Gemeint ist Magwitch in *Great Expectations* (vgl. Anm. S. 508).
4 *fetirt]* Von fetieren: jdm. Aufmerksamkeit erweisen, jdn. feiern.
8 *auf die Stör]* In einem fremden Haus arbeiten.

40 36 *Das Herz von Mid-Lothian] The Heart of Midlothian*, historischer Roman von Walter Scott, erschien 1818 (dt. 1826). Die Geschichte um die zu Unrecht wegen Kindsmord verurteilte Effie Deans und ihrer Schwester Jeanie spielt vor dem geschichtlichen Hintergrund der Edinburgher Porteous-Unruhen von 1736.

41 2 *histor. Roman]* Der Diskurs über den historischen Roman ist in Deutschland eng mit der Scott-Rezeption verbunden. Wichtige Anstöße hierfür

lieferte 1823 der Schriftsteller Willibald Alexis (vgl. Anm. S. 471) mit der Veröffentlichung einer umfangreichen Besprechung von Scotts Romanen (Alexis 1823). Viele der von Ludwig genannten Aspekte werden dort bereits thematisiert, so Scotts Objektivität oder die Verbindung von historischem Hintergrund und novellistischem Vordergrund. Die Ähnlichkeiten im Urteil beziehen sich auch, wie sich später zeigt (vgl. 122f.), auf die Einordnung von Scotts Heldentypus.

3 *Erfundenes u. Wahres mische]* Ludwig sind die historischen Hintergründe der Handlung offenbar nicht präsent.

9 *Barnaby Rudge]* Vgl. Anm. S. 447.

10 *Die schöne Tuchhändlerin] La Belle Drapière*, Roman des französischen Schriftstellers Élie Berthet (1815–1891). Der Roman erschien 1843 (dt. 1844).

10 *die Taube] La colombe*, Roman des französischen Schriftstellers Alexandre Dumas (père) (1802–1870) von 1850 (dt. 1851). Ludwig liest den Roman, wie er im Kalender festhält, im Frühjahr 1856 (GSA 61/IX 7, 14a).

16 *Dorfgeschichte]* Seit dem durchschlagenden Erfolg von Berthold Auerbachs *Schwarzwälder Dorfgeschichten* (1842ff.) etablierte Gattungsbezeichnung für Erzähltexte mittlerer Länge, die sich der Darstellung des einfachen, von der Komplexität moderner Gesellschaftsprozesse (noch) nicht erfassten Lebens in einem bäuerlich-provinziellen Milieu widmen. Die Blütezeit der Gattung fällt zusammen mit der Herausbildung eines detailfokussierten, frührealistischen Erzählens in den 1840er Jahren. Mit seiner Erzählung *Die Heiterethei* (1855) hatte Ludwig selbst – unter freundschaftlichem Zuspruch Auerbachs – erfolgreich an die Gattungstradition angeknüpft.

42 3 *ältere Zeit … unsern]* Entsprechend der auf Cicero zurückgehenden Phrase, wonach die Geschichte die Lehrmeisterin des Lebens ist *(historia magistra vitae).*

29 *Freitags Roman] Soll und Haben*, Roman von Gustav Freytag (1816–1895). 1855 veröffentlicht, avancierte der Roman über den angehenden Kaufmann und Musterbürger Anton Wohlfahrt schnell zu einem Bestseller. Bis weit ins 20. Jh. hinein zählte er zu den kanonischen Texten des bürgerlichen Realismus. Seitdem hat sich vor allem aufgrund der antisemitischen und antipolnischen Züge der Erzählung sowie der klischeehaften Überzeichnung von bürgerlichen und aristokratischen Lebenswelten eine kritisch-distanzierte Rezeption durchgesetzt. Zu Freytag vgl. Anm. S. 463.

29f. *Aufstand in Polen]* Freytag lässt in seinem Roman offen, auf welche historischen Vorfälle er sich bezieht. Wahrscheinlich dienten der Krakauer Aufstand und die galizischen Bauernunruhen von 1846 als Hintergrund.

43 2 *Hebbel]* Christian Friedrich Hebbel (1813–1863). In den *Shakespearestudien* äußert Ludwig sich zu Hebbels Dramen wiederholt kritisch und spricht

ihnen zum Teil die tragische und theatrale Wirkung ab (vgl. Studien I, S. 357–362). Gleichwohl schätzte er ihn als Künstler und wusste seine Verdienste für das deutsche Drama zu würdigen. Die Nachricht von Hebbels Tod im Dezember 1863, die seine Frau aus Rücksicht auf seine Gesundheit zunächst verschwiegen hatte, nahm Ludwig mit Erschütterung auf (vgl. Ludwig 1935a, S. 32 und Stern 1906, S. 332). Hebbel wiederum sah in Ludwig in erster Linie einen Nachahmer und „Mit-Esser" (Hebbel 1999, S. 147), den *Erbförster* hielt er für einen Abklatsch seines sozialen Dramas *Maria Magdalena* (1844).

2f. *das Drama ... wie wir gedacht]* Möglicher Bezugspunkt ist eine Stelle in Hebbels Aufsatz *Ein Wort über das Drama* von 1843, wo es heißt, dass die Nachwelt vom Drama nicht wissen wolle, „wie unsere Großväter sich in unsern Köpfen abgebildet haben, sondern wie wir selbst beschaffen waren" (Hebbel 1952, S. 280). Freilich betont Hebbel im gleichen Aufsatz, dass im Drama neben den geschichtlich variablen immer auch anthropologisch konstante Faktoren zur Geltung kommen. – Zum Begriffspaar ‚Bürger' und ‚Mensch' vgl. Anm. S. 473.

9 *Richard III.]* König von England (1452–1485), zugleich Hauptfigur in Shakespeares gleichnamigem historischen Schauspiel.

10 *Harte Zeiten] Hard Times for These Times*, Roman von Charles Dickens, 1854 erschienen (dt. 1854). Dickens thematisiert darin am Beispiel der fiktiven nordenglischen Stadt Coketown die sozialen und ökonomischen Folgen der Industrialisierung und wendet sich, auch mit den Mitteln der Satire, gegen die utilitaristische Sozialphilosophie der Zeit. Zu Ludwigs ambivalentem Urteil über Dickens vgl. Anm. S. 447.

Marg. *James]* Vgl. Anm. S. 449.

28 *Tendenzgeschichten]* Die Ablehnung des Tendenziösen und der politischen Satire gehört zu den Basisprämissen der meisten Literaturprogramme nach 1848 und stellt eine wichtige Differenz zu der Literatur des Vormärz dar. Ähnlich definiert Julian Schmidt in den *Grenzboten* den Realismus als eine Kunstform, die sich der expliziten Sozialkritik enthält: „Der eigentliche Realist in seiner reinsten Erscheinung wird nur selten satirisch, das heißt, er geht nur selten von der Absicht aus, durch seine Darstellung auf bestimmte Schäden der Gesellschaft aufmerksam zu machen und zur Abhilfe derselben beizutragen, weil in diesem Vorhaben wieder etwas Dogmatisches, wieder eine Auflehnung gegen das Recht der Natur liegen würde." Für Schmid ist deshalb Dickens auch „kein Realist in unserm Sinne" (J. Schmidt 1856, S. 471). In Ludwigs Dickens-Lektüren taucht der Vorwurf der tendenziösen Überzeichnung vor allem im Kontext von *Hard Times* auf, während er bei der Besprechung anderer Texte an Relevanz verliert.

44 5 *Rabulisterei]* Hier: Rechthaberei. Als Rabulist wird ein Mensch bezeichnet, der unabhängig von der sachlichen Berechtigung seine eigene Meinung durchsetzen möchte und dafür jeden rhetorischen Trick nutzt.

29 *Exposition]* Dickens' Roman setzt mit einer direkten Rede ein, erst danach werden Szene und Sprecher näher geschildert, wobei nacheinander einzelne Körperteile des Sprechenden, der ausgestreckte Zeigefinger, die Stirn, der Mund usw., in den Blick kommen (vgl. Dickens 1854, S. 1–2).

45 1 *Ms Sparsit]* Korrekt: Mrs Sparsit. So auch im Folgenden. Von den „coriolanischen Augenbrauen" (nach dem römischen Feldherrn Gnaeus Marcius Coriolanus) ist im 11. Kapitel des 1. Bandes die Rede (ebd., S. 115).

1f. *fixen Ideen]* Hier im Sinne von: habituell gewordenen Vorstellungen. Als Terminus bereits in der Assoziationspsychologie des 18. Jh. verwendet, so bei John Locke (1791, S. 125). Ludwig rekurriert häufiger auf die psychologische Lehre der assoziativen Verknüpfung von Bewusstseinsinhalten.

30ff. *Tom Gradgrind … Dulder Stephen]* Gemeint ist Thomas Gradgrind aus *Hard Times*, ein angesehener Bürger und Verfechter einer extrem rationalistischen Weltsicht. In der Erziehung seiner Kinder Louisa und Tom geht er von dem Grundsatz aus, dass Faktenwissen jede Herzensbildung überflüssig macht. Eine späte Folge dieses Irrtums ist der moralische Bankrott seines Sohnes, der Geld raubt, um seine Schulden zu begleichen, und den Verdacht dabei auf den ehrlichen Arbeiter Stephen Blackpool lenkt.

34 *Shylock]* Der jüdische Geldverleiher in Shakespeares Drama *The Merchant of Venice (Der Kaufmann von Venedig)*. In den *Shakespearestudien* äußert sich Ludwig ähnlich und unterstellt positiven Deutungen der Figur eine „mißverstandne Humanität" (Studien I, S. 441–442). Seiner Ansicht nach hat die moderne Zeit eine Ethik ausgeprägt, die das Ich von der Verantwortung des richtigen Handelns entbindet, weil alle Schuld auf gesellschaftliche Umstände und Einflüsse geschoben werden kann (vgl. Anm. S. 458). Diese Haltung führe dazu, dass man eine Figur wie Shylock milder beurteilt oder gar diesen „komischen Popanz oder gräßlichen Hanswurst zu einem tragischen Helden macht" (Studien I, S. 442). Ludwig distanziert sich damit von Interpretationen beispielsweise Ludwig Börnes (1847) oder Heinrich Heines (1839), die beide die Figur in einer Opferrolle sehen und ihr eine tragische Qualität zumessen.

46 4 *Vagabundenkind]* Sissy Jupe.

39 *dunkeln Vorstellungen]* Vgl. Anm. S. 451.

48 21 *premirt]* Nachdrücklich betont (von lat. *premere:* drücken).

32ff. *„Ich bekenne … möchte"]* Zitat aus Dickens (1854, S. 100).

49 17ff. *wenn ich ihr … macht]* Freies Zitat aus Dickens (ebd., S. 118).

50 6ff. *„wußte jezt … waren.⟨"⟩]* Zitat aus Dickens (ebd., S. 140).

11f. *Du bist ... gerettet]* Zitat aus Dickens (1854, S. 142).
13f. *Du fürchtest ... zu laßen]* Zitat aus Dickens (ebd., S. 141).
15f. *den alten Griechen näher als Shakespeare]* Ein wiederkehrender Gedanke in Ludwigs Schriften: Die epochale Erfahrung der Heteronomie individuellen Handelns in einer vom Zusammenwirken abstrakter äußerer Systeme und Institutionen zunehmend bestimmten gesellschaftlichen Wirklichkeit führt nicht dazu, dem modernen Menschen seine Verantwortlichkeit und Schuldfähigkeit grundsätzlich abzusprechen. Auch deshalb tritt die Frage, wie die Literatur auf das Spannungsverhältnis zwischen individueller Verantwortung und gesellschaftlicher Fremdbestimmung zu reagieren hat, immer wieder in den Vordergrund. Ludwigs diesbezügliche Unsicherheit lässt sich an dieser Stelle daran ablesen, dass er zunächst in der Wir-Form argumentiert und sich, noch mit Blick auf Dickens' Roman, in die Rezeptionsgemeinschaft einschließt. Dann aber deutet er die Heteronomie-Erfahrung der Moderne zu einer bloßen ‚Meinung' um und sieht sich als Autor im Widerstreit mit diesem Zeitgeist. Als überzeitliches Ideal dient ihm hierbei Shakespeare, der nach Ludwigs Lesart in der Konstruktion seiner Tragödien nie vom Prinzip der individuellen Verantwortung abgekommen ist.
25 *Leßing]* Gotthold Ephraim Lessing (1729–1781). Die Bedeutung Lessings ergibt sich für Ludwig bereits daraus, dass er in ihm den ersten deutschen Dramatiker sieht, der „den Shakespeare bewußt und unmittelbar sich zum Muster nahm" (Studien I, S. 330). Ludwig schätzt an den Stücken des Aufklärers die Natürlichkeit der Figuren, die Lebendigkeit des Dialogs, besonders aber, wie er in einem Brief an Julian Schmidt bekennt, die „Präzision der äußeren Form" (Brief vom 3. 7. 1857. Studien II, S. 394). Eben diese Präzision kann aber auch den Eindruck von Künstlichkeit und Absichtlichkeit erwecken, wie er an anderer Stelle mit Bezug auf Lessings *Emilia Galotti* kritisiert (Brief an Julian Schmidt vom 27. 3. 1860. Studien II, S. 424). Zudem mangelt es Lessings Stücken seiner Meinung nach an Tragik, da die Schicksale der Figuren mehr aus äußeren Umständen als aus ihrem Charakter abgeleitet würden (vgl. Studien I, S. 327–33).
27f. *Hamlet, so Romeo und Julia]* Shakespeares Dramen *The Tragedy of Hamlet, Prince of Denmark* und *Romeo and Juliet*. In beiden Tragödien scheint die Schuld, die die Katastrophe heraufbeschwört, nicht bei den Hauptfiguren zu liegen. Zu *Hamlet* schreibt Ludwig selbst, es sei das „einzige unter Shakespeares Stücken, wo die bewegende Ursache die Schuld eines anderen ist als des Helden" (Studien I, S. 200). Dagegen liegt für ihn in *Romeo and Juliet* die Verantwortung für den katastrophalen Ausgang primär bei den Liebenden, die sich selbst das Leben nehmen.
30f. *Makbeth u. Lear ... Othello]* Shakespeares Dramen *The Tragedy of Macbeth,*

King Lear und *The Tragedy of Othello, the Moor of Venice.* Für Ludwig zeichnet sich in diesen Tragödien der Wirkungszusammenhang von Schuld und Schicksal deutlicher ab als in den vorgenannten. Im *Macbeth* ist es der Widerspruch zwischen dem Ehrgeiz des Mörders und der Stärke seines Gewissens, der das Schicksal bestimmt (vgl. Studien I, S. 163), im *Lear* die „ungerechte Verstoßung einer Tochter" (Studien I, S. 213), im *Othello* schließlich die Eifersucht „aus beleidigter Ehre" (Studien I, S. 229).

Marg. *Zw. H. u. E.]* Ludwigs Erzählung *Zwischen Himmel und Erde,* 1856 erschienen, wird von der neueren Forschung als sein Hauptwerk angesehen. So ablehnend, wie es Ludwigs Kommentar vermuten lässt, reagierte das zeitgenössische Publikum keineswegs auf die Erzählung. Immerhin erlebte das Werk, das der Autor eigentlich nur als Nebenprodukt ansah, drei Auflagen zu seinen Lebzeiten. Das positive Echo reichte sogar bis nach Frankreich, wo 1857 in der *Revue des Deux Mondes* eine ausführliche und wohlwollende Rezension erschien (Taillandier 1857). Allerdings provozierte die Erzählung auch Kritik, insbesondere hinsichtlich ihres Ausgangs (vgl. Anm. unten). Julian Schmidt (1857, S. 407) erkannte in seiner Besprechung für die *Grenzboten* in der Erzählung zwar einen großen Fortschritt gegenüber dem *Erbförster,* kritisierte aber das Ende als zu unnatürlich. Rezensenten wie Karl Gutzkow (1857) und Heinrich Treitschke (1859) monierten hingegen die Konzentration auf ein kleinstädtisch-provinzielles Milieu und die detailreichen Schilderungen des prosaischen Arbeitsalltags des Schieferdeckers. Aber auch kritischen Leser entging Ludwigs Leistung auf dem Gebiet der Figuren- und Bewusstseinsdarstellung nicht. Selten sei, heißt es bei Treitschke (ebd., S. 124), „mit so unbarmherziger Strenge das Innerste der Menschenbrust durchwühlt worden".

Marg. *Xstiane]* Christiane. Die Figur steht im Mittelpunkt des Streites der beiden ungleichen Brüder, des ordnungsliebenden und pedantischen Apollonius und des jovialen, aber liederlichen Fritz Nettenmair. Apollonius liebt Christiane, Fritz verhindert jedoch, dass diese von der Liebe erfährt, und heiratet sie später selbst. Als Apollonius nach Jahren der Abwesenheit wieder in die Heimatstadt zurückkehrt, kann er seine Gefühle für Christiane nur schwer unterdrücken, weshalb es zwischen den Geschwistern erneut zu Spannungen kommt. Als Fritz später bei dem Versuch, seinen Bruder zu töten, selbst ums Leben kommt, wird Apollonius, obwohl unschuldig, von Schuldgefühlen geplagt. Er verzichtet deshalb darauf, Christiane zu heiraten. Diese scheinbar unnatürliche Enthaltsamkeit und Sturheit stieß bei vielen Rezipienten auf Unverständnis, obwohl sie konsequent aus dem Charakter motiviert ist.

51 1 *Sottisen]* Dummheiten, Albernheiten.

Marg. *das Schicksal ... könne]* In Schillers Aufsatz *Ueber die tragische Kunst* (1792) heißt es: „Wie viel auch schon dadurch gewonnen wird, daß unser Unwille über diese Zweckwidrigkeit kein moralisches Wesen trifft, sondern an den unschädlichsten Ort, auf die Nothwendigkeit *abgeleitet* wird, so ist eine blinde Unterwürfigkeit unter das Schicksal immer demüthigend und kränkend für freye sich selbst bestimmende Wesen" (Schiller 1962, S. 156–157).

12 *Fürsprech]* Fürsprecher.

19f. *Streite der Idealisten und Materialisten]* Ludwig nimmt Bezug auf den sogenannten Materialismusstreit, der zur Jahrhundertmitte im Wesentlichen zwischen Vertretern der modernen, ihren Hegemonieanspruch immer deutlicher formulierenden Naturwissenschaften und Verfechtern der im Niedergang befindlichen idealistischen Philosophie geführt wurde. Im Mittelpunkt stand die Frage, ob der Mensch und das menschliche Handeln auf reine Materialität reduziert werden können, ob daher Vorstellungen wie die einer immateriellen Seele oder eines freien Willens endgültig verabschiedet werden müssen. Die Debatte erreichte eine breite Öffentlichkeit und wurde unter anderem auch in den *Grenzboten* aufgegriffen (vgl. Anonym 1856).

21 *Schoppenhauer]* Gemeint ist vermutlich der Philosoph Arthur Schopenhauer (1788–1860), dessen Werk in den 1850er Jahren auch dank des Erscheinens populärphilosophischer Einführungen wie Julius Frauenstädts *Briefe über die Schopenhauer'sche Philosophie* (1854) eine Renaissance erlebte. Entgegen Ludwigs Annahme lag eine Werkausgabe zu dieser Zeit aber noch nicht vor. Dass die Schriftstellerin Johanna Schopenhauer (1766–1838), die Mutter des Philosophen, gemeint sein könnte, wird vom Kontext nicht gestützt.

32 *Jacobinermütze]* Auch phrygische Mütze, in der Antike ursprünglich die Kopfbedeckung phrygischer Männer. In der fälschlichen Annahme, die Mütze sei früher von freigelassenen Sklaven getragen worden, verwendeten die Anhänger des Jakobinerklubs während der Französischen Revolution die Kopfbedeckung als Symbol der Freiheit und der republikanischen Gesinnung.

32 *Baret]* Barett: eine flache, runde oder viereckige Mütze. Bestandteil der Amtstracht protestantischer Geistlicher.

52 30 *Poesie der Wirklichkeit]* Diese Passage reflektiert den zeitgenössischen Diskurs über das Verhältnis von Poesie und Prosa. Ludwig nähert sich damit der Position der idealistischen Ästhetik an, vergleichbar empfiehlt etwa Friedrich Theodor Vischer (1857, S. 1305) in seiner *Ästhetik* dem Romanautor die „Aufsuchung der grünen Stellen mitten in der eingetretenen Prosa". Solche Reflexionen über das grundsätzliche Verhältnis von Literatur und

Wirklichkeit nehmen in den *Romanstudien*, anders als beispielsweise in den programmatischen Texten der *Grenzboten*-Autoren, einen vergleichsweise geringen Raum ein. Als Theoretiker interessiert sich Ludwig stärker für die konkreten Techniken des Erzählens und ihre Wirkung auf den Leser.

34 *Parteistandpunkt]* Zur Kritik an der Tendenzliteratur vgl. Anm. S. 456.

53 Marg. *„Kl. Dorrit⟨"⟩] Klein Dorrit* (engl. *Little Dorrit*), Roman von Charles Dickens, 1855–1857 erschienen (dt. 1856–1857). Im Mittelpunkt der Handlung steht Amy Dorrit, genannt Klein Dorrit, die mit ihren Geschwistern bei ihrem seit 20 Jahren im Schuldgefängnis Marshalsea inhaftierten Vater lebt. Um ihren Vater zu unterstützen, arbeitet sie als Näherin im Haus von Mrs Clennam, deren Sohn Arthur sich in sie verliebt.

Marg. *Rigaud]* Monsieur Rigaud, ein Krimineller, der versucht, Mrs Clennam zu erpressen und dadurch die Aufklärung ihrer Vergangenheit einleitet.

Marg. *Ms Klenamm]* Korrekt: Mrs Clennam. So auch im Folgenden.

Marg. *eine Szene]* Im 1. Kapitel des letzten Bandes (Dickens 1857, S. 1–46).

54 Marg. *Zustandsszenen]* Der Begriff steht in Zusammenhang mit dem Variationsprinzip (vgl. Anm. zum Fehlen einer ‚eigentlichen Handlung' S. 448) und beschreibt Darstellungssequenzen, die, statt die Handlung voranzutreiben, Bekanntes variieren und so den Eindruck einer Situation oder eines Charakters vertiefen.

9 *analytische Methode]* Vgl. S. 34. Auf diese Seite bezieht sich auch der Querverweis in der Marginalie. Zur Unterscheidung von analytischer und synthetischer Erzählung vgl. Anm. S. 453.

35 *Dorfgeschichte]* Vgl. Anm. S. 455.

55 9 *Gotthelf]* Vgl. Anm. S. 448.

29 *das deutsche Leben]* Statt die These von der Verschiedenheit des englischen und deutschen Romans wie zuvor mit dem Verweis auf den unterschiedlichen Nationalcharakter zu begründen, berücksichtigt Ludwig hier den sozialgeschichtlichen Bedingungsrahmen von Literatur.

56 4 *Humor]* Vgl. Anm. S. 452.

17 *pragmatischen Poesie]* Pragmatisch hier im Sinne von: eine Handlung darstellend.

28 *Ad Klein-Dorrit.]* Vgl. Anm. S. 461. Zur Dickens-Kritik vgl. auch Anm. S. 447.

28 *des sterbenden Vaters]* Gemeint ist hier vermutlich der Tod von Arthur Clennams Vater, von dem im 3. Kapitel des 1. Bandes berichtet wird. Auf seinem Sterbebett hatte er Arthur eine mysteriöse Andeutung über dessen Mutter gemacht. Erst später stellt sich heraus, dass Mrs Clennam, die zurückgezogen in London lebt, nicht Arthurs Mutter ist. Der Kriminelle

Monsieur Rigaud kommt hinter das Familiengeheimnis und versucht, Mrs Clennam zu erpressen.

34 *vide ... Rand]* Vgl. S. 53.

37 *⟨„⟩Tausend- und eine Nacht"]* Persisch-arabische Märchensammlung, die hier als Inbegriff des Wunderbaren und Exotischen zitiert wird.

Marg. *Hoffmann]* Ernst Theodor Amadeus Hoffmann (1776–1822), spätromantischer Schriftsteller, dessen Erzählwelten häufig von Elementen des Spukhaft-Dämonischen und Grotesk-Phantastischen durchzogen sind. Ludwig schätzte den Phantasiereichtum der Texte und versuchte in seinen frühen Erzählungen, etwa in *Die wahrhaftige Geschichte von den drei Wünschen* (entstanden 1842–1843), ihren humoristischen Ton zu imitieren. In den *Romanstudien* überwiegt ein distanzierterer Blick auf Hoffmanns Werk, allerdings hebt Ludwig immer wieder auch Ähnlichkeiten zu Dickens' Romanen hervor (vgl. S. 314ff.).

57 Marg. *jene Automaten]* Beispielsweise in Hoffmanns Erzählung *Der Sandmann* (1816).

4 *Molen]* Abgestorbene, fehlentwickelte Embryos.

9 *Tieck]* Ludwig Tieck (1773–1853), wie Hoffmann und der nachfolgend genannte Arnim einer der führenden Repräsentanten der populären Romantik, deren Einfluss in Ludwigs frühem Erzählwerk noch deutlich erkennbar ist.

10 *Jean Paul]* Eigtl. Johann Paul Friedrich Richter (1763–1825). Von Ludwig hier als Romantiker wahrgenommen, obgleich sich sein eigenwilliger humoristischer Erzählstil einer klaren Epochenzuordnung entzieht. Durch seine *Vorschule der Ästhetik* (1804) auch als Theoretiker von Bedeutung.

10 *Arnim]* Achim von Arnim (1781–1831). Trug durch die gemeinsam mit Clemens Brentano zusammengestellte Volksliedersammlung *Des Knaben Wunderhorn* (1806–1808), aber auch durch seine Erzählungen wesentlich zur Etablierung und Popularisierung der literarischen Romantik bei.

22 *Plautus]* Titus Maccius Plautus (um 254–184 v. Chr.), römischer Komödiendichter.

22 *Homer]* Der angebliche Verfasser der *Ilias* und der *Odyssee* galt bereits in der Antike als Inbegriff des Dichters. Seine historische Existenz ist umstritten, sollte er gelebt haben, dann vermutlich im 8 Jh. v. Chr.

23 *Göthe]* Ludwig denkt hier vermutlich an den frühen Goethe, an die liedhafte Lyrik und Texte wie *Goetz von Berlichingen* (1773), *Die Leiden des jungen Werthers* (1774) oder den 1. Teil des *Faust* (1808).

23 *Leßing]* Vgl. Anm. S. 458.

24 *Luther]* Martin Luther (1483–1546), hier nicht als Theologe und Reformator, sondern in seiner Bedeutung für die Entwicklung der deutschen

Sprache gewürdigt. Ähnlich heißt es in den *Shakespearestudien:* „In seinen [Luthers] Tischreden fände man wohl die Sprache des Lebens, der Vertraulichkeit. Wenn irgendwo die echtdeutsche Erscheinung von Leidenschaft und vertraulichem und Weltleben zu studieren ist, so muß sie bei dem urdeutschen Luther zu studieren sein. Von dorther könnte deutsche Sprache, deutsches Wesen wieder konkretes Blut gewinnen" (Studien II, S. 46).

24 *Lied von der Glocke]* Friedrich Schillers bekanntes Gedicht erschien 1799. Im 19. Jh. vor allem als Repräsentation bürgerlich-konservativen Selbstverständnisses gelesen und geschätzt.

25 *Richters Illustrationen]* Adrian Ludwig Richter (1803–1884), Maler, Zeichner und Illustrator, ab 1841 Professor für Landschaftsmalerei an der Dresdner Kunstakademie. Bekannt machten ihn besonders seine Holzschnitt-Illustrationen (vgl. Anm. S. 500). Möglicherweise denkt Ludwig hier im Speziellen an das Buch *Schiller's Lied von der Glocke in Bildern von Ludwig Richter* (1857).

25f. *Haydn, Mozart ... Beethoven]* Die Berufung auf die Musik Joseph Haydns (1732–1809), Wolfgang Amadeus Mozarts (1756–1791) und Ludwig van Beethovens (1770–1827) impliziert zugleich die Abgrenzung gegen modernere Stilrichtungen wie die musikalische Romantik. Ludwig kam während seines Musikstudiums in Leipzig (1839–1840) bei Felix Mendelssohn Bartholdy mit diesen Tendenzen in Berührung, konnte ihnen aber nicht viel abgewinnen. In einem Brieffragment an seinen Onkel Christian Otto vom 17. 3. 1840 spricht er von der Zerrissenheit der neuen Musik, die ihm förmlich physische Schmerzen bereite (Briefe, S. 22). Wie parallel in der „jungdeutsche[n] Literatur" sieht er in ihr eine „Verhöhnung des Heiligsten", der er die erbauende Wirkung der „Haydn'schen, Mozartschen, Bethovenschen Werke" entgegenhält (Briefe, S. 22).

27 *Freitag]* Gustav Freytag (1816–1895), Schriftsteller und Kulturhistoriker, als Redakteur der Zeitschrift *Die Grenzboten* einer der einflussreichsten Literaturkritiker seiner Zeit und zusammen mit Julian Schmidt Wortführer des programmatischen Realismus. Seit 1847 wohnte er in Dresden und war mit Ludwig gut bekannt. Für die erste Ausgabe der gesammelten Werke, die postum 1870 erschien, verfasste er eine Einleitung, die das persönliche Verhältnis der beiden Schriftsteller reflektiert (Freytag 1870).

32 *Gonne]* Christian Friedrich Gonne (1813–1906), Genre- und Historienmaler, lehrte ab 1857 als Professor an der Dresdner Kunstakademie.

58 3 *Oliver Twist] Oliver Twist; or, the Parish Boy's Progress* (1837–1839, dt. 1838–1839), Charles Dickens' zweiter Roman, der anhand der Geschichte des Waisenjungen Oliver Twist das von Armut und Kriminalität geprägte Leben auf den Straßen Londons porträtiert.

7 *„Bescheidenheit der Natur"]* Das Wort fällt in Hamlets Gespräch mit den Schauspielern, in der Szene III.2 des *Hamlet*.

12 *Smollet]* Tobias George Smollett (1721–1771), schottischer Schriftsteller, bekannt für seine pikaresken Romane, z. B. *The Adventures of Roderick Random* (1748).

13 *Fielding]* Henry Fielding (1707–1754), englischer Schriftsteller. Von bedeutendem Einfluss auf die Geschichte des europäischen Romans war die Verbindung humoristischer und realistischer Züge, wie sie insbesondere sein Hauptwerk *The History of Tom Jones, a Foundling* (1749) auszeichnet.

16 *Parabasen]* Von griech. *parabasis:* das Vorrücken, die Abschweifung. Bezeichnet in der attischen Komödie eine Handlungsunterbrechung, in der sich der Chor an das Publikum wendet und die dargestellten Vorgänge oder auch aktuelle politische Ereignisse anspricht. Hier auf kommentierende Abschweifungen in Erzähltexten bezogen, wobei auffällt, dass Ludwig den Erzählerbegriff verwendet und die Einschübe nicht, wie an anderen Stellen, dem Autor zuschreibt.

59 Marg. *Mannigfaltigkeit]* Die hier entfaltete Idee eines Romans, der einen quasi panoramatischen Überblick über eine Vielzahl von Personen und Schauplätzen gewährt, erinnert an vorrealistische Romankonzepte wie Karl Gutzkows „Roman des Nebeneinander" (vgl. Gutzkow 1850). Zugleich kontrastiert sie mit der in anderen Zusammenhängen (vgl. S. 22f. und Anm. S. 448) entfalteten poetologischen Vorstellung, wonach an die Stelle der extensiven Erfassung eines Weltzustandes das Sich-Einleben in spezifische Lebenswelten treten solle und das Ziel eines möglichst vollständigen Gesellschaftsbildes durch das Prinzip der Variation eines begrenzten Sets wiederkehrender Elemente ersetzt werden müsse.

16 *ceteris paribus]* (lat.) Unter sonst gleichen Bedingungen.

40f. *Boz'schen Volksfiguren]* Zur Kritik an Dickens Darstellung des Volkes vgl. S. 45f.

60 2f. *was Sie ... vermißen]* Bezug unklar; die Stelle wurde möglicherweise aus einem nicht erhaltenen Brief oder Briefkonzept übertragen.

7 *Schiller]* Vgl. Anm. S. 450.

11 *Wallenstein]* Vgl. Anm. S. 450.

14 *Zu NB! S. 37 Rand]* Siehe S. 53.

22 *In einen ... Roman]* Die folgende Aufzeichnung verdeutlicht, wie schwierig es ist, in Ludwigs Projektskizzen einzelne Stoffkomplexe zu isolieren und in ihrer Genese nachzuverfolgen. Oft sind es nur Bruchstücke einer Handlung, die immer wieder neu zusammengesetzt, miteinander verbunden, wieder getrennt oder mit anderen Plänen verschmolzen werden. Viele Motive weisen einen lokalen Bezug auf, entstammen etwa der thüringischen

oder sächsischen Geschichte oder sind mit dem Sozialraum des Thüringer Waldes verbunden. Zu erkennen ist ferner das Bemühen um eine zeitkritische, antirevolutionäre Ausrichtung des Romans.

23 *Balsamträger]* Ein reisender Händler für Naturheilprodukte. Seit dem 17. Jh. hatte sich in einigen Regionen des Thüringer Waldes, vor allem im Amt Königssee, eine Industrie für Naturheilmittel etabliert. Die Balsamträger (auch ‚Königsseer' genannt) zogen durch ganz Europa, um ihre Olitäten, wohlriechende Öle oder Salben, zu verkaufen. Eine Beschreibung dieser lokalspezifischen Berufsgruppe findet sich in Ludwig Bechsteins *Wanderungen durch Thüringen* (1838, S. 124–127). Zum Stoffkreis der „heimlichen Gemeinde", in den auch die zunächst wohl selbstständige Projektidee um einen Predigerkandidaten eingeht, vgl. S. 188ff. sowie Anm. S. 501.

25 *Grafpfaffelei]* Historischer Hintergrund ist die Geschichte der sogenannten Dunkelgräfin von Hildburghausen und ihres Mannes. Das mysteriöse Paar lebte seit 1807 in Hildburghausen bzw. im nahegelegenen Schloss Eishausen. Beim Grafen handelte es sich um den niederländischen Diplomaten Leonardus Cornelius van der Valck, die Identität der Gräfin, die stets verschleiert auftrat, aber blieb rätselhaft und ist bis heute nicht geklärt. Das Gerücht, es könne sich um die Tochter des französischen Königs Ludwig XVI. und seiner Frau Marie Antoinette handeln, erregte zusätzlich die Aufmerksamkeit der Zeitgenossen. Van der Valck führte auch das Pseudonym Vavel de Versay, was aufgrund von Verständnisschwierigkeiten von den Einheimischen offenbar zu „der Pfaffel" abgeändert wurde (Hofmann 1863, S. 300). Der Stoff wird von Ludwig schon Anfang der 1840er Jahre erwogen (vgl. Werke I, S. XXIX).

26f. *Zerstörung der Nagelfabrik]* Im März 1848 kam es in den sächsischen Gemeinden Elterlein und Mittweida im Erzgebirge zur Plünderung und Zerstörung zweier Nagelfabriken.

27 *Bürgerm. Pfotenhauer]* Friedrich Wilhelm Pfotenhauer (1812–1877), Bürgermeister, später erster Oberbürgermeister von Dresden. Während des Maiaufstands 1849 stellte er sich den Aufständischen entgegen und verweigerte die Übergabe des Rathauses.

27 *neuen Undine]* Vgl. Anm. S. 498.

29 *neuen Donquichote]* Projekt einer humoristischen Erzählung, die an den Schicksalen der beiden Protagonisten, dem neuen Don Quixote und seinem Diener, eine Kritik der zeitgenössischen literarischen Tendenzen leisten sollte (vgl. Raphaël 1920, S. 271–272).

61 10 *Eelking]* Wohl Max von Eelking (1813–1873), Offizier, Maler und Historiker. Sein Vater, der als Offizier in den Befreiungskriegen gekämpft hatte, verließ kurz nach der Hochzeit Frau und Kind, die fortan zurückgezogen

auf der Weißenburg bei Rudolstadt lebten. Nachgesagt wurden von Eelking eine „Vorliebe für die Einsamkeit" und „ein Mißtrauen gegen die Menschen, welches sich später [...] zur psychischen Krankheit entfaltete" (Brückner 1877, 653–654). Ludwig dürfte in seiner Zeit in Saalfeld auf die Person aufmerksam geworden sein, wo er 1832–1833 das Lyzeum besuchte. Auch von Eelking ging hier zur Schule, hatte die Stadt aber vermutlich 1832 bereits verlassen.

13 *Gotthelfs]* Vgl. Anm. S. 448.

24 *Freiberger Bergmann]* Grundlage könnte die Sage vom Berggeist am Donat zu Freiberg sein. Sie erzählt von einem armen Bergmann, der mit einem Berggeist einen Pakt eingeht und so zu Reichtum kommt, den Bruch des Paktes aber mit dem Leben bezahlen muss (nach Graesse 1855, S. 201).

30 *Astrologen] Guy Mannering or, The Astrologer*, Roman von Walter Scott, 1815 anonym veröffentlicht (dt. 1817). Zum Inhalt siehe Anm. unten.

30 *W. Scott]* Mit der Lektüre von *The Astrologer* setzt Ludwigs intensive Beschäftigung mit dem schottischen Romancier Walter Scott (1771–1832) ein. Trotz der Bemerkung, „seit fast 30 Jahren" nichts von Scott gelesen zu haben, entstanden die Passagen zu *The Heart of Midlothian* (vgl. 40f.) vermutlich nur wenige Zeit früher, blieben aber noch Episode. Nun liest er Scott vor dem Hintergrund von Dickens' zeitkritischen Romanen und sieht darin einen Gegenentwurf zu den zum Teil satirisch zugespitzten Charakterzeichnungen in dessen Texten. Dennoch fällt sein Urteil über die beiden Autoren nicht immer so klar aus wie hier, auch weil sich das Dickens-Bild im Laufe seiner Studien verändert (vgl. Anm. S. 447).

62 2f. *Bescheidenheit der Natur]* Vgl. Anm. S. 464.

8 *Irrenhause]* Vgl. die Kritik von Dickens' *Little Dorrit* auf S. 56f.

19 *Sampson]* Dominie Sampson, ein Schulmeister in Scotts *The Astrologer*.

29 *Tom Jones]* Vgl. Anm. zu Fielding S. 464.

33f. *Roder. Random] Roderick Random*, vgl. Anm. zu Smollett S. 464.

63 2 *Bulwer]* Edward Bulwer-Lytton (1803–1873), englischer Schriftsteller und Politiker. Seine literarische Popularität beruhte vor allem auf historischen Romanen wie *The Last Days of Pompeii* (1834). Einer seiner Romane inspirierte Richard Wagner zu seiner Oper *Rienzi, der letzte der Tribunen* (1842). Sein Lektürevorhaben setzt Ludwig erst deutlich später in die Tat um (vgl. S. 366f.).

4f. *Die beiden Hauptstämme]* Der Roman erzählt zum einen die Geschichte von Heinrich „Harry" Bertram, dem Sohn eines schottischen Landadligen, der auf Betreiben Gilbert Glossins, eines skrupellosen Anwalts, von dem Schmuggler Dirk Hattaraick geraubt und nach Holland verschleppt wird. Protagonist des zweiten Handlungsstammes ist der Oberst Guy Mannering,

der den Landsitz der Bertrams besucht, auf dem er früher bereits als junger Student einmal gewesen war. Wie sich später herausstellt, ist der Liebhaber seiner Tochter, vermeintlich ein Holländer mit dem Namen Vanbeest Brown, kein anderer als der von Schmugglern verschleppte Sohn der Bertrams.
Marg. *Schon früher erwähnte]* Verweis unklar, möglicher Bezug zu S. 57.
27 *Soll und Haben]* Zu Freytags Roman vgl. Anm. S. 455.
28 *A.]* Vermutlich Berthold Auerbach (eigtl. Moses Baruch Auerbacher, 1812–1882). Der durch die *Schwarzwälder Dorfgeschichten* (vgl. Anm. S. 455) populär gewordene Schriftsteller lebte von 1848 bis 1859 in Dresden und gehörte in dieser Zeit zu Ludwigs engsten Vertrauten. Er förderte ihn und hatte entscheidenden Einfluss auf seine literarischen Produktionen. Auerbach versuchte zudem vergeblich, seinen Freund zu einer Publikation von Auszügen aus den Studien zu überreden.
32 *Der Spion]* *The Spy*, historischer Abenteuerroman des amerikanischen Schriftstellers James Fenimore Cooper (1789–1851), 1821 publiziert (dt. 1824).
32 *Lichtenstein]* 1826 erschienener Roman des vor allem für seine Kunstmärchen bekannten Schriftstellers Wilhelm Hauff (1802–1827). Wie Cooper orientierte sich auch Hauff hierbei am Muster von Scotts historischen Romanen. Stoffgrundlage ist die Fehde zwischen dem schwäbischen Städtebund und Herzog Ulrich von Württemberg im 16. Jh.
34 *Pfeifer von Hardt]* Figur aus Hauffs Roman, ein Spion des Herzogs, der für diesen sein Leben lässt.
35 *Meg Merrilies]* Eine Zigeunerin in Scotts *The Astrologer*. Sie ist es, die den zurückgekehrten Harry Bertram wiedererkennt. Beim Versuch, den Schmuggler und Entführer Dirk Hatteraick zu überwältigen, wird sie tödlich verwundet.

64 Marg. *eigengenaturtes Weib]* Eigen geartetes Weib. Bezieht sich auf Meg Merrilies in *The Astrologer* und die Figur der Nancy in *Oliver Twist*.
Marg. *Heinrich B. ... Olivers]* Ludwig stellt hier Figuren aus Scotts Roman ihrem Pendant in *Oliver Twist* gegenüber: Heinrich (Harry) Bertram entspricht Oliver Twist; die Rolle der Zigeunerin Meg Merrilies erinnert an Nancy in Dickens' Roman, die sich ebenfalls für den Helden aufopfert; dem Schmuggler Hatteraick, der Harry entführt, entspricht Bill Sikes, der Liebhaber Nancys und Hauptgegner Olivers; der Anwalt Gilbert Glossin (Ludwig schreibt inkorrekt: „Goßin"), der mit Hatteraick zusammenarbeitet, um an den Landsitz der Bertrams zu gelangen, nimmt eine ähnliche Rolle ein wie Monks, der kriminelle Halbbruder Olivers. Zu Dickens' Roman vgl. Anm. S. 463.
7 *Playdell]* Korrekt: Pleydell.

10 *Sealsfield]* Charles Sealsfield (eigtl. Karl Anton Postl, 1793–1864), aus Österreich stammender Schriftsteller, der sich durch seine reisejournalistischen Texte und seine am Muster Scotts und Coopers orientierten Romane als Porträtist der amerikanischen Gesellschaft einen Namen machte.

14 *Dinmont]* Ein Bauer und Schafzüchter, den Harry Bertram vor einem Raubüberfall schützt und in dem er dann einen zuverlässigen Freund gewinnt. Die Schilderung Dinmonts gilt als ein Meisterstück des Romans.

15f. *Dorfgeschichte]* Vgl. Anm. S. 455.

Marg. *ich sehe eben]* Für die Überlegung, die Aufzeichnungen zu *Oliver Twist* (vgl. S. 58) könnten später niedergeschrieben worden sein, obwohl sie im Heft vorangehen, liefert der Textbefund keine Anhaltspunkte. Inhaltliche Überschneidungen zwischen den Manuskriptseiten 39–40 und 43–44 legen im Gegenteil eher eine chronologische Entstehung nahe. So ist auch nicht anzunehmen, dass es sich bei den Bemerkungen auf der vorigen Manuskriptseite („Welch ein Absturz ...“), um eine spätere Hinzufügung handelt, wie Ludwig zunächst glaubt. – Zu *Oliver Twist* vgl. Anm. S. 463.

65 9 *Suite]* Folge.

Marg. *Othellogeschichte Mannerings]* Oberst Mannering ist zunächst eifersüchtig auf den jungen Vanbeest Brown, weil er glaubt, dass dessen Liebeswerben seiner eigenen Frau und nicht seiner Tochter gelte. In einem Duell verwundet er Brown und meint, ihn getötet zu haben. Die blinde Eifersucht Mannerings erinnert Ludwig an den eifersüchtigen Helden aus Shakespeares *Othello.*

28 *Rabulist]* Vgl. Anm. S. 457. Zum Verdikt gegen die politisch engagierte Literatur vgl. die Anm. zu den Tendenzgeschichten auf S. 456.

66 Marg. *Freitag hat]* Gemeint ist Gustav Freytags Roman *Soll und Haben* (vgl. Anm. S. 455). Mit der Schilderung Bernhard Ehrenthals, eines hoch gebildeten, aber kränklichen Sohns eines jüdischen Maklers, der sich aus der Welt des Handels und der Geldwirtschaft in die des Geistes und der Literatur zurückzieht, liefert der Roman tatsächlich eine Kontrastfigur zu den negativ gezeichneten jüdischen Figuren wie dem boshaften und habgierigen Veitel Itzig. Allerdings ist auch diese Figur in ihrer Kränklichkeit und Wirklichkeitsferne nicht frei von antisemitischen Stereotypen. Dass sie kaum geeignet ist, den Vorwurf der Voreingenommenheit zu entkräften, betont Theodor Fontane in seiner 1855 erschienenen Rezension des Romans: „Bernhard Ehrenthal ist eine hochpoetische, ebenso wahre wie reizende Gestalt, aber er ist krank, ist ausgesprochenermaßen eine Anomalie und um deshalb nicht geeignet, als Gegengewicht in die Waage zu fallen. Der Verfasser mag uns glauben, wir zählen nicht zu den Judenfreunden, aber trotz alledem würden wir Anstand nehmen, in dieser Einseitigkeit unsere

Abneigung zu betätigen" (Fontane 1969, S. 306). Die antipolnische Tendenz des Romans wird von Ludwig (wie von Fontane) nicht registriert.
13f. *psychologisches Zerfasern]* Die in den Studien mehrfach formulierte Selbstermahnung, ein zu stark psychologisierendes Erzählen zu meiden, ist möglicherweise auch eine Reaktion auf die öffentliche Kritik an eigenen Texten, insbesondere an der Erzählung *Zwischen Himmel und Erde* (vgl. Anm. S. 459). Denn die detaillierte Erfassung der seelischen Zustände seiner Protagonisten, die Ludwigs Text bietet, ging manchen Rezensenten zu weit. Stellvertretend sei hier auf Gutzkows Urteil verwiesen, die Erzählung sei von „beständiger Seelenmalerei angekränkelt" (1857, S. 271).
Tabelle *Produktion W. Scotts]* Als Primärquelle für die Übersicht dienten Ludwig die Artikel zu „Scott" und den „Waverley-Novellen" aus der 7. Auflage des *Brockhaus Conversations-Lexikons* (1827). Später konsultierte er Moritz Brühls *Denkwürdigkeiten aus Walter Scott's Leben*, eine Übertragung und Bearbeitung von John G. Lockharts *Memoirs of the Life of Sir Walter Scott*. Das Schriftenverzeichnis im letzten Band listet Scotts Werke chronologisch geordnet und unter Angabe des jeweiligen Lebensalters des Autors auf (Brühl 1841, S. 422–433). Ludwig ergänzte daraufhin die Liste und fügte die Angaben zum Alter hinzu. Daraus erklären sich Doppelnennungen und Abweichungen von der Chronologie.
Tabelle William and Heller] Korrekt: *William and Helen*. Fehler bereits in Vorlage („[Art.] Scott" 1827, S. 74).

67 Tabelle The battle of Waterloo] Korrekt: *The Field of Waterloo*. Fehler bereits in Vorlage („[Art.] Scott" ebd., S. 75).
Tabelle (Legends of) Montrose] Korrekt: *Legend of Montrose*.

68 Tabelle *„Kloster" v. Lindau … „Abt" v. M. Müller.] Der Abt* wurde von Wilhelm Adolf Lindau übersetzt, *Das Kloster* hingegen von Karl Ludwig Methusalem Müller. Missverständliche Angabe auch in Vorlage („[Art.] Waverley-Novellen" 1827, S. 109).
Tabelle The fortunes of Nigle] Korrekt: *The fortunes of Nigel*.
Tabelle The Betrohed] Korrekt: *The Betrothed*.
Tabelle *3000 ℔ Sterling]* Diese Angabe ist Brühl (1841, S. 124) entnommen. Ludwig verwendet das Gewichtssymbol für die Währung.
Tabelle *18.000 ℔ Sterl.]* Vgl. Brühl (ebd., S. 173).

69 2 *Alterthümler] The Antiquary*, Roman von Walter Scott, erschien 1816 (dt. 1821). Der Roman spielt in den 1790er Jahren im nordöstlichen Schottland. Titelheld ist Jonathan Oldbuck, ein Gutsbesitzer, der sich mit großer Leidenschaft historischen Studien und der Sammlung alter Dokumente widmet. Zu Beginn der Geschichte trifft Oldbuck auf einen jungen Fremden, der sich Lovel nennt. Die Handlung dreht sich im Folgenden um Lovels vermeintlich

illegitime Abstammung, die der von ihm ersehnten Heirat mit Isabella Wardour, Tochter des mit Oldbuck befreundeten Sir Arthur Wardour, zunächst im Wege steht. Das Hindernis löst sich auf, als sich Lovel am Ende als Sohn und Erbe des Earls of Glenallan herausstellt. – Ludwig widmet dem Roman mehrfach ausführliche Analysen (vgl. S. 104ff., 125ff.).

2f. *meisterliche Szene]* Im 4. Kapitel des Romans treffen Oldbuck und Lovel bei ihrer Besichtigung römischer Altertümer auf den Bettler Edie Ochiltree, der die historischen Thesen Oldbucks in Zweifel zieht und humoristisch kontrastiert.

Marg. *Klein Dorrit]* Vgl. Anm. S. 461.

Marg. *Gräfin von Glenallan]* Eveline Neville, die von Oldbuck in seiner Jugend umworben wurde und die sich am Schluss als Lovels Mutter herausstellt.

Marg. *die Mrs]* Gemeint ist Mrs Clennam aus *Little Dorrit*.

Marg. *alten Osbaldistone]* Figur in Scotts Roman *Rob Roy* (vgl. Anm. S. 485).

8 *Erbförster]* Vgl. Anm. S. 451.

Marg. *fehlende Weltstadt]* Vgl. die Äußerungen über die Bedeutung dieses Mangels für die Entwicklung des Romans auf S. 55.

27f. *Nichtich ... Ich]* Das Begriffspaar stammt aus der Subjektphilosophie Johann Gottlieb Fichtes (vgl. Anm. S. 491).

31 *Dorfgeschichte]* Vgl. Anm. S. 455. Zur Deutung der Dorfgeschichte als Einzelglied oder Vorstadium des (historischen) Romans vgl. S. 54.

70 23 *Pendanten]* Gegenstück, Gegenpart.

32 *Weiler]* Figur aus dem *Erbförster*.

32 *alte Nettenmair]* Der Vater von Fritz und Apollonius Nettenmair in *Zwischen Himmel und Erde* (vgl. Anm. S. 459). Die Figur gehört in ihrer (am Beispiel der hartnäckig ignorierten Sehschwäche aufgezeigten) Verbohrtheit und Realitätsblindheit zu den komplexesten und zugleich interessantesten der Erzählung.

32 *Heiterethei]* Titelheldin von Ludwigs erster großer Erzählung, *Die Heiteretei*. Das Werk erschien in insgesamt 37 Folgen von Dezember 1855 bis Januar 1856 in der *Kölnischen Zeitung*, 1857 dann als Buchausgabe zusammen mit der kurzen humoristischen Erzählung *Aus dem Regen in die Traufe* unter dem Titel *Die Heiteretei und ihr Widerspiel* als erster und einziger Band der Reihe *Thüringer Naturen. Charakter- und Sittenbilder in Erzählungen von Otto Ludwig*. In der Rezeption und Forschung stand die Erzählung stets im Schatten von *Zwischen Himmel und Erde* und wurde häufig als epigonale Dorfgeschichte im Stile Auerbachs und Gotthelfs angesehen. Dabei ist die Anlage der Erzählung, in der Ludwig die Handlung weitgehend zurückdrängt und sich umso stärker auf die Entfaltung der innerseelischen Vorgänge konzentriert,

eigentlich innovativer als in *Zwischen Himmel und Erde*. Darüber hinaus bietet der Text mit der Titelheldin, einer selbstbewussten, alleinstehenden Tagelöhnerin, die sich mit aller Kraft gegen die Heirat und damit gegen die Integration ins patriarchale System sperrt, eine der ungewöhnlichsten Frauenfiguren der realistischen Literatur. Die Lokalgebundenheit der Figur lässt sich an den Zeugnissen zur Entstehungsgeschichte der Erzählung nachvollziehen. Einige Episoden der Handlung beruhen auf Anekdoten, die Ludwig aus dem heimatlichen Eisfeld kannte. Die Beschäftigung mit dem Stoff steht für ihn von Beginn an im Zeichen einer stärker soziohistorischen Individualisierung seiner Arbeit. Am 11. 2. 1854 schreibt er an Ludwig Ambrunn: „Man will einmal nichts bloß Ersonnenes mehr, es soll eine Erzählung jetzt durchaus einen realistischen und sozial-historischen Grund und Boden haben! Und der Thüringerwald ist noch gar nicht ausgebeutet; dort steht eine unendlich reiche Ernte für einen beobachtenden Kopf und eine geschickte Hand" (Ludwig 1934, S. 35).

71 8 *Hofschultenidyll im Münchhausen]* Gemeint sind die „Oberhof"-Episoden aus dem Roman *Münchhausen* (1838–1839) von Karl Leberecht Immermann (1796–1840). Sie sind in loser Verknüpfung mit dem Haupthandlungsstrang in den satirischen Roman eingestreut und dienen Immermann dazu, dem von ihm kritisierten modernen Subjektivismus eine von Tradition und Gewohnheit bestimmte, vormoderne Lebenswelt gegenüberzustellen. Aufgrund ihrer relativen Selbstständigkeit wurden sie auch aus dem Romanganzen herausgelöst und einzeln unter dem Titel *Der Oberhof* veröffentlicht.

10 *Leierorgler]* Ein einäugiger Spielmann in Immermanns Roman, trägt den Spitznamen „Patriotencaspar".

10 *Monkbarns]* Jonathan Oldbuck.

Marg. *„Die bürgerliche Gesellschaft."]* Vgl. Anm. unten.

26 *W. Alexis]* Willibald Alexis (eigtl. Georg Wilhelm Heinrich Häring, 1798–1871), Schriftsteller und Wegbereiter des historischen Romans in Deutschland. Von Bedeutung auch als Vermittler der Werke Walter Scotts (vgl. Anm. S. 454).

37f. *„Riehls, bürgerl. Gesellschaft"]* Der Kulturhistoriker und Schriftsteller Wilhelm Heinrich Riehl (1823–1897) gilt als Wegbereiter der Ethnologie und einer Gesellschaftslehre, die das öffentliche Leben jenseits der politischen Sphäre in den Blick nimmt. *Die bürgerliche Gesellschaft* (1851) ist der 2. Band seines vierbändigen Hauptwerkes *Die Naturgeschichte des Volkes als Grundlage einer deutschen Social-Politik* (1851–1869). In der 2. Auflage kommt Riehl auf den „socialen Roman" als Medium der Verarbeitung und Darstellung gesellschaftlicher Prozesse zu sprechen (Riehl 1854, S. 21), wobei er gerade dem Werk Walter Scotts große Bedeutung für die Durchsetzung dieses modernen Romanverständnisses zumisst. Nicht das Historische, sondern der „*sociale* Kern“ bilde den „Grundcharakter“ der Romane Scotts (Riehl 1854, S. 24). Das impliziert für Riehl kein politisches Programm, sondern in erster Linie die sozio-historische Differenzierung der Figuren: „Ein Mensch, der keiner besonderen Gesellschaftsgruppe angehört, sondern nur dem allgemeinen Staatsbürgerthum, ist für den Romandichter eben so sehr ein Unding als ein allgemeiner Baum, der nicht Eiche, nicht Buche, nicht Tanne für den Maler“ (ebd., S. 25). Ludwig exzerpiert später großflächig aus *Die Familie*, dem 3. Band der *Naturgeschichte* (vgl. S. 178ff.), und bespricht zudem Riehls *Culturgeschichtliche Novellen* (vgl. S. 201f.).

72 10 *Tendenz]* Vgl. Anm. S. 456.

11 *der Erbförster]* Vgl. Anm. S. 451.

11 *der alte Nettenmair]* Vgl. Anm. S. 470.

19 *Pligansers]* Korrekt: Plingansers. Georg Sebastian Plinganser (1681–1738), während der bayerischen Volkserhebung (1705–1706) Anführer rebellischer Bauern im Kampf gegen die kaiserlich-österreichische Besatzung.

19 *Hofers]* Andreas Hofer (1767–1810), Anführer im Tiroler Volksaufstand von 1809, der sich gegen die Herrschaft der mit Napoleon verbündeten Bayern richtete.

19 *der Polen, zulezt 1830]* Gemeint ist der Novemberaufstand in Polen von 1830/31, der von der russischen Armee niedergeschlagen wurde. Er führte zur Emigration mehrerer zehntausend Polen und löste vielerorts in Europa eine regelrechte „Polenbegeisterung“ aus.

19f. *Unsere deutsche Revolution]* Über Ludwigs Haltung zu den revolutionären Ereignissen der Jahre 1848/49 geben vor allem die in dieser Zeit zahlreichen Briefe an den Eisfelder Freund Ambrunn Auskunft. So begrüßte er zunächst die Revolution und die Bildung der Märzregierungen, artikulierte aber auch eine wachsende Furcht vor Radikalisierung und Chaos, die ihn in der Ablehnung republikanischer und demokratischer Positionen bestärkte (vgl. Lotz 2017, S. 196–207).

27 *Bemühungen des Prätendenten]* Charles Edward Stuart, Enkel des Königs James II. von England, landete 1745 in Schottland und versuchte, seine Ansprüche auf den englischen Thron geltend zu machen. Das Unternehmen scheiterte mit der Niederlage bei Culloden. Der historische Hintergrund spielt für die Vorgeschichte in *The Antiquary* eine Rolle: Während Sir Arthur Wardour den jungen Prätendenten unterstützte, stand der Vater des Altertümlers auf der Seite des Hauses Hannover. Die Geschichte des Prätendenten verarbeitet Scott auch in anderen Romanen, so in *Waverley* (1814) und in *Redgauntlet* (1824), wo von einem fiktiven weiteren Versuch des Prinzen, auf den Thron zu gelangen, erzählt wird.

31 *Klausstamm]* Geht auf ein bereits Mitte der 1840er Jahre begonnenes Projekt zurück, zu dem neben zahlreichen Planskizzen auch ein postum unter dem Titel „Aus einem alten Schulmeisterleben" veröffentlichtes Fragment überliefert ist (Werke III, S. 223–272). Zunächst als humoristischer Roman in Anschluss an Jean Pauls *Schulmeisterlein Maria Wutz* angelegt, sollte darin die Geschichte zweier Schulmeister im Zeitalter der Aufklärung erzählt werden (vgl. Werke III, S. XXIV–LII). Weitere Notizen zum Projekt folgen auf S. 192f.

73 4 *Astrologen]* Vgl. Anm. S. 466.

37 *Byrons]* George Gordon Lord Byron (1788–1824), britischer Schriftsteller und bedeutender Vertreter der englischen Romantik. Von Ludwig hier exemplarisch als Dichter des Weltschmerzes, der melancholischen Klage über die Unzulänglichkeiten der menschlichen Existenz, erwähnt.

38 *Erbförster]* Vgl. Anm. S. 451.

74 10 *Vater des Mareshalsea]* In *Little Dorrit* (vgl. Anm. S. 461).

12f. *Ritter von Knockwennock]* Korrekt: Knockwinnock, das Rittergut von Sir Arthur Wardour. Der Fehler taucht auch in der deutschen Übersetzung von Leonhard Tafel auf, und zwar an der Stelle im 5. Kapitel des Romans, auf die sich Ludwig hier bezieht (vgl. Scott 1828, S. 57).

17 *Verhältniß zwischen Monkbarns u. Knockwennock]* Vgl. oben die Anm. zum ‚Prätendenten'.

22 *Hektors M'Intyre]* Oldbucks Neffe; bezieht sich vermutlich auf die Erwähnung der Figur in einem Gespräch Sir Arthurs mit seiner Tochter Isabella am Ende des 5. Kapitels.

28 *Lear's]* Vgl. Anm. S. 458.

29f. *alten venetian. Malerschule]* Im 14. Jh. entstandene Malerschule, deren Charakteristik vor allem auf dem Gebiet der Farbgebung und Kontrastgestaltung liegt, im Gegensatz zu einer stärker an der plastischen Figurendarstellung und am psychologischen Ausdruck ausgerichteten Kunst Raffaels und Michelangelos.

30 *Raphael's u. Michelangelo's]* Die italienischen Maler und Architekten Raffaello Sanzio da Urbino, kurz Raffael (1483–1520) und Michelangelo Buonarroti (1475–1564) zählen zu den bedeutendsten Künstlern der italienischen Hochrenaissance.

39ff. *Bürger … Menschen]* Das Begriffspaar ‚Bürger' und ‚Mensch' nutzt bereits Friedrich von Blanckenburg in seinem *Versuch über den Roman* (1774), gibt ihm allerdings eine gegensätzliche Deutung. Für den Aufklärungstheoretiker liegt die Besonderheit des modernen Romans im Gegensatz zum Epos darin, dass nicht die öffentlichen Taten und Handlungen des Bürgers, sondern die privaten Empfindungen und Handlungen des Menschen darin zur Darstellung kommen (Blanckenburg 1965, S. 17). Ludwig stellt hingegen die anthropologische Figurendarstellung im Drama einer nach historischen und sozialen Kategorien individualisierenden Charakterzeichnung im Roman gegenüber. – Ein weiterer wichtiger Aspekt seiner Poetik ergibt sich aus dem Hinweis auf den habituellen Charakter der darzustellenden Handlungsäußerungen. Wenn es vornehmlich die unbewussten oder halbbewussten Praktiken und Routinen des Alltags sind, in denen sich der Charakter der Figuren äußern soll, muss sich die gesamte Handlungsarchitektur verändern: Statt auf einzelne zentrale Ereignisse oder Konfliktmomente wird die Handlung stärker auf eine Folge beiläufiger, unspektakulärer Vorkommnisse ausgerichtet, in denen der Charakter der Figur sich ‚ausleben' kann. Ludwig erfasst diese Unterscheidung später begrifflich mit dem Gegensatz von ‚Tathandlung' und ‚Aktion' (vgl. S. 238f.).

75 Marg. *Der Held würde]* Bezieht sich auf die weiter unten skizzierten Figuren- und Handlungsentwürfe.

17 *Bescheidenheit der Natur]* Vgl. Anm. S. 464.

20f. *common sense]* (engl.) Gesunder Menschenverstand.

76 8 *„Neustädtern"]* Das Dorf Neustadt am Rennsteig im Thüringer Wald war im 19. Jh. bekannt für die Fabrikation von Feuer- bzw. Zunderschwämmen, die als Brennmaterial dienten. Da im Folgenden von der Figur eines Schwammhändlers die Rede ist, beziehen sich die Ausführungen über die ‚Neustädter' wahrscheinlich auf diesen Gewerbezweig.

18f. *Diese Widersprüche]* Gegenläufig zu seiner Vorstellung eines fundamentalen Unterschieds zwischen Tragödien- und Romanheld kommt Ludwig hier einem Kerngedanken seiner Tragödientheorie nahe, dass nämlich der Gang der Handlung und die Motivierung der Konflikte aus einem inneren, dem Handelnden gleichwohl nur undeutlich bewussten Widerspruch im Charakter zu konstruieren sind. Ein Gattungsunterschied liegt allerdings darin, dass im Bereich des Romans vor allem widersprüchliche Sozialisierungserfahrungen zur Darstellung kommen, wohingegen im Drama der „Widerspruch zwischen Charakter und Persönlichkeit" (Studien II, S. 121) im Vordergrund steht – wobei unter Persönlichkeit das Selbstbild der Person zu verstehen ist, das von der Charakterdisposition entscheidend und in der Tragödie auf fatale Weise abweichen kann.

21f. *unter den Auspizien]* Hier: unter dem Eindruck.

38f. *Ziemer]* Alternative Bezeichnung für die Wacholderdrossel.

77 Marg. *Odyßeus]* Hier bezogen auf die jahrelangen Irrfahrten des Odysseus auf seinem Weg von Troja zurück in die griechische Heimat.

Marg. *Solöcismen]* Die syntaktische Konstruktion betreffende Sprachfehler.

10f. *Consistoriums]* In einigen evangelischen Landeskirchen die Bezeichnung für die kirchliche Verwaltungsbehörde.

18 *Taubenjockelei]* Im Schwäbischen bezeichnet Taubenjockel einen Taubenhändler oder -liebhaber.

24 *Consistorii]* Korrekt: Consistorio.

78 21 *Pfarrer Schlothauer]* Nicht ermittelt.

21 *Thüringer-Wald-Fabrikherrn]* Im 19. Jh. existierte im Thüringer Wald ein relativ dichtes Netz von Manufakturen, Hütten und Fabriken (vgl. Bechstein 1838, S. 20–21). Überregionale Bedeutung genoss vor allem die Glas- und Porzellanfabrikation.

Marg. *Hauptmann Dust]* Nicht ermittelt.

Marg. *schwarze Greiner]* Ein – nicht ermittelter – Angehöriger der thüringischen Glasmacherfamilie Greiner.

Marg. *Lauschaer Spitznamen]* Die Stadt Lauscha entstand aus einer Glashütte, die von den Glasmachern Hans Greiner und Christoph Müller Ende des 16. Jh. gebaut wurde. Beide Familiennamen waren in der Region entsprechend verbreitet, weshalb man sich mit Spitznamen behelfen musste.

25 *Dorfgesch.]* Vgl. Anm. S. 455.

79 2 *Geigenschmidt]* Nicht ermittelt.

2 *Greiner]* Vgl. Anm. oben.

3 *Spitznamen als Unterscheidung]* Vgl. Anm. oben.

5f. *Hamänner in Wallendorf]* Die Porzellanmanufaktur in Wallendorf im Süden des Thüringer Waldes wurde 1764 von Johann Wolfgang Hammann (1713–1785) und Gotthelf Greiner (1732–1797) gegründet. Sie blieb bis 1833 im Familienbesitz der Hammanns.

6 *Baron Könitz]* Die Burg Könitz in der Nähe von Saalfeld war der Stammsitz der Freiherren von Könitz.

Marg. *großen Augenblicken des Handelns]* Der Unterscheidung zwischen den ‚Standesanhängseln' und der reinen ‚Menschennatur' gibt Ludwig hier eine romantheoretische Wendung, indem er die Frage aufwirft, welche Seite der menschlichen Existenz im Roman vorrangig zur Geltung kommen sollte. Seine Antwort fällt allerdings nicht immer gleich aus. Während er in diesem Kontext daran festhält, dass die Figur in den entscheidenden Momenten der Handlung die Schranken ihrer sozialen Existenz überwindet, zweifelt er an anderen Stellen an der Möglichkeit, sich den ‚habituellen Zügen' entziehen zu können. Vgl. die Anm. unten zum ‚epischen Charakter'.

Marg. *vide S x…x]* Möglicher Bezugspunkt könnte die folgende Manuskriptseite sein, im edierten Text S. 81.

37 *Casuistik]* Teil der philosophischen Ethik und der Moraltheologie, der sich mit der Bestimmung des rechten Verhaltens in speziellen Einzelfällen beschäftigt.

80 13 *Point d'Honneur]* (franz.) Ehrenpunkt, hier: Ehrgefühl.

35 *Donquixote]* Die Hauptfigur in Miguel de Cervantes' (1547–1616) Roman *El ingenioso hidalgo Don Quixote de la Mancha* (1605). Hier zitiert als Repräsentant eines weltfremden Idealisten.

81 20 *Zur heiml. Gemeinde]* Vgl. S. 188ff. sowie Anm. zur ‚2 Pastorengeschichte' S. 501.

26 *Beim epischen Ch.]* Aufgriff der anthropologischen Diskussion, die in den Marginalien der vorigen Manuskriptseite bereits anklang (vgl. Anm. oben). In den folgenden Ausführungen zeigt sich Ludwigs Schwanken zwischen dem Ideal eines reinen, nicht den Prozessen der Vergesellschaftung unterworfenen menschlichen Kerns und einem Persönlichkeitsbegriff, der dieses Ideal ausschließt. Nach dem einen Verständnis bildet der Alltag nur den Hintergrund der Handlung, von dem sich die Figuren im entscheidenden Augenblick lösen, nach der anderen Sichtweise wird die Alltagswelt gleichsam selbst zum bestimmenden Akteur und die Romanhandlung bekräftigt letztlich ihre Unhintergehbarkeit.

29 *Flötzen]* Horizontale Lagerstätte bergbaulich nutzbarer, durch Ablagerungen (sedimentär) entstandener Gesteine.

82 30 *Dorfgeschichte]* Vgl. Anm. S. 455.

Marg. *Gotthelf]* Vgl. Anm. S. 448.

Marg. *Philippica]* Korrekt: Philippicae bzw. Philippiken; Bezeichnung für Straf- oder Brandreden, nach dem Vorbild des antiken Staatsmanns Demosthenes, der die Griechen zum Widerstand gegen König Philipp von Macedonien aufrief.

83 Marg. *bedräut]* Bedroht.

14f. *Göthes schönes Wort]* Aus dem Aufsatz *Shakespear und kein Ende!* (1813): „Man sagt, er [Shakespeare] habe die Römer vortrefflich dargestellt; ich finde es nicht; es sind lauter eingefleischte Engländer, aber freilich Menschen sind es, Menschen von Grund aus, und denen paßt wohl auch die römische Toga" (Goethe 1998, S. 640).

24 *Feces]* (lat.) Fäkalien, Kot.

Marg. *Blücher]* Gebhard Leberecht von Blücher (1742–1819), preußischer Generalfeldmarschall und populärer Held der Befreiungskriege gegen Napoleon.

32 *Loder'schem Briefe]* Justus Christian Loder (1753–1832), Mediziner, Anatom und Leibarzt des russischen Zaren Alexander I.; stand in wissenschaftlichem Austausch mit Goethe, dem er während seiner Zeit als Professor in Jena anatomischen Unterricht gab. Der Briefwechsel, auf den sich Ludwig bezieht, sowie die Briefstelle konnten nicht ermittelt werden.

Marg. *Raphaels]* Vgl. Anm. S. 473.

35 *verwetterten]* Verdammten, verteufelten.

84 13 *Ein Weinreisender]* Der Figurenentwurf verweist auf die zuvor ausgeführten Überlegungen zu den charakterlichen Widersprüchen, die aus der Kreuzung verschiedener Lebenskreise entstehen. Die Charakteristik liest sich dabei wie ein Vorgriff auf die Figur des John Wemmick in Dickens' Roman *Great Expectations* (vgl. Anm. S.508), in dem die Trennung zwischen der Geschäfts- und der Privatperson in ähnlich drastischer Weise umgesetzt ist.

26 *Freiheitskriege]* Die Befreiungskriege zwischen 1813 und 1815 gegen die Vorherrschaft des napoleonischen Frankreichs in Europa.

27f. *Napoleon und Alexander]* Napoleon Bonaparte bzw. Napoleon I. (1769–1821), von 1804 bis 1814/15 Kaiser der Franzosen, und sein Gegenspieler, der russische Zar Alexander I. (1777–1825).

85 10 *pro et contra]* (lat.) Für und wider.

Marg. *cavalièrement]* (franz.) Nach Art eines Kavaliers.

25 *pique]* (franz.) Pike, Spieß; veraltet auch: Groll, Zwist; eine Pique/einen Piek auf jdn. haben: einen Groll gegen jdn. hegen, jdm. etwas nachtragen.

33 *Schill]* Ferdinand von Schill (1776–1809), preußischer Husarenoffizier. Nachdem er sich im Krieg gegen Napoleon I. von 1806/07 ausgezeichnet hatte, drängte er 1809 auf ein energisches militärisches Vorgehen gegen die französische Besatzung und führte sein Regiment eigenmächtig in den Kampf. Nach anfänglichen Erfolgen musste er nach Stralsund zurückweichen, wo er bei einem französischen Angriff ums Leben kam.

33f. *Colberg u. Nettelbeck]* Joachim Nettelbeck (1738–1824), Seefahrer, Kaufmann und preußischer Volksheld. Er spielte eine entscheidende Rolle bei der erfolgreichen Verteidigung Kolbergs (poln. Kołobrzeg) gegen die Franzosen 1806/07. Seine Autobiografie, die 1821–1823 erschien, trug wesentlich zu seiner Bekanntheit bei. Eine Episode aus Nettelbecks Leben klingt bereits in der Figur des Apollonius in Ludwigs Erzählung *Zwischen Himmel und Erde* an: Am Ende des Buches rettet Apollonius seine Stadt vor einer Brandkatastrophe, ebenso soll Nettelbeck, nachdem ein Blitz den Turm der Kolberger Marienkirche in Brand gesetzt hatte, das Feuer im Turm gelöscht und damit Schlimmeres verhindert haben.

39 *Heinrich]* Zum Heinrich-Stoff vgl. Anm. S. 481.

86 13 *immer objektiv]* Die Objektivitätsforderung hat in den *Romanstudien* nicht die Bedeutung, die ihr in der Epiktheorie der idealistischen Ästhetik oder in den programmatischen Schriften Friedrich Spielhagens zukommt. Zudem bezieht Ludwig das Objektivitätsgebot vor allem auf die ideologische Positionierung des Autors und weniger auf die Frage nach der erzählerischen Vermittlung bzw. dem Hervortreten der Erzählinstanz.

17 *Medusenkopf]* In der griech. Mythologie ist Medusa eine der drei Gorgonen, Schreckgestalten mit Schlangenhaaren, deren Anblick so schrecklich ist, dass der Betrachter versteinert.
29 *D. Quix.]* Don Quixote (vgl. Anm. S. 476); Stellenbezug unklar.
87 2 *1849]* Zur Revolution von 1848/49 vgl. Anm. S. 472.
8ff. *„Ich hatte ... zu schaffen."")* Die folgenden Exzerpte stammen aus Moritz Brühls Bearbeitung und Übersetzung von John G. Lockharts *Memoirs of the Life of Sir Walter Scott* (1837–1838). Hier: Zitat aus Brühl (1840, S. 9–11).
Marg. *Morritts]* John B. S. Morritt (1772–1843), englischer Politiker und Freund Scotts.
88 8ff. *„Einige der ... System."]* Zitat aus Brühl (ebd., S. 13).
9 *Rockeby] Rokeby. A Poem* (1813, dt. 1822), Verserzählung von W. Scott.
12 *poeta loquitur]* (lat.) Der Dichter spricht. Die Formel nimmt Bezug auf das sogenannte Redekriterium, ein Einteilungsschema der literarischen Gattungen, das auf Platons *Politeia* zurückgeht. Platon unterscheidet literarische Texte danach, ob in ihnen einzig der Dichter spricht (wie in rein erzählenden Texten), nur die Figuren (wie im Drama) oder beide Redeinstanzen zu Wort kommen (wie in der Epik). Im vorliegenden Fall bezeichnet die Formel im weiteren Sinn berichtende Passagen innerhalb von Erzähltexten, in denen die Erzählinstanz deutlich markiert ist.
13 *Narration]* Diese Übersetzung des engl. Wortes *narrative* (vgl. Lockhart 1837, S. 21) wird von Brühl häufig an Stellen gebraucht, an denen der Prozess des Erzählens thematisiert wird. Ludwig orientiert sich später an dieser Verwendungsweise (vgl. S. 357). Eine ähnliche terminologische Unterscheidung zwischen *narration* (Tätigkeit des Erzählens) und *récit* (Text der Erzählung) hat im 20. Jh. Gérard Genette in die moderne Narratologie eingeführt (vgl. Genette 1998, S. 199–200).
17 *perephrasis]* Korrekt: *periphrasis* (griech.: Umschreibung); indirekte Beschreibung eines Gegenstandes oder Begriffs durch eine längere Formulierung.
23ff. *„Ich habe ... Schatten".]* Zitat aus Brühl (1840, S. 26–27).
Marg. *Miss Edgeworth.]* Maria Edgeworth (1767–1849), angloirische Schriftstellerin, wichtige Wegbereiterin des realistischen Romans, insbesondere im Bereich der Kinder- und Jugendliteratur.
24 *das Mädchen vom See] The Lady of the Lake* (1810, dt. 1819), Verserzählung von Walter Scott.
27f. *„„I am ... not.""]* Zitat aus Shakespeares *Macbeth* (Szene II.2). In der Übersetzung von Dorothea Tieck: „Ich bin entsetzt, / Denk' ich, was ich gethan: Es anschaun – / Ich wag' es nicht!" (Shakespeare 1833, S. 299).
29 *Mathilde]* Figur aus *Rokeby*.

89 4 *Heinrich Weber]* Der Deutsch-Engländer Henry William Weber (1783–1818) kam als mittelloser Student nach Edinburgh, lernte dort Scott kennen und diente diesem eine Zeit lang als Schreibgehilfe.

4ff. *„Seine äußere … waren"]* Zitat aus Brühl (1840, S. 46).

14ff. *Bedenken wir … zu haben.]* Zitat aus Brühl (1839b, S. 179). Die von Ludwig angegebene Seitenzahl ist nicht korrekt.

Marg. *Jam. Ballantyne]* James Ballantyne (1772–1833), Verleger und Freund Walter Scotts.

18 *Johnson … Garrick]* Der Schriftsteller Samuel Johnson (1709–1784) und der Theaterschauspieler David Garrick (1717–1779).

21ff. *Diese Novelle … beurkundet.]* Zitat aus Brühl (1840, S. 77).

21 *(Waverley)] Waverley; or, 'Tis Sixty Years Since* (1814, dt. 1821). Scotts erster Prosaroman, gilt als einer der ersten historischen Romane moderner Prägung.

22 *Cervantes]* Vgl. die Anm. zum *Don Quixote* S. 476.

25 *Smollet's]* Vgl. Anm. S. 464.

26 *Goldsmith's]* Oliver Goldsmith (1728–1774), irischer Schriftsteller, Autor des einflussreichen Romans *The Vicar of Wakefield* (1766, dt. 1767).

35ff. *„Nur sehr … fürchten."]* Zitat aus Brühl (ebd., S. 78–79).

90 13ff. *Herr Makenzie … übertreffen?]* Zitat aus Brühl (ebd., S. 80). – Bezieht sich auf den schottischen Schriftsteller Henry Mackenzie (1745–1831).

14 *Fielding]* Vgl. Anm. S. 464.

18ff. *Rosa … Flora]* Figuren aus dem Roman *Waverley* (vgl. Anm. oben).

25f. *Joseph Train]* Joseph Train (1779–1852), schottischer Altertumsforscher und Briefpartner Walter Scotts.

35 *Guy Mannering]* Vgl. Anm. zu Scotts *The Astrologer* S. 466. Besagter John M'Kinlay wird im Vorwort des Romans genannt.

91 3 *Ochiltree]* Figur aus Scotts *The Antiquary* (vgl. Anm. S. 469).

15 *„Eilende Wolken⟨"⟩]* Bezieht sich auf Szene III.1 von Schillers Drama *Maria Stuart* (1800). Die monologisierende Rede Marias, die mit den Worten „Eilende Wolken! Segler der Lüfte!" beginnt, ist vom übrigen Figurentext inhaltlich wie metrisch deutlich unterschieden.

22 *Götz]* Goethes Schauspiel *Götz von Berlichingen mit der eisernen Hand* (1773) wurde von Scott 1799 ins Englische übersetzt.

30ff. *Fielding … Tom Jones]* Vgl. Anm. S. 464.

30ff. *Smollet … Roderik Random]* Vgl. Anm. S. 464.

32 *Prätendenten]* Vgl. Anm. S. 472.

33 *Expedition nach Carthagena]* Historische Stoffgrundlage ist die militärische Auseinandersetzung zwischen Großbritannien und Spanien um die Stadt Cartagena de Indias im heutigen Kolumbien im Frühjahr 1741.

34 *Don Quixote]* Vgl. Anm. S. 476.

92 2ff. *Scotts Uebersetzung ... war."]* Zunächst Inhaltsparaphrase, dann gekürztes Zitat aus Brühl (1839a, S. 82).

6 *„Streifern"]* Gemeint ist das Theaterstück *The Rovers; or, the Double Arrangement* (1798), eine Parodie auf das deutsche Drama des Sturm und Drang, verfasst von dem britischen Politiker George Canning (1770–1827) und weiteren Mitarbeitern der von Canning gegründeten, antirevolutionären Zeitschrift *Anti-Jacobin*.

7ff. *„Göthe's Tragödie ... zu verarbeiten.]* Zitat aus Brühl (ebd., S. 82–83).

8 *Ellis]* George Ellis (1753–1815), englischer Schriftsteller und Politiker, Mitarbeiter bei Cannings *Anti-Jacobin* (vgl. Anm. oben).

16 *Elisabeth]* Elisabeth I. (1533–1603), regierte England von 1558 bis 1603.

33f. *„Percy's" Reliquien] Reliques of Ancient English Poetry* (1765), eine Anthologie englischer Sagen und Balladen, herausgegeben von dem anglikanischen Geistlichen und späteren Bischof Thomas Percy (1729–1811).

93 8 *„arme Heinrich".] Der arme Heinrich*, um 1200 entstandene Verserzählung des mittelhochdeutschen Epikers Hartmann von Aue.

11 *Hanns v. Schweinichen]* Hans von Schweinichen (1552–1616), Hofmarschall des Herzogs von Liegnitz und Verfasser einer Autobiografie, die erstmals 1820–1823 von dem preußischen Archivar Johann Gustav Gottlieb Büsching herausgegeben wurde.

12 *Burtenbach]* Sebastian Schertlin von Burtenbach (1496–1577), Landsknechtführer und Feldhauptmann. Nachdem 1852 bereits Briefe Schertlin von Burtenbachs an die Stadt Augsburg erschienen waren, veröffentlichte Ottmar Schönhuth 1858 eine autobiografische Handschrift mit dem Titel *Leben und Thaten des weiland wohledlen und gestrengen Herrn Sebastian Schertlin von Burtenbach durch ihn selbst beschrieben*.

12 *Berlichingen]* Götz (Gottfried) von Berlichingen (1480–1562). Der Reichsritter, der Goethes Dramenfigur zum Vorbild diente, verfasste ebenfalls eine Autobiografie, die 1731 erstmals herausgegeben wurde.

15f. *der Hammer]* Der *Hexenhammer* (lat. *Malleus maleficarum*) ist ein 1487 veröffentlichter Kommentar zur Hexenbulle Papst Innozenz' VIII. des Dominikaners Heinrich Institoris, der die Hexenverfolgung rechtfertigt.

26 *Plingansers]* Vgl. Anm. S. 472.

26 *Hofers Erhebung]* Vgl. Anm. S. 472.

31 *heimlichen Gemeinde]* Vgl. S. 188ff. sowie Anm. zur ‚2 Pastorengeschichte' S. 501. Zur Figur des ‚Balsamträgers' vgl. Anm. S. 465.

94 Marg. *Paulus, der Zeltmacher]* Vgl. die Apostelgeschichte des Lukas (Apg 18,3).

27f. *bei Gelegenheit der alten Eichentruhe]* Vgl. S. 27.

29f. *Lewes Göthe]* Die zweibändige Goethe-Biografie *The Life of Goethe* (1855, dt. 1857) des englischen Schriftstellers George Henry Lewes (1817–1878).
33 *Faust] Faust. Eine Tragödie* (1808) von Johann Wolfgang Goethe.
34ff. *„Als wir ... Ich"]* Zitat aus Brühl (1840, S. 282–283).
37f. *Szene vor der mater dolorosa]* Die Szene „Zwinger" in Goethes Drama.
95 7 *in obscuro]* (lat.) Im Verborgenen.
9 *Marlowe's „Doctor Faustus] The Tragical History of the Life and Death of Doctor Faustus*, Tragödie des englischen Dramatikers Christopher Marlowe (1564–1593).
9 *Wilson]* John Wilson (1785–1854), schottischer Autor und Kritiker.
10 *Coleridge]* Samuel Taylor Coleridge (1772–1834), englischer Schriftsteller, Literaturkritiker und Philosoph.
12 *Schillers Wallenstein]* Vgl. Anm. S. 450.
28ff. *„Waverley ... würde[)]."]* Zitat aus Brühl (ebd., S. 114–115).
28 *Waverley]* Zu Scotts Roman vgl. Anm. S. 479.
96 12 *Aus einem alten Manuscr.]* Die Quelle konnte nicht ermittelt werden.
25ff. *„Ich selbst ... zu betrachten."]* Zitat aus Brühl (ebd., S. 166).
Marg. *Jonna Baillie]* Korrekt: Joanna Baillie. Schottische Schriftstellerin (1762–1851).
39 *Sophie]* Scotts älteste Tochter, die 1820 John G. Lockhart heiratete.
97 2ff. *„Der Alterthümler: ... 6 Tagen]* Zitat aus Brühl (ebd., S. 177).
2 *Der Alterthümler]* Zu Scotts Roman vgl. Anm. S. 469.
6ff. *„Sie ermangelte ... betrachten."]* Zitat aus Brühl (ebd., S. 177).
7 *Guy Mannerings]* Vgl. Anm. zu Scotts *The Astrologer* S. 466.
10ff. *„Der Alterth. ... Hammer.""]* Zitat aus Brühl (ebd., S. 178–179).
39 *Der tolle Heinrich]* Bereits Mitte der 1840er Jahre entwirft Ludwig den Plan zu einem einaktigen Drama mit diesem Titel (vgl. E. Schmidt 1891, S. 22). Bis in die 60er Jahre entstehen zahlreiche Notizen und Planskizzen, zum Teil mit alternativen Titeln wie „Der tolle Fritz", „Der stolze Heinrich" oder „Das Wirtshaus am Rhein" (vgl. Studien II, S. 235–38), die immer neue Versionen des Stoffes durchspielen. Handlungskern bildet dabei zumeist der Konflikt zwischen einem der Insubordination schuldig gewordenen Soldaten (Heinrich) und den Behörden, als deren Vertreter häufig die Figur eines Wachtmeisters eingeführt wird. Wohl im Zusammenhang mit den *Romanstudien* entsteht die Idee einer epischen Bearbeitung des Stoffes. Vgl. auch die Notizen auf S. 108 und 112f.
99 Marg. *à la Nettelbeck]* Vgl. Anm. S. 477.
100 Marg. *Jena]* Die Doppelschlacht von Jena und Auerstedt vom 14. 10. 1806, die mit dem Sieg des Heeres Napoleons I. über die Preußen endete und den Beginn der französischen Besatzung Preußens einleitete.

2 *Eelkingsgeschichte]* Zu Eelking vgl. Anm. S. 465.

5 *Gneisenau]* August Wilhelm Anton Graf Neidhardt von Gneisenau (1760–1831), preußischer Generalfeldmarschall. Als Kommandant organisierte er gemeinsam mit Nettelbeck die Verteidigung der Festung Kolberg 1807 gegen die Franzosen.

6 *Schill]* Vgl. Anm. S. 477.

18 *Ehrlichmachen des Stäbchens]* Der Steppchen, auch Stäbchen- oder Steckenknecht genannt, war der Gehilfe des für den Strafvollzug zuständigen Militärbeamten. Durch seine Hilfsleistungen galt er als unehrlich und musste, „um Soldat werden zu können, mittels besonderer Formalitäten erst ehrlich gemacht werden" (Lühe 1839, S. 788).

20 *Der Held ... Mitte am nächsten]* Ludwig formuliert hier zum ersten Mal das für seine Poetik wichtige Konzept des ‚mittleren Helden'. Die theoretische Tradition dieses Heldenkonzepts ist eng mit der Scott-Rezeption verbunden, dessen Hauptfiguren im Vergleich zum übrigen Romanpersonal häufig durchschnittliche und eher unauffällige Charaktere sind. Bereits Willibald Alexis geht ausführlich auf dieses Kompositionsprinzip ein. Für ihn ist der typische Scott'sche Held ebenfalls ein „Repräsentant des Lesers" (Alexis 1823, S. 32), im Unterschied zu Ludwig sieht Alexis damit allerdings primär eine Objektivierungsfunktion verbunden, da der Held in seiner Subjektivität zurücktritt und die „mannigfachen Gegenstände" der erzählten Welt „zur Hauptsache werden" (ebd., S. 31). Ludwig löst das Konzept nicht nur vom engeren Bezugsrahmen des Scott'schen Werks, sondern beleuchtet auch stärker seine perspektivierenden Funktionen. Er sieht den mittleren Helden vor allem als Möglichkeit, den Leser in die Erzählwelt hineinzuführen, auffällige und zunächst unverständliche Zustände oder Handlungen vertrauter und damit nachvollziehbar werden zu lassen. Der mittlere Held ermöglicht dem Leser dabei eine Art teilnehmende Beobachtung, eine mittlere Distanz zum Geschehen, die das Erleben der fiktiven Welt ermöglicht, ohne den reflexiven Abstand ganz aufzugeben.

102 32 *retardirenden ... Elementes]* Vgl. Anm. S. 453.

34f. *bluntness]* (engl.) Direktheit, Unverblümtheit.

103 1 *Nettelbeck]* Vgl. Anm. S. 477.

1 *Perthes]* Der Buchhändler und Verleger Friedrich Christoph Perthes (1772–1843), dessen Biografie unter dem Titel *Friedrich Perthes Leben nach dessen schriftlichen und mündlichen Mittheilungen* zwischen 1848 und 1855 von seinem Sohn Clemens Theodor Perthes veröffentlicht wurde.

13f. *Gestalten emanzipirt]* Ludwig schätzt an Scotts Romanen, dass in ihnen die schwierige Balance zwischen der scheinbaren Selbstständigkeit und Unabhängigkeit der Figuren und ihrer Integration in eine umfassende

Handlungsstruktur gelingt. Das Auslebenlassen der Charaktere führt hier nicht zu einem dramaturgischen Stillstand.

Marg. *Oldbuck]* In Scotts *The Antiquary* (vgl. Anm. S. 469).

104 Marg. *Dorfgeschichte]* Vgl. Anm. S. 455.

9 *Die alte Elsbeth]* Elsbeth Mucklebackit, Mutter des Fischers Saunders Mucklebackit, war als Bedienstete im Hause der Gräfin Glenallan in deren Plan eingeweiht, die Heirat zwischen dem Sohn der Gräfin, Lord Geraldin, und Eveline Neville zu verhindern und zu diesem Zweck zu behaupten, Eveline sei die Halbschwester des Lords. Nach dem Tod der alten Gräfin eröffnet Elsbeth dem Lord diese Zusammenhänge. Ihre Beichte folgt im Roman unmittelbar auf die Schilderung der Begräbnisfeier für ihren ertrunkenen Enkel Steenie.

Marg. *Nibelungensage]* Ähnlich wie die antike Epik bleiben auch die germanischen Epen und das Nibelungenlied für Ludwig nur periphere Bezugspunkte. Dass er das mittelhochdeutsche Heldenepos hier in einem Zug mit den homerischen und den italienischen Epen nennt, ist Ergebnis der Aufwertung der germanischen und deutschen Epiktradition im Kontext der romantischen Literaturtheorie. 1826 hatte Karl Lachmann seine kritische Edition des Nibelungenlieds veröffentlicht, ein Jahr später erschien die erfolgreiche Übertragung ins Neuhochdeutsche von Karl Simrock. Zum homerischen Epos vgl. Anm. S. 450.

Marg. *italiänischen Epikern]* Ludwig denkt hier vermutlich an Ludovico Ariost (1474–1533) und dessen Hauptwerk, das Versepos *Orlando furioso* (dt. *Der rasende Roland*), sowie an Torquato Tasso (1544–1595), Autor des Epos *La Gerusalemme liberata* (dt. *Das befreite Jerusalem*).

Marg. *Cervantes]* Vgl. Anm. S. 476.

33 *Tizian]* Eigtl. Tiziano Vecellio (um 1490 bis 1576), italienischer Maler der Hochrenaissance und einer der bedeutendsten Vertreter der venezianischen Malerei (vgl. Anm. S. 473).

37 *das Wunderbare]* Im Gegensatz zu Autoren der Romantik wie E. T. A. Hoffmann bezeichnet Ludwig mit dem Begriff nicht primär die (scheinbare oder tatsächliche) Abweichung vom Natürlichen und rational Erklärbaren, sondern lediglich ein ungewöhnliches, unvertrautes Geschehen, das sich alltäglichen Beurteilungsmaßstäben entzieht.

105 14 *Geschichte Evelinens]* Vgl. Anm. oben zur ‚alten Elsbeth'.

Marg. *Wilhelm Meister]* Johann Wolfgang Goethes Roman *Wilhelm Meisters Lehrjahre* (1795–1796). Ludwig bezieht sich auf die Handlung um das Mädchen Mignon und den alten Harfner Augustin, beides Begleiter Wilhelms, deren Schicksale aber nicht unmittelbar mit Wilhelms eigenem Lebensweg zusammenhängen. Dass Mignon aus einer inzestuösen Beziehung des Harfners mit seiner Schwester hervorgegangen ist, wird erst am Ende des Romans nach der Ankunft des Marchese Cipriani, Augustins Bruder, enthüllt.

Marg. *Astrologen]* Vgl. Anm. S. 466.

106 3 *gelehrte Bauer in Leubnitz]* Johann Georg Palitzsch (1723–1788), Landwirt und Amateur-Astronom aus Prohils bei Leubnitz, einem heutigen Stadtteil Dresdens. Seine durch Selbststudium angeeigneten naturwissenschaftlichen Kenntnisse ermöglichten ihm die Korrespondenz mit renommierten wissenschaftlichen Akademien. Berühmtheit erreichte der „Gelehrte Bauer" durch die Entdeckung des von Edmond Halley vorausgesagten Kometen im Dezember 1758. – An dieser „Doppelnatur" zeigt sich erneut Ludwigs Interesse an charakterlichen Widersprüchen, die aus der Zugehörigkeit zu unterschiedlichen Lebenskreisen hervorgehen (vgl. Anm. S. 474).

31 *Bommätschen]* Vor allem in der Elbregion geläufige Bezeichnung für Treidler (Schiffszieher). Vor Aufkommen der Dampfschifffahrt mussten Schiffe auf Wasserwegen wie der Elbe mit Menschenkraft stromaufwärts gezogen werden.

107 12 *Dousterswivel]* Ein Scharlatan, der die Leichtgläubigkeit Sir Arthurs ausnutzen will und ihn fast in den Ruin stürzt.

108 27 *ad Notam]* (lat.) Zur Kenntnis, hier: Merke.

33 *Heinrichsstamme]* Gehört zum Tollen-Heinrich-Stoff (vgl. S. 97ff. sowie Anm. S. 481).

109 21 *Selfgovernment]* (engl.) Selbstregierung, Selbstverwaltung.

31ff. *Da ich den … nachahmten.]* Zitat aus Brühl (1841, S. 97–98). Die folgenden Exzerpte haben Tagebucheinträge Walter Scotts zur Grundlage.

31 *Woodstock] Woodstock, or The Cavalier*, historischer Roman von Walter Scott, erschien 1826 (dt. 1826). Zum Inhalt vgl. Anm. S. 492.

Marg. *Bene notandum]* (lat.) Wohl zu bemerken.

110 24ff. *Ich hämmere … geschrieben]* Zitat aus Brühl (ebd., S. 89).

25 *Diablerie]* (franz.) Teufelei.

33ff. *Jam. Ballant. … entbehren.]* Zitat aus Brühl (ebd., S. 78–79).

33 *Jam. Ballant.]* James Ballantyne (vgl. Anm. S. 479).

34 *Mrs Radcliffe]* Ann Radcliffe (1764–1823), englische Schriftstellerin, deren Schauerromane zu den bekanntesten des Genres zählen.

111 10ff. *Es ist … aufgestört hätte.]* Zitat aus Brühl (ebd., S. 74–75).

18ff. *Ich schrieb … ganz gut.]* Zitat aus Brühl (ebd., S. 56).

21ff. *Die Gesch. … Historiker.]* Zitat aus Brühl (ebd., S. 56–57).

26 *Narration]* Vgl. Anm. S. 478.

28 *ennuyant]* (franz.) Langweilig.

35ff. *Ich denke … beabsichtigt worden.]* Zitat aus Brühl (ebd., S. 49).

38 *nulla dies sine l.]* Nulla dies sine linea (lat.: kein Tag ohne Linie).

112 12 *Egomet ipse]* (lat.) Ich für meine Person; hier sinngemäß: zu meinen Plänen gehörig.

13 *Romeos auf Tybalt]* Im 3. Akt von Shakespeares Tragödie *Romeo and Juliet* fordert Tybalt, Julias Cousin, Romeo zum Duell. Da dieser nach seiner heimlichen Heirat mit Julia nun selbst mit Tybalt verwandt ist, lehnt er die Forderung ab.

13 *refüsiert]* Von *refuser* (franz.: ablehnen, verweigern).

23 *Zum „Liesle"]* Ludwig greift hier einen Projektplan auf, der in seinen Manuskripten unter Titeln wie „Kleinstadtgeschichte", „Dämon Geld" oder „Altweibergeschichte" auftaucht und dessen Anfänge wohl bis in die frühen 1850er Jahren zurückreichen (vgl. Mählich 1918, S. 4). Aus der Zeit um 1858, in die auch dieser Eintrag fällt, hat sich ein Fragment des Erzählanfangs erhalten, das zuerst 1898–1899 in der Zeitschrift *Der Kunstwart* von Adolf Stern unter dem Titel „Es hat noch keinen Begriff" veröffentlicht wurde. Bei Merker erfolgt der Abdruck des Fragments im 3. Band unter dem Titel „Dämon Geld" (Werke III, S. 273–286). – Im Zentrum der Erzählung sollte ähnlich wie in der *Heiteretei* eine schwierige Liebesbeziehung stehen, die an der ungleichen finanziellen Stellung der Liebenden (meist Liesle und Christian genannt), aber auch an charakterlichen Hürden wie dem Stolz der Protagonistin zu scheitern droht. Vgl. auch die Notizen auf S. 183ff.

34 *Zum tollen Heinrich]* Vgl. Anm. S. 481.

113 8 *Majorat]* Vorrecht des ältesten Sohnes auf das Erbteil.

114 7 *holsteinischen Kriege 48 u. 49]* Die Schleswig-Holsteinische Erhebung, militärische Auseinandersetzung zwischen Dänemark und den zunächst vom Deutschen Bund und Preußen unterstützten deutschnationalen Kräften in Schleswig und Holstein.

8f. *französischen Krieg]* Der Befreiungskrieg gegen das napoleonische Frankreich (vgl. Anm. S. 477).

40 *Gesetz des Retardirens]* Vgl. Anm. S. 453.

115 3 *Der Held]* Zum Konzept des ‚mittleren Helden' vgl. Anm. S. 482.

18 *Robin dem Rothen]* *Rob Roy* (1817, dt. 1819), Roman von Walter Scott. Historischer Hintergrund der Geschichte sind die konfessionellen und politischen Auseinandersetzungen in Schottland im Vorfeld des Jakobitenaufstands von 1715. Held und Ich-Erzähler ist der Engländer Frank Osbaldistone, der aufgrund seiner Weigerung, ins Familienunternehmen einzusteigen, von seinem Vater nach Nordengland auf das Gut seines katholischen Onkels, Sir Hildebrand Osbaldistone, verbannt wird. Sein Gegenspieler ist sein Cousin Rashleigh, der zunächst den vakanten Posten im Unternehmen übernimmt, dann aber Gelder veruntreut. Gemeinsam mit

dem Glasgower Geschäftsmann Nicol Jarvie gelingt es Frank, Rashleighs Pläne zu durchkreuzen und dazu die Liebe von Diana Vernon, einer Nichte Sir Hildebrands, zu gewinnen. Unterstützung erhält er dabei auch von dem legendären Rob Roy MacGregor, einem Clanführer, Rinderdieb und Outlaw, dessen Wege die des Helden mehrfach kreuzen.

23 *Morris]* Ein als feige und unehrlich charakterisierter Regierungsagent, der zur Verhaftung Rob Roys beiträgt.

35 *Wunderbaren]* Vgl. Anm. S. 483.

116 8 *Blut von unser'm Blute]* Nicht erst in dieser Formulierung wird die Nähe zum Konzept des gemischten Helden des bürgerlichen Trauerspiels deutlich, das Lessing im 75. Stück seiner *Hamburgischen Dramaturgie* auf die bekannte Formel bringt, der Held müsse „mit uns von gleichem Schrot und Korne" sein (Lessing 1985, S. 559). Anders als Lessing geht es Ludwig allerdings weniger um die emotionale Identifikation mit der Figur als um die Übernahme ihrer Urteils- und Erlebnisperspektive.

12f. *Chorus der Tragödieen]* In der antiken Tragödie setzte sich der Chor aus Bürgern der Polis zusammen, er fungierte als Repräsentant der Öffentlichkeit auf der Theaterbühne. Diese Mittelstellung zwischen Publikum und Akteuren verbindet ihn mit dem mittleren Helden in Scotts Romanen.

21 *in der dritten Person]* Ludwig äußert nicht nur an dieser Stelle Zweifel an einer stets trennscharfen Unterscheidung zwischen Homodiegese (Ich-Erzählung) und Heterodiegese (Er-Erzählung). In seiner Theorie der Erzählformen (vgl. S. 203f.) wird später neben dem hetero- und dem homodiegetischen Erzählen auch von einer dritten, gemischten Form die Rede sein, bei der die Frage nach der Stellung des Erzählers zum Geschehen bezeichnenderweise offenbleibt.

33 *Meg Merilies]* Vgl. Anm. S. 467.

34 *Elsbeth Mucklebakit]* Vgl. Anm. S. 483.

34f. *Helene Campbell]* Geburtsname von Helen MacGregor, Rob Roys Frau.

35 *Alterthümler]* Vgl. Anm. S. 469.

117 Marg. *Nettelbeck]* Vgl. Anm. S. 477. Zum Heinrich-Stoff vgl. Anm. S. 481.

Marg. *Loucadou]* Ludwig Moritz von Lucadou (1741–1812), preußischer Generalmajor. Als Kommandant von Kolberg weigerte er sich 1806, die Stadt an die Franzosen zu übergeben. Teile der Bürgerschaft um Nettelbeck misstrauten ihm jedoch und betrieben seine Absetzung. 1807 löste ihn Gneisenau als Kommandant ab.

Marg. *Uebergeber von Magdeburg]* Bezieht sich auf die umstrittene Kapitulation Magdeburgs im November 1806 vor den französischen Truppen, die der preußische General Franz Kasimir von Kleist (1736–1808) verantwortete.

16 *der Autor]* Auffällige Verwendungsweise des Autorbegriffs für eine von

der eigenen Person abzulösende, für die erzählerische Vermittlung verantwortliche Aussageinstanz. Konzeptuelle Nähe zum Begriff eines fiktiven Erzählers. Vgl. ähnlich auch S. 193.

118 25 *regalirt]* Von franz. *régaler* (jdn. bewirten, mit etw. erfreuen).

27 *Chaise]* Zweisitzige Kutsche. Von franz. *chaise* (Stuhl).

119 1 *Spatium]* (lat.) Zwischenraum.

12 *Der Erbförster]* Vgl. Anm. S. 451.

14 *Shakespearestudien]* Seit Anfang der 1850er Jahre führte Ludwig Studienhefte unter diesem Titel, in denen er seine meist an Shakespeares Werk gewonnenen Erkenntnisse über die Theorie und Technik des Dramas festhielt. Erstmalig wurde ein Teil der Aufzeichnungen 1872 von Moritz Heydrich veröffentlicht.

22 *Unruhen von 1848]* Bezieht sich vermutlich auf die Zerstörung zweier sächsischer Nagelfabriken im März 1848 (vgl. Anm. S. 465).

Marg. *Selfgovernment]* (engl.) Selbstregierung, Selbstverwaltung.

37 *Deus ex Machina]* (lat.) Gott aus der Maschine. Im antiken Theater Bezeichnung für eine unvermittelt ins Geschehen eingreifende Gottheit, deren Erscheinen technisch mithilfe eines Krans inszeniert wurde; übertragen auch für eine Figur, deren plötzliches Auftauchen einen festgefahrenen Konflikt auflöst.

120 3 *Robin Roy ... Monkbarns]* Figuren aus Scotts Romanen *Rob Roy, The Astrologer* und *The Antiquary*.

Marg. *prostituirt]* Der Schande, dem öffentlichen Schimpf preisgegeben.

21 *Robinsonade]* Ein Abenteuerroman, der sich motivisch an Daniel Defoes *The Life and Strange Surprizing Adventures of Robinson Crusoe* (1719) anlehnt.

121 5f. *Friedr. der Geb.]* Friedrich der Gebissene (1257–1323), Markgraf von Meißen und Landgraf von Thüringen. Sein Leben verarbeitete der Dresdner Schriftsteller Friedrich Christian Schlenkert (1757–1826) in seinem Roman *Friedrich mit der gebissenen Wange* (1786–1788).

122 1 *Der Held]* Zum Konzept des ‚mittleren Helden' vgl. Anm. S. 482.

10 *Wav. u. Robin]* Scotts Romane *Waverley* (vgl. Anm. S. 479) und *Rob Roy* (vgl. Anm. S. 485).

31 *Franz Osbaldistones]* Ich-Erzähler im Roman *Rob Roy* (vgl. Anm. S. 485).

123 15 *Lear]* Shakespeares Tragödie *King Lear* (vgl. Anm. S. 458). Edgar ist der Sohn des Grafen von Gloucester. Er wird durch die Intrige seines illegitimen Halbbruders fälschlicherweise bezichtigt, einen Anschlag auf seinen Vater verüben zu wollen, und muss fliehen. Verkleidet als verrückter Bettler wird er Zeuge von Lears Verfall und Wahnsinn. Am Ende besiegt er seinen Bruder im Zweikampf und übernimmt die Königsherrschaft.

16 *Hamlet]* Die Diskussion über die Befähigung Hamlets zum Romanhelden

wird bereits bei Goethe geführt. Bekannt ist das Gespräch im 7. Kapitel des 5. Buches seines Romans *Wilhelm Meisters Lehrjahre*, in dem die Diskutanten ebenfalls festhalten, dass Shakespeares Held aufgrund seiner relativen Passivität eher dem Roman als der Tragödie angehört.

21 *Waverley]* Vgl. Anm. S. 479.

21 *Vich Jan Vohr]* Fergus Mac-Ivor, ein schottischer Clanführer und Anhänger Charles Edward Stuarts (vgl. Anm. S. 472) während des Jakobitenaufstandes von 1745. Sein einnehmendes Wesen gewinnt den Romanhelden, den jungen Engländer Edward Waverley, zwischenzeitlich für die jakobitische Sache.

22 *Alterthümler]* Vgl. Anm. S. 469.

23 *Freitag]* Gustav Freytag (vgl. Anm. S. 463).

23 *Wigand]* Georg Wigand (1808–1858), Leipziger Verleger. Vermittelt durch Ludwig Richter (vgl. Anm. S. 463) hatte Wigand Anfang 1856 Kontakt zu Ludwig aufgenommen und ihn um einen Beitrag für seinen *Nieritz'schen Volkskalender* gebeten. Offenbar dachte Wigand selbst an eine epische Bearbeitung des *Erbförsters*, wie aus einem am 30. Januar eingetragenen Kalendervermerk hervorgeht: „Brief an Wigand in Leipzig, ich will ihm eine andere Erzählung machen, nicht den Erbförster" (GSA 61/IX 7, 11a). Bei einem Besuch des Verlegers in Dresden einige Wochen später schlägt Ludwig ihm den Waldburg-Stoff vor (GSA 61/IX 7, 14a). Die versprochene Erzählung kann er später jedoch nicht liefern.

23 *Erbförster]* Vgl. Anm. S. 451.

25 *Robert]* In Ludwigs Drama Sohn des Fabrikanten Stein, der die Tochter des Erbförsters heiraten möchte. Zum epischen Helden in Ludwigs Sinn qualifiziert ihn, dass er in das Geschehen kaum eingreift, sondern passives Opfer des Streites zwischen seinem Vater und dem Förster bleibt.

124 37 *Confidenz]* Vertrauliche Mitteilung, Geständnis.

125 3 *Astrologen]* Vgl. Anm. S. 466.

15 *Schwäher]* Schwiegervater.

18 *beide Romane] The Antiquary* und *The Astrologer* (vgl. Anm. S. 469, 466).

19 *Toms Jones]* Korrekt: Tom Jones. Vgl. Anm. zu Fielding S. 464.

23 *Robin]* In Scotts *Rob Roy* (vgl. Anm. S. 485).

25 *Cervantes]* Zum *Don Quixote* (vgl. Anm. S. 476).

27f. *Prätendenten]* Vgl. Anm. S. 472.

28f. *Junker Western]* Squire Western, Figur eines reichen Landbesitzers in Fieldings *Tom Jones*, der am Ende der Schwiegervater des Titelhelden wird.

29 *der Gärtner]* Andrew Fairservice, Figur aus Scotts *Rob Roy*. Der Ich-Erzähler Frank Osbaldistone begegnet ihm auf dem Landsitz seines Onkels und nimmt ihn später als Begleiter auf seinen Reisen mit.

30 *Rebhuhn]* Der Dorfschulmeister Benjamin Partridge in Fieldings *Tom Jones*, der zunächst für den Vater des Helden gehalten wird.
34 *Sancho Pansa]* In Cervantes' Roman (vgl. Anm. S. 476) der Begleiter Don Quixotes und zugleich sein kontrastierender Gegenpart.
126 3f. *Guy Mannerings ... Browns Geschichte]* Zum Inhalt von Scotts *The Astrologer* vgl. Anm. S. 466.
6 *Narration]* Vgl. Anm. S. 478.
Marg. *Balsamträgers]* Vgl. Anm. S. 465.
Marg. *nach dem Drama]* Vgl. dazu die Ausführungen auf S. 30.
127 21 *braucht keine Reflexionen]* Nach Ludwig sollten reflexive Passagen im Erzähltext immer unmittelbar an die Erfahrung der Figuren anschließen. Das entspricht der Position der programmatischen Realisten. Bei Julian Schmidt (1854, S. 402) heißt es vergleichbar: „Wir wollen in der Kunst der ewigen Reflexion entfliehen und in das Reich der bestimmten Erscheinung eingeführt werden, wenn uns auch diese Erscheinung später wieder zum Gedanken zurückführt. Die individuelle Erscheinung muß uns erst als solche gefesselt haben, ehe wir daran denken können, das anatomische Messer anzulegen, und jede Reflexion ist eine Zersetzung des Lebens." Wie hier deutlich wird, steht hinter dem Misstrauen gegenüber der Reflexion nicht nur das empiristische Primat der Erfahrung, sondern auch der Glaube, dass die Natürlichkeit basaler Normen und sittlicher Grundsätze ihre reflexive Begründung überflüssig mache.
Marg. *Wallensteinsche Soldateska]* Anspielung auf *Wallensteins Lager*, den 1. Teil von Schillers *Wallenstein*-Trilogie (vgl. Anm. S. 450).
29 *Jarvies bei Morris Tödtung]* Als Strafe für die Beteiligung an der Verhaftung ihres Mannes lässt Helen MacGregor, Rob Roys Frau, den Regierungsagenten Morris ertränken.
Marg. *Corneille]* Pierre Corneille (1606–1684), Dramatiker der französischen Klassik.
128 Marg. *Chorus]* Vgl. Anm. S. 486.
129 1 *Das Ziel des Weges]* Die Formulierung erinnert an eine Betrachtung Schillers in seinem Brief an Goethe vom 21. 04. 1797: Der Epiker „schildert uns bloß das ruhige Dasein und Wirken der Dinge nach ihren Naturen, sein Zweck liegt schon in jedem Punkt seiner Bewegung, darum eilen wir nicht ungeduldig zu einem Ziele sondern verweilen uns mit Liebe bei jedem Schritte" (Goethe 1990, S. 332).
4 *Summa]* (lat.) Summe, hier: in einem Wort, kurz gesagt.
4 *Charakter des Epischen ist Mittelbarkeit]* Generell gebraucht Ludwig den Begriff der Mittelbarkeit in einem weiten Sinn und bezieht ihn nicht nur auf die Kommunikationsstruktur, sondern allgemein auf die perspektivische

Anlage und die Handlungsführung im Erzähltext. Die Bestimmung des Epischen über das Kriterium der Mittelbarkeit steht in einem Spannungsverhältnis zum zeitgenössischen Objektivitätsparadigma (vgl. Anm. S. 477). Was der Roman aus Ludwigs Sicht darstellt, ist immer schon gespiegelte, d. h. erlebte Wirklichkeit. Die Subjektivität des Beobachters soll nicht verleugnet, wohl aber relativiert werden, indem man diesen einen möglichst neutralen, intersubjektiv vermittelbaren Standpunkt einnehmen lässt.

26 *Ausfluge nach St. Ruth]* Episode aus Scotts *The Antiquary* (vgl. Anm. S. 469). Bei einem Ausflug zu den Ruinen von St. Ruth gerät Lovel in Streit mit Oldbucks Neffen, Hector MacIntyre, woraufhin sich die beiden duellieren.

Marg. *Heinrich]* Zum Heinrich-Stoff vgl. Anm. S. 481.

130 Marg. *Liebe Lovels]* Zu Isabella Wardour (vgl. die Anm. zum ‚Alterthümler' S. 469).

Marg. *Dousterswivel ... Hektor]* Vgl. Anm. S. 484 und 473.

22 *Bertram]* Harry Bertram in *The Astrologer* (vgl. Anm. S. 466).

22 *Franz Osbaldistone]* Im *Rob Roy* (vgl. Anm. S. 485).

24 *Departement]* Hier sinngemäß: Betätigungsfeld.

Marg. *Lothario u. Teresa]* In Goethes Roman *Wilhelm Meisters Lehrjahre* (vgl. Anm. S. 483). Das Hindernis liegt hier in einem früheren Liebesverhältnis Lotharios mit Thereses Mutter. Als sich später herausstellt, dass Therese gar nicht ihr Kind ist, kann die Ehe geschlossen werden.

131 4 *Mac Ivor]* Während der Clanführer Vich Jan Vohr (vgl. Anm. S. 488) im *Waverley* am Ende des Romans hingerichtet wird, bleibt dieses Schicksal Robert MacGregor im *Rob Roy* erspart.

5 *Eveline Neville u. Graf Glenallan]* In *The Antiquary* (vgl. Anm. S. 469). Zur tragischen Liebesgeschichte zwischen Eveline Neville und dem Grafen Glenallan vgl. die Anm. zur ‚alten Elsbeth' S. 483.

Marg. *Meg Merilies]* In *The Astrologer* (vgl. Anm. S. 467).

17f. *ein synthetischer u. ein analytischer]* Vgl. die Ausführungen auf S. 34 und 54. Zum theoretischen Hintergrund vgl. Anm. S. 453.

132 Marg. *der Lampenputzer] The Lamplighter* (1854, dt. 1854), Roman der amerikanischen Autorin Maria Susanna Cummins (1827–1866).

Marg. *Klein-Dorrit]* Vgl. Anm. S. 461.

Marg. *Idyll im Münchhausen]* Vgl. Anm. S. 471.

Marg. *Barnaby Rudge]* Vgl. Anm. S. 447.

Marg. *Wilhelm Meister]* Vgl. Anm. S. 483.

Marg. *Tomes Jones]* Korrekt: Tom Jones. Vgl. Anm. zu Fielding S. 464.

5 *Bankert]* Bastard, nicht eheliches Kind.

10 *Frühspaziergang]* Belegt wird der Spaziergang durch einen Kalenderein-

trag zum 20. 6. 1858: „Diesen Morgen im großen Garten gewesen [...]. Auf dem Nachhausewege packte mich plötzlich und mit Gewalt die Grundlage eines humoristischen Romans pp ‚Tagebuch und Briefe von einer Sommerreise im königl. großen Garten'" (GSA 61/IX 9, 52a).

10 *großen Garten]* Eine 1676 vom Kurprinzen Johann Georg III. angelegte, ursprünglich barocke Parkanlage in Dresden.

34 *Stifter]* Adalbert Stifter (1805–1868), österreichischer Schriftsteller. Die Bemerkung bezieht sich auf die programmatische Vorrede zur Erzählsammlung *Bunte Steine* (1853). Groß und darstellungswürdig sind nach Stifters Urteil nicht vordergründig bedeutende Ereignisse, sondern unscheinbare und regelhafte Geschehnisse, weil sie eine Vorstellung von den dahinterliegenden Gesetzmäßigkeiten eröffnen (vgl. Stifter 1853, S. 2–3). Der Einfall, täglich Wetterdaten zu notieren, könnte ebenfalls auf Stifters Vorrede zurückgehen, in der das Beispiel des regelmäßigen Aufzeichnens kleinster Veränderungen im Magnetfeld herangezogenen wird, um die poetologische Umwertung von Kleinem und Großem zu erläutern.

133 24 *animos]* Leidenschaftlich, erbittert.

134 29 *bald analytisch, bald synthetisch]* Vgl. Anm. S. 453.

135 Marg. *au contr.]* *Au contraire* (franz.: im Gegenteil).

136 8 *Resume]* Hier zu verstehen als berichtende Darstellungsweise, im Gegensatz zu einer stärker szenisch-vergegenwärtigenden Präsentation.

15 *Fichtes]* Johann Gottlieb Fichte (1762–1814), einer der einflussreichsten Vertreter der Klassischen deutschen Philosophie, Begründer des subjektiven Idealismus.

15f. *W. v. Humboldts philosoph. Aesthetik]* Wilhelm von Humboldt (1767–1835), Schriftsteller, Gelehrter und Politiker; zu seinen wichtigsten Beiträgen zur Ästhetik zählen die umfangreiche Abhandlung *Über Göthe's Herrmann und Dorothea* (1799) und der Aufsatz *Über Schiller und den Gang seiner Geistesentwicklung* (1830).

16 *Thekla pp im Wallenstein]* Die fiktive Tochter des Feldherrn Wallenstein in Schillers *Wallenstein*-Trilogie (vgl. Anm. S. 450); steht hier stellvertretend für die idealistischen Figuren in Schillers Dramen.

16f. *König v. Thule]* Goethes volksliedhafte Ballade *Der König in Thule* (1774), als lyrische Einlage im 1. Teil des *Faust* (vgl. Anm. S. 481) verwendet.

18 *Spießruthen]* Eine Militärstrafe, bei der der Verurteilte durch eine Gasse von Soldaten laufen musste, die ihm Stockhiebe versetzten.

19 *„Stäbchen"]* Vgl. Anm. S. 482.

21 *pietistische Beobachten]* Die protestantische Frömmigkeitsbewegung des Pietismus folgte der Überzeugung, dass sich die Wahrheit des Glaubens erst in einem inneren Erweckungserlebnis erschließt. Im Mittelpunkt der Glau-

benspraxis stand deshalb die intensive Selbstbeobachtung, die schriftlich in Bekenntnisbiografien oder Tagebüchern festgehalten wurde.

22f. *Nettelbeck]* Vgl. Anm. S. 477.

32 *schmiegerische]* Unterwürfige, kriecherische.

32 *Kleinstadtgesch.]* Zu diesem Projektplan vgl. Anm. S. 485.

137 24 *Holdenough]* Figur aus Scotts Roman *Woodstock* (vgl. Anm. S. 484). Der Roman spielt in der Zeit nach dem Englischen Bürgerkrieg. Im Mittelpunkt der Geschichte steht die Beziehung zwischen Sir Heinrich Lee, Royalist und Hüter des königlichen Parks zu Woodstock, und seinem Neffen, dem Oberst Everard, der die Parlamentarier unterstützt, dabei aber eine vermittelnde Position einnimmt. Der Oberst möchte seine Cousine heiraten und muss dafür die Vorurteile seines Onkels überwinden. Die angesprochene Szene findet sich im 5. Kapitel des 2. Buches: Der presbyterianische Geistliche Holdenough gerät mit Everard heftig in Streit, weil dieser die Rückkehr Sir Heinrichs ermöglicht und damit in den Augen des Geistlichen dem Papismus die Tür geöffnet hat. Everard erinnert den Wütenden an dessen Bekenntnis, wonach er sich im Bürgerkrieg durch unglückliche Umstände am Tod seines besten Studienfreundes mitschuldig gemacht hat.

29 *Pendanten]* Der Studienfreund Holdenoughs (vgl. Anm. oben).

138 14 *Shylock]* In *The Merchant of Venice* (vgl. Anm. S. 457).

Marg. *Hauptursache meiner dramatischen Fehler]* Zum Grundproblem von Ludwigs Poetik, das richtige Gleichgewicht zwischen Charakterentfaltung und Handlungsentwicklung zu finden, vgl. Anm. zu den ‚emanzipierten Gestalten' bei Dickens S. 482.

22 *Profeßor]* Ein zugehöriger Projektplan konnte nicht ermittelt werden.

32 *Bonhommie]* (franz.) Gutmütigkeit, Herzlichkeit.

37 *Hundertfranzigkeit]* Zerstreutheit.

139 12 *a priori]* (lat.) Vom Früheren her; hier: unabhängig von jeder Erfahrung, aus der bloßen Vernunft stammend.

20 *sokrat.]* Sokratisch, der Methode des Sokrates folgend, d. h. im Dialog und durch Fragen den Gesprächspartner zu einer Erkenntnis führend.

39 *Dickson]* Bezug unsicher, möglicherweise Tom Dickson, ein Landmann aus Scotts Roman *Castle Dangerous* (1831, dt. *Das gefährliche Schloss*).

140 33f. *ethisch-psychologische … historische Probleme]* Zur Trennung zwischen Drama und Roman durch die Unterscheidung von anthropologischer und historischer Behandlung vgl. S. 51.

141 18 *Gervinus]* Vgl. Anm. S. 452. Zwischen 1849 und 1850 veröffentlichte Gervinus eine vierbändige Monografie über den englischen Dramatiker, die Ludwig zu seinen Lieblingslektüren zählte (vgl. den Brief an Auerbach vom 23. 11. 1860. Studien II, S. 446). Hier könnte er sich auf eine Passage

im 4. Band beziehen, in der es heißt, dass Shakespeare die „dürftige[n] Novelle[n]", die ihm als Quelle dienten, in der Regel völlig umgearbeitet hätte (Gervinus 1850, S. 37).
Marg. *diftelt]* Dialektal für tüftelt.

142 19f. *Genfer Töpfer]* Gemeint ist der Schweizer Pädagoge, Schriftsteller und Zeichner Rodolphe Töpffer (1799–1846), dessen Bekanntheit vor allem auf seine humoristischen Bildergeschichten zurückgeht. Ludwig bezieht sich hier jedoch vermutlich auf das literarische Hauptwerk, die *Genfer Novellen*, die ab 1832 zunächst einzeln, dann 1841 gesammelt unter dem Titel *Nouvelles genevoises* erschienen. Die erste deutsche Übersetzung lag bereits 1839 vor.
Marg. *Auberge]* (franz.) Gasthaus, Herberge.

143 26 *intriguater]* Intrikater, verwickelter.

145 4 *Material zu einem Aufsatze]* Einer der wenigen Hinweise auf eine geplante Veröffentlichung der erzähl- und romantheoretischen Studien. Das Vorhaben wurde jedoch nie umgesetzt.
6 *S. 65.–63.]* Korrekt: S. 65–69 (vgl. S. 120–132).
7 *⟨S.⟩ 59. (Elsbeth im Alterth.)]* Vgl. S. 104f. sowie Anm. S. 483.
8 *Ochiltree S. 53.]* Vgl. S. 91. Zur Figur des Bettlers Ochiltree aus Scotts *The Antiquary* vgl. Anm. S. 470.
9 *⟨S.⟩ 48.]* Vgl. S. 74.
10 *Untersecundaner in Hildburghausen]* Ludwig besuchte von 1828 bis 1829 das Gymnasium im thüringischen Hildburghausen.
11 *Das Bärenthal]* Nicht erhalten (vgl. Werke IV, S. XII, 232).
23 *Alfred]* Der Plan zu einem Drama mit dem Titel „König Alfred" reicht in Ludwigs Jugendzeit zurück (vgl. Ludwig 1874, S. 367). Mitte der 50er Jahre beschäftigt er sich erneut mit dem Stoff. Aus den zahlreichen Skizzen veröffentlichte Erich Schmidt eine ausgearbeitete Szene im 4. Band der *Gesammelten Schriften* (GS IV, S. 123–131). Historischer Hintergrund ist das Schicksal König Alfreds des Großen (848/849–899), der im Krieg gegen die dänischen Wikinger zunächst fliehen musste, bevor es ihm gelang, die angelsächsische Vorherrschaft über Britannien militärisch zu festigen. Zu diesem Stoff vgl. auch Theodor Fontanes Ballade *König Alfred* (1851).
30 *Zum tollen Heinrich]* Vgl. Anm. S. 481.

148 4 *Befreiungskriegen]* Vgl. Anm. zum Freiheitskrieg S. 477.
21 *kleindeutschen Partei]* Gemeint sind die politischen Kräfte, die nach der gescheiterten Revolution von 1848/49 die kleindeutsche Lösung, d. h. die Einigung der deutschen Länder unter Ausschluss des habsburgischen Vielvölkerstaates, anstrebten.

149 1 *Heimchen auf dem Herde] The Cricket on the Hearth* (1845, dt. 1846), eine Weihnachtserzählung von Charles Dickens.

7f. *Caleb Plummers blinder Tochter]* Caleb Plummer, eine Figur aus Dickens Geschichte, ist ein Spielzeugmacher, der mit seiner blinden Tochter in ärmlichen Verhältnissen lebt. Um sie glücklicher zu machen, täuscht er sie über ihre wahre Lebenssituation und macht sie glauben, in einem wohlhabenden Haus zu leben.

21f. *Zwischen Himmel und Erde … Heiterethei]* Vgl. Anm. S. 459 (*Zwischen Himmel und Erde*) und Anm. S. 470 (*Die Heiteretei*).

25 *Idealistengeschichte]* Ähnlich wie beim „neuen Donquichote" (vgl. Anm. S. 465) sollte die Erzählung wohl auf eine Auseinandersetzung mit dem literarischen Idealismus, mit Schiller als dessen prominentestem Vertreter, hinauslaufen. Zentral ist dabei der Vorwurf, der Idealismus führe zu einer Dissoziation von Kunst und Moral.

26 *Max- und Thekla-Episode]* In Schillers *Wallenstein* (vgl. Anm. S. 450). Max Piccolomini, der Sohn des im kaiserlichen Auftrag im Geheimen gegen Wallenstein operierenden Octavio Piccolomini, gerät durch seine Verehrung für Wallenstein und seine Liebe zu dessen Tochter Thekla (vgl. Anm. S. 491) bei seiner gleichzeitigen Treue gegenüber dem Kaiser in einen existenziellen Loyalitätskonflikt und stürzt sich, mit der Absicht zu sterben, in einen aussichtslosen Kampf mit den Schweden. Als Thekla von seinem Schicksal erfährt, wählt sie ebenfalls den Freitod.

30 *Romeo und Julia]* Vgl. Anm. S. 458. Die Parallele bezieht sich auf die Selbsttötung der beiden Protagonisten.

31 *Hamlet, Makbeth]* Vgl. Anm. S. 458f.

Marg. *Selbstmörder zugleich der Richter]* Ludwig denkt hier möglicherweise an den Helden seines *Erbförsters*, der sich aus übersteigertem Rechtsgefühl zuletzt selbst das Leben nimmt. Dieses Ende wählte Ludwig indes erst für die Buchausgabe, in der originalen Fassung des Dramas hatte sich der Held noch der Justiz überantwortet.

150 5 *„Die Räuber spielen" der badischen Republikaner]* Im Großherzogtum Baden kam es 1848 wiederholt zu Erhebungen radikal-demokratischer Kräfte. Im April zog ein Trupp von Freischärlern unter Führung Friedrich Heckers und Gustav Struves gegen die Residenzstadt Karlsruhe. Das Freiheitspathos in Schillers Sturm-und-Drang-Stück *Die Räuber* (1781) diente den Revolutionären als Inspiration. So war Hecker in Mannheim, wo das Drama zuerst aufgeführt wurde, Mitglied der Herrengesellschaft „Räuberhöhle" und auch seine Uniform mit dem markanten breitkrempigen Hut griff Elemente der Räuberromantik auf.

6 *Posa]* Marquis von Posa, Figur aus Schillers Drama *Don Carlos* (1787). Der junge Posa figuriert im Stück als Repräsentant des politischen Idealismus. Er unterstützt die Freiheitsbewegung der protestantischen Niederlande und

möchte den spanischen König Philipp II. für seine Ideen einer aufgeklärten Monarchie gewinnen. Kritisch erscheint im Stück vor allem, wie Posa die Freundschaft zum Kronprinzen Don Carlos für seine Ziele ausnutzt.

17 *Schauspieler – Schröder]* Friedrich Ludwig Schröder (1744–1816), Schauspieler, Theaterdirektor und Dramatiker.

28 *Chor]* Schiller lässt in seinem Trauerspiel *Die Braut von Messina* (1803) einen Chor auftreten.

36 *Gesina]* Könnte sich auf die später genannte Giftmörderin Gesche Gottfried (vgl. Anm. S. 497) beziehen, die auch unter dem Vornamen Gesina bekannt war.

151 1 *zermacht]* Zerstört, zunichtegemacht.

Marg. *Körners Heldentod]* Der Tod des Schriftstellers Carl Theodor Körner (1791–1813) in den Befreiungskriegen.

Marg. *Sands elende That]* Die Ermordung des konservativen Dramatikers August von Kotzebue durch den radikalen Burschenschaftler Karl Ludwig Sand (1795–1820) im März 1819.

Marg. *Schillers Erhabenes]* Schillers Theorie des Erhabenen, die er in den Aufsätzen *Vom Erhabenen* (1793) und *Über das Erhabene* (1801) entfaltet. Für Schiller resultiert das Erhabene aus der Vorstellung der eigenen sittlichen Freiheit, sei es im Angesicht einer übermächtigen Natur oder in der bewussten Akzeptanz eines unabwendbaren Schicksals.

Marg. *Judicium]* (lat.) Urteil.

Marg. *Johanniskirchhof]* Vermutlich der Johanniskirchhof vor dem Pirnaischen Tor in Dresden, der 1858 säkularisiert wurde.

152 Marg. *Nemesiswechsel]* Schicksalswechsel. Nemesis ist in der griechischen Mythologie die Göttin der Gerechtigkeit, deren Wirken das Gleichgewicht zwischen Vergehen und Strafe garantiert.

14 *Die Waldburg]* Spuren der Beschäftigung mit diesem Stoff finden sich schon 1840 in Ludwigs Tagebucheinträgen (vgl. Werke VI, S. VIII–IX). Intendiert war zunächst eine dramatische Behandlung, die das Rachemotiv in der Vordergrund rückt: Ein dämonischer Kastellan rächt eine erfahrene Ungerechtigkeit, indem er zwei Söhne einer adligen Familie, die infolge einer Kindesunterschiebung nicht um ihr Verwandtschaftsverhältnis wissen, in einen mörderischen Streit treibt. Auch nach der erfolgreichen Fertigstellung eines fünfaktigen Trauerspiels um 1845 (Werke VI, S. 127–183) arbeitet Ludwig weiter an dem Stoff. Als neues Motiv erscheinen nun unter Anlehnung an Gottfried August Bürgers Ballade *Des Pfarrers Tochter von Taubenhain* die Verführung eines bürgerlichen Mädchens durch einen Adligen und der Kindsmord (vgl. Werke VI, S. XIII). Diesen Motivkomplex führt Ludwig in den Folgejahren im Trauerspiel *Die Pfarrrose* weiter, andere Aspekte des

Stoffes gehen in den *Erbförster* ein (vgl. Anm. S. 451). In den 50er Jahren schließen sich dann die Pläne für eine epische Bearbeitung an. Unter dem Eindruck von Scotts Romanen sucht Ludwig offenbar nach Stoffen, die ähnliche balladeske Verwicklungen und romantisierende Kulissen bieten. 1856 bietet Ludwig dem Verleger Wigand (vgl. Anm. 488) die Erzählung an, kommt aber in der Ausarbeitung nicht über Konzeptskizzen hinaus.

153 1 *Roués]* (franz.) Gewissenlose Menschen, eigtl.: Geräderte, zum Rädern Verurteilte.

31f. *Wohlhäbigkeit]* Wohlhabenheit, auf Wohlstand fußende Zufriedenheit.

154 29 *Patrimonialrichter]* Richter eines dem Gutsherrn unterstellten Gerichtes.

156 7 *Vindikazion]* Rechtfertigung.

16 *schlesischen Kriegen … siebenjährigen]* Die militärischen Auseinandersetzungen Preußens mit der Habsburgermonarchie zwischen 1740 und 1763, die sich im Siebenjährigen Krieg (1756–1763) zu einem Konflikt der europäischen Großmächte um globale Einflussspähren ausweiteten.

17 *Liedern eines preuß. Grenadiers] Preussische Kriegslieder in den Feldzügen 1756 und 1757 von einem Grenadier* (1758) von Johann Wilhelm Ludwig Gleim (1719–1803).

157 21 *Triumph von Roßbach]* Schlacht im Siebenjährigen Krieg, in der Friedrich II. die französische Armee besiegte.

22 *Affen u. Tyger nennt Voltaire]* Der französische Philosoph und Schriftsteller Voltaire (eigtl. François-Marie Arouet, 1694–1778) lässt den Titelhelden seines philosophischen Romans *Candide ou l'optimisme* (1759) mit Bezug auf Frankreich ausrufen, er komme „je eher je lieber aus diesem Lande […], wo Affen Tiger necken und hetzen!" (Voltaire 1844, S. 135).

Marg. *Rudera]* (lat.) Schutt, Geröll.

158 Marg. *eingeschwärzt]* Eingeschmuggelt.

Marg. *Gemeine]* Gemeinde.

Marg. *verhorchen]* Abhorchen.

159 Marg. *Avec]* (franz.) Mit, hier: zugehörige äußerliche Merkmale.

9 *Confidenzen]* Vertrauliche Nachrichten.

35 *dräut]* Droht.

161 1 *Miethling]* Söldner.

5f. *Friedrichs]* Gemeint ist der preußische König Friedrich II.

Marg. *Plutarch]* Die biografischen Schriften des antiken griechischen Autors Plutarch, die auch Shakespeare als Quelle für seine Dramen dienten.

Marg. *curiöser]* Neugieriger.

33ff. *Städte im 30j. Kriege … Schultern hängend]* Kapiteltitel und Zitat aus dem 2. Band von Gustav Freytags kulturhistorischem Werk *Bilder aus der deutschen Vergangenheit* (1859, S. 178).

162 3ff. *Als Kind war ich]* Als Figurenrede zu verstehen; charakteristisch für Ludwigs Arbeitsweise ist der fließende Übergang zwischen konzeptuellen Überlegungen und eingeschobenen Ansätzen fiktionaler Figurenrede.

19 *Befreiungskriege]* Vgl. Anm. S. 477.

36 *Cicerone]* Fremdenführer.

163 7 *relata referirt]* Der lat. Redewendung *relata refero* (Ich erzähle, was ich gehört habe) entsprechend.

Marg. *Egalité]* (franz.) Gleichheit; einer der politischen Leitbegriffe der Französischen Revolution.

164 6 *Sch. Geburtstag ... Dr. Luther]* Schillers Geburtstag fällt wie der Martin Luthers auf den 10. November.

Marg. *Wallensteiner]* Vgl. Anm. S. 450.

Marg. *Franz Moor]* Hauptfigur in Schillers Drama *Die Räuber* (1781).

Marg. *Marien Stuarts den Elisabethen]* Bezogen auf die Protagonistinnen in Schillers Drama *Maria Stuart* (1800), die schottische Königin Maria Stuart und ihre Widersacherin, die englische Königin Elisabeth I.

Marg. *Schäkspiehr]* Inkorrekte Schreibung markiert die Figurenrede.

Marg. *Gesche Gottfried]* Margarethe Gottfried (1785–1831), bekannte Serienmörderin, die zwischen 1813 und 1827 in Bremen insgesamt 15 Giftmorde beging und dafür hingerichtet wurde.

Marg. *Briefen über D. Carlos]* In den 1788 veröffentlichten *Briefen über den Don Carlos* bemühte sich Schiller um eine Rechtfertigung der Figur Marquis Posas (vgl. Anm. S. 494) aus seinem Drama *Don Carlos*.

Marg. *Freiheitstragödie]* Vermutlich Shakespeares *The Tragedy of Julius Caesar*.

Marg. *H. Rath Leßing]* Vgl. Anm. S. 458. Zitat nicht ermittelt.

12 *Jago, Edmund u. Richard III]* Die Schurkenfiguren in Shakespeares Dramen *Othello*, *King Lear* und *Richard III*.

17 *Mephistosche]* Wohl auf die Teufelsfigur in Goethes *Faust* zu beziehen.

20 *Selbstm. Romeos u. Julias]* Vgl. S. 149 sowie Anm. S. 458 und 494.

25 *P. Corneille]* Vgl. Anm. S. 489.

165 6 *Sands That]* Vgl. Anm. S. 495.

7 *Maxens Selbstmord]* Vgl. Anm. S. 494.

8 *Heldentode Theodor Körners]* Vgl. Anm. S. 495.

25 *Zubehör]* Von Ludwig vor allem in der Dramentheorie häufig verwendeter Begriff für Textelemente, die nicht unmittelbar zur Handlung gehören, gleichwohl die Kohärenz des Geschehens bekräftigen.

166 1 *gloreiche Revolution]* Die *Glorious Revolution* von 1688/89 führte zum Sturz des zum Katholizismus übergetretenen englischen Königs Jakob II. und begründete mit der Verabschiedung der *Bill of Rights* durch das Parlament die konstitutionelle Entwicklung der englischen Monarchie.

167 32 *E. Höfer]* Edmund Hoefer (1819–1882), Schriftsteller und Literaturkritiker. Als Redakteur der Zeitschrift *Hausblätter* hatte er Anfang 1856 Kontakt zu Ludwig aufgenommen und ihn, letztlich vergeblich, um novellistische Beiträge gebeten (GSA 61/IX 7, 4a). Wie eine spätere Notiz (vgl. S. 196) nahelegt, bezieht sich Ludwig hier wohl auf die Erzählsammlung *Aus dem Volk* (1852). Sie enthält den Novellenzyklus *Erzählungen eines alten Tambours*, worin ein Binnenerzähler Geschichten aus seinem Leben erzählt.

37 *eigentl. Erzählung]* Vgl. dazu die Theorie der Erzählformen (S. 203f.). In beiden Fällen bezeichnet der Begriff eine Erzählweise, die sich an der faktualen Alltagserzählung orientiert und diese imitiert.

168 6 *„Zw. Himmel und Erde"]* Vgl. Anm. S. 459.

34 *Mittelbarkeit]* Vgl. Anm. S. 489.

Marg. *Elsbeth Muckleb.]* Vgl. Anm. S. 483.

37 *„Waldburg"]* Vgl. Anm. S. 495.

169 10 *persona dramatis]* (lat.) Person der Handlung, Dramenfigur.

13f. *Wirthshaus an d. Rhein]* Gehört zum Stoffkreis des „tollen Heinrich" (vgl. E. Schmidt 1891, S. 22). Wohl in zeitlicher Nähe zu diesen Aufzeichnungen stehen Notizen zu einer epischen Umarbeitung der Geschichte, in denen Ludwig über die Einführung einer Binnenerzählerin in die Komposition nachdenkt (GSA 61/V 7, 7, 43–52).

14 *Clementine]* Geht auf ein wohl in den 40er Jahren entworfenes Projekt zu einem bürgerlichen Trauerspiel zurück (vgl. Greiner 1934, S. 105–106).

14 *Die neue Undine]* Kern dieses Projektes, dessen Titel auf Friedrich de la Motte Fouqués Kunstmärchen *Undine* (1811) Bezug nimmt, ist die Geschichte eines Findelkindes, welches neben seiner ertrunkenen Mutter am Fluss gefunden wird. Aufgrund der (vermeintlich oder tatsächlich) illegitimen Abstammung sozial stigmatisiert, ertränkt sich das Mädchen später ebenfalls (vgl. Raphaël 1920, S. 272–273). In einem Briefentwurf an die Redaktion der *Gartenlaube* von 1855 bietet Ludwig die Geschichte als Ersatz für die abgelehnte Erzählung *Zwischen Himmel und Erde* an (Ludwig 1935a, S. 19), doch auch dieser Stoff kommt nicht über das Konzeptstadium hinaus.

17 *Dorfgeschichten Auerbachs]* Vgl. Anm. S. 455.

28 *Naturalist]* Für Ludwig Gegenbegriff zum literarischen Idealisten. Naturalistisch verfährt der Künstler demnach, wenn er sich an der Breite der empirischen Erscheinungen orientiert, nicht, wie der Idealist, an der Einheit des Gedankens. In der Mitte zwischen beiden Positionen verortet er den Realismus: „Dem *Naturalisten* ist es mehr um die Mannigfaltigkeit zu thun, dem *Idealisten* mehr um die Einheit. Diese beiden Richtungen sind einseitig, der *künstlerische Realismus* vereinigt sie in einer künstlerischen Mitte" (Studien I, S. 459). Die Bemerkung zu Hoefer zeigt indes, dass Ludwig die

Berechtigung der naturalistischen Technik durchaus anerkennt. Zu einer ähnlichen Einschätzung mit Bezug auf Dickens vgl. S. 330.

170 1ff. *Es ist ... zu suchen.]* Zitat aus dem 2. Band von Freytags *Bildern aus der deutschen Vergangenheit* (1859, S. 405–406).

23 *Kapitän (hamburg.) Karpfanger]* Berend Jacobsen Karpfanger (1623–1683), Hamburger Convoykapitän, der bei einer von einem Schiffsbrand ausgelösten Explosion sein Leben verlor. Freytag berichtet davon auf S. 299–307.

25ff. *Wir freuen ... zu sterben.]* Zitat aus Freytag (ebd., S. 307–308).

171 Marg. *Spee]* Friedrich Spee (1591–1635), jesuitischer Theologe und Lyriker, starb bei der Pflege Pestkranker. Freytag erwähnt sein Schicksal auf der angegebenen Seite.

15 *vide S. 67]* Vgl. S. 126.

36 *N. Oldbuck]* Korrekt: J. (Jonathan) Oldbuck, eine Hauptfigur in Scotts *The Antiquary* (vgl. Anm. S. 469). Auch die folgenden Figurennamen beziehen sich auf den Roman.

172 6 *Niece]* (engl.) Nichte; hier gemeint: Mary MacIntyre.

27ff. *„Der Regent ... es ist]* Zitat aus den Memoiren der französischen Schauspielerin und Sängerin Marie-Anne-Christine Quinault (1695–1791), postum 1836 unter dem Titel *Mémoires de Mlle Quinault aînée* veröffentlicht. 1837 erschien eine deutsche Übersetzung mit dem Titel *Memoiren der Herzogin von Nevers*. Ludwig zitiert hier aus dem 2. Band (1837b, S. 35–38).

27 *Regent]* Herzog Philippe II. d'Orléans (1674–1723), regierte Frankreich zwischen 1715 und 1723 für den noch unmündigen Ludwig XV.

173 22 *Herzog von Chartres]* Louis d'Orléans (1703–1752).

39f. *Armida ... Rinaldo]* Aus Georg Friedrich Händels Oper *Rinaldo* (1711).

174 12ff. *Der Graf ... erstürmt haben.]* Zitat aus Quinault (1837a, S. 15–16).

12 *Graf von Nocé ... (roué)]* Als Roués (vgl. Anm. S. 496) bezeichnete der für seinen ausschweifenden Lebensstil bekannte Philippe II. d'Orléans die Gefährten seiner Abenteuer. Als einer der rücksichtslosesten unter ihnen galt der Graf von Nocé (vgl. „[Art.] Roués" 1847, S. 294).

175 1 *Servetus]* Michael Servetus (eigtl. Miguel Serveto, 1509/1511–1553), spanischer Arzt und Theologe, auf Betreiben Calvins für seine trinitätskritischen Schriften in Genf zum Tode verurteilt und hingerichtet.

9 *Calvin]* Johannes Calvin (eigtl. Jean Cauvin), französisch-schweizerischer Reformator (1509–1564).

18 *Crequi]* Renée-Caroline de Froulay, Marquise de Créquy (1714–1803), französische Intellektuelle. Ihre Memoiren wurden von Fanny Tarnow ins Deutsche übertragen und unter dem Titel *Denkwürdigkeiten einer Aristokratin* (1836–1837) veröffentlicht.

19 *Frau Roland de la Plattiere]* Manon Roland (eigtl. Jeanne-Marie Roland de

La Platière, 1754–1793), französische Politikerin und Intellektuelle, während der Französischen Revolution hingerichtet.

21ff. *„Sie war ... vergeßen habe."]* Zitat aus Tarnow (1837, S. 367–370).

176 36 *Marschall v. Richelieu]* Der Großneffe des Kardinals Richelieu, Louis François Armand de Vignerot du Plessis (1696–1788).

36f. *H. v. Aumont]* Louis-Marie-Augustin d'Aumont (1709–1782).

39ff. *Herr, Herzog ... barbiren.]* Zitat aus Tarnow (1836, S. 270–271).

177 7 *Fräulein Quinault]* Vgl. Anm. oben.

9 *Frau Necker]* Suzanne Necker (1737–1794), schweizerische Schriftstellerin.

10ff. *Sie war ... Kleide.]* Zitat aus Tarnow (1837, S. 303–304).

18 *alten Gräfin]* Gehört wie die nachfolgend genannten Figuren dem Romanpersonal von Scotts *The Antiquary* (vgl. Anm. S. 469) an.

178 4 *Die Familie]* 3. Band von Riehls *Naturgeschichte des Volkes als Grundlage einer deutschen Social-Politik* (1851–1869). Zu Riehl vgl. Anm. S. 471.

5ff. *Auf dem Lande ... Hauses.]* Zitat aus Riehl (1855, S. 224–225).

179 9ff. *Einschneidender kann ... stehen wir.]* Zitat aus Riehl (ebd., S. 225).

16 *Dorfgeschichte]* Vgl. Anm. S. 455.

21ff. *In der poetischen ... zu stecken.]* Zitat aus Riehl (ebd., S. 231–235).

30 *Ludwig Richter]* Vgl. Anm. S. 463. Die Wahrnehmung Richters als Maler der häuslichen Idylle ist der hohen Popularität seiner Buchillustrationen geschuldet. Durch die Vermittlung seines Freundes Moritz Heydrich lernte Ludwig den Maler während seiner Sommeraufenthalte in Loschwitz bei Dresden persönlich kennen.

181 25 *Jeremias Gotthelf]* Vgl. Anm. S. 448.

182 17f. *⟨„⟩Dursli, der Branttweinsäufer."]* Gotthelfs Erzählung *Dursli der Branntweinsäufer, oder: Der heilige Weihnachtsabend* erschien erstmals 1839.

183 14 *„Zwischen H. u. E."]* Vgl. Anm. S. 459.

14 *Heiterethei]* Vgl. Anm. S. 470.

24 *„Kleinstadtgeschichte"]* Vgl. Anm. S. 485.

32 *gebohnten]* Gebohnerten, polierten.

184 1f. *in dem bereits ausgeführten Anfange]* Vgl. Werke III, S. 273–286.

14 *Accomodation]* Anpassung.

186 21f. *dunkeln Vorstellungen]* Vgl. Anm. S. 451.

27 *Deserteurgeschichte]* Bezieht sich auf den „tollen Heinrich" (vgl. S. 481).

27 *Waldburg]* Vgl. Anm. S. 495.

187 5ff. *Savigny's classisches ... geschaffen."]* Zitat aus Riehl (1855, S. 220). Unterstreichung entspricht Hervorhebung im Original.

5 *Savigny's]* Friedrich Carl von Savigny (1779–1861), Rechtshistoriker.

12ff. *Das häusliche ... geschaffen.]* Zitat aus Riehl (ebd., S. 271). Unterstreichung entspricht Hervorhebung im Original.

14ff. *So lange ... bäuerliche.]* Zitat aus Riehl (ebd., S. 274).

25 *Haydn]* Vgl. Anm. S. 463.

188 7 2 *Pastorengeschichte]* Steht im Zusammenhang mit dem Stoffkreis der „heimlichen Gemeinde". Handlungskern ist die Entzweiung einer Gemeinde über den Streit zweier Pastoren und ihrer verschiedenen Glaubensvorstellungen (vgl. Raphaël 1920, S. 275). Zahlreiche andere Motive wie die Geschichte vom „Balsamträger" oder der Gräfin Pfaffel werden gelegentlich mit dem Stoff verschmolzen (vgl. dazu S. 60 sowie Anm. S. 465).

189 12 *Undine]* Vgl. Anm. S. 498.

190 1ff. *Den Waverlei ... Lieblingsfiguren.]* Zitat aus einem Brief des Philosophen Karl Wilhelm Ferdinand Solger (1780–1819) an Ludwig Tieck, abgedruckt in *Solger's nachgelassene Schriften und Briefwechsel* (1826, S. 714–717).

1 *Waverlei]* Vgl. Anm. S. 479.

191 28ff. *Ich muß Ihnen ... Epos.]* Zitat aus demselben Brief (ebd., S. 718).

28 *Byron]* Vgl. Anm. S. 473.

33 *Marquise de la Roche-Jaquelin]* Victoire de Donnissan de La Rochejaquelein (1772–1857), ihre Memoiren erschienen 1814 (dt. 1817).

192 3 *Claus]* Vgl. Anm. S. 473.

6 *2Pastorengeschichte]* Vgl. Anm. oben.

34 *böslicher Verlaßung]* Rechtsterminus, der die Entfernung eines Ehepartners aus dem gemeinsamen Haushalt bezeichnet.

35 *Nix]* Wassergeist.

37 *Wachwitz]* Dorf bei Dresden, heute Teil des Stadtbezirks Loschwitz. Ludwig bezieht sich auf ein Erlebnis aus dem Mai 1844, das er auch in einem Brief an Ludwig Ambrunn erwähnt (vgl. Briefe, S. 95–97).

193 2 *nimmt der Autor keine Partei]* Zu dieser Verwendungsweise des Autorbegriffs vgl. S. 117 sowie Anm. S. 486.

8 *Lampenputzer]* Vgl. Anm. S. 490.

8f. *Mabel Vaughan]* Roman von Maria S. Cummins von 1857 (dt. 1857).

13 *Erbförster]* Vgl. Anm. S. 451.

25 *Blödigkeit]* Schüchternheit.

194 12 *objektiven Humors]* Die Differenzierung zwischen objektivem und subjektivem Humor geht auf Hegels *Ästhetik* zurück. Ludwig verwendet die Begriffe hier allerdings abgelöst vom Kontext der idealistischen Kunstphilosophie und macht ihre Unterscheidung am formalen Kriterium der Erzählperspektive fest.

18 *Mr Pikwick]* Vgl. Anm. unten.

32f. *Shaal, Stille; Holzapfel, Schlehwein; Lanzelot u. Vater Gobbo]* Figurenpaare aus Shakespeares Dramen *Henry IV, Part 2, Much adoe about Nothing* und *The Merchant of Venice*.

195 9 *die Pickwicker] The Posthumous Papers of the Pickwick Club* (1836–1837, dt. 1837–1838), Charles Dickens' erster Roman, erzählt in loser episodischer Reihung von den Schicksalen des wohlhabenden Exzentrikers Samuel Pickwick, Gründer eines nach ihm benannten Klubs, der sich die Erforschung des Landes und der Bevölkerung zur Aufgabe gemacht hat. Zu diesem Zweck reist Pickwick mit zwei anderen Klubmitgliedern durch ganz England und erlebt dabei zahlreiche Abenteuer.

27 *Hochzeit bei Mr. Wardle]* Im 28. Kapitel des Romans.

Marg. *Comment]* (engl.) Kommentar, Redebeitrag.

Marg. *beut]* Bietet.

35 *Jingle]* Alfred Jingle, ein Wanderschauspieler und Heiratsschwindler.

35 *Schäfer]* Der habgierige und trunksüchtige Geistliche Stiggins.

35 *Icti]* Abkürzung für lat. *iuris consulti:* Rechtsberater. Gemeint sind die beiden skrupellosen Juristen Dodson und Fogg.

36 *Maulbeerfarbene]* Hiob Trotter, Jingles Diener.

196 16f. *namenlosen Geschichten von Hackländer]* Vgl. Anm. S. 448.

18 *Pickwicks Prozeß]* Von seiner Vermieterin, Mrs Bardell, wird Mr Pickwick angeklagt, ein angeblich gegebenes Heiratsversprechen gebrochen zu haben.

21 *Höfers Gesch. aus dem Volke]* Vgl. Anm. S. 498.

22 *savoir vivre u. savoir faire]* (franz.) Lebenskunst und Gewandtheit.

22f. *Sam Weller]* Der lebenskluge Stiefelputzer Samuel Weller, den Pickwick zum Freund und treuen Gefährten gewinnt. Die angesprochene Szene in Bath wird im 35. Kapitel erzählt.

26ff. *„Der Zweck ... herbeigeführt zu haben.]* Ludwig zitiert die gesamte Vorrede in der Übersetzung von Otto v. Czarnowski (Dickens 1839a, S. 3–4).

198 5 *G. V. v. Carnowsky]* Korrekt: O. v. Czarnowski.

6ff. *„Laßt uns ... beleuchtet.]* Zitat aus Dickens (1839b, S. 190).

200 1 *Orbis Piktus]* Der Aufsatz *Vorschlag zu einem Orbis pictus für deutsche dramatische Schriftsteller, Romanendichter und Schauspieler* des Physikers, Philosophen und Aphoristikers Georg Christoph Lichtenberg (1742–1799) erschien erstmals 1780.

4 *Milton]* John Milton (1608–1674), englischer Schriftsteller und Philosoph, Verfasser des epischen Gedichts *Paradise lost.*

4ff. *„Sein Werk ... Goldstücke."]* Zitat aus Lichtenberg (1817, S. 100–101).

32 *Herrn Wellers senior]* Tony Weller, Figur aus Dickens *Die Pickwickier* (vgl. Anm. oben). Von seinen Vorurteilen gegenüber Witwen wird im 23. Kapitel berichtet. Seine Frau pflegt Kontakte zu dem zweifelhaften Prediger Stiggins.

201 18 *„Culturhistorischen Novellen v. Riehl"]* Die Sammlung *Culturgeschichtliche Novellen* von Wilhelm Heinrich Riehl (vgl. Anm. S. 471) erschien 1856.

19 *„Zwei Städte⟨"⟩] A Tale of Two Cities* (1859, dt. 1859), historischer Roman von Charles Dickens. Die Geschichte um den französischen Aristokraten Charles Darnay spielt zur Zeit der Französischen Revolution abwechselnd in London und Paris. Zum Inhalt vgl. Ludwigs detaillierte Zusammenfassung auf S. 210ff.

202 19 *Waverley]* Vgl. Anm. S. 479.

21 *Götz]* Vgl. Anm. S. 479.

21 *Werther]* Goethes Briefroman *Die Leiden des jungen Werthers* (1774).

22 *Tom Jones]* Vgl. Anm. zu Fielding, S. 464.

22 *D. Quixote]* Vgl. Anm. S. 476.

29f. *Hegel fordert]* Bezieht sich auf die Epiktheorie in Hegels *Vorlesungen über die Ästhetik* (1835–1838). Im 3. Band der von Gustav Heinrich Hotho zusammengestellten Fassung heißt es: „Was die Darstellung angeht, so fordert auch der eigentliche Roman wie das Epos die Totalität einer Welt- und Lebensanschauung, deren vielseitiger Stoff und Gehalt innerhalb der individuellen Begebenheit zum Vorschein kommt, welche den Mittelpunkt für das Ganze abgiebt" (Hegel 1838, S. 396).

37 *Dorfgeschichten]* Vgl. Anm. S. 455.

203 6 *Gefälte]* Faltenwurf.

28 *Die Formen der Erzählung]* Die Typologie der Erzählformen gehört zu den bekanntesten Passagen der *Romanstudien*. Rezeptionsgeschichtlich prägend war vor allem ein Verweis in Franz K. Stanzels viel gelesenem erzähltheoretischen Einführungsbuch *Typische Formen des Romans*. Stanzel stellt Ludwigs Überlegungen dort in den Kontext der Unterscheidung zwischen einer berichtenden und einer szenischen Erzählweise (vgl. Stanzel 1993, S. 11). Vergleichbare Differenzierungen finden sich auch in der englischen Romantheorie der Zeit, so bei George Henry Lewes (1859, S. 104–105), der in einem Aufsatz zu Jane Austens Romanen schreibt: „[I]nstead of description [...] she [Jane Austen] has the rare and difficult art of dramatic presentation: instead of telling us what her characters are, and what they feel, she presents the people, and they reveal themselves." Doch gehen Ludwigs Darlegungen über diese Dichotomie hinaus. Die Besonderheit seiner Theorie der Erzählformen liegt gerade darin, dass sie sich auch auf die Parameter der Person des Erzählers (Ich-/Er-Erzähler) und die erzählte Ordnung (Chronologie/Anachronie) bezieht und insofern – ähnlich wie Stanzels Konzept der ‚Erzählsituation' – verschiedene Aspekte erzählerischer Darstellung zu einem Typencluster integriert (vgl. Grüne 2018, S. 255–267).

Marg. *vide S. 25]* Vgl. S. 32ff. Ludwig nimmt hier Bezug auf die Unterscheidung zwischen analytischer und synthetischer Erzählung sowie seine Typologie der Spannungsformen.

40 *Währsmann]* Gewährsmann.

204 2 *ab ovo]* (lat.) Vom Ei. Auf Horaz zurückgehende Bezeichnung für eine Erzählweise, die den Beginn eines Geschehens zum Startpunkt nimmt und nicht etwa in der Mitte der Ereignisse *(in medias res)* einsetzt. Der Nachsatz scheint dem zu widersprechen, ist aber wohl so zu verstehen, dass die Geschehnisse im eigentlichen Erzählen überwiegend chronologisch präsentiert werden und nur punktuell zur Erläuterung auf die Vorgeschichte Bezug genommen wird.

206 Marg. *die beiden lezten Romane]* Bezieht sich wahrscheinlich auf die Dickens-Lektüre, also auf die Romane *Die Pickwickier* und *Zwei Städte*. Ersterer spielt in den 1820er Jahren, letzterer im späten 18. Jh.

207 5 *Cinquentisten]* Die italienischen Künstler des 16. Jh.

19 *Colonisten des Gedankens]* Die gleiche Formulierung nutzt Ludwig in einem Brief an Julian Schmidt vom 27. 2. 1862 (vgl. Studien II, S. 451).

24 *Kladderadatsch]* Politisch-satirische Wochenzeitschrift, die zwischen 1848 und 1944 erschien.

24 *Raphaele]* Vgl. Anm. S. 473.

24f. *Tiziane]* Vgl. Anm. S. 483.

208 14f. *L. Richterillustrationen]* Vgl. das längere Exzerpt zu Ludwig Richter auf S. 179ff. sowie Anm. S. 463.

22 *Kotzebue'sche]* August von Kotzebue (1761–1819), populärer Dramatiker, der hier als trivialliterarisches Pendant zu den Klassikern zitiert wird. Zu seiner Ermordung durch Karl Ludwig Sand vgl. Anm. S. 495.

24f. *Referat über Dr. Semlers Vorlesung]* Christian Semler (1829?–1915), Literaturhistoriker und Lehrer für deutsche und englische Literatur in Dresden. Der Vortrag fand am 7. 12. 1861 statt, die *Constitutionelle Zeitung* berichtete davon in der Ausgabe vom 11. 12. 1861. Ludwig dürfte zufällig und vielleicht auch erst später auf den Bericht gestoßen sein, denn vermutlich wurde ihm die Zeitung wegen einer direkt daneben abgedruckten Notiz über die Aufführung seiner *Makkabäer* am Wiener Burgtheater vorgelegt.

25 *Othello]* Vgl. Anm. S. 458.

28 *Saddler Wells' Theater]* Korrekt: Sadler's Wells (Fehler auch in Quelle). Von Richard Sadler 1683 gegründetes Konzerthaus und Theater in London.

31 *Ludwig Schröder]* Vgl. Anm. S. 495.

37 *Pickwick]* Vgl. Anm. S. 502.

209 18 *Erbförster]* Vgl. Anm. S. 451.

18 *Nettenmair]* In *Zwischen Himmel und Erde* (vgl. Anm. S. 459).

18 *Judahs]* Protagonist aus Ludwigs 1853 uraufgeführtem Bibeldrama *Die Makkabäer*.

18 *Heiterethei]* Vgl. Anm. S. 470.

36 *Summum jus summa injuria]* (lat.) Das höchste Recht (ist) das höchste Unrecht.

210 29 *Zwei Städte]* Vgl. Anm. S. 503. Die Zusammenfassung orientiert sich an der Chronologie der Ereignisse, nicht an der Reihenfolge ihrer Erzählung.

211 4 *la deluge]* (franz.) Sintflut, hier: Revolution.

18 *Commandite]* (franz.) Kommanditgesellschaft.

36 *Old Bailey]* Der Londoner Strafgerichtshof.

38 *Dry]* Korrekt: Cly. So auch im Folgenden.

212 19 *Einnahme der Bastille]* Die Erstürmung des Staatsgefängnisses in Paris am 14. 7. 1789 markiert den Beginn der Französischen Revolution.

22 *Jaquerie]* Korrekt: Jacquerie; (franz.) Bauernaufstand, hier allgemein für Revolutionsanhänger aus dem einfachen Volk bzw. Anhänger des Jakobinerklubs, der zwischen 1793 und 1794 in Paris die treibende politische Kraft war und eine blutige Schreckensherrschaft installierte.

213 4 *Septembermordnacht]* Die Nacht vom 2. 9. 1792, in der in den Pariser Gefängnissen mehr als tausend Inhaftierte brutal ermordet wurden.

12 *Conciergerie]* Justizpalast in Paris, der während der Revolution als Gefängnis diente.

22f. *Auferstehungsmann]* Cruncher stiehlt Leichen von Friedhöfen und verkauft sie an Wissenschaftler.

214 5 *Lafarge]* Korrekt: Defarge.

11f. *Der Roman ... seine Einheiten]* Wie an anderer Stelle (vgl. S. 22ff. und Anm. S. 448) bestimmt Ludwig die Einheit des Romans hier nicht über die Geschlossenheit der Handlung, sondern über die begrenzte Zahl an Gegebenheiten (Figuren und Orten), die nach dem seriellen Prinzip von Wiederholung und Variation in wechselnden Konstellationen vorgeführt werden.

Marg. *Crunchers Abenteuer]* Im 14. Kapitel des 2. Buches.

215 Marg. *Szene zwischen Barsad u. Carton]* Im 8. Kapitel des 3. Buches.

Marg. *Advokaten]* Mr Stryver. Im Folgenden bezieht sich Ludwig auf das 12. Kapitel des 2. Buches mit dem Titel „Der Mann von Zartgefühl" sowie das folgende Kapitel „Der Mann ohne Zartgefühl".

22ff. *„Es gab ... legte.⟨"⟩]* Zitat aus Dickens (1860, S. 113).

217 30ff. *„Wiederauferstanden ... würde!"]* Zitat aus Dickens (1859, S. 16).

39ff. *„Ein feierlicher ... Herz ist!"]* Zitat aus Dickens (ebd., S. 16–17).

218 6ff. *„Gibt es ... ihnen bin."]* Zitat aus Dickens (ebd., S. 17). Im Original steht am Satzende ein Fragezeichen.

219 5f. *„Mr Lorry, ... sah"]* Zitat aus Dickens (ebd., S. 24); die folgenden Zitate finden sich ebd., S. 25–29.

11 *nackte Beschreibung von Leßing]* In seinem kunsttheoretischen Hauptwerk

Laokoon oder über die Grenzen der Mahlerey und Poesie (1766) vertritt Lessing die Ansicht, dass die Beschreibung als Erfassen eines räumlich Nebeneinanderliegenden im literarischen Text möglichst in Handlung, also in zeitlich aufeinanderfolgende Segmente verwandelt werden sollte.

26ff. *„Wie seine Augen ... um Hülfe.]* Zitat aus Dickens (1859, S. 30–41).

226 38ff. *„Wenn es jemals ... zu überlegen.]* Zitat aus Dickens (ebd., S. 43).

227 4 *Mrs Pross]* Korrekt: Miss Pross.

18ff. *⟨„⟩Der Weinwirth ... saßen."]* Zitat aus Dickens (ebd., S. 51).

21 *Jaquerie]* Vgl. Anm. S. 505.

28ff. *„saß ein Mann ... nähte."]* Zitat aus Dickens (ebd., S. 61).

34 *Meine lange Isolirung]* Eine ähnliche Klage findet sich in einem Brief an Berthold Auerbach vom 14. 4. 1860: „[M]eine Isolierung schließt allen Zufluß von realistischen Motiven ab; ich bin lächerlich fremd in der Welt geworden, und namentlich fehlt mir es überall am Modell des Gehabens der Stände, ihrer Sprache, Gewohnheit, Sitten, Moden" (Studien II, S. 448).

40 *Leßing]* Zu Ludwigs Urteil über Lessings Dialogkunst vgl. Anm. S 458.

228 2 *Corneille]* Vgl. Anm. S. 489.

23ff. *„Guten Tag! ... Guten Tag!"]* Zitat aus Dickens (1859, S. 61).

34ff. *Szenen, Hamlets ... Lady Macbeth]* Ludwig bezieht sich auf zentrale Szenen aus Shakespeares Dramen: Die Szene I.5 in *Hamlet*, Szenen III.4 und V.1 in *Macbeth* und Szene IV.7 in *King Lear*.

229 3 *Zeugenaussage Luciens]* Im 3. Kapitel des 2. Buches.

4f. *die beiden Gespräche]* Im 13. Kapitel des 2. Buches.

7 *allerliebste Wendung]* Im 19. Kapitel des 2. Buches.

14f. *meiner Kinder]* Ludwigs Söhne Otto (geb. 1852) und Reinhold (geb. 1854) sowie die Tochter Cordelia (geb. 1858). Eine zweite, 1856 geborene Tochter verstarb wenige Monate nach der Geburt.

19 *Erbförster]* Vgl. Anm. S. 451.

25ff. *„und die hohlen ... leer sei."]* Zitat aus Dickens (ebd., S. 62).

230 7 *Monseigneur]* Ein einflussreicher Höfling, der im 7. Kapitel des 2. Buches eingeführt wird.

Marg. *da packte mich ... Rheumatism]* Seit 1860 hatte Ludwig immer wieder mit heftigen Krankheitsanfällen zu kämpfen, exakt datieren lässt sich der Hinweis deshalb nicht. Möglicherweise bezieht er sich auf die im Frühjahr 1862 relativ plötzlich einsetzende Verschlechterung des Gesundheitszustandes (vgl. Stern 1906, S. 337).

31ff. *⟨„⟩Ich hoffe ... nicht.]* Zitat aus Dickens (1859, S. 80).

231 12f. *„Schweigen im ... Anklage"]* Zitat aus Dickens (ebd., S. 100).

34 *Gelichter]* Gesindel.

232 1 *Die Mühle am Floß] The Mill on the Floss* (1860, dt. 1861), Roman der

englischen Schriftstellerin George Eliot (eigtl. Mary Ann Evans, 1819–1880). Der Roman erzählt von der Familie Tulliver, die eine Mühle in einem mittelenglischen Küstenstädtchen besitzt, und rückt dabei die wechselvolle Beziehung der Geschwister Tom und Maggie (in der Übers. von Frese: Gretchen) in den Mittelpunkt.

1f. *„Adam Bede."]* Vgl. Anm. unten.

2 *Schmidt № 12827]* Im Katalog der Leihbibliothek *Schmidt's Erben* von 1862 ist unter dieser Nummer die Übersetzung des Romans von Julius Frese angegeben, aus der Ludwig später auch zitiert.

4 *Erbförster]* Vgl. Anm. S. 451.

233 8 *Mrs Glegg]* Frau Tullivers Schwester.

234 2 *Entsetzt u. erschrocken ... zu lecken.]* Zitat aus Eliot (1861, S. 99).

7 *Adam Bede]* George Eliots erster Roman (1859, dt. 1860). Über die Erzählung der tragischen Liebesgeschichte des Schreiners Adam Bede entfaltet der Roman ein detailreiches Bild der Lebensverhältnisse in einer kleinen englischen Gemeinde am Ende des 18. Jh.

7 *№ 12601 bei Schmidt]* Entspricht der Nummer im Katalog der Leihbibliothek von 1862.

8ff. *Der nachstehende ... Sünden.]* Zitat aus Eliot (1860, S. III–VI).

10 *Bulwer]* Vgl. Anm. S. 466.

10 *Thackeray]* Vgl. Anm. S. 449.

19 *Dorfgeschichte]* Vgl. Anm. S. 455.

235 16 *retardirenden Momente]* Vgl. Anm. S. 453.

40 *Currer Bell]* Pseudonym der englischen Schriftstellerin Charlotte Brontë (1816–1855).

236 Marg. *„Szenen aus dem Leben eines Geistlichen."]* *Scenes of Clerical Life* (1857, dt. 1857), Erzählsammlung von George Eliot. Ludwig entnimmt die Angabe dem Untertitel zu *Adam Bede*.

8 *„Kleinstadtgeschichte"]* Vgl. Anm. S. 485.

237 1 *Wunderbares]* Vgl. Anm. zum ‚Liesle' S. 483.

26 *Verhältniß Joes u. Pips]* In Dickens' Roman *Great Expectations* (vgl. Anm. unten).

238 2 *auf unsern ganzen Menschen wirkt]* Zu Ludwigs wirkungsästhetischen Vorstellungen vgl. Anm. zum Begriff des Interesses S. 452.

34 *Captain Cuttle]* Vgl. Anm. S. 451.

34 *Joe Gargery]* Vgl. Anm. unten zu *Great Expectations*.

239 19 *Das einzelne Leben ... Weltleben]* Ein zentrales Theorem der klassisch-romantischen Epostheorie. Ähnlich formuliert etwa Jean Paul in der *Vorschule der Ästhetik*: „Im Epos trägt die Welt den Helden, im Drama trägt ein Atlas die Welt" (Jean Paul 2015, S. 113).

25f. *verbum activum ... verbum neutrum]* In der lat. Grammatik Ordnungskategorien für Verben. Bezieht sich hier auf die Unterscheidung zwischen transitiven *(verbum activum, verbum passivum)* und intransitiven *(verbum neutrum)* Verben.

240 7 *Nichtich]* Vgl. Anm. S. 470.

17f. *Feuer in dem Leßingschen Sinne]* Bezieht sich auf das 5. Stück der *Hamburgischen Dramaturgie,* in dem über das „Feuer" des Schauspielers gesagt wird, es zeige sich nicht in „Geschrei und Kontorsionen", sondern „in der Geschwindigkeit und Lebhaftigkeit, mit welcher alle Stücke, die den Akteur ausmachen, das ihrige dazu beitragen, um seinem Spiele den Schein der Wahrheit zu geben" (Lessing 1985, S. 210).

244 14 *die Fabel]* Die Auflistung impliziert hier eine begriffliche Differenzierung zwischen *Geschichte* und *Fabel,* die auf dem Grad der kompositorischen Bearbeitung der zugrunde liegenden Ereignissequenz beruht. In diesem Sinne wird das Begriffspaar auch in der Erzähltheorie des 20. Jh. gebraucht (vgl. Lämmert 1972, S. 24–26).

245 16f. *dramatische u. tragische Widerspruch im Charakter]* Vgl. Anm. S. 474.

28ff. *„Der Elende ... betrifft."]* Zitat aus Dickens' Roman *Great Expectations* (vgl. Anm. unten), hier: Dickens 1862a, S. 33.

246 7 *dunkeln Vorstellungen]* Vgl. Anm. S. 451.

247 31f. *„Große Erwartungen"] Great Expectations,* Roman von Charles Dickens (1860–1861, dt. 1862); unter Dickens Werken wohl der am intensivsten von Ludwig studierte und analysierte Roman. Held und zugleich Ich-Erzähler der Geschichte ist Philip Pirrip, genannt Pip, der bei seiner älteren Schwester und ihrem Mann, dem Schmied Joe Gargery, aufwächst. Sein Schicksal ist auf besondere Weise verwoben mit dem des entlaufenen Sträflings Abel Magwitch, der ihm eines Abends auf dem Friedhof begegnet und dem er dabei hilft, seine Fußketten loszuwerden. Als er kurz darauf gefasst wird, verschwindet Magwitch zunächst aus Pips Leben. Einige Jahre später überbringt der Anwalt Mr Jaggers Pip die Nachricht, dass er von einem unbekannten Wohltäter eine große Summe Geld erhalten habe, mit der Bestimmung, ihn zu einem Gentleman zu erziehen. Pip geht nach London, wo er das Leben eines Snobs führt, ohne zu ahnen, dass der nach Australien deportierte und dort zu Reichtum gelangte Magwitch sein Wohltäter ist. Erst als dieser illegal nach England einreist und ihn in London besucht, erfährt Pip das Geheimnis hinter seinem Vermögen. Da der Versuch, Magwitch außer Landes zu bringen, scheitert und dieser im Gefängnis stirbt, wird das Geld vom Staat eingezogen und Pip kehrt wieder in sein altes Leben in der Schmiede zurück.

248 5 *ad vocem]* (lat.) Zu dem Worte, apropos.

6 *verte]* (lat.) Wende!

15 *angegebenen Regeln]* Vgl. S. 242ff.

26 *Carton]* Figur aus Dickens' Roman *Zwei Städte* (vgl. Anm. S. 503).

27 *Miß Havisham und Estella]* Die wohlhabende Miss Havisham lebt gemeinsam mit ihrer Pflegetochter Estella in völliger Zurückgezogenheit, da sie nie verkraftet hat, an ihrem Hochzeitstag von ihrem Bräutigam sitzen gelassen worden zu sein. So trägt sie stets ihr Hochzeitskleid und lässt die Festtafel immer gedeckt. Zudem macht sie Estella zu ihrem Instrument, sich an den Männern zu rächen, und erzieht sie zu einer lieblosen Person. Über Mr Pumblechook, Joe Gargerys Onkel, wird Pip in ihr Haus eingeführt. Er verliebt sich in Estella, die, wie von Miss Havisham geplant, mit seinen Gefühlen spielt und später seinen Nebenbuhler heiratet. Am Ende bereut Estella jedoch ihre Gefühllosigkeit und findet nach dem Tod ihres Mannes zurück zu Pip.

249 3 *das Ferne zum Nahen gemacht]* Erinnert an die Funktion des ‚mittleren Helden' in Scotts Romanen, das für den Leser Fremdere mit dem Bekannteren zu vermitteln (vgl. S. 129).

9 *Mr. Jaggers]* Im 18. Kapitel wird der Anwalt Jaggers eingeführt. In einem Pub demonstriert er einigen Gästen, die sich über einen aus der Zeitung bekannten Mordfall unterhalten hatten, die juristische und intellektuelle Unzulänglichkeit ihres vorschnellen Urteils.

30 *jene des Fremden mit der Feile]* Im 10. Kapitel.

37 *Orlik]* Joes Geselle, nach einem Streit mit Joe schlägt er dessen Frau hinterrücks nieder und verursacht ihr bleibende geistige Schäden.

250 5 *Mr. Mike]* Einer von Jaggers' Klienten, der im 20. Kapitel eingeführt wird.

8 *Herbert Pocket]* Pips Zimmergenosse und engster Freund in London. Die beiden jungen Männer hatten sich zuvor bereits auf dem Anwesen der Miss Havisham gesehen und sich dort einen Boxkampf geliefert. Als sie sich in London wiedersehen, erkennen sie sich erst nach einigen Minuten.

251 1 *Abschlagserzählung]* Gemeint ist Herberts Erzählung über Miss Havishams Vergangenheit im 22. Kapitel.

9f. *vide S. 27]* Vgl. S. 37f.

11 *„Zwischen Himmel u. Erde"]* Vgl. Anm. S. 459.

253 20f. *Märchen der 1001 Nacht] Alf laila wa-laila*, arabische Geschichtensammlung indisch-persischen Ursprungs, 1823–1824 erstmals in deutscher Übersetzung erschienen. Die Sammlung wurde in der europäischen Rezeption lange nur als Märchenliteratur wahrgenommen.

254 3f. *szenische Erzählung]* Vgl. S. 203f.

14 *Dorfgeschichten]* Vgl. Anm. S. 455.

255 40f. *Liesle-Elisa]* Gehört zur „Kleinstadtgeschichte" (vgl. Anm. S. 485).

256 Marg. *Capitale]* (franz.) Hauptstadt.
16 *meiner Frau]* Emilie Ludwig, geb. Winkler (1825–1903), seit 1852 mit Otto Ludwig verheiratet.
19 *„Epik"]* Vgl. Anm. zur *Ilias* S. 450.
27 *Boz'schen Romane sind Schauspiele]* Vgl. S. 20, 30 und 126 sowie Anm. S. 448.

257 6f. *Schwur auf das neue Testament]* Im 40. Kapitel lässt Magwitch Herbert Pocket auf die Bibel schwören, ihn nicht zu verraten.

258 7 *Kapitain Cuttle]* Vgl. Anm. S. 451.
7 *der alte Optikus]* Solomon Gills, Figur aus Dickens' Roman *Dombey and Son.*
14 *In solche Figuren]* Ludwig knüpft hier an frühere Überlegungen zu einer Typologie von Romanfiguren an (vgl. S. 24 sowie Anm. S. 449).

259 29 *ihre Geschichte ist der Faden]* Vgl. die Ausführungen zum ‚mittleren Helden' auf S. 115.

260 10 *Miß Favisham]* Korrekt: Miss Havisham (vgl. Anm. S. 509).
18 *Heuchler im Chuzzlewit]* Montague Tigg, Figur aus Dickens' Roman *The Life and Adventures of Martin Chuzzlewit* (1842–1844, dt. 1843–1844).
23 *Ld. Byron]* Lord Byron (vgl. Anm. S. 473).
23 *Heine, Börne]* Die Schriftsteller und Publizisten Heinrich Heine (1797–1856) und Ludwig Börne (urspr. Juda Löb Baruch, 1786–1837) werden hier als maßgebliche Vertreter der jungdeutschen Literatur aufgeführt.

261 6 *bei der Kahnfahrt]* Im 54. Kapitel des Romans. Gemeinsam mit seinen Freunden Herbert und Startop versucht Pip, Magwitch mit einem Ruderboot auf ein Schiff zu befördern, das ihn außer Landes bringen soll. Der Fluchtversuch auf der Themse misslingt jedoch.
32 *Fritz Nettenmairs]* In *Zwischen Himmel und Erde* (vgl. Anm. S. 459).
33 *Liesle-Elise]* Im Romanplan „Kleinstadtgeschichte" (vgl. Anm. S. 485).
36f. *das Retardirende]* Vgl. Anm. S. 453.

262 17 *mehr weiß, als der Leser]* Die Beobachtung ist nachvollziehbar, wenn man sie auf den Ich-Erzähler als Figur (‚erlebendes Ich') bezieht. Als zurückblickender Erzähler hat er natürlich vor dem Leser einen Wissensvorsprung.
34 *Auferstanden]* Bezieht sich auf den Anfang von Dickens' Roman *Zwei Städte* (vgl. Anm. S. 503).

263 4 *Gêne]* (franz.) Störung, Unannehmlichkeit.
30ff. *Astrologen ... Robin roy ... Alterthümler ... Herz v. Midlothian]* Zu Scotts Romanen vgl. die Anm. auf den Seiten 466, 485, 469 und 454.

264 4 *die alte Eichentruhe]* Vgl. Anm. S. 449.
4 *der Lampenputzer]* Vgl. Anm. S. 490.
5 *Hamlet]* Vgl. Anm. S. 458.

6 *der tolle Heide]* Korrekt: *Der wilde Heide*, 1855 veröffentlichte Erzählung von Edmund Hoefer (vgl. Anm. S. 498).

7 *Jane Eyre]* Roman von Charlotte Brontë, 1847 (dt. 1848) publiziert.

8f. *Barnaby Rudge, Zwei Städte, Große Erwartungen, Klein Dorrit]* Zu Dickens' Romanen vgl. Anm. auf den Seiten 447, 503, 508 und 461.

9 *Blakhouse]* Korrekt: *Bleak House*, Roman von Charles Dickens, erschien 1852–1853 (dt. 1852–1853).

10 *Bulwer'schen]* Vgl. Anm. S. 466.

11 *der Zauberring]* Ritterroman von Friedrich de la Motte Fouqué (1777–1843), erschien 1812.

12 *Toms Jones]* Korrekt: Tom Jones. Vgl. Anm. zu Fielding, S. 464.

12 *Wilhelm Meister]* Vgl. Anm. S. 483.

12f. *Epigonen ... Münchhausen]* Karl Immermanns Romane *Die Epigonen* (1836) und *Münchhausen* (vgl. Anm. 471).

14 *12 Nächte]* Roman von Willibald Alexis, erschien 1838.

14f. *Die reisenden Maler]* Roman von Johann Ernst Wagner (1769–1812), erschien 1806.

15 *Der Freiknecht]* Roman von Ludwig Storch (1803–1881), erschien 1830.

16f. *Soll und Haben]* Vgl. Anm. S. 455.

265 13ff. *Makbeth ... Richard III]* Ludwig referiert auf Shakespeares Tragödien *Macbeth, Hamlet, Othello, Julius Caesar* sowie das Historiendrama *Richard III.*

26 *sichtbarlich]* Sichtbar.

266 1 *einen Knaben]* Pip in Dickens' *Great Expectations* (vgl. Anm. S. 508).

11 *Favisham]* Korrekt: Havisham.

20 *Biddy]* Eine Freundin Pips, die ihm das Lesen beibringt und sich später um die Pflege seiner Schwester kümmert. Verschmäht von Pip, heiratet sie am Ende Joe.

34 *Gentelman]* Korrekt: Gentleman.

267 16f. *Arretation]* Festnahme.

34 *in usum Delphini]* (lat.) Zum Gebrauch des Dauphins; die Formel bezeichnete am französischen Hof die für den jungen Thronerben *(Dauphin)* präparierten, um anstößige Stellen bereinigten Ausgaben klassischer Literatur; später allgemein für schülergerechte Textausgaben.

269 4f. *Substantielles]* Vgl. Anm. S. 514.

18 *Accelerando]* (ital.) Schneller werdend; in der Musik Gegenbegriff zum *Ritardando*, der Tempoverlangsamung.

24f. *Nausikaa ... Polipheen]* Im 6. und 9. Gesang der *Odyssee.*

31ff. *Pip und Drumle ... Estella]* Bezieht sich auf das 43.–45. Kapitel von *Great Expectations*. Drummle ist Pips erfolgreicher Nebenbuhler um Estella.

270 1 *Ein Buch anlegen]* Der Plan wurde nicht realisiert.

19f. *Erzählung des Magwitch]* Im 42. Kapitel von *Great Expectations* erzählt der Sträfling Magwitch Pip und Herbert seine Lebensgeschichte.

Marg. *D. Quixote]* Vgl. Anm. S. 476.

271 7f. *„Mutter und Kind"]* Idyllisches Epos von Friedrich Hebbel (vgl. Anm. S. 455), 1859 veröffentlicht.

8 *Schilderung der verfallenen Brauerei]* Im 8. Kapitel von *Great Expectations*. Die Brauerei befindet sich auf Miss Havishams Anwesen.

13 *„Zw. H. u. E."]* Vgl. Anm. S. 459.

36 *Aufschwänzen]* Übertrieben herrichten, aufhübschen; eigtl.: den Schwanz beim Pferd hochbinden.

272 12 *Boden unserer Poesie]* Ludwig bezieht sich hier auf die von Hegel etablierte geschichtsphilosophische Gegenüberstellung von heroischem und prosaischem Zeitalter.

30ff. *„– zu solchen Zeiten ... zu machen."]* Zitat aus *Great Expectations* (Dickens 1862b, S. 96–97).

39 *Kleinstadtgeschichte]* Vgl. Anm. S. 485.

273 34 *Maigeschichten]* Bezieht sich auf die Vorgänge während des Dresdner Maiaufstands vom 3. bis 9. 5. 1849.

275 31 *„Narziß"]* Populäres Theaterstück von Albert Emil Brachvogel (1824–1878), 1856 uraufgeführt. In den *Shakespearestudien* notiert Ludwig dazu: „Das Kombinationstalent des Autors ist bedeutend, aber es sind eben nur Kombinationen, abstrakte Verhältnisse; das Vergnügen, welches es bewirkt, rangiert mit dem, das wir bei einem glücklich gelösten Rechnungsexempel suchen." (Studien I, S. 369).

277 10 *Molluske]* Weichtier.

20ff. *„Jedenfalls, mein ... Gelde.]* Zitat aus Dickens (1862b, S. 31).

278 21 *Striezelmarkt]* Einer der ältesten Weihnachtsmärkte Deutschlands, dessen Geschichte bis ins 15. Jh. zurückreicht.

22 *Chaisenträger]* Den Beruf des Chaisenträgers gab es in Dresden seit dem frühen 18. Jh. Als städtische Angestellte hatten die Träger, denen Geschick und Gewitztheit nachgesagt wurden, ein eigenes Chaisenhaus, das sich am Altmarkt befand.

25 *Aufflädern]* Plural zu Auflader (Packknecht).

28 *2 Seiten weiter vorn]* Vgl. S. 273ff.

279 2 *Mr. Humphreys Wanduhr]* Buchausgabe des von Dickens 1840–1841 wöchentlich herausgegebenen Periodikums *Master Humphrey's Clock*. Die Zeitschrift enthielt zunächst verschiedene Kurzgeschichten, die über eine Rahmenerzählung um Mr Humphrey und seinen Freundeskreis miteinander verbunden waren. Später publizierte Dickens darin auch die beiden Romane *The Old Curiosity Shop* und *Barnaby Rudge*.

5ff. *Dickens entfaltet ... geübt hat.]* Zitat aus Dickens (1840, S. V).

16ff. *Charles zeichnete ... herausgab.]* Zitat aus Dickens (ebd., S. VI–VIII).

19 *Sterne]* Der angloirische Schriftsteller Laurence Sterne (1713–1768), bekannt für seine humoristischen Romane *The Life and Opinions of Tristram Shandy, Gentleman* (1759–1767) und *A Sentimental Journey Through France and Italy* (1768).

22 *Goldsmith]* Vgl. Anm. S. 479.

280 24ff. *Dickens Romane ... gemacht]* Zitat aus Dickens (ebd., S. XIII).

281 2ff. *Dickens ist ... Fuße.]* Zitat aus Dickens (ebd., S. XVI, falsche Seitenzahl im Original, korrekt: XIV).

12 *Es kommt in]* Bezug zur folgenden Liste unklar; auch die Zuordnungen in der Liste selbst bleiben zum Teil offen, etwa hinsichtlich der Schweifklammer und der Nummerierung in der linken äußeren Spalte.

Liste *Autor als Medium]* Andeutung einer systematischen Trennung zwischen empirischem Autor und fiktivem Erzähler.

282 6f. *Miß Havisham ... Magwitch]* In *Great Expectations* (vgl. Anm. S. 508).

11 *E. Galotti]* In Lessings bekanntestem bürgerlichen Trauerspiel *Emilia Galotti* (1772) löst der Prinz von Guastalla, Hettore Gonzaga, mit der Zustimmung zur Entführung Emilias die tragische Verwicklung aus, die zum Tod der Titelheldin führt.

Marg. *Makbeth]* Vgl. Anm. S. 458.

27 *„Große Erwartungen⟨“⟩]* Vgl. Anm. S. 508.

283 10 *Humble]* Korrekt: Hubble.

15 *Wosple]* Korrekt: Wopsle. Auch der Hinweis auf dessen Mutter beruht auf einem Irrtum, im Roman taucht nur die Großtante auf.

20 *Miß Favisham – Gorgiana]* Korrekt: Miss Havisham (so auch im Folgenden); Georgiana.

28 *Mille Pond Basin]* Korrekt: Mill Pond Bank, Chink's Basin.

284 13 *die Localität mit benuzt]* Der Zusammenhang von Figuren- und Raumdarstellung beschäftigt Ludwig schon zu Beginn seiner romantheoretischen Studien (vgl. S. 24). Auch nimmt er in früheren Analysen zu *Great Expectations* diesen Aspekt zum Ausgangspunkt der eigenen figurentypologischen Kategorienbildung (vgl. S. 258ff.).

39 *Sohne der Erde]* Der Riese Antaios, Figur der griech. Mythologie; von Herakles im Kampf besiegt.

285 6 *Onkel Provis]* Magwitchs Deckname bei seiner illegalen Rückkehr nach England.

37 *Desdemona]* Weibliche Hauptfigur in Shakespeares Tragödie *Othello*.

286 Marg. *Mignons u. des Harfners]* Vgl. Anm. zu Goethes *Wilhelm Meister* S. 483.

287 11 *Mr. Wellers sen.]* Vgl. Anm. S. 502.

12f. *analogon rationis]* (griech.-lat.) Vernunftähnliches; Bezeichnung für eine der Vernunft analoge, aber niedere, vorbegriffliche Erkenntnisform.

Marg. *in effigie]* (lat.) Im Abbild; Rechtsterminus für ein symbolisch, nur am Bild einer abwesenden Person vollzogenes Urteil (z. B. einer Hinrichtung).

37 *dunkeln Vorstellungen]* Vgl. Anm. S. 451.

39f. *der Base seliger Vater]* Bezieht sich auf den Projektplan der „Kleinstadtgeschichte" (vgl. Anm. S. 485).

290 3 *Das „Substanzielle" Hegels]* Auf der dritten und letzten Stufe der Kunstentwicklung, in der romantischen Kunstform, wird nach Hegel die Selbstständigkeit des Individuums der zentrale Gegenstand der Kunst. Im Gegensatz zur klassischen Kunstform treten dabei individueller Wille und substanzielle, d. h. allgemeine, sittlich berechtigte Inhalte auseinander. Das Individuum folgt nur seinen partikularen Eigenschaften und Zwecken: „Was das Individuum ist, wird nicht durch das Substantielle, in sich selbst Berechtigte seines Inhalts, sondern durch die bloße Subjektivität des Charakters gehalten und getragen, welche daher, statt auf ihrem Inhalt und für sich festen Pathos, nur formell auf ihrer eigenen individuellen Selbständigkeit beruht" (Hegel 1837, S. 195–196). Künstlerisch ausgedrückt sieht Hegel diesen „Formalismus der Besonderheit des Charakters" (ebd., S. 194) in erster Linie in den Dramen Shakespeares. Vgl. auch die Bemerkungen zu Hegels Ästhetik in den *Shakespearestudien* (Studien I, S. 502–503).

291 1f. *Boz ist Shakespear]* Vgl. dazu die frühen Bemerkungen zur Verwandtschaft von Dickens und Shakespeare auf S. 15. – Die abweichende Schreibung von Shakespeares Namen ist hier wohl ein Versehen.

6 *„Zwei Städte"]* Vgl. Anm. S. 503.

8 *Copperfield]* Dickens' *David Copperfield*, erschien 1849–1850 (dt. 1849–1851). Einer Kalendernotiz nach hat Ludwig den Roman schon im Sommer 1851 gelesen (GSA 61/IX 5, 58a).

Marg. *Zusammentreffen Pips u. Herberts]* Im 21. Kapitel des Romans.

292 20f. *das Ueberbringen der 2Pfundnote]* Im 10. Kapitel.

21f. *von der Hefe]* Von der Sorte.

30 *Lewis]* Korrekt: Lewes. George Henry Lewes (1817–1878), englischer Schriftsteller und Verfasser der Goethe-Biografie *The Life and Works of Goethe* (1855, dt. 1857). Zur Frage nach der Bedeutung historischer Treue bei der Aufführung von Dramen heißt es dort über Shakespeares *Macbeth*: „[E]ine Verbesserung des Kostüms würde diese Tragödie nicht ergreifender machen, wäre die Welt nicht so überkritisch geworden und bestände da auf historischer Treue, wo in der wahrhaft dramatischen Zeit nur Leidenschaft verlangt wurde" (Lewes 1857, S. 140).

293 4 *epische Dialog]* Bereits in der Epostheorie um 1800, insbesondere bei

August Wilhelm Schlegel, finden sich vergleichbare Überlegungen zur Unterscheidung von epischem und dramatischem Dialog. Im Gegensatz zu Ludwig sieht Schlegel im Epos eher eine Zurücknahme des charakteristischen Moments und eine Entfernung vom Alltagsgespräch durch die ‚Episierung' der Figurenrede, d. h. ihre Anpassung an den gleichmäßigen Erzählerton (vgl. A. W. Schlegel 1964, S. 120ff.).

8 *Mittelbaren]* Vgl. Anm. S. 489.

20f. *Schiller u. Göthe … Retardirenden]* Vgl. Anm. S. 453.

294 39 *s. v. v.] Sit venia verbo* (lat.: man verzeihe das Wort).

295 4 *dem ausgearbeiteten Romane]* Der Anfang der „Kleinstadtgeschichte" (vgl. Werke III, S. 273–286).

296 16 *Porzia]* Protagonistin in Shakespeares *The Merchant of Venice*. Im 4. Akt des Stückes erscheint sie in der Verkleidung eines Doktors der Rechte.

38 *Scoper u. Hildebrandt]* Die Romanschriftsteller Ludwig Scoper (eigtl. Karl Schöpfer, 1811–1876?) und Johann Andreas Karl Hildebrandt (1763–1846) werden hier als Vertreter des populären Schauer- und Ritterromans genannt.

297 1 *Wemmicks Schloße]* Das Haus von Jaggers' Schreiber Wemmick im Londoner Stadtteil Walworth, das einem Schloss nachempfunden ist.

4 *dem fantastischen Boxer]* Bei ihrer ersten Begegnung auf dem Anwesen der Miss Havisham liefern sich Herbert und Pip einen Boxkampf.

20 *die Spinne]* Bentley Drummle.

25 *Magwitsch]* Korrekt: Magwitch.

31 *Preziosen]* Kostbarkeiten. Hier im Sinne von: Kunststücke.

298 1 *wie es Hegel … haben will]* Für Hegel ergibt sich der Grundsatz der epischen Mannigfaltigkeit freilich aus der Annahme, der Inhalt des Epos sei die Gesamtheit eines nationalen oder welthistorischen Zustands (vgl. Hegel 1838, S. 392–393). Ludwig suspendiert die Totalitätsforderung, die auch der Fixierung auf einen Helden widersprochen hätte.

29 *unausgefordert]* Ohne herausgefordert zu sein.

299 33 *Don Quixote]* Vgl. Anm. S. 476.

39f. *Unangemeßenheit des Helden]* Ludwig verweist hier indirekt auf eine seiner Dramentheorie immanente Problematik, denn eigentlich sieht er im Missverhältnis zwischen Held und Aufgabe den Kern der Tragödie (vgl. Anm. S. 474). Demnach müsste das Drama zwangsläufig epische Elemente in sich aufnehmen, was wiederum mit der Vorannahme einer strikten Gattungsdifferenz zwischen Drama und Epik kollidiert.

300 3 *Klaus]* Vgl. Anm. S. 473.

9 *Echaffaud]* (franz.) Schafott.

302 1 *Kaufmannstocher von Meßina]* Unvollendetes Dramenprojekt, mit dem sich Ludwig zwischen 1860 und 1864 beschäftigte (vgl. E. Schmidt 1891,

S. 41–46). Grundlage ist die Geschichte der sizilianischen Kaufmannstochter Camiola Turinga, die in Giovanni Boccaccios *De mulieribus claris* überliefert ist und in dramatischer Form bereits vom englischen Autor Philip Massinger (ca. 1583–1640) in *The Maid of Honour* gestaltet wurde. Der Konflikt des Stückes beruht auf einem uneingelösten Eheversprechen, für das Camiola den Admiral Orlando aus neapolitanischer Gefangenschaft losgekauft hatte. Eine ausgearbeitete Szene aus dem ersten Aufzug veröffentlichte Erich Schmidt in den *Gesammelten Schriften* (vgl. GS IV, S. 375–385).

303 23 *Cervantes]* Vgl. Anm. S. 476.

305 7 *Maaß' Rhetorik] Grundriß der Rhetorik* des Philosophen und Rhetorikers Johann Gebhard Ehrenreich Maaß (1766–1823); das Werk erschien 1798 und wurde mehrfach wieder aufgelegt.

8ff. *Jeder schöne … Erhabenheit aus.]* Freie Zitate und Paraphrasen aus Maaß (1829, S. 3–5). Die genutzte Auflage konnte nicht ermittelt werden. Auszuschließen ist allerdings die Erstauflage.

27ff. *Die Beschaffenheit … Rede.]* Paraphrase aus Maaß (ebd., S. 6).

34ff. *Etwas darstellen … entsteht.]* Paraphrasen und Zitat aus Maaß (ebd., S. 7–8).

306 3ff. *Zu einer poetischen … gedacht werden.]* Zitat aus Maaß (ebd., S. 9).

12f. *szenische Erzählung]* Vgl. S. 203f.

17ff. *Beredtsamkeit ist … ausführen.]* Ludwig zitiert Kants *Kritik der Urteilskraft* nach Maaß (ebd., S. 9–10) und paraphrasiert im Anschluss dessen Kritik.

27f. *Die Rede … nöthig.]* Paraphrase aus Maaß (ebd., S. 18).

34 *Die versch. … § 26.]* Vgl. Maaß (ebd., S. 19).

38ff. *Die Vorstellungen … rasch.]* Paraphrase aus Maaß (ebd., S. 20).

307 3 *Analogon rationis.]* Vgl. Anm. S. 514. Im Folgenden bezieht sich Ludwig auf Maaß (ebd., S. 30–31).

26 *Hermann und Dorothea]* Idyllisches Epos von Johann Wolfgang Goethe, 1797 erschienen. Das im Folgenden angesprochene Gleichnis vom Wanderer steht am Anfang des 7. Gesanges („Erato. Dorothea").

33f. *Juno den Gürtel der Venus]* Im 14. Gesang der *Ilias* wird erzählt, wie sich Hera (Juno) den Gürtel der Liebesgöttin Aphrodite (Venus) leiht, um durch den geborgten Liebreiz die Aufmerksamkeit des Zeus (Jupiter) auf sich zu ziehen.

35 *Primitives]* Ursprüngliches.

308 11 *Retardirende]* Vgl. Anm. S. 453.

309 18 *Tieck'schen]* Vgl. Anm. S. 462.

18 *Hofmann'sche]* Vgl. Anm. S. 462. Den Vergleich zwischen Dickens und E. T. A. Hoffmann führt Ludwig auf den folgenden Seiten weiter aus.

22 *zweiten Novelle]* *The Clock-Case. A Confession Found in a Prison in the Time of Charles the Second.* Zu *Mr. Humphreys Wanduhr* vgl. Anm. S. 512. In der deutschen Ausgabe trägt der Abschnitt den Titel *Das Uhrgehäuse. Ein Bekenntnis, aufgefunden in einem Gefängniß aus der Zeit Karls des Zweiten* (vgl. Dickens 1840, S. 73–85).

37 *Zw. H. u. E.]* Vgl. Anm. S. 459.

310 7f. *„Große Erwartungen"]* Vgl. Anm. S. 508.

Marg. *Cervantes']* Vgl. Anm. S. 476.

311 18 *Wemmicks Schloß]* Vgl. Anm. S. 515. Das Schloss steht im Roman *Great Expectations* symbolisch für einen dem Geschäftsleben abgetrotzten privaten Rückzugsraum, in dem der in Dienstverhältnissen radikal gefühlskalte Wemmick plötzlich Güte und Herzlichkeit zeigt.

312 5 *vide S. 3]* Entspricht S. 147 im Gesamtmanuskript, im edierten Text S. 308.

6f. *in den Shakesp.-Studien]* In den dramentheoretischen Studien wird die Stoßrichtung gegen Schiller noch deutlicher, der das Problem in seinem frühen Aufsatz *Über den Grund des Vergnügens an tragischen Gegenständen* (1792) aufgegriffen hatte. Während Schiller dieses Vergnügen vor dem Hintergrund seiner Kant-Rezeption aus der moralischen Zweckmäßigkeit ableitet, führt es Ludwig allein auf die Natur der Einbildungskraft zurück: „Schiller und andre haben Untersuchungen angestellt über die Ursachen des Gefallens an traurigen Gegenständen; ich glaube, die Ursache liegt in der Auffassung; d. h. je mehr die Phantasie bei der Auffassung solcher Gegenstände beteiligt ist, je mehr finden wir selbst an traurigen Gegenständen Vergnügen; [...] daher ist uns in der Erinnerung vieles angenehm, was in der wirklichen Gegenwärtigkeit uns entsetzte; da wurde die Phantasie gebunden, Sinn und Gemüt waren dem unmittelbaren Ansturme des Schrecklichen hilflos preisgegeben. Ich möchte sagen: je mehr etwas Vorstellung der Phantasie ist, desto mehr gefällt es" (Studien I, S. 463).

313 1f. *Die naiven Charakter]* Ludwig schließt damit an frühere Überlegungen zur Typologie von Romanfiguren an (vgl. S. 24 und S. 258ff.).

4 *Hebbel]* Vgl. Anm. S. 455.

4 *Auerbach]* Vgl. Anm. S. 467.

7 *Erbförster]* Vgl. Anm. S. 451.

11 *Othello]* Vgl. Anm. S. 458.

13f. *Marie]* Figur aus dem *Erbförster*.

21 *Capt. Cuttle]* Vgl. Anm. S. 451.

21 *Toms]* Tom Pinch aus Dickens' *Martin Chuzzlewit* (vgl. Anm. S. 510).

21 *Chusselwit]* Korrekt: Chuzzlewit.

22 *Joe Gargery]* Vgl. Anm. zu *Great Expectations* S. 508.

31 *Maiunruhen]* Vgl. Anm. zu den ‚Maigeschichten' S. 512.

314 4 *Stenographie]* Dickens arbeitete mehrere Jahre als Gerichts- und Parlamentsstenograf. Vgl. den Auszug aus der Vorrede zu *Mr. Humphreys Wanduhr* auf S. 279.
34f. *Hoffmann'schen]* Knüpft an die vergleichenden Überlegungen zu den beiden Autoren auf S. 309ff. an.
36 *Wunderbaren]* Zu Ludwigs Begriffsverständnis vgl. Anm. S. 483.
315 21f. *Spannung der Neugierde ... Spannung der Sympathie]* Zu dieser Unterscheidung vgl. die Ausführungen auf S. 33f.
316 11 *Adhärens]* (lat.) Anhaftendes, Zubehör.
29f. *des alten Trent ... Nell]* Figuren aus Dickens' Roman *The Old Curiosity Shop* (dt. *Der Raritätenladen*), der 1840–1841 im Periodikum *Master Humphrey's Clock* (vgl. Anm. S. 512) veröffentlicht wurde. Protagonistin der Geschichte ist die junge Waise Nell Trent, die mit ihrem Großvater, dessen Familienname entgegen Ludwigs Angabe nicht genannt wird, in einem Raritätenladen wohnt. In dem Wunsch, der Enkelin ein Vermögen hinterlassen zu können, verfällt der Großvater der Spielsucht, was ihn in finanzielle Abhängigkeit von dem boshaften, zwergwüchsigen Wucherer Daniel Quilp bringt. Nell und ihr Großvater müssen daraufhin ihr Haus verlassen und ziehen fortan als Vagabunden durch das Land, um den Nachstellungen Quilps zu entkommen. Vgl. auch Ludwigs Inhaltsangabe auf S. 336f.
40 *Kit]* Kit Nubbles, Nells Freund, der zunächst als Botenjunge in dem Laden des Großvaters arbeitet.
317 2 *Sviveller]* Dick Swiveller, der Freund von Nells zwielichtigem Bruder Fred. Er entwickelt sich im Roman von einer lethargischen, antriebslosen Figur zu einem selbstbewussten, integren Charakter. Am Ende hilft er, den durch Quilps Intrigen verhafteten Kit aus dem Gefängnis zu befreien.
Marg. *beziehliche]* Bezügliche.
6f. *das kleine runde Ehepaar]* Mr and Mrs Garland, in deren Haus Kit nach dem Weggang von Nell und ihrem Großvater Arbeit findet.
9 *Dorfgeschichte]* Vgl. Anm. S. 455.
21 *Claus]* Vgl. Anm. S. 473.
318 15 *Mrs Jiniwin]* Quilps Schwiegermutter.
18f. *wieder Aufwachen ... „lustigen Soldaten"]* Im 29. Kapitel wird erzählt, wie Nells Großvater in einem Wirtshaus erneut dem Glücksspiel verfällt.
26 *Zubehör]* Vgl. Anm. S. 497.
30 *Hamlets]* Vgl. Anm. S. 458.
35 *Knüppelstege]* Steg aus Rundhölzern über einen Bach.
319 4 *Magazin]* Gemeint ist offenbar eine systematisch aufgebaute Stoff- und Ideensammlung. Im Nachlass findet sich ein solches Magazin nicht.
321 21f. *Aesthetik des Häßlichen]* Möglicherweise indirekter Bezug auf die *Ästhe-*

tik des Häßlichen (1853) von Karl Rosenkranz (1805–1879). Im Gegensatz zum Hegel-Schüler Rosenkranz, der das Hässliche aus einer Metaphysik des Schönen ableitet, rückt Ludwig die Kategorie in die begriffliche Nähe zum Prosaischen bzw. Interessanten und betont ihre relative Berechtigung im Bereich der (Roman-)Kunst. Die vermögenstheoretische Grundlage mit der triadischen Differenzierung von Phantasie, Verstand und Gemüt überlagert bei ihm die begriffliche Opposition von Schönem und Hässlichem.

322 1 *Mr. Jaggers]* In Dickens' *Great Expectations* (vgl. Anm. S. 508).

3 *Mr. Daniel Quilp]* In Dickens' *The Old Curiosity Shop* (vgl. Anm. S. 518).

323 7 *Vorhalt]* Die beim Zielen mit einer Waffe zu berücksichtigende Strecke zwischen der aktuellen Position eines sich bewegenden Objektes und seiner Position beim Aufprall des Geschosses.

9 *con amore]* (ital.) Mit Liebe.

22f. *meine Niederschriften durchsehen]* Der Hinweis unterstreicht die Einheit und thematische Zusammengehörigkeit der Aufzeichnungen und ist wohl auch auf beide Hefte, also die *Romanstudien* als Ganzes, zu beziehen. Welche Bearbeitungsspuren dieser Revision zuzuordnen sind, ist nicht sicher anzugeben. Der angesprochene Index wurde nicht angelegt.

324 24 *der alte Trent u. seine Enkelin]* Vgl. Anm. S. 518.

326 9 *„Große Erwartungen"]* Vgl. Anm. S. 508.

13 *Estellas]* Vgl. Anm. S. 509.

14 *Raritätenladen]* Vgl. Anm. S. 518.

20f. *Lear … Makbeth]* Vgl. Anm. S. 458.

23 *Londoner Kaufmann] The London Merchant, or The History Of George Barnwell* (1731), Theaterstück des englischen Dramatikers George Lillo (1693–1739).

327 6 *Mrs. Barley]* Korrekt: Mrs. Jarley, Figur aus Dickens' *The Old Curiosity Shop*. Die Besitzerin einer Wachsfigurensammlung nimmt Nell und ihren Großvater bei sich auf. Im 42. Kapitel des Romans wird erzählt, wie der alte Mann, um seine Spielschulden zu begleichen, den Diebstahl plant und nur durch Nells Entschluss zur erneuten Flucht davon abgehalten wird.

14 *epischen Zeit]* Vgl. S. 292.

29f. *Jacob … Lea]* Anspielung auf die im 1. Buch Mose der Bibel erzählte Geschichte von Jakob, dem Sohn Isaaks, der seinem Onkel Laban zunächst sieben Jahre diente, um dessen Tochter Rahel zu heiraten, von diesem getäuscht und mit Rahels Schwester Lea verheiratet wurde und daraufhin weitere sieben Jahre dienen musste.

34 *Arten des poetischen Intereße]* Die folgenden Passagen enthalten die theoretisch differenziertesten Betrachtungen zu dem für Ludwigs Poetik zentralen Begriff des Interesses (vgl. Anm. S. 452). Ludwig bezieht ihn, wie hier

deutlich wird, weniger auf die stoffbedingte Neugier als auf die emotionale und kognitive Integration verschiedener Kommunikationsinstanzen (Autor, Figuren, Leser) in die Erzählwelt.

328 11f. *Hegel ... Poesie der formalen Besonderheit]* Vgl. Anm. zum Begriff des Substanziellen bei Hegel, S. 514.

17 *Göthe ... Natur]* Bezug unklar, vgl. aber die Bemerkung Goethes im historischen Teil der *Farbenlehre*: „[D]enn indem der Mensch seine Freiheit behaupten will, muß er sich der Natur entgegensetzen" (Goethe 1991, S. 735).

27 *Orest]* In der griech. Mythologie der Sohn des Agamemnon und der Klytämnestra. Er rächt die Ermordung seines Vaters durch Klytämnestras Liebhaber und tötet seine eigene Mutter. Der Tragiker Aischylos bearbeitet den Stoff in seiner *Orestie*.

28 *Hamlet]* Vgl. Anm. S. 458.

329 1 *Don Quixote]* Vgl. Anm. S. 476.

9 *Duenna]* Gemeint ist die Kammerfrau Doña Rodriguez. Im 48. Kapitel des 2. Buches wird erzählt, wie sie Don Quixote darum bittet, den Verführer ihrer Tochter zur Einlösung seines Eheversprechens zu zwingen.

21 *Capitain Marryat]* Frederick Marryat (1792–1848), englischer Marineoffizier und Schriftsteller. Bekannt für seine zahlreichen Seefahrerromane, die in Deutschland unter dem Reihentitel *Kapitän Marryat's sämmtliche Werke* (1843–1850) veröffentlicht wurden.

330 9f. *naturalistischer]* Vgl. Anm. S. 498.

26f. *als mitspielende Personen mit erleben]* Ludwig betont den immersiven Charakter dieser Form von Illusion. Relevant ist mit anderen Worten nicht die Abbildfunktion bzw. der Effekt des Wiedererkennens von Realität, sondern die emotionale und kognitive Partizipation, die den Eindruck einer realitätsanalogen Teilhabe an der Textwelt ermöglicht.

331 31 *Pickwick]* Vgl. Anm. S. 502.

332 8 *objektiven Humors]* Korrekt: subjektiven Humors (vgl. Anm. S. 501).

Marg. *Auch ein Weihnachtsmärchen]* Vgl. die Projektskizze auf S. 273f.

334 15 *Maitagen]* Vgl. Anm. zu den „Maigeschichten", S. 512.

336 31 *Raritätenladen]* Vgl. Anm. S. 518.

337 Marg. *Auerbach]* Vgl. Anm. S. 467.

15f. *zwei ... Muster]* Mit dem anderen Muster ist die *Ilias* gemeint. Die Epostheorie unterscheidet auf Grundlage der beiden homerischen Epen die dramaturgischen Schemata *Nostos* (‚Heimkehr des Helden') und *Aristie* (‚Auszeichnung des Helden'); so etwa Friedrich Schlegel (1979, S. 519) in seiner *Geschichte der Poesie der Griechen und Römer* (1798).

340 33 *„Jezt gilt's ... zu stählen"]* Zitat aus dem 5. Akt von Ludwigs Bibeldrama

Die Makkabäer. Lea, die Frau des Mattathias und Mutter des Judah, reagiert mit den Worten „Zu stählen gilt es jetzt, nicht zu erweichen!" (GS III, S. 418) auf den Entschluss ihrer Kinder, für ihren Glauben freiwillig in den Tod zu gehen.

341 4 *wie Hamlet sagt]* In der Szene III.1 von Shakespeares Tragödie.

5 *Hegen]* Plural zu Hege (schützende Umzäunung).

9 *Cervantes]* Vgl. Anm. zum *Don Quixote*, S. 476.

30 *Sviweller]* Korrekt: Swiveller

33 *Mr. u. Miß Cheeks]* Korrekt: Mr u. Miss Cheggs.

36 *„Große Erwartungen"]* Vgl. Anm. S. 508.

343 Liste *verb. act. transit. . . v. neutrum]* Vgl. Anm. S. 508.

344 12 *Aktus]* Akten. Vgl. dazu die begriffliche Unterscheidung von ‚Tathandlung' und ‚Aktion' auf S. 238f.

346 2 *Oliver Twist]* Vgl. Anm. S. 463.

3 *Astrologen]* Vgl. Anm. S. 466.

347 Marg. *Sträflings]* Magwitch in *Great Expectations* (vgl. Anm. S. 508).

Marg. *verlechzten Faßdauben]* Die durch Austrocknung rissig gewordenen Bretter zur Herstellung von Fässern.

Marg. *Miß Favisham]* Korrekt: Miss Havisham.

348 Marg. *wie Venus]* Der antiken Mythologie nach entstand die Liebesgöttin Venus aus dem Schaum des Meeres.

10 *Barnaby Rudge]* Vgl. Anm. S. 447. Im 56. Kapitel des Romans wird erzählt, wie der Mörder Barnaby Rudge sen. in einem Glockenturm gestellt wird.

Marg. *„dein Valentin" . . . Faust]* Das Lied der wahnsinnigen Ophelia „Tomorrow is Saint Valentines day" aus Shakespeares *Hamlet* (IV.5) dient Goethe als Grundlage für den Gesang Mephistos in der Szene „Nacht" im *Faust I*.

Marg. *Bethovens Musik]* Die Musik Ludwig van Beethovens (1770–1827) erwähnt Ludwig auch in den *Shakespearestudien* als eine Quelle poetologischer Inspiration. Etwa führt er sein Wissen über die Kunst des Vorbereitens und Spannens auf das Studium von Beethovens Kompositionen zurück (vgl. Studien I, S. 419).

Marg. *italiän. Epiker u. Novellisten]* Neben Ariost und Tasso (vgl. Anm. S. 483) denkt Ludwig hier vermutlich an den Autor des *Decamerone*, Giovanni Boccaccio (1313–1375).

Marg. *1001 Nacht]* Vgl. Anm. S. 509.

25 *im Jahre 1850]* Also nach der Uraufführung seines Dramas *Der Erbförster* (vgl. Anm. S. 451).

349 12 *sistiren]* Hemmen, aufhalten.

19 *Vater . . . Advocaten]* Vgl. den Projektplan auf S. 273f. und 332ff.

25 *take care]* (engl.) Gib acht, sieh dich vor.
34 *Rupprecht]* Im mitteldeutschen Raum die Bezeichnung der Schreckgestalt, die das Gaben bringende Christkind an Weihnachten begleitet.
351 1 *Prätensionen]* Prätentionen (Anmaßungen).
353 1ff. *„Wie ich ... herrschte."]* Zitat aus *The Old Curiosity Shop* (Dickens 1841, S. 161–162).
11f. *am Schluß der zweiten Zeile]* Nach „Werk betrachtete".
12 *in der Hälfte der dritten]* Nach „Umfang verlor".
356 22 *Retardiren]* Vgl. Anm. S. 453.
357 1 *Dresden]* Vermutlich noch mit Bezug auf das projektierte „Weihnachtsmärchen" (vgl. S. 273f., 332ff. und 349ff.).
25 *„Zwischen Himmel u. Erde"]* Vgl. Anm. S. 459.
27 *Narration]* Vgl. Anm. S. 478. Es fällt auf, dass Ludwig hier mit Bezug auf seinen eigenen Text vom Erzähler als einer vom Autor abzuhebenden Kommunikationsinstanz spricht, also die moderne erzähltheoretische Differenzierung zwischen Autor und Erzähler vollzieht. Die im Folgenden angesprochene Teilhabe des Erzählers an der Geschichte („wirklich Erlebniß") bezieht sich nur auf den Stil und das emotionale Engagement, nicht auf die sprachlogische Stellung des Erzählers zum Erzählten. Es handelt sich um einen heterodiegetischen Erzähler (Er-Erzähler), der selbst nicht Teil der erzählten Welt ist.
358 6 *Apollonius]* Die Schreibung der Hauptfigur entspricht der Druckfassung der Erzählung, Ludwig schreibt den Namen sonst oft mit doppeltem p.
31 *„Dämon Geld"]* Alternativtitel für die „Kleinstadtgeschichte" (vgl. Anm. S. 485).
37 *„Soll und Haben"]* Vgl. Anm. zu ‚Freitags Roman' auf S. 455.
359 Marg. *der Motiven]* Früher gebräuchlicher Genitiv Plural des Wortes.
17 *Magazin]* Vgl. Anm. S. 518.
360 5f. *Joe Gargery ... Estella]* In *Great Expectations* (vgl. Anm. S. 508 und 509).
9 *ascns.]* Abkürzung für *ascendentes* (lat.: aufsteigenden).
14 *Der gegenwärtige Plan]* Gemeint ist wahrscheinlich der Projektplan „Kleinstadtgeschichte" bzw. „Dämon Geld" (vgl. Anm. oben), auf die sich auch die Notizen der folgenden Manuskriptseite beziehen.
361 19 *wie das göttliche, die Welt selbst]* Ludwig aktualisiert hier die alte dichtungstheoretische Vorstellung vom Kunstwerk als zweiter Schöpfung, die in ihrer Begrenztheit den göttlichen Blick auf die (für den Menschen ansonsten unüberschaubare) Vielfalt und Grenzenlosigkeit der Welt gleichsam simuliert. Vergleichbar formuliert etwa Friedrich von Blanckenburg in seinem *Versuch über den Roman*: „Das Werk des Dichters muß eine kleine Welt ausmachen, die der großen so ähnlich ist, als sie es seyn *kann*. Nur müssen

wir in dieser Nachahmung der großen Welt mehr sehen können, als wir in der großen Welt selbst, unsrer Schwachheit wegen, zu sehen vermögen" (Blanckenburg 1965, S. 314).

362 9 *Pip]* Auch die folgenden Ausführungen beziehen sich wieder auf Dickens' *Great Expectations* (vgl. Anm. S. 508).

27 *meine Heldin]* Liesle in der „Kleinstadtgeschichte" (vgl. Anm. S. 485).

364 25 *vazirender Gesell]* Umherziehender Geselle.

365 Marg. *in ihrem aise zu sein]* Nach franz. *être à son aise* (sich wohl befinden).

Tabelle *Bulwer]* Vgl. Anm. S. 466. Die folgenden werkbiografischen Angaben entnimmt Ludwig dem vom Brockhaus-Verlag herausgegebenen, vierbändigen *Conversations-Lexikon der neuesten Zeit und Literatur* (1832–1834).

366 5ff. *„Als Hauptverdienst ... fehlt."]* Zitat aus Art. „Bulwer" (1832, S. 346).

9f. *Rochefaucauld]* Korrekt: Rochefoucauld. Gemeint ist François de La Rochefoucauld (1613–1680).

13 *„Caxtons"]* Bulwer-Lyttons humoristischer Roman *The Caxtons: A Family Picture* erschien 1848–1849 (dt. 1849).

14 *Sterne]* Vgl. Anm. S. 513.

21 *Erbförster]* Vgl. Anm. S. 451. Zum Gedanken einer epischen Umarbeitung, mit der Figur des Robert als Helden, vgl. die Bemerkung auf S. 123.

26f. *Astrologen]* Vgl. Anm. S. 466.

31 *Richardson]* Samuel Richardson (1689–1761), englischer Schriftsteller, bekannt vor allem für seine Briefromane *Pamela* und *Clarissa.*

32 *Fielding]* Vgl. Anm. S. 464.

33 *Smollet]* Vgl. Anm. S. 464.

35 *Goldsmith]* Vgl. Anm. S. 479.

38 *Cooper]* Vgl. Anm. zu *The Spy* S. 467.

39 *W. Irving]* Washington Irving (1783–1859). Wie Cooper ist auch Irving Amerikaner, genau genommen handelt es sich also um eine Liste ‚englischsprachiger Romanschreiber'.

367 3 *Currer Bell]* Vgl. Anm. S. 507.

4 *Elliot]* Vgl. Anm. zu *The Mill on the Floss* S. 506.

5 *Wahrscheinlichkeit]* Ludwig bezieht sich nicht direkt auf die genannten Quellen, *Philosophischer Versuch über Wahrscheinlichkeiten* von Pierre Simon de Laplace und *System der Logik* von Jakob Friedrich Fries, sondern paraphrasiert den Lexikon-Artikel „Wahrscheinlichkeit" aus der 7. Auflage der *Allgemeinen deutschen Real-Encyklopädie für die gebildeten Stände* (1827).

13 *Plönnies]* Korrekt: Tönnies (Friedrich Wilhelm).

22ff. *„Es ist ... können."]* Zitat aus Maaß' *Grundriß der Rhetorik* (1829, S. 295).

368 5ff. *„Die Schreibart ... verursachen."]* Zitat aus Maaß (ebd., S. 72).

18ff. *„Wer also … gestimmt."]* Zitat aus Maaß (1829, S. 45–46).
33 *D. Quixote]* Vgl. Anm. S. 476.

369 6 *Fallstaff]* Sir John Falstaff, die Figur des rauflustigen und trinkfesten Soldaten taucht in mehreren Stücken Shakespeares (*Henry IV, Part 1* und *Part 2*, *The Merry Wives of Windsor*) auf.

371 Marg. *Macbeth]* Vgl. Anm. S. 458.
20f. *wie der tragische]* Zu dieser Gemeinsamkeit zwischen Heldenfiguren in der Tragödie und im (humoristischen) Roman vgl. Anm. zu ‚Diese Widersprüche' auf S. 474.

372 1 *alten Hartlaub]* Bezug unklar; sollte eine historische Person gemeint sein, kämen der aus dem Erzgebirge stammende Homöopath Carl Georg Christian Hartlaub (1795–1839) oder – dann allerdings in inkorrekter Schreibung – der Minnesänger Johannes Hadlaub in Betracht, zu dessen Werk es in Ludwigs früher Erzählung *Die wahrhaftige Geschichte von den drei Wünschen* motivische Bezüge gibt.

Anhang

Siglenverzeichnis

Briefe	Otto Ludwig (1935a). *Briefe*. Hrsg. von Kurt Vogtherr. Bd. 1. Weimar: Hermann Böhlaus Nachfolger.
GS III	Otto Ludwig (1891a). *Gesammelte Schriften*. Hrsg. von Adolf Stern. Bd. 3. Leipzig: Grunow.
GS IV	Otto Ludwig (1891b). *Gesammelte Schriften*. Hrsg. von Erich Schmidt Adolf Stern. Bd. 4. Leipzig: Grunow.
Studien I	Otto Ludwig (1891c). *Studien*. Hrsg. von Adolf Stern. Bd. 1. Leipzig: Grunow.
Studien II	Otto Ludwig (1891d). *Studien*. Hrsg. von Adolf Stern. Bd. 2. Leipzig: Grunow.
Werke I	Otto Ludwig (1912a). *Werke*. Bd. 1: *Erzählungen*. Hrsg. von Hans Heinrich Borcherdt. München und Leipzig: Müller.
Werke II	Otto Ludwig (1912b). *Werke*. Bd. 2: *Die Heiteretei und ihr Widerspiel*. Hrsg. von Paul Merker. München und Leipzig: Müller.
Werke III	Otto Ludwig (1914a). *Werke*. Bd. 3: *Zwischen Himmel und Erde. Novellenfragmente*. Hrsg. von Paul Merker und Hans Heinrich Borcherdt. München und Leipzig: Müller.
Werke IV	Otto Ludwig (1922). *Werke*. Bd. 4: *Gedichte*. Hrsg. von Hans Heinrich Borcherdt. München und Leipzig: Müller.
Werke VI	Otto Ludwig (1914b). *Werke*. Bd. 6: *Der Erbförster*. Hrsg. von Paul Merker. München und Leipzig: Müller.

Literaturverzeichnis

„[Art.] Bulwer“ (1832). In: *Conversations-Lexikon der neuesten Zeit und Literatur.* Bd. 1. Leipzig: Brockhaus, S. 346–347.

„[Art.] Roués“ (1847). In: *Allgemeine deutsche Real-Encyklopädie für die gebildeten Stände. (Conversations-Lexikon).* 9. Aufl. Bd. 12. Leipzig: Brockhaus, S. 294.

„[Art.] Scott“ (1827). In: *Allgemeine deutsche Real-Encyklopädie für die gebildeten Stände. (Conversations-Lexikon).* 7. Aufl. Bd. 10. Leipzig: Brockhaus, S. 74–75.

„[Art.] Wahrscheinlichkeit“ (1827). In: *Allgemeine deutsche Real-Encyklopädie für die gebildeten Stände. (Conversations-Lexikon).* 7. Aufl. Bd. 12. Leipzig: Brockhaus, S. 31.

„[Art.] Waverley-Novellen“ (1827). In: *Allgemeine deutsche Real-Encyklopädie für die gebildeten Stände. (Conversations-Lexikon).* 7. Aufl. Bd. 12. Leipzig: Brockhaus, S. 105–111.

Alexis, Willibald (1823). „The Romances of Walter Scott [...] - Romane vom Walter Scott [...]“ In: *[Wiener] Jahrbücher der Literatur* 22, S. 1–75.

Anonym (1856). „Der Materialismus“. In: *Die Grenzboten* 15 (3), S. 241–248.

Bechstein, Ludwig (1838). *Wanderungen durch Thüringen. Mit 30 Stahlstichen.* Leipzig: Wigand.

Blanckenburg, Friedrich von (1965). *Versuch über den Roman. Faskimiledruck der Originalausgabe von 1774.* Hrsg. von Eberhard Lämmert. Stuttgart: Metzler.

Börne, Ludwig (1847). „Der Jude Shylock im Kaufmann von Venedig“. In: *Nachgelassene Schriften.* Hrsg. von den Erben des literarischen Nachlasses. Bd. 4. Mannheim: Bassermann, S. 127–137.

Brückner, Georg (1877). „[Art.] Eelking, Max von“. In: *Allgemeine Deutsche Biographie.* Bd. 5, S. 653–654.

Brühl, Johann August Moritz (1839a). *Denkwürdigkeiten aus Walter Scott's Leben. Mit besonderer Beziehung auf seine Schriften. Nach ‚Lockhart's Memoirs of the Life of Sir W. Scott' und den besten Original-Quellen.* Bd. 1. Leipzig: Kollmann.

– (1839b). *Denkwürdigkeiten aus Walter Scott's Leben. Mit besonderer Beziehung auf seine Schriften. Nach ‚Lockhart's Memoirs of the Life of Sir W. Scott' und den besten Original-Quellen.* Bd. 2. Leipzig: Kollmann.

– (1840). *Denkwürdigkeiten aus Walter Scott's Leben. Mit besonderer Beziehung auf seine Schriften. Nach ‚Lockhart's Memoirs of the Life of Sir W. Scott' und den besten Original-Quellen.* Bd. 3. Leipzig: Kollmann.

Brühl, Johann August Moritz (1841). *Denkwürdigkeiten aus Walter Scott's Leben. Mit besonderer Beziehung auf seine Schriften. Nach ‚Lockhart's Memoirs of the Life of Sir W. Scott' und den besten Original-Quellen*. Bd. 5. Leipzig: Kollmann.

Dickens, Charles (1839a). *Boz's (Charles Dickens) Gesammelte Werke*. Bd. 1: *Die Pickwicker: die nachgelassenen Papiere des Pickwick-Clubbs*. Übers. von Otto von Czarnowsky. Braunschweig: Vieweg.

– (1839b). *Boz's (Charles Dickens) Gesammelte Werke*. Bd. 6: *Die Pickwicker: die nachgelassenen Papiere des Pickwick-Clubbs*. Übers. von Otto von Czarnowsky. Braunschweig: Vieweg.

– (1840). *Boz's sämmtliche Werke*. Bd. 23: *Master Humphrey's Wanduhr*. Übers. von E. A. Moriarty. Leipzig: Weber.

– (1841). *Boz's sämmtliche Werke*. Bd. 31: *Master Humphrey's Wanduhr*. Übers. von E. A. Moriarty. Leipzig: Weber.

– (1845). *Boz's sämmtliche Werke*. Bd. 34: *Barnaby Rudge*. Übers. von E. A. Moriarty. 3. Aufl. Leipzig: Weber.

– (1854). *Boz's sämmtliche Werke*. Bd. 90: *Harte Zeiten*. Übers. von Julius Seybt. Leipzig: Weber.

– (1857). *Boz's sämmtliche Werke*. Bd. 102: *Klein Dorrit*. Übers. von Moritz Busch. Leipzig: Weber.

– (1859). *Boz (Dickens) sämmtliche Werke*. Bd. 103: *Zwei Städte. Eine Erzählung in drei Büchern*. Übers. von Julius Seybt. Leipzig: Weber.

– (1860). *Boz (Dickens) sämmtliche Werke*. Bd. 106: *Zwei Städte. Eine Erzählung in drei Büchern*. Übers. von Julius Seybt. Leipzig: Weber.

– (1862a). *Boz (Dickens) sämmtliche Werke*. Bd. 108: *Große Erwartungen*. Übers. von Marie Scott. Leipzig: Weber.

– (1862b). *Boz (Dickens) sämmtliche Werke*. Bd. 111: *Große Erwartungen*. Übers. von Marie Scott. Leipzig: Weber.

Eliot, George (1860). *Adam Bede*. Übers. von Julius Frese. Bd. 1. Berlin: Duncker.

– (1861). *Die Mühle am Floss*. Übers. von Julius Frese. Bd. 1. Berlin: Duncker.

Fontane, Theodor (1969). „[Rez.] Gustav Freytag. Soll und Haben. Ein Roman in drei Bänden". In: *Sämtliche Werke*. Bd. 1, Abt. 3: *Aufsätze, Kritiken, Erinnerungen*. Hrsg. von Jürgen Kolbe. München: Hanser, S. 293–308.

Freytag, Gustav (1859). *Bilder aus der deutschen Vergangenheit*. Bd. 2. Leipzig: Hirzel.

– (1870). „Aus dem Arbeitszimmer des Dichters Otto Ludwig". In: *Otto Ludwig's gesammelte Werke*. Bd. 1. Berlin: Otto Janke, S. I–XVI.

Genette, Gérard (1998). *Die Erzählung*. Hrsg. von Jochen Vogt. Übers. von Andreas Knop. 2. Aufl. München: Fink.

Gervinus, Georg Gottfried (1842). *Neuere Geschichte der poetischen National-Literatur der Deutschen*. Bd. 2. (= Geschichte der poetischen National-Literatur der Deutschen. Bd. 5). Leipzig: Engelmann.

– (1850). *Shakespeare*. Bd. 4. Leipzig: Engelmann.

Goethe, Johann Wolfgang (1990). *Sämtliche Werke nach Epochen seines Schaffens*. Bd. 8.1: *Briefwechsel zwischen Schiller und Goethe in den Jahren 1794 bis 1805*. Hrsg. von Manfred Beetz. München, Wien: Hanser.

– (1991). *Sämtliche Werke, Briefe Tagebücher und Gespräche*. Bd. 23.1, Abt. I: *Zur Farbenlehre*. Hrsg. von Manfred Wenzel. Frankfurt am Main: Deutscher Klassiker Verlag.

– (1993). *Sämtliche Werke, Briefe Tagebücher und Gespräche*. Bd. 13, Abt. I: *Sprüche in Prosa*. Hrsg. von Harald Fricke. Frankfurt am Main: Deutscher Klassiker Verlag.

– (1998). *Sämtliche Werke, Briefe Tagebücher und Gespräche*. Bd. 19, Abt. I: *Ästhetische Schriften 1806–1815*. Hrsg. von Friedmar Apel. Frankfurt am Main: Deutscher Klassiker Verlag.

Graesse, Johann Georg Theodor (1855). *Der Sagenschatz des Königreichs Sachsen*. Dresden: Schönfeld.

Greiner, Wilhelm (1934). „Die dramatischen Entwürfe Otto Ludwigs und Léon Mis: Les ouevre dramatiques d'Otto Ludwig". In: *Otto Ludwig Kalender* 6, S. 97–107.

Grüne, Matthias (2015). „Dem Schicksal auf den Grund gekommen? Zur Genese einer realistischen Tragödientheorie in Otto Luwigs ‚Shakespeare-Studien'". In: *Shakespeare unter den Deutschen*. Hrsg. von Christa Jansohn. Stuttgart: Steiner, S. 49–62.

– (2018). *Realistische Narratologie. Otto Ludwigs ‚Romanstudien' im Kontext einer Geschichte der Erzähltheorie*. Berlin, Boston: de Gruyter.

Gutzkow, Karl (1850). „Vorwort". In: *Die Ritter vom Geiste*. Bd. 1. Leipzig: Brockhaus, S. 1–10.

– (1857). „Die ‚realistischen Erzähler'". In: *Unterhaltungen am häuslichen Herd* N.F. 2, S. 270–272.

Hebbel, Friedrich (1952). *Werke in zwei Bänden*. Bd. 2. Hrsg. von Gerhard Fricke. München: Hanser.

– (1999). *Briefwechsel 1829–1863*. Bd. 3. Hrsg. von Otfrid Ehrismann. München: iudicium.

Hegel, Georg Wilhelm Friedrich (1837). *Georg Wilhelm Friedrich Hegel's Werke*. Bd. 10, Abt. 2: *Vorlesungen über die Aesthetik*. Hrsg. von Heinrich Gustav Hotho. Berlin: Duncker und Humblot.

– (1838). *Georg Wilhelm Friedrich Hegel's Werke*. Bd. 10, Abt. 3: *Vorlesungen über die Aesthetik*. Hrsg. von Heinrich Gustav Hotho. Berlin: Duncker und Humblot.

Heine, Heinrich (1839). *Shakspeares Mädchen und Frauen. Mit Erläuterungen von Heinrich Heine*. Paris, Leipzig: Brockhaus u. Avenarius.

Hofmann, Friedrich (1863). „Ein geheimnißvolles Grab". In: *Die Gartenlaube* (19-20), S. 300–302, 309–312.

Jean Paul (2015). *Werke: historisch-kritische Ausgabe.* Bd. 5,2: *Vorschule der Aesthetik. Nebst einigen Vorlesungen in Leipzig über die Parteien der Zeit.* Hrsg. von Florian Bambeck. Berlin: De Gruyter.

Lämmert, Eberhard (1972). *Bauformen des Erzählens.* 5., unver. Aufl. Stuttgart: Metzler.

Lessing, Gotthold Ephraim (1985). *Werke und Briefe in zwölf Bänden.* Bd. 6: *Minna von Barnhelm, Hamburgische Dramaturgie.* Hrsg. von Klaus Bohnen. Frankfurt am Main: Deutscher Klassiker Verlag.

Lewes, George Henry (1857). *Goethe's Leben und Schriften.* Übers. von Julius Frese. Bd. 1. Berlin: Duncker.

– (1859). „The Novels of Jane Austen". In: *Blackwood's Edinburgh Magazine* 86, S. 99–113.

Lichtenberg, Georg Christoph (1817). *Georg Christoph Lichtenberg's vermischte Schriften.* Hrsg. von Georg Christoph Lichtenberg und Friedrich Kries. Bd. 4. Wien: Kaulfuß u. Armbruster.

Locke, John (1791). *Vom menschlichen Verstande.* Hrsg. von Gottlob August Tittel. Mannheim: Schwan u. Götz.

Lockhart, John Gibson (1837). *Memoirs of the Life of Sir Walter Scott.* Bd. 3. Edinburgh: Cadell.

Lotz, Gabriele (2017). *Otto Ludwig (1813-1865). Eine Werkmonographie.* Dresden: Thelem.

Ludwig, Otto (1872). *Shakespeare-Studien. Aus dem Nachlasse des Dichters.* Hrsg. von Moritz Heydrich. Bd. 1. Leipzig: Cnobloch.

– (1874). *Nachlaßschriften. Mit einer biographischen Einleitung und sachlichen Erläuterungen.* Hrsg. von Moritz Heydrich. Bd. 1. Leipzig: Cnobloch.

– (1891a). *Gesammelte Schriften.* Hrsg. von Adolf Stern. Bd. 3. Leipzig: Grunow.

– (1891b). *Gesammelte Schriften.* Hrsg. von Erich Schmidt Adolf Stern. Bd. 4. Leipzig: Grunow.

– (1891c). *Studien.* Hrsg. von Adolf Stern. Bd. 1. Leipzig: Grunow.

– (1891d). *Studien.* Hrsg. von Adolf Stern. Bd. 2. Leipzig: Grunow.

– (1898). *Ludwigs Werke.* Hrsg. von Viktor Schweizer. Bd. 3. Leipzig und Wien: Bibliographisches Institut.

– (1912a). *Werke.* Bd. 2: *Die Heiteretei und ihr Widerspiel.* Hrsg. von Paul Merker. München und Leipzig: Müller.

– (1912b). *Werke.* Bd. 1: *Erzählungen.* Hrsg. von Hans Heinrich Borcherdt. München und Leipzig: Müller.

– (1914a). *Werke.* Bd. 6: *Der Erbförster.* Hrsg. von Paul Merker. München und Leipzig: Müller.

– (1914b). *Werke.* Bd. 3: *Zwischen Himmel und Erde. Novellenfragmente.* Hrsg. von Paul Merker und Hans Heinrich Borcherdt. München und Leipzig: Müller.

– (1922). *Werke*. Bd. 4: *Gedichte*. Hrsg. von Hans Heinrich Borcherdt. München und Leipzig: Müller.
– (1934). „Aus Otto Ludwigs Briefen an Ludwig Ambrunn". In: *Otto Ludwig Kalender* 6, S. 29–38.
– (1935a). „Aus Otto Ludwigs Briefen". In: *Otto Ludwig Kalender* 7, S. 17–32.
– (1935b). *Briefe*. Hrsg. von Kurt Vogtherr. Bd. 1. Weimar: Hermann Böhlaus Nachfolger.
– (1977). *Romane und Romanstudien*. Hrsg. von William J. Lillyman. München: Hanser.
Lühe, Hanns Eggert Willibald von der, Hrsg. (1839). *Militair Conversations-Lexikon*. Bd. 7. Adorf: Verlags-Bureau.
Maaß, Johann Gebhard Ehrenreich (1829). *Grundriß der Rhetorik*. Hrsg. von Karl Rosenkranz. 4., unv. Aufl. Halle und Leipzig: Reinicke.
Mählich, Margarete (1918). *Otto Ludwigs Romanplan Dämon Geld und sein Verhältnis zu den Romanstudien*. Anklam: Rich. Poettcke Nachfolger.
Quinault, Marie-Anne-Catherine (1837a). *Memoiren der Herzogin von Nevers von 1713 bis 1793. Oder Achtzig Jahre aus der geheimen Geschichte Frankreichs und des französischen Hofes*. Übers. von Eduard Brinckmeier und Fr. Steger. Bd. 1. Braunschweig: Meyer.
– (1837b). *Memoiren der Herzogin von Nevers von 1713 bis 1793. Oder Achtzig Jahre aus der geheimen Geschichte Frankreichs und des französischen Hofes*. Übers. von Eduard Brinckmeier und Fr. Steger. Bd. 2. Braunschweig: Meyer.
Raphaël, Gaston (1920). *Otto Ludwig. Ses théories et ses œvres romanesque*. Paris: Rieder.
Riehl, Wilhelm Heinrich (1854). *Die Naturgeschichte des Volkes als Grundlage einer deutschen Social-Politik*. Bd. 2: *Die bürgerliche Gesellschaft*. 2., neu überarb. Aufl. Stuttgart und Tübingen: Cotta.
– (1855). *Die Naturgeschichte des Volkes als Grundlage einer deutschen Social-Politik*. Bd. 3: *Die Familie*. Stuttgart und Augsburg: Cotta.
Schiller, Friedrich (1962). *Schillers Werke. Nationalausgabe*. Bd. 20: *Philosophische Schriften. Erster Teil*. Hrsg. von Benno von Wiese. Weimar: Hermann Böhlaus Nachfolger.
Schlegel, August Wilhelm (1964). „Goethes Hermann und Dorothea. Taschenbuch für 1798. Berlin". In: *Über Literatur, Kunst und Geist des Zeitalters*. Hrsg. von Franz Finke. Stuttgart: Reclam, S. 114–147.
Schlegel, Friedrich (1979). *Kritische Friedrich-Schlegel-Ausgabe*. Bd. 1: *Studien des klassischen Altertums*. Hrsg. von Ernst Behler. Paderborn u.a.: Schöningh.
Schmidt, Erich (1891). „Vorbericht". In: *Gesammelte Schriften*. Hrsg. von Adolf Stern und Erich Schmidt. Bd. 4. Leipzig: Grunow, S. 3–55.
Schmidt, Julian (1853). „Thackeray". In: *Die Grenzboten* 12 (1), S. 43–49.

Schmidt, Julian (1854). „Neue Romane". In: *Die Grenzboten* 13 (1), S. 401–402.
– (1856). „Der neueste englische Roman und das Princip des Realismus". In: *Die Grenzboten* 15 (4), S. 466–474.
– (1857). „Otto Ludwig". In: *Die Grenzboten* 16 (4), S. 401–412.
Scott, Walter (1828). *Sämmtliche Werke*. Bd. 1: *Der Alterthümler*. Übers. von Leonhard Tafel. (= Walter Scott's sämmtliche Werke. Bd. 75). Stuttgart: Gebr. Franckh.
Shakespeare, William (1833). *Shakespeare's dramatische Werke*. Bd. 9. Übers. von August Wilhelm von Schlegel. Ergänzt und erläutert von Ludwig Tieck. Berlin: Reimer.
Solger, Karl Wilhelm Ferdinand (1826). *Solger's nachgelassene Schriften und Briefwechsel*. Hrsg. von Ludwig Tieck und Friedrich von Raumer. Bd. 1. Leipzig: Brockhaus.
Stanzel, Franz Karl (1993). *Typische Formen des Romans*. 12. Aufl. Göttingen: Vandenhoek und Ruprecht.
Stern, Adolf (1906). *Otto Ludwig. Ein Dichterleben*. 2., verm. Aufl. Leipzig: Grunow.
Stifter, Adalbert (1853). *Bunte Steine. Ein Festgeschenk*. Pesth: Heckenast.
Taillandier, Saint-René (1857). „Le Roman de la Vie domestique en Allemagne". In: *Revue des Deux Mondes*. 2e période, tome 8, S. 33–65.
Tarnow, Fanny (1836). *Denkwürdigkeiten einer Aristokratin. Aus den hinterlassenen Papieren der Frau Marquisin von Créquy*. Bd. 2. Leipzig: Kollmann.
– (1837). *Denkwürdigkeiten einer Aristokratin. Aus den hinterlassenen Papieren der Frau Marquisin von Créquy*. Bd. 3. Leipzig: Kollmann.
Thomas, L. H. C. (1971). „Otto Ludwig and Charles Dickens. A German reading of ‚Great expectations' and other novels". In: *Hermathena* 111, S. 35–50.
Treitschke, Heinrich (1859). „Otto Ludwig". In: *Preußische Jahrbücher* 4, S. 113–132.
Vischer, Friedrich Theodor (1857). *Aesthetik oder Wissenschaft des Schönen*. Bd. 3,2,5: *Die Dichtkunst*. Stuttgart: Mäcken.
Voltaire (1844). *Kandid oder die beste Welt*. Übers. von A. Ellissen. Leipzig: Wigand.
Weber, Dietrich (1975). *Theorie der analytischen Erzählung*. München: Beck.

Personenregister

E

F

G

H

I

J

K

L

M

N

P

T

U

V

W

Sachregister

A

B

C

F

G

H

I

K

L

M

R

S

T

U

V

W

Z